海棠栖露 ——著

最后的霸主

我的春秋我做主之

[上]

中国出版集团　现代出版社

图书在版编目（ＣＩＰ）数据

我的春秋我做主之最后的霸主：全2册 / 海棠栖露著.
—北京：现代出版社，2018.11
ISBN 978-7-5143-7293-9

Ⅰ.①我…　Ⅱ.①海…　Ⅲ.①中国历史-春秋时代-
通俗读物　Ⅳ.①K225.09

中国版本图书馆CIP数据核字（2018）第184307号

我的春秋我做主之最后的霸主：全2册

作　　者	海棠栖露	
责任编辑	姚冬霞	
出版发行	现代出版社	
通信地址	北京市安定门外安华里504号	
邮政编码	100011	
电　　话	010-64267325　64245264（传真）	
电子邮箱	xiandai@cnpitc.com.cn	
印　　刷	三河市宏盛印务有限公司	
开　　本	710 mm×1000 mm　1/16	
印　　张	36.75	
字　　数	563千	
版　　次	2018年11月第1版　2018年11月第1次印刷	
书　　号	ISBN 978-7-5143-7293-9	
定　　价	79.80元（全2册）	

自　序

这是一段关于智慧、勇气、权力和道义的故事。

春秋时期，当这个广袤世界的绝大部分族群仍处于蒙昧之中时，我们的先祖已经率先进入了人类社会的相对高级阶段。在春秋的历史舞台上，王公将相与凡夫俗子粉墨登场，各施所能，共同演绎了一幕幕精彩绝伦的兴亡大戏。然而，因为年代久远，史籍晦涩，不少人对于春秋历史只有节点式和结局式的了解。同时，由于春秋历史涉及太多的国家、人物和事件，线索纷繁复杂，全面叙述难度着实不小，以至于目前综合性讲述春秋历史的通俗读物不多，这也正是我深以为憾之处。曾数度想尝试挑战一下这个高难度动作，但总是怯于自己才疏学浅而黯然退却，痛恨与期盼之情，竟日萦绕不绝。

终于，在一个冬日的夜晚，当手机里林林总总的资讯被逐条阅尽后，我陷入了难以言及的空虚，突然想把那个向往了许久却迟迟不敢追寻的梦付诸实践，于是我鼓起勇气新建一个文档，并郑重地写下了"我的春秋我做主"几个字。

我不想搞学术研究，不喜欢每日埋头于故纸堆中做考古工作。写作是一种乐趣，我希望轻松地、欢快地把春秋时代的故事介绍给和我一样热爱春秋历史的朋友。当然，也不必讳言，本人水平有限，而且写作只是我的一项业余活动，所以，我即使有心，也无力将这延绵三百年的历史写得尽如人意。不过，在采撷本文的历史素材时，我将尽量本着严肃认真的态度，并以当时的政治经济背景和地理人文环境为参考，按照自己的思维方式做出分析与判断。

预计完成这部作品将是一件旷日持久的工作。然而，就在我提笔写下这段文字时，油然而生的欢乐在我心际缓缓流淌，使我安详，使我宁静，让我感觉到了一种使命。于历史而言，春秋就是一部传奇，华丽的故事简直让人怀疑它出自某位编剧之手；于我而言，在完成这部作品写作的那一天，我会觉得，我的人生从此有了与众不同的意义，我会觉得，我也造就了一个传奇。

　　我要把这件预期中的作品献给我亲爱的家人和朋友，并以此来纪念我与他们共同度过的时光。

　　此志。

海棠栖露

2011 年 12 月 26 日深夜于家

前　言

读史可以省身，读史可以明志，然而这些都基于一个明确无误的前提，那就是史书必须给人以阅读的兴趣，或者说勇气。我从不妄加揣测每位读者的素养和偏好，但既然大家都说群众路线才是文艺的生命所在，那我相信，《我的春秋我做主》这套书，至少没有脱离顶层的召唤和底层的呼唤。如果您不吝第一次翻开它，您一定能感受到我扑面而来的诚意。

春秋时期是一段雅俗共赏的历史，中国的典章制度和文化习俗大多由此发祥，权谋征伐和传奇典故亦不胜枚举。就题材的可塑性而言，春秋实在是一块上佳的文人用武之地。

本书试图在历史的严肃性和观赏性之间寻求某种融合，一方面避免史料的枯燥堆砌和说教，另一方面也防止脱离历史本原而走上架空的道路。最终的目的，是以史料为基础，以争霸为主线，用通俗亲和的文体，用有血有肉的笔触，讲述春秋时期的地缘格局、人文景观和政治演变。希望您能够带着愉悦的心情读完它。

我知道这很难，但我不会放弃努力！

目　录

大风起于东南之末

对于今人而言，这是一个时间和地点均未能明确的场景。

大概在公元前 12 世纪末的某一天，岐山脚下的某一处所，两名男子正偷偷摸摸地准备离开周部落去往远方。

这两名男子非盗徒，亦非越狱之囚犯。他们是两兄弟，哥哥名叫太伯，弟弟名叫仲雍。他们的父亲，乃周部落的首领古公亶父，史称周太王是也。

在《史记·周本纪》的记载中，古公亶父是周部落兴旺发达的关键人物，他"复修后稷、公刘（此皆周人祖先）之业，积德行义，国人皆戴之"，"及他旁国闻古公仁，亦多归之"。

除了为政修明，古公亶父对待婚姻爱情的观念也令人眼前一亮。根据孟子老先生的记载，古公亶父专爱妃子太姜，不娶其他妻妾，故而"内无怨女，外无旷夫"。

这一点在威权统治和生殖崇拜的奴隶社会极为罕见，后代社会要效仿古之贤良，不妨从这方面做起。

太姜为古公亶父生育的第三个儿子，名叫季历。

季历辅佐古公亶父治理部落时，有贤德的令名。他的儿子昌则更胜一筹，在很小的时候就显露出圣明之兆，以至于古公亶父当着族人的面儿发出了"我世当有兴者，其在昌乎"的感叹。

用"昌"来称呼昌（是不是很贫嘴），或许大家会陷入认知的黑障，一时半会儿搞不清楚他到底是谁。如果把昌流传于世的名字亮出来，也许大家的感觉会有所改观。

昌，就是大名鼎鼎的周文王，俗称姬昌。这下看起来顺眼多了，对不？

当然，季历和昌的出息并非本节叙述的重点。我们要关注的，是太伯和仲雍听完父亲那句缺心眼儿的感叹后，所做出的应对措施。

大家都知道，周人的继承法则讲究有嫡不传庶，嫡子里面又分先长后幼。异日古公亶父双腿一伸，太伯享有最优先继承权。

而一旦太伯继位，周部落的下一任首领将是太伯的嫡长子，继而是嫡长子的嫡长子，如此循环不绝。

除非太伯无后，仲雍才有机会从太伯手中接掌部落首领之位。接下来又是嫡长子传嫡长子的无限循环。

除非仲雍也无后，才能轮到季历上。

这也就是说，季历理论上拥有继承权；但这种概率非常小，小到趋近于零。

那么问题就来了，既然连季历都几乎不能指望继位，昌继位就更是无根之水、无本之木了。古公亶父关于昌有朝一日将带领周部落走向新时代的预言，凭什么实现？

实现的办法不是没有，只要季历超越两位兄长拿到继承权，往后的事就水到渠成了。

可是，问题到这一步依然没有彻底解决。

要废止太伯和仲雍的优先继承权，除非两兄弟接连暴毙，又或者双双犯下重罪。否则，以古公亶父那受人称颂的品德，我实在想不出他有什么好的理由来改变祖制，继而特命简拔季历为周世子。

不过，海棠虽然长得帅，光鲜的表面下其实就是凡夫俗子一枚，被古公亶父的家务事难住倒也稀松平常，这并不代表这世界上就没有其他玲珑剔透的人可以为古公亶父排遣忧愁。例如，太伯和仲雍就有好办法。

他俩情知父亲有意传位于季历却又受制于礼法而无法遂愿，生怕父亲为难，就私下里计议，决定离家出走，远远地躲起来，造成古公亶父非季历不能传位的事实。

于是，我们便看到了本节开头出现的兄弟出走那一幕。

太伯和仲雍这一走，乖乖不得了，竟然不远万里来到了中国的东南。具体位置在今天长江下游以南、钱塘江以北、太湖以东的区域。

当时，太湖周边还是一片蛮荒之地，中原文明的光辉远未泽被于此。

兄弟俩就地落脚，结庐而居。为了坚定地确认自己无意继承父业的志向，更好地融入当地生态文化圈，他俩特意在身上刺满花纹，并剪断头发 ①，饮食起居完全遵照土著居民的风俗而行。

土著居民对于太伯和仲雍这两个外来者，一方面被其尊重本地传统习俗的诚意打动，另一方面又惊艳于其掌握的先进文化技术，于是倾心拜服，"从而归之千余家"。

太伯以"勾吴"为号，被土人拥为吴太伯，这便是"吴"政权的发祥。

与此同时，周部落出于意识和技术上的原因，放弃了对太伯和仲雍的寻找，立季历为世子。

后来季历继位，史称周王季。昌再继位，史称周文王。周文王之子周武王继位后，高举剪商大业，打下了周王朝绵亘八百年的江山。

吴太伯膝下无子，故死后由仲雍继位，史称吴仲雍。至吴仲雍的曾孙吴周章继位时，正值商灭而周立。

不久，一位镐京的特使跋山涉水寻访到了勾吴之所在。他的目的不是为周王室寻亲，而是探察中原的四隅，为新兴的周王朝分封诸侯、撒播势力、迅速巩固政权做准备。

特使与勾吴一番交涉后，得知眼前这个充满了浓郁蛮夷风味的部落原来传承自周太王之子太伯，当下又惊又喜。

因为，勾吴虽然已经基本演化成了蛮族，但它毕竟和周王室还是五服之内的亲戚，两者之间具备天然的信任基础，周王室反正要觅个合适的主镇守此地，勾吴不就是现成的候选对象吗？

于是，周王室正式册封吴周章为诸侯，承子爵，定国名为吴；另册封吴周章之弟虞仲于夏都故址，亦位列诸侯，承公爵，定国名为虞。

大家仔细观察"虞"的字体结构，是不是发现它和"吴"字有莫大的关联？

事实上，春秋时代这两个字是互通的。所以，吴国当时又被称作虞国，而夏都故址的那个虞国当时又被称作北虞国。

虞国虽然距离王朝心脏部位的距离更近，享有的爵位更加尊荣，但它的福祉

---

① 周人素面而束发。兄弟俩文身断发，意在与周人断绝关系。

显然不如吴国绵长。

当吴周章的第十二世孙句卑执掌吴国时，有个叫晋献公的山西老男人，用一招"假虞灭虢"将虞国推向了万劫不复的深渊。

而句卑的孙子乘继位后，吴国焕发出蓬勃的生命力，快速发展壮大起来。

具体壮大到什么程度，我能且仅能举出一个事例说明，那就是乘称王，史称寿梦。原来诸侯称王这种无法无天的勾当，并非只有楚国干得出。

可是吴国称王的背景与楚国稍有差异。抛开恃强无恐和蛮性发作等共同因素不说，楚国历史上遭受了太多周王室施加的压迫，它称王在某种意义上是想表达对周王室的抗争；而吴国因为地缘隔绝，与周王室并无直接的利益冲突，它称王在某种意义上是想与楚国争衡。

没错，楚国和吴国，注定就是为了拼争而生的一对生死冤家。

而要弄清楚楚国和吴国这种拼争关系的由来，就不得不从两国的地理形势说起。

楚政权在长江流域的成长足迹，最早要追溯到长江中上游。

楚鬻熊被周王室始封于丹阳，在今湖北省西部的秭归县东。

后来楚国逐渐向东南方向扩张，兼并了鄂西的黎苗诸部，至熊渠时代，势力范围已达今鄂东与赣北一带。

公元前 8 世纪末，熊通大刀阔斧地展开拓殖江汉的战争序幕，并悍然自立为王，史称楚武王。这是楚国称王之始。

楚武王之子楚文王迁都于郢，牢固控制了江汉地区。随后，楚文王秉承其父"观中国之政"的遗训，进一步向北发动武力扩张，兵锋扫过南阳盆地直抵中原枢纽的郑国，一跃成为中原事务的重要参与者。

然而，祸兮福所倚，福兮祸所伏。在郑国耀武扬威的同时，楚国不可避免地触怒了北方强国。

于是我们接下来看到，齐桓公挟北方同盟之威与楚国签订召陵之盟，逼迫楚国保持名义上对周王室的臣服；而晋文公更是以一场酣畅淋漓的城濮之战，一举将楚国击成重伤。

北上受阻使得楚国统治者意识到这样一个问题，即仅凭江汉平原和南阳盆地蕴含的资源，楚国想要问鼎中原，还力有不逮；假如能够先整合长江流域的版图，再与黄河流域的政治势力对阵，那么成功的把握将会大幅度提升。

长江源远流长，楚国既不在头又不在尾，在整合长江流域这一战略目标的指引下，理论上存在着两个战术行进方向。

一是溯流而上，向西进攻巴国，进而控制整个四川盆地。

但这种战术选择实行的可能性很小。关键原因在于，要从湖北附近那块地进入四川，必须翻越鄂西川东的莽莽群山，难度实在是太大了。

走陆路自不必说，诗仙李白留下过"蜀道难，难于上青天"的咏叹；走水路也不讨巧，上游来水经由三峡奔腾而下，航船欲与流水逆向行驶，光考虑如何抵消江水那无与伦比的冲击力，就会让人产生想死的感觉。

因此，顺流而下，攻略江淮流域那些分散而弱小的蛮夷政权，是一个识时务并且非常诱人的选择。

一开始，楚国的进展很顺利，相继吞并了沿途的江（今河南省息县西南）、六（今安徽省六安市）、蓼（今河南省固始县东）及群舒（今安徽省舒城县、桐城市一带）等小国和部族。

但是，行进的道路不可能永远是坦途。当楚国渗透到今安徽省与江苏省交界的地带时，一个强大且躁动的国家与它狭路相逢。

挑战者，或者说被挑战者的名字，叫作吴国。

实事求是地说，皖苏交界区域是东夷的世居之地，无论吴国西渐还是楚国东进，对于当地的东夷部族而言，本质上都是一种新兴国家的扩张行为。

但两个国家的扩张又有分明的区别，其中吴国的扩张显得温婉而舒缓，楚国的扩张则显得暴虐而急骤。

吴国与东夷部族同处长江下游，历时久远，其血缘交融、文化交流以及经济交通，均甚为密切。东夷对吴国的认同感较强。

而楚国来自长江中游，它闯入东夷部族的家园，是楚穆王以来数十年间之事，且过程中多有杀戮、劫掠和吞并，是一种赤裸裸的武装侵略行为，自然容易激起东夷部族的憎恨与仇视。

故吴国在江淮流域中部与楚国作战，无异于东夷部族的守护者，在绝大多数场合能得到东夷部族的接纳与迎合，从而获取人和之便利。这个因素在相当长的一段时间内，深刻影响着吴楚间军事斗争的整体格局。

为了充分展示这种格局，我们不妨把散见于前文中的两国外交片段作一个概述，细细体会吴国从默默无闻到名震东南的成长史。

事情约莫要从公元前589年说起。楚大夫屈巫为了将绝世美妇夏姬据为己有，不惜叛逃晋国。楚国令尹王子婴齐和司马王子侧假公济私，屠灭了屈巫留在国内的族人。

为了报复祖国，屈巫遂于公元前584年（即吴王寿梦二年）代表晋国出使吴国，联吴以制楚。

屈巫教吴人乘车、御射、战阵等车战步战之法，又使其子屈狐庸留在吴国担任了外交官。

屈狐庸以美言重币，游说群舒、诸越、诸夷叛楚服吴。这些政治势力深受楚国攻伐之苦，亟待寻求安全庇护，于是渐渐向吴国靠拢。

同年，吴国以徐国归附楚国、阻碍吴国通晋之路为由，兴兵伐徐。当时楚国正用兵于郑，无暇救援，徐国不支，被迫请降。

吴国趁势进军，移徐国之兵攻打楚国在江淮流域的重要据点州来。

州来即今安徽省凤台县，是楚国在江淮流域的水陆交通枢纽，不容有失，故楚令尹王子婴齐仓促从郑国前线分兵往救。

结果，吴军赶在王子婴齐到达前将州来攻破；而留驻郑国的楚军因兵力骤减，被北方联军包围，损失亦极为惨重。

楚军在郑国的惨败，某种意义上放大了吴国在州来取胜的效应。中原诸侯不意自己数十年来抱团抵御的楚国，有朝一日竟然败于吴国之手，幸灾乐祸之余，不由得对吴国刮目相看；而东夷诸国，则在安全领域进一步加深了对吴国的依赖。

吴国在州来一战成名后，被晋国视为围堵楚国的战略伙伴，因而受邀加入北方联盟阵线。

公元前576年冬，晋国上军将范燮召集同盟国大夫与吴王寿梦会盟于钟离①，

---

① 钟离是江淮流域的另一个水陆交通枢纽，约在今安徽省凤阳县东北。

正式完成了对楚国的战略包围，同时也宣告吴国作为一个有实力的大国获得了国际主流社会的广泛承认。

东夷诸国乐见吴国的崛起，以之为抗楚的大靠山，愈发相率投而奔之，归而附之。

次年，楚国与北方联盟战于鄢陵，重蹈城濮之覆辙，国际战略再度收缩。

群舒中受楚国欺压蹂躏最为严重的舒庸择机而起，转过年头便引导吴国攻打楚国东境的巢、驾、釐、虺四地①。楚国新败之余，无力救援，只能任由吴军搞风搞雨。

公元前573年，楚国为了一雪去年忍气吞声之耻，乃大兴刀兵，意欲跟吴国拼个你死我活。

然而在战役准备过程中，楚国探察到了一条重要情报，即舒庸自恃有吴国为奥援，竟然在对楚方向没有设置任何防御。楚国当机立断，将秘密筹备的战争资源投往舒庸。

舒庸蕞尔小国，在毫无察觉的情况下被楚国施以雷霆一击，当即香消玉殒，划为楚国的私房。

公元前570年春，楚国卷土重来，令尹王子婴齐领军攻克吴国西部的鸠兹和衡山（非南岳衡山）。连胜之下，王子婴齐志气骄纵，遂将大军屯扎于衡山，仅派大将邓廖率先锋精锐深入吴国。

不料吴军中途设伏，一举将邓廖所部拦腰截断，然后各个击破。邓廖本人阵亡，部属毙亡者逾十之八九。

王子婴齐因战局突变，被迫引军西退。吴军随后掩杀，夺取了楚国的边境重镇驾邑。王子婴齐既羞且愤，郁郁而死。

公元前568年，吴国与北方联盟的成员先后会盟于善道和戚地，继续深化多边合作，协同制楚步调。

公元前563年春，再会于楚东之柤地。

---

① 楚国东部有巢湖，是抵御吴国的重要屏障。巢在湖东，驾、釐、虺在湖南。

公元前 560 年，初掌国政的吴王诸樊^①乘楚共王新丧，出兵伐楚。

楚国名将养繇基率军赴前线迎敌，司马王子午引军作为后援。养繇基判定吴军轻忽大意，于是诱敌深入，于庸浦大败吴军。

次年秋，为庸浦之役故，楚令尹王子贞率车师伐吴，直抵棠邑。吴国避其锋芒，正面任由楚军攻打棠邑而不施与援救，背地里却布下奇兵，准备截断楚军的退路。

楚军攻破棠邑，满载而归。王子贞亲自殿后护卫，却以为吴军已无胆气尾追，于是一路上放松了警惕。

当退至"皋舟之隘"^②时，楚军后部遭遇吴军的突然袭击，瞬间凌乱。楚军前部回师来救，却被吴军利用狭窄的地形牢牢封堵。楚军遂成溃败之势。

王子贞侥幸奔逃回国后，深以皋舟之败耻怀，未几就一病不起。临死前，王子贞遗言于司马王子午曰"必城郢"（意为加固郢都的城防），他已经预感到在不远的将来，郢都有兵临城下之虞。

庸浦之役和皋舟之役的情节极其相似，只不过胜负归属相互掉了个头。吴、楚双方借由这一点，似乎寻找到了某种现实的平衡，于是在接下来的十年间，两国边境地带偃旗息鼓，保持了相对的安宁。

在此期间，国际关系深刻调整。晋、齐同盟破裂，相互致以千里奔袭，从而加剧了南北争霸局势的复杂程度。

具体而言，齐国和楚国打得火热。而晋国为了避免东、南两线受敌，一方面加大了对齐国的打击力度；另一方面主动削减了联盟内各国诸侯向晋国供奉的财物，持续笼络吴国以牵制楚国。

楚国为了策应齐国，且破除北方联盟与吴国对自己的合围，一方面攻打郑国，吸引北方联盟的注意，以便减轻齐国承受的军事压力；另一方面又攻打吴国，吴楚两国遂重启战端。

公元前 549 年，楚康王兴舟师伐吴，然因军队缺乏教训，于路途中迭遭困窘，

---

① 寿梦嫡长子，名遏。吴、越之君无谥有号，诸樊即遏的王号。
② 今安徽省合肥市以西龙凤山与紫蓬山之间的隘道。

未及交战便无功而返。

说起这个军队因缺乏教训导致无功而返的问题，我想多句嘴。

打仗是一种有组织的群体性专业斗殴活动，具有很高的技术含量，绝不是一大群人一哄而上，把对方放倒然后拍屁股走人那么简单。

假如你是指挥官，首先必须把人员和辎重输送到预设的作战地点。光这一条你要运筹的事情就很多。

譬如是分头并进还是合兵整体向前，要不要派先遣队前出侦探，前后左中右各部之间靠什么方式保持联络，遭遇敌情时如何应对，几点宿营几点开拔，等等。

设想，假如指挥官不能一一布置妥当，又或者将士不具备足够的技战术修养、不能准确领悟指挥官的口令和意图，那么，武装行进对于这样的一支队伍而言，无异于一场灾难。

甚至于说，这群人即便不是军队，而是一个旅游观光团，倘若导游业务生疏，游客不听从安排，那等到他们回转的时候，不知道会弄丢多少人。

所以，楚国这次失败的军事行动，反映出其水军建设还有漫长的路要走。

反观吴国，因其地河川交错，湖汊纵横，人民素来习于舟楫，不但造船工业发达，而且对水战之法熟稔稔于心。故楚国虽然拥有上游的地缘优势，但吴国依靠技术优势与之对垒时，往往能够战而胜之。

同年冬，吴国展开报复行动，趁楚康王亲征郑国之机，唆使楚国的附属舒鸠叛楚。

楚康王挥师南下，大军驻扎于舒鸠北面的荒浦，严词责问舒鸠为何反叛。

舒鸠迫于淫威，只好睁着眼睛说：没这回事，您老要是不相信，咱重新结盟确认一下从属关系可好？

楚康王说：想玩我，你小子还太嫩了点儿，看老子不揍你。言罢，挽起袖子就准备动手。

令尹蒍子冯劝阻道："不行。舒鸠说自己没反叛，又主动要求结盟，这至少是悔罪的表现。不管其诚意如何，我们应当休养生息，听其言而观其行。如果此后舒鸠确实不再三心二意，那我们就当什么事也没发生过；如果舒鸠出尔反尔，那我们就师出有名了。"

楚康王并不笨，他听懂了蒍子冯的话外之音。

依照楚国的行事风格，遇到像舒鸠这种胆敢在太岁头上动土的货色，放平时早就一个饿虎扑食合身压上去了，还管什么名分不名分，做人不要太叽歪好不好？

可眼下形势不同，晋平公不久前刚在夷仪召集十一国诸侯图谋伐齐，要不是黄河流域突发大水打乱了他们的计划，一场旷世大战势必在所难免。

而如今严冬已至，黄河流域泛滥的洪水渐渐退去，晋国对齐国用兵的概率无限增大。楚国必须养精蓄锐，重点关注北方的动向，随时准备出兵策应齐国；倘若被舒鸠牵扯精力而耽误了南北大局，那就得不偿失了。

因此，既然舒鸠服软，楚国何不就坡下驴，先放舒鸠一马呢？楚康王思及于此，班师回朝。

又过了一年，齐国发生了崔杼弑杀齐后庄公的事件。

齐后庄公在位时不遗余力地和晋国顶牛，是晋国的眼中钉肉中刺。听闻故人死了，晋平公决定邀集去年在夷仪会盟的那十一国诸侯送他最后一程。

当然，送行的方式很不友好。因为，晋平公等人带的小弟太多太野，多到呈现出乌云压城之势，野到可以把齐国翻个底朝天。

齐国的实际主政者崔杼赶紧派人对晋平公说，冤家宜解不宜结，齐后庄公那个死人渣以前多行不义，我也恨之入骨，现在他完蛋了，齐国保证以后痛改前非，咱有事好商量。

接着崔杼又奉上无比丰厚的财礼，把晋军上上下下的主事打点了个遍。晋平公这才同意对齐国判三缓四，留观后效。

这个插曲虽然对楚国算不上利好，但好歹晋齐关系暂时稳定了下来，短期之内不会生发什么重大的变故。楚国也得以稍微放松一下紧绷的神经，不必整日为齐国的战事而忧心。

恰在此时，舒鸠旧态复萌，再次背叛楚国。楚康王不再犹豫，派新任令尹屈建率军攻伐舒鸠。

楚军在舒鸠西部的离城与吴国的救兵不期而遇。

屈建决定兵分两路，右翼部队绕开吴军的堵截，继续进攻舒鸠；而左翼部队则就地设防，与吴军缠斗。

这个主意听起来很有章法，但也存在着一个缺陷。由于兵力分散，楚军右翼不足以攻破舒鸠，左翼也不足以将吴军击退。

于是乎，两部楚军夹着一部吴军，双方陷入了僵持状态。

这种状态显然对楚军不利。因为他们是处在一个敌国的土地上，从战场支援的角度看，和吴军相比无疑要吃亏，而且时间拖得越久，风险就越大。

所以，楚军左翼的五名主要将领坐不住了，他们认为这一仗应当速战速决，不能迁延时日，迟则生变。

五将商定的作战方案，是由他们五人一起率家兵突袭吴军，楚军大部队则列阵以待。假若家兵得胜，大部队就乘胜追击；假若家兵失利，大部队就上前援救。

这个战术好不好，因为搞不清楚详细的战场环境，所以我也不便评说。但它的实施效果似乎还不错，因为楚军依计而行，最终击败了吴军。只不过，在"击败"两个字前面，得加上"阴差阳错"四个字才行。

当时，五将率家兵突袭吴军，吴军猝不及防，仓皇败退。

按照既定方案，楚军接下来的步骤应该是大部队乘胜追击。可就在楚军大部队出动之前，情节有了戏剧性的变化。

吴军退经一个小山头时，居高望远，发现楚军没有后继，追击的兵力并不多，当即识破了楚军的诈唬战术，心想，跟老子玩阴的看老子逮着你不拔你的毛，于是掉转头杀一个回马枪，又把楚军五将之兵给赶了回去。

那好，又按照既定方案，楚军接下来的步骤应该是大部队上前援救。

可大概是从高地冲下来的缘故，吴军这一赶，速度超乎寻常地快，快到楚军大部队尚未出动，吴军就已经咋咋呼呼闯进了楚军预设的阵地。

如此一来，一场想象中的正面冲突就变成了伏击战。楚军大部队蜂拥而起，与家兵合兵一处，将冒冒失失的吴军一举击溃。

随后，楚军右翼与左翼顺利会师，风卷云舒地狂扫舒鸠全境，并于八月吞并了舒鸠。

十二月，吴王诸樊为了报复去年楚国发动的舟师之役，率军亲征楚国的附属巢国。巢国无力抵抗，三下两下就被吴军包得像个木乃伊似的，生死只在一线之间。

危急时刻，巢大夫牛臣说："吴王轻率而好勇，如果我们打开城门，他一定会不问情由率先进城。到时候，我在城头用箭射杀他，庶几可以渡过难关。"

军队深以为然，大大方方打开城门，仿佛不要命了一样。

诸樊大喜，傻子不常在，捡漏不常有哇，于是一车当先往里冲。

等到进了城，发现不对头，既没有带路党现身迎接，城内也不像是放弃了抵抗的架势。诸樊带着万般疑惑左顾右盼，巢国究竟是在闹哪样啊？

答案很快揭晓。只见一支利箭从城墙的隐蔽处破空袭来，诸樊闪躲不及，当场中箭殒命。吴军群龙无首，士气大挫，就此败退。

诸樊死后，吴国的王位传承出现了一些有意思的事情。

按照《史记》的说法，当初吴王寿梦的夫人育有四子，依长幼顺序分别是遏、戴吴、句余和季札。其中，以季札德行最盛，深得父兄的喜爱和敬重。

寿梦打算把王位传给季札。这个想法虽然违背礼制，侵害了其余三子的正当权益，但得到了包括三子在内所有国人的衷心理解与支持。

法律不外乎人情。按理说，有了如此广泛而深厚的民意基础，季札逾制登履王位是毫无悬念了。然而出人意料的是，季札本人却持反对意见，坚持后不僭先，非礼勿取。

寿梦死后，法定第一顺位继承人遏准备扶立季札为王。季札力辞，强调做人要以名节为重，不能妄图非分。

遏再三固请。季札唯恐不能推却，二话不说抛弃家产，跑到乡下种田去了。

遏无奈，只得亲自接掌王位（史称诸樊）。季札这才重新出仕为官。

诸樊生前留有遗愿，要改变父子相及的传承法则，把王位传给二弟戴吴。

他的这个想法可谓苦心孤诣。季札不是不愿夺情继承王位吗？那好，从现在开始立制，吴国从今往后兄位弟嗣，总之轮也要把王位轮到季札头上去。

诸樊的遗愿得到了国民的热烈拥护，随即戴吴继位为王（史称余祭）；余祭死后，句余又继位为王（史称夷末），完全遵循了推举季札的路数。

说到这里，我必须做出特别的备注。吴国上上下下几代人想千方设百计也要把季札顶上去，季札到底有什么能耐如此得民心？

现有的史料表明，季札是一位堪与孔子比肩的大圣人，他对礼乐有精深的研究，孔子都曾恭恭敬敬向他讨教学问来着。甚至有学者说，正是因为季札的存在，江南的文明发达史得以提前至孔子时代。

略微遗憾的是，季札传世的事迹和言论不多，所以千载之下的人们也许对他比较眼生。当然，这并不影响当世当时人们对他的景仰。

公元前547年，也就是余祭元年，楚国因吴国频年袭扰，不胜其烦，便想利用吴国大丧之机，追加对吴国的打击。

四月，楚国邀集秦国，共同出兵伐吴。联军至于雩娄（今赣皖交界之地），察知吴国防备严整，无从下手，就干脆虚晃一枪，转而攻打郑国去了。

吴国先君伏尸战场，国民精神正当萎靡，能够避开楚秦联军的攻击，本属可喜可贺之事。但是吴人万万没有料到，流年逆转，吴国在吴楚战争中胜多败少的优势局面很快就会被打破，诸樊之死，仅仅是为吴国的黑色十年开了个头。

而如果要探寻吴国在此时此刻进入衰退期的原因，那合适的注脚有两点，一是运气，二是时势。

公元前544年，诸樊的魂灵被锢锁在巢国城门之下，已历四年。四年来，吴国默默忍受着仇恨和耻辱的煎熬，肖衣叶食，励精图治，冀图有朝一日溯江而上，把丢掉的东西加倍从楚国身上找回来。

然而天有不测风云，人有旦夕祸福，就在吴国摩拳擦掌、跃跃欲试之际，一起意外的事故发生了。

当年五月，余祭登临战船，检阅水军的治具情况。一束凶狠的眼光瞄准了他。

这束眼光来自一个越国籍的船工，他在之前的某次吴越战争中被吴军俘虏。吴人没有将其处决，而是发配其看护船只。这个越国人颇有血性，念念不忘战败被俘之耻，铆定心思要伺机报复。

说来也巧，余祭登临的战船，正是越国船工劳作的那艘。

船体空间狭窄，转圜的余地不大，这就给越国船工施展手脚创造了极为有利的条件。他乘吴人不备，持利刃突袭，杀死了余祭。

于是乎，吴国精心筹备的反攻计划，随同余祭的鲜血一起，付诸流水。

余祭之死赋予了吴国浓郁的悲情色彩，但假如我们跳脱出萦绕于一人一事的感性情绪，从更宏大的背景来考量吴楚争斗格局，则不难发现，吴国面临的困境，绝不仅仅是国君接连横死那么简单。

以吴国的综合实力，原本不足以与出道多年的楚国抗衡。

吴国过往能在吴、楚战争中取得不俗的战绩，很大程度上得益于以晋国为首北方联盟牵扯了楚国的多数精力，楚国因此无法倾力东征。而吴国可以心无旁骛，专注向西，无形之中就在战略上占了不少便宜。

可是任何红利都有采食殆尽的期限。随着晋楚争霸局势不断演变，一场真正的危机降临在吴国身上。因为，晋楚媾和了。

公元前546年，经过宋大夫向戌的多方奔走，被长年对峙拖得身心俱疲的晋、楚双方终于罢兵言和，实现了南北关系正常化。

这次媾和实施得很彻底，不但签署了传统意义上的停火协议，而且决定中原诸侯交相朝拜晋、楚两国，从而在物质层面上保障了和约的长久效应。

这样一来，吴国和北方诸侯构筑的军事同盟关系就自动作废，楚国也得以腾出手来，聚精会神地对付吴国[①]。因此，吴国陷入失落的十年就不奇怪了。

吴国对于这种急转直下的形势亦心知肚明，作为应对，它除了继续巩固国防建设，还刻意加强了与北方诸侯的联系。

《左传·襄公二十九年》和《史记·吴太公世家》中不约而同地记载了公元前544年季札出访列国的经历。这些文字常被现代教材冠以"季札观周乐"的名称节选，用来夸赞季札精通礼乐，并彰显他对时事政治深邃细微的洞察力。

事实上，作为一名代表国家出使的公职人员，季札不可能辗转千里单纯地只为参观学习，他身后必然背负着重大的政治使命——争取北方列国在国际事务中对吴国的支持。

鉴于《左传》和《史记》中的相关文字均围绕展示季札个人风采而铺开，所以我也不能免俗，姑且就循其文路来记述季札之行。大家也正好看看，季札得以与孔子被人并称为"南季北孔"的原因。

季札首站到达近邻徐国。

---

① 吴国不是弭兵之会的缔约国。换句话说，它并没有和楚国结束交战状态。

与徐君会晤之时，徐君对季札腰间的佩剑产生了浓厚的兴趣，他眼中流露出艳羡之色，嘴里却碍于面子没有表白。

季札心领神会，本欲当场解剑赠予徐君，但考虑到后面还有几个国家要访问，如果不带佩剑的话有失礼节，于是心里暗暗许愿，等回转再经过徐国时，一定要把佩剑赠予徐君。

第二站到达鲁国。

季札与"三桓"之一的叔孙豹相谈甚欢。季札说叔孙豹身为重臣，好善而不识善，将来不得善终。

叔孙豹有"大上立德，其次立功，再次立言"的"三不朽"言论传世，颇受国人敬重，除了季札，恐怕谁也不敢唱衰他。而实际情况是，七年后叔孙豹就在一次由他私生子制造的动乱中，活活饿死。

季札请求欣赏周乐和周舞。

鲁国乐工依次演唱了《周南》《召南》《邶风》《鄘风》《卫风》《王风》《郑风》《齐风》《豳风》《秦风》《魏风》《唐风》《陈风》《小雅》《大雅》《颂》等十六首曲目。季札如数家珍，一一道出了曲目音律方面的精妙之处，并对曲目的创作背景以及政治象征意义做了深入浅出的评论。

乐工又跳《象箾》《南籥》《大武》《韶濩》《大夏》《韶箾》之舞。季札依旧侃侃而谈，无不切中肯綮。

在场的鲁国人不由得瞠目结舌，季札他、他、他开挂了吧？没道理呀！

须知，吴国的出身虽然高贵，但血统已经混杂，在姬姓诸侯特别是礼仪之邦鲁国眼里，它就是一蒙昧初开的标准蛮夷。蛮夷之人竟然对连中级知识分子都望而却步的周乐和周舞了若指掌，叫鲁国往后到哪里去刷心理优越感哪？

第三站到达齐国。

季札与晏婴非常投机，他说齐国政权将要易手，劝晏婴及早脱离权力旋涡，置身事外，以躲避灾祸。

晏婴深以为然，迅速通过大夫陈无宇向朝廷交还了封邑和权位。十一年后，齐国当权的高氏和栾氏相互攻杀，晏婴得以幸免。

第四站到达郑国。

季札与贤大夫国侨一见如故。互相馈赠礼物后，季札说郑国执政大夫良霄奢侈，马上就会大祸临头，国侨必将继以任之，希望国侨执政后尊礼慎行。

一年后，良霄果然被政敌公孙黑杀死；再过一年，国侨出任执政大夫。在随后二十二年的执政生涯中，国侨宽猛相济，敦行礼法，铸刑书、护乡校、封沟洫、作丘赋，终其一生，国稳而民安，被孔子誉为"古之遗爱"。

第五站到达卫国。

季札与蘧瑗、史苟、史鰌、公子荆、公叔发、公子朝等名士打成一片。

将从卫国去往晋国时，季札在孙林父的封邑住宿，听到钟鼓之声，不禁感叹道："发动变乱而没有德行，必然遭到诛戮。某人曾在这里得罪过国君，按理说他应该害怕都来不及，怎么会有心思寻欢作乐？且不说他在这里，就如同燕子在帐篷上筑巢，随时有倾覆之危（成语"燕巢危幕"即源于此），更何况国君还没有安葬（不久前卫献公刚死），怎么可以弃哀声而作欢乐呢？"

孙林父有过驱逐卫献公的案底，闻言大为警悚，到死都不再听音乐。

第六站到达晋国。

季札对赵武、韩起和魏舒大加赞赏，称晋国之政将归于三氏。又与羊舌肸彼此敬重，临别时，季札叮嘱羊舌肸明哲保身，诸事勿要仗义执言。

一百四十二年后，赵、韩、魏三家分晋；而羊舌肸宁折不弯，得罪权贵，卒于三十一年后被灭族。

第七站特意回到徐国。

季札准备赠剑于徐君，闻知徐君已死，便解剑挂在徐君墓前的树上。

随从大惑不解："徐君已经作古，您这剑送给谁呀？"

季札正色道："我内心里早已答允将剑赠予徐君，怎可因他之死就违背自己的承诺呢？"

季札的穿梭外交既风雅又轻松，吴国承受的现实压力却要沉重得多。[①]

十年间，最能反映吴楚双方势力消长的事件发生在公元前 538 年。这一年是向戌弭兵之会后的第八年，中原形势整体保持平稳，晋楚两强相安无事，但出于

---

① 季札出访两年后，屈狐庸又出访晋国，试图强化季札的外交成果。

当政者个人风格的原因，楚国在国际事务中表现得更为抢眼。

当年七月，楚灵王率楚、蔡、陈、许、顿、胡、沈、郑、宋及以徐国为首的淮夷诸国联军大举伐吴。

往常吴国和楚国打打闹闹，战事基本上都发生在今安徽省境内。但这一次不同，楚国联军长驱直入，撕开吴国的外围防线，直抵位于今江苏省中部的朱方，然后破城杀人（唯一确切可考的死难者乃一个齐国侨民，名叫庆封），端的是无比拉风。

吴国势单力孤，不敢和气势汹汹的联军正面相抗，只能瞪着一双泪汪汪的大眼睛，坐视联军在楚灵王的挥使下，呼啸而来，肆虐而去。

朱方一役实为吴楚早期战争中吴国所承受最惨重之打击，幸而也是吴国触底反弹之分野。同年冬，吴国即展开报复行动，蓄积了十年的怨气一朝发泄出来，爆发力同样十分惊人。

吴军向西北接连跨越长江和淮河天堑，一口气攻克了位于今安徽省六安市的麻邑、亳州市的棘邑；继而折师向西南，干净利索地拔下位于今河南省新蔡县的栎邑。

栎邑已是楚地，但更为要紧的是，它距离一个现在称之为信阳的地方，不超过一百二十公里，而且沿途均是一马平川，驱车冲驰的话，可以朝发夕至。

信阳是个什么地方，想必赣南鄂北的人都非常熟悉。它扼守着桐柏山与大别山之间的狭路，是楚国核心地带江汉平原北出江淮平原的战略通道[1]。

换句话说，如果吴军占领了信阳，再向南打一个冲锋，楚国非得急性大出血不可。

从史籍的记载来看，吴军的行动止于上述三邑。但我们不难想象，这次奔袭给楚国造成的震撼，相当之刻骨铭心。

因此，吴军刚一撤走，楚国就立即派大员分赴钟离、巢地、州来和赖地[2]等中东部的战略要地加固城防，以防吴国再次来攻。

---

[1] 京广铁路即贯通此处，其交通的便利性古今同一。
[2] 赖国旧址，位于今湖北省随县东北。

然而很不凑巧，那一年的冬天，江淮流域十分罕见地发起了洪水，筑城之事只好不了了之。

当然，漫流的洪水并不能冲淡楚国找吴国算账的盎然兴致。次年十月，楚灵王便召集蔡、陈、许、顿、沈、徐、越①等国诸侯，联军伐吴。

为了深化打击效果，楚国预备兵分两路，南路由楚灵王亲率主力与越军在琐地（今安徽省霍邱县东）集结，北路由其余诸侯与另一部楚军在夏汭（今安徽省凤台县西南）集结，然后上下其手，誓把吴国搞到虚脱为止。

老实说，这个方案如果得以顺利实施，朱方之役势必重新上演。

可它也有筹划不周到之处。譬如我一直没想明白，既然要采取分兵合击的战术，为何不把双拳出击改为三箭并行。具体而言，北路诸侯联军保持不变，中路楚灵王单独成军，南路则由越军从本国直接攻打吴国。

大家一眼就能发现，我设计的方案较之楚国制订的方案，区别在于：把原来的南路军一分为二，楚灵王依旧自西向东行进，但越军不必长途机动至琐地，而是就地发起攻击。

我这个方案有两个明显的优势。

一是楚国集团的攻击面更加宽阔，呈西、南两面合围吴国之势，吴国应对起来必然左右支绌，疲于奔命。

二是越军非但免去了奔波之辛劳，赢得了补给之便利，并且保证了战役发起阶段自身之安全。

如何理解"保证了战役发起阶段自身之安全"这句话？

如果有条件的话，大家不妨翻开一张春秋中晚期的地图，了解吴、越、楚三国的相对位置，看看越军如果从本国机动到琐地，是不是要沿着吴国的西南和西部边境绕行一段超过九十度的圆弧。

那好，问题的关键来了。越军搞出这么大动静，一向视西部为国防重地的吴国，岂会毫无察觉？既然察觉到越军不怀好意，换作你是吴王夷末，难道你会傻

---

① 相传越为大禹后裔的封国，地处今杭州湾以南的宁绍平原以及闽浙丘陵地带，与吴国隔杭州湾相望且世代为敌。

到熟视无睹，任由越军绝尘而去？

夷末才没你那么傻呢！他第一时间就率军出去拦截。

可是，吴军的动作还是慢了一步。越军做贼心虚，一路狂奔，等到吴军望见越军的影子时，越军已在今安徽省铜陵市的长江南岸向北摆渡。

一旦越军成功渡江，江北就是楚国的势力范围，吴军将难以继续追击。

而对吴军更为不利的是，驻守巢地的楚军听闻越军被吴军追击，快马加鞭地赶来接应，迅速与在今安徽省无为县长江北岸（古称鹊岸）登陆的越军合兵一处。

至此，相信没有人会怀疑，越军已经完全脱离险境，一头扎进了楚国温暖的怀抱。至于吴军越江追击的可能性，也不是没有，但那只存在于理论上，等于可以忽略不计。

事实上，楚越联军也这么认为，并且就此放松了警惕，不再侦探吴军的动向，头也不回地往琐地迤逦而行。

而事实的另一头是：吴军没有放弃，他们异常果决地越过长江，要把追击进行到底。

楚越联军走得欢快，压根儿没料到吴军如影随形，一下子被打了个措手不及，满腔血肉都沃养了鹊岸的水土。

此时，楚灵王还在从郢都赶赴琐地的途中。得知楚越联军覆没的消息后，他心中并不甘心就此作罢，便令夏汭的诸侯联军向长江北岸逼近，自己率军作为后援跟进。

于是，传说中的双拳出击变成了单刀直入。

然而，吴国已经彻底洞悉了楚国的意图，马不停蹄地调兵遣将，全力加强边境的防御，摆出一副你要是不嫌麻烦尽管来耗的架势。

楚灵王顿时觉得索然乏味，想掉头就走又怕世人嘲笑他劳师动众却无尺寸之功，只好觍着颜面跑到巢地以南的跐蹰山搞了一次阅兵式，喊喊口号，练练队形，展示楚国旺盛的斗志和雄壮的实力，然后收工闪人，也算是给了自己一个交代。

公元前 536 年的九月，徐国世子仪楚赴楚国访问。

仪楚这个人我素未谋面，是否人如其名、仪表堂堂、衣冠楚楚，我也不清楚，但总觉得他浑身上下透出一股子谄媚劲儿。

人们都说瓜田不纳履，李下不整冠，君子防未然，不处嫌疑间。仪楚公子顶着个"仪楚"的名字，招摇过市跑到楚国去访问，难道就不怕各路媒体娱记调侃徐国在变着法子拍楚国的马屁吗？

当然，这只是我臆想的一个小笑话。不过，楚灵王认为一点儿都不好笑，他非但没有礼遇仪楚，反而把仪楚关了起来。

徐国久以楚国闺密的清新形象示人，楚灵王关押仪楚的用意，实在叫人莫名其妙。

但仪楚本人心知肚明，他的人生、他的理想还无限广阔，绝不能在暗无天日的黑牢里虚度光阴，于是发狠逃脱囹圄，跑路回到了徐国。

仪楚这一跑，楚灵王除了恼怒，还感到担忧。

因为他怕仪楚怀恨在心、异日继位后会背叛楚国。他继而心想，一不做，二不休，干脆将徐国往死里打一顿，让徐人从此畏楚如虎，一念及"叛楚"这两个字，就心惊胆战。

事不宜迟，楚灵王派大夫薳泄攻打徐国。

徐国是江淮间颇具地缘价值的国家，在调节吴楚势力对比方面具有举足轻重的分量，楚国把它往外推，吴国自然不会任它落到地上。所以吴王夷末决定，将旧日仇怨抛诸脑后，即刻出兵援徐。

楚灵王又急又气，担心吴军搅了薳泄的好事，于是派令尹薳罢另率一军阻援。

薳罢与吴军战于房钟（今安徽省蒙城县西南），丧师而归，因害怕楚灵王追责，便将败军之罪一股脑儿推到薳泄身上，杀了薳泄了事。

就房钟之战本身而言，规模不大，影响力也有限，并不足以作为吴楚外交关系史的一个分际。然而从行文的角度来看，我必须把房钟之战作为本章的终结。

因为，自房钟之战后，吴楚间难能可贵地维持了七年的平静；等到战端再启时，曾在吴楚争斗中频频出镜的楚灵王却已命赴黄泉。

楚灵王死不足惜，但他好歹也算是春秋时期非主流玩家的典型代表，我若不抓紧时间给他立个传，江山代有名人出，再数风流人物，楚灵王可就赶不上了。

灵王是怎样炼成的

楚灵王被冠以"灵"字的恶谥，或许冥冥之中根源于他早年经历的一起封建迷信活动。

话说楚共王的王后秦嬴没有生育，楚共王碍于秦国的面子，不好意思把秦嬴退居二线而另立新欢，这就导致楚国无嫡子可立。

按照无嫡立庶的游戏规则，楚国的储君将在某一位庶出的王子中产生。

楚共王膝下子嗣众多，其中他心仪的一共有五位，从长到幼分别是王子招、王子围、王子比、王子黑肱和王子弃疾。楚共王一度犯难，因为，手心手背都是肉，他实在不知道该选哪位好。

幸亏那时候的人们对神灵抱有诚挚的敬畏，遇到什么自己不能把握、不能决定的事情，可以问计于神灵。一旦神灵做了指示，遵照执行即可，既不费脑筋，又无任何心理负担，复杂问题简单化，为人民群众所喜闻乐见。

所以，楚共王决定把立储的难题呈交给神灵，请神灵代行组织考察程序。他筹建的评审委员会规模庞大，国中名山大川的神灵，都在受邀之列。

楚共王首先徧祭诸神，俱各拜好码头；然后把一块玉璧展示给虚幻的神灵们看，并祈祷说：正对着玉璧下拜的王子就是神灵钦点的世子。

缭绕的香烟中，虔诚祷告的楚共王似乎听到天际传来了神灵应允的意旨。

祭祀完毕，楚共王遣散下人，秘密地把玉璧埋在祖庙的院中；又令王子招、王子围、王子比、王子黑肱和王子弃疾沐浴斋戒，挨个到祖庙来行礼。

五位王子均不知道自己将要参加一次特殊的考试。从这个角度而言，楚共王在立储一事上听天由命的行为，倒也切合公平公正的原则，想必最后无论谁落选，都只能服从。命苦不能怨政府对不？

在楚共王的见证下，五位王子依次应试。

王子招首先进来，他一步一步径直走向埋璧处。楚共王心想：不会这么没有难度吧，第一个就给撞中啦？

王子招愈行愈近，楚共王也越来越紧张，说不清楚自己到底是希望王子招一蹴而就，还是希望悬念保持得再久一点儿。

转眼间，王子招已经停住了步伐，双脚不偏不倚地跨在玉璧两旁。楚共王松了一口气，王子招年纪居长，又暗合天意，看来就是他了。

接着，王子围进场。他面朝的方向略微有点儿偏差，但行进的距离非常合适，就在玉璧的侧旁驻足，下拜行礼的时候，一只胳膊肘堪堪压在了玉璧上。

楚共王微微皱眉。在他内心里，并不排斥王子围当选，可这种压而不正的体位让他隐约感到担忧。难道神灵们是想告诉他，王子围有称王的命数，但称王的方式不属正途？老话常说不正则不顺，这小子以后怕是有无妄之灾。

容不得楚共王多想，王子比和王子黑肱陆续走进来，离玉璧远远地就站定了。楚共王脑海中两次浮现出叉的形象，叫人传唤王子弃疾。

王子弃疾当时还是个小正太，连路都走不太稳，被人抱进来的。抱他的人也挺给力，直接就把他放在了玉璧的面前。

王子弃疾屈膝前倾，身体正好压在玉璧的纽上。小孩子不懂事，拜完后稀里糊涂又拜了一次，依然压在纽上。

楚共王心想完了，本来准备精彩五选一，不料五个儿子压中两个半，早知道结果如此扯淡，当初还不如抓阄来得聊撒①。也罢也罢，姑且就选王子招吧，谁叫他捷足先登呢？

于是王子招被立为世子，楚国王储就此尘埃落定。

楚共王大概不会想到，五个儿子的人生命运都在这一拜之际注定，后来王子招成了楚康王，王子围成了楚灵王，而王子弃疾则成了楚平王。楚国的神灵们，果然管用得很。

当王子围再次进入我们的视野，已是公元前 547 年，亦即楚康王十三年。

那一年，楚国邀秦国攻打吴国。联军行至今赣皖交界的雩娄时，探知吴国防备严整，无机可乘，于是拨转马头攻打郑国的城麇。

城麇主将皇颉放着好好的城池不守，非要跑到城外去跟楚军打野战，不但部属被击溃，自己也做了楚将穿封戌的俘虏。

---

① 楚地方言，简单、干脆的意思。

大概是出于所有俘虏中皇颉价值最高的缘故，同为楚将的王子围突然跳出来，强词说皇颉是他的战利品。穿封戌自然不肯相让。

两人争执不休，吵吵嚷嚷找太宰伯州犁做个评判。

谁知伯州犁并不是个居中取直的角色，眼见争执双方一个是大夫，另一个却是王子，心里马上有了计较。他对穿封戌和王子围说，你们别争了，问一下皇颉不就真相大白？

呃，这是个好主意，争的人有两个，被争的人却只有一个；争的人拎不清，被争的人总可以准确无误地指认现场吧。

穿封戌和王子围表示无异议。于是伯州犁把战战兢兢的皇颉叫到跟前，含威不露地问："他们争夺的对象便是您。您是君子，一定可以把事情说明白对不对？"

皇颉未审伯州犁用意为何，稍微迟疑了一下，麻着胆子点了点头。

伯州犁抬高手指着王子围说："夫子为王子围，寡君之贵介弟也。"继而放低手指着穿封戌说："此子为穿封戌，方城外之县尹也。谁获子？"（此即成语"上下其手"的典故）

皇颉眼中闪过一丝欣喜的神色。他看得很清楚，也听得很清楚，抬高手对应的是"大子"，是"君之贵介弟"；放低手对应的是"此子"，是"方城外之县尹"。

伯州犁只差没明言二人尊卑有别了，他皇颉如果还不能闻弦歌而知雅意，那这么多年的官场岂不是白混啦？

不出伯州犁所料，皇颉眨着大眼睛，煞有介事地说："颉遇王子，弱焉。"

伯州犁不动声色地转回头来看着穿封戌和王子围，孰是孰非已无须他赘言了。

穿封戌百口莫辩，又气又急，当下操起一支戈就要和王子围拼命。王子围撒腿就跑。穿封戌追赶不及，只得作罢。

城麇发生的这一幕中，王子围的戏份虽然不多，但骄横跋扈的特点还是很有体现。而"我的就是我的，你的也是我的"的作风，正是王子围一生的信仰所在。

公元前545年的十二月，楚康王和令尹屈建相继离世。翻过年头，楚康王下葬，世子熊员继位为楚郏敖，王子围继任令尹。

因为两年前向戌弭兵时曾经约定，缔约国要交相朝拜晋楚两强，所以颇多中原诸侯参加了楚国辞旧迎新的典礼。

其中郑国代表公孙晖目睹了楚愍王和王子围的举止气度后，感叹道："真是不相宜，令尹必定会取代楚君而昌盛。松柏的下面，小草怎么可能长得繁茂呢？"

公孙晖的判断并非危言耸听，与他持相似看法的还大有人在。

公元前543年的一月，楚愍王为迅速建立国际威信，派大夫薳罢出使鲁国。

鲁国上卿叔孙豹在会见薳罢时，问起王子围执政的情况如何。

薳罢眼睛一转，回答道："我辈小人即便只管理头办差，犹害怕因不能完成使命而获罪，哪有什么闲工夫去探听政事咯！"

叔孙豹错愕，你既然有资格搞国事访问，怎么可能对内政茫然无知？于是再三地询问。薳罢仍旧避而不答。

叔孙豹久经宦海之人，眼光何等老辣，当即看穿了薳罢不可告人的秘密。

待会见结束，叔孙豹便对大夫们说："楚国的令尹将会发动政变，子荡（薳罢之字）也是同谋，他闪烁其词只不过是在隐匿内情罢了。"

同年八月，王子围杀死司马蒍掩，又将蒍掩的家产统统据为己有，一时朝野为之侧目。

在楚国，司马乃仅次于令尹的股肱重臣，实在不是个留着不多杀了不少的人物。

具体就蒍掩个人而言，前令尹蒍子冯之子，公元前548年出任司马，受晋楚媾和大气候的影响，并无军功可资炫耀，但也绝非不学无术的官二代。

据《左传·襄公二十五年》的记载，蒍掩受时任令尹屈建之命，治理税赋，检点兵甲。他丈量全国山林原泽的面积，测算不同类型土地上的农牧产量，规定税赋征收标准，出色地完成了农牧税和军赋的征缴工作。

税赋是关系国计民生的要务，要把它治理好很不容易。蒍掩才堪大用，王子围却杀了他。楚大夫申无宇对此评论说："危害国家，没有比这更大的不祥了，王子必然陷于灾祸。"

次年十二月，卫襄公携大夫北宫佗朝见楚国。

北宫佗见识了王子围后，对卫襄公说："楚令尹的威仪与国君略无二致，他快要行大事了。我看他一定能得手，但将来未必会有好下场。"

王子围的威仪具体是什么光景，北宫佗没详细说。但意欲一睹王子围风采的人请少安毋躁，赶紧去找个小板凳先。因为，王子围比你们更加急不可耐。

王子围急啥？他急着展示自己，恨不得让里里外外全天下的人都知道，作为一个大国权臣，他王子围有多牛。

权势这玩意儿，装在口袋里藏着掖着是可耻的，得拿出来尽情挥霍，才能彰显权力的价值以及当权者的煊赫。王子围，是不是这个理？

王子围说是。仅仅一个月过后，他就迎来了一次在国际舞台上抛头露面的机会，并身体力行地诠释了擅权这个词的含义。

公元前541年的一月，王子围与晋、鲁、齐、宋、陈、蔡、郑、许、曹国的代表在虢地会见，重温第二次宋西门之盟的友好。

晋大夫祁奚子对领队赵武建言："屈建的信誉为世人所称道，但上次在宋国会盟时仍然欺诈晋国而首歃；如今王子围是众所周知的无信之尤，我担心这次晋国又屈居楚国之下。请您做好防备。"

赵武还是一副君子风范，说自己以信为本，相信即便楚国再次使诈，也不能给晋国造成祸患。

等到召开预备会那天，王子围果然要起了花招。他说咱们不是重温旧好吗，那歃血书盟什么的也免了吧，直接把上次宋西门之盟的盟书拿来，放在牲口身上就行。

其他与会国的代表很诧异，上次的盟书不是埋在宋国的西门之下了吗？

王子围哂笑，埋是埋了，但埋的是正本，咱每家不都存有一本副本吗？你们没带呀，我带来了。

各国代表瞠目结舌，结盟还带这么玩的？重新制作一份盟书又不难，厉行节约反对浪费，也不抠这点儿笔墨呀！他们转瞬又明白了王子围的用意，他这招叫不争之争。

说穿了，如果此次盟会继续沿用歃血书盟的传统方式，王子围担心晋国会力争首歃的殊荣。他提议取消歃血的环节、复读旧盟了事，就是企图在复读旧盟的掩护下，维持上次盟会楚主晋副的格局，使楚国不显山不露水但又实实在在地强压晋国一头。

赵武抱定讲大局讲风格的原则，同意了王子围的意见。

正式会盟定在三月二十五日。王子围出席时，仪仗服饰均等同于楚王的标准。一众与盟的大夫看在眼里，议论纷纷。

鲁国的叔孙豹说："楚国的王子真威武哇，简直与国君无异！"

郑国的罕虎说："快看快看，他前面有两个执戈的卫士①。"

蔡国的子家说："这有什么好稀奇的，他住在蒲宫时（蒲宫是楚王的离宫），不一样也是两个执戈的卫士站在前面吗？"

王子围的密友伯州犁站出来辩解："这些行头是令尹来虢地前，向国君借的。"

郑国的公孙晖觉得好笑，王子围这厮只差没在脸上写明"篡权"二字了，你伯州犁居然好意思说他的行头都是借的。于是讽刺道："借了也不会还吧？"

伯州犁也不示弱，反唇相讥："你吃自己的饭操别人的心干吗？还是多想想如何应付贵国公孙黑的变乱吧②！"

公孙晖不依不饶："当璧的人③在那里，令尹借了国君的行头不还，你难道没有忧虑吗？"④

齐国的国弱深有同感，私下里说："王子围和伯州犁前景堪忧哇！"

陈国的公子招在一旁附和："只有保持忧虑的人才能成事，如今王子围和伯州犁不忧反乐……嘿嘿！"

卫国的齐恶有不同看法："人家蓄谋已久，诸事皆备，即便举止不端，莫非有谁能奈何得了他们吗？"

宋国的向戌比较超脱，悠悠然说："大国发令，小国只管恭敬就是，其他的与我何干？"

晋国的乐王鲋更加飘逸："你们叽什么歪呀，《小旻》的最后一章很好，你们照着办不就得啦？"

《小旻》是《小雅》中的诗篇，其最后一章有"战战兢兢，如临深渊，如履薄冰"的字句。乐王鲋的意思就是奉劝诸大夫切莫多管闲事。

---

① 国君出行，通常有两个执戈的卫士在前面引导。
② 郑国的执政大夫良霄在两年前被政敌公孙黑杀死，公孙晖亦参与其间。
③ 即王子弃疾，当年在祖庙行礼时两次拜中玉璧。
④ 意指楚国的王位注定归王子弃疾所有，王子围僭越王权，日后必然会与王子弃疾产生争斗。

七嘴八舌的议论声中，一位莒国的使者突然到访虢地，向盟会报告说，鲁国的季孙宿率军攻打莒国，并占领了莒国的边邑郓地。

王子围当场就要发飙，他知会赵武说：咱们这边重温友好的盟会还没结束，鲁国那边竟然就攻打莒国，这不是公然亵渎盟约吗，看我不把叔孙豹逮住放血[1]。

乐王鲋时任赵武的副手，得知叔孙豹陷入危境后，动起了贪欲，就遣使对叔孙豹说：我可以出面替你向赵武求情，作为回报，你必须把你的腰带送给我。

嘿嘿，明眼人一看就知道，腰带只是一个启发式的说辞，乐王鲋实际上索要的不止于此。

叔孙豹一口回绝。其家臣梁其踁劝道：把财货用来保护身体，有什么舍不得呢？

叔孙豹叹道："楚国并非良善之辈，不杀鲁使，必伐鲁国。我即便奉送财货给乐王鲋，顶多就是独善其身，又置鲁国于何地呢？"想了想又说："也罢也罢，乐王鲋贪爱财货，倘若不遂他的心愿，恐怕他煽风点火，愈发加重鲁国的灾难。我还是认缴吧。"于是从衣服上撕下一大片帛布，称腰带太窄了，请使者持宽帛回去复命。

这一番交涉的过程不知怎的传到了赵武的耳朵里。赵武大为感动，连声称赞叔孙豹忠信贞义四字俱全，不可加以诛戮；继而不遗余力地为鲁国做起了危机公关工作。

赵武派人对王子围说："叔孙豹是不世出的贤良之人。您赦免他既能激励楚国的官吏公勇任事，又能在天下诸侯中博取威德的名声，何乐而不为呢？边境城邑的归属本来就因争夺而经常变动，圣明如三王五伯者[2]尚且不能禁止，又何况当今王道衰微之世？再说了，吴国和百濮（楚国南方的邻国）一旦防御松懈，楚国也照样出兵攻掠，什么时候又想到要顾及盟约了？所以呀，郓地的事情您就不用过问了，反正鲁国和莒国已经争了很多年了，只要不闹到某一方亡国绝嗣的地步，您又何妨继续作壁上观呢？"

---

① 叔孙豹是鲁国的与会代表，王子围欲杀叔孙豹以惩戒鲁国。
② 三王指夏禹、商汤、周文武；五伯指夏昆吾、商大彭、商豕韦、周齐桓、周晋文。

王子围见赵武的态度很坚决，只好勉强同意大事化小小事化了。为了庆贺达成和解，王子围设宴招待赵武。

宴席上，王子围赋《大明》的首章。《大明》出自《大雅》，其首章曰："明明在下，赫赫在上。天难忱思，不易维王。天位殷适，使不挟四方。"原意是赞颂周王朝取代商王朝而奄有天下。

赵武大概有些吃惊，楚国向来崇尚暴力美学，不料有朝一日也装起了文艺范。

当然，尽管王子围的文艺范装得挺像模像样，但赵武马上就领悟了他的话外之意，这个骄纵跋扈的令尹无非想告诉自己，楚国的君位将要易主了。

于是赵武赋《小宛》的第二章。《小宛》出自《小雅》，其第二章曰："人之齐圣，饮酒温克。彼昏不知，一醉日富。各敬尔仪，天命不又。"大致意思是说：人要谨言慎行，切忌昏聩和狂妄，否则将被天命抛弃。

散场后，赵武问羊舌肸："令尹以楚王自居，你怎么看？"

羊舌肸答道："楚王弱而令尹强，没人能阻止令尹篡位，但令尹必将身败名裂。"

赵武问为何。

羊舌肸解释说："因为令尹不合礼仪。只有礼仪才是安国服民的长久之计。令尹依恃强权欺凌弱小，固然能够轻而易举地攫取王位，但他会变本加厉陷入对权势的迷恋之中，从而心安理得地彻底废弃礼仪，把荒淫暴虐当作常道。人民忍得了一时，忍不了一世，最后一定会拼死反抗，令尹怎么可能得到善终？"

赵武点头称是。

虢地一幕淋漓尽致地展现了王子围对楚国最高权力的不懈追求。在诸侯各国看来，楚国发生王位更替只在早晚之间了。

可是王子围表示，此事宜早不宜晚，既然大家都看好他，他就要快点动手，用实际行动证明，大家都目光如炬，确实没看走眼。

虢地会盟那年的下半年，王子围派王子黑肱在北部边境的犫地和栎地筑城，又派伯州犁在西北边境的郏地筑城。

犫地和栎地原本属郑国所有，多年以前被楚国强占；郏地虽是楚地，但也距郑国不远。

看到楚国在这三个地方筑城，郑国各界均大为紧张，生怕楚国是在修建前进基地，为攻伐郑国做准备。

唯独执政大夫国侨安之若素，他满不在乎地说："无须担忧，令尹打算行大事，筑城只是除掉王子黑肱和伯州犁的节奏罢了，祸患根本不会延及郑国。"

国侨凭什么认定王子围想要除掉王子黑肱和伯州犁，已经无从考究。但事实是雄辩的，楚国政局的发展，几乎就是以国侨的推断为剧本在上演。

同年冬，王子围携心腹伍举出访郑国。还未离境，收到了楚郏敖生病的消息，于是王子围派伍举继续前行，自己则原路折返，并于十一月四日到达郢都。

王子围回转的目的，如他自己所称，是探视楚郏敖的病情，听起来很温情脉脉的样子。

然而不知大家想过没有，探视其实也可以分为两种。一种是看病人什么时候好，另一种却是看病人什么时候死。

王子围挖掘得更深，他除了要看楚郏敖什么时候死，还做好了准备，如果楚郏敖一时半会儿死不了，那他就要创造条件，让楚郏敖赶紧死掉。

虽然实际掌控着楚国的权柄，仪仗服饰也享用着国君的待遇，但缺少了国君的名分，总归让王子围从骨子里觉得不爽。现在，实至名归的时刻到了，老子一分一秒都不想再等！

王子围径入王宫，面见楚郏敖，"以其冠缨绞王而杀之"。

要绞死一个人，花的时间不用太长，但也绝不会太短。在护卫重重的王宫禁地，王子围用这种残忍而激烈的方法弑杀国君，我们在史籍中却找不到现场有任何反抗或阻拦的记录。

或许，史官早就把楚郏敖当个死人看待了。至于楚郏敖到底怎么个死法，已经勾不起史官深究的兴趣。

王子围绞死楚郏敖后，并未收手，又顺势杀了楚郏敖的两个儿子——幕和平复。斩草务必除根，王子围果然心狠手辣。

但这还不算完，王子围随即又展开清洗，大肆捕杀平时不归顺他或者将来有可能威胁到他的人。

右尹王子比见势不妙，逃往晋国；宫厩尹王子黑肱就近逃往郑国；太宰伯州犁大概消息不灵通，又或者没想到王子围会拿他开刀，稀里糊涂地死在了郏地。

国君死了，照例要遣使向友邦发讣告，也算是为下一任国君闪亮登场做个铺垫。

楚国派往郑国的使者首先见到了正在这里访问的伍举。伍举问他讣告中关于继任国君的介绍是怎么措辞的。

使者说："寡大夫围。"

伍举说：你有没有搞错？

使者愕然。

伍举纠正道："共王之子围为长。"

使者拜服。

清除完这些障碍，王子围便自立为王，又任命蒍罢为令尹，蒍启疆为太宰。一代暴君楚灵王就此登上历史舞台。

楚灵王即位次月，他的老对手——晋国的贤相赵武去世。

赵武当然不会把死掉自己作为恭贺楚灵王履新的献礼，但这种一升一落的命运安排，可以视作同期楚晋两国争霸局势的映射。

自第二次宋西门之盟后，中原迎来了久违的弭兵。晋国正卿赵武恪守君子之礼，努力维护来之不易的和平局面，在处理南北争端时只要无伤晋国的核心利益，不吝隐忍以待。

同时，晋国周边的无终国以及各部狄人因不堪忍受晋国无休止的渗透和蚕食，遂抛弃了由"魏绛和戎"主导的晋戎相安政策，不断袭扰晋国的后方，给晋国造成了严重的威胁。

晋国正好就着中原局势稳定的机会，集中精力攻打无终和诸狄；但这反过来又损耗了晋国的部分战略资源，使晋国在面对楚国时不得不保持适度的低调。

与之相对的是，楚国连续两任令尹屈建和王子围（当然，后来要改称楚灵王），一个比一个蛮横，虽然不至于悍然撕毁弭兵和约，但推行强势外交时不遗余力，楚国占据了南北关系的主动权。

同时，楚国的宿敌吴国惮于北方联盟失去了掩护和牵扯的作用，也识时务地采取收缩防御策略，不再给楚国添麻烦。这就进一步巩固了楚国对晋国的战略优势。

关于晋国攻打无终和诸狄的战事，原本与本章的主题——楚灵王的自我修炼没有紧密联系，但它不乏叙述的价值。因为，在中国乃至世界的军事史上，它常常受到业内人士的纪念。

当时，晋国派上军将中行吴和上军佐魏舒领军出征。战前，魏舒提议对晋军的战法作根本性的变革，一言概之叫"毁车以为行"。

"车"顾名思义就是战车，此处引申为以战车为核心组建的车步混合军团。

"行"这个概念，想必大家也不陌生，它是一种具有晋国特色的军队编制，像最早的"左行"和"右行"，以及后来的"三行"。"行"是指兵力约相当于一个军的纯步兵军团，此处引申为步兵。

那么，"毁车以为行"的意思，就是指舍弃兵车，所有士兵均徒步作战。

大家都知道，通常意义上说，车兵的战斗力比步兵的战斗力强。那为什么魏舒要自废武功，放着好好的战车不用，偏让士兵徒步作战呢？

莫非，魏舒认为戎狄是乌合之众，杀鸡焉用牛刀？又或者，魏舒压根儿就是戎狄的内线，故意扰乱晋军的部署？再或者，魏舒一夜之间傻了？

其实，答案可以归结为两个字，地形。

晋国的大部分疆土由太行和吕梁两大山系包夹而成，所在及周边多山地。而戎狄之属多居于山间，晋国与之作战时，战车受地形的限制，冲驰不便，往往沦为累赘，被徒步作战的戎狄搞得很惨。

事实上，当年晋文公设置"三行"的目的，就是专门对付这些山林间的野蛮人 [①]。所以，魏舒在此战前提出"毁车以为行"的战法，并不稀奇。

但是，魏舒的不凡之处在于，他创建了一个叫"魏武卒"的品牌雏形，而"魏武卒"后续功能的发挥对战国初年的地缘政治产生了重大的影响。

但凡一个优质的品牌，都经历了不断成长的过程。作为"魏武卒"之父，魏舒的贡献是优化了晋国步兵的阵型并从根本上扭转了人们对步兵战法的轻视。

在战车诞生以前，步兵是战场上当仁不让的主角。那时中国的步兵战法如何，

----

① 《左传·僖公二十八年》载："晋侯作三行以御狄。"

本人学识有限，无缘得知，猜想大抵应该处于某种组织协调都很落后的水平，看到敌人了只管一拥而上，与古惑仔斗殴没什么大的区别。

战车诞生以后，步兵均围绕战车而配置（主流做法是一乘战车附带二十五名步兵），属于辅助性角色，一般都是等到战车冲散敌方阵型后，再上前去补刀捡漏之类。人们普遍认为车兵才是解决对手的关键。

车兵多数时间确实比步兵强大，但偶尔会有例外。

一个兵种的威力不仅受限于战场的地形，还与排布的阵型、装备的武器以及后勤的补给等因素息息相关。

在本书述及的范围内，证明车战并非万能的例子，除了晋文公作三行以御狄外，还有周昭王南征不返和齐桓公援燕抗戎遭困厄。

优化步兵阵型，使步兵作战效能超越车兵的例子，则首推魏舒"毁车以为行"。

魏舒设计的步兵阵型由五个方阵组成。其中突前的方阵用于侦察和诱敌，随后的四个方阵又按照前后左右四个方位呈菱形排列。

这个战斗阵型与晋军平时的行军阵型一致，步兵军团在崎岖狭窄处接敌时，可以直接由行军阵型转为战斗阵型，大大缩减了原本冗长的布阵时间，有利于迅速释放战斗力。而缩减备战时间，快速投入战斗，就等同于提高了战斗力。

魏舒提议搞步兵方阵时，遇到了不小的阻碍。

主帅中行吴一度很踌躇。毕竟车战是一种成熟的战法，将士难免存在思维惯性，觉得车战更加得心应手；况且，车兵基本上都是由各级军官担任，让他们下地和没有职务的步兵打成一片，会产生或严重或很严重的心理抗拒，保持高昂斗志的难度相当大。

魏舒一开始也拿不出很好的应对办法，只得先把自己的部属改编为步兵。后来大概获取了中行吴的支持，于是"车改步"向全军推广。

中行吴的一个宠臣食古不化，坚持不肯接受改编，魏舒也懒得啰唆，把他抓起来磨刀示众。将士见统帅都下了狠心，不敢再推拒，于是改编顺利完成。

晋军与无终及诸狄的军队在大原（今山西省太原市西南）遭遇。

这些野蛮人见晋军徒步作战，不禁哑然失笑。你们晋国不是长期以高阶的文明人自居吗？怎么纡尊降贵学起戎狄的作战方式来了，不要让我们感觉太优越好不好？于是一边嘻哈一边排布战斗阵型。

谁知晋军毫无凝滞，操着行军阵型就径直冲了过来，步调很流畅。

戎狄大惊。纳尼，你们不换阵型吗？步兵不带这么玩的！

晋军冷笑。不带这么玩的？嘿嘿，以前是，以后不是了！

在晋军迅捷的冲击下，戎狄乱作一团，根本构筑不起有效的战斗面，随即一溃千里。

史籍中关于魏舒编练步兵行状的记载很少，但显然，魏舒编练步兵的技巧在他的子孙后辈里流传了下去，并得到了发扬和光大。

公元前 403 年，魏舒的玄孙魏斯与赵氏的传人赵籍以及韩氏的传人韩虔一起，被周威烈王封为诸侯，分别建立了魏国、赵国和韩国。此时已是战国时代。

战国七雄中，魏国的地缘位置非常恶劣。它西境与秦国以黄河为界，北邻赵国，东邻齐国，南邻韩国和楚国，只有燕国不和它接壤，是一个十足的四战之地。

魏文侯魏斯身当险境，忧患意识格外浓烈，于七雄中率先变法图强。魏文侯图强的措施涵盖国家生活的诸多方面，我们这里单说军事。

当时魏国用兵的主要方向是秦国的河西地区，魏文侯任命的主要将领叫吴起。吴起正是将"魏武卒"推向极致辉煌的灵魂人物。

吴起规定，只有能"衣三属之甲，操十二石之弩，负矢五十，置戈其上，冠胄带剑，赢三日之粮，日中而趋百里"者，方可入选为武卒（乖乖，这素质，冲出亚马孙都不在话下了）。

武卒在魏国享有优渥的待遇，除本人获封百亩田地外，国家还免除其全家的徭役和赋税。

吴起率领着这支从实体到精神均无比强悍的精锐重步兵狂扫河西，将秦国的势力完全驱逐到洛水以西，创造了"大战七十二，全胜六十四，其余均解"的奇迹。

其中发生在公元前 389 年的阴晋（今陕西省华阴市）之战，吴起更是以武卒五万，击败秦军五十万，瞬间亮瞎了世人的双眼。

为了封锁秦国，吴起沿洛水东岸修建了一条北起雕阴（今陕西省甘泉县南），南至阴晋的长城，然后派兵戍守。此后八十年间，秦国不敢东顾；而魏国在"魏武卒"的鼎力支撑下，一跃成为战国时代的首霸。

"魏武卒"的故事只是个插曲，下面我们言归正传，继续关注楚灵王的职业生涯。

晋平公谋求化解楚灵王进逼的势头，采取了与齐国结亲的策略。

公元前540年春，晋国新任正卿韩起出使齐国，奉献财礼，缔结婚约。四月，齐后庄公的嫡女少姜嫁到晋国，极受晋平公的宠爱。

晋平公是个好色之徒，少姜才侍寝三个月，便香消玉殒了。

晋平公对齐女的风味恋恋不舍，后脚赶前脚又与齐国订婚。

齐景公这一次准备让女儿出嫁，预先派晏婴去晋国洽谈。其间，羊舌肸问起齐国的事务。晏婴说齐国之政将归于陈（田）氏。

婚事谈妥后，韩起赴齐国迎亲。齐大夫高虿见晋平公偏好齐女，便动起了歪脑筋，擅自做主把齐景公之女改嫁给了别人。

"海棠老师，你别开玩笑了。既然有婚约在先，就得如约而行，人家晋国的面子那么大，要是被高虿公然玩弄，还不得跟齐国拼个你死我活呀？"

"叽叽，你总这么性急，刚才又放炮了吧？其实高虿没准备让韩起无功而返，他决定把自己的女儿嫁给晋平公，然后以晋国为后台，继续强化高氏在齐国的权势。"

"这又是闹的哪一出戏？老师你确信晋国会对齐国以次充好的勾当无动于衷？"

"这个不好说。所谓时也势也。此事如果放在晋国独霸中原的时候，想都不用想，晋国一定会拍案而起，二话不说办挺齐国。但眼下，你知道楚国正在步步进逼，晋国维持平分霸权的局面挺不容易，有些事情如果低调处理，我们也要体谅它的难处。"

韩起拉着高虿的女儿正欲返程，一个热血随从满怀愤懑地说："子尾（高虿之字）摆明了在欺骗晋国，您为什么一声不吭地接受啦？"

韩起淡淡地说："我们真正想要得到的是齐国而不是齐女。高虿主齐国之政，倘若我们得罪了他，还怎么奢望晋齐两国亲密合作？"

随从恍然大悟，在政治利益面前，讲什么感情名分，这不是纯属瞎扯淡嘛！

公元前538年的一月，楚灵王筹划召集诸侯会盟，进一步巩固楚国在南北格局中的优势地位。考虑到晋国很可能会对此不爽而暗中阻滞北方国家应召，楚灵王派伍举出使晋国，请求"假宠以请于诸侯"。

"假宠以请于诸侯"翻译过来就是说：借晋平公的光，敦请诸侯都来会盟。这套外交辞令说得很谦逊，但警告的意味甚是明显。

楚灵王实际想传达的意思是：我知道你晋国很可能会居中作梗，所以特地事先点破。假使到时候诸侯找各种理由旷到，那我绝对要指控你是幕后黑手。因为，你有恩宠于北方诸侯，既能劝说他们来，也能唆使他们不来。大家都是千年的狐狸精，你不要跟我玩什么聊斋。

晋平公气不打一处来。你楚国想骑在晋国的头上要威风也就算了，还叫晋国全力配合，这不是侮辱人吗？晋国合该被你卖了还帮你数钱对不？

晋平公正要一飞腿把伍举踹出去，大夫女齐一把拉住他说："您还是应允吧。霸业只有依靠修善德行才能维系，强行争夺是不管用的。如果楚王妄自尊大，荒淫暴虐，老天爷自会抛弃他，根本用不着我们出手。"

晋平公无法反驳，但心里那口气还是咽不下，便派羊舌肸回复伍举说："寡君有国家大事在身，春秋两季不能亲自往见。至于诸侯嘛，贵国本来就拥有他们，何必再惠赐命令给晋国呢？"言下之意，你搞你的，假装我不存在就是。

伍举很满意，有些事情，没有态度也是一种态度。晋国这种不迎合不掺和不搅和的表态，等于就是把中原事务的主导权交给了楚国，楚国夫复何求？

说是无求，其实也还有求。除了商议召集诸侯之事，伍举肩负的第二项使命是为楚灵王向晋国求婚。晋平公同意了。

六月十六日，楚灵王、蔡灵侯、陈哀公、郑简公、许悼公、滕悼公、徐子、顿子、胡子、沈子、郧子、宋世子佐及淮夷会于楚国的申地。

伍举对楚灵王说：诸侯唯德是归，您第一次主盟，应该尊礼慎行，给诸侯留下好印象。

楚灵王很犯难。一者他本就是图立威来着，要他自我克制，想一想都憋得慌；二者楚国向来疏于周礼，要他循规蹈矩，客观上也不太可行。

伍举说：宋国的向戌和郑国的国侨是天下闻名的贤人，他们也到申地了，您于礼仪上有什么不懂的，可以向他们请教。

楚灵王心里不甚耐烦，便应付了事地派人去请教向戌和国侨。

向戌和国侨以为楚灵王脱胎换骨准备从今往后走以礼服人的路线，惊喜之余，当即倾囊相授。

谁知等到正式会见时，楚灵王把向戌和国侨的教谕抛到九霄云外，依然我行我素，处处显露出骄狂之色。

伍举摇头叹息。

向戌和国侨还是想得通。自古多行不义必自毙，楚国不论实力多么强盛，在北方诸侯眼中始终只是个不入流的异类。楚灵王乖张逆行，无异于自取灭亡，这反倒是北方诸侯的福音对不？

七月，楚灵王携盟主之威，率诸侯联军攻灭赖国，将赖国宗室迁至楚国的鄢地居住；又在赖国旧址筑城，准备把许国整体搬迁过来。

大家都知道，迁国是非常劳民伤财的。

许国自公元前 576 年沦为楚国的国中以来，算上赖地，已经是第三次受楚国之命搬迁了，其痛苦程度可想而知。

然而，赖地并非许国的终老之地。在许国有生之年，又两次受命辗转搬迁到位于今河南省的西峡和鲁山，被折腾得奄奄一息。小国适逢乱世，其艰辛与无奈可见一斑！

攻灭赖国后，楚灵王意犹未尽，率联军沿长江东下，大举攻伐吴国，拔下朱方，处死庆封。

这一年来，楚灵王盟诸侯，灭赖国，城许国，破朱方，可谓心意所指，无往而不利。

可是风光背后，并非没有危机。

楚大夫申无宇认为，国君行诸事而无人诤谏，绝不是政通人和的表现。君王缺乏约束必然就会肆意侵害百姓，而百姓在忍无可忍的情况下必然就会造反。如此一来，国家难免会出现祸乱，国君也终将搬起石头砸到自己的脚。

申无宇的箴言有没有传到楚灵王的耳朵里，我们不得而知，但楚灵王显然沿用了他一贯的处世风格。

次年春，朱方之役的主将屈申被楚灵王处死，究其罪名，竟然是通吴。说实话，如果没有强大的想象力，要理解屈申在半年之内从一个伐吴功臣蜕变为一个通吴奸臣真的很难。

然而，楚灵王的想象力不止于此。稍后，韩起与羊舌肸护送晋女至楚国成婚。楚灵王也不派人出城迎接，只管召集大臣们上朝议事。

大臣们以为议的是婚礼之事，不料楚灵王一番话让小伙伴们都惊呆了。他说："晋国是楚国的世仇。以前，晋国处处掣肘楚国，我们凡事不得不顾及他们的意见，甚是不爽。如今，晋国已经表现出对楚国的顺服，我们还鸟他们干吗？晋国派正卿和上大夫前来送亲，我看这正是羞辱他们的好机会，不如砍断韩起的双腿，让他给楚国守城门；再把羊舌肸阉掉，让他在宫里操杂役。这样一来，晋国声名狼藉而楚国威名远播，我们岂不是赚翻啦？"

群臣目目相觑，半晌没有一个人作声。人家韩起与羊舌肸兼具上亲[1]和大国公使的双重身份，你楚灵王不搞迎接仪式也就算了，还要对他俩施以酷刑，是不是太丧心病狂了点儿。

终于，太宰薳启彊小心翼翼地说："如果楚国做好了应对万全的准备，这样行事也未尝不可。只是，一个普通人遭受了羞辱尚且会奋起反击，又遑论一个国家呢？说实话，晋国这几年对楚国够客气了，我们于情于理不该以怨报德。再说，晋国人才济济，即便少了韩起与羊舌肸也无伤根本；但假如他们因韩起与羊舌肸受此奇耻大辱而跟楚国拼命，楚国恐怕不死也要脱层皮吧！"

楚灵王语噎，但脑海中马上又迸发出了恶搞的火花。

招待羊舌肸时，楚灵王故意诘问一些稀奇古怪的事情，冀图以此让羊舌肸难堪。不料羊舌肸博学多才，任凭楚灵王如何百般刁难，他始终侃侃闾闾，对答如流。楚灵王只得悻悻作罢。

楚国到底有没有做好刀枪不入百毒不侵的准备，一年后的房钟之战似乎可以给予我们某些启示。

公元前536年的九月，楚灵王蛮横攻打徐国，因吴国出兵援徐，又派令尹薳罢攻打吴国，楚吴遂会战于房钟。

---

[1] 楚地习俗，称婚礼中新娘家的来宾为上亲。

结果楚军大败而回，宫厩尹鬬弃疾被俘，大夫薳泄被薳罢当作替罪羊推上了断头台。

这场战争反映的信息很丰富，它不仅说明在南北弭兵的大背景下，吴国仍能带给楚国重大的安全挑战，还隐隐透露出楚国内部存在相互倾轧的症疾。

可是楚灵王对这些忧患很不以为然。除却天生的目空一切和自以为是外，导致他麻木不仁的一个关键原因就是：房钟之战后，楚吴关系进入了一段时间的和平期。

四境俱绥的安定局面如同温热的水浸泡着楚灵王，让他不知不觉丧失了应有的警惕性，甚至变本加厉，在专行无忌的绝路上策马狂奔。

楚灵王以前做令尹的时候，僭用楚王的旌旗去打猎，颇令一些忠直的大臣不满。

大夫申无宇尤其义愤填膺。有一次见王子围出行，前面旌旗猎猎，他气不打一处来，当即上前砍断了旌旗的飘带，直言不讳地说："一国二君，其谁堪之？"

申无宇没料到，更让他受不了的事情还在后头。

楚灵王即位后，大兴土木，修建章华宫，并把那些获罪逃亡的人收纳于其中。这就叫人纳闷了。我说楚灵王，您老此举究竟是想鼓励犯罪啊，还是想组建黑帮推翻政府啊？

不久，申无宇家的守门人因罪逃到了章华宫里。申无宇不管三七二十一，径往章华宫拿人。

章华宫的守卫拦住他喝道：你小子是不是昨儿个吃错了药，竟敢跑到王宫来撒野？喝毕反把申无宇拿下，束缚停当后送楚灵王发落。

楚灵王当时正在宫里喝花酒，心情貌似还不错。

申无宇抗辩道："国有法纪，人分等级。下人犯了事，就合该受到惩处，我作为主人来抓捕他难道有什么不对吗？先君文王曾制定法律，规定凡窝藏赃物者，与盗贼同罪；先君武王也曾说过，商纣王就是因为大肆窝藏逃亡者，所以招致了天下诸侯的讨伐。您这才刚刚开始主诸侯之盟，就窝藏逃犯，恐怕不妥吧！"

楚文王和楚武王是楚国的前辈先贤，申无宇把他俩的招牌抬出来，楚灵王固然因申无宇坏了他的规矩而气恼，倒也不好反驳。

可楚灵王终究又不甘心就这样让申无宇凯旋，于是装作一本正经地说："你说得对，带着你的逃犯走吧。不过，这里还有一个盗贼正受到上天的恩宠，暂时还不能被逮捕①。"话还没说完，人已禁不住得意扬扬地大笑。

楚灵王又修建章华台，数年乃成，希望邀请诸侯前来参加落成典礼。太宰薳启疆毛遂自荐，主动申请出使鲁国。

到达鲁国后，薳启疆说了一通恭请光降的客气话，末尾没忘补一句：鲁昭公您要是不去，寡君就带着礼物来拜访您。

鲁昭公心想，无事献殷勤，非奸即盗，这请神容易送神难，礼物什么的就不用了，我去还不成吗？

楚灵王在章华台设享礼款待鲁昭公，大概是为了彰显楚国的雄壮，特意找来一名猛汉担任相礼。

猛汉劲气十足，举手投足虎虎生风，一对招子精光四射。

鲁昭公自幼接受的教育是宫廷礼仪应当温文尔雅，未审楚灵王意欲如何，在猛汉冷眼的扫射下，一顿饭吃得提心吊胆，才扒拉了几口就再也无法下咽。

享礼毕，楚灵王赠送了一把叫大屈的弓给鲁昭公，但很快又反悔，寻思怎么把大屈要回来。

薳启疆再次挺身而出，进见鲁昭公。

鲁昭公说起获赠大屈之事，薳启疆表示祝贺。

鲁昭公问所贺为何。

薳启疆说："齐国、晋国和越国朝思暮想要得到大屈，寡君却把它送给了您，这岂非不值得祝贺？但是，您回国后必须加强守备，防止三国出兵抢夺。"

鲁昭公几欲晕倒，同时引起三个国家的妒恨，别说得到的只是一把弓，就算得到一座城，鲁国也得有命来消受才行啊！赶紧把大屈交给薳启疆带了回去。

另外还有一个"橘逾淮为枳"的典故，出自《晏子春秋》，据说与楚灵王相关，真实性请大家自行甄别。

---

① 楚灵王喻指自己肆意妄为，但偏偏谁也奈他不何，申无宇逮走个下人不算什么，说到底还是他楚灵王赢了。

话说齐国贤相晏婴将要出使楚国，楚灵王想逮住这个机会戏弄晏婴。

两人会见时，有士兵绑着一个囚徒觐见。当然，这都是楚灵王事先设计好的桥段。

楚灵王问那个坏家伙是做什么的。士兵回答说："他是齐国人，犯了偷盗罪，请您发落。"

楚灵王强忍着笑意转头又问晏婴："齐国人怎么喜欢干这事呀？"这个问题虽不凌厉，但一者突如其来，二者关乎齐国声誉，承认固然颜面扫地，否认也言辞乏力（毕竟活生生的罪犯就在眼前），极其不好应付。

假如晏婴真被问个哑口无言甚至面红耳赤，那楚灵王的目的就达到了。

谁知晏婴非常轻巧地回复了这样一番话："我听说橘树长在淮河以南就是橘树，长在淮河以北就成了枳树。橘树和枳树只是叶子相似，它们的果实味道截然不同①。这是为什么呢？水土相异之故。现在人们生活在齐国安分守己，一进了楚国就偷鸡摸狗，怕不是楚国的水土使然吧？"

楚灵王讪笑，可是连他自己都觉得，笑起来很像哭。

林林总总唠叨了许久，楚灵王越礼僭行、不讲信义、专横残暴、喜欢耍小聪明的负面形象大致勾勒出来了。但是仅凭这些，还不足以囊括楚灵王的"灵"字特色。

与绝大多数谥号为灵的君主一样，楚灵王人生的终结符不是句号，而是感叹号、疑问号或者省略号。楚灵王那方式偶然结局必然的谢幕式，得辗转从陈国的第二十二任君主陈哀公说起。

陈国是舜裔的封国。舜主政华夏时，后宫并列三位夫人，分别称为元妃、二妃和下妃。陈国延续了这种独特的习俗。

陈哀公的元妃生了公子偃师，二妃生了公子留，下妃生了公子胜。三位妃子虽然都是嫡妻，但排名还是分了先后，因此偃师是陈哀公的正牌世子。

然而，宫廷戏能够演绎出那么多的人间悲喜，就在于礼法某些时候并不能落到实处，游离于利益边缘地带的人，往往通过破坏游戏规则来夺取原本不属于自

---

① 其实橘和枳为不同属的植物。

己的东西。

譬如公子留，生就一个当王爷的命，却偏偏憧憬着有朝一日南面称孤。公子留的非分之想固然与其二妃之子的尊贵身份息息相关，但终极秘要乃是他的母亲宠冠后宫。

不过，陈哀公对二妃的无限迷恋，并没有充分转化为对公子留的宠爱。"没有充分转化"的意思就是说：陈哀公对公子留宠则宠矣，但还没到准备用公子留取代偃师出任世子的地步。

陈哀公所做的，仅仅是把公子留托付给自己的两个弟弟——公子留的两个叔叔——公子招和公子过而已。

陈哀公大概希望通过这种方式，确保公子留日后能够享有某种超越普通公子的尊贵待遇，也算是对眼下公子留他妈带来的欢娱的回报。

其时，陈哀公已经老耄，且患有长年不愈的疾病，对政局的掌控日渐松弛，因此，用尽量温和的手法处理家庭矛盾不失为明智之举。

但是，公子留、公子招和公子过很快结成了命运共同体，他们不愿接受把公子留定位为一位尊贵公子的安排。公子再尊贵，和世子比起来，那也是泥云之别对不？所以，他们决定发挥主观能动性，赶在君位传承尘埃落定之前，再造乾坤。

公元前534年的三月十六日，公子招和公子过骤然举事，将世子偃师杀死，然后立公子留为世子。

陈哀公怒不可遏。擅杀世子是一种什么性质的行为？说轻点儿，这叫目无法纪，破坏国家正常的政治秩序；说重点儿，这叫欺君罔上，在他陈哀公脑门上拉屎。

老子只不过年老体衰、视事不勤，你们就敢对世子痛下杀手；赶明儿老子卧床不起、完全无法视事了，你们是不是要再下一城把老子也提前打发走？

盛怒之下，陈哀公振作精神，打算把罪魁祸首公子招抓起来就地正法。

然而，陈哀公把事情想得太简单了。如今公子招的身份，已不仅仅是国君之弟，他还是世子 [①] 的保傅。

换句话说，陈哀公如果杀个国君之弟，牵涉的利益人群相对狭小，反正国君

---

① 指公子留，他眼下是君位的第一顺位继承人。

之弟的后台就是陈哀公自己，估计不会遭受太大的反弹；杀个世子保傅就不同了，世子保傅的后台是世子，如果保傅被镇压，那世子必然会其心戚戚，担心自己的储君之位难保，进而力挺保傅开展自卫反击。

在一个国君式微而世子强势的政治群落里，陈哀公冲冠一怒的后果，实在难以让人产生乐观的预期。

果不其然，公子招一伙察觉到陈哀公要拿他们法办后，立即抢先动手。

四月十三日，公子招发兵围困公宫，明火执仗，杀气腾腾。陈哀公措手不及，由于断绝了与外界的一切联系，再想反制公子招已无任何可能。

陈哀公还没完全糊涂，他知道，走到这一步，如果他不给公子招一个说法，公子招也会给他一个说法，与其受尽屈辱，还不如图个痛快，于是自缢而死。

公子留即位后，第一时间派了个叫干征师的人到楚国去拜码头，毕竟自己来路不正，也怕平素有些仇怨的国家借机干涉，要是得到了楚国的首肯，那底气就壮实多了。

公子留算盘打得很精，但事情的发展出乎他的意料。

就在干征师赴楚的同时，另一个陈国人也悄悄地抵达了楚国。这个人是公子胜的手下，他的使命是向楚国控诉公子留杀兄弑父的罪行。

现在摆在楚灵王面前的是一个选择题：要么与公子留沆瀣一气，承认陈国政权的非正常更替；要么与公子胜达成共识，主持正义惩处公子留。

楚灵王选择了第二项，将干征师一刀宰了，然后释放空气，说要拿公子留问责。

公子留大骇，君位还没坐热，就只身跑到郑国避风头去了。而公子招佯装镇定，推说弟弟公子过才是整起事件的主使，然后装出一副大义灭亲的样子，将公子过当众处死。

至此，篡权夺位三人小组里，形象代言人公子留闪了，主力成员公子过挂了，行动总指挥公子招退了，陈国的动乱暂时息止，正义得到了彰显。

而这一切，都得益于楚灵王的干涉。一时间，楚灵王的负面形象似乎有了颠覆性的改观。

但是，如果大家真的认为楚灵王士别三日当刮目相看那就过于毛躁了。因为，推翻公子留政权原本只是楚灵王预案中的阶段性成果，他的终极目标绝非如此单纯。

同年九月，一路大军从楚国杀向陈国，主帅乃楚灵王的弟弟王子弃疾，军中还裹拥着一个叫吴的陈国人，他是陈国前世子偃师的儿子。

楚国打出的旗号是替天行道，要用强制性力量确保陈国的君位回归到偃师一系。

然而结果令人大跌眼镜。十一月，楚军拔下陈国都城宛丘，当淳朴的人们以为陈吴将要继位为君时，楚国却向天下宣布，陈国从今往后并入楚国，降格为楚国的县邑。

人们恍然大悟，原来楚灵王压根儿就是直奔灭陈而去的，什么铲奸除恶，什么维护纲常，与楚灵王一点儿关系都没有，强取豪夺才是他一贯的本色。

倒是在任命陈地主官时，楚灵王破天荒地闪耀出了一丝人性光辉。具体而言，他决定让穿封戍担任陈公。至于理由嘛，是他在城麇与穿封戍争功时，穿封戍表现出了不向他谄媚的铮铮气节。

不谄媚的人才可能正直，正直的人才可能当好官。封穿封戍于陈大概是楚灵王一生中唯一的亮点所在。

稍后，穿封戍陪楚灵王饮酒。楚灵王酒至半酣，脑海中又浮现出了十三年前的城麇往事。

他心想，当时自己的身份虽然比穿封戍尊荣，但实际权力未必能压制穿封戍，这或许就是穿封戍敢于不谄媚的原因所在吧；现在自己奄有楚国，穿封戍这家伙是不是也会心生早知今日悔不该当初的念头呢？

带着一种居高临下的心理优势，楚灵王问穿封戍："假如知道寡人能到今天的地步，你在城麇一定会让着寡人吧？"

楚灵王以为穿封戍至少会说几句场面上的客气话，谁知穿封戍的脾气有增无减，咋咋呼呼地说："假如知道您能到今天的地步，下臣一定冒死来安定楚国！"

楚灵王所谓的地步，是指自己贵为君王，风光无限；穿封戍所谓的地步，是指楚灵王为君不仁，祸害楚国。

而穿封戍所谓冒死安定楚国，则是指拼着一死也要杀掉当年的王子围（即今日的楚灵王），为楚国除去不安定的因素。

照常理论，作为臣下说出这样狂悖的话语，君主即便把他活埋个七八次，都算是法外开恩了。可楚灵王听了非但一点儿都不动怒，反而觉得无比享受。

楚灵王这种令人匪夷所思的舒适感的根源，其实我可以用一句话代为阐释：想要杀我的人多了去了，但谁又能动我半根毫毛呢？

楚灵王不知道，杀得了他的人并不是没有，只不过他打破脑袋也想不出那个人是谁而已。

常言道：天作孽，犹可违；自作孽，不可活。有些老话最好虔心地供奉起来，也许它一时半会儿不会应验，但指不定哪一天就会把人卷入运转的轮回，拉都拉不出来。

楚国吞并陈国的行为，性质是恶劣的。因为它违背了南北弭兵的协议，对国际安全秩序造成了严重破坏，更是对晋国的公然挑衅。

可是晋国忍住没有作声。

一方面，和平与安宁来之不易，晋楚之间一旦重燃战火，必定旷日持久，无论成败，至少战争的耗费是巨大的。晋国不想轻启战端。

另一方面，晋国这几年的内政外交不是很顺息，没有闲心和楚国较劲。

公元前533年春，为了争夺周王畿和晋国接壤处一个叫阎的地方，晋国和周王室搞得面红耳赤。

晋国先是对洛邑进行了武力威胁，后来又被洛邑用"溥天之下莫非王土"的理由驳得哑口无言，只好把已然吞入腹中的阎地吐了出去。

同年夏，下军佐智盈赴齐国迎接齐女（晋齐欲联姻），返程到达戏阳（今河南省安阳市安阳县北郭乡一带）时去世。

智盈入职六卿十多年，本身就是晋国屈指可数的大人物；再加上智氏与中行氏、程氏俱为显赫世家，且因血缘关系而连声同气，所以晋平公至少应当为智盈之死表达一下哀挽之情才对。

可是晋平公一点儿感都不带，智盈停棺于都城，他却在宫里饮酒奏乐。

原来，晋平公一直不待见智盈，久欲免去智盈的职务而另以亲信任之。虽然这些想法在他人的劝谏下没有付诸行动，但晋国政坛的裂痕由此可见一斑。

次年七月，晋平公自己也死了，中原的大小诸侯熙攘前往吊唁；又过了五个月晋平公正式下葬后，再回首陈国，早已烂成楚国肚子里的一坨屎了。

晋国在隐忍，其他诸侯更加噤若寒蝉，楚灵王的气焰受到了进一步的鼓舞。

公元前531年春，晋平公坟头的新草还未长起，楚灵王又打起了蔡国的主意。

当时，楚灵王遣人致送厚礼，敦请蔡灵侯前往楚国的申地相见。

蔡灵侯准备应召前往。臣下谏阻说，楚灵王贪婪无信，觊觎蔡国久矣，如今"币重而言甘"，只怕没安好心，您切莫上当受骗。

蔡灵侯最终还是去了。

三月二十五日，楚灵王在申地设享礼款待蔡灵侯，席间觥筹交错，气氛热烈，看起来也没什么不对头。

蔡灵侯不觉酩酊大醉，刚一伏倒，帷幕后忽然涌进来众多甲士，将蔡灵侯绑得跟头牲口似的。

四月七日，蔡灵侯连同随他出访的七十名士一起引颈受戮。

就在举世一片哗然的时候，楚灵王使出了他组合动作中的最后一招，派王子弃疾攻打蔡国。

晋国终于坐不住了。时仕上军将中行吴对中军将韩起说，既不能救陈国，又不能救蔡国，晋国还当什么盟主哇？

同年秋，晋国一边召集鲁、齐、宋、卫、郑、曹、杞诸国在厥慭会见，商议援救蔡国；一边派大夫狐父出使楚国，为蔡国说情，楚灵王非但一口拒绝，反而追加了投向蔡国的兵力。

十一月，楚军攻破蔡国都城，杀死代父守国的蔡世子，降蔡国为楚国的县邑，王子弃疾获命担任蔡公。

申无宇出言劝阻说：把亲近的人（指王子弃疾）外放而把外来的人①留内，这是动乱的先兆，不可不察。

楚灵王不以为然地说：怕什么，郢都的城墙如此坚固，谁想造反尽管试试。

申无宇冷笑，政权的稳固在于人心，倘若人心不稳，你说这城墙是能出谋划

---

① 指郑丹。郑丹乃郑穆公之孙，公元前554年因国内政变而奔楚，现任右尹。

策还是能舞枪弄棒？

公元前 530 年冬，楚灵王在州来狩猎阅兵。仪式结束后，楚军直接开赴徐国。

徐国和吴国最近几年过从甚密，早就成为楚国的眼中钉肉中刺，楚灵王希望借攻伐徐国之机，调整楚国对吴国的战略态势。

楚灵王对伐徐之战信心满满，派五员将领率军先行入徐，他本人则驻军于乾谷（今安徽省亳县东南）以为后援。

众多史籍记录下了在此期间楚灵王和右尹郑丹的一席对话。

楚灵王问："想当年，我们的先王熊绎与鲁、卫、晋、齐的先君一道侍奉周王室，四国都被颁赐宝器，唯独楚国没有。如果我现在要求周天子颁赐楚国宝鼎，你认为周天子会同意吗？"

郑丹不假思索地答道："会呀！从前我们的先王①辛勤侍奉天子，并非没有功劳，只不过因为齐君是天子的舅父，鲁君、卫君、晋君是天子的同胞兄弟，而楚国与周王室没有亲缘关系，所以才遭受冷遇。如今，天下之势迥异，周王室和鲁、卫、晋、齐反过来都要侍奉楚国了，楚国向周王室要个宝鼎，难道周王室敢推三阻四吗？"

楚灵王很满意，又问道："想当年，我们的皇祖伯父昆吾，居住在许国的故地，如今郑国却霸占了那块地方的土田。如果我现在向郑国求取，郑国会答应吗？"

郑丹说："会呀！连周王室都不敢爱惜宝鼎，难道郑国敢爱惜土田？"

楚灵王再问："想当年，诸侯不把楚国放在眼里而纷纷尊崇晋国，现在我们在陈国、蔡国和不羹②四地兴建城墙，每地各备战车千辆，诸侯应该会害怕我们了吧？"

郑丹说："当然会！光是这四地就足以令诸侯胆寒了；若再加上楚国全国的力量，试问天下还有谁敢跟您作对？"

细细品味上述对话不难发现，楚灵王把自己当作了引领楚国走上强盛之路的关键人物，满脑子想的都是扬名立万，建立超越先人的功业，骄横之气溢于

---

① 在此郑丹以楚人自居，"我们的先王"即楚人的先王。

② 地名，共有东西两处。东不羹在今河南省舞阳县西北，西不羹在今河南省襄城县东南。

言表。

平心而论，一个人有远大的抱负不是件坏事，然而在实践的时候不能破坏和谐。

譬如齐桓公，刚出道的时候以"尊王攘夷"为施政纲领，以华夏兴亡为己任，于是天下归心，霸业遂成；至其晚年，四风渐长，背弃群众路线，于是天下离心，霸业遂解。

那么就楚灵王而言，想当天下的老大并没有错，天下本无主，唯有能者居之。

但是，楚灵王的品行实在是差了不止一星半点儿，远的不说，近的像灭陈县蔡，如果用四个字来形容，非"简直无耻"莫属。换作是你，你会衷心拥戴他不？

所以，楚灵王这种只追求结果而不讲究过程的做法，或许可以逞一时之快，但注定难以为继。再所以，他在乾谷的豪言壮语，终究会被无情的历史击个粉碎，然后碾为尘土。

有句名言说：一失足成千古恨，再回首已百年身。楚灵王不是一失足，而是一而再再而三地失足；他最终的下场，也不是失足那么轻便，而是失身失国，为天下笑。而且，所有的报应，马上就会降临。

史籍中关于楚灵王末路的记载比较含混而零乱，本书只能概要地说说。

我们暂且把得道多助失道寡助的大道理放在一边，只从微观层面上分析。除却国家沦丧的陈人和蔡人外，楚灵王约有这么几路潜在的仇家。

楚灵王以前当令尹的时候，杀了司马蒍掩，并霸占了蒍掩的家产；即位后，楚灵王又夺取了蒍掩族人蒍居的土田。

公元前533年，楚灵王将许国迁到夷地，又把许国大夫围扣住作为人质。

蔡国有个叫洧的人在楚国为官且受到楚灵王的宠信，当楚灵王吞并蔡国时，洧的父亲被楚军杀死。

前令尹鬬縠於菟的玄孙鬬韦龟、鬬韦龟的儿子鬬成然，父子俩的封邑双双被楚灵王剥夺。

因此，蒍氏、许围、蔡洧和鬬成然都怨恨楚灵王。

当然，光靠这些人还不足以扳倒楚灵王。真正有能力把楚灵王赶上绝路的，还是当年奉楚共王之命拜玉的几位王子。

当年的五位王子中，按长幼顺序我们一个个地数。

楚康王招已经作古。

王子围非法攫取王位成了楚灵王。

王子比和王子黑肱受楚灵王逼迫，于公元前541年分别逃往晋国和郑国，一直对楚灵王怀恨在心。

王子弃疾在楚国身居要职，前些年还被楚灵王封为蔡公。他表面上看与楚灵王同音共律，其实内心里对楚灵王疯狂破坏弭兵大局的行为相当不满。

介绍完上述反楚灵王势力的基本情况，我还要补充几点。

首先，假如由王子比、王子黑肱和王子弃疾三位王子领衔革楚灵王的命，会比苪氏、许围、蔡洧和鬬成然之辈造反相对更加容易得手。

毕竟王子发动政变，没有更改王位的血统，国民的心理障碍较小；而旁人造反，可以视作改朝换代，遗老遗少想必会产生相当大的抵触情绪。

其次，王子弃疾最具领袖的潜质。他常年掌兵，又手握地方实权，具备了造反的物质基础。

此外，早年鬬韦龟得知王子弃疾拜玉两次压中后，认为王子弃疾前途不可限量，曾特意嘱咐其子鬬成然，叫他侍奉王子弃疾，因此鬬成然算是王子弃疾的忠实拥趸。

最后，蔡洧的职务非常微妙。楚灵王去往乾谷前，布置郢都的安全保卫工作，蔡洧受命担任负责人，相当于首都卫戍总司令的角色。

大家都知道，远水救不了近火，一旦郢都出现紧急状况，蔡洧掌控的兵马将成为决定局势走向的关键力量。

好了，现在我可以明确交代，最终搞定楚灵王的，大致就是上述诸君。

但是，光有干事的冲动还不够。在造反这种技术含量极高的群体性活动中，如果缺乏有效的组织协调，成功的概率比猜中里约奥运会女子排球比赛的冠军高不了多少。

搞笑的是，承担起最初组织工作的是一个很不起眼且误打误撞的人，他的名字叫观从。

公元前551年，楚国令尹王子追舒（楚庄王之子）手握重权而不加收敛。

有一个叫观起的庶人，受到追舒的宠信，未办理任何手续就混进了官场，家中还蓄养了几十匹拉车的马，俨然以权贵自居。

楚康王对此极为猜忌，就把追舒和观起一起杀了，其中观起受的是车裂的酷刑。

观从就是观起的儿子，当时正在蔡国大夫朝吴手下当幕僚，听闻父亲惨死，心中当然充满了对楚国的刻骨仇恨，因此一直寻机报复。

公元前529年春，也就是楚灵王驻军于乾谷的当口，观从展开了行动。他的计划是推翻王子弃疾，进而光复蔡国，从而削弱楚国。

观从冒用蔡公王子弃疾的名义召唤流亡海外的王子比和王子黑肱来蔡地相见。待王子比和王子黑肱行至蔡都近郊时，观从与之秘密会晤，并以恢复蔡国的实情相告。

王子比和王子黑肱受了诓骗，心中虽然恼怒，但若想原路返回已无可能。观从趁势强迫他俩和自己结盟，然后联手袭击蔡都，攻势非常迅猛。

王子弃疾接到警报的时候正在吃饭，一点儿防备都没有，急忙夺路而逃。观从一伙冲进王子弃疾的宅邸时，饭菜都还是热乎的。

观从让王子比和王子黑肱先找个地方隐匿起来，接着哄骗蔡人说："楚王无道，蔡公召见两位王子，打算护送他们回楚国。现在，两位王子已经提前出发了，蔡公稍后也将率大军跟进。"

这个谎言捏造得很好，既巧妙地解释了王子比和王子黑肱的来龙去脉；又挑起了蔡人对楚国的仇恨，便于他观从借力使力便宜行事。

谁知，蔡人经年累月受楚国压迫，奴性已颇为浓重，一听要造楚国的反，第一反应不是云集景从，而是要把观从抓起来治谋逆之罪。

在现实的死亡威胁面前，观从有些胆怯了，只好顺着谎言的逻辑继续忽悠道："两位王子早已先行离境，况且蔡公的军队也已组建完毕，反楚势在必行，你们就算杀了我又有什么用？"

蔡大夫朝吴和观从志趣相投，估计平日里没少为复蔡反楚之事聚头商议，眼见观从将有不虞，他赶紧在一边打圆场说："大家要是甘愿当亡国奴，就违逆蔡公吧；要是想光复蔡国，那就必须襄助蔡公才行！"

蔡人的血气终于被激起，于是答应释放观从，并追随王子弃疾造反。

这样一来，观从的命算是保住了，但由他一手策划挑起的政变的主旨，却不经意间从推翻王子弃疾进而复蔡反楚，转换成了拥戴王子弃疾推翻楚灵王进而归还蔡国的自由之身。

这个区别，看似很小，但终结楚灵王的燎原之火，就此引燃。

接着，蔡人翻箱倒柜又把王子弃疾找了出来，重新奉为蔡公。

王子弃疾稀里糊涂官复原职，虽说被迫接受了反攻楚灵王的附加条件，但思想上并不抗拒。因为反攻楚灵王本来就是他内心里一个不能说的秘密，蔡人的诉求只不过促使他把所有的顾忌统统抛到一边，勇敢地迈出了做一个真男人的第一步。

随后，王子弃疾召王子比和王子黑肱在邓地会盟，三兄弟约以共襄义举。

这次会盟史籍中都是一笔带过，其实很有必要掰开来剖析一番。

要知道，就在不久前，王子弃疾刚被王子比和王子黑肱赶得急急如丧家之犬，差点儿连命都丢了。若换作你是王子弃疾，你难道会对王子比和王子黑肱尽释前嫌？

所以，王子弃疾和王子比、王子黑肱的联盟一开始就不怎么牢固，一旦推翻楚灵王的任务达成，两帮人即便反目成仇也是很正常的事。

再者，团队中虽然王子弃疾的势力明显强于王子比和王子黑肱，但王子弃疾没有争坐革命党的头把交椅，他以年龄最小为由自居于王子比和王子黑肱之后。

这个举动耐人寻味，它至少说明王子弃疾很精明。

因为，一旦革命成功，王子弃疾完全可以凭借实力迅速走到前台来，将胜利的果实攥到自己手里；而一旦革命失败，王子弃疾也便于把自己标榜为一名从犯，用"背黑锅王子比和王子黑肱来，送死也王子比和王子黑肱去"的方法来完成自我救赎。

无论如何，反抗的领导核心终于形成了，接下来就是招兵买马，继续扩充实力。

王子比等人首先以复国的许诺号召陈人和蔡人，发动他们一起举事；继而与芉氏、许围、蔡洧和鬫成然等人取得联络，调动起里里外外各方面的反对势力，组建了一支规模庞大的军队。

反政府军势如破竹，很快就攻到了郢都的郊外。王子弃疾随即派两名亲信潜入城去，启动了预先埋藏在王宫里的一颗炸弹。

楚灵王的世子叫禄，禄的仆人头领正是王子弃疾的人。这个头领遵照王子弃疾的指示，杀死了禄以及楚灵王的另一个儿子罢敌。

继而，反政府军在基本没有遭遇抵抗的情况下顺利进城，清除都内的楚灵王留守势力，宣布王子比出任楚王、王子黑肱出任令尹、王子弃疾出任司马。

接着，王子弃疾派观从潜至乾谷，混进楚灵王的军中，传播郢都事变的消息，并宣称"先脱离乾谷返回郢都者，可以恢复禄位资财；后返回郢都者，一律处以劓刑"。军士皆惊惶不已。

楚灵王察知事态严重，赶紧回师反旆。

然而，局势恶化的速度远远超乎楚灵王的想象，才走到訾梁（今河南省信阳市），麾下的军士已逃离大半。照这个趋势发展下去，估计走到郢都城下时能剩三两个人为楚灵王赶马驾车就算不错了。

旋即，更大的打击接踵而至，世子禄和王子罢敌的死讯被呈送到楚灵王的车前。

楚灵王如遭雷击，一个跟头栽下车来，肝肠寸断地号哭道："呜呼哀哉，我太爱我的儿子了，难道别人失去儿子了也会有我这样悲痛吗？"

一个侍者冷冷地说："失去儿子的悲痛算什么？小人这么老了，却连一个儿子都没有，余生面临的都是万丈深渊，是不是比您惨多啦？"

楚灵王一怔。在这样一个失魂落魄的场合听到这样一句似乎饱含怨恨又似乎已经麻木的诘问，他灵魂深处蛰伏的人性渐渐浸上心头，过往荒淫无度的画面也如同幻灯片般在他脑海中一一闪现。原来那些恣意欢谑的背后，点点滴滴都是别人的血泪呀！

回过神来，楚灵王满怀苦涩的感觉哀叹道："我杀了那么多人的儿子，能不沦落到今天的地步吗？"

嘿嘿，楚灵王总算是说了句良心话。只不过，一定要等到自己的儿子也被杀死的时候，才懂得天下谁人不是父母所生、谁人不是父母所爱的道理，是不是太迟了一点儿？

右尹郑丹凑过来，劝楚灵王老老实实回郢都听候国人的发落。楚灵王怕死不敢去。

郑丹又劝他找个大的城邑容身，然后收聚旧部重整旗鼓。楚灵王说大的城邑差不多都参与叛乱了，无处可去。

郑丹又劝他干脆直接投奔其他诸侯，然后请大国出面干涉，或许时局还可回转。楚灵王说自己运数已尽，再奔走逃避也只是自取其辱罢了。

郑丹心里暗暗骂了句老匹夫，抛下楚灵王头也不回地往郢都而去。

楚灵王茕茕孑立，形影相吊，举止呆滞，一脸茫然。徘徊良久，他抱着走一步看一步的念头，准备沿夏水南下到鄂地去。

走到一个叫棘闱的地方，楚灵王已是饥渴难耐，狼狈不堪。这时，他遇见了一个人，一个来找他的人。这个人叫申亥，他是大夫申无宇的儿子。

申无宇此人，前文提到过，曾经斩断王旌、执人于章华宫、直言上谏，端的是铮铮铁骨，宁折不弯。

申亥继承了申无宇执拗的性格特点，只不过申无宇的执拗表现为忠直，而申亥的执拗却表现为愚忠。

申亥觉得他父亲数次冒犯楚灵王而楚灵王不加以诛戮，这是对申家天大的恩惠，申家必须涌泉回报。所以，当得知楚灵王有难，申亥便偷偷地把他迎回芋地的家中供养了起来。

郢都那边，反政府军遍寻楚灵王不着，心中不免焦急。毕竟楚灵王在楚国主政十几年，势力盘根错节，假如他纠集残余的党羽卷土重来，那局势还存在一定变数。

可对于王子比、王子黑肱和王子弃疾而言，还有更令他们心焦的事。

楚灵王虽然不见影踪，但终归是被赶跑了，就算有朝一日杀回来寻仇，那也是下一步才需要考虑的问题。而摆在眼前亟待解决的问题是：朝政虽然掌控在反政府军手里，但权力份额的分配显然与各人之前投入的股本不成正比。

王子比的王位和王子黑肱的令尹之位坐得提心吊胆，害怕王子弃疾随时会推倒一切重新洗牌；王子弃疾作为反政府军的力量源泉，却屈居司马之位，眼见大局向好，过河拆桥的想法也越来越令他燥热难当。

解决这个问题的办法，说起来很简单，要么王子比和王子黑肱联手杀了王子弃疾，要么王子弃疾杀了王子比和王子黑肱。死人总是无欲无求的对吧？

可如果真这么做，另一些问题又随之产生了。

王子比和王子黑肱虚有其名，实力不济，并没有杀死王子弃疾的把握。

王子弃疾倒是有把握杀得了王子比和王子黑肱，但一者自己逃脱不了弑兄犯上的恶名，二者内讧也会损耗自己的实力，对新生的政权更是一种摧残。在楚灵王生死未明的情况下，自乱阵脚的风险实在是太大了。

总而言之，双方都想翻脸，又都有所顾忌，还偏偏都不死心。于是乎，郢都的政治气氛变得异常诡异起来。

不知道哪一天深夜，郢都城内有人高喊："君王（指楚灵王）进城来了！"

凄厉的叫声像鬼魅一样在寂静的夜空里游荡，听到的人无不暗自心惊：楚灵王回来，郢都岂非又要迎来新的血雨腥风啦？

从此，每天深夜都有相同的声音从某个漆黑的角落蹿出来，搞得郢都城内人心惶惶。特别是刚刚站稳脚跟的反政府军，神经高度紧张。

到了五月十七日夜里，恐怖的叫声突然变得稠密起来，城中各处此起彼伏的都是"王来了"。

王子比和王子黑肱不禁毛骨悚然。说实话，楚灵王的下落本来就是他们的一块心病，他们久已为此寝食难安；如今再受到如此惊吓，他们想死的心都有了。

那么，楚灵王到底回来了没有？这些神秘兮兮的叫喊声又究竟是何人所为呢？很遗憾，我无法给出全面的答案。

我只知道，楚灵王一直在申亥家发呆；十七日夜里的叫喊声是王子弃疾搞的鬼；至于十七日之前的叫喊声，史籍中找不到线索，如果没猜错的话，王子弃疾的嫌疑最大。

当然，这些信息已经足够我们对王子比、王子黑肱和王子弃疾之间的暗战形势做出一个较为准确的研判。

首先，从客观的角度出发。楚灵王目前没有任何反击的迹象，这也就意味着王子比、王子黑肱两兄弟和王子弃疾之间一弱一强的斗争态势不会受任何影响。

其次，从王子比和王子黑肱的角度出发。他俩想当然地认为，既然自己名义上是抢班夺权的领袖，那肯定会被楚灵王当作不共戴天的头号死敌；而且极度忐忑的心情再受到三番五次的惊吓后，他俩的意志已处于持续涣散之中。

最后，从王子弃疾的角度出发。他虽然和王子比、王子黑肱一样害怕楚灵王突然现身，但他清醒地认识到，楚灵王暂时不会对郢都构成直接的威胁。所以他抓住这个机遇期，用无中生有的计策，对王子比和王子黑肱展开心理战，以期达到让王子比和王子黑肱自行崩溃的目的。

顺便说一下，在十七日夜里"王来了"的消息传遍全城之后，王子弃疾派鬬成然去见了王子比和王子黑肱。

鬬成然三脚并作两脚抢进去，用乍一听像通风报信兼出谋划策的口气急急说道："大事不好，君王真的回来啦！现在都城里刀兵四起，乱军已经杀了司马弃疾，马上就要杀到您这儿来啦！您最好立刻打定主意，或许还可以不受侮辱。群情汹汹，大势已去矣！"

王子比和王子黑肱两股战战，再侧耳一听，远近都是呼啸喊杀的声音（这其实也是王子弃疾为他俩量身打造的周边情境），当下心胆俱裂，赶紧把自己杀了。

当十八日的太阳照常升起时，人们惊恐地发现，楚灵王"果真"回来了。不信你瞧，王子比和王子黑肱都死了，这若是被楚灵王仇杀的话很说得过去嘛！

不过人们转眼又发现，事情似乎没有想象的那么简单。因为王子弃疾昭告四方，由他继承王位（史称楚平王），由鬬成然出任令尹。

你说这不是白日见鬼吗？既然楚灵王回来了，王子弃疾怎么可能非但浑若无事，反而一步登天了呢？楚灵王明摆着会抵死不从啊！谁能给个逻辑好不好？

狐疑的人们很快就等来了逻辑。

楚平王从牢里挑出个死囚剁翻，然后给尸体穿上楚灵王的服饰，再扔到汉水中，接着又假装发现可疑尸体，打捞起来一看，赫然竟是"楚灵王"，最后公然收葬。

于是，围观的人释然了，观望的人也死心了，即便真的楚灵王重出江湖，那楚平王也可以堂堂正正地以假货论之了。

说到这里，或许细心的人会发现，楚灵王的那点儿事没有完全终结。毕竟他人还活着，而活着就是一种姿态，谁也不敢打包票断定一个活着的人绝无可能创造惊人之举。

不过，所谓创造惊人之举的可能，那也只是理论上存在。事实上，在接下来的几年中，楚灵王仿佛人间蒸发了一般，不见任何影踪。

对于制造了楚灵王死亡假象的楚平王而言，楚灵王的真实下落，真的是一个谜。唯一掌握了事情真相的人是申亥，只有他知道，其实楚灵王真的已经死了。

就在楚平王登基的一个星期之后，也就是公元前529年的五月二十五日，万念俱灰的楚灵王在申家上吊而死。

申亥很够意思，将自己的两个亲生女儿作为人殉，悄悄地埋葬了楚灵王。

于是，搞笑的一幕不经意间出现了。楚灵王还活着的时候，楚平王说他已经死了；楚灵王死了以后，楚平王本人却以为他还活着。历史有时候就这么幽默，就这么折腾。

折腾的不仅是楚灵王的生死，还有他留在身后的烂摊子。

原本计划伐徐慑吴的楚军，因为国内骤然生变而被迫中途折返。吴国趁机出兵掩杀，于豫章①大败楚军，一个不少地俘获了楚灵王钦点的全部五员将领。

楚平王为了迅速稳定局势，巩固自己的王位，也采取了一些积极措施。

首先是兑现当初的诺言，允许陈世子吴和原蔡世子的儿子卢重新建国（但是把蔡国从初封的今河南省上蔡县，迁到了更加靠近楚国的今河南省新蔡县，以方便楚国控制蔡国）。

其次是对内实行仁政，"致群赂（犒赏有功之臣），施舍、宽民、宥罪、举职"。

最后是对外通过改善与郑国的关系以纾缓晋国等北方势力对楚国的敌意。

如此一来，楚国得以维持南北弭兵的局面，集中精力与吴国继续争霸。

春秋的历史脉络最终回归到了争霸的线索上，一直困扰楚平王的楚灵王生死之谜也到了揭晓的时候。

据《左传·昭公十三年》（即公元前529年）载："他年芋尹申亥以王枢告，

---

① 春秋时代的豫章是个谜一样的地理概念。《左传》中在不同的场合八次提到了豫章的地名，却显然不是指同一个地方。结合豫章这个地名出现时的不同背景来看，其所在地应该分布在江淮平原西部这样大的范围内，且《左传》的多处记载都提到豫章临水。惜乎其具体所在已不可考。

乃改葬之。"

也就是说，楚平王在几年后终于拿到了楚灵王确切的死亡证明。相信在掘出楚灵王尸首的那一刻，楚平王心头萦绕的是喜悦而不是仇恨。

中国人有盖棺论定的传统习惯，既然楚灵王从传说到事实都已经死了，那我们不妨通过一则故事来探究一下楚灵王的败因。

故事不是我杜撰的，也不是道听途说的，而是出自《左传·昭公十三年》。

当楚灵王还是王子围的时候，有一次他边占卜边祷告说："我应该能够得到天下吧？"

大家瞧瞧，这孩子多么积极追求进步哇！我小时候最远大的理想，也不过是和小婉君坐同桌而已。

可是占卜的结果很不吉利。王子围瞬间勃然大怒，一把将烧裂的龟甲甩在地上，恨恨地冲着上天责骂道："区区这点儿东西都舍不得给我，我无论如何也要得到它！"

于是故事的层次丰富了起来。王子围祈求得到天下的目的原来不是为了给苍生造福，他的真实意图恰恰相反，是要驱使天下苍生为他造福。

为了这个念想，他甚至不惜责骂上天，连得罪世人敬畏不已的神明也在所不惜，其心性之专横猖狂、之为所欲为、之肆无忌惮，已经为日后成为独夫民贼打下了坚实的基础。

《左传》在故事后紧跟着评论道："民患王之无厌也，故从乱如归。"因为疾患楚灵王贪欲无厌，所以人们造起反来如同回家那般争先恐后、欢欣鼓舞。

楚灵王被冠以灵字之谥，果然实至名归，一点儿都不憋屈。

叔孙豹之死所透射的三桓乱象

假如有人用"起于鲁庄公时代的、以孟氏和叔孙氏以及季氏为主体的、对鲁国春秋时期历史演进起主导作用的公族集团"来描述三桓，那三桓的形象显然是不够丰满的。

三桓与鲁国国君的亲缘关系，使得三桓的思维和行为方式具备了某些既统一又对立的特质，归纳起来大致有三条。

在维护国家利益方面，同为公室血统的三桓和鲁君风雨同舟，休戚与共；在维护集团利益方面，同为贵戚权臣的三桓紧密协作，瓜分君权；在维护家族利益方面，同为世代大家的孟氏、叔孙氏和季氏连横合纵，明争暗斗。

关于三桓之间相互倾轧的具体表现，前文中陆陆续续有所展示，想必大家不会感到陌生。

当然，这并不妨碍我们再通过一起非正常死亡的案例，来继续深度审视三桓之间的利益纠葛。中国历史几千年来无非就是成王败寇、分合往复，乍一听全一个套路，但细数下来各有各的精彩，对吧？

叔孙豹，谥号曰"穆"，史称叔孙穆子。

"穆"是一个常用的褒谥，随便去度娘家找找，就能翻出一堆诸如布德执义、中情见貌、贤德信修、德政应和之类的释义。显然，鲁国人给予叔孙豹的评价是非常高的。

阅诸《左传》，叔孙豹确实给我留下了上佳的印象，为人处世忠直诚恳，既不屈于强权和淫威，又不耽于私利和小人，无愧于正人君子的称号。

叔孙豹在这个世界上留下的最深刻印记，当属名满天下的"三不朽"言论。

公元前549年，叔孙豹出访晋国。晋国正卿范匄与之会见时，两人之间展开了如下一番谈话。

范匄问："古人有言曰'死而不朽'，请问这句话到底是什么意思？"

叔孙豹沉思而未作答。

范匄翘起尾巴继续发问："匄的祖先，在虞舜以前是陶唐氏，在夏朝是御龙氏，在商朝是豕韦氏，在周朝是唐杜氏（以上四氏皆为上古有名的氏族），在晋国称霸中原的时候是范氏，应该当得上'不朽'的名称吧？"

平心而论，陶唐氏、御龙氏、豕韦氏、唐杜氏的说法虽有牵强附会的嫌疑，但范氏自范会经范燮而至范匄，祖孙三代均入职晋国六卿，确实都是晋国巅峰时代的顶尖人物。要说人过留名，范氏还真够格。

可是叔孙豹并不以为然，他回答道："您说的这种情况，只能称为'世禄'，而不能称为'不朽'。豹听说，'太上有立德，其次有立功，其次有立言'，只有这样，才能真正做到身死而令名不废。至于保姓存氏以使祭祀不灭的家族，哪个国家没有，它和'不朽'还差得远呢！"

"三不朽"作为伦理思想史上的伟大命题，揭示了一种凡世的永恒价值，历来受到中国知识分子的备至推崇。

中国历史上能够摘取"三不朽"单项奖的人不少，譬如三皇五帝之于"立德"，大禹之于"立功"，鲁国大夫臧孙辰之于"立言"，等等。

而能够包揽"三不朽"大满贯的人却不多，确切地说，公认的代表人物只有两个半。

第一个是万世师表的孔子，第二个是明代著名的思想家、文学家、哲学家、军事家、陆王心学之集大成者王守仁，最后那半个是晚清中兴名臣曾国藩。

曾国藩勤修己身，功高盖世，连传世的家书都被时人奉为至尊宝典，只不过因为镇压太平天国时手段残忍，被世人讥刺德行有亏，所以未能荣膺与圣人等高的殊荣（孔子和王守仁都被称为圣人）。

"三不朽"的标准如此苛刻，由此不难想见，创制这一价值评判体系的叔孙豹，本身亦具备了极高深的修为。

上述文字算是我对先贤叔孙豹的一点儿菲薄致敬，也是与三桓政治生态无关的题外话。现在让我们言归正传，把目光回转到叔孙豹的人生轨迹上来。再确切一点儿说，看看活得精彩的叔孙豹是怎么窝囊死的。

在详述叔孙豹的最后那段光景前，我要强调一句，每个人都有青涩的过去，贤良如叔孙豹者亦不例外。而叔孙豹的人生之所以会以悲情的方式落幕，就起源于他早年的一桩风流韵事。

本书在"三郤之戏"那一章曾经说过，鲁国叔孙氏的宗主原本是叔孙豹的哥哥叔孙侨如，叔孙侨如与鲁成公的生母穆姜通奸，并试图迫害同为三桓的季孙行父和孟孙蔑，后来事败逃往齐国，以致叔孙氏无主，身在齐国的叔孙豹这才被召回鲁国以继承叔孙氏。

至于在此之前，叔孙豹为什么会去鲁适齐，史籍中没有交代。据推测，大概是预见到了叔孙侨如的所作所为将给叔孙氏招引祸患，故叔孙豹早早地离开了鲁国这个是非之地。

本书意不在探讨叔孙豹单飞的原因，但叔孙豹的故事要从他单飞说起。

话说叔孙豹离开叔孙氏后，走到鲁国的庚宗时，邂逅了一个女人。当时这个女人很落魄，几乎快要饿死了。

叔孙豹虽然同为天涯沦落人，但好歹是个"曾经阔过"的贵族，稍微救济这个女人一下让她不致倒毙于路的能力还是有的。于是，他弄了点儿东西给她吃，救了她一命。

故事至此本来比较平淡，但随后的情节就变得五彩斑斓起来。

不知道是叔孙豹旅途寂寞，还是这个女人感恩图报，反正救命饭授受完后，两个人忽地来了雅兴，竟然天当被地当床地做起了露水鸳鸯。

事毕，叔孙豹提起裤腰准备闪人。女人新承恩泽，对叔孙豹正自依恋，就问：喂，你不带我走吗？

叔孙豹扼要地介绍了自己的处境和打算，说你放心吧，我们有缘还会再见面的，毅然抛下女人走路。

女人虽然不舍，但也清楚叔孙豹势在必行且前途未卜，只好哭着送走了叔孙豹。

叔孙豹到达齐国后，在与高氏齐名的国氏那里娶妻，并陆续生育了两个儿子，分别叫孟丙和仲壬。

老婆孩子热炕头的安定生活对于叔孙豹来说是个不错的归宿，庚宗那个与他有过一夕之缘的女子，在我看来，忘了也罢。

有的人万花丛中过，尚且片叶不沾身，叔孙豹和她也只是因缘巧合，而且饭肉两清，互不相欠，犯不着把一次冲动的野合刻意上升到感情和责任的高度。

可是，世界上有些事情不是说一笔勾销就能一笔勾销的。就算在叔孙豹的表意识中，他和她再也没有任何关系，但在他的潜意识中，她还是一个不能被抹除的存在。

因为，从生理的角度而言，男人和女人之间发生那点儿事，除了会带来即时的快感外，多半还会带来另一个衍生产品，那就是骨血。

而一旦有了骨血，那么做父亲的，即便完全不知情，也会产生奇妙的感应，在看似毫无理由的情况下和与其骨血相关联的物事发生某种遭遇。

叔孙豹就是一个活生生的例子。

叔孙豹旅齐期间做过一个梦。

梦境中，天塌了下来，叔孙豹独自死命支撑，眼见力气不支，马上就要被压成肉饼。

惊恐之际，叔孙豹仓皇四顾，想找个人来帮忙。当他把头转向身后时，发现了一个怪人。

此人浑身皮肤黝黑，含胸而屈背，双目深凹，口吻暴突，乍一看，就像是一头牛往人进化的中间阶段。

叔孙豹不假思索地喊道："牛，快来帮我！"怪人似乎真的叫牛，听到呼救，一把奔过来，解了叔孙豹的困厄。

在古人的认知里，梦境和现实是互通的。第二天早上醒来，叔孙豹回想起昨晚那个噩梦，兀自心悸不已，便召集下人，看能否找到那个叫牛的家伙。

找了一圈，没有找到，叔孙豹也就渐渐淡忘了此事。

但叔孙豹没有料到的是，牛并非只行走于他的梦中，他俩有朝一日还会在真实的世界里相见，只不过，这个梦中救了他的贵人，异日将把他迫害致死。

叔孙豹被召回鲁国后，接掌叔孙氏，一跃成为显赫的重卿。

有一天，下人通报说门外有个女人求见，叔孙豹让带进来。当看到这个女人时，叔孙豹的第一感觉是似曾相识。

女人一开始很羞怯，言辞间闪闪烁烁，出现了庚宗的字样。叔孙豹恍然大悟，这不就是当年在庚宗委身于他的那个野女人吗？

道破这层关系后，女人的勇气大了些，便将一只随身携带的野鸡送给叔孙豹。

以野鸡为赠品，放到现在那就是一普通的土特产；若放在春秋时代，那名堂就多得不亦乐乎了。

根据《周礼》的记载，春秋有"六挚"之说。

"六挚"即人们相见时互相馈赠的六种礼物，根据送赠方身份等级的高低，所执的礼物各不相同，其中"孤执皮帛，卿执羔，大夫执雁，士执雉（即野鸡），庶人执鹜，工商执鸡"。

假如送赠方拿一个与自己身份不相称的礼物送给别人，那受赠方是非常忌讳的。为啥？非礼勿受呗！

"六挚"的实物虽然并不怎么值钱，但谁要是胡乱收受而被人斥以违礼，那可就是上纲上线的原则性问题了，保管吃不了兜着走。

眼前的这个女人，顶了天也就是一介庶民，她凭什么敢赠人以野鸡？更加奇怪的是，叔孙豹非但没有呵斥，反而笑纳了，这又是什么情况？

原来，这是一种隐晦的表达方式。野鸡确实与士相对应，但名义上的送赠方绝非这个贫贱女子，而是另有其人。

到底是谁？答曰叔孙豹的儿子。

叔孙豹的身份是卿大夫，他的儿子套级别的话，正好是士，送只野鸡恰如其分。

因此，若以一言概括庚宗女人的意图，那就是：你留了一个私生子在我那儿，你看着办。

叔孙豹十分欣喜，问起儿子的近况。女人说已经能够打酱油了。叔孙豹说那还不快快领来与我相认。女人依言带来一个小男孩儿。

叔孙豹见到小男孩儿后十分惊讶，因为他居然和梦境中的那个牛长得一模一样。

叔孙豹也不问他名字，尝试着叫了一声"牛"。小男孩儿毫不迟疑地应答道："唯。"叔孙豹感受到了一阵融融的暖意。

春秋时代，卑者回应尊者，一般都是答"诺"，唯独儿子回应父亲时答"唯"，此所谓"父召无诺，唯而起"也。

因此，小男孩儿的一声"唯"，不但确定了自己的名字，也落实了他和叔孙豹冥冥之中的父子渊源。一场认亲圆满收官。

叔孙豹对牛极是喜爱，立即将族人全部召集起来，把牛正式引见给他们，并让牛担任了一个小臣。旧时称"小臣"为"竖"，故人们后来称牛为竖牛。

"担任小臣"和"极是喜爱"似乎不怎么挂钩，但我要提醒大家，此时竖牛年纪尚幼，实在没办法出任高官要职。

等到竖牛成年之后，叔孙豹让他主管家政。这个职务就非同小可了，它意味着，由于全面掌控家族的行政资源，竖牛成了同父兄弟中最有实力的选手。

说起同父兄弟，就不得不提到叔孙豹的另外两个儿子，孟丙和仲壬。

从理论上说，孟丙和仲壬与竖牛相比，具备天然的优势，因为他俩是嫡子。像竖牛这种庶子，哪怕再炙手可热、风光无限，单凭无缘家族继承权这一条，就得自叹弗如，掩面而退。

而事实上，孟丙和仲壬并不怎么讨叔孙豹欢喜，处境相当艰难。

这就带来了一个问题。身为嫡子只是一种优势，只有等到真正继位为宗主之后，优势才算转化为了胜势。换句话说，在接掌家族之前，孟丙和仲壬不敢说自己日后一定能混得比竖牛好。

更进一步的事实是，孟丙和仲壬被竖牛玩弄于股掌之间，非但没有接老爸叔孙豹的班，反而一个接一个地丢了性命。

孟丙和仲壬会黯然出局，原因还要追溯到叔孙豹自齐国返鲁。

公元前 575 年的十月，叔孙侨如奔齐，而身在齐国的叔孙豹约于次年年初返鲁，两兄弟在齐国有过短暂的交集。

叔孙豹当初主动离开鲁国，本意就是为了和举止不端的叔孙侨如划清界限。对于和叔孙侨如在齐国的意外重逢，叔孙豹心里当然很是郁闷。

但是，令叔孙豹更加郁闷的还在后头。叔孙侨如这厮狗改不了吃屎的性，在鲁国勾搭太后穆姜招惹众怒，跑到齐国后，居然又和齐太后声孟子通奸，直把叔孙氏的脸都丢尽了。

叔孙豹气得吐血，偏又没办法和叔孙侨如保持距离；幸好迎来了鲁国的召唤，于是连夫人国姜和嫡子孟丙、仲壬都来不及带，就一个人匆匆地回到了鲁国。

叔孙豹没想到，他这一走，后院起火了。

叔孙豹和齐国大夫公孙明要好，在齐国时两家人就相互走动频繁，公孙明和国姜也是熟识的。

国姜被落在齐国，或许怨恨叔孙豹寡情，又或许原本就和公孙明有奸情，反正一眨眼的工夫叔孙夫人登堂入室成了公孙夫人。

叔孙豹羞愤交加，无数次想象自己提一支劲旅将奸夫淫妇捉拿归案；壮志未酬之下，也只能以疏远孟丙和仲壬作为发泄，一直等到两个嫡子成年，才派人将他俩接回鲁国。

孟丙和仲壬回到鲁国时，竖牛已然是须臾不离叔孙豹左右的大红人，兄弟俩虽然顶着个嫡子的闪亮头衔，但一者不为父亲待见，二者在家族内没有人脉基础，所以处处落于竖牛的下风。

到了公元前538年，也就是楚灵王破朱方杀庆封那年，叔孙豹患了很严重的疾病，身体状况一落千丈，看样子也没多少寿数了。

长期执掌家政的竖牛终于有了非分之想，他意欲趁叔孙豹从病至亡疏于视事的当口，搅乱叔孙氏的内部体系，然后攫取更大份额的财富和权力。

作为一个庶子，要想多拿多占，一道绕不过的坎儿就是必须先把拥有家族优先继承权的嫡子打倒在地。竖牛正是准备拿孟丙和仲壬开刀。

竖牛首先试探性地邀孟丙盟誓，强迫孟丙服从他。孟丙贵为嫡子，当然抵死不从。

认识到孟丙不存在和自己沆瀣一气的可能性后，竖牛下定了弄死孟丙的决心。

当然，竖牛不想亲自操刀赤膊上阵，他要把杀人这件事做技术化的处理。具体而言，就是既要达成杀死孟丙的目标，又要不暴露自己。

而要实现这样的技术化操作，其实也很简单，想必大家都能猜得出，借刀杀人就行。

那借谁的刀好呢？当然是借叔孙豹的刀最好。君为臣纲，父为子纲，做老爸的要杀儿子，即便是冤假错案，孟丙固然无法躲避，旁人也无从置喙。

恰在此时，叔孙豹自觉来日无多，想把世子的人选定了，就送一口钟给孟丙，叫孟丙准备为大夫举行享礼，还说自己届时亦将赴会为钟举行落成典礼，并正式宣布孟丙为叔孙氏世子。

孟丙大喜，多年来忍气吞声，总算熬到了见青天的时刻。

写到这里，我忍不住想提醒孟丙一下。钟是个中性的东西，本来没什么忌讳；但别人如果送一口钟给你，那你可就要倒血霉了。为啥？你不觉得"送钟"和某个词语是谐音吗？

孟丙沉浸在白日飞升的兴奋之中，压根儿就没意识到自己触了霉头，于是喜滋滋地把享礼准备妥帖，接着央请竖牛到叔孙豹那里征询举行享礼的日期。

竖牛的喜悦绝不亚于孟丙，自己朝思暮想要弄死孟丙，眼下不就是一个现成的机会吗？

竖牛假惺惺地满口应承，然后真的去见了叔孙豹。只不过，竖牛面见叔孙豹时对孟丙的央请绝口不提，出来回复孟丙时却又谎报了一个日期。

孟丙自然没料到竖牛玩这么一手阴的，遂按部就班广邀朝中大夫前来赴宴。

举行享礼那天，叔孙豹毫不知情，一直在家中安坐，忽然听到孟丙的住处钟声鸣响，似有贵客造访，心中怪异，便唤竖牛去问个究竟。

竖牛当然不会说孟丙衅钟^①享客必须撞钟，而是捏造了一个极其卑鄙的谎言："孟有北妇人之客。"

孟指孟丙，北妇人指叔孙豹的前妻国姜，至于北妇人之客，除了叔孙豹的姨夫公孙明还能有谁？

叔孙豹闻言大怒。天要下雨娘要嫁人，国姜恬不知耻也就算了，你孟丙乃正宗叔孙之后，竟然和公孙明打成一片，甘愿当个王八羔子，这不是典型的无耻之尤吗？亏老子还准备立你为世子，真是瞎了眼了！

叔孙豹吹着胡子就要冲到孟丙处发飙。竖牛赶紧一把扯住他，让他先忍一忍。

叔孙豹一想，家丑不可外扬，动静闹大了自己也脸上无光，于是强压怒火，布置好人手，单等那边招待"公孙明"的宴会一散场就要处死孟丙。

孟丙全然蒙在鼓里，左等老爸不来，右等老爸还不来，和一众大夫强颜欢笑，眼见得钟息人去，席间一片萧素，一股悲凉之意不禁涌上心头。

兀的一彪人马夺门而入。孟丙刚要开口问询，来人已不由分说将他拿下，拖到外面立即执行死刑，节奏无比欢快。

嫡长子孟丙屈死并未令病入昏沉的叔孙豹有所醒悟，这就助长了竖牛继续作恶的气焰。接下来被列入黑名单的，是叔孙豹的嫡次子仲壬。

竖牛对付仲壬的方法与对付孟丙的方法如出一辙，走的都是威逼不成再陷害的路数。他首先邀仲壬盟誓，强迫仲壬服从他。仲壬不从，于是竖牛给仲壬下了一个套。

一天，仲壬私自和鲁昭公的车御莱书在公宫里游玩，偶遇鲁昭公。鲁昭公并

① 为钟举行落成典礼时须以血祭之，曰衅。

未见怪，反而赏给仲壬一个玉环。仲壬觉得这是件倍儿有面子的事，就托竖牛把御赐的玉环呈送给叔孙豹观赏。

竖牛自然乐得趁机上下其手，于是带着玉环面见叔孙豹，却偏偏不拿出来给叔孙豹看，回过头又哄骗仲壬，说老爸叫你戴上。

等仲壬戴好了，竖牛就装着一副急公好义的样子对叔孙豹说："让仲壬觐见国君如何？"

卿大夫推举自己的儿子觐见国君，那是含有深意的，基本上可以理解为确立世子的节奏。

因此叔孙豹随口问了句为什么。竖牛说："反正就算不让他见，他也见了。听说国君还赐了他一个玉环哪。"

叔孙豹的表情瞬间愤怒起来。虽然从理论上说，世子之位迟早是仲壬的，但仲壬这种不等不靠私自觐见国君的做法又置他叔孙豹于何地？仲壬眼里还有家规宗法没？还有礼义廉耻没？

叔孙豹气咻咻地令人驱逐仲壬。仲壬百口莫辩，只好流亡到了齐国。

孟丙和仲壬或死或亡，叔孙豹身边已无嫡子侍奉。这种局面的直接后果就是，叔孙豹丧失了处置竖牛作乱的转圜余地。

当叔孙豹终有一天察觉竖牛的狼子野心时，身为叔孙氏唯一有权力即时制裁竖牛的人，或许他的病体已不能为他提供最低限度的精力。

如果仲壬在的话还有一线转机，叔孙豹可以紧急立他为世子，然后由仲壬以世子的身份出面制裁竖牛。

可是，仲壬远在齐国，就算叔孙豹召他返鲁，这一去一来在路途上耽误的时间里，态势很可能已经恶化到万劫不复的地步了。

事实证明，情况远比我想象的还要糟糕。

仲壬亡齐不久，迭遭家庭变故的叔孙豹病情迅速恶化，已然危在旦夕。病危中，满脑子正统思想的叔孙豹终究不想坏了传承规矩，便令竖牛召仲壬回鲁国继承叔孙氏。

竖牛岂肯功败垂成，于是应而不召。

大家瞧瞧，叔孙豹的手令甚至出不了卧房，仲壬返鲁一事又从何谈起？

更令人不寒而栗的是，竖牛为了彻底断绝仲壬返鲁的可能性，竟然又动起了杀念。这一次，他想杀的人，是父亲叔孙豹。

亲子弑父，乃大逆不道的行为。竖牛倒也不敢做得太浑若无人，他为叔孙豹量身定制的死法是饿毙。

饿毙这种法子的优势和劣势都非常明显。

优势在于杀人不见血，等到叔孙豹死了，别人也说不清他到底是因病死的，还是因饿死的，竖牛正好蒙混过关。

劣势在于把人弄死的速度太慢，而只要叔孙豹还剩一口气在，谁也不敢保证竖牛不会被翻盘。

事情的两面，竖牛都很清楚，所以他的具体措施是：逐渐减少对叔孙豹餐饮的供应量，同时以叔孙豹病重不宜见人为由，尽量阻隔叔孙豹与外界的联系。

这样一来，叔孙豹死于谋杀的证据不明显，外界实时了解叔孙豹病中景况的机会也收窄。

尤其对竖牛利好的是，叔孙豹的领导权力与外界的执行力量，在相互无法接触的情况下，根本就构不成对竖牛的威胁。

如果说处于这种状态下的叔孙豹已经危在旦夕的话，那接下来一件事，则相当于提前宣告了叔孙豹的死亡。

这天，一个叫杜洩的忠直家臣不知通过什么方式见到了饥渴交迫的叔孙豹。

此时的叔孙豹还未虚脱，一天到晚吃了几粒米、喝了几滴水还数得清，也终于看清了竖牛的嘴脸。于是他愤愤控诉竖牛的罪恶，然后递给杜洩一只戈，叫杜洩帮他去杀了竖牛这个人面兽心的逆子。

杜洩不由得百感交集。眼下竖牛大权在握，他区区杜某人即便有替天行道的勇气，又岂能动得了竖牛一根汗毛？再说了，当初接纳竖牛的是你叔孙豹，宠幸竖牛的也是你叔孙豹，盲从竖牛的还是你叔孙豹，现在死到临头了忽然发现自己犯了一个彻头彻尾的错误，你说你是不是自作自受？

与杜洩的密晤，是叔孙豹反制竖牛的最后一线机会。当然，在局外人看来，这根本算不上什么机会。

不过这并不妨碍我们做出一个准确的判断，即从杜洩内心里——出于势单力薄也好，出于愤懑叔孙豹昏聩也罢——放弃营救叔孙豹的那一刻起，叔孙豹唯一能做的事，就是活活等死。

叔孙豹的饮食表面上并未断供，但竖牛在中间玩了手脚。他让下人把饮食送到偏房，称由自己亲自进呈给叔孙豹。等下人转身走了，竖牛就铁石心肠地把饮食统统倒掉，然后把空的盛器留在偏房里，造成叔孙豹进食完毕的假象。

叔孙豹积病积弱之躯，哪还经得起这般恶毒的折磨，绝食三天之后的十二月二十八日，便一命呜呼了。可怜一代大贤，不意晚境如此凄凉。

叔孙豹死后，鲁昭公令杜洩操办丧事，这一任命使得竖牛焦灼不已。毕竟杜洩是叔孙豹临死前的见证人，而且极有可能掌握了孟丙和仲壬事件的真相，如果杜洩将这一切捅出去，那竖牛的麻烦可就大了。

所以竖牛的当务之急就是赶紧堵住杜洩的嘴。而要想达到这个目的，竖牛按照自己那下三烂的习惯性套路，又打起了借季氏之力的主意。

季氏是三桓中势力最庞大的家族，时任宗主季孙宿掌鲁国正卿之位，甚是专横。应该说，竖牛向季氏求助还是很明智的，因为季孙宿具备打压叔孙豹的原动力。

本章开篇的时候说过，季氏和叔孙氏有明争暗斗的传统。就季孙宿和叔孙豹这两位代表人物而言，个性差异造成的对立更加严峻，前者多表现为飞扬跋扈，后者多表现为知礼守法。

反映这种个性差异的典型案例发生在公元前 542 年。当年六月二十八日，鲁襄公去世，季孙宿积极拥戴鲁襄公夫人敬归的儿子世子野继位。

可是等到九月十一日的时候 [1]，情况有了重大变化，世子野因为哀痛过度，也追随老爸西去。

季孙宿随即又立敬归之妹齐归的儿子公子裯为储君。

叔孙豹站出来表示反对，大致意思是说：有嫡立嫡，无嫡立长，年同立贤，贤同立卜，公子裯无所依据，凭什么立为储君？

讲完这番大公至正的道理后，叔孙豹继续分析道：公子裯丧父而面有喜色，

---

[1] 诸侯去世五个月后方能下葬，当时世子野还未正式即位。

这叫作不孝，不孝之人，不可立为国君；如果季孙宿一意孤行，只怕会殃及自身。

季孙宿置若罔闻，强行立公子裯为君，史称鲁昭公。

是时，三桓中与季孙宿不睦的孟氏宗主孟孙羯恰巧死了（死于九月十七日），叔孙豹居于下风又孤立无援，只好怏怏作罢。

叔孙豹的主张得不到季孙宿采纳，搞笑的是，鲁昭公却用实际行动表示了对叔孙豹"支持"。

关于鲁昭公的行状，为了避免提前泄露剧情，远的我暂且先不说，单挑一件近的说说。

据《左传·襄公三十一年》载："比及（鲁襄公）葬，（鲁昭公）三易衰，衰衽如故衰。"

衰指孝服，衽指衣襟。全句的字面意思是说：为鲁襄公举行葬礼的时候，鲁昭公三次更换孝服。每次换完以后，孝服的衣襟很快就变得肮脏，直如穿了很久的孝服一般。

这句话的内涵又是什么呢？

内涵是说：鲁昭公心智不成熟，举行葬礼时，他嬉戏打闹，不停地把孝服弄脏了，实在不像样，以至于换了三次。

有人或许会发问：这么不懂事，难不成鲁昭公还是个稚气未脱的小孩儿？

我的回答是：恭喜你猜中了，鲁昭公的确是一名心理年龄远低于生理年龄的十九岁大小孩儿。

在葬礼现场目睹了鲁昭公童真风采的臣僚不由得暗自摇头，认为他将来不能善终。

或许只有季孙宿不忧反喜，君主暗弱，不正好给权臣提供了广阔的发挥空间吗？

上面讲了一些季孙宿和叔孙豹的个性差异，下面继续季孙宿和叔孙豹争斗的话题。季孙宿虽然久欲打压叔孙豹，但下手的机会极其不好找。

叔孙豹为人正派，基本上没有把柄被别人抓住；而且通晓礼仪，常年穿梭往来于各国，声名蜚于海外，为天下所敬重。

对于这样一位德高望重的人，搞穿小鞋、泼脏水之类的动作是徒劳的，而且搞不好还会被斥以妒贤嫉能，羊没捉着，反惹一身膻。

所以当竖牛贿赂叔仲带和南遗，请叔、南二人在季孙宿面前说杜洩的坏话且干扰叔孙豹的丧礼时，季孙宿觉得机会终于来了。

为了消减阅读障碍，必须插空稍微介绍一下叔仲带和南遗。

叔仲氏即叔彭生开立的氏族，与叔孙氏同为叔牙的后裔，叔仲带和竖牛还是未出五服的兄弟。

叔仲带原本有些本事，前途一度被叔孙豹看好，可惜心术不正[①]，因而获罪贬职，此后就再也没能出人头地。

南遗是季氏家臣，担任着季氏封地中一个大邑——费邑的邑宰。

叔仲带想要讨好季氏以打通仕途发展的瓶颈，便利用自己担任隧正管理役夫的便利，通过额外多拨付役夫帮南遗在费邑筑城的方式，成为南遗的哥儿们，进而成为季氏的座上宾。

好，介绍完毕。

杜洩打算用周灵王赐给叔孙豹的路车陪葬。

南遗向季孙宿挑拨道："叔孙从未乘坐过那辆路车，怎么可以用来陪葬？再说了，您作为正卿都没获赐路车，叔孙作为次卿倘若用路车陪葬，这叫您情何以堪？"

季孙宿深有同感，传话不准杜洩用路车给叔孙豹陪葬。

杜洩据理力争说："夫子（指叔孙豹）受国君之命觐见天子，天子念夫子有功而赐以路车和衣服。夫子回国后遵循礼节主动将车服上交给国君，国君不敢违逆天子的命令又赐还给夫子，并特意令朝中的三位官员记载此事。当时，您司职司徒，记载了夫子的号位；夫子司职司马，让工正记载了车服的形状；孟孙司职司空，记载了夫子的功勋。如今，夫子死了，如果不用路车陪葬，那岂不是违拗国君的命令并废弃三位官员的职责？"

季孙宿理屈词穷。杜洩终以路车为叔孙豹陪葬。

路车的风波过后，季孙宿并未消停，不过在继续插手叔孙豹的丧事前，他决

---

① 鲁襄公去世时，他趁乱盗取了鲁襄公的玉璧。

定先推行一项重大改革，即裁撤中军。

说起春秋时期鲁国军队的沿革，那真是翻来覆去，充满了戏剧性。

鲁国作为镇守周王朝东部的大国，一开始是三军俱全的。

后来，王道中落，群雄竞起，齐、晋、楚三国相率称霸于中原。鲁国不进则退，沦为中游之国，时时须向霸主缴纳贡献。

这种状况下，如果仍然保持三军规模的常备军，那就说明鲁国人口较多，而人口较多意味着需要承担更多的贡献。鲁国不堪重负，遂识时务地自减中军，只剩上下二军，属于国君，有事，则三桓更帅以征伐，不得专其民。

公元前562年，季孙宿欲增设中军，因其时年幼，遂寻求司马叔孙豹的配合。

叔孙豹恐季孙宿一人专三军之政而导致三桓彻底分裂，便予以拒绝。季孙宿固请，叔孙豹只得以季孙宿发毒誓三桓各主一军为条件，同意了季孙宿的要求。

于是三桓利益均沾，各主一军之征赋，由此国君益弱而三桓益强。

公元前538年叔孙豹死后，季孙宿又谋求再度裁撤中军。当然，季孙宿绝不是想原路返回到三卿更帅二军的年代，他的真实目的是把国家的军队一分为四，季氏独掌其二，孟氏和叔孙氏各掌其一。

如此严重损害孟氏和叔孙氏利益的举动，要是叔孙豹在世的话，必然会奋起阻拦。这也正是季孙宿为什么早不早迟不迟，叔孙豹刚一死就推行这项改革的原因。

对于这项改革，叔孙氏的代理掌门人竖牛也发表了自己的看法，他说："夫子固欲去之（去之即裁去中军）。"

去之去之，还固欲去之。真是无知无耻，不可救药！

次年一月，在季孙宿的主持下，鲁国裁撤中军的番号，所有军队半数归为季氏，号左师；其余均分归为孟氏和叔孙氏，其中孟氏之军号右师，叔孙氏之军号叔孙师。

《春秋左传正义》对此评论道，"三家自取其税，减已税以贡於公，国民不复属於公"，"作中军，卑公室之渐；舍中军，卑公室之极"。如果说鲁昭公是此次军改最大的输家，那最大的赢家非季孙宿莫属。

可是季孙宿得了便宜还要作践别人，军改完成后捣鼓了一封策书叫杜洩念给棺木中叔孙豹的尸身听，书曰：您本来就想裁撤中军（很聪明地引用了竖牛这个畜孽的话），现在已经如您所愿，请您安息。

叔孙豹若泉下有知，听了这样的祷告，非给气得活转过来不可。

杜洩不肯念，说夫子当年和季孙共同盟誓增设中军，如今哪有自毁之理？言罢将策书甩在地上，念及季孙宿欺人太甚，不由得放声痛哭起来。

等到叔孙豹将要出葬时，叔仲带到季孙宿处煽风点火，说什么非善终者①须从曲阜西面的侧门出葬。季孙宿依言照会叔孙氏。

杜洩再次挺身而出反驳道："按照鲁国礼仪的规定，卿士的灵柩须从正门出葬。季孙执掌朝政，未曾听闻他修改国家的礼仪，为何现在突然加以改变呢？下臣害怕被诛戮，不敢服从。"

一席话把季孙宿顶到了墙上，叔孙豹得以顺利地从曲阜正门出葬。

三番五次的较量，杜洩虽然维持了叔孙氏起码的尊严，但他也心知肚明，自己在季孙宿心里种下了深深的仇怨，加之叔孙氏家事糜烂，了无廓清之日，鲁国已不宜久留，于是在操办完叔孙豹的丧事后，就跑到楚国避祸去了。

走的时候，杜洩想必意兴阑珊，对叔孙氏的前景抱着深深的忧虑，不知这风雨如晦的暗夜何时才能迎来曙光。

不过他万万没有料到的是，希望看起来很远，其实近在眼前，重振叔孙氏的人很快就将闪亮登场。

叔孙豹的嫡次子仲壬，先前流亡于齐国，在叔孙豹死后亦回到鲁国奔丧。

季孙宿想立仲壬为叔孙氏的宗主。南遗劝阻说："安定叔孙氏，就无异于削弱季氏。现在叔孙氏内乱，您不要急着扶正，让他们乱得久一点儿不好吗？"

拦下季孙宿，南遗又去联络竖牛，他知道，竖牛现在急需季氏的帮助。

前面说过，仲壬是遭竖牛陷害而被迫流亡的，心里当然对竖牛恨之入骨。现在，叔孙氏无主，仲壬身为嫡子，是当仁不让的头号继承人，一旦他正式执掌叔孙氏，那竖牛就甭想再过一天安生日子。

所以，竖牛对仲壬十分忌惮，亟欲除之而后快。

---

① 叔孙豹断食三日而死，属非善之终。叔仲带此话应该是听到了叔孙豹死因的风声。

南遗和竖牛狼狈为奸，筹划合力攻打仲壬。仲壬防备不周，被团团围困。乱党中有个死太监，射别的东西不行，射箭倒是挺顺溜，扑哧一箭正中仲壬的眼睛，仲壬当场倒毙。

竖牛为了表示酬谢，事后将叔孙氏名下的三十个城邑送给了南遗。

"停停停，仲壬这么快就死了，他拿魂魄来重振叔孙氏呀？海棠老师，你不要以为我们边打麻将边听课就好糊弄。告诉你，交了学费，怎么听课是我们的事；拿了工资，你就得那啥，克克业业、一丝不苟、格尽职守。你这样胡说八道、满口大白字，难道不怕被我们耻笑？"

"歪歪，你不耻上笑的功力果然登峰造极，震古烁今。仲壬确实死得太快了一点儿，不过他天生就不是当主角的料，真正重振叔孙氏的，是一个叫叔孙婼的人。"

叔孙婼是叔孙豹的另一个庶子，若非竖牛乱政接连害死了孟丙和仲壬，估计叔孙婼一辈子都籍籍无名。

情况是这样的：叔孙豹的嫡子一个不剩，导致叔孙氏的宗主只能从庶子中产生，于是竖牛就把叔孙婼推到了前台。

至于竖牛推举叔孙婼继承叔孙氏的原因是什么，已无从考究。或许叔孙婼居长，又或许竖牛还有什么高深莫测的计划。但有一条我们可以肯定，竖牛不认为叔孙婼是个威胁，否则他断无推举叔孙婼的道理。

可无情的事实是，竖牛错得万里无云。他亲手扶植的叔孙婼，不管之前看起来多么良善无害，其实是一个内心充满了正义感的勇士。

即宗主位之后，叔孙婼所做的第一件事就是撇开竖牛召集族人聚会，然后义正词严地宣布：竖牛祸乱家族，罪在不赦，必须及早处死。

竖牛是那种标准的银样镴枪头，顺风顺水的时候状若坚挺，遇到点儿像样的反击就一泄如注，瞬间暴露出了虚弱的本质。

一听说叔孙婼要杀他，竖牛吓得赶紧脚底抹油往齐国开溜，压根儿就没想想，凭借他在叔孙氏经营多年积累的权势，再辅以季氏的襄助，如果豁出去大干一场的话，鹿死谁手很不好说。

而且竖牛这一跑还没跑成功，刚刚出得鲁、齐边境上的塞关，他就被孟丙、仲壬的儿子们截住了。

仇人相见分外眼红，这群苦主战斗力飙升，三下五除二就把竖牛杀了，然后将贼首割下来，挂在了路边的荆棘上。于是竖牛的灵魂和他的罪恶一起，自此日日夜夜被风吹雨淋，永世不得超脱。

叔孙婼以异常果决的手段平息竖牛的动乱，结束了叔孙氏持续下行的势头。日后孔夫子教导芸芸众生时，常常援引叔孙婼的事迹来彰扬君子之道。

叔孙婼拜竖牛所立，但他不酬竖牛拥立之功，反议竖牛乱政之罪，这体现了中国政治文化中"不赏私劳，不罚私怨"的高贵品质。故孔子赞颂道：唯有具备了这种正直的德行，才能赢得天下的归服。

以叔孙婼之立和竖牛之死为标志，季氏和叔孙氏的争斗暂时告一段落。

然而，只要三桓依旧作为三个独立的派系并存于鲁国政坛，钩心斗角就是一个近乎不变的主题，要想保持长久的相安无事比登天还难。因此，我们很快又将看到季氏和叔孙氏的再度争斗。

如果拿即将发生的第二次争斗和业已发生的第一次争斗做横向比较，我们会有一些耐人寻味的发现。

其相同点在于：争斗都是根源于三桓之间固有的政治生态；而且因为季氏长期执掌国政，势力更加庞大，所以季氏在争斗中基本上处于主动进攻的一方。

其不同点有三。

第一，诱发争斗的导火线不同。第一次是因为叔孙氏内乱，第二次是因为季氏内乱。

第二，卷入斗争的方式不同。第一次是季孙宿受邀与竖牛外合里应干预叔孙氏家政，第二次是叔孙氏躺枪，被季氏家臣引入争斗以削弱季氏宗主。

第三，开展斗争的形态不同。第一次起止于三桓内斗，第二次则由单纯的三桓内斗发散开去，具备了某些"陪臣执国命"的雏形。

所谓"陪臣执国命"，是春秋后期政治斗争的一种新形态，鲁国尤以为甚。鉴于这个话题比较深邃，此处就不展开叙述了，往后再开辟新章予以介绍。

大家眼下只需知道，陪臣执国命的一个重要初期特征就是家臣叛主。而引发季氏和叔孙氏第二次争斗的，是一个叫南蒯的、不安分的季氏家臣。

公元前 535 年的十一月，季孙宿去世。由于其世子季孙纥早夭，所以季孙纥之子季孙意如继立为季氏之主，接掌鲁国朝政。

季孙意如少年得志，举止之间时时显露骄纵之色。与之相对的是南蒯，承袭其父南遗的职务担任费邑的邑宰，手下兵马钱粮广众，常以勋劳之后自居。

这一主一臣，行事均相当高调，于是不可避免地产生了碰撞的火花。

季孙意如自即位起，对南蒯不加礼遇。南蒯窝着一口恶气在胸，久而久之，便萌生了叛主的意识。

叛主这种活计，南蒯并不陌生。当年为了支援竖牛叛主作乱，其父南遗可谓上蹿下跳，不遗余力，想必南蒯耳濡目染，已经具备了相当的理论基础。

果然，南蒯一出手就显现出了行家的深厚功底。他首先策动鲁昭公之子公子憖作为外援，振振有词地说："事成之后，把季氏的家产悉数充公，以扭转国君衰微的局面。然后您取代季氏的地位担任正卿，我带着费邑担任公臣（由家臣而至公臣，身份等级跨越式提升）。"

报酬如此优渥，公子憖根本无法拒绝，于是一拍即合。

南蒯又去拉叔仲小下水。叔仲小乃南遗好友叔仲带之子，和南蒯算是世交，也爽快地接受了南蒯的邀请。

骨干成员陆续召集到位，接下来就是怂恿季孙意如和叔孙婼争斗，以耗费季孙意如的实力，窥测季孙意如的破绽，为攻击季孙意如做准备。

而引发季孙意如和叔孙婼争斗的着力点，在于周礼中一个叫"命"的概念。

"命"的含义比较生晦，其实我们可以参照"品"这个相对通俗的词来加以理解。

"品"自魏晋而下多用来描述官员的职级高低，一般分为九等。其中，最低为九品，例如周星驰扮演的县令包龙星；最高为一品，例如晚清官至两江总督、直隶总督、武英殿大学士，封一等毅勇侯的曾国藩。官员的品级不同，衣食住行的规格都有着严格的区分。

"命"流行于春秋战国时期，它具备和"品"类似的标识功能，同样分为九等。只不过品级和职级成反比，而命级和职级则成正比。

九等之中，可以颁予诸侯国之臣的"命"是最低的三个等级，即一命、二命（或称再命）、三命。

具体来说，公、侯、伯的士以及子、男的大夫授一命；公、侯、伯的大夫以及子、男的卿授二命；公、侯、伯的卿授三命。

季孙意如即位前，叔孙婼已获二命，并担任鲁国的卿。

公元前532年，为了争夺边境的土地，季孙意如和孟孙貜（孟孙羯之子）以及公室大夫叔弓（"三郤之戏"一章中子叔婴齐的孙子）率军攻打莒国，凯旋之后，叔孙婼又获三命。

关于叔孙婼恰在这个时间节点上获封三命，历来有两种解读。

第一种解读是正常晋级，和鲁国伐莒没有任何关系。鲁国本就是侯爵国，叔孙婼作为侯爵国的卿，获封三命再正常不过。

第二种解读是赏功。叔孙婼本人虽未随军出征，但其四分公室所得之师必出，故叔孙婼理应授予军功。

总之，无论如何，叔孙婼获封三命，看起来并未违反春秋时代升官加爵的一般规则。

但叔仲小还是鸡蛋里面挑骨头，硬生生地给叔孙婼找了个碴儿，他对季孙意如说："（叔孙婼）三命逾父兄，非礼也。"

"二命逾父兄而非礼"的意思就是说：哪怕是身受三命的显贵之人，在入座的时候也不能排在父辈和兄辈之前。

单就叔仲小原话的八个字而言，这是个不折不扣的伪命题。

《周礼·地官·党正》里清清白白地写着："一命齿于乡里，再命齿于族，三命不齿。"一命之官于乡里中依年龄大小为次，二命之官于家族中依年龄大小为次，三命之官则无须序齿，尽管堂堂正正地居于上座。

那么，叔孙婼这都明摆着三命之官了，叔仲小还指责他逾越父兄，岂不会让人笑掉大牙？

其实，叔仲小并不傻，他明知故犯，是想引出叔孙婼履历中一处不怎么经得起炒作的记录。这处记录就是叔孙婼以庶子身份而继承叔孙氏。

据《礼记·文王世子》载："庶子治之，虽有三命，不逾父兄。"大家瞧见了没，三命不齿是有条件的，即庶子不在此例。原来，叔仲小意图所指，乃是质疑叔孙婼的正统地位。

季孙意如认为叔仲小说得很有道理，叫叔孙婼自行贬黜以谢天下。

我不得不承认，这一招真心狠毒无匹。

面对如此清晰而有力的攻讦，抵赖是行不通的，默认又将把自己置于非常被动的境地，所以叔孙婼采取的应对之策是防守反击。

他辩解说："叔孙氏遭遇家门不幸，以致杀嫡立庶，让我得以担任宗主。如果您以庶子继位越制为由来讨伐我，我不敢躲避。但是，如果不废弃国君的命令，那我本来就应该拥有今天的位次。"

言下之意，越制继位的事我的的确确做了，但那是出于家门不幸，非出于我故意夺权。倘若你揪住它没完没了，那就印证了一句俗话，欲加之罪何患无辞。何况今日我主叔孙氏之政的局面已经获得了国君的认可，你若想把我斗垮批臭，对不起，除非你连国君一起否定。

叔孙婼很聪明，拿鲁昭公当挡箭牌。季孙意如再嚣张，总不可能推翻鲁昭公授予叔孙婼爵禄的一系列决议，只好偃旗息鼓，悻悻作罢。

可是，叔孙婼受了憋屈，反而不依不饶，横下一条心要和季孙意如对簿公堂，并严正警告有司不要徇私枉法包庇季孙意如。

季孙意如搞得焦头烂额，只好把责任一股脑儿推到叔仲小身上，准备拿叔仲小顶罪。

叔仲小原本想算计季孙意如，没料到一不小心把自己的小身板也绕了进去，当下紧张万分，便找南蒯和公子慭商议。三人决定加紧步骤，尽快举事。

鉴于季孙意如权大势强，为了提高胜算，政变三人组试图寻求鲁昭公的支持。于是，公子慭向鲁昭公汇报了他们削季氏以张公室的想法。

鲁昭公也很感兴趣，但尤恐力有不逮，便带着公子慭拜会晋国，以期获取晋国的强援。

可是鲁昭公和公子慭到达晋国后，公关工作开展得很不理想，迟迟得不到晋国的首肯。[①] 这就苦了留守鲁国的南蒯和叔仲小，随时面临着被季孙意如定点清

---

① 因鲁国屡屡入侵莒国，与晋国倡导的弭兵协议相抵触，更为楚国北犯提供了上佳的借口，致使晋国陷入外交窘境，故晋国厌恶鲁国。

除的危险，一刻都不得安宁。

千钧重压之下，首先求变的是南蒯。既然斗不过季孙意如，那么淹留鲁国就无异于引颈待宰，唯一的出路，只有将叛主升级为叛国，完全从鲁国的政权体系中跳脱出去，以躲避季孙意如的打击。

有乡人察知南蒯的心思，深以为不妥，就故意走过他的门口，长叹道："<u>恤恤乎，湫乎，攸乎！深思而浅谋，迩身而远志，家臣而君图，有人矣哉！</u>"

前面那三组感叹表示极度的忧虑，后面四个短句则是阐释忧虑的原因。

"深思"指欲去长年专政之季氏，"浅谋"指求助于地远且恶鲁之晋国；"迩身远志"指身为季氏家臣而志欲去主；"家臣君图"指身为家臣，而谋以费邑及季氏家产奉公；"有人矣哉"意即实现上述意图的难度极大，是个人精或可放手一搏，而南蒯还差了点儿。

族人的委婉暗示，一度令南蒯逡巡犹豫，他思来想去，决定问计于卜。

占卜得到的卦辞是"黄裳元吉"，该卦出自《易·坤》卦："六五，黄裳元吉。"

易经是极其晦涩难懂的上古典籍，本书也不想费力巴筋地详细解读，只是笼统地介绍一下，这个卦辞的中心思想是：人若能保持谦逊之德（黄裳），便可收获祥吉（元吉）。

很显然，这是一个设定了前提条件的善卦。

可是，南蒯一知半解，唯独看懂了"元吉"的含义，而忽略了"黄裳"的限定。他喜滋滋地拿着卦象给孟孙玃的堂叔子服椒看。

子服椒倒是精通易学，他告诫南蒯，"忠信之事则可，不然必败"，"（忠信）犹有阙也，筮虽吉，未也"。简而言之，遵循为臣之道可修得善果，如果以下犯上的话那就是不忠不信，到时候别指望神仙会保佑你。

子服椒的箴言，并没有对南蒯造成多少触动。随着局势演进，季孙意如反击的迹象越来越明显，南蒯最终还是坚定了叛国之心。

公元前 530 年，临叛前夕，南蒯在曲阜请乡人喝酒。

乡人中有贤良之士尤望点醒南蒯，便借着酒兴在席间唱道："<u>我有圃（菜园），生之杞乎</u>（杞指杞柳，常生于水畔，非圃应有之物）！<u>从我者子</u>（子即美好的男子）<u>乎，去我者鄙乎，倍</u>（倍即背）<u>其邻者耻乎！已乎已乎，非吾党之士乎！</u>"

从我者子乎，去我者鄙乎，倍其邻者耻乎！

歌声苍凉遒劲，宛如刻刀划过。但南蒯心如铁石，旁人的劝谏，他已听不进半分。歌罢酒终，南蒯去往费邑，通告宣布费邑从此并入齐国。

费邑乃鲁国的大邑。为费邑之失，鲁国朝野震动，公子憖和叔仲小这两个南蒯的同谋也渐渐浮出水面。

公子憖自晋国空手而归，行至卫国境地时，闻知国内将有动乱，立即兼程倍道往曲阜赶。待行至曲阜郊外时，又收到了南蒯携费邑叛逃的确切消息。

公子憖瞬时明白，局势已经彻底崩坏，继续入城非但无力回天，反而会沦为瓮中之鳖。想清楚了这一节，他仓皇拨转马头，三脚并作两脚逃到了齐国。

至此，季孙意如还未出手，政变三人组已去其二，独剩叔仲小还在硬挺。

季孙意如也动起了脑筋，他意欲驱逐叔仲小，却把这个差事交给叔孙婼执行。

叔仲小已是惊弓之鸟，一听说季孙意如要搞他，吓得连朝都不敢上了。

叔孙婼对季孙意如的计谋洞若观火，他叫人通知叔仲小但宽心上朝无妨。

旁人疑惑：叔仲小离间季氏和叔孙氏的关系，您又何苦为他站台？

叔孙婼释答：季孙意如要驱逐叔仲小，自己动手就行，假手于我，只不过是想让我当怨府而他当人望罢了，我才没那么笨呢！

在季氏和叔孙氏争斗的大片中，叔仲小仅仅是一个无关紧要的小角色，叔孙婼要是连这点都看走眼，那还混个屁呀？

次年春，鲁大夫叔弓率军攻打费邑，冀图收复失地，然折师于城下。

季孙意如气恼，通令全国：以后凡费邑之人，见一个逮一个，统统打入囚牢。

大夫冶区夫说这样可不行，倘若"惮之以威，惧之以怒"，只怕费人会愈发依附南蒯；何不"寒者衣之，饥者食之，为之令主，而共其乏困"，如此则"费来如归，南氏亡矣"。

季孙意如依言行事，对费人采取怀柔政策。费人的抵抗意志遂渐渐瓦解。

等到又是一年春来到，柳絮漫天飘的时候，原本就对南蒯叛国不满的费邑官吏老祁和虑癸联手发动政变，叫南蒯哪儿凉快上哪儿去，别留在费邑丢人现眼了。

南蒯只好卷起铺盖逃往齐国。

有一天，南蒯和齐景公喝酒，齐景公戏谑地称南蒯为"叛夫"。

南蒯狼狈不堪，强辩道："臣欲张公室也。"

在座的齐大夫子韩皙嗤之以鼻："家臣而欲张公室，罪莫大焉。"

南蒯无言以对，早知道当叛徒里里外外都不是人，当初还不如和季孙意如拼个你死我活来得痛快。

稍后，老祁和虑癸要求齐国把费邑还给鲁国。齐景公也觉得费邑来路不正，不想招惹大国干涉和世人讥议，便派鲍国主持交割了费邑。

虒祁微蒙

君不见，铜鞮观，

数里城池已芜漫。

君不见，虒祁宫，

几重台榭亦微蒙。

介马兵车全盛时，

歌童舞女妖艳姿。

一代繁华皆共绝，

九原唯望冢累累。

——唐　杜颀《故绛行》

如诗所记，铜鞮宫和虒祁宫是晋国的两处地标性建筑。

铜鞮宫乃晋平公修建的别宫，位于今山西省沁县南。《左传·襄公三十一年》载："铜鞮之宫数里。"当代考古发现印证了这一说法。经测算，该宫城南北长七百多米，东西长一千五百多米，周匝长四千四百多米，洵为当世罕见的雄伟之作。

虒祁宫亦是晋平公治下的产物，旧址位于今山西省侯马市，恢宏壮美，极尽奢华，当不逊于铜鞮宫。

晋国弄这么两个大家伙出来，不差钱固然是必要的物质基础，但最关键的心理动机，乃是和平氛围所造就的安逸思想。

公元前 546 年，宋大夫向戌主导晋楚弭兵，南北诸侯都获得了机制性的安全保障，忧患意识因之淡化，骄奢淫靡随之漫长，大兴土木成为各国的普遍现象。

除晋国的铜鞮宫和虒祁宫外，楚灵王建章华宫和章华台；鲁襄公艳羡章华盛况，毅然山寨之，题名楚宫。

就晋国而言，修建铜鞮宫和虒祁宫的时机其实并不恰当。从历史的大角度来看，晋平公远非雄主。晋平公时期的晋国和独霸中原的巅峰状态相比，不说判若两者，酸涩苦辣自在心间。

面对楚灵王的步步紧逼，晋平公不思积极进取，反而耽于享乐，将宝贵的民力耗费在形象工程上，这或许就是杜颛长嗟繁华共绝的原因吧。

公元前 534 年春，晋国魏榆发生怪事，一块石头竟然说起了人话。晋平公收到奏报后，咨问音律大师师旷，这块疯狂的石头到底想干吗。

师旷不仅在音律方面有极高的造诣，同时还是晋国久负盛名的政论家，常向悼、平二公陈以治国安邦之策。

他回答道："石头本身不能说话，一定是有什么东西凭借它而发声。下臣听说，若当国者为政不合时令，怨恨诽谤便会在百姓中滋生，原本不能说话的东西也会说起话来。现在国家的宫室豪华气派，百姓的财力凋尽枯竭，以致流言四起，石头能不说话吗？"

这番话可谓真知灼见。怪力乱神之说，多属托词附会，究查起来，其背后往往隐藏着政治的诉求。

以陈胜、吴广起义为例。

公元前 209 年的七月，秦二世征发民夫戍守渔阳。一行九百余民夫途经大泽乡时，遭遇连日暴雨，道路被洪水阻断，预计无法在设定的期限抵达渔阳。

依照秦朝律法，凡失期者斩无赦。民夫为此近乎崩溃。

危急关头，两个常以鸿鹄自居的民夫队长，也就是陈胜和吴广，秘密谋划发动武装暴动。

搞暴动，最急需的就是大量不明真相的群众。因此，如何煽动九百民夫的情绪，成了陈胜、吴广的当务之急。

他俩首先想冒用秦始皇长公子扶苏和楚国名将项燕的名义树立威望。[1] 后来有个巫师指点他们，说冒用扶、项的名义，不如借助神鬼的意志见效快。

陈胜、吴广豁然开朗，随即用朱砂在一块白绸子上书写"陈胜王"三个字，塞进别人用网捕来的鱼的肚子里。

民夫买鱼回来烹煮，赫然发现了鱼肚中的帛书，心中不禁讶异，对陈胜已有了三分敬畏。

陈胜趁热打铁，又让吴广躲在驻地附近一座草木丛生的古庙里，入夜后点起篝火，模仿狐狸的声音叫喊道："大楚兴！陈胜王！"

民夫一听，哟嗬，连狐狸都掷地有声地拥戴陈胜了，看来陈胜果然是天命所归呀，咱可不能后知后觉，赶紧揭竿而起，跟着陈胜、吴广打土豪分田地去。

然后没过几天，中国历史上第一次大规模的农民起义就爆发了。

所以，但凡民间有"非言之物而言"的传闻，当政者最好不要掉以轻心一笑了之；必须认真审视自己的言行，同时加强对舆论的监控和引导，防止别有用心的人传播谣言、蛊惑群众、危害社会稳定。

那么，晋平公有没有什么诱发舆论攻讦的失德之处呢？当然有，正在修建的虒祁宫就是。

大夫羊舌肸一针见血地点评道："是宫也成，诸侯必叛，君必有咎。"

建一座宫就能把自己弄到众叛亲离、灾殃缠身的地步，难道羊舌肸是在用夸张的修辞手法劝谏晋平公吗？

这个问题需要时间来回答，眼下对我们有重大参考价值的是：修章华台和章华宫的楚灵王死得非常难看，修楚宫的鲁襄公也把人生的最后一口呼吸落在了楚宫。

你不得不承认，有些事情，就这么邪乎。

虒祁宫于当年夏天落成，鲁国和郑国屁颠屁颠地前往道贺。

晋国大夫史赵虎着脸说贺什么贺，这是要死人的事，你们来吊唁还差不多。

郑国使者游吉觍着脸打圆场，说哪里哪里，道贺一下还是必需的，不但我国

---

[1]　当时，扶、项二人已死多年。

要来道贺，天下各国都会来道贺。

游吉万万没有想到，甚至或许连史赵本人也没想到，"吊唁"的说法一语成谶，一眨眼工夫，晋国竟然真的迎来了天下各国的吊唁。

公元前532年的七月，也就是虒祁宫落成仅仅两年之后，晋平公便撒手西去了。

有句话怎么说来着？物是人非事事休。只不过，晋平公身赴黄泉，即便心中有悔有恨，却已无泪可流。

晋平公一了百了，晋国面临的中原局势，却堪称危机深重。

欲壑难填的楚灵王继吞并陈国之后，又马不停蹄地向蔡国挥起了屠刀。公元前531年，楚灵王先是以诱骗的方式杀死蔡灵侯，接着派王子弃疾领兵围攻蔡国。

此时的晋国，就像是一个路见不平的社会名流。你说挺身而出拔刀相助吧，害怕人没救着反而连自己的老命也被恶徒一并收了；你说视若无睹听之任之吧，又担心被群众戳着脊梁骨骂从此再也无法保持优越感进而暴露出伪高大上的本色。

所以呢，愤慨的姿态还是要做一做，但愤慨的动作大可三思而后行。

作为因应，晋国召集鲁、齐、宋、卫、郑、曹、杞诸国在厥憖会见，对楚国侵蔡的行为大加挞伐，貌似言辞相当激烈。

可慷慨陈词于前，竟然温言软语于后。盟会达成的决议，只不过是由晋国出面，请求楚国宽宥蔡国而已。而且请求的结果，还是楚国一口回绝，毫无通融的余地。

当年十一月，在晋国和其他诸侯国的集体围观下，楚灵王亲自率军攻陷蔡国都城，并将蔡灵侯的世子杀了祭天，手段残忍，根本就没把劳什子弭兵协议记在心上。

晋国的逐渐衰落被天下看在眼里，某些素怀异志的诸侯也就不可避免地萌生了自立门户的想法。

公元前530年夏，齐景公、卫灵公、郑简公和鲁昭公前往晋国朝见新君晋昭公。

其中鲁昭公刚涉足黄河就吃了晋国的闭门羹，原因是鲁国于两年前侵占了莒国的郓地。当时，莒国曾请晋国主持公道，但晋国恰逢晋平公过世，无暇顾及，便把鲁国的违法乱纪行为记在账上，直到今天才借机施以惩戒。这是顺便提及的题外话。

作为朝见者的齐国，有着春秋首霸的辉煌历史、相对优良的地缘环境和不可小觑的综合国力，打造多极世界的想法，那是竟日萦怀、不可磨灭的。

之前，本书已经数度谈及齐国在晋、楚两霸夹缝中闪转腾挪的往事，相信大家都不难发现，齐国的外交具备如下特点，即一旦晋国的霸权有所松动，齐国就会在第一时间表现出另起炉灶的本能，这个推导反之亦能成立。

因此，通过考察齐国的外交活动来分析晋国的运势，是一件靠谱的事情。

话说晋昭公设宴款待齐景公，晋国上军将中行吴担任相礼。

春秋时代，上流社会的人们在宴饮娱乐时常常玩一种叫作"投壶"的游戏。就是准备一个口大腹大颈部细长的壶，内盛坚滑之小豆，然后用重矢投之。多中者胜，少中者负，胜者酌负者饮。既锻炼了身体比试了技艺，又品尝了美酒活跃了气氛，基本上人人都好这口。

于是晋昭公和齐景公较投。

晋昭公先举矢，中行吴在一旁祷念祝词："有酒如淮流，有肉像高丘。寡君若中，统帅诸侯。"话音落，晋昭公的箭矢已稳稳地投入壶中。

接着，齐景公举矢，为自己祷告道："有酒如渑水，有肉像山陵。寡人若中，代君（指晋昭公）盛兴。"此言一出，满座皆惊，代晋昭公而盛兴，敢情你齐景公想撂倒晋昭公自己当大哥？

纷乱的瞬间，齐景公手起矢发，一蹴而就。在场的全体晋国人不由得心里一齐骂道："摔你个板鸡！"

晋大夫士匄[①]悄声责备中行吴："晋国本来就是霸主，关投壶什么事？依你之言，寡君若投中，可以统帅诸侯；若没投中，难道就不能统率诸侯了吗？你这样措辞，显得晋国很软弱，齐君回去以后不会再来了（意不会再尊奉晋国）。"

---

① 晋国前中军将范匄因祖先为士氏，故有时也被称作士匄，但严格意义上说，自他祖父士会封邑于范地开始，这一支士氏已别为范氏。此处的"晋大夫士匄"指士氏宗主，他和范匄是有亲缘关系的两个不同的历史人物。

中行吴也意识到自己言语欠妥，可是已经无法收回，当下恼羞成怒，陡然提高嗓门，像是抗辩士匄，又像是警告齐景公道："我们的将领强而有力，我们的士兵争相勉励。晋国仍然像以前一样领袖着诸侯，齐国又能有什么作为？"

这番话如同向沸油中又扔了一颗炸弹，溅得满场都是黏稠的火药味。

就当晋昭公和齐景公不知如何收场之际，一直在堂下待命的齐大夫公孙傁急中生智，顾不得礼法尊卑，疾趋而进，朗声道："天色已晚，国君俱各疲乏，不如再会吧！"说完，他扶起齐景公径直往外走。

主宾皆未道别，一场外交风波就此不了了之。

齐景公公然忤逆晋国，应当视作各国诸侯对晋国不满情绪的总结性表达。其实晋国也已经体察到，自虒祁宫落成以来，凡是到晋国朝见过的诸侯，回去之后都不同程度地表现出了某种推诿或者抗拒。

站在各国诸侯的角度，我很能够理解他们的心情。毕竟他们每年都向晋国孝敬了不菲的财货，并指望晋国能够肩负起匡正天下的重担。

而晋国六卿擅权，正卿韩起爱己甚于爱国，晋昭公也胸无大志，一门心思修建楼堂馆舍，奢靡之风越刮越猛，在享受权利的同时却没有承担起相应的义务，坐视陈国和蔡国灭亡就是最大的败笔。

长此以往，人心离散，羽翼渐解，晋国恐怕连和楚国平分天下亦不可复求。

当然，齐景公的勇敢表达，也是对晋国高层的当头棒喝。若还不赶快清醒，下一次就会有张景公王景公李景公依葫芦画瓢，到时候众叛亲离，看晋国摁得住哪一头。

正当晋国加速下行的时候，从南方传来了意外的惊喜。

当年冬天，楚灵王起兵伐徐，意在威慑吴国。可是，螳螂捕蝉，黄雀在后，趁楚灵王亲征的空当，楚国内外多股怨恨楚灵王的势力联合起来发动大规模政变，迅速架空了楚灵王。

楚灵王走投无路，于次年五月上吊自杀。

新君楚平王为了稳固政权，致力于扭转楚灵王的暴政，不但允许陈国和蔡国复国，还主动向郑国释放了和平共处的善意。

于是，晋国承受的外部压力一夜之间骤减，轻装上阵重振国威有了现实的可行性。

随即，晋国开始谋划召集诸侯联军攻打鲁国。鲁国最近几年孜孜不倦地侵犯莒国，背弃弭兵协议的精神，晋国老早就想揍它的屁股了。

只是楚国一直不消停，所以晋国也一直没敢贸然出手，顶多也就是用屡屡拒绝两国国君举行会面的方式表达对鲁国的厌恶。现在楚国战略收缩，晋国正好向诸侯展示军威，一扫坐视陈、蔡灭国的萎靡。

公元前 529 年的七月二十九日，晋昭公在邾国南部检阅军队，刻意大操大办，满载战士的战车就有一千辆之多。继而在位于今河南省封丘县东的平丘与周卿刘献公、齐景公、宋元公、卫灵公、郑定公、曹武公、莒著丘公、邾庄公、滕悼公、薛文侯、杞平公、郳子举行会见。①

接着移驻卫国，晋昭公意欲和上述众公卿重温过往的盟誓，以巩固晋国的领袖地位。

齐景公久怀二心，不同意盟誓。

晋国人很恼火，此次盟会的力倡者羊舌肸遂前往齐国代表团公关。

齐国人敷衍说：现在诸侯同心同德，没有盟誓的必要。

羊舌肸反驳道：按照上占明王创设的制度，诸侯本来就应当定期盟誓，以明确职责、演习礼仪、显示威严和维护信义；如果违背的话，就会上下失序，诸事不谐，最后触怒神灵，导致国破家亡。

羊舌肸说的话虽然都是大道理，但威胁的意味甚是浓重。齐国人瞟一眼外面那一溜望不到头的晋国兵车，只好心不甘情不愿地同意了盟誓的要求。

齐国人的暧昧态度，加重了晋国人的危机感。羊舌肸觉着这个事情暗流汹涌，指不定还会有什么磕磕绊绊发生，便建议晋昭公在八月七日正式会盟之前，再搞一次大阅兵，向诸侯秀秀肌肉，也好省去许多口舌。

八月四日，晋国举行阅兵，建立旌旗，不曳其旃②。

八月五日，又把旃带系上。诸侯暗暗心惊，不知晋国下一步意欲如何。

---

① 之前晋昭公本来准备和吴王夷末单独会见，但夷末鉴于水路不畅，予以婉拒。
② 旃是旗帜上的飘带，只有作战的先锋旗才须配系。

最焦虑不安的当属鲁昭公。他原本不在受邀与盟之列，但又不想眼睁睁地看着晋国带人上门来找碴儿，就厚着面皮主动跑到平丘，请求与列国签订和平协议。

可是晋昭公依然将他拒之门外。

其实，这也怨不得晋昭公绝情，他案头现今就摆着郯国和莒国的起诉书，上面字字血泪地写着十六个字："鲁朝夕伐我，几亡矣。我之不共（共即供奉晋国），鲁故之以。"

你鲁国平时违法乱纪不亦乐乎，老子一而再再而三地警告你，你总是不以为然。非得逼老子动手，你才想起老子文武双全，你说你不是犯贱吗？

晋昭公让羊舌肸去回绝鲁昭公。

鲁大夫子服椒硬着头皮发牢骚，说晋国怎么可以听信蛮夷（谓郯、莒）、断绝兄弟（晋、鲁同为姬姓）、丢弃周公的后裔？

羊舌肸冷冷地说："鄙国有兵车四千，甲士无数，即便不按常理行事，也足以撼动天下；倘若按常理行事，天下还有谁能抵挡？虽然是一头瘦牛，如果压在小猪身上，难道还怕压小猪不死？"言下之意，晋国不会改变初衷。

羊舌肸是活跃于悼、平、昭三朝的著名政治家，目光深邃，公忠体国，为人坦荡，被孔子誉为"古之遗直"。我素来敬佩羊舌肸，但仍忍不住要对他的上述言论吐槽。

所谓晋国兵力强盛、可以横行天下而无所顾忌，言过其实了一点儿。晋文公或许当得起，晋昭公嘛，恐怕要道声汗颜，否则晋国也不至于和楚国搞联合模式。

瘦牛压小猪的比方就更加搞笑了。既然有晋国强盛的自夸在前，为何要以瘦牛自比居后？到底是前面打肿脸充胖子，还是后面不小心暴露了声厉内荏的本原？

当然，胖牛也好，瘦牛也罢，压死小猪还是毫无悬念的。所以，鲁昭公终于放弃了外交方面的努力，不再争取与盟。

八月七日，正式会盟。根据《左传·昭公十三年》的记载，其过程依然乖蹇，郑国执政大夫国侨为进贡物品的轻重次序同晋国发生了激烈的争论。

国侨说："以前周天子都是根据诸侯国的地位来确定进贡物品的次序轻重①，现在晋国却对诸侯提出了更加苛刻的要求。譬如郑国，位不在公侯，却必须参照公侯的标准向晋国进贡物品，实在是力不从心，难以为继。诸侯之间应当休养生息，平等相处，可晋国催问贡赋的使者无月不至。况且贡赋过于沉重，小国一旦没有如期如数缴纳，必然招致大国攻伐。诸侯重温盟誓，是为了使小国得以生存；如果贡赋没有限制，那小国离死期也就不远了，盟誓还有什么意义呢？"

晋国不许。这贡赋嘛，本就是等级制度的产物，不收不足以彰显盟主的优越性。至于收得多了点嘛，那也是盟主迫于高品质生活的压力不得已而为之。你们当小弟的，难道就不能发扬艰苦奋斗、舍己为人的精神把裤腰带再勒紧点吗？

于是双方吵哇吵，从中午一直吵到晚上，晋国才勉强让步。

事后郑大夫游吉责备国侨，说虽然省了些贡赋，但如果晋国怀恨在心故意找借口攻打郑国，郑国岂非得不偿失吗？

国侨说怕什么，晋国政事出于六卿，六卿之间又互有嫌隙，他们自顾尚且不暇，怎么会有闲心攻打别国？

国侨的话，游吉将信将疑。晋国攻不攻打郑国暂且放在一边，这攻打鲁国的事都箭在弦上了，焉得不发？

可是，接下来游吉傻眼了。因为直到盟会结束，他愣是没见到晋国提出任何有关攻打鲁国的议案。

真是神一样的晋国人。我若有幸位列平丘，真想当面问问晋国人，你们当初召集诸侯是干什么来着！

当然，晋国对鲁国的厌恶并不是一夜之间烟消云散了，免打可以，羞辱还是少不了的。

盟会尚未结束，晋国就拘禁了随鲁昭公前来的鲁国正卿季孙意如，并用幕布围地作牢以囚禁之（会场没有现成的牢房）。

夏秋之交，天气炎热，季孙意如锦衣玉食之人，如何承受得起阳光的曝晒？

一个叫射的鲁国司铎（官职名），担心季孙意如挺不过去，就怀揣锦帛，手

---

① 爵位越高，则土地人口越多，贡赋也越重。

捧壶冰，想偷偷地爬进幕布牢房，让季孙意如喝口水缓缓气。

可是看守及时发现了射，当即喝止。射也是体制中人，懂得转圜之道，立马掏出锦帛贿赂看守，总算顺利地把救援物资送到了季孙意如手上。

季孙意如侥幸保全了性命，但霉运还没到头，平丘盟会结束后，他被晋国人押解到新绛继续坐牢。与会的鲁大夫子服椒倒是有几分骨气，主动申请连坐，也跟随季孙意如前往晋国。

鲁昭公垂头丧气地打道回府，心里忐忑不安，毕竟手下的正卿被跨国收监，里子面子都丢大了；遂于同年十月再次朝见晋国，试图谈判缓和鲁、晋关系，看能否顺便把季孙意如赎回来。

可晋国不予接待，派士弥牟（士匄之子）赶赴黄河，就在河边上截住鲁昭公，直接发了免见通知书。

晋国的硬气，固然是出于对鲁国干犯他国行为的依法惩处，但这不能证明晋国就是中原大地上说一不二的仲裁者。鲁昭公徒劳而返，其实有很大一部分原因要归结于他没有找到说服晋国的切入点。

所谓谈判，说穿了就是一种利益交换。鲁国倘若拿不出能够诱惑或者震慑晋国的东西，我相信，就算鲁昭公再去求晋国十遍八遍，晋国也不会释放季孙意如。

至于这个说服晋国的切入点，鲁昭公茫然无知，但鲁国也不乏火眼金睛。

一天，陪同季孙意如服刑的子服椒私下里拜会晋国上军将中行吴，并阐述了下面的观点，即鲁国是一个地广人多的重要国家，如果晋国一意孤行，为了夷人而抛弃鲁国的话，那对不起，鲁国只好转投楚国或者齐国。

这番话起到了立竿见影的效果。中行吴一转身又劝中军将韩起说：晋国坐视楚国灭陈县蔡，已经让中原诸侯心存芥蒂；如果再为了夷人而放弃鲁国，只怕今后队伍会更加不好带。

韩起一想也是，反正晋国已经在鲁国面前耍够了威风，现在应鲁国所请正好又可以展示晋国的大度，何乐而不为？于是下令释放季孙意如和子服椒。

季孙意如早就归心似箭，一获赦令，恨不得插上翅膀腾空而去。

子服椒一把拦住他说不忙，然后向韩起提出抗议，称晋国既然在盟会的庄严场合逮捕鲁国重臣，想必鲁国犯有罪过，如果昭明罪行，那鲁臣死而无怨，如果核定无罪，那就不应该悄无声息地释放，否则，不知就里的各国诸侯还以为鲁臣是私自越狱逃跑，那鲁国岂不是要背上天大的黑锅？

韩起懂了，子服椒要求晋国搞个欢送仪式之类的公开活动，让天下诸侯都看清楚，晋国羁押鲁臣非鲁国之过。

韩起犯了难。非鲁国之过，那就属晋国之过啦？你要我晋国在天下诸侯面前扇自己的脸，那晋国情何以堪？再说了，明明是你鲁国屡屡背离弭兵协议在先，我是为了防止你狗急转投楚齐才对你法外施恩。你不要得寸进尺、蹬鼻子上脸好不好？

道理很充足，但是说不出口。思来想去，韩起只好问计于羊舌肸。羊舌肸说这事我办不下，但我弟弟羊舌鲋能行。

于是老油条羊舌鲋出马，极其贴心地向季孙意如透露了一个秘密，他说："承武子①的恩惠②，一直无以为报。我听说，晋国让您回国而您不同意，所以官吏准备在河西建幢宅子来安置您，这样似乎不大好吧？"

季孙意如大惊失色，什么叫不大好，简直坏透了！河西是晋国的西鄙之地，离鲁国十万八千里，我又不是孙猴了一个跟头就可以翻回去，趁宅子还没建好我赶紧走吧。谢谢呀！

辞别羊舌鲋，季孙意如急匆匆地通知子服椒：不是我不想找回面子，我家地里的菜已经熟了，我得赶紧回去收，迟点就要被偷光光了。

子服椒刚想有所行动，季孙意如人已风驰电掣般地到了十里地开外。

晋国看在眼里喜在心上，可马上又发现问题没这么简单。为主的季孙意如卷铺盖走人了，旁边的子服椒却死活不肯挪窝，大有黄沙百战穿金甲、牢不坐穿誓不还的架势。

晋国搞得心力交瘁，不想再和子服椒继续磨叽，只得如子服椒所愿，敲锣打鼓把他送走了。

---

① 指季孙意如的祖父季孙宿。季孙宿的谥号为"武"。
② 公元前552年，晋国发生栾盈被驱逐的案件，羊舌鲋的胞兄羊舌虎作为乱党被处死，羊舌鲋受到牵连，原本也要入罪，但他当时恰在鲁国出访，受到季孙宿的关照，因而躲过一劫。

讽刺的是，孔子在《春秋》中记述此事时留下了这样的文字："意如至自晋。"《左传·昭公十四年》为之注释道："（舍季氏而仅称意如之名是表明）尊晋罪己也。"尊晋罪己却偏偏能逼晋国就范，真不知晋国人看了作何感想。

晋国人的感想发自两年后。公元前527年冬天，鲁昭公为了打破不能和晋国国君见面的尴尬局面，再次朝拜晋国。晋国显然对上次败给子服椒的铁齿铜牙而感到懊悔，见鲁国居然又送货上门，就毫不客气地把鲁昭公软禁了起来。

晋国的行为，说明他们一点儿长进都没有。扣押诸侯非同儿戏，怎可意气用事？万一等下鲁国又拿楚国和齐国当筹码，你说晋国到底是放了鲁昭公呢还是放了鲁昭公呢？

搞笑的是，这次鲁国都不用开口，楚国和齐国就各自行动了起来。

公元前526年的一月，楚国北上用兵，攻取了位于郑国西南的戎蛮。晋国高度紧张，小心提防。

二月，齐国南下伐徐，兵锋狂扫三百多公里，直抵位于今江苏省睢宁县西南的蒲隧。徐国被迫投降，贿以甲父之鼎（古国甲父的国宝）。郯君和莒君望风归顺，会同徐君一起在蒲隧与齐景公结盟。

据此，鲁国的叔孙婼发表时政评论，认为晋国失去了领袖的气质，根本无法保障小国的安全。

晋国的神经愈发脆弱，不由得想起了去年软禁鲁昭公后，下军佐智跞（智盈之子）出访洛邑的经历。

当时周景王的王后去世，智跞代表晋国前往吊唁。

周景王宴请智跞，席间用鲁国进贡的器具斟酒，突然触景生情，对智跞大发感慨，说为什么诸侯都有礼器进贡周王室，而唯独晋国没有？

那一刻智跞非常难堪。平丘会盟时，郑国提议减少对晋国的贡赋，晋国还板着面孔不许，没想到这才一眨眼的工夫，就轮到周王室指责晋国供奉有缺了。

敢情贡赋这玩意儿，都是收取的时候多多益善，支付的时候宁缺毋滥，位置决定态度，规矩跟利益相比，简直一文不值。

智跞语噎，只好让陪同出席的副手籍谈作答。

籍谈大概也没思想准备，但又不可能再把皮球踢出去，于是慌乱之中天马行空地答道：以前诸侯受封的时候，周王室都赐以礼器，唯独晋国受封的时候没有获赐，所以晋国不必向周王室进贡。

周王室到底有没有赐给晋国礼器过，并非一桩有争议的悬案，大家至少可以在本书的两处地方找到答案。

探究曲沃代翼的历史渊源时，我曾提道：周成王恭贺唐国（晋国前身）开张大吉，赐给唐叔虞（晋国始祖）大路、密须之鼓、阙巩、沽洗等镇国宝器。

在叙述楚灵王的自我修炼时，我也曾提道：楚灵王向郑丹抱怨，说楚先王熊绎与鲁、卫、晋、齐的先君一道侍奉周王室，四国都被颁赐宝器，唯独楚国没有。

这些往事众多史籍均有收录，白纸黑字，不容抵赖，籍谈你信口开河，就不怕风大闪了舌头？

果不其然，周景王对他大加奚落："唐叔有大路之车和密须之鼓吧，那曾是（周）文王检阅军队的用具；有阙巩之甲吧，那曾是（周）武王攻克商朝的武器。（晋）文公有大路之车、戎路之车、金斧钺、黑黍香酒、彤弓、虎贲吧，那都是（周）襄王的赠礼。这些难道不算是（周王室）对晋国的赏赐吗？你们籍氏世世代代掌管晋国的典籍，因之得氏为'籍'，为什么连如此重大的事件都忘记了呢？"

籍谈的脸一下子涨得比智跞还红，周景王遂嘲之以"数典而忘其祖"（成语"数典忘祖"的出处）。

晋国使者和周景王碰撞的衍生意义很丰富，归纳起来有三条。

第一条，晋国以诸侯领袖自居，但在遵守礼法、崇敬尊者方面，并没起到表率作用。

第二条，历史已经反复证明，志霸诸侯疏远周王室相当于使用七伤拳，令周王室难堪的同时，也会损及自身的道义形象。

第三条，所谓"其身正，不令而行；其身不正，虽令不从"，既然晋国自己放火，那就怨不得有朝一日别国点灯。

周王室本身固然衰微，但周王室在名义上的支持，仍然是春秋时代志霸诸侯不可多得的力量源泉。

但凡看别国不爽，一顶"你要是反对我就是反对周天子"的大帽子先扔过去，别国基本上就没法满血满状态跟你过招。而获取这个无敌帽子的代价仅仅是平时喊几句万岁的口号兼逢年过节好言厚物地笼络周王室一下，世界上再没有比这更划算的生意好不好？

慢待周王室，则晋国在国际政治博弈中可以借助的巧劲逐渐消散，并且势必引起天下诸侯的信任危机，造成对晋国实力的多重损害。

大家都知道，信任有个特点，那就是毁废起来易如反掌，建立起来却难于登天。

所以我说呀，通过分析晋国缺贡这件事，再联系公元前533年晋人和周人争夺阎地那件事，我们不难得出一个结论，晋国高层缺乏具有战略眼光的政治家，或者可以说成，具有战略眼光的政治家在晋国高层占不到主导地位。

总之，晋国内部潜伏着破坏力不容小觑的政治危机。

周景王的谴责摆在那儿，使得晋国面对楚、齐有威胁性的动作时，焦灼感格外强烈。作为老牌霸主，晋国身处困境，自然不甘心也不至于束手无策，施以补救势在必行。

到底怎么补救？采取强力措施当然不是上佳之选。因为严厉制裁齐国的话，只可能迫使齐国彻底倒向楚国；而同楚国短兵相接的话，又感觉底气不充足，实在没有必胜的把握。

晋国最终做出的抉择是抓大放小，曲线救国。即先把齐国起哄当作内部矛盾放在一边，然后着力于晋、楚之间的传统势力分界点郑国，用进一步密切晋郑关系的方法，来防止楚国向北方的渐进式扩张。

在这样的背景下，晋国正卿韩起于公元前526年的三月访问了郑国。

稳固郑国这块前沿阵地，当属明智之举。可以想见，只要楚国止步不前，齐国顶了天也就是池塘里的鱼鳖，扑腾不起多少波浪。

韩起和郑定公的会晤起初比较顺利，双方一起回顾传统友谊，探讨深化合作，气氛一度非常融洽。但谁也没料到，韩起突然提出一个私人要求，差点儿搞得郑国下不了台。

这个要求说起来蛮扯淡。韩起有一只玉环，此环原本成对，其中另外一只为一名郑国商人所有，故韩起借访郑之机，向郑定公求取。

郑国君臣商议此事。

国侨认为，玉环非公家府库所有，郑君怎可强取民间之物以逞他人私欲？

游吉等人则认为国侨太死脑筋，玉环既不是凤毛麟角也不是你老婆，韩起要就送给他呗，叽个啥歪嘛。要是因此惹毛了韩起，进而触怒了晋国，那郑国再去热脸挨冷屁股就没意思了。

国侨反驳说，他正是为了维护韩起的个人形象以及郑、晋平等友好关系才主张拒绝的。韩起求取玉环乃非分之想，要是郑国答应，那么非但坐实了韩起的贪婪之名，而且助长了晋国索贿的气焰。如果下次晋国得寸进尺提出更加无理的要求，郑国拒绝会招致更大的怨恨，接受又有伤国家根本，与其彼时左右为难越陷越深，还不如此刻就鼓起勇气防微杜渐。

群臣无言以对。郑定公也觉得韩起的手伸得太长了点儿，便捎个口信予以回绝。

可是韩起仍不死心，私自找到那个郑国商人，半买半抢地把玉环搞到了手。商人不敢违拗，只要求韩起事后知会国侨一声。韩起答应了。

后来韩起向国侨提及此事。国侨有些动怒，都已经说了不能给，你还巧取豪夺，你此行是来拉拢郑国呢还是来疏远郑国？

国侨对韩起说："当年先君桓公和商人们俱从周王畿迁徙而来，定居虢、郐之间后，戮力同心耕耘土地、建设国家，彼此盟誓世世代代互守忠诚，商人不背弃叛变国君，国君也不强买掠夺商人，郑国才得以存续至今。如今您带着友好的意愿光临郑国，却又要我们强夺商人的货物，这不是对郑国盟誓的粗暴践踏吗？得到一个玉环和失去一个诸侯孰轻孰重，请您好好斟酌吧！"

一席话说得韩起冷汗涔涔，赶紧把玉环退了回去，并赠国侨以玉和马，再三致谢国侨的金玉良言。

四月，韩起结束访问，启程回国，以国侨为首的郑国六卿前往郊外饯行。

其间，各人赋诗作别，颇说了一些客套话。但是，素来恭维晋国的郑大夫游吉，出人意料地赋了《褰裳》。

《褰裳》是一首郑国情歌，它以女子的口吻、热辣豪放的风格唱道，你要是想我，就赶紧撩起衣襟涉水过河来追求我；你要是不想我也没关系，反正世界上的男人又不止你一个！

这首歌若用以在私人派对上佐酒助兴，那真是再妙不过；但在高层外交场合出现，听起来就别有深意了。

韩起蓦然回想起鲁国囚臣子服椒关于晋、鲁、楚齐三角恋关系的论述，不得不收起大刺刺的架子，恭恭敬敬地回礼，称韩某人主政晋国，必定尽心竭力护卫郑国，岂敢劳动郑国再去侍奉他人。

游吉说，您太客气了。

韩起说，哪里哪里，今天要不是听您拿《褰裳》说事，恐怕晋郑两国的友好关系就要断续呢。

后来，明代有个叫傅逊的学者读史至此，有感而发写了这样一条评论："人情相与玩习，恒不善其终，惟有是警戒，当能终于好。"

这话什么意思？

国际关系和人际关系一样，无不是围绕着各自的利益而钩心斗角、尔虞我诈。什么永结同心，什么相好以终，统统都只是权宜之计。只有时刻保持对别国的警惕，才能消除别国对你的觊觎，反过来又促使国家之间各自隐忍，从而保持长久的安宁。

精辟精辟！斗争与和平的辩证关系，傅逊一语道尽。但是作为历史的赏玩者，我们还是应该在晋国和郑国整体平衡的外交格局中，体会出一种此消彼长的味道。

屡屡被诸侯国以"你要是不对我好，我就跟别人走"的言论击中要害，反映的是晋国对诸侯控制力的滑降。

一个唯我独尊的霸主，应对三心二意的诸侯时，标准做法从来只有两条。

一是：贱人，给老子有多远死多远，老子才不稀罕你呢！

二是：贱人，想红杏出墙？不怕死你就试试看！

很明显，晋国离这种风范有不小的差距，它眼下急需的是笼络天下诸侯，以维持它那风雨飘摇的霸权。

韩起怀揣着满腔的心事归国后，晋国立刻释放了鲁昭公，再没有片刻的犹豫。

一队车驾自新绛驶出，朝着曲阜的方向渐行渐远。鲁昭公透过帘幕回望三晋大地，山峦依旧，汾浍如昨，虒祁宫渐渐地只剩下轮廓，最后都湮没在了烟尘之中。

伍子胥入吴

想必大多数人和我一样，最早都是在《东周列国志》及其衍生作品中认识了伍子胥这个人。

不得不说，《东周列国志》描述伍子胥的章节十分精彩，以至于很多年以来，只要一提起伍子胥，我脑海中首先浮现的，便是那个苦心孤诣的复仇者。

后来涉猎群书渐渐认识到，《东周列国志》以其演义文体的自我标榜，卸去了严肃历史的沉重负担，因此在塑造历史人物形象时，平添了很多文字排布以及素材取舍方面的灵活性。

这就又回到了一个老生常谈的命题，即《东周列国志》带给我们的精彩，相当程度上是一种脸谱化和戏剧化的现象，而有意规避了诸如地缘、政治、战略之类的背景元素。

当然，就伍子胥的人生经历而言，即便剥离所有的艺术加工，剩下的历史本原依旧起伏跌宕。只不过，故事的主题不再是哗众取巧的快意恩仇，而是气势恢宏的吴、楚争霸。

伍子胥的氏族，是楚国的官宦世家，其祖上可以追溯到一个叫伍参的人。

公元前 597 年，楚晋之间爆发邲之战。当时，作为楚庄王近臣的伍参曾经一力主战，稳固了楚国的军心，为最终战胜晋国奠定了基础。

伍参之子伍举曾于公元前 611 年以"有鸟在于阜，三年不蜚不鸣"的谜语，唤醒了沉睡的楚庄王。

伍举乃长寿之人，距此六十四年后我们还能在"楚材晋用"的典故中觅到他的身影。

《左传·襄公二十六年》有载，公元前 547 年，伍举因卷入楚国的政治要案，愤而逃往晋国。他的好友——蔡国大夫公孙归生想帮他脱罪返乡，便借出使楚国之机，跟楚国令尹屈建谈起楚国人才为晋国所用的话题。公孙归生一一举出楚人苗贲皇襄助晋国在鄢陵击败楚国、楚人屈巫襄助晋国联吴伐楚等事例，称前鉴殷殷，楚国不可重蹈覆辙。屈建闻言，悚然，只好派伍举的次子伍鸣出使晋国，把伍举迎了回来。

而后，伍举成为楚灵王政权的要员，频频在重大场合露面，如公元前 541 年垂橐入郑①，谬词助楚灵王继位，公元前 538 年赴晋"假宠以请于诸侯"，申地会盟规劝楚灵王尊礼慎行。直至公元前 533 年，他还在处理许国迁国之事，真是越老越精神！

伍举的长子伍奢担任了楚平王世子——太子建的师傅。与伍奢一同入幕西宾的，还有一个叫费无极的人。

伍奢和费无极在一个屋檐下同执教业，看起来像是同事关系，但实际上是同行关系。

同事和同行的区别在于：前者多体现为合作，譬如鲍叔牙和管仲；后者多体现为竞争，譬如诸葛亮和庞统。

伍奢和费无极争的不是谁的知识更加渊博或者谁的教学质量更加优良，而是谁更能取得太子建的宠信。

说穿了，太子师傅这个职位有其特殊性。担任太子师傅的官员往往可以借助与太子的师徒情谊，在太子登基后晋升政府要职。很显然，师徒情谊越深厚，太子师傅的前景就越不可限量，这一点儿应当被视作伍奢和费无极对立的根源。

有人问，伍奢和费无极一定不能做同事吗？两个人齐心协力，一起把太子建教导成才，再双双成为新君的臂膀，也很符合逻辑呀！

没错，理论上确实如此，可是太子建的态度决定了他俩根本无法和谐共处。因为，太子建专宠伍奢，把费无极晾在一边，这就无形之中加剧了伍奢和费无极的矛盾。

费无极对太子建厚彼薄此的做法相当不满，更对自己与伍奢日益激化的矛盾充满了惧虑。因为，授业期间的芥蒂，日后极易演变为权力场上的倾轧与迫害，费无极没有勇气去面对和承受。

而化解这种困境的办法，就是趁早打倒伍奢，不让伍奢有扶摇直上的机会。

不过，费无极的心思比普通人更加细密，也更加狠毒。他考虑的是：伍奢既

---

① 这个事件多用来赞誉郑大夫国侨的机敏睿智，前文未曾述及。

然有太子建这棵大树罩着，那么只要太子建依然备位太子，任何攻击伍奢的行为，都将受到太子建的翼护甚至反击。

因此，要想彻底解决后顾之忧，费无极唯有将太子建一并拉下马。反正太子建无恩宠于费无极，费无极也犯不着对太子建忠心不贰。

想把太子拉下马，难度系数绝非一般的大，但费无极既然敢动这个念头，肯定有他自己的把握。

纵观历朝历代臣子废黜、驱逐或杀死太子的案例，可以归纳出两套基本操作原理。一是积蓄力量，亲自对太子下手；二是挑拨太子与当权者的关系，然后教唆当权者对太子下手。

费无极手无实权，不具备直接操刀的条件，因此，在当权者面前构陷太子建就成了必由之选。

楚国的当权者是些什么角色？熟悉楚国国情的人都知道，除了楚王就是令尹。

楚平王即位以后，他的心腹斗成然凭借拥立之功出任令尹，一时炙手可热，风光无限。

可是斗成然的仕途非常短暂，他居功自傲，飞扬跋扈，和养豹基的后嗣公然勾结，引起了楚平王的猜忌，并于公元前 528 年的九月被楚平王处死。

继任令尹的人叫阳匄，虽然也是楚国宗室（楚穆王曾孙），但一者尚未建立显赫的功绩，二者有斗成然乐极生悲的榜样在前，因此为人处世相对比较低调，不可能吃饱了饭没事做去打太子建的主意。

这样算下来，费无极的心思，只能着落在楚平王的身上。

俗话说疏不间亲，又说虎毒不食子。费无极要在楚平王和太子建之间掺沙子，而且掺到父子俩反目成仇的地步，说实话，倘若费无极果真马到功成，我一定会恭恭敬敬地对他念三遍那个滔滔江水、黄河泛滥的段子。

当然，对任何事情进行评估，总要结合具体的情境，至少我知道，费无极搞起阴谋诡计来那是驾轻就熟的。

前文讲述楚灵王的结局时，曾提起过一个叫朝吴的人物。

朝吴是蔡国大夫，因为在推翻楚灵王的那场政变中出过力，所以深得楚平王信赖。费无极忌妒朝吴受宠，便谋划陷害朝吴。

他首先对朝吴说，你是楚平王的红人，年纪也老大不小了，却还在蔡国居于下位，难道不觉得耻辱吗？让我帮你在楚平王面前请求以获取上位如何？

朝吴没理由拒绝。

于是费无极又对蔡国那些品级超过朝吴的官员说，你们看你们看，朝吴仗着自己受楚王的宠信，不甘居于下位，如果你们不加戒备，一定会遭他暗算。

蔡国的高官细思恐极，二话不说就将朝吴驱逐出国。

整个过程，费无极仅仅是翻飞了两下嘴皮子，进出的唾沫星子就将朝吴淹个半死。估计朝吴至今还在犯晕，没想明白蔡国的那群高官咋一夜之间如同吃了枪药，变得如狼似虎起来。

通过这件事情，我们不仅可以见识费无极的功力，还能够了解到构陷的关键技巧。

构陷的基本流程，无非就是设计圈套，散布谣言，罗织罪证，然后把特定的对象斗垮批臭。

像费无极这种借刀杀人的构陷类型，如果要一击必中，则还需加上一个前置步骤，那就是首先找准当权者不堪承受的脆弱点。

当权者最不堪承受的脆弱点是什么？当然是丧失权力，从一朝荣显蜕变为受制于人。

构陷者一旦找准了这个脆弱点，那构陷行为就极易获取当权者的认同和支持，从而达到事半功倍的效果。

这是一个放之四海而皆准的定律，不唯独蔡国的高官适应，加诸楚平王的效应更加明显。

为何更加明显？因为楚平王拥有的权力叫君权，这种权力比起各阶层的官权来说，更加富价，更加稀缺。

古往今来，所有围绕君权而展开的争斗都残酷无匹，什么礼义廉耻、什么三纲五常，届时统统不值一文。

所以，当大家也洞悉了这个原理以后，是不是觉得费无极构陷太子建的道路一下子通畅了许多呢？

为了让楚平王对"太子建意欲夺取君权"这个伪命题深信不疑，费无极精心策划了一个极其恶毒的连环计。

公元前 523 年的一月，费无极对楚平王说，太子长大成人，应该考虑婚嫁的问题了。

这个建议中规中矩，于是楚平王向秦哀公的妹妹嬴氏行聘，并让费无极前往秦国迎亲。

费无极到秦国后，派人先期赶回楚国，向楚平王传递了一条十分温馨的私人信息，说是嬴氏美艳，您何不亲自收纳，而为太子另觅佳偶？

楚平王心痒难耐，当即修改聘书，把嬴氏千里迢迢径直迎进了自己的后宫。

太子建对于老爸横刀夺爱这件事抱何感想，我们不得而知。或许他有怨恨，或许没有，又或许心里有而表面上装作没有，谁也说不清。

但正是这种说不清道不明的含混势态，在楚平王心中种下了一个心理预期，即太子建有可能是在隐忍，保不准将来会有所发泄。

好，费无极现在要的就是父子生隙。有了隙缝，就有了进一步运作的空间。他下一步要做的，就是把这条隙缝挖得再宽一点儿、再深一点儿，然后往里面扔一颗重磅炸弹。

同年夏，楚国兴兵攻打南方的濮族部落。

费无极对楚平王说："晋国能领袖诸侯，一个重要原因是它在中原建有稳固的据点。楚国偏居南方，鞭长莫及，怎么与之争斗？如果扩修城父①的城墙，让太子前去镇守，则不唯巩固了北方的前进基地，还能消除您南伐濮人的后顾之忧哇！"

费无极说这句话的两年之前，晋国中行吴率军征讨陆浑之戎，确实已将触角伸到了楚国北部边境。是故楚平王深有同感，便令太子建离开郢都，赴城父任职。

有必要说明一下，外放太子这种行为，历来为有识之士所诟病。因为太子的职业目标是继承君位，平时务必注重两点，一是安全，二是威仪。

也就是说，要保证太子的人身安全，尽量避免因太子夭折而导致换储的混乱局面发生；同时呢，要维持太子的身份威仪，刻意营造太子与其他王子以及大臣之间的贵贱之别，树立崇敬太子的思维定式，帮助太子平稳地过渡成为国君，杂

---

① 春秋多同名之地，此城父应指今河南省宝丰县东的楚国边境重镇。

务交给其他人办理即可，无须劳烦太子。

回过头来再看，楚平王外放太子建显然违背了安全和威仪的原则，是不折不扣的昏聩之举。而这个昏聩之举在费无极构陷太子建的特定氛围中，所产生的消极作用将会加倍放大。

大家认真思考一下，太子建除了安全防护级别下降和威仪受损外，是不是还有其他变化？对了，他主政一方，获得了实实在在的兵权。

只不过，建原本就是太子，手握兵权对于增进他的地位没有任何裨益，反而造成了一个隐患，即使得某些不怀好意的人，诸如费无极之流，有了污蔑他觊觎王位、威胁楚平王的依据。

形势在按照费无极的剧本次序发展，楚平王没有察觉，太子建也没有防范，一张构陷的大网却已悄然编织完成，只等待被撒出去的那一刻。

公元前 522 年，费无极已胜券在握，他对楚平王说："太子因秦女之故怨恨您，他和伍奢串通一气，暗中整合地方势力，并勾结齐、晋两国，打算割据自立，马上就要举事了。"

至此，太子建、伍奢、秦女、城父这些要素，在仇恨的驱使下，被费无极以一个严丝合缝的逻辑完美地组合在了一起。

楚平王闻言大惊，仔细一捋：有犯罪动机，又有犯罪资质，这简直就是自己当年反楚灵王的翻版哪！当下将留京的伍奢提来严词喝问。

伍奢是根直肠子，由于心中坦荡，不愿巴巴地耐心辩解，只是反诘楚平王："您上一次的过错已经很严重了，为何这一次还要轻信诬陷？"

所谓上一次的过错，是指楚平王强娶秦女之事。老实说，楚平王的确做得太不厚道了点。

然而，伍奢的质疑，带给楚平王的不是醒悟，而是面皮被撕破后的恼怒。费无极适时地在旁边煽风点火："您如果还不赶紧采取反制措施，只怕就要沦为太子的阶下囚徒了！"

于是楚平王的情绪更加狂躁，下令将伍奢收监，并私召奋扬进宫，密令他前往城父处死太子建。

奋扬的职务是城父司马，平素主管兵马钱粮，城父军队的动向，他了若指掌。

因此如果太子建有起兵谋反之意，奋扬肯定会在第一时间知晓。

但是，奋扬压根儿就没发现太子建有任何异常之举。他很清楚，太子建被人诬陷了，而杀害一位蒙冤的太子，不但良心会受到谴责，而且万一将来风向转变，他还有被政治清算的危险。

所以奋扬鼓起勇气做了一个令人敬佩的决定。他派人抢先一步赶赴城父，以楚平王密令相告，劝太子建赶紧逃走。

太子建依言带着儿子胜（史称白公胜）出逃，辗转抵达宋国。奋扬假装扑了个空。

可是楚平王并不好糊弄，立马召奋扬回郢都述事。奋扬自知难逃罪责，让城父有司将自己逮捕，然后以囚犯的身份觐见楚平王。

楚平王火炸炸地责问他："话从我的嘴巴里出去，进到你的耳朵里，中间再没有第三人与闻，太子是怎么知道的？"

奋扬平静地说："是我告诉太子的。您当初曾命令我，侍奉太子要像侍奉您一样忠心不贰。下臣谨记在心，是故不敢背弃太子。"

楚平王原以为会把奋扬问得张口结舌，没想到对方来以彼之盾防彼之矛这一手。他想一想奋扬之言不无道理，满腔的怒气倒是泄了七分。

又挨了片刻，楚平王终究心有不甘，再次责问奋扬："你执行我当初的命令不假，但违背我后来的命令也是真。为什么还敢应召回来见我？是不是自以为占理，所以我奈何不了你？"

奋扬依旧平静地说："被派遣而没有完成任务，是一次抗命，我心中已然有悔。倘若见召而不回，岂不是再次抗命？再说，抗命不遵之臣，为天下所不容，即便想逃，又能逃到哪里去呢？"

有趣有趣！奋扬这个人总体来说是个君子，能够坚持自己的操守，不惜冒险为冤屈的太子建通风报信。但奋扬又不是那种"视死忽如归"的烈士，面对死亡的威胁，他表现出了世故圆滑的性格特点。

譬如楚平王召他，他意识到这是要追责的节奏，立马投案自首，提前表现出顺服的姿态，降低与楚平王的对立程度。

楚平王斥责他泄密，他既不狡辩，也不反驳，而是借用楚平王过往的言辞来掩护自己，巧妙地化解了楚平王的攻击性。

楚平王怀疑他藐视王权，他反其意而言之，说自己之所以敢于直面楚平王，正是出于对王权的敬畏，不愿做背君叛国之人。

整个过程冲和淡泊，既没有傲气和自负，也没有奴颜和媚骨，俨然一副得道高人的风范。楚平王再想处置奋扬，心理已处于劣势，只好作罢，使奋扬复为城父司马。

奋扬侥幸逃过一劫，伍奢却坠入了黑暗的深渊。

费无极继续进谗说，伍奢的两个儿子都很有才干，如果他俩因父亲入狱而叛逃至楚国的大敌吴国，一定会给楚国带来无穷无尽的灾祸，何不用赦免伍奢的名义诓骗他俩到郢都，然后将其父子三人一网打尽以绝后患？

楚平王始终对伍奢与太子建"狼狈为奸"耿耿于怀，便依费无极之言向伍奢之子伍尚和伍员（字子胥）发出召令，诈称二子若来，则恕伍奢不死，否则就等着给伍奢收尸。

当时，伍尚在棠邑任职，收到召令后，一眼就识破了楚平王请君入瓮的伎俩，去或不去，成了令他跋胡疐尾的痛苦抉择。

去的话，非但救不了父亲，反而白白搭上兄弟俩的性命；不去的话，坐视父亲受死，又于孝道有亏。这可如何是好？

思虑良久，伍尚对弟弟伍员泣血而言："听到赦免父亲的命令，不能不奔走回去服侍；亲人被屠戮，又不得不报仇。我的才智不如你，服侍的事我来做，报仇的事就交给你吧。服侍父亲是孝，知死不辞是勇，谋而后动是仁，择而后任是智，你我各自勉力而行，不可堕了伍氏的声名！"

于是兄弟俩挥泪道别，伍尚去往郢都，伍员则逃往宋国投奔太子建。

伍奢听闻伍尚独身前来，不禁仰天长叹："楚国再也没有安宁之日了！"

楚平王来不及细细咀嚼伍奢话中之意，畅快地将伍奢和伍尚一并处死。

伍员背负着血海深仇和太子建在宋国会合。他俩原本想借宋国的力量为自己昭雪平反，可是宋国早不早迟不迟爆发了堪称该国有史以来最为剧烈的政治动荡，史称"华氏之乱"。

当时，因为受到宋元公的猜忌，宋国的两大政治世家华氏（华元之族）和向氏（向戌之族）联手发动叛乱。

叛乱的具体过程就不详述了，总之宋国各方势力卷入其中，乒乒乓乓刀兵相见，连宋元公自己也差点儿提前进驻祖庙。

接着中原各国纷纷出手干预，场合越闹越大，支持华氏的吴国和支持宋元公的齐国还干了一架。

折腾到最后，宋国各方势力中，死了一大半，跑了一小半，虽然宋元公勉强控制了局势，但宋国已被这场旷日持久的争斗搞得元气大伤。

伍员和太子建一看宋国这架势，伦家自顾尚且不暇，哪来闲情逸致替他俩申张冤屈呀，只好黯然转投郑国。

居郑期间，太子建访问了一次晋国。就在这次访问过程中，晋顷公（晋昭公之子）撺掇他配合晋国里应外合颠覆郑国现政权。

太子建一介流亡公子，正如无根之草无本之木，落难之余本应夹紧尾巴，小心翼翼地寻求国际社会干预。可他冀图换取晋国的鼎力支持，因此与晋顷公达成了颠覆郑国的协定。

返回寄居的郑国后，太子建开始积极策划举事。仿佛是为了印证那个"不作死，不会死"的著名论断，举事的时机还未成熟，意外情况发生了。

太子建因为私事准备处死一个随从。这个随从恰好又知道太子建的密谋，于是抢先向郑国当局告发太子建以自救。

郑国一直好生接待太子建，没想到他居然恩将仇报，当下愤怒不已，把太子建抓起来咔嚓咔嚓。

伍员害怕受到牵连，只好带着白公胜再次仓皇出逃。这一次，他的逃亡目的地是吴国。

从地理分布上看，郑国和吴国呈西北—东南的位置关系。正常情况下，如果伍员从郑国去往吴国，他的行动路线应该也是呈西北—东南走向，即先穿越陈蔡之间，然后渡过淮河中游，接着穿越江淮平原中西部的楚国疆域，最后渡过长江下游九江—南京段而入吴。[①]

---

① 此段长江大致呈西南—东北流向，吴地在江流之东，"江东"的概念即由此引申而来。

这条路线的特点很明显。好处在于距离最短，可以节省许多脚程。但坏处在于需过境楚国，而楚国正在全力缉捕伍员，一旦伍员在楚国境内暴露行踪，后果不堪设想。

那么，伍员是不是可以走一个直角，即先从郑国取道向东，沿济水南岸行至鲁国境内；然后折向南方，渡过淮河下游；接着穿越江淮平原东部楚国尚未控制的区域；最后渡过长江下游南京以东段 [①] 而入吴？

这条路线的特点和前面那条恰恰相反。坏处在于距离遥远，需要额外耗费许多脚程。但好处在于绕过了楚国的地盘，提高了通行的安全系数。

总而言之，伍员必须在两条路线中做出选择，要么拿性命打一次赌，要么多出一身汗。

乍一看，这不是一个两难的选择，毕竟和保全性命相比，承受路途的辛劳是完全值得付出的代价。

然而，事情远非表面看起来那么简单。

其实所谓先东再南直角行的路线，根本就不存在，伍员只有东南直线行一条路线可走，就算明知楚国在缉捕他，他也只能以身犯险，从江淮平原中西部的楚国地界穿行而过。

而先东再南直角行路线之所以走不通，症结全在于长江末段没有适宜人们过江的渡口。要把这个问题弄清楚，我们必须先了解一下春秋时期的时代背景。

春秋时期航水技术落后，人们往往只能在水面狭窄和水流平缓的水域横渡，这是一个基本的前提条件。

另一方面，呈现在我们面前的长江，距离呈现在伍员面前的长江，中间有两千五百多年的时间跨度。两千五百多年来，你能想到长江末段最大的变化是什么吗？

是江岸的排污口密密麻麻触目惊心？算你有良心，但这和本章的主题不相干。

是江水的含沙量与日俱增？搭了一点儿边，不妨循着这个思路继续前进。

是河床的高度节节攀升？比较接近了，但还需换个角度。

---

① 此段长江亦即长江末段，呈东西流向。

确切答案是：长江的入海口向东大大地延伸了。这是上游来水搬运泥沙，日渐淤积填海造陆的结果，道理想必大家都懂。

也就是说，春秋时期，长江的入海口不是在今日的上海，而是在今日上海上游的某处，如果没估算错，约在今江苏省镇江市和扬州市之间。

此外还有一个常识，江河临近入海时，水面会变得异常宽阔。

现在的长江末段，约从江苏省南通市以西开始变宽。而春秋时期的长江末段，约从今江苏省南京市以西就开始变宽了，古人视之为不可逾越的天堑。这正是伍员必须取道江淮平原中西部，继而从长江下游九江—南京段入吴的原因所在。

至此，我们已经依稀嗅到了《东周列国志》中"伍子胥过昭关一夜白头"的紧张气氛。

诚然，这个故事所包含的许多情节是虚构的，但它到底有多少基于历史本原的真实成分在内呢？我们不妨继续解读。

江淮平原中西部幅员宽广，地势开阔，并无峡谷、山隘之类的关口①。倘若伍员专挑荒僻处行走，楚人几乎没有中途逮住他的可能。

但这并不等于说楚人就拿伍员毫无办法。事实上，当伍员即将走出江淮平原然后渡江东去的时候，杀机正扑面而来。

这蕴含杀机的处所，便是《东周列国志》中提到的昭关。

昭关位于今安徽省含山县北，它有幸在历史上留下印记，靠的是春秋时期当地独特的地缘环境和地貌特征。

昭关以东不远处，即今安徽省和县境内，有一个名叫渔邱渡的渡口。

这个渡口非常重要，因为长江九江—南京段这一截漫长的江道上，优良的渡口并不多，而最适合航渡的渡口，非渔邱渡莫属，往来江东的人员，十有八九须经行此渡，伍员自然也不例外。

而昭关虽然和渔邱渡分属两地，但它恰好扼守着通往渔邱渡的唯一道路。楚人只要在昭关加强排查，截住伍员的概率就相当大。

可是还有一个问题。借助当代的地理测绘技术，我们了解到和县周边仅散落

---

① 指那种极其细小的，可以封堵少量人员的关口。

着一些零星丘陵，不能构成殽函那样的天然关隘。那么昭关咋就成了打开通往渔邱渡之门的钥匙呢？莫非几千年来沧海桑田，使得和县周边的地貌特征已不复旧日模样？

不错。春秋时期，因为长江之水漫流浸润的作用，渔邱渡周边沼泽密布。而这些沼泽和丘陵相互遮掩、交错阻隔，鬼斧神工般造成了只有昭关和渔邱渡可以"单线联系"的局面。

这种局面，伍员肯定要为之吐血三升，昭关却应喜不自禁。

因为，渔邱渡存续的时间很短暂，随着附近长江水文的变化，适于航渡的渡口不断向下游迁移。

渐渐地，渔邱渡荒废了，取而代之的，是百十公里外一个叫乌江渡的渡口，后世大名鼎鼎的楚霸王项羽，正是自刎于此。

而昭关的通衢价值依附渔邱渡而生，渔邱渡消亡了，昭关也就归于沉寂了。

所以，昭关应当感谢伍员。倘若不是伍员赶在渔邱渡消亡以前跑到昭关上演一出生死逃亡的大戏，昭关也许就真的湮没在了历史的深处，如今的含山人民，也少了一段可以炫耀的谈资。

现在，阴森森的昭关正张开血盆大口等待着伍员自投罗网。伍员究竟是如何蒙混过关的呢？

很遗憾，信史已无从考究。《史记·伍子胥列传》中只是模糊地记载道："到昭关，昭关欲执之。伍胥遂与胜独身步走，几不得脱。"

显然，守卫发现了伍员，并且做出了抓捕的动作。伍员和白公胜见势不妙，只得抛弃行装马匹，分头逃跑。伍员堪堪闯了过去。

可这样还不能算完。因为伍员即便过了昭关，他还得沿陆路前往渔邱渡，昭关的守卫既然锁定了他，又岂有善罢甘休之理？

于是伍员在前面夺路狂奔，守卫在后面撵着屁股紧紧追赶。

渔邱渡那边，楚人有没有设置岗哨，我们不得而知。如果没有，固然是伍员的幸事；但即便有，只要伍员能把昭关出来的楚人（包括追兵和通信员）统统甩在身后，那他也能抢在渔邱渡的守卫做出反应前成功下到江中。

所以，这是一场速度的比拼。

人在面临死亡威胁的时候，肾上腺素会剧烈喷涌，相当于自己给自己注射了一支兴奋剂。那感觉，嘿，别提多带劲了！

伍员四蹄生风往渔邱渡呼啸而去，冲到江边时，正好有个渔父在解缆。

这渔父乃是世外高人，非但一眼认出了伍员，而且看出了伍员的处境，当下二话不说，接伍员上船，然后奋力摇桨，径往江心疾进。

楚人如影而至，却已追赶不及，聚在堤岸上跳脚呼喝了一阵，渐渐地也就散了。

过得江来，已近吴国地界。伍员感念渔父搭救之恩，解下随身佩戴的宝剑相赠道："此剑直百金，以与父。"

渔父推拒道："楚国以赐粟五万石、授爵执圭① 来悬赏通缉你。我如果贪恋财物的话，尽管向官府首告便可，又何必受你这百金之剑？"

和渔父道别后，伍员向着吴都迤逦而行。

一路上，伍员风餐露宿，兼程倍道，未几生了一场大病，再也无法前行，只得停下脚步将养，端的是狼狈无比。

就这样走走停停，停停走走，伍员终于活着来到了吴都。在这个举目无亲的城邑里，伍员该如何安身立命呢？

（补述一句：各种史籍都没有记载白公胜过昭关时奔逃的详细情况。但他也成功地逃脱了，并和伍员一前一后分别抵达吴国。）

继续这个话题前，我先简单回顾一下吴国的国情，以便于大家理解后续情节的铺展。

当年，吴王寿梦的夫人育有四子，从长至幼分别是遏、戴吴、句余和季札。

这做父亲和做兄长的，一致看好季札，想让季札继承王位，可是季札极力推辞。等到寿梦死后，国不可一日无主，遏只好勉强登基（号诸樊）。

但诸樊让贤于季札的念头一直没有息却，他和戴吴、句余两个弟弟商量好，将吴国王位的传承法则改为兄终弟及。也就是说，诸樊死了戴吴上，戴吴死了句余上，句余死了，那自然而然就轮到季札上了。

---

① 楚国有"执圭"之爵，圭以区分爵位等级，使执圭而朝，故名。

可等到诸樊、余祭（即戴吴）、夷末（即句余）依次死在任上后，季札仍旧不改初衷。这时，夷末的儿子州于走到前台，成为吴国的新君，史称吴王僚。

回顾的情节到此为止。对于僚继位的合法性，大多数国人没有异议，可是有一个人却暗自愤愤不平。

这个人的名字叫光，他是吴王诸樊的儿子，目前在吴国军方担任要职。

公子光的怨恨在于，他认为季札之后，吴国王位的第一顺位继承人应该是他，而不是州于。

公子光的逻辑是下面这样的。

诸樊、余祭、夷末三人要搞兄终弟及这一套，是为了把王位推到季札头上去；而且季札这人确实是众望所归，因此即便兄终弟及的做法有违吴国的传统礼制并且损害了公子光的个人利益，公子光内心里还是能够接受的。

但是诸樊、余祭、夷末三人的苦心孤诣最终落了个空，季札宁处江湖之远，也不居庙堂之高，兄终弟及的改革并没有取得预期的效果，反而让州于捡了个天大的便宜。这个时候公子光的心理就失衡了。

公子光的想法是，既然兄终弟及的游戏规则难以为继，那么就该以诸樊薨逝为初始条件，重新回到父子相及的老路上去，由他公子光来出任国君。

只不过愿望虽然强烈，但实现的难度极大。毕竟经过夷末的统治，吴王僚这一系已经掌控了绝大多数的行政资源；而诸樊二十多年前就已作古，留给后嗣的政治影响力逐渐萎缩，并不足以支撑公子光通过正常的途径来伸张政治诉求。

个中款曲，公子光也心知肚明，因此他所做的，就是暗中招纳贤能之士，积蓄力量以图有朝一日发动政变，取吴王僚而代之。

伍员事先并不知晓公子光对吴王僚的怨恨，抵达吴都后，他首先拜会了公子光，并借由公子光的引荐，见到了吴王僚。

伍员向吴王僚极力陈说攻打楚国的好处。他原本以为，吴国和楚国势不两立，伐楚的建议一定会得到吴国君臣的热切回应。

谁知公子光却表示反对。

当时，公子光点醒吴王僚：伍员的话里夹带了私货，倡议攻打楚国只不过是为了给伍氏家族报仇而已，出发点并不是为了吴国的强盛，故应予以拒绝。

伍员瞬间意识到，公子光这个人很不简单。

实事求是地说，伍员伐楚的图谋出于私人利益这一点，谁也无法否认，但它和吴国的国家利益其实是高度重合的。

从吴国的角度考虑，削弱楚国无疑能大大改善吴国的地缘环境，进而维护吴国的国家安全，那么让伍员搭搭顺风车又有何妨呢？

显然，公子光这种级别的官员，不会连这点儿道理都不懂，他之所以托词反对伐楚，必定有深意在其中。

这其中的深意，诸史言辞含糊，只说公子光是在下一盘很大的棋，不欲因伐楚而搅了自己政变的局。

说实话，要厘清"反对伐楚"和"利于公子光政变"两者之间的逻辑推导关系，是一个考验读者想象力够不够强大的问题。

大家如果一下子参悟不透也别着急，不妨先随着我的引领，梳理一下近年来的吴楚斗争形势，看是否有助于增进我们对公子光立场的理解。

总体而言，近年来吴国在吴楚斗争中居于优势地位，而且公子光还曾以伐楚统帅的身份出现在世人眼前。

自公元前536年房钟之战后，吴楚之间难得地消停了几年。公元前529年，风云再起，楚平王发动政变，取楚灵王而代之，吴国乘虚而入，攻取了楚国东部的战略要地州来。

楚平王被迫隐忍以待，一方面采取休养生息的政策，涵养国力；另一方面大规模整训全国兵马，巩固国防。

公元前525年，吴国卷土重来，公子光驻兵于今安徽省当涂县西南长江右岸的西梁山，计划跨江攻打楚国。

楚国则由令尹阳匄和司马王子鲂领军，驻兵于今安徽省和县南长江左岸的东梁山以作防御。

两军夹江对峙，战争随即爆发，史称长岸之战。

鉴于长岸之战是吴楚之间第一场真正意义上的水战，且过程一波三折结局惊天逆转，本书有必要记述得稍微详细一点儿。

当时战况非常激烈。楚国司马王子鲂首先战死，但楚军并未因此退却，反而背靠江岸一鼓作气击败吴军，连吴军的旗舰"余皇"也一并俘获了。

余皇曾是吴国先王的座船，蕴含着吴人的国家荣誉，象征意义巨大。把这个宝贝家伙弄丢了，吴军上下不但深以为耻，而且面临着军法的严厉惩处。

公子光聚集将士，鼓舞大家奋勇作战，无论如何也要把余皇夺回来，众人铿然响应。

败军之余，还要杀个回马枪，并且夺回一艘大船，其难度可想而知。而事实上，难度绝对超乎想象。

余皇大概声名在外，楚人亦深知它对于吴国的重要性。为了防范吴军掉头回来抢夺，楚军花大力气将余皇拖到江滩上，然后在余皇周遭挖掘壕堑，接着又用木炭把壕堑填满，并派专人在余皇上守备，摆开阵势准备迎敌。

面对这等严密的防御，依我看，吴人若想用蛮力夺走余皇，似乎不怎么现实。

吴军面临的困境，公子光十分清楚，要想完成夺船这个几乎不可能完成的任务，当然得采取一些非常的措施。

公子光最终制定的战术是夜袭，让夜晚麻痹楚军的思维、松懈楚军的防御；吴军则盛食厉兵，然后出其不意，攻其无备。

值得肯定的是，夜袭是扭转战场不利局势的好办法，但就实现吴军的战术意图而言，却还存在一个致命的缺陷。

道理很简单，黑夜蒙蔽视野的功能，对楚军和吴军同等有效。

要在漆黑的战场上准确找到余皇驻泊的处所，除非吴军天赋异禀练就了一双夜猫子眼，否则就只能瞎摸乱撞，成功的概率实在不容乐观。

而一旦夺不回余皇，那么即便吴军造成楚军重大伤亡，回去之后仍然无法交差。

公子光认识到了问题的严重性，故特意挑选了三名身强力壮的勇士，令其潜水进入楚军阵中搜寻余皇，大部队则在夜色的掩护下抵近楚军。

楚军这么多年来和吴军频繁交手，水战之法虽未达到谙熟于胸的程度，但终究再也不是公元前 549 年楚康王兴舟师伐吴时那般生疏①。

---

① 当时楚国的水师因为缺乏教训，在开赴战场的途中迭遭困窘，未及交战便自行无功而返。

暗夜之中陡然面对吴军的逼近，楚军表现出了较高的军事素养，将士并未惊皇失措，而是继续保持防御态势，只等吴军前来攻坚。

吴军在楚军外围观察敌情，根本找不到攻击的角度，正自焦灼，楚军的阵脚忽然松动了起来。

原来，先期潜入楚军阵中的三名吴国勇士建了奇功。他们在楚军阵中转悠，一开始也找不到余皇在哪里，后来急中生智，壮着胆子呼喊"余皇"二字。

说来也巧，守卫余皇的楚军竟然出声应答。勇士仔细辨识声音的出处，又接连喊了两次，守卫也接连应答了两次。

于是勇士锁定了余皇的处所，继而现出身形，舍生忘死地杀人夺船，闹出很大动静。

楚军的注意力都集中在阵外，哪会想到吴军来个中心开花，于是陷入了局部的混乱。

楚军指挥部也被这突发的情况搞蒙了，误以为吴军已经突入阵中，遂急急指派临近的战船前往救援，原本无懈可击的阵势随之瓦解。

吴军战船趁机发起冲锋。楚军顾此失彼，陷入了全面的崩溃。

木几，江中的楚军死伤殆尽，岸上的楚军也舍弃营地仓皇西逃，独剩卜余皇固定于江滩上。吴军遂从容取之，奏凯而还。

长岸之战后，楚国胆气已怯，压根儿就没有反攻吴国一雪长岸之耻的想法。楚平王倒也不是完全无动于衷，只不过他的精力全都扑在了一个"守"字上。

公元前 523 年春，也就是伍员入吴的前一年，令尹阳匄在郏地筑城。郏地乃楚国北方的前沿哨位，在此筑城，故步自封的意味甚是明显。

鲁国三桓的叔孙婼就评论道，楚国的意图不在进取中原，它仅仅是想保守现有的疆域罢了。

同年冬，楚国又在州来筑城①，沈尹戌讥之以"楚人必败"，认为吴国不会坐视楚国固拥州来，必将发兵来袭。

这样一番梳理下来，不知道大家对公子光反对伐楚的内心世界是否有所窥测，

---

① 州来曾于六年前被吴国攻取，史籍未记载楚国何时重新据有州来。

反正我早先尝试着做出解读时，一度茫然无绪。

直到终有一天，公子光亲口向伍员道出其中的隐情，我这才恍然大悟，不过那已是伍员入吴十年之后的事了。

当然，我们都是些凡夫俗子，对于高层政治斗争这么尖端的东西，本就难窥门径。但伍员才识过人，他闻弦歌而知雅意，很敏锐地看穿了公子光弑主自立的心思。

发现这么大一个惊天秘密，伍员究竟如何应对，是一件耐人寻味的事情。至少在我看来，伍员的处境首先会变得相当危险。

因为，既然公子光不欲因伐楚而坏了自己的大事，那么他必然会极力清除任何主张伐楚的因素。伍员如果继续请求吴王僚出兵伐楚，十有八九会被公子光逮个借口给弄死。

而伍员如果为了自身的安全着想，放弃伐楚的请求，血海深仇又无从得报，男人做到这个份上，还有什么乐趣可言？

伍员于此时再度闪现出智慧的光芒，他的对策堪称精妙无匹。得知公子光反对伐楚的立场后，伍员立即做出了退而耕于野的决定，并举荐一个名叫专诸的刺客到公子光身边用事。

退而耕于野，是用实际行动向公子光表态。我伍员善解人意，即便背负着血海深仇，也不急这一时半会儿，您就甭再担心我会拿伐楚的事给您添乱了。

举荐专诸，则是隐晦地向公子光表忠。我伍员虽然洞悉了您的意图，但您也别担心我会向吴王僚揭发您，这不，献上专诸助您一臂之力，以后咱俩就是同一条阵线上的战友了。

怎么样，以退为进，放长线钓大鱼的感觉出来了没？如果谁还没找到感觉，我可以给出更加详细的剖析。

首先，伐楚是吴国的基本国策，是吴人的坚定共识。公子光眼下之所以反对伐楚，那是要给他的政变活动让路，一旦政变成功，公子光必然会重拾伐楚的大旗。

其次，既然公子光把政变视为压倒一切的头等大事，那么襄助公子光加快政变进度，则非但有利于推动公子光尽早将伐楚提上日程，而且有利于伍员跻身公子光主政后的吴国政权体系继而把借吴国之力报复楚国的事业推向高潮。

再次，投靠吴王僚可以实现伐楚，投靠公子光也可以实现伐楚，为什么伍员要选择后者呢？那是因为，帮吴王僚揪出公子光相较于帮公子光推翻吴王僚，后者建立的废立之功，无疑价值更高。

最后，同样是在第三国参与政变，伍员比太子建的高明之处在于：太子建是挽起袖子亲自上阵，而伍员则是避居幕后见机行事，设若公子光事败，伍员也易于保全自己。

总之，吴国和伍员一样，本身就是要伐楚的，只不过暂时被公子光打了一岔。

伍员所要做的，就是把公子光政变暂时阻碍伐楚的不利因素，转化为日后更猛烈伐楚的有利因素，从而在自己的个人利益、公子光的个人利益以及吴国的国家利益之间，找到那个精妙的结合点。

伍员的用意，公子光也心领神会，他一方面任伍员在郊野隐居，另一方面以上宾之礼厚待专诸，耐心等候着吴王僚最虚弱的那一刻。

等待，永远是一个漫长而痛苦的过程。

公元前521年，吴国出兵干涉宋国华氏之乱，和同样前来搅浑水的齐军在宋国境内打了一仗，结果吴军大败而还。

这一场原本和楚国没有关系的战争，却影响了吴楚两国的斗争形势。吴国因战败之故，短时间内无力挥师向西，吴楚之间又迎来了战争的间歇期。

公元前519年，经过两年的休整后，吴王僚携公子光攻打州来。公子光虽然内心里抵触，但也不敢公然抗拒王命。

楚平王相当紧张，不但再度派出了令尹加司马领军的豪华阵容，还征调了顿、胡、沈、蔡、陈、许六国之军，与楚军合兵一处，驰援州来。

吴军探知楚国联军势大，便主动撤去州来之围，机动至钟离以避敌锋芒。

联军阵营中，楚国令尹阳匄是勉强抱病出征，因为路途劳顿兼压力巨大，病情骤然加重，无法继续视事，只得将统帅之位交给新任司马薳越代为掌管。

未几，阳匄撒手西去，联军士气顿时大为涣散。薳越资历尚浅，战场指挥能力有待锤炼，不敢与吴军正面交锋，遂率军退至鸡父驻防。

公子光察知联军动作异常，料定其中必有变乱，便建言于吴王僚，称联军中六国素与楚国有隙，此次被强征而来，斗志必然不坚，倘若分而击之，联军必败无疑。

吴王僚深以为然，立即下令全军向鸡父挺进。

鸡父地处淮河上游要冲，位于大别山西北麓，胡、沈、陈、顿、项、蔡、息、江、道及群舒诸国皆在其辐射范围之内。

楚国因势导利将其打造成了中东部的军事重镇，不唯可以保持对江淮地区的控制力，还便于在对吴战争中进退有据。

反之，如果吴国能够夺取鸡父，则不唯可以驱逐楚国在江淮地区的势力并威慑其周围诸国，改变吴楚之间的地缘环境，还可以由此跨越大别山区，严重威胁楚国腹地的安全。

因此，即将展开的这场鸡父之战，对交战双方而言都有至关重大的意义。

吴军的作战方略是首先攻打胡、沈、陈三国的军队。

这三国军队有一个共同的特征，那就是统帅的水平惨不忍睹，其中胡子髡和沈子逞年轻毛躁，陈大夫夏啮虽然正值壮年，偏偏又很顽钝。

公子光冀望这三国军队的奔逃引发其余四国军队的恐慌，从而使整个联军在多米诺效应的驱动下彻底溃败。为了实现这一战术目的，公子光还做了一番精巧的布置。

首先，他把攻打联军的日子定在了月末那天。本书叙述"鄢陵之战"时曾经介绍过，旧历中的月末之日又称晦日，古人认为此日不宜用兵。公子光用兵不避晦日，其原理就跟长岸夜袭一样，为的是打敌人一个措手不及。

其次，他预备以三千个罪犯为前锋攻打三国军队，而后继之以吴军的三个精锐军团。三千个罪犯急切间如何调集我们不得而知，但他们的作战能力绝不会给我们意外的惊喜。公子光驱使罪犯在前，其用意就是故意示弱于三国军队，然后趁其骄狂麻痹给予雷霆一击。

剧本已经完工，好戏随即上演。

七月二十九日，正值晦日，楚国司马蒍越突然收到了吴军来袭的急报。大惊之余，他做出了让顿、胡、沈、蔡、陈、许六国之军突前迎敌、楚军殿后压阵的部署。

胡、沈、陈三国之军原本就是来打酱油的，鬼才想突前抵挡吴军的第一波攻击呢！

可是临阵一看，对面黑压压涌过来的吴军，一个个军容不整，毫无章法，貌似是一群乌合之众，于是苦憋的心情瞬间转好，拿出从未有过的勇猛姿态张牙舞爪冲了上去。

吴军打头阵的罪犯大多是些只在乡里横的角色，几时见过这样骇人的场景，一个个当即吓得屁滚尿流，腰脚利索心理过硬点儿的还知道拔起钩子腿就跑，体虚胆细的干脆就呆若木鸡连跑的意识都瞬间泯灭了。

于是三国之军愈发神勇，直如虎入羊群般可着劲地抓俘虏，有的撵着屁股追，有的停下来收那些要死不活的，爽是爽快，但不可避免地把自己的队形也弄散了。

眼见吴军越抓越少，三国之军渐感寂寥。

然而惊喜接踵而至，伴随着大地的震颤，三支分别由吴王僚、公子光以及公子掩余（寿梦庶子）率领的吴国生力军，以迅雷不及掩耳之势从三个方向包夹了过来。

三国之军身疲枪软，一眨眼的工夫就从鬼畜变成了小受。

混战中，胡子髡、沈子逞和陈大夫夏啮均被斩杀，三国余部则拼了老命向联军阵地奔逃，一边跑还一边撕心裂肺地喊："我们的国君死啦！我们的大夫死啦！"

后续跟进的许、蔡、顿之军被三国之军那魂飞魄丧的状态所感染，当下心胆俱裂，毫不犹豫地掉头就跑。

至此，蒍越用以突前迎敌的六国之军，已然汇聚成了一股反向冲击楚军的洪流；或者换个角度说，已然代替那三千个罪犯变成了吴军攻打楚军的前锋。楚军要是碍着他们逃命，估计还得被他们杀出一条血路来。

公子光设想中的多米诺效应开始发挥作用。楚军面对六国友军和吴军一前一后的轮番冲击，只能在错愕和恐慌交织的复杂情绪中仓皇败退。

吴军以寡击众，创造了出奇制胜的经典战例。

鸡父之战后，蒍越率残部退守蔡国南境的蒍澨。吴军亦不敢孤军久留，便主动撤回国内。

这时，一名密使自蔡国而出拜访了吴国。密使的主人，是楚平工的夫人；而密使的使命，则是向吴国转达楚平王夫人去楚入吴之意。

楚平王夫人以堂堂国母之尊，竟然寻思偷逃敌国，难道是在搞老情人重温旧爱那一套？非也非也，这其中的缘由，其实是一个始乱终弃的故事。

楚平王当年还被称作王子弃疾的时候，有一次出使蔡国。居留蔡国期间，蔡邑郹阳一个官员的女儿私奔到了王子弃疾那里，还为他生了个儿子。王子弃疾对这段奇情颇为迷恋，很快就将蔡女封为夫人，并将私生子立为世子。

说到这里，想必大家已经猜到，这位世子便是后来的太子建。太子建的景况前文中已有交代，就是楚平王听信费无极的谗言，意欲将太子建处死，结果太子建侥幸逃脱却最终死在了郑国。

因为这件事，楚平王和夫人之间已无感情可言，夫人不久就搬回了娘家郹阳居住。

可是分居不代表就能忘掉丧子之恨，当夫人得知吴人深入鸡父（此地已邻近蔡国）后，就萌生了投奔吴国以表示和楚平王彻底决裂的想法。

楚平王夫人的行为，虽然不属红杏出墙，但吴国用以在国际社会上抽楚国的脸，那还是绰绰有余的，于是乎欣然接受。

随即，公子光率军潜近蔡国都城新蔡。楚平王夫人令人偷偷打开城门。公子光顺利入城，成功地把夫人带了出去。等到薳越发觉有异并起兵追击时，公子光一行早已走得不见了踪影。

薳越的属下觉得丢不起这个人，纷纷建议薳越继续追击，要是能截住夫人固然好，要是截不住就干脆顺势攻打吴国，是死是活咱都不管了。

薳越还有些自知之明，他对属下说，鸡父之败的罪责已然深重，没有看管好君夫人又是罪加一等，如果现在贸然攻打吴国而再次失利，那他薳越就百死难辞其咎了。

当然，能不能辞其咎先放在一边，表不表达辞其咎的愿望又是另外一说。薳越被楚平王寄以重托，却接连丧师辱国，自觉已无颜面苟活于世，劝止属下冒进的话讲完后，他便自缢而死。

薳越终于解脱了，楚平王却还要硬着头皮和吴国死磕到底。为了填补因阳匄病亡而留下的令尹职位空缺，楚平王任命囊瓦继之。

囊瓦是前令尹王子贞之孙①。王子贞主政时也曾被吴国搞得焦头烂额，对于吴国强悍的战斗力有着深切的感受，故临终遗言"必城郢"。囊瓦秉承了先祖的教训，主政后的第一件事就是加固郢都的城墙。

沈尹戌对此嗤之以鼻。他认为，一个真正强大的国家，威望达于四方的诸侯和部落，依靠四方诸侯和部落的守卫就足以保护本国的安全，哪里用得着在核心位置的都城大举修筑城防？再说了，虽然楚国在对吴斗争中频频失利，确实应该加强防御，但你囊瓦有必要在郢都这个离吴国千里之遥的地方筑城吗？想当年，楚国先王若敖、蚡冒至于武王、文王四君，其治下疆土不过数百里，犹能镇守边境而不在郢都增修城墙；如今的楚国地阔千里，战略纵深已极大地扩展，你囊瓦却竟然要靠在郢都增修城墙来寻找那点可怜的安全感，你怎么不去死？

沈尹戌的话慷慨激昂，听起来挺解气，但囊瓦在郢都筑城的行为也并非毫无道理。

所谓时也势也，楚国先君之所以敦行镇守边境的理念，主观方面固然有拼搏奋斗的精神作为支撑，客观方面也得益于独特的地缘政治条件。

楚国历来面临的最大威胁源自北方，但北方势力真要征服楚国却也困难重重。

楚国建立之初，其立足的江汉流域因地处偏远，北方势力难以企及，故楚国得以抓紧时间吞并周边弱小，完成了综合国力的原始积累。

后来周昭王以非我族类其心必异为由，对初露峥嵘的楚国连年实施军事打击，结果麾下的战车陷于南国水网，六师全军覆没不说，连本人都把性命丢在了汉水。

周昭王劳师无功，开启了西周衰落的大幕。等到周厉王和周宣王再想敲打楚国时，已力有不逮，只能采取军事威慑和政治羁縻等软性手段。楚国腹地从此无复安全之忧。

接下来周王室东迁，诸侯竞相争霸，北方势力无暇南顾，楚国则进一步整合江汉流域，从一个区域性强国一跃成为"观中国之政"的全域性大国。

随着中原争霸局势逐渐明朗，齐桓公横空出世，他高举尊王攘夷的大旗，挟八国联军之威南征楚国，看样子不废去楚国一身的功力是誓不罢休了。

---

① 王子贞字"子囊"，其子嗣遂以"囊"为氏。

然而几经周旋，齐桓公的雷霆万钧之势却被楚国使节的一番辞令轻巧化解，仅仅在召陵和楚国签了个恢复进贡周王室的盟约就打道回府了。难道是齐桓公穷极无聊、兴师动众闹着玩儿？

当然不是。关键在于楚国使节说辞中的十个字："方城以为城，汉水以为池。"面对楚国表里山河的优越地理环境，齐桓公实在下不了动手的决心。

再后来，楚国继续向中原扩张，以晋国为首的北方集团大多处于防御态势——只不过在不同的时间阶段分别表现为消极防御和积极防御两种具象，前者如城濮之战和邲之战，后者如鄢陵之战和晋悼公三驾制楚。既然楚国的战略重心长期向外，在腹地大规模修筑工事的议题自然也就没有市场了。

总之，楚国先王镇守边境的客观因素主要有三个。

一是楚国一直奉行扩张政策，战略资源必然优先配置在边境事务上。

二是楚国的主要威胁来自北方，但楚国得益于中原小国的缓冲（譬如归顺楚国的郑、陈、蔡之类），并依托北部由方城、伏牛山、桐柏山和大别山一字排开组成的坚固防线，几乎可以确保将北方势力拒之于本国核心区域之外。

至于第三个因素嘛，那就是吴国尚未崛起。正因为吴国尚未崛起，所以楚国的东扩之路走得比较顺坦，可谓步步为营，楚军打到哪儿，楚国的防线就设在哪儿。

不过这一切，都在吴国崛起并和楚国于今皖苏交界处迎头相撞之后，彻底改变了模样。

吴国的崛起，堪称春秋中后期最重大的地缘事件。

要不是有真实的历史存在，我们很难想象一个春秋中期以前还默默无闻的东南蛮荒小邦，竟然在习得陆地车战之法（渊源参见夏姬的风流往事）的短短数年之后，就水陆并进和几百年来北方诸侯抱团抵御的超级大怪兽——楚国，在江淮之间展开了长达六十余年的厮杀，非但不落下风，而且还屡屡攻占楚国的大邑重镇。

其兴起之速、战力之强、持续之久，今人尚且讶异万分，楚人的惊恐无疑就更加深切了。

特别是鸡父之战后，吴国事实上具备了贯通楚国东境进而一箭穿心的能力。

情势危殆至此，囊瓦在郢都增修城防的行为，虽说逃不了长人家志气灭自家威风的嫌疑，但小心行得万年船，未雨绸缪总比临阵磨枪来得稳当吧？

次年冬，大概增修郢都的工程已经竣毕，楚平王的底气明显有所回升，他决定改变即位以来被吴国压着打的窝囊局面，主动出击给吴国点儿颜色看看。

而且这一次楚平王似乎发了狠，他谋划中攻打吴国的军事行动，将要采取率水师亲征的方式，一点儿也没有挑战吴国传统优势项目的畏缩。

嗯，楚平王，你这种"以己之短攻彼之长"的勇气还是挺迷人的。我敢保证，如果你这次乘兴而去满意而归，那也可以聊慰平生了。

楚平王你说啥？作为一个有品位有追求的男人，为什么你只不过主动攻打吴国一下就聊慰平生了？哦，请少安毋躁，原因是这样的。

首先呢，这是你职业生涯里第一次对吴国主动出击，实现了零的突破，当然可喜可贺。

然后呢，你肯定预计不到，这其实也是你职业生涯里最后一次对吴国主动出击，具有重大的纪念意义和收藏价值……

喂喂喂，楚平王你不要抚额做眩晕状嘛！你这副憔悴的样子，接下来的话叫我怎么说出口？不过说不说反正历史事实都摆在这儿，那我还是说了吧。

富贵在天，生死有命。世界永远处在动态的平衡之中，它既然能降下横福，就必然也能降下横祸，这个道理大家都懂。

你当年因拜玉奇缘而有幸执掌王位，这是上天的眷顾。那么你应该清楚，眷顾在历经轮回运转之后一定会变成抛弃。

假如我告诉你，你的人生将遭遇异样难堪的结局，你日后泉下若有知，一定会为眼下用伐吴所展现的万丈豪情装扮了你日渐灰暗的人生，而感到庆幸和慰藉的。

楚平王一门心思想要建功，沈尹戍却认为他纯属没事找抽。

吴国目前声势正旺，楚国躲避都来不及，有必要再去招惹吴国吗？一旦撩起战端，吴国势必向边境集结重兵；而楚国边防弛怠，不堪与吴军一战，到时候失地陷城你可不要顿足后悔哦！

楚平王不以为然，为了提高此次军事行动的成功系数，他还特意请求越国助他一臂之力。

越国是吴国的仇敌，伐吴的兴致一向高昂，因此越王允常①的回应格外热切。

随即，一支越国的混合使团造访了楚国的豫章。

越大夫胥犴向楚平王致以慰劳，越公子仓则将自己乘坐的战船赠送给楚平王。楚平王满心欢喜。

公子仓又献上更厚重的礼物，他指着使团中的一大彪战士说，要自带人马随楚军出征。

越国与吴国并称为吴越，两国同属一个地理单元②，习于舟楫的民风相近。

所以越国水师的战斗力不容小觑，他们的加盟那就如同是冬天里的一堆小苹果，红红的小脸点亮了楚平王生命的火火火火火火。

楚平王好想好想吻死公子仓，这么实心的汉子上哪儿找哇！

可是，楚平王炽热的情感很快就碰到了冰冷的现实。楚国大军顺长江而下向吴国进发，一路上打探到的情报却是吴国处处防备严密，强行攻击的话估计讨不到什么好处。

当走到位于今安徽省巢县以南的圉阳时，楚平王攻击吴国的欲望已烟消云散，只得悻悻地传令原路返回了。

楚平王冲冲求战于前，草草撤军于后，不是白跑一趟了吗？

当然不是，楚平王此行虽未取得战果，但却如沈尹戌所言，把吴国实实在在地惹毛了。

于是，楚军前脚刚一撤退，吴军后脚就越境杀了过来。楚国边防守备不及，巢和钟离两处要地接连被吴军攻陷。楚平王想死的心都有了。

死对于楚平王而言，似乎并不是一个遥远的话题。虽然他自己一气之下想到的死不作数，但死神的确正迈着质感坚实的步伐向他飞奔而来。

就在两年后的公元前516年的九月，因东部局势每况愈下而时时处在焦虑之中的楚平王便撒手人寰了。

---

① 越国是春秋时期第三家称王的诸侯，越国君主称王自允常始。

② 严格地说，是越国的平原地带和吴国的核心区域同属于江东地区。越国的山地以及吴国后来拓展的江淮平原，则不在"吴越"的范畴之内。

令尹囊瓦以太子壬年幼且其母来路不正为由①，想要立素有好善之名的楚平王庶长子宜申为君。

可当事人王子宜申表示坚决反对，他的理由有三点。

其一，楚平王因强占准儿媳而激起父子矛盾并最终导致太子建客死他乡。这件事本来就极不光彩，楚国应该尽量遮掩，而非再度端出来炒作。如果以嬴氏来路不正为由剥夺太子壬的王位继承权，那就无异于在天下人面前自揭家丑，徒惹他人讥笑罢了。

其二，嬴氏乃秦哀公之妹，太子壬乃秦哀公之甥，故尊崇嬴氏和太子壬能够营造良好的楚秦关系，有利于在国际事务中获取强秦的援助。

其三，中原主流文化都讲究"毋易树子（树子即嫡子）"，楚国要是坏了规矩，只怕会引起政局动荡。

囊瓦被驳得哑口无言，只好扶太子壬即位，史称楚昭王。

楚国王位传承得到了内部的妥善处置，但外部的敌对势力，譬如吴国，可不愿让楚国就这么安安稳稳地实现政权过渡。

公元前515年春，楚平王还在郢都停尸，吴王僚派公子掩余和公子烛庸（两位公子皆吴工寿梦的庶子）率军攻打楚国的潜地，同时又派季札去考察中原列国的政情，为对楚斗争做长远打算。

楚国严阵以待，紧急调动四路大军前往迎战。

第一路，莠尹然和王尹麇率先头部队驰援潜地。吴军闻讯暂停对潜地的攻击，并向东北方向的穷地机动。

第二路，沈尹戌率王室和都邑的亲兵，与先头部队合兵一处，并和吴军在穷地形成对峙。

第三路，令尹囊瓦率水师经由穷地东北的沙汭，再折向穷地。

第四路，左尹郤宛和工尹寿率军驻扎于潜地，以作为前线的总预备师。

从楚军调兵遣将的情形来看，他们的指挥官团队是高端的（清一色的尹字号

---

① 壬的母亲即楚平王早先为太子建聘娶的秦女嬴氏。嬴氏于公元前523年的一月至楚，后被楚平王亲自收纳，算来此时壬最多八岁而已。

官员），他们的战斗员是精悍的，他们的兵力是厚重的，大有将吴军连皮带骨囫囵吞下的气势。

事实上，如果用现代地名标注潜地、穷地和沙汭三地，然后从地理空间的角度来分析战场形势，我们会发现，吴军已经陷入了进退不能的绝境。

请翻开中国地图，找到安徽省的霍山县东北、霍邱县西南和怀远县东北，它们大致对应着春秋时代的潜地、穷地和沙汭三地。

大家应该一目了然，穷地位于正中，两路楚军已经在此处咬住了吴军；两路楚军的身后，是潜地的楚军预备师；吴军的身后，则是从沙汭迂回包抄而来的楚国水师。

那么请问：一支兵力相对单薄且被前后包夹的军队，还有可能全身而退吗？答曰：当然有，如果楚军集体傻了的话。

吴军的命运已经没有悬念，他们要么战死，要么投降，总之跑是跑不了的。但明朗的局势下，还是有一些细节值得我们探究。

吴国之前伐楚，一般都由公子光担任统帅，而且公子光精明英武，颇有韬略，接连取得过长岸之战与鸡父之战的辉煌胜利。为什么这一次吴王僚不继续派公子光带兵出征呢？

原因或许有多种多样，史籍里没阐释，我们当然也就不得而知了。

可是有一点毋庸置疑，常胜将军公子光没有担任统帅，于吴军而言是不幸，于公子光本人而言，却是天赐的幸运。

因为，他苦苦等候的政变之机，终于来了。

为什么说是机会呢？这个问题的答案，其实也就是"反对伐楚""利于公子光政变"的逻辑所在，想必大家都久等了。

下面让我们看一段对话实录。对话的双方是吴王阖闾（即曾经的公子光）和伍员，对话的时间是距此刻四年后的公元前512年，对话的背景是阖闾意图伐楚，对话的内容是阖闾追忆往事。

其中有一句是这么说的："当初（即伍员入吴时）你（指伍员）提议攻打楚国，我（指吴王阖闾）知道这件事能够成功。但是，我担心他（指吴王僚）派我统兵，而且我也不想让他（指吴王僚）占了伐楚的功劳。"

古人说话总是很含蓄，我免不得要揭示一下阖闾这句话的内涵。阖闾总的意思是说，他反对伐楚是有苦衷的，是特殊情境下的无奈之举。

首先，吴国倘若伐楚，吴王僚十有八九会指派公子光率兵出征；但公子光准备发动政变，只想盘踞国内以便随时举事。

其次，公子光做贼心虚，抗拒出征的话是不能明说的，只好托词反对伐楚，用瞒天过海的手段达到留居国内的目的。

再次，伐楚对吴国的利益极大，成功的概率也很高。吴国每取得一次伐楚的胜利，吴王僚作为吴国的最高领袖，无论声望还是地位都将得到进一步的提升，无形中会给公子光的政变带来额外的阻碍。基于这层考虑，公子光也要反对伐楚。

最后，公子光既然心存夺位为王的念想，那他当然希望把伐楚的果实留给自己夺位后来摘取，也好让自己凭借伐楚之功迅速巩固权势。

回过头来再看此次吴国伐楚的整体形势，公子光留居国内，吴军覆败在即。

也就是说，虽然公子光没能阻止"伐楚"的行为发生，但"伐楚"这个行为所产生的效果，竟然和公子光"不伐楚"的诉求（即公子光留居吴国，且不能壮大吴王僚）殊途同归。神奇吧？

巧合的事还有。此次吴军的统帅掩余和烛庸，是吴王僚的股肱重臣，有他俩在朝中主事，公子光本不敢轻易发难；但此刻他俩领军在外且又因被楚军围困而生死难卜，吴王僚便处于阶段性的孤立之中。

这已是公子光可遇而不可求的最佳时机了。

事不宜迟，公子光立即向专诸和盘托出他与吴王僚的仇怨，请专诸刺杀吴王僚，以夺回本应属于他的王位。

专诸受公子光多年蓄养之恩，明知刺杀行动有去无回，却并不胆怯，他唯一放心不下的，只是家中的老母和幼子了。

公子光拍着胸脯信誓旦旦地说："你死之后，你的母亲就是我的母亲，你的儿子就是我的儿子。"

专诸再无牵挂，慨然领诺。

公子光和专诸商议的行动方案，是邀请吴王僚到公子光府上饮宴，然后由预伏在地下室中的甲士蹿出来行刺。

吴王僚蒙在鼓里，接受了公子光的邀请。然而到了当年四月正式宴会的那一天，气氛却变得无比的诡谲起来。

吴王僚似乎察觉到了什么潜在的凶险，突然采取了极其严密的，甚至可以说，严密到了变态程度的安保措施。

下面的描述取自《左传·昭公二十七年》，这也是那个时代史籍中罕见的关于要人保护的场景，起码我看了以后是大开眼界、咋舌不已的。

当时，从王宫大门口到公子光府宅大门口这段开放行程内的道路两旁，三步一岗五步一哨密密麻麻排满了卫戍部队。吴王僚便在这人墙肉盾的夹缝中，穿街过巷到达了公子光府上。

接着以公子光府宅的大门为界，卫戍部队换成了吴王僚的亲卫。他们手持利剑，从公子光府宅的大门口开始站岗，然后向府院内延伸，穿堂入室一直排到宴会的大厅里，连席位上也不忘散布几个。

当主宾都落座后，吴王僚双侧还贴身伫着俩保镖。要再次强调的是，所有亲卫都是手执明刃、随时准备格杀的。

读到这里，大家不妨代入一下，假如你们是公子光、你们是专诸，是不是已经近乎绝望了呢？先别急着崩溃，更骇人听闻的还在后头。

饮宴要喝酒吃菜，自然就得有下人传酒送菜。那让刺客伪装成下人，暗藏凶器，趁传送酒菜之机下手如何？

嘿，想得美！

传送酒菜的人从厨房走到宴会大厅门口时，必须首先把衣服脱光光，赤身裸体接受亲卫的检查，而后换穿一套指定的衣服入内，且跨过大厅的门槛后须立即跪倒，再膝行至吴王僚席前，将酒菜递给吴王僚的亲信，最后由亲信将酒菜放置在吴王僚的席上。

如此看来，夹带凶器那一套是行不通了。

那可不可以这样？让伪装成下人的刺客在膝行至吴王僚席前、做出向上抬举手臂的动作佯装递交酒菜时，趁势暴起，拿手中的餐具、沸汤等多多少少有点儿威力的东西发起攻击，博那万分之一杀死吴王僚的概率。

对不起，这种方法依然不行。因为下人从进门膝行开始，就有两名吴王僚的亲卫用剑比住他，剑尖虚触他的躯体，稍微用力就能刺出一个血窟窿的那种，然后一左一右夹着他前行直至完成整个传送酒菜的流程。

所以，我认为，除非刺客有口吐霹雳或眼射死光之类的秘技，否则刺杀吴王僚的图谋，可以休矣。

在公子光事先的筹划中，有没有预计到吴王僚会布下如此森严的戒备，是一个不得而知的问题，但他显然流露出了慌张的迹象。《左传》记载道："光伪足疾，入于堀室。"就是说，谎称脚痛，到地下室中暂避。

对此，西晋著名的军事家、政治家、史学家、文学家杜预（他也是明朝之前唯一一位同时入文庙和武庙受享的传奇人物）评述道："（公子光）恐难作，王党杀己，素（预先）避之。"

基于现场的情形，再综合两家之言，我们可以得出以下结论。

第一，吴王僚没有得到公子光意欲行刺的确切情报，得知的话他无论如何不会亲身赴险，没人会拿自己的性命当儿戏。

第二，不管吴王僚缘何提升安全护卫等级，总之刺杀吴王僚的难度超乎想象，公子光已经有了行动失败的心理预期。

第三，刺杀行动并没有取消，公子光尽管心里没底，但也只是"恐难作"而已。

第四，刺杀行动最终的成效，全在于执行者专诸的临场发挥。

专诸到底会有怎样扣人心弦的发挥呢？答案揭晓之前，我们不妨先做一番推演。

公子光用以预设伏兵的那个地下室，肯定不在宴会大厅的底下。否则，公子光当着吴王僚的面"入于堀室"，岂不是会暴露地下室的秘密？

既然不在宴会厅地底下，那么当伏兵们露头的时候，他们首先要对付的，是宴会厅外吴王僚的亲卫。而一旦伏兵和亲卫缠斗上，那更外围大量吴王僚的卫士势必会奔过来加入战团，然后将伏兵剿灭。

所以，指望用伏兵突击的方式杀死吴王僚，是不现实的。如果专诸也在伏兵之列，那他只有干着急的份儿。

如果专诸不在伏兵之列，情况会稍微好一点儿，因为他至少可以装扮成传送酒菜的下人，进入攻击吴王僚的距离范围之内。

可是，即便专诸扮作下人成功地混到吴王僚席前，如前文所分析的那样，他依然面临着两道极其严峻的考验。

第一道考验是用什么方式行刺。赤手空拳就拉倒吧，那时候发内功震断对手心脉的概念还没捏造出来呢！餐具沸汤那也只是句玩笑话，大家权当一乐，作不得真。

第二道考验是有没有可能在利剑的抵近挟持下做出刺杀动作。也就是说，在从亲卫发觉专诸行刺到亲卫用剑攻击专诸以制止专诸行刺的这段空当内，专诸能否刺死吴王僚。

上述空当又被称作反应时间。根据现代科学的研究，人与人的反应时间各不相同，普通人约为 0.2 秒，专业运动员则可以达到 0.1 秒。而亲卫个个训练有素，反应速度想必和专业运动员有得一拼。

怎么样，留给专诸的空当堪称间不容发吧？

气氛如此凝重，条件如此苛刻，情节如此焦灼，结局如此悬疑，是进是退，系乎专诸的一念之间。

究竟是公子光壮志得酬，还是吴王僚化险为夷？专诸是生是死，吴国又去何从？下面有请专诸隆重登场。

一个下人应声而出，稳稳地端着一份全鱼炙，迈着卑者惯常的小碎步走向宴会厅。

门口的亲卫将他拦住。下人双目低垂，顺从地卸下衣物，接受完全身体表检查后，换装、入门、跪倒、膝行。两名亲卫用剑尖抵住他，一路伴随。

下人手中的鱼炙乃鲤鱼烹制而成，鱼脊对客，鱼腹对己，肥大的鱼身表现出丰腴的肉感，火候恰到好处，面皮焦黄却并未烤烂半分，诱人的香味正滋滋地四处飘散，勾起满屋子食客的欲望。

在亲卫凌厉的监视下，下人一步一步膝行到了吴王僚席前，双手向上伸展准备递交鱼炙。

然而就在吴王僚的亲信将接未接之际——那真是一个只有用电光石火才足以形容的短促瞬间——下人忽然以鬼魅般的速度抬腿奋力一跃，和身扑向吴王僚，同时左手擎住鱼炙，右手匪夷所思地插进了热气腾腾的鱼腹中。

气流拂开他额前的散发，露出一张决然而凶悍的脸，这不是专诸又是谁？

亲卫们骇然失色，伴行的那两个立即出剑刺杀。剑尖甫入专诸后背时，专诸的右手已从鱼腹中抽了出来，掌心赫然多了一把明晃晃的短剑。

行刺的凶器竟藏在鱼腹之中，观众几乎不敢相信自己的眼睛！

"哧"，一声轻响，专诸知道，那代表着两柄利剑在交叉贯穿他的腑脏。"扑哧"，一声重响，专诸掌中的短剑在一扑之力的惯性驱动下，绝无迟疑地没入了吴王僚的胸口。

吴王僚没有来得及做出任何闪避。他裂眦着惊悸的眼睛，双手徒劳地护住胸部，微微翕动着因剧痛而扭曲的嘴唇，努力攒着气力，只想问专诸一句话，这一切都是为了什么，某一刹那，他甚至想求专诸饶他不死。

可是生命正随着喷涌的鲜血急遽消逝，吴王僚已口不能言。模糊的视线中，他看到亲卫们在惶急地怒吼，利剑如骤雨般在专诸身体上反复穿刺，分不清是谁的血，在杂乱的地板上汩汩流淌。

当最后一缕光亮从吴王僚眼前闪过时，他瞳孔中倒映出专诸僵直而狰狞的笑容。

尘毕竟归尘，土终究归土，然浮生于乱世者，言必信，行必果，捐躯忘亲，热血酬主，而卒名噪于江湖，此诚上惊天地，下泣鬼神也。呜呼专诸，壮哉壮哉！

尘嚣渐散，新人换旧。季札持着吴王僚颁赐的国书出访中原，归国时面南闻奏的人，已变成了曾经的公子光、如今的吴王阖闾。

从历史经验来看，剧烈的政治动荡过后，各流派政治势力针对时局的表态，往往会成为下一阶段局势演变的风向标。

为什么这么说？

拿以下克上的阖闾为例，眼下立足未稳，权势未固。这个时候如果有人站出来唱反调、说怪话，谁能分得清他到底只是一种无背景的单纯的个人观点表达，还是在为某个深邃的暗黑计划造势？谁又能算得准政变势态会否出现反复？

那么，尚未脱离变乱心理状态，或者说，依然对周遭一切充满疑忌的阖闾，必然会无条件地极力打压政治异见者，以坐实来之不易的胜局。

于是乎腥风再起，要么阖闾弄死政治异见者，要么政治异见者弄死阖闾。总之，不拼个你死我活，这事不能算完。

因此，对于季札这位特立独行且中途入局的名宿，阖闾必须打起十二分的小心，听其言而观其行，一旦发现苗头不对就得赶紧采取措施。

不过阖闾多虑了。季札这个人，本性就恬淡高雅，与世无争，连吴国王位他都视若浮云粪土，至于王位到底由谁来坐、具体怎么个坐法，与他又有何干？

在阖闾焦虑的等待中，季札迅速发表了个人声明："哀悼死者，侍奉生者，以恭候天命的安排，这本就是祖宗的常法。只要先君得到祭祀，国家得到延续，神灵得到奉献，不管谁来当国君，我都没有怨恨，我都服从。"

接着，季札跑到吴王僚的坟冢前，一边哭泣一边向吴王僚的魂灵复命（他是奉吴王僚之命出使中原）。表达完对吴王僚的哀思后，季札继续履行出使前担任的官职，并不对阖闾夺位置一词之评。

阖闾长长地舒口气，心里默默地为季札点了一溜儿的赞。把出世的人生哲学演绎到超尘脱俗、至古至朴的境界，季札当真是舍我其谁了。

让阖闾屁股找到踏实感的还有一件事。正在楚国穷地作战的吴国远征军，因不堪楚军的重重围困而溃败。

此时，阖闾夺位的消息已经传播开来，吴军的统帅、亦即吴王僚生前的亲信掩余和烛庸，侥幸从战场上逃脱性命，但害怕回国后遭到清洗，只得作鸟兽散，一个投奔徐国，另一个投了钟吾国[①]。

掩余和烛庸主动跑路，的确省了阖闾肃清残敌的心力；但楚军更加给面子，他们压根儿没有挥师东进的意思，眼睁睁地望着吴国内乱而不趁火打劫，居然莫名其妙地打道回府了。

掩余和烛庸的流亡，埋下了决定徐国和钟吾国国运的种子；而楚军这次贻误战机，也鬼使神差般引出了一个改变本章主人公——伍员个人命运的人物。

当然，这些都是后话。对于吴王阖闾而言，一个属于他的辉煌时代即将开启。而伍员在其中发挥的至关重要的作用，也终将证明，他伍员存在的价值，绝不止复仇那么简单。

---

① 徐国和钟吾国都位于淮河下游以北、泗水下游以西。

华氏之乱

公元前 710 年，一件宋国公族的丑闻闹得沸沸扬扬。

宋戴公之孙——太宰华父督因垂涎宋湣公之六世孙——司马孔父嘉的美艳人妻，不顾辈分差距悬殊，悍然横刀夺爱。结果孔父嘉惨遭毒手，孔妻沦为华父督脔肉，孔府上下星散流离。

宋殇公怪罪华父督横行暴纵，意欲将之法办。华父督一不做，二不休，索性再举刀兵，把宋殇公也一并了结，随后更立宋庄公为君。

孔父嘉的七世孙孔丘著述《春秋》，提及这段往事时，兀自怒气难消，大骂华父督"弑其君与夷（宋殇公名'与夷'）及其大夫孔父"，嗟恨自己晚生了百把年，无法跟华父督老贼拼个你死我活一雪国恨家仇。

口诛笔伐虽然只是一种无奈的情绪排遣，但华父督本人事实上还是给了孔夫子些许慰藉。公元前 682 年，宋国再度爆发政变，华父督被叛将南宫万刺杀，作乱者终究没有逃脱死于乱的运数，这恰巧应验了儒家伦理纲常所宣扬的命观。

更宏大的轮回运转还在后头。

孔父嘉死后，其子嗣虽然沉寂于宋国，却显扬于鲁国，光耀于千秋百代；而华父督死后，其子嗣虽然一度辉煌，但末路是一去不返的逃亡。

当然，华、孔两家的仇怨与宿命只是一个引子，华父督子嗣由盛转衰的历程，才是本章叙述的主题。既然是由盛转衰，那下面就从华氏的兴盛开始吧。

华子华孙从华父督的表字"华父"中提取"华"字为氏，并把它打造成了宋国世家中最显赫的金字招牌。

华氏具体显赫到了什么程度？这个话题相当庞大，不是三言两语就能说得清，我不妨先提供一组静态数据让大家直观地感受一下。

宋国官僚体系的最顶层叫作"六卿"。根据史籍的记载，自华父督而下的六代华氏族人中，至少有十五位居于六卿之列，其名单如下。

第一代为太宰华父督；第三代为司寇华御事、司寇华椒；第四代为右师华元、司马华耦、司徒华喜；第五代为右师华阅、司徒华臣、司马华弱、司徒华定；第

六代为右师华合比、少司寇华轻、右师华亥；另有大司马华费遂及其子少司马华
貙具体世代不详。

这在宋国是空前绝后的，放眼东周全域，也无人能望其项背。

如果用动态的史料来考量华氏的江湖地位，那就不得不提到宋国的派系之争。

宋国是一个派系林立的国家。与晋国的派系之争主要在卿族之间展开不同，
宋国是公族相争。鲁国"三桓"同样也是公族相争，但仅限于孟、季、叔孙三氏
之内，而宋国牵涉的公族要复杂得多。

宋国公族之间划分派系的依据，是各支公族宗主的名号。譬如宋国有戴
公、武公、宣公、穆公、庄公、桓公、襄公、文公诸君，那么由他们各自衍
生出来的族裔，就分别被称作戴族、武族、宣族、穆族、庄族、桓族、襄族、
文族。

而每一支公族内，又分出许多小支。譬如戴族包括了乐、华、皇、老、戴五氏，
桓族包括了鱼、荡、鳞、向四氏。依次类推算下来，宋国公族的总氏数就蔚为壮
观了。

上述八大公族基本上构成了春秋时代宋国政治剧目的演员主体，其中唱主角
的是戴族、庄族和桓族，又尤以戴族和桓族为领衔主演。

这些位高权重的贵胄们为了攫取政治资源，经常搞文攻武斗。有的时候是各
自为战，有的时候是拉帮结伙搞团战，还有的时候，连国君也或主动或被动地掺
和进来，大家搅在一起一通混战。

鉴于内中的经过既琐碎又芜乱，一一叙说实在没什么意思，本书姑且概要地
介绍一下斗争演变趋势。从春秋初年至公元前 520 年华氏之乱结束，我们把这个
区间分成三个阶段。

第一个阶段为春秋初年至公元前 621 年。

此阶段因为史籍疏寥，故非但六卿人事不详，而且公族间的政治交往亦不可
尽考。有据可查的记录仅五条，即戴族的太宰华父督担任过正卿，桓族的公子目
夷担任过司马且后来又以左师之职担任过正卿，戴族的皇父担任过司徒，未明族
属的牛父担任过司寇，庄族的公孙固以司马之职担任过次卿。

凭第一印象，我认为戴族、庄族和桓族已经从所有公族中脱颖而出，并且相

互之间实力分布比较均匀。

第二个阶段为公元前 620 年至公元前 576 年。

在《左传·文公七年》（文公七年即公元前 620 年）的记载中，首次明确了六卿的名称和人选，从高到低依次为右师、左师、司马、司徒、司城和司寇，桓族占据三席，戴族占据两席，庄族占据一席。其中庄族的那一席是右师，亦即正卿；戴族的两席中，有一席为司寇华御事，他是华父督的直系孙子。

这个六卿分权的局面，是前一阶段戴族、庄族和桓族实力格局的顺延，但很快就有了微妙的调整。

以宋昭公死宋文公立为契机[1]，武族和穆族被驱逐出境，六卿的人事也做了重新洗牌。

从席位上看，新任六卿依然是桓三戴二庄一的格局，但庄族的正卿之位转交到了戴族之手，而戴族出任正卿的人，乃华御事之子华元。

说起华元，那真是不知道多少年才出一个的传奇人物。他以右师之职执掌国政凡四十余年，历事昭公、文公、共公、平公四君，集政治家、外交家、军事家、武术家于一身，在强敌如林、天下纷乱的年代里，扶国势于将倾，扬声名于四海。

前面章节着重描述过华元在外事斗争中的勋绩，而较少涉及他在内务斗争中的手段。本章既然以宋国公族之乱为题，那少不得要追忆几段宋国往事，让大家看看华元引领的戴族是如何成为宋国公族翘楚的。

华元卓越的政治才能，使得戴族的地位得到了巩固和提高，但是，这还不足以使得戴族甩开主要竞争对手桓族一骑绝尘而去。

华元担任正卿三十六年后的公元前 576 年，经过这么长时间的经营，按理说戴族应该树立绝对优势了吧？其实不然。

《左传》在这一年的记载中又一次完整罗列了宋国顶级高官的名单，兹抄录如下："华元为右师，鱼石为左师，荡泽为司马，华喜为司徒，公孙师为司城，向为人为大司寇，鳞朱为少司寇，向带为大宰，鱼府为少宰。"

---

① "不弒之弒"的章节中曾部分提及此事。

以前说过，宋国六卿的名称和排序因时而异。在上面这份名单中，司寇的职务已经剖解为二，有了正职和副职之分。同时被剖解的还有太宰，它眼下虽然不属六卿之列，但起码也是仅次于六卿而高于群臣的级别。

我们仔细端详一下这份名单。庄族的公孙师占据一席，戴族的华元和华喜占据两席，其余剩下的六席，对不起，全都被桓族占据。桓族的根深蒂固由此可见一斑。

不过，这已是桓族最后的荣光。因为就在这一年，桓族主干被扫地出门。而挥舞扫帚的人，正是华元。

事情的缘由要从一件政治暴乱说起。据《左传·成公十五年》记载："荡泽弱公室，杀公子肥。"桓族的司马荡泽意欲削弱公室，竟然把国君宋共公的太子公子肥杀了。

此事的性质极其恶劣，估计当时华元也感受到了巨大的威胁，因为他摸不准荡泽杀人的背景以及事件的走向。

荡泽的行为到底是出于个人意志，还是受到了桓族的支持与指使？荡泽到底是只对公子肥有仇怨，还是想仗桓族之力掀起对其他公族的清洗？谁都不是荡泽肚子里的蛔虫。

况且，即便这只是一个无背景、无延伸的孤立事件，华元身居正卿，职在匡扶公室和管束群臣，太子被杀，他也负有不可推卸的重大责任。

基于这些考虑，华元仓促做出了下野隐退的决定，并紧急前往晋国躲避风头。

可事实证明，荡泽单独作案的可能性很大，至少桓族的强宗鱼氏并未并谋。

对于桓族出了荡泽这么个大逆不道的家伙，次卿鱼石也深感忧虑。听闻华元准备奔逃，鱼石想出面进行挽留。

少宰鱼府惴惴不安地问：你把华元留下，华元必然讨伐荡泽，你就不怕华元拔出萝卜带出泥顺道把桓族给灭啦？

鱼石权衡利弊，认为华元功勋卓著，极得民望，如果因桓族犯事而致其出奔，必将激起公愤，桓族恐有被民意反噬的危险。

至于华元回国之后将会如何动作，鱼石做了两种预测：一是华元顾忌桓族势大，不敢讨伐荡氏，桓族因之不受牵连；二是华元不肯放过荡泽，并借讨伐荡氏之机对整个桓族下手，但因为桓族向氏的向戌与华元亲厚，桓族应该不至于有合族覆没之灾。

打定主意后，鱼石立即出城追赶，一直追到黄河岸边才把华元截住。

华元提出以讨伐荡氏作为他回国的交换条件。鱼石自知荡泽罪不可赦，又有了拿向戌作为倚靠的心理预期，只好附和赞同。

随即，华元派遣司徒华喜和司城公孙师攻打荡氏，桓族的鱼、鳞、向三氏均没有出手阻拦。荡氏孤立无援，被华元一举剿灭。

鱼、鳞、向三氏虽不免有同根相怜之意，但好歹松了口气，毕竟华元止步于荡氏，没把他们统统拉进黑名单，桓族的根基并未彻底动摇。

可是事情还不能算完，华元不追究鱼、鳞、向三氏的连带责任，难道鱼、鳞、向三氏就可以装作真的什么事情也没发生过一样吗？

当然不行！桓族家门犯下弥天罪愆，鱼、鳞、向三氏怎么着也得自裁一下以谢国人吧？汹汹民意可都睁大眼睛盯着你们的哦！

桓族三氏何去何从，他们自己的盘算外人无从得知，但这不妨碍我们依据情境做出推理。

荡氏弑杀太子，鱼、鳞、向三氏该当受到何种方式、何种程度的责罚，恐怕是一笔糊涂账。糊涂账的意思就是说，有罪而无法定罪。

在宋国的政治生态中，桓族虽然被视为休戚相关的整体，但内部各氏之间终究还是有所区别。既然直接责任人荡泽已经伏法，那么就算株连三族[1]，也扯不到鱼、鳞、向三氏身上去，所以三氏罪不致死。

再说了，桓族势力遍布朝野，在对他们追责的问题上，就连华元都适可而止，别的人又能把桓族怎么样？

因此，说到底这事还得看桓族三氏的自我评估，他们可以承受多大的损失、愿意付出多大的代价。

在桓族三氏看来，如果能够只动动皮肉而又不伤及筋骨，则上上下下里里外外都有了交代，事情就完美了。

---

[1] 株连九族的前身，春秋时代流行这个。

那么，很自然地，桓族三氏会想到一个人，想到他在整个事件中的态度和作为。这个人是谁？就是去而复返的华元。

首先，华元用了出奔的方式来承担责任。这种方式烈度有限，但看起来蛮诚恳，我功名利禄一股脑儿抛弃，算对得起观众了。

其次，鱼石追到黄河岸边把华元拉了回来。从宋国国境到黄河岸边的路程，都能跨越好几个诸侯国了，鱼石养尊处优之身，紧赶慢赶地亲自跑一趟容易吗？更何况，假如鱼石铁了心不去挽留华元，那华元十有八九就有去无回了，可是鱼石没这样做，华元多多少少要感念鱼石的一份情意吧？

最后，华元没有在诛杀荡氏的时候扩大对桓族的打击面。这说明桓族的实力、向戌的情谊、鱼石的挽留等因素，实实在在地平衡着华元与桓族三氏的关系。华元既然放着打击桓族的最佳机会不利用，那不管华元内心里的真实意愿如何，反正过了这村就没这店，他日后若再想以荡泽杀人为由找桓族三氏的麻烦，别人只需问一句当初你干吗去了，华元势必无言以对只好作罢。

上述以桓族三氏为出发点所做的分析，主旨就是要说明，桓族三氏认为华元已无意继续为难他们，所以他们可以顺利渡过难关。至于公众的责难嘛，华元做了榜样在前头，桓族三氏难道连依葫芦画瓢都不会吗？

于是有趣的一幕出现了，桓族三氏——即鱼石、向为人、鳞朱、向带、鱼府这帮子人——集体出奔。

其趣味点在于，依据《左传·成公十五年》的记载，五人"出舍于睢上"，意即离开都城商丘，住在商丘附近睢水之畔一处叫睢上的地方。这个小细节着实耐人寻味。

所谓出奔，就是流亡他国，直奔他国而去。

这出奔之人，半道上稍微歇歇脚是正常的，毕竟不是专业运动员跑马拉松。可像鱼石等人这般半路上找个地正儿八经住下来就稀奇古怪了，你说你们还打不打算将出奔进行到底呀，这也太没有诚意了吧？

原来，鱼石一行压根儿就只是想做做样子而已。

离开都城，引咎辞职的架势摆出来了，以后就不怕悠悠之口再围着追责这个话题说三道四；住在商丘附近，那是在等华元礼尚往来拉他们打道回府，要是跑得太欢让华元追赶莫及可就弄巧成拙适得其反了。

这样一番套路推演下来，桓族三氏把自已的罪责洗清了，政治地位和人身财产也双双得以保全，算盘不要打得太精哦！

事态的后续发展大致符合桓族三氏的思路，但也不尽如桓族三氏所料。他们很快就见到了前来劝阻的人，却不是华元，而是奉华元之命的使者。

鱼石等人断然拒绝，十足一副慨然担责无怨无悔的大丈夫风范。

使者不明就里，还以为鱼石等人果真去志已坚，只好无功而返。

可渐渐地，使者傻眼了，因为从八月到十月，即使用爬也能爬出国了，鱼石等人却硬是一步没挪窝。

其实鱼石等人的腹谋，华元从头到尾都洞若观火。他们一直赖在睢上不走，无非想把姿态摆得再足一点儿，等着华元亲自上门挽留，然后带着惶恐的表情和畅爽的心情携手同归。

说实话，华元不怎么心甘情愿去当这个好人。

戴族和桓族在过往的政治斗争中虽未翻脸，但政治这玩意儿从来就不讲天长地久，随着宋国其他派系的公族势力逐渐退场，戴、桓两族终有一天会狭路相逢。

如果能够及早削弱甚至拔除桓族一系，对戴族、对华氏而言是有百利而无一害的。

然而正如前文所言，一些因素的存在，使得华元不方便对桓族狠下杀手。

毕竟浸淫政坛这么多年，又是声名在外的偶像人物，华元为自身的正派形象计，也不想把事情做得太决绝，简单粗暴不是他这种级别政治玩家应有的水平。

所以，华元的应对措施很有技巧性。

鱼石一行居睢上伊始，他明知鱼石在翘首等他，却故意降低礼仪档次，自己稳坐都城，只让使者出面赴睢上劝阻，使得鱼石一行很难就坡下驴返回商丘。

待鱼石一行吃了个哑巴亏被迫辞谢使者的美意后，华元虽然没说好走不送，但也没急着二度挽留，任鱼石等人淹留在睢上喝西北风。

反正劝阻的意思己方已经表达过了，朝野有目共睹，他华元并非幸灾乐祸落井下石的无义之人，是鱼石等人沽名钓誉自己犟着不回头；况且从私心而论，朝廷上没了鱼石等人，他华元正好大权独揽，何乐而不为呢？

就这样，鱼石一伙和华元展开了一场心理博弈。鱼石赌华元碍于情面非得亲自出马不可，而华元则赌鱼石会久居无趣自行卷铺盖走人。

双方都挺有耐性，时间一晃便从八月到了十月，明面上一点儿动静也没有。当然，暗地里的动静还是有的，那就是双方的心气越来越焦躁。

鱼石想：华元这个奸人咋地还不来，再不来的话，老子就真的不回去了，看你怎么对得住老子的黄河相挽之情，呸！

华元想：鱼石这伙贱人咋地还不走，再不走的话，老子为了展示仁至义尽的光辉形象，只好委曲求全地亲自走一遭了，哼！

十月的某天，鱼石等人终于见到了朝思暮想的华元。华元表明来意，特地迎接他们回去。

鱼石等人能熬到这次会面，本属来之不易的重大胜利。换作我是鱼石，我一定会小心翼翼地见好就收，只要回到商丘就算洗底成功，桓族仍旧不失为宋国政坛的擎天巨柱。

可是，但是，可但是，鱼石等人偏偏在修成正果的前一秒钟犯了一个极其低级且不可挽回的错误：意气用事。

确切地说，鱼石等人因为过于长久的等待，心中怄着一腔怨气，见华元姗姗来迟，居然耍起了小性子，赌气说自己不回去了。

他们满以为华元会温言抚慰，谁知华元二话不说掉转屁股就走了。

鱼石一伙呆立当场。过了好半天，鱼府首先回过神来，惶急地说："现在不回去，只怕以后就没机会了。你们注意到了没有，刚才右师说话的时候，语速很快，而且眼神飘忽不定，这是言不由衷的外相啊！如果右师执意挽留我们，必然会依依惜别。我们出去看看，倘若他疾驰而去，那说明他根本就没想要接纳我们。"

鱼石等人大惊失色，三步并作两步登上高丘，只看到华元身后的滚滚烟尘。那一刻，他们死的心都有了。

事不宜迟，鱼石一伙当即下山驱车追赶。然而还是晚了，等他们下得山来，却发现前路已经断绝——一股不明不白的洪水正呼啸着奔袭而来。

这附近只有睢水一条大河，难道是睢水溃啦？咋就溃得这么巧呢？鱼石一伙急得跳脚，再一打听，原来是华元令人掘开了睢水的堤防。

一道看不见的霹雳轰然击落，鱼石等人瞬间筋骨酥软，但灵台却一片清澈。

从一开始，华元这个大忽悠先后用了欲驱故迎计、以逸待劳计、反主为客计、稀里糊涂放水计，而自己这边居然一计不落地统统中招，简直就是一群猪哇！

事到如今，鱼石等人终于想清楚了，三十六计走为上计。

华元这把水一放，那就等于宣布和桓族三氏正式决裂。而以桓族三氏目前的处境，戴罪之身且久疏朝政，如果以死相拼的话，即便还有微妙的翻盘可能性，但深深的挫折感已经完全摧毁了他们抗争的勇气，他们内心里已经彻底认输了。

睢上非久留之地，宋国亦不能容身，鱼石等人悻悻地拨转马头，如丧家之犬般向楚国奔去。这一次，他们是认真的，没再让华元失望。

华元那头，因洪水阻隔，急切间也得不到鱼石等人的确凿消息。为保险起见，他一进都城就立刻锁闭城门，然后在城头布置防御，以防桓族狗急跳墙。

不过，桓族的主心骨既然已经集体跑路了，剩下的残余势力哪还有什么心思什么能力跟华元叫板？

于是戴族怒放的春天来了。为了填补桓族或死或亡留下的六卿职位空缺，华元擢拔向戌为左师，老佐为司马，乐裔为司寇。

三位新晋的大佬中，向戌虽出自桓族，却是华元的拥趸；老佐和乐裔则都是戴族的成员。

如此一来，加上先前的司徒华喜和司城公孙师，六卿之中，戴族占据四席且出任正卿，桓族和庄族各据其一。戴族奠定了在宋国政坛的绝对优势，华元无疑居功至伟。

最后顺便说一下，记性好的人应当还有印象，鱼石等人的结局，本书在"悼公复霸"的章节里曾经提及。

公元前 573 年，楚国携郑国攻打宋国，拔下战略要地彭城后，楚共王把鱼石、向为人、鳞朱、向带、鱼府五人安置于此，以作长久之经营。宋国随即在晋国的援助下，于次年收复彭城，鱼石等人被拘捕并最终老死于晋国。

介绍完宋国公族之争的前两个阶段，接下来看第三个阶段，时间跨度为公元前 575 年至公元前 520 年。

随着华元把戴族带上辉煌的顶峰，华元的本家华氏尤其得到了空前的发展，华氏族人越来越密集地入职六卿。

在这个阶段中，一者因为华氏的枝叶过于繁茂，二者因为其他公族过于稀疏，所以宋国的公族之争逐渐演变成了两种主要的类型。

一种为华氏的内部斗争，另一种则为华氏与国君之间的斗争。而本章所要讲述的"华氏之乱"，正是两种斗争类型裹挟在一起发展到极致的表现。

首先说两个华氏内斗的例子。

华元死后，乐喜以司城执掌国政，华元的长子华阅和幼子华臣，分别担任了右师和司徒（其余三卿为左师向戌、司马皇郧、司寇乐遄。可以认为，戴族把持了朝政）。

公元前556年，华阅撒手西去，留下四个尚未成年的儿子。其中继承家业的是老大华皋比，因为年纪委实太小，所以未能在朝廷上谋个职位。

而华皋比的亲叔叔华臣，非但不鼎力提携华皋比，反而动起了歪脑筋，想乘人之危削弱华皋比的家族。赤裸裸的节操破碎吧？

当时，华皋比全靠家宰华吴襄助主持家务，所以华臣想先弄死华吴，从而让华皋比的家族陷入混乱。要说这华臣也真是狠毒，派出去的六个刺客就在向戌家的屋后把华吴给杀了。

大概是杀人的声响惊动了向戌，这个堂堂左师竟然被吓坏了，还以为刺客是冲他来的，战战兢兢地向刺客乞饶道："老夫没有罪，请你们放过我！"

刺客一看向戌没搞清楚状况，顺势也撒了个谎说："华皋比在这执行家法呢，一边凉快去！"向戌诺诺连声，擦了把汗赶紧闭门了事。

打发完华吴，华臣又把华吴的老婆禁闭起来，并索要一块大玉璧（估计是华氏的传家之宝）。这事闹得满城风雨，很快就传到了宋平公的耳朵里。

宋平公愤愤地说："华臣不仅残暴地对待族人，而且搅乱了宋国的政务，一定要把他驱逐出境！"

向戌是因荡泽杀人而导致桓族被驱一案的见证者，深谙牵一发而动全身的道理。

他知道，华臣挑起华氏内部残杀，戴族的乐、皇、老、戴诸氏必然会施以制裁。可如果外部势力插手干预，那戴族诸氏绝对会立刻抛弃成见，掉转枪口一致对外。而以戴族称霸宋国的实力，一旦他们发飙，那宋国就会爆发狂风骤雨般的动乱，到时候，谁也别想独善其身。

有鉴于此，向戌劝宋平公息事宁人，不要惩治华臣。宋平公按捺住怒气，勉强同意了。

搞笑的是，向戌劝别人想开点，自己却难解心结，他对华臣啊，那叫又恨又怕。

向戌私下里制备了一根短马鞭，每次乘马车经过华臣家门口的时候，他都会偷偷地把手伸到御者腰间，用那根不打眼的短鞭狠狠抽马匹几下。马儿受鞭吃痛，兀地生出一股气力，登时撒开四蹄冲刺而过。

向戌对华臣的厌恶表达得很隐蔽，但来自舆论和戴族内部的正义呼声还是给了华臣巨大的压力。

渐渐地，华臣坐不住了，外面但凡风吹草动，他就胆战心惊，生怕是别人前来找他清算。

再过一阵子，华臣的精神已然完全崩溃，就跟个光天化日之下窝在街角的罪犯一样，没有任何安全感可言。

当年的十一月二十二日这天，商丘城里不知从哪儿冒出来一条疯狗，在街市上到处游走，可能还咬伤了无辜群众。于是，颇有些群众自发地组织起来，抄起家伙去扑杀疯狗。

疯狗拼命逃窜，群众吆三喝四地拼命追赶。跑着跑着，疯狗不偏不倚逃到了华臣家里，群众追发了性，不管三七二十一也一拥而入。

这下好，华臣急遽间也搞不清来了阵什么风，透过窗户眼往外一瞄，我的个天，那就是一群索命的恶鬼从天而降啊，当下登车打马，慌不择路地逃往陈国而去。

华阅的儿子被叔叔华臣欺负，是华氏内斗的第一个例子。第二个例子仍旧和华阅的儿子有关，只不过这回换成了弟弟欺负哥哥。

华皋比幼年执掌家族，这条路却走得并不顺畅，也许是早卒或者没有子嗣的缘故，他的弟弟华合比后来继承了家族，并子袭父职出任了右师。

但是，对宗主和右师之位有欲求的不止华合比一人，华合比的弟弟华亥同样兴致盎然，不过受限于长幼秩序，华亥也只能浮想联翩外加无限苦憋。

但是，我又要用"但是"了，既然华合比可以意外地从华皋比下巴底下捡漏，那我们不能排除华亥也有捡漏的可能。

这个可能在公元前536年成为现实。

当时，宋平公的世子佐憎恨一个叫柳的死太监，华合比想讨好世子佐，就主动请缨去杀柳太监。

柳太监是宋平公的红人，平时消息也挺灵通，一来二去得知了华合比的图谋。

他当然不甘心束手就死，于是立马展开绝地反击，在城北挖个坑，杀头牲口，伪造一份盟书，然后把盟书盖在牲口的尸身上埋进坑里（春秋时期盟誓的套路）。

做完这一切后，柳太监装出一副情势危急万分的样子对宋平公说："华合比准备迎纳华臣，他们已经在北边外城结盟啦！"

宋平公素以华臣为乱臣贼子，听闻华合比公然和华臣狼狈为奸，气不打一处来，即刻派人去外城调查核实。调查员拿着盟书回来复命，宋平公已信了七八分。

一直觊觎华合比权位的华亥也没闲着，他闻风而动早早地和柳太监达成了地下交易，由他出面诬证华合比里通华臣，而柳太监则助他取华合比而代之。

当柳太监向华合比泼脏水的时候，华亥也协同步调，向宋平公检举称，他对华合比的不臣之事早有耳闻。

宋平公这下再无怀疑，连亲弟弟都说你有罪，那就算是黄泥巴掉进裤裆你也得认了，于是喝令将华合比驱逐出境。

华合比没料想死人监先下手为强，更没料到华亥从背后捅刀子，惊惶兼具伤感，怆然流亡到了卫国。

随后，在柳太监的抬举下，宋平公将华亥迁升为右师。

华亥沾沾自喜，作为履新的礼节，他前去拜会因撮合第二次南北弭兵而名满天下的左师向戌。

向戌给他当头泼了一盆冷水，板起面孔教训道：《诗经》有云：'宗子维城，毋俾城坏，毋独斯畏。'（译为：族长就是城垣，不要使城垣毁坏，不要使自己孤独而感到害怕）为了私利你连自己的宗室都不惜毁坏，那对付别人的手段肯定也会狠毒无匹。问题是，你对别人狠毒，别人对你也不会好到哪儿去。到时候孤立无援寸步难行，你若不想坐以待毙那就只能自己逃亡了。”

华氏内斗的两个例子充分说明，"树大分丫，人大分家"这句俗话是屡试不爽的经验之谈。

向戌慧眼如炬，直斥华亥多行不义必自毙，但最终的结局却比他推想的更富戏剧性。因为，不仅是华亥，包括如日中天的华氏，甚至包括他的本家向氏[①]，都会在那场史称"华氏之乱"的大动荡中，退出宋国的政治舞台。

为了把这一幕高投资、大场面的年度巨献铺陈得细腻一点儿，我有必要介绍一下主要演员的人物状态与人物关系。

公元前532年，宋平公去世，世子佐即位为宋元公，时任六卿为司城乐喜、右师华亥、左师向宁、司徒华定、大司马华费遂和少司马华貑、大司寇戴恶和少司寇华轻，戴七（其中华氏五人）桓一的格局。

下面按顺序来。

其一宋元公。

根据《左传·昭公二十年》的说法，宋元公为人"无信多私"。我觉得这个评价是十分中肯的。

无信多私，通俗一点儿说就是好恶无常，凡事但跟着感觉走，不讲究游戏规则，也没有固定的立场。

宋元公无信多私的性格特点，可以通过其处理与向氏及柳太监关系的两件事例来加以展示。

话说宋共公时期，大夫芮司徒生了个红皮长毛的女儿，以为怪胎，遂把她抛弃在了河堤下。

亏得这女婴命不当绝，宋共公夫人共姬的侍女紧接着路过河堤下，见女婴既饿且冻，便好心将她抱起，收养在宫中，并取名叫弃。

弃一天天成长，一天天脱胎换骨，日渐出落得明艳不可方物，套用一句歌词

---

① 确切地说，"华氏"和"向氏"是指华、向两氏的主体。

来形容,那就是:再见面叫你们傻了眼,无所谓正面侧面,都是完美弧线。

有一次,宋平公去向母后共姬请安,偶然见到了弃,当场就魂不守舍,差点儿没把一双眼珠子抠出来钉在弃身上。

共姬察言观色,便将弃送给宋平公做了侍妾。宋平公对弃恩宠有加,弃不多时便诞下了一个儿子,取名叫佐,即后来的宋元公。

宋平公当时已经立了世子,名叫痤。痤的名字难听,但偏偏长得玉树临风,只是性格非常狠忌;而佐的娘坯子虽好,自个儿小的时候却长得难看,幸好性情还算和顺,与成年后判若两人。

原本呢,世子痤只须混混日子,老爸的君位就会自动送货上门。可是他得罪了两个关键人物,最终和君位失之交臂不说,连性命也没能保全。

第一个人是在朝中举足轻重的向戌,得罪的具体事由不得而知,反正向戌对世子痤极其的不待见。

第二个人叫惠墙伊戾,是个乍一听名字有点儿像倭国浪人的死太监,担任着世子痤的内师,相当于东宫的大内总管,权力说大不大,说小也不小,因其职务的特殊性,对世子痤的起居和言行了若指掌。

照理说,世子痤和惠墙伊戾常年共处,应该拥有良好的主仆关系。

可事实上,世子痤发自内心地认为惠墙伊戾面目可憎,因此双方一直搞得很僵。那惠墙伊戾也不是纯良之辈,既然东家刻薄寡恩,他就决心还以颜色。

某日,一位楚人前往晋国朝聘,中途在宋国落脚。

其时,南北关系回暖,各国之间交往频繁,楚人虽是途经,但来了就是客,而且他恰巧和世子痤是旧相识。所以世子痤向宋平公打了报告,在城外设宴款待楚人,以稍尽地主之谊。

惠墙伊戾很会来事,马上向宋平公请求跟随世子痤同往。

宋平公说世子不是讨厌你吗,你何必自找无趣?

惠墙伊戾"慷慨陈词",说什么世子的外事有人打理,内事却无人伺候,自己作为内务官,向来宠辱不惊,绝不敢因私废职。

这话说得太漂亮了,宋平公想不答应都难。

惠墙伊戾出得城来,却不去世子痤身边候命,而是在世子痤会客地点的左近,挖个坑，杀头牲口，伪造一份盟书，然后把盟书盖在牲口的尸身上埋进坑里。

很熟悉的节奏对吧？大家没猜错，就是伪证谋反的那个调调。

准备妥帖后，惠墙伊戾飞奔回城，装出一副情势危急万分的样子对宋平公说："世子意欲作乱，已经和楚人在城外结盟啦！"

宋平公似乎有了点长进，质疑道："痤已经是我的继承人了，还谋个屁的反哪？"

惠墙伊戾狡黠地答道："世子急着即位呗！"

宋平公的智商瞬间跌回原点，急忙派人去城外调查核实。调查员拿着盟书回来复命，宋平公已信了七八分，接着又去征询向戍和弃的看法。

向戍心想痤别你也有今天，口里煞有介事地说千真万确。

弃心想佐儿你的机会来了，口里信誓旦旦地说万确千真。

宋平公再无怀疑，把世子痤抓进牢狱，准备择期处死。

世子痤百口莫辩，想起只有公子佐能洗清他的冤屈（原因别问我，史书上没说），便捎话给公子佐，央请公子佐替他到宋平公那边澄清事实。

为了表示郑重其事和急如星火，世子痤特意加了句：你（指公子佐）若是中午都还没来，我就只有自杀了。

这话传到向戍的耳朵里，向戍浑身一激灵，用最快的速度找到公子佐，若无其事但喋喋不休地和佐唠嗑儿，从国际时政聊到民生疾苦，从诗词歌赋聊到人生哲学，硬是把一上午的时间给生生消磨完了。

可怜的世子痤望眼欲穿，却始终等不到公子佐的踪影。日过正中，他自知无力回天，便悬根绳索结束了自己的生命。

世子痤一死，公子佐便毫无悬念地补选为了世子。后来宋平公渐渐意识到世子痤蒙受了不白之冤，但也只是把惠墙伊戾烹杀了事。

在这个平反的过程中，宋平公之所以没有废黜佐的世子名号，固然有佐母弃受宠以及佐本身无辜的缘故，但向戍必定也发挥了至关重要的作用。

《左传·襄公二十六年》里说得很清楚，扳倒世子痤以后，向戍第一时间就向佐母弃表达了投靠之意，其间的矫揉造作、自降品格，简直令人跌破眼镜。

宋元公佐受向戍大恩，却未见回报之举，反而疏远猜忌向氏，这是后来向氏卷入华氏之乱的直接诱因（宋元公同时还厌恶华氏）。

宋元公这种行事颠倒错乱的风格在柳太监身上也有反映。

前面说过，宋元公当世子时厌恶柳太监，为此还折了盟友华合比，妥妥的苦大仇深吧？

后来，柳太监还是那个太监，世子佐却成了宋元公。换作你我是宋元公，必然会分分钟搞定柳太监，可宋元公没有。

公元前 532 年的十二月，宋平公薨，停尸于堂，宋国举行丧礼。

柳太监害怕宋元公除掉他，就要起了小聪明，提前在宋元公行仪的丧位处烧一堆炭火；估摸宋元公要来了，才把炭火撤去，留下热烘烘的地面待宋元公盘踞。

北方的冬天折胶堕指，如果席位下安设有地暖，那人的感觉当然会好上很多。正是凭着这个温馨的、专业的举动，柳太监融化了宋元公心中的坚冰，并华丽丽地成为宋元公的心腹。

柳太监的结局圆满了，但宋元公说变就变的性格缺陷也再次暴露无遗。

其二司城乐喜。

乐喜是一位有正义之心却无弄权之术的中庸官员，仅以能力而言，他做好司城（大致相当于建设部长）的本职工作是绰绰有余的，或者出任司徒（大致相当于人力资源、财政和民政部长）也是恰如其分的，当正卿的话则有点儿勉为其难。

乐喜有个本家叫乐辔。乐辔和华氏的华弱是儿时玩伴，互相之间经常戏谑打闹，成年之后仍然旧态难改，偶尔玩笑开得过头，两人甚至还会面红颈粗拔拳相向。

公元前 567 年，大夫乐辔和司马华弱在朝堂上爆发冲突。乐辔随手拿起一张弓，用弓弦勒住华弱的脖子，那动作就如同是给华弱戴上了木枷一般。

宋平公看了直摇头，说："司马在朝堂上戴枷，在战场上只怕也会被俘虏吧（司马是军事主官）？"华弱听了这话又羞又气，当年夏天就流亡到鲁国去了。

乐喜对乐辔的粗暴行为很是恼怒，公开批评道："罪过相同而惩罚不同，这是不合于刑法的。在朝堂上侮辱大臣，难道还有比这更大的罪过吗？"骂完了还不解气，也要驱逐乐辔。

乐辔异常骄悍，把箭射在乐喜家的大门上，威胁要和乐喜玉石俱焚。乐喜当场就尿了，改天再碰到乐辔，依旧善待如初。

乐喜在领袖群臣方面没有魄力，但做起民生政务来有板有眼。

公元前 564 年春，商丘发生了大火灾；公元前 544 年，宋国又发生了大饥荒。乐喜救灾赈荒的举措均十分给力，在国内外都赢得了极佳的口碑，这大概就是乐喜不谙权术却得以长居正卿之位的秘诀所在。

这种能力特点，注定了在宋国的公族斗争中，乐喜只会充当一个置身事外的看客。也就是说，在后来的华氏之乱中，我们可以无视乐喜的存在。

其三右师华亥。

觊觎兄长华合比的权位，但不敢明目张胆地暴力夺取，只能躲在柳太监的背后搞小动作。此人厚黑大法尚未修炼到家，帮腔造势了得，独当一面指望不上。

其四左师向宁。

向宁乃向戌之子，因宋元公厌恶华氏和向氏，故向宁与华亥、华定的关系密切，三人结成了利益共同体。

其五司徒华定。

华定乃前司寇华椒的孙子，典型的官二代，此君最大的特点就是不学无术。

公元前 544 年，华定前往晋国拜访智盈。司职相礼的晋大夫女叔侯事后认为，华定奢侈，不免使家族遭遇灭顶之灾。

公元前 530 年，华定前往鲁国为新君宋元公通好。鲁国是礼仪隆盛之邦，有事没事最喜欢赋诗表情，在款待华定的宴会上，鲁国人就诵读了《蓼萧》。

《蓼萧》这首诗并不生僻，它是诸侯国之间宴会时常用的客套话语，然而华定竟然没听懂，赋诗作答什么的就更别指望了。叔孙婼事后认为，华定终有逃亡之祸。

因此，华定是一个介乎衰人和猪队友之间的角色。

其六大司马华费遂和少司马华貙。

华费遂的背景资料不详，结合后续情节来看，他和华亥三人组不对眼。另华费遂有三个儿子，长子就是华貔，父子共掌军权；次子叫华多僚，为宋元公车御，与华貔交恶；幼子叫华登，为华亥党人，父子关系淡漠。

其七大司寇戴恶。同乐喜，纯属路人。

其八少司寇华轻。华轻是华亥庶兄，但政治立场倾向于宋元公。

演员介绍完毕，下面好戏开锣。

宋元公厌恶华氏和向氏，没完没了地翻白眼、使绊子、穿小鞋。华亥、向宁和华定度日如年，三个人常常聚在一起商议对策。

起初他们觉得与其等死不如出奔，到公元前522年时又改变想法，觉得与其出奔不如放手一搏，并拟订了一个抢先动手的行动方案。

经过一番周密策划后，华亥假装卧病在床，引诱朝中的大员前往探视。但凡对他们没威胁的人来了，还是好烟好茶地招待；而但凡宋元公的亲信来了，那就关门放狗。

很快，华亥三人组便接连杀了公室的六位成员，还扣押了向宁的两位兄长向胜和向行（向氏内部也存在分裂和对抗），金戈铁马气吞万里如虎哇！

这时宋元公多变的老毛病又犯了，他没有继续横鼻子竖眼睛，而是放下身段，亲自登门向华亥等人求情，希望彼此讲和。

华亥等人正在兴头上，见宋元公服软，愈发豪气万丈，想都不想就将宋元公一并劫持了。

事态发展到这步境地，宋元公固然狼狈不堪，但华亥等人也称不上胜券在握。关键在于，华亥等人下一步准备如何处置宋元公。

放了的话，难保宋元公不会反扑；杀了的话，华亥等人要么接受正义的审判，要么扶立新君将前愆一概抹除。

如此看来，华亥等人最好选择杀掉宋元公，这样至少可以坐实四分之一理论上的胜率。

但华亥等人实在不是成大事的料。随着斗争急遽激化，朝野上下暗流汹涌，他们精神极度紧张，担心乱局一发不可收拾，居然又有了与宋元公和解之意。

华亥等人难道不怕宋元公反扑吗？当然怕。所以他们留了一招后手，在将宋元公恭送出门之前，双方达成了一个交互质子的协议。

具体而言，宋元公将世子栾以及另外两名嫡子押在华亥等人手中为质，而华亥的世子华无戚、向宁的世子向罗以及华定的世子华启则押在宋元公手中为质。

双方以质子为基础缔结盟约，宋元公回去继续当他的国君，华亥等人亦官居原职。大家说好一起老去看细水长流，死结貌似迎刃而解了。

然而现实远比理想骨感。

造反这种事，开弓就没有回头箭。

且不说死去的六位公室成员无法复生，单就华亥等人劫持宋元公的忤逆行为而言，前者背上了重罪前科，后者则遭受了极端的羞辱。

猜忌和仇恨充斥在每一根毛细血管里，镌刻在每一节神经末梢上，你敢说双方还有捐弃前嫌重归于好的可能？

别逗了！交互质子这种方式，压根儿就是掩耳盗铃兼拆东墙补西墙的搞法，勉强粉饰太平之余，却又埋下了另一个冲突的隐患。

隐患很好理解，你若是有老婆孩子押在别人手上，你也会坐卧不宁整天担心他们的安全。

至于到底怎么赎解人质，或者换句话说，冲突到底将会以什么形式表现出来，那就要看当事双方的行事风格了。

在讲述宋元公和华亥等人的冲突之前，我要先插述一个情节，这既是对"伍子胥入吴"一章的呼应，也是为后事所做的铺垫。

华亥等人作乱之初，宋元公的八个党羽试图靖难。双方在鬼阎打了一仗，结果公党落败，八子被迫逃亡郑国。

这八个人中，有一个叫公子城，他是宋元公的兄弟，匡扶公室的使命感最强，因此后来又辗转前往晋国求取援助。

有一个就是楚国的太子建，跑到郑国后图谋推翻郑定公，结果引发连锁反应，促使伍子胥入吴。

还有两个叫向宜和向郑，他们同前面被拘禁的向胜和向行一样，均为向宁的兄长。

回到主题。将要发生的这次冲突，表现形式堪称不落俗套。

华亥等人捉曹放曹，行情顿时看跌，但实事求是地说，即便如此，华亥等人也并未骤见下风。

且不论交互质子所构建的恐怖平衡，单就力量对比而言，华氏和向氏的家族枝繁叶茂，而宋元公的亲信则已被砍削殆尽，真正动手的话孰胜孰负犹未可知。

所以宋元公此时此刻就算恨得牙齿嘎嘣响，也只能把波澜全放在心底。

然而后续情节的跟进还是出乎所有玩家和观众的意料，宋元公那神一般善变的性格以及华亥那无底线的软弱，终于把华氏和向氏推向了无可挽回的败局。

串联起这些情节发展的线索，正是那些充当人质的世子。

身处一场结局开放的博弈中，凶顽的赌徒会置于死敌而后生，老辣的政客会千方百计险中求胜。但华亥之流想且只想大事化小小事化了，浑不管捅出这天大的娄子后，宋元公会否愿意、时势会否可能接受他们一厢情愿的想法。

扣押世子栾以及另外两名公子的感觉，其实和劫持宋元公没什么两样，都是抓着烫手，放了又害怕失去倚仗。

华亥的解决之道依旧是折中。为了尽量抚慰宋元公的情绪，华亥把世子栾兄弟仨好生供养起来，每天和夫人盥洗干净，亲自伺候人质用餐完毕后自己再进餐，态度十分谦卑。

宋元公也确实牵挂儿子，每天雷打不动地携夫人至华亥处探视，直到看着儿子们吃完饭，夫妇俩才恋恋不舍地回宫。

这真是要多尴尬有多尴尬的一幕。华亥和宋元公明明是死对头，却偏得日日相见，而且见了面还要双双精神分裂，一个扮演贤臣，一个扮演仁君。我断定他们迟早有一天会崩溃掉。

可是，崩溃的内涵各不相同，华亥崩溃的是意志，而宋元公崩溃的是耐性。

宋元公对华亥做作的客气以及对世子栾兄弟殷切的关怀，加剧了华亥的负罪感，他发自内心地后悔当初冒犯宋元公。为了弥补罪愆，他寻思要不要把世子栾兄弟仨放回去。

华宁说莫非你活腻烦了，宋元公那么不讲信用的人，他一旦拿回了儿子，还不把我们整得七荤八素哇？

华亥悚然，只好硬着头皮继续跟宋元公干耗。

宋元公那边，也被旷日持久的明争暗斗拖得身心俱疲。

华亥劫持他，相当于扇了他老大一个耳刮子，虽然令人无比难堪，但好在僵持的时间很短暂，他尽可以骗自己说华亥不过如此。

但华亥长时间扣押世子栾兄弟仃就不同了，那相当于把他剥光后绑在电线杆上示众，已经晒得面皮脱落不说，未来还要晒多久也没个定数，也许三年五载，也许一生一世，这日子是个人都没法过呀！

于是宋元公来了个一百八十度的大转弯，决定拼着儿子的性命不要，也非得跟华亥等人做个了结。

宋元公的思维，果然很跳脱、很凌乱、很让人跟不上节奏。

宋元公找到司马华费遂，请求他协助攻打华亥等人。

华费遂说我家那个兔崽子（指投靠华亥的华登）死不足惜，不过世子栾他们要是被撕票了可怎么办？

宋元公说人各有命，华亥要撕就撕吧，反正老子一分一秒都忍受不了！

既然宋元公把话说得这么绝，那华费遂也就无所谓了。

十月，宋元公决然处死华无戚、华启和向罗，然后借华费遂之力攻打华氏和向氏。

这司马一出手就是不同凡响，不到两周的时间便把貌似庞然大物的华氏和向氏打得落花流水。

华亥等人支撑不住，准备奔逃出国。

临行前，向宁欲处死世子栾兄弟仃以泄恨。

华亥到了这关口还想着妥协，他说千万别，罪上加罪（劫持国君且杀害公子）的话只怕没有诸侯愿意收留我们，还是让族人归还人质以立功赎身吧。

说完，华亥让兄长华轻护送世子栾兄弟仃回去，自己与华定、向宁逃往陈国，一直追随他们的华登则逃往吴国。

明崇祯元年冬，九千九百岁大人魏忠贤失势败走凤阳，中途蜷缩在阜城一家破败的客栈中过夜。有一个神秘兮兮的白姓秀才，在那个寒冷的夜晚来到魏忠贤卧房的窗外，唱了一首名为《五更断魂曲》的丧歌，其中有一句唱词是这样的："想当初，势倾朝，谁人不敬？如今势去时衰也，零落如飘草。"

我想把这句唱词献给华亥、向宁和华定。

我同时想对死去的华无戚、向罗和华启说：孩子安息吧，摊上这么窝囊的老爸，你们死得一点儿都不冤。

对于宋元公，我在道声贺喜之余，还想告诉他一句八字偈语：百足之虫，死而不僵。

是的，虽然华氏和向氏这一次看起来连底裤都输光了，但惨烈的斗争也把他们打造成了宋国反对派的精神领袖。倘若有人反宋元公，可以把他们推出来；倘若有人反宋国，也可以如法炮制，简单高效，包管百试不爽。

宋元公万万没有料到，就在仅仅八个月后的公元前521年的六月，华亥等人竟然又杀了回来。于是君臣再度交兵，并最终演变成一场多国之间的角力。

事情的起因要从大司马华费遂家里那本难念的经开始。

华费遂的幼子华登跑路了，留在家里的长子华豸区和次子华多僚也不省心。兄弟俩积怨颇深，华多僚就利用为宋元公御车的便利，屡屡在宋元公面前诬陷华豸区，说华豸区打算迎纳叛党华亥。

这本是没有依据的谮言，但经不住华多僚翻来覆去地说，宋元公也就慢慢相信了。

信了以后呢，宋元公心里挺矛盾，他一方面想驱逐华豸区，另一方面又碍于华费遂的面子不好意思下手。毕竟华费遂在他最困难的时候拉了他一把，而且还为此跑了一个儿子，可谓是毁家纾难，一片赤诚呀。

华多僚贼心不死，又进一步恐吓宋元公说：您这是死要面子活受罪，您因大司马而怜惜华豸区，可华豸区作乱的时候未必会怜惜您。

宋元公果然中招，但要自己亲自动手还是有心理障碍，就托华费遂的侍者宜僚转告华费遂，让华费遂自行清理门户。

华费遂仰天长叹，一定是华多僚干的好事，心知华豸区蒙冤，但奈何君令已下，只好与宋元公商定，借不久之后在孟诸举行田猎的机会跟华豸区摊牌。

到了田猎的那天，宋元公对华豸区客气得不得了，又是赐酒，又是厚赠礼物，就连华豸区的随从都打赏了个遍。

华费遂良心有愧，也是里里外外地打赏华貙，只差没把华貙抱在怀里吻别了。

华貙随从中一个叫张匄的人觉得不对劲，没事献殷勤，非奸即盗，宋元公和华费遂无缘无故对一个小辈如此盛意拳拳，这是发的哪门子春？于是寻个空当逮住宜僚，把剑架在他脖子上进行讯问。

宜僚畏死，只好把华多僚之诬陷、华费遂与宋元公之密谋，竹筒倒豆子般一五一十地全说了出来。

张匄勃然而起，当下就要找同在孟诸的华多僚拼命。

华貙部分传承了其父华费遂恪守礼法的思想观念，虽然顶着个天大的冤屈，但仍不忍拂逆父命，强压住心头喷薄欲出的三昧真火劝张匄算了，此处不留爷，自有留爷处，既然君父不待见，老子自己闪人就是，出了宋国未必就是死路一条。

五月十四日，华貙带着张匄等亲信随从去向华费遂正式辞行，然而就在觐见华费遂的路途中，他们竟然和华多僚不期而遇。

仇人相见，分外眼红，猛男张匄压抑已久的怒气值瞬间爆表，二话不说径直向华多僚杀去。

张匄的决绝，激起了华貙和其他随从的强烈共振。再没有顾忌，再没有犹豫，大家不约而同地冲过去，在路人惊骇的围观下将华多僚生生打死。

青天白日，朗朗乾坤，国君脚下，都城之中。华多僚的鲜血在街头肆意漫流，华貙杀人的消息也如同爆炸产生的震荡波，朝着四面八方飞速扩散。我们能够想象，捕快和衙役正抖着铁链骂骂咧咧地蜂拥而来。

华貙等人将心一横，撇下华多僚的尸身，打马赶往华费遂处，将华费遂劫持，然后宣布叛变，并紧急召唤出逃的华亥等人归国。

五月二十日，华亥、向宁和华定自陈而返，宋国一夜之间重回战乱模式。接下来就是保公派和造反派之间的军事斗殴，乒乒乓乓没啥新意，值得一提的只有两点。

第一点是少司寇华轻旗帜鲜明地站在了保公派一边。

华亥去年出奔时，体恤兄长华轻年事已高不堪逃亡之劳顿，便让他出面奉还人质。

华轻心里原本就偏向于宋元公，奉还人质时为弟弟华亥叛乱而愧疚，准备自己炒自己的鱿鱼以谢宋元公。

宋元公恳切地说与你无关，挽留他继续履职。

华轻感动得稀里哗啦，愈加坚定了保公的立场，直至今日与华亥兵戎相见。

第二点是造反派的实力不容小觑。

华䝙大司马少司马一把抓，在军事资源的调动以及运用方面具备天然优势，再加上有华亥等人及其旧部助拳，故保公派虽然占据了法统和道义的制高点，但战场形势却不容乐观。

《左传·昭公二十一年》对初期的战况着墨寥寥，总共三句话，句句都在描述保公派的危急。

第一句说华轻等人在商丘西南的横地御敌；第二句说华氏占领商丘郊外的庐门，且策反了附近的南里；第三句说宋元公被迫修缮故城和商丘郊外的桑林之门以御敌。

战火逼近都城，估计宋元公已经头大如斗了。

两派人马拿出不死不休的劲头，如胶似漆地缠斗了近半年，搞得宋国赤地千里民不聊生。

渐渐地，政府军占据了上风，但仍不足以鼎定胜局。

宋元公想加把力压死华氏，华氏也想加把力把宋元公顶翻。可是放眼国内，已无余闲可资利用，于是双方不约而同地向国际社会寻求外援。

宋国地处中原腹心，历来就是各国调整地缘格局的着力点。

宋元公和叛党搞得这么难解难分，但凡有点儿实力的诸侯都本能地产生了浑水摸鱼的欲望，只是碍于弭兵协议，一时也不好贸然动手。

可收到来自宋国的求援信那就另当别论了。前者是横加干涉，后者是应邀维和，实质虽然一样，但吃相大为改观。

距离宋国相对较近的齐国首先出动，大夫乌鸣枝率军入宋，他是来支持宋元公的（说到这里顺便交代一下，为了确保师出有名，干预者大多选择了为代表宋国正统的宋元公站台）。

华氏原本就稍处劣势，被齐国的生力军一冲，更加招架不住。

十月，逃亡到吴国的叛党华登，引领着吴军前来救援华氏。

宋元公属下的厨邑大夫濮跟乌鸣枝商议，必须阻止吴军与叛军会师，而且吴军远道而来，我方可以以逸待劳给予当头一击。

十七日，政府军和齐军在泓口击败了吴军。

华登首战遇挫，但斗志犹存，随即收拢余众集中攻打政府军。政府军猝不及防，几乎全军覆没，只有少数拼死逃回了商丘。

宋元公大喜大悲转换得太快，心理承受不了，一气之下准备下野逃亡。

大夫濮说不忙，咱还没到山穷水尽的地步。他巡行军中，呼喝道："是忠于国君的勇士就给我挥舞旗帜！"将士感其忠诚，纷纷摇旗呐喊。

宋元公在城头见此场景，也深受鼓舞，下到军中对将士们说："国亡君死，是各位的耻辱，岂独是孤一人的罪过呢？"将士们越发血脉偾张，恨不得立马拔营再战。

乌鸣枝在一旁献策：敌众我寡，我方不宜列阵对战，应该采取突然接敌然后贴身肉搏的战法。

宋元公颔首称是，遂整军反攻华登。

吴军循兵礼排军布阵。宋元公这边却不按常理出牌，将士们呈散兵状就发起了冲锋，一顿王八拳霎时将还在熙熙攘攘站位的吴军击溃。

华登长嗟：宋元公你这么不讲仁义，宋襄公他老人家知道吗？抒情完毕，朝着华氏叛军的重要据点新里（在商丘附近）逃窜。

政府军和齐军紧追不舍。

大夫濮心眼多，他用袍裳随意包起一个吴军的首级，扛在肩上边追边喊："华登死啦！华登死啦！"吴军辨不清真假，唯恨一双手不能退化成蹄子以增进奔逃的速度。

未几，哭爹叫娘的吴军抵达新里。

新里的叛军惊问：你们这一副魂飞魄丧的鬼相样范，怕莫是打老虎嘴巴里逃出来的吧？吴军指着如影而至的追兵说不是不是，老虎哪够形容他们的凶残，用黑白无常还差不多。

于是十个叛军被吓得七个傻八个呆九个坏，还有两个分别叫瞿偻新和华妵的叛党脑筋转得快，不假思索地火线反水归顺了政府。

随即又是一场恶战，华氏之众士气低迷，丢下无数尸体后弃城而走。

新里之战促使宋国内斗形势在明晰化的道路上前进了一步，但定音之锤还是来自以晋国为首的多国部队的干预。

十一月四日，在宋元公兄弟公子城的引领下（本章前文有交代，公子城是宋元公之党，于华亥作乱初期逃往晋国），晋国中军佐中行吴会合曹大夫翰胡、齐大夫苑何忌、卫公子朝率军入宋，并于七日同华氏叛军在商丘郊外的赭丘交战。

根据《左传·昭公二十一年》那语焉不详的记载，叛军似乎在排军布阵方面出了问题，一个叫郑翩的将领希望排成鹳形阵，而他的御者希望排成鹅形阵。

既然有争执，那准备肯定是不充分的，叛军就在这样的状态下投入了战斗。

战况异常激烈，《左传》中有一个局部描写足以窥斑知豹。

当时，政府军这边公子城的车御为向宜、车戎叫庄堇；叛军那边华豹的车御叫干犨、车戎为张匄。战斗进行过程中，两辆战车六个人遭遇了。

公子城主动掉头避让，华豹却想交战，于是呼喊公子城的名字进行挑衅。

公子城怒从心头起，你要战便来战，难道爷爷怕你不成？让向宜再次掉转马头，自己则拿起弓箭发动攻击。

然而，华豹既然求战在先，动作自然也领先一拍，公子城刚把箭搭上，华豹已经张满了弓。

两车相距不远（公子城能听到华豹的呼喊可以为证），公子城要躲开华豹的先手攻击十分困难，只得暗暗祈祷老爸宋平公的在天之灵保佑。

别说，宋平公还真显灵，华豹射来的箭堪堪从公子城和向宜之间穿了过去。

公子城惊出一身冷汗，再欲搭箭还击时，眼睛一瞟，对面的华豹竟然又已经张满了弓。公子城口中大叫道：不让我还手你算什么英雄好汉？！

华豹倒也磊落，闻言，果真驰弓卸箭，待公子城发射。

公子城冷笑，你射得快，可知老子射得准？只听得嗖的一声，箭没处，华豹已血溅五步。

张匄见主将毙命，不由得狂性发作，抽殳（一种长柄的打击武器）下车，徒步向公子城杀去。

公子城再施神技，一箭射断了张匄的腿。

张匄扑地，兀自不舍，睁着猩红的眼睛爬到公子城车下，可惜已无法立身，奋力举殳却只砸断了车轸（车厢底部四周的横木）。

公子城复一箭将张匄射死。

主将与车戎俱殁，车御干犨清醒地意识到，自己也难逃一死。

"难逃一死"是一种令人毛骨悚然的认知，换作你我，即便再难也会试着逃一下，蝼蚁尚且贪生，况于人乎？

但此刻干犨心头涌动的却是军人的荣誉，他镇定地请求公子城射死他。

公子城说你何必求死，我回去向国君保荐你如何？

干犨说："不和同车的战友一起战死沙场，这是干犯军律的行为。倘若干犯军律而跟从你，国君又怎么会瞧得起我？来来来，给我个痛快！"

公子城敬佩干犨是条好汉，遂一箭成全了他。

上面这个战斗场景就是全局的缩影。政府军方面一举击溃了叛军，并把华氏叛党包围在了南里。

南里是叛军最坚固的据点，虽说政府军方面急切间难以攻下，但它同时也是叛党最后的老巢，政府军方面只要有耐心，困死华氏绝对是板上钉钉的事。

华亥急得如同热锅上的蚂蚁，捶胸顿足对华䝙说：我们成了晋国的栾氏啦[1]！华䝙宽慰他说：你别吓我，才没那么倒霉呢！

两人商议认为，一味死守终究无法善终，求援才是希望所在。

但这个时候，谁会冒着和晋、齐等国对抗的风险来援助华氏呢？当然只有楚国。

派谁去求援好呢？我看华登就行，能凭借三寸不烂之舌从吴国搞来救兵，想必楚国也耐不住他的软磨硬泡。

事不宜迟，华䝙带着一彪敢死队，护送华登突围而出。两人在睢上大哭而别，华登去往楚国，华䝙又返身冲进了南里。

华登昼夜兼程赶到楚国，表明求援之意。

司马蒍越主张出兵迎接华氏，以方便日后往宋国插楔子。

---

① 公元前552年，栾盈因故叛出晋国，后来潜回晋国作乱，最终兵败身死。

太宰犯是个读书人，他说诸侯各国中只有宋国的臣子一直还在尊奉国君（话外音是鲁国有三桓分国，甚至陪臣干政；晋国有朝政出于六卿之门，国君徒具虚名），如今这颗火种也要灭了，咱可不能助纣为虐呀（意不要助华氏作乱）。

楚平王对太宰犯哂笑：你的话很有道理，不过在你说话之前，我已经答应华登了，不好再反悔。

既然楚平王拍了板，那楚国出兵已成定局，咸吃萝卜淡操心的我们，自然会浮想联翩。楚军要把华氏从围城里救出来，晋军他们会答应吗？如果两方各不相让，手上可都带着家伙，那岂不得干起来？

让我们扳指头数数，一五得六，二六得十，三七一十九，四八二十七，自向戌弭兵以来，晋楚之间奇迹般保持了二十七年的和平，难道就此被打破？

破不破放一边，咱先了解一下相关各方的处境。

宋国就不浪费口舌了，被自己人给折腾得奄奄一息，这仗是须臾都不想再打下去的。

晋国的国势在下行。

公元前 531 年前后，楚灵王恣意强暴陈国和蔡国。

以正义化身自我标榜的晋国一开始不敢出头，后来实在面子上架不住了，只好装模作样地开个兵车会，声色俱厉地骂楚灵王几句，紧接着口风一转，竟然又央求楚灵王宽宥蔡国。

楚灵王充耳不闻，马不停蹄地把蔡国灭了，不管晋国是恶语还是好话，通通都当个屁。

公元前 530 年，晋昭公和齐景公"投壶"相戏，齐景公有"寡人中此，与君代兴"之语，显见齐国与晋国貌合神离，而且晋国的实力衰落到了齐国可以挑战的程度。

在这样的背景下，晋国不可能产生和楚国大干一场的意愿。

到公元前 521 年冬，也就是楚平王决定出兵援救华氏的当口，又一件对晋国极为不利的事情突然降临了——鼓地叛变，重归鲜虞①。

---

① 鼓地的前身是鼓国，原为鲜虞之附属，公元前 527 年被晋国占取。

晋顷公心忧如焚，急忙调兵遣将攻打鲜虞。时值鲁昭公来访，晋顷公无暇接待，便派人到黄河边上挡了鲁昭公的架。连见客都分身乏术，晋国两线作战的可能性微乎其微。

齐国这些年没出什么岔子。

单纯就实力而言，如果有晋国顶在前面，齐国应该不怵惧和楚国干仗。但如果晋国耍滑头，那齐国也不会挺身而出去逞豪气。

不过重点在于，齐国长期秉持鹬蚌相争渔翁得利的基本国策，让晋国和楚国斗个两败俱伤最符合齐国的国家利益，它才不会全力以赴去替晋国作嫁衣裳呢！

更何况，在公元前520年春，也就是楚军将出而未出的当口，齐国和莒国恰巧爆发了战争，齐景公对异国他乡的南里围城行动只怕是愈发意兴索然了。

曹国没什么好说的，泛泛之辈，它之所以干涉宋国内战，估计是受到了晋国的征召，仅此而已。

卫国更加糟糕，一年前也发生了严重的内乱，卫灵公仓皇出逃。亏得齐景公及时相救，卫灵公才从得以从草莽之中捡回性命并继续为君。

大家看看，就这么一群货色，他们有什么资本能把楚军挡在南里城外？

别说，还真有，一是弭兵协议，二是人多势众。

楚军一旦攻击晋国联军，那就是主动挑起南北战争，践踏了弭兵协议的精神，最后必遭千夫所指，必成众矢之的。

而晋国联军内部虽然俱各疲软，可凑在一起还是有点儿规模效应，楚军想凭一己之力就把对方全挑了，未免太过英雄浪漫主义。

因此楚国权衡再三后认为：武力威胁的可以，暴力火并的不要，终极的解决办法还是要回归政治途径。

公元前520年的二月中旬，楚司马薳越给宋元公捎了条口信："寡君听闻，贵国有不令之臣造成您的忧虑，恐怕会成为宗庙的羞耻。寡君请求将他们接收过去代为诛戮。"话说得很温文儒雅，很古道热肠，很口是心非哈！

宋元公回复说："孤不才，不能取得公族的欢心，以致政局动荡而劳烦贵国挂牵。现在敝国君臣还在交战，如果贵国君主决定援助臣子，那孤无话可说。如果贵国君主决定惩罚不忠之臣，那正是孤的愿望。望三思而行。"

这句答词谦卑中透出坚韧与圆滑，如果是宋元公不要秘书帮忙自己开动脑筋想出来的，那说明这个叫人犯晕的家伙偶尔也有超水平发挥的时候。

我来解读一下。楚国的要求是不能简单用"不行"或者"行"来回复的。

如果宋国说"不行"，楚国就会指责宋国不识好歹，甚至上纲上线地批判宋国不以民生为重，强要流血牺牲。

但如果宋国说"行"，又正中楚国下怀，谁能保证楚国带走华氏之后，不会利用华氏来搞宋国的鬼捣宋国的蛋呢？

所以，宋元公的答词妙就妙在，他非但没有正面回应这个左右为难的问题，反而把皮球又踢了回去。

你帮华氏，我不驳斥你，但也绝不退缩；你帮我，那敢情好，不过先说清楚，我要的是惩罚不忠之臣。你想好了看准了再动手。

楚平王接到这样的回复后，果然被呛得只能干瞪眼。这就好比一个浑身燥热的人，刚做好和自己发生亲密关系的准备，却突然发现停电了，那叫一个悲催。

然而，戏剧性的转折恰逢其时地不期而至。

前往宋国参加帮帮唱的中行吴、翰胡、苑何忌、公子朝等选手，担心楚国被逼急了小宇宙爆发，加之各自家里有事也无心恋战，于是态度强硬地集体要求宋国放华氏去楚国。

盟友逼宫，使宋国失去了转圜的余地，再不答应，盟友要是撒手不管了，别说抗拒楚国，就是压制华氏，宋元公也没把握。那就从了吧。

二月二十一日，南里城外的封锁线打开，华亥、向宁、华定、华貙、华登及叛党的其他骨干成员水泄而出，足不点地地奔向楚国。

喧嚣了三年的华氏之乱，至此落下帷幕。与华亥等人一起告别宋国的，还有华氏那延绵百年的辉煌。

子朝之乱

这原本是一段就故事情节而言乏善可陈的历史，没有生动的人物刻画，没有火爆的动作场面，没有惊悚的权谋密计，甚至，连插科打诨、丢人现眼的傻子都找不出一个。

我之所以在"子朝之乱"事件上耗费笔墨，原因有二。

第一，是把"庶孽之乱"系列事件集齐。

"庶孽之乱"是指周王室庶子图谋抢夺王位而引发的变乱，春秋时期总共发生过四次。前面三次的子克之乱、子颓之乱、子带之乱，本书均已提及；子朝之乱是最后一次，如果把它漏掉，当然会留下缺失和遗憾。

第二，是"反转"这个贯穿子朝之乱始终的槽点，给人以别具一格的审美视角。

"反转"的魔力在于，一堆平淡无奇的情节经由它的起承转合后，会兀然生出意想不到的演进方式，从而使得故事的整体观感大于各情节视觉效果的累加之和。

好，废话少说，下面直奔主题，带大家看看反转在子朝之乱全程无节操乱入的盛况。

子朝之乱堪称是庶孽之乱的巅峰之作。何为巅峰之作？盖因其动乱规模之巨、持续时间之长、牵连人员之众以及影响恶劣之甚，均为前三次变乱所不可企及。

关于子朝之乱的反动性质，似乎已有定论，诸多史籍如《史记》《左传纪事本末》以及《左传》之杜注、孔疏，皆义正词严地对王子朝挞而伐之。

然以《左传》中的相关记载细细考究之，却不时能发现一些暧昧的描述和语调。这些暧昧的细节，似乎暗示着子朝之乱事件具有相当程度的合法性存在。

支持这种观点的史籍亦不在少数。

如《左传微》便以为左氏之词"诡妙殊甚"，常常是明抑暗扬、阳褒阴讽。

甚至有学者联系《韩非子·说疑》中所提及的"单氏取周"，认为子朝之乱只不过是此前周王庭大夫动乱的延续与升级而已，给王子朝贴上乱臣贼子的标签实为春秋史上最大的冤案。

总之，各执一词，莫衷一是。

那么，历史的本来面目究竟为何？这就需要我们抽丝剥茧，系统了解事件产生的原委，特别是要对当时的政治背景做出观察。

说起来挺可笑。

春秋时期作为隶属于东周朝代的一个历史阶段，按理说，周王庭的人与事应该是其间最为重要的构成要素。

但本书在叙述春秋历史时，常以诸侯列国为主，周王庭反倒成了死跑龙套的配角，有时候甚至连小露一脸都备感艰难。好不容易迎来一个专述周王庭的章节吧，偏偏又是以动乱为主题。

东周历代天子承受的憋屈，当真是常人所无法想象。老师虽然也追求进步，但谁如果许我一顶东周天子的头衔，我绝对会坚贞不屈、抵死不从的。

言归正传。本书在述及"下宫之难"和"三郤之戏"时反复提到过一个观点，即卿大夫的争权夺利构成了春秋后期各国政治舞台上的主旋律。

这种共性，周王庭自然亦不能免俗。事实上，孕育子朝之乱的政治氛围，至少在公元前535年（即周景王十年）已经初露端倪。

那一年，国际社会的焦点还集中在楚灵王的骄奢淫逸上，而周王庭内部最抓人眼球的焦点，却是单献公的家族动乱。

单献公乃单国的国君。单国是姬姓诸侯国，周王室宗亲，封伯爵，国境位于王畿之内，其国君世袭周王庭的卿士。

因此，单氏的重大变故，不唯引发人们的热议，还对周王庭的政局产生着细致入微的影响。

此次单氏的动乱，具体缘由是单献公疏远亲族而亲近寄居的客臣，从而引发了族人的强烈不满。

当年十二月，单氏族人将单献公杀死，另立其弟单成公继承家族。

公元前531年，楚灵王设下鸿门宴，将蔡灵侯诓骗至申地杀死，继而派王子弃疾率军攻打蔡国，其势甚是凶猛。

晋国被迫召集各国代表在厥愁会晤，以图救援蔡国。当时，单成公奉周景王之命赴会，因故迟行，遂稍后会晤晋国正卿韩起于戚地。

会晤之时，单成公目光堕地，话语迟缓，一副萎靡之态。

与会的晋大夫羊舌肸事后对单成公指摘不已。他说："单子大约要死了吧？会见和朝见的时候，言语务求让在座的每个人都能听见，以表明事情的有条不紊；

目光不能低于衣服交叉和衣带交结之处，以示仪容形貌端正。现在单子以周王庭百官之长的身份，代表天子宣读命令，然而目光不高于衣带，声音不达于两步。自己不端正，别人就会不恭敬；自己不说清楚，别人就会不顺从。单子已经没有养生之气了。"

我未省羊舌肸仅凭"视下言徐"就判定单成公人之将死的论据何在，然而事实是雄辩的，当年冬，单成公便一命呜呼了。

上面描述单献公和单成公相率而死的语言是平淡的，但这怨不得我，大家要怨只能怨左丘明老先生，谁叫他叙史时这般地惜字如金呢？

当然，我们不能缺乏检索和审视的精神。

单献公作为堂堂周王庭的股肱重臣竟然横遭族人杀害，单成公以"不道（即态度不端正）""不昭（即言语不明朗）""无守气（即无养生之气）"之资竟然能登堂入室身居重辅，这反映的还是单氏德行的微寡。从更深远的角度看，也可以说是体现了周王庭秩序的紊乱。

与单氏之乱近似的典型案例还有三个，分别是原氏之乱、甘氏之乱和毛氏之乱。原、甘、毛三氏和单氏一样，都是王畿之内的姬姓诸侯国（温馨提示，甘就是"子带之乱"中王子带后裔的封国），而且其国君都兼任着周王庭的卿士。下面我们一一简述之。

公元前530年十月一日，原国民众因不堪原伯绞为人暴虐，发起暴动将原伯绞驱走，另立其弟公子跪寻为君。

同月二十五日，因甘悼公意欲除掉先君成公和景公的族人，成、景二族不甘坐以待毙，便勾连刘献公[①]，将甘悼公杀死，另立甘成公之孙甘平公。二十六日，杀戮进一步扩大，甘悼公的党人——周大夫瑕辛、宫嬖绰、王孙没、刘州鸠、阴忌、老阳子等人于光天化日之下被人袭杀于街市。

公元前524年，毛伯过被族人毛得杀死，随后毛得继承了毛伯过的职务。刘国大夫苌弘评论认为，毛得在天子脚下竟敢暴纵不法，日后必有逃亡之虞。

在周王庭地位显赫的单、原、甘、毛四氏，竟然集中于如此短暂的时间里接

① 姬姓诸侯国刘国的国君，兼任周王庭卿士。

连爆发动乱，这反映出周王畿的统治秩序危机四伏。

当然，大家也要从现在开始建立一个认识，单、原、甘、毛四氏（其实还要加上刘氏）的人都不是什么尊礼守法的纯良之辈。

而且我要提前剧透的是，上述五大卿族或作为王子朝的支持者或作为王子朝的反对者，都在子朝之乱的过程中扮演了重要角色。

从这个认识出发，我们似乎可以隐隐察觉出子朝之乱蕴含的无义气息。

如果大家从单、原、甘、毛四氏之乱的现象中还不能充分感受到王畿大地潜在的危机，那我不妨再援引三个案例，让你们听听当时的人们对周王庭政治现状抱有何种看法。

案例一。

公元前 527 年，周世子寿及其生母穆后相继辞世，晋大夫智跞携副手籍谈去往洛邑参加葬礼。

葬礼结束后，周景王设宴款待智跞和籍谈。席间，周景王诘问为何晋国不向周王室进贡礼器，籍谈辩解说那是因为晋国没有获取过周王室的赏赐。籍谈的话明显与事实不符，周景王遂嘲之以数典忘祖。

籍谈顶着焦煳的面皮、揣着伤痕累累的心回国后，向羊舌肸倾诉遭受的羞辱。

羊舌肸见多识广，很敏锐对周景王进行了批驳，他说："天子一年之内连遭两次三年之丧（应为儿子、夫人各服丧三年），如今丧期未满，竟然和吊丧的宾客饮宴，并且还求取彝器，这不但违背了礼仪，而且是把忧虑当作欢乐，恐怕不得善终吧？"

籍谈听得一愣一愣，那数典忘祖呢？

羊舌肸轻描淡写地说："言语用来稽考典籍，典籍用来记载规范。大子自己的言行都不合于规范，举出典故又有什么用？"

籍谈长吁了一口气，终于找回了心理平衡。

案例二。

公元前 524 年，曹平公薨。前往曹国参加丧礼的鲁国代表遇到了周卿士原伯鲁（原国国君）。

一番交谈后，鲁代表发现原伯鲁不爱学习，于是归国后就跟大夫闵子马谈起此事。

闵子马大发感慨：“周王庭恐怕要发生动乱了吧！连卿大夫都不爱学习，可以想见整个王畿内必然厌学成风。他们认为不学习没有坏处，所以得过且过，因此就有下面侵凌、上面废弛，这样能不发生动乱吗？学习如同种植，不学习就会堕落，原氏恐怕要灭亡了吧！”

案例三。

公元前521年，周景王打算铸造一口名为“无射”的大钟。

乐官州鸠说：“天子大概会因为心病而死去吧！……（中间略去许多州鸠论述声音影响心情的文字）现在钟声粗犷，天子内心无法忍受，难道还能长久吗？”

三个案例，通过不同人的口吻，直击一个共同的命题——周王庭将有无妄之灾。

那么，风雨飘摇的周王庭到底会迎来怎样的灾祸呢？其实这是句废话，标题处端端正正地写着四个字在那儿，来，同学们跟老师一起念：子朝之乱。

“等等，第二个字到底念 zhao 还是念 chao？”

“这个嘛……那个那个……读……读——”

“你到底说不说？！”（一把拽着方便面余根的叉子倏地从某个角落里激射而出，插在黑板上嗡鸣不绝。）

“说说说，读 zchao。”

“把舌头撸直了！”（又一把撬罐头的起子在课桌底下闪烁着摄人的寒芒。）

“啊，千万别扔脸上，他八小时之内念 zhao，八小时之外念 chao！”

周王庭的种种乱象，可以视作为子朝之乱提前暖场，而直接引发子朝之乱的根源，则是前文提到的世子寿之死。

按说世子寿之死并不必然催生子朝之乱，但看惯了宫廷戏的我们都知道，权力稀缺是放之四海而皆准的定律。

当世子寿抛下储君之位这么个魅惑四溢的尤物撒手西去后，那些不安分的王子们——譬如王子朝，焉有不春心荡漾的道理？

事情发展到这一步，原本还未丧失转圜的余地，毕竟周景王依旧稳稳当当地面南而坐。

只要他老人家打定主意，及早确立新世子并迅速巩固新世子的权威，那身为庶子的王子朝即便欲火焚身，也只能找个安静的地儿自己偷偷解决，继而表白自己从头到尾都是一个老实巴交无欲无求良善无害的脑膜官二代。

然而，周景王属于那种烂到不能再烂的玩家，在他的一手导演下，原本可以轻易安定的局势，一步一步滑向了万劫不复的深渊。

自世子寿死后，周景王便有心立庶子王子朝为世子，王子朝的师傅宾起也鸡犬升天受到了周景王的宠信。可是，立就立吧，偏偏周景王嘴巴里喊得欢，手底下却迟迟不见动静。

从世子寿身故的公元前527年，直到公元前520年，中间间隔八年之久，就算是奥运会的申办手续也走完了，可王子朝出任世子的手续却仍然光打雷不下雨。你说这能不急死人吗？

然而，这种成为世子的预期，却实实在在把王子朝的欲望变成了现实的行为指南。平日里进进出出，王子朝在言行举止中都有意无意拔高自己的身份，时时提醒别人注意他准世子的殊荣。

王子朝自我感觉良好，有的人却不这么看。虽说周景王放过风声要立王子朝为世子，但那毕竟只是一种展望，到底会不会兑现还是个未知数，要不然为什么周景王拖着不办呢？

更有甚者，那些原本就垂涎世子之位的政治势力，眼见王子朝有捷足先登的可能，在各种羡慕嫉妒恨的心理作用下，纷纷产生了把王子朝拉下马的念头。而周景王迁延拖沓的做法，也恰好给了这些人以运作的时间和空间。

王子朝的对头有哪些，后面自会一一道来，我这里先提一个人。

卿士刘献公有个叫刘狄的庶子，当时在卿士单穆公门下任职。刘狄厌恶宾起，又认为王子朝言语中常以世子自居实乃大逆不道，因此有心将王子朝和宾起置于死地。

公元前520年的一天，宾起在郊外行走，看到一只雄雉使尽浑身解数折断自己的尾羽，甚是讶异，便问身边的随从，这野鸡是不是吃错了药在撒疯。

随从说不是，野鸡是害怕充当祭祀用的牺牲故而自救[①]。

[①]　按照习俗，只有毛羽完具的鸡才能充当牺牲。

宾起听了这话后深有感触，人不为己天诛地灭呀！随即匆匆回城面见周景王，诉说起路上的遭遇，并意味深长地说："鸡见宠饰而当杀，人见宠饰则当富贵。"暗示周景王，王子朝多年来被您高看一等，也该给个正式的世子名分了。

周景王明里没表态，但心里却思绪万千。他之所以迟迟不给王子朝办转正手续，并不是想进一步考察王子朝，也不是对王子朝圣眷消减。

真正的阻力是来自以刘献公和单穆公为首的一众卿士，这些卿士们拥护另一位叫猛的庶王子继任世子。

在这种针锋相对的情况下，周景王既没有撇开刘、单等人专断独行的勇气，也没有说服刘、单等人改变初衷的能力，于是乎事情就耽搁了下来。

可是，宾起的暗示在周景王心里掀起了汹涌的波涛。周景王年岁已老，又患有心脏病，自知来日无多，要是再不抓紧时间把立王子朝为世子的事给办妥，一旦自己宫车晏驾，那麻烦就大了。

这种对身后事的忧虑终于演化为了决然的杀机。公元前 520 年的四月，周景王筹划召集公卿们一起到北山去打猎，准备就在猎场上将反对派的首脑人物刘献公和单穆公处死，然后逼迫反对派改弦更张。

谁知人算不如天算，正当周景王算盘打得噼里啪啦响的时候，从幽深黑暗的地狱传来了命运的召唤，大势就此反转。

四月十八日，周景王还没来得及对刘、单等人下手，突然心脏病发作，死在了大夫荣锜氏的家里。

于是洛邑瞬间凌乱了，浑浑噩噩的子民纷纷举哀，各怀鬼胎的卿大夫们一边为丧礼奔走忙碌一边暗中勾络联结，子朝派想哭哭不出来，子猛派想笑没笑出声来。

就在周王庭上下乱成一团的时候，又一起突发事件接踵而来。四天后的四月二十二日，刘献公也死了。

关于他的死因，史籍上未做交代，不知道是为丧事操劳过度，还是为王子猛高兴过激。如果大家猜测他是被周景王的亡魂怨念勾走，那我也不能完全排除这种可能性的存在。

显而易见的是，刘献公之于王子猛的重要性，远不如周景王之于王子朝的重要性。

因此，经过一番激烈的暗中较劲后，原本落后王子朝半个身位的王子猛绝境反超，被拥立为王（史称周悼王），只等着七个月以后举行登基大典了。

而刘氏那边，因为刘献公没有嫡子，所以在单穆公的鼎力支持下，刘狄以庶子身份成为新的刘氏宗主，史称刘文公。

说到这个庶子继位的话题，不知道大家有没有发现一个问题。

春秋时期讲究有嫡立嫡、无嫡立长，可是王道昭昭、众目睽睽，为什么世子寿死后会出现王子朝和王子猛长期相持的态势呢？

同为庶子，谁年长谁就上位呗！年幼的那一方，无论其支持者是周景王还是众公卿，竟敢公然谋求世子之位，不要太任性了好不好？

其实，这个问题的答案，也正是对子朝之乱这起事件定性的关键所在。史学界不是分为贬子朝派和挺子朝派吗？那好，只要搞清楚王子朝和王子猛的兄弟排行顺序，一切争议就迎刃而解了。

倘若王子朝年幼而谋取世子，则王子朝为乱臣贼子；倘若王子朝年长而谋取世子，则王子朝为正当诉求。

只可惜，历来被史学者奉为至尊宝典的《左传》和《史记》，并没有给出一致的答案。其中，《左传》隐晦地指认王子朝为庶长子，而《史记》则旗帜鲜明地指认王子猛为庶长子。

乍一看，《史记》中的记载以其坚定的语气更加适合作为确证使用。但《左传》中的记载因其成文年代接近案发现场而具备更高的可信度。

所以，我倾向于认为两者最终的证明力是不分上下的。换句话说，王子朝和土子猛的兄弟排行，压根儿就辨不清。

既然庶长子的归属无从考证，那子朝之乱的性质自然也就无法核实，因此我只能尽量用中性的笔调来叙述后续的情节。

周景王死后半个月，五月四日，单穆公和刘文公等人进见周悼王，趁势将王子朝的师傅宾起杀死。

当时，王子朝的势力庞大，随时有反扑的可能，单穆公和刘文公等人为保万全，便与其他的王子缔结盟约，竭力壮大和巩固己方阵营。

局势纷乱，人心惶惶，连死了的周景王都跟着遭了殃。

按照丧礼的规定，天子死七月而葬，周景王四月十八日崩逝，理应在十一月间入土。不曾料，才到六月十一日，周王庭的主事就急不可耐地把周景王送上了山。

我猜想，周景王的亡魂若是有一丁点儿的感知，一定会跳起脚来骂娘。

不过，我很能理解当时执掌朝政的保王派（即子猛派。王子猛称王后，子猛派便演化成了保王派），他们轻慢周景王其实也是迫不得已。

因为，周景王的丧礼终究只是个形象工程，大操大办主要还是为了照拂亡人的面子，活着的人非但要讨苦讨累，关键是还无法抽出身来应付现实的危机。

现实的危机是什么？答曰：舍王子朝的反扑而其谁？

长期占据领先优势的王子朝，当然无法接受在最后时刻败给王子猛的残酷结局。

他要是不跟周悼王拼个你死我活，还好意思继续充当利益集团的代言人吗？或者换句话说，即便王子朝准备偃旗息鼓，那些将荣华富贵等各色美梦押注在他身上的政客会善罢甘休吗？

所以，依我的愚见，王子朝高举反旗的行为，本质上还是一种在阶级社会和集权体系中为追求私利而奋起抗争的人性表达，是卿大夫们争权夺利的一个着力点。

政治嘛，进一步海阔天空，退一步山穷水尽，粥少僧多，你不去争，别人既不会让你，也不会夸你，吃饱了反要骂你一声傻子，骂完了还要一脚踩住你，对不对？

就在周王庭为周景王操办丧事的过程中，王子朝已然紧锣密鼓地纠集了包括旧属、百工中丢掉官职的人、周灵王族裔和周景王族裔在内的一大彪反叛势力。等到周景王一下葬，王子朝便带着这伙人哄然而起。

叛火如同燎原之势。很快，王子朝便控制了王畿的郊地、要地和饯地，然后率领此三地的甲兵进入王城，口口声声要驱逐刘文公。

刘文公和单穆公俱为保王派的魁首，若论影响力，单穆公只怕还要更胜一筹。王子朝单单只拿刘文公说事，或许是出于一种分化剥离保王派的意图。

这一招很聪明。保王派面对叛军强大的压力，或许有些慌了手脚，见王子朝主动提供这么个减压阀，也就乐得顺势而下，让刘文公出去避避风头。

六月十六日，刘文公逃亡到扬地。子朝派由此深受鼓舞，闹腾的劲头更足了。

单穆公知道出亡刘文公只是权宜之计，为了防止局势失控，就在刘文公奔扬的当日，他决定将在周庄王庙暂避的周悼王迎到自己家中以便宜行事。

谁知，打周悼王主意的不止保王派，子朝派也在不分昼夜直勾勾地盯着呢！就在单穆公取走周悼王的当夜，一个叫还的王子（子朝派骨干分子）径直来到单穆公家中，又把周悼王带回了周庄王庙。

《左传·昭公二十二年》中关于这个情节的描述可谓蜻蜓点水，简略到了极致（原文就一句话："王子还夜取王以如庄宫。"），以至于当我们想了解诸如王子还当时带了多少小弟、有没有持械、有没有和单穆公的人发生冲突等研判事态的关键信息时，茫然不知头绪。

但我们还是不难从中提取如下信息：保王派和子朝派的对立已经非常严峻，但双方又未到完全无法沟通、一见面就要抄家伙上的地步，仍存留着采取政治途径化解危局的一线之机。

在这样微妙的当口，双方的一举一动都牵引着斗争的走势。

保王派和子朝派同处一城，相互之间缺少足够的安全防范距离，对于对方暴起伤人的担忧那是时刻萦绕于心的。

所以，王子还取周悼王的行为给单穆公造成了相当程度的惊吓。待得天明，单穆公便惶惶地从王城逃走了。

听说单穆公跑路了，王子还很兴奋，对同党召庄公[①]说："不杀死单旗（单穆公名"旗"），不能算胜利呀！"

召庄公问依你之见接下来该怎么办？

王子还不假思索地说："我们可以用结盟的名义将单旗诳骗过来，然后再杀掉。违背盟约而打败敌人的事例数不胜数，我们照搬一下又有何妨？"

召庄公说那成啊！

---

① 召庄公多居于幕后，平时不公开活动，故后来在王城中待了很久而未被保王派驱逐。

于是王子还立刻出发追赶单穆公。为了掩盖自己的真实意图，王子还还特意拉上了周悼王，竭力给单穆公造成一种我带着满腔诚意扑面而来的假象。

一直追到峸领，王子还一行终于赶上了单穆公。

一番花言巧语后，单穆公将信将疑。接着，双方举行了盛大的结盟仪式（这效果就等同于王子还向单穆公发毒誓），单穆公总算答应了跟王子还返回王城。

王子还还怕单穆公顾虑难消，又把前次从单穆公家中取王的事情推到一个叫挚荒的人身上，将挚荒一杀了之。

王子还机关算尽，满以为能够顺利搞掂单穆公，却不料对方阵营中一个叫樊齐的人识破了他的计谋。听到樊齐示警，单穆公赶紧拔腿就跑，并于六月十九日抵达平畴。

王子还功败垂成，干脆撕破脸皮，点起兵马攻打平畴。

这时反转出现了，一直隐忍退让的单穆公忽然小宇宙爆发，非但将王子还领衔的八位王子（均为王子朝之党）于阵前击毙，而且大有反攻王子朝之势。

王子朝因平畴之役己方实力受损，不敢在王城之中久留，遂赶在单穆公围城之前，和自己的拥趸匆忙逃到了京地。

二十日，单穆公引兵直接攻打京地。

交战之初，京地一度陷入混乱，部分京人认为城邑将毁于战火，故成群结队逃到城外的山中避祸。可是打着打着，王子朝竟然挺了过来，把单穆公顶在城外不能前进半分。

与此同时，已辗转回到自己封邑刘地的刘文公，见王城空虚，便趁势而入，与周悼王胜利会师。

至此，保王派经由占据王城而控制了主要的行政资源，而且在京地死死地咬住了王子朝，局势呈现出了前所未有的明朗。保王派似乎已经胜券在握了。

但是（转折词是本章最累的词型），子朝之乱如果就此缓缓收场，那它还不配被我称作春秋时期周王室四大庶孽之乱的巅峰之作。

事实上，如果我们把子朝之乱的全过程分为五个阶段，那眼下连第一个阶段都尚未完结呢！

大家别光顾着牛眼瞪绿豆眼，这不，反转马上就来了。

为了一鼓作气剿灭王子朝，保王派集中力量向京地发动了猛烈的进攻。然而王子朝属于那种慢热型的选手，随着战事拉长，他的状态也越来越勇。

保王派先后于二十五日和二十九日投入攻击的两支人马，前一支被打得满地找牙，后一支也铩羽而归。

然后，气势汹汹的保王派忽然悲催地发现，京地没拿下，反而把自己搞残了，且不说继续咬住王子朝已成奢求，能不能固守王城都是个问题。

无奈之下，保王派只得派使者紧急前往晋国寻求援助。

使者疾驰而去，保王派也不敢在王城久留，遂采取化整为零的战术，将党徒分为三支。

其中，单穆公带着周悼王经由平畤、圃车到达皇地；刘文公去往刘地；王子处奉单穆公之命，和百工之官在周平王庙结盟，把守王城以拒王子朝。

晋国和王畿比邻而居，它如果想要出兵干涉周王庭的内政，我估计最迟也能在一个月之内赶到。

可是，接到周悼王方面发出的鸡毛信后，晋国当局并没有急着采取行动。这种局面一直拖到当年的十月才得以改变，当然，这是后话。

晋国的态度为什么如此暧昧，是一个值得玩味的问题。阅诸史籍，史籍上找不到答案。我认为，这其实从另一个角度证实了子朝之乱性质难以确定的说法。

大家想想，如果王子朝胆敢以庶幼子的身份去冲击王位，那素以卫道者自居的晋国还有什么理由不三脚并作两脚赶到王畿去捻死王子朝呢？这对于彰显晋国的国威也益处多多嘛！

不过话说回来，晋国的观望对于我们这些没心没肺的旁观者而言是个好消息。正因为晋国的袖手旁观，子朝派和保王派得以自由发挥，上演了很多叫人忍俊不禁的桥段。

前面我介绍过子朝派和保王派的两次交战。第一次是王子还追杀单穆公，结果王子还兵败身亡；第二次是保王派攻打京地，结果保王派屡战屡败。

大家从中发现了什么共同点没？没发现是吧？告诉你们，就是谁先出击谁倒霉。

有趣的是，这个共同点经过之后子朝派和保王派的反复较量，俨然演变成了一种规律。大家要是不相信，来看看《左传·昭公二十二年》的相关记载。

七月十六日，子朝派的郭肸率兵攻打单穆公和周悼王所在的皇地，结果惨败，郭肸本人也做了俘虏。随即，郭肸被引渡到王城，就在街市上被施以火刑处决。

八月十六日，保王派的司徒丑率兵攻打子朝派占据的前城，结果惨败，好在本人侥幸逃脱。但是，曾和保王派结盟的百工之官听闻前城兵败后，立刻望风叛变。

八月二十四日，百工之官攻打单穆公在王城中的府邸，结果啥好处没捞到，白白送了许多性命。

八月二十五日，单氏发起报复，把王城中的百工之属清除干净，继而乘胜追击，攻打了子朝派的据点圉地。只有圉地之战似乎逃脱了先下手遭殃的周期律，因为《左传》没有明确记载交战双方的胜负关系。

当然，这样一场胜负关系不很明晰的战斗来得恰是时候。因为它不仅形象化地说明了了朝派和保王派之间势均力敌的态势，而且它低潮化的舞台效果很适合作为子朝之乱第一个阶段的分际。

前文说过，子朝之乱可以分为五个阶段，那么第一个阶段就是子朝派和保王派关起门来内斗。而之所以把圉地之战作为第一个阶段的分际，那是因为，晋国的执法部队马上就要进场了。

好，下面进入第二个阶段，晋国援助保王派镇压子朝派。

十月十三日，晋国下军将智跞与大夫籍谈这对老搭档率"九州之戎及焦、瑕、温、原之师"抵达洛邑，并把在皇地暂避的周悼王护送回到了王城。

熟悉晋国军制的人都知道，自晋文公以来，晋国曾经出现过的军队编制包括"三军六卿制""五军十卿制""六军十二卿制"和"四军八卿制"。

那么问题来了，这所谓的"九州之戎及焦、瑕、温、原之师"到底是隶属哪个部门的？

焦、瑕、温、原是晋国南部的四个城邑；"九州之戎"，按照杜预为《左传》

作注时提出的观点，就是指"陆浑之戎"①。

显然，这些部队并不在晋国中央常备军的序列中，而是一些地方杂牌军。

晋国拿杂牌军来镇压子朝派，显然是没把子朝派的战斗力放在眼里。

子朝派虽然不能代表周王庭，但他们确确实实是周王庭的一分子。所以归根结底，这还是反映了周王庭的孱弱，武备废弛，兵士的整体素质不高，以至于在晋国看来，杀鸡焉用牛刀，随便派些人过去就能搞得王子朝没脾气。

晋国的轻率不无道理，但这样做也无形中削减了他们的作战能力。杂牌军肯定不如中央军那般凶残，到时候能不能如他们所想象的那样一出手就把王子朝给弄趴下，还真的犹未可知。

多说无益，是牙签是棒槌掏出来耍耍就知道了，我们且拭目以待。

十月十六日，刚刚被晋国注了一管兴奋剂的单穆公和刘文公，兴致勃勃地率政府军攻打子朝派的据点郊地，结果挨了子朝派当头一棒。《左传》里说："王师败绩。"败绩的意思，就是大败特败了。

同日，子朝派部署在前城的兵马，和从晋国来的陆浑戎兵在社地交战，结果戎兵稀里哗啦丢盔弃甲。这个案例充分说明，做人还是低调些好。晋国满以为周人是群战五渣，不经意间却让对方打得满地找牙。

不过最失落的还要数做着"只要晋军一出手就可以马上清场"美梦的保王派。本部和援军双双失利的冷酷现实，使得子朝派稳稳当当获得了长期对峙的平衡局面，保王派厘清治权的想法又落空了。

在这样的背景下，十一月十二日，周悼王忽然去世。关于他的死因，权威资料难以互相印证，《史记·周本纪》说"子朝攻杀猛"，《左传·昭公二十二年》说"王子猛卒"。

大家姑且和和稀泥，在脑海里勾勒一幅周悼王亲自率军和王子朝交战，然后当场阵亡或者中伤不治的画面，也就这么回事了。

周悼王死得极其不是时候，王城周边战火纷飞，情势胶着，保王派们是万万没有心情没有闲暇去给他操办丧事的。

----

① 陆浑本为周王畿附近的戎人聚居区，公元前 525 年被晋国武力征服。

于是，保王派未经任何礼仪程序就直接埋葬了周悼王，接着于十一月十六日另立其胞弟王子匄为王（史称周敬王），瞧这架势是要和子朝派死磕到底了。

可是，光保持自己这边的旗帜不倒，不能解决实际问题呀！毛主席曾经教导我们，扫把不到，灰尘照例不会自己跑掉。保王派不对子朝派施加军事上的压力，难道王子朝会自动投诚？显然不能成立嘛！

这个道理，保王派不是不懂。但心碎的是，他们纵然有心将王子朝放倒然后合身压上去，却也只能抚着自己虚乏的腰肾，那啥，四十五度角仰望天空，笑着流泪。

而远道而来的晋国援军也尴尬不已，都说不打不相识，和子朝派一番交手过后，他们发现自己太轻敌了，还得增拨人马过来才行。

于是智跞与籍谈气咻咻地打道回府，然后又带领第二批援军于十二月七日折返周王畿。

这一次，晋军非但动作敏捷，而且阵容壮盛了许多。智跞、籍谈、贾辛、司马督各率一师，分别驻扎于阴地、侯氏、溪泉、社地，大有席卷王畿全境之势。

保王派也相时而动，分别在汜地、解地和任人聚集兵马，蓄势待发。

闰十二月，晋国大夫箕遗、乐征、右行诡率第三批援军进入王畿，自西向东先后渡过洛河与伊水，然后率先发起攻击，夺取了子朝派盘踞的前城。

因为晋军有力地牵制了子朝派，保王派肩上骤然轻松，遂调整兵力，集结于京地（子朝派的主基地）附近，准备会同晋军一起，把王子朝从京地揪出来。

闰十二月二十九日，保王军和晋军合力攻打京地，王子朝方面亦奋力抵挡，战斗异常激烈，以至于连京地西南的城墙都出现了部分垮塌。

最终，王子朝还是把联军阻在了城外。而联军方面因遭受了不小的折损，又认为己方已然占有胜势，所以决定暂时息兵，稍作休整再行攻城。

转过年头，公元前 519 年的一月一日，另外一支由保王军和晋军组成的联军向子朝派占据的郊地和郭地发起攻击。郊、郭二地的守军相继溃败，城邑的控制权易手。

至此，子朝派控制的据点中（到目前为止，《左传》提到了六个，前文中均已提及），已失前城、郊、郭三地，另有主基地京地被打残。保王派形势一片大好，估计只要再加把力，游戏就可以结束了。

但是，大家切切不要忽视"反转"这个主题词在子朝之乱事件中的引领作用。

我前面说过，子朝之乱共分为五个阶段，而晋军南下只不过是第二个阶段的招牌动作。那么，拿什么来开启第三个阶段呢？当然，只有靠"反转"。

保王派在此时犯了一个非常低级的错误，硬生生地将赛点变成了局点。

一月六日，保王派照会晋军，说子朝之乱稍定，接下来的事保王派自己可以摆平，就不继续劳烦晋军了，各位请慢走，多谢了哈。

很显然，保王派被胜利冲昏了头脑，觉得子朝派已经奄奄一息、自己只需补补刀就行了。毕竟，由自己亲手结果子朝派，能够带来快意恩仇的宣泄，同时也更具广告效应，便于宣传保王派英明伟岸的光辉形象。

晋军作为一支客军，前前后后在王畿奔波拼斗了近四个月，肯定感到疲乏，见保王派表达了单飞的想法，他们也就没有客气，于一月九日班师回朝了。

接下来，保王派又要关起门来独自面对子朝派，由此拉开了子朝之乱第三个阶段的序幕。

志得意满的保王派以为一切尽在掌握，殊不知，现在看起来命若游丝的子朝派势力，其实还远没到死透彻的境地。

四月十四日，保王派朝着他们心中的梦想前进了一大步，单穆公率军攻取訾地，刘文公率军攻取墙人和直人（此三地皆为子朝派所据）。

六月十二日，王子朝惮于局势恶化且京地城墙破损，担心继续留在京地会被保王派包了饺子，于是匆匆地转移到了尹地。

尹地主官尹文公是王子朝的粉丝，迎纳王子朝之余又顺势玩了个花招，大概是谎称逮住了王子朝请保王派前来处置啥的，结果把刘文公的族人刘佗骗过来给杀了。

保王派于春风得意之时不小心被阴，自然格外暴跳，骄气和怒气混杂在一起，便催生出了决战的动机。

六月十六日，保王派尽遣主力，分兵两路，一路由单穆公率领走山间小道，一路由刘文公率领走大道，约以合击尹地，不将王子朝拿下誓不罢休。

分兵合击是一种常见的战术，其优势主要在于，使得敌人难以测算你的部队规模和攻击重点，从而造成战场误判。像保王派这种一条小道一条大道的进军法，估计还有防止王子朝兵败逃窜的意图在内。

总之，一切听起来很严谨、看起来很美好的样子。

然而，理想很丰满，现实却很骨感。保王派把该想的几乎都想到了，唯独遗漏了一点，那就是如何确保两支分头前进的部队协同步调、同时向尹地发起攻击。

我们知道，在当时的技术背景下，保持远程即时通信是不可能实现的。因此，我们要设想下面这种情况。

一般而言，抄小路是一种用损失战斗力来换取行进速度提高的行为（因为必须要轻装）。那么，单穆公率领的这支走山间小路的轻装部队，会不会在先于刘文公率领的那支走大道的重装部队到达尹地后，就单独和尹地的守军发生火并呢？

如果这种情况真的发生，那单穆公就成了军事冒进，失败的可能性相当大。

而一旦单穆公落败，那随后赶来的刘文公如果继续攻击尹地，就成了一种添油战术，为兵家所忌；当然，刘文公也可以明哲保身选择撤退，只是这样一来，非但单穆公的损失变得毫无意义，剿灭王子朝的计划也付诸流水了。

对于保王派而言，上面的这番评估，并非只具有指导意义，而是都在接下来的情节发展过程中，一一变成了现实。

单穆公衔枚疾进，先期抵达尹地，未等刘文公赶来便发起攻击，结果惨败。刘文公将到尹地时，收到单穆公战败的消息，沮丧兼具恐慌，遂率兵撤退了。

保王派这一败，呼啦啦引发了局势的连锁反应。

潜伏在王城中的子朝派地下党——卿士召庄公和南宫极浮出水面，于六月十九日带领着不少保王军的人马投奔尹地。

子朝派因之声威大震，随即开始着手攻打王城，局势再次反转。

保王派一看大事不好，隔天就把周敬王迁往刘地。于是刘地成为周敬王流亡政府的临时根据地，《左传》也把这一时期的保王派军队称作"刘师"。

六月二十四日，王子朝轻轻松松挥师进入王城。占据都城带给子朝派的绝不仅仅是气势的高涨，肯定还有硬实力的飞跃提升。所以，接下来我们看到了一连串子朝派的猛烈攻势。

七月九日，尹地主官尹文公的族人尹辛在唐地击败刘师。十七日，子朝军又在郜地击败刘师，夺回失地（郜地本为子朝派所有，前被保王派夺取）。二十五日，尹辛率军攻取西闱。二十七日，子朝军攻打蒯地，蒯地守军溃败。

继王城易手之后，不到二十天，子朝派连战连捷，打出了一个小高潮。保王派觉得子朝派接下来势必攻打刘地，遂抢先转移到翟泉。

然而后续情节证明，保王派紧张得过了头。

虽然不能否认子朝派有攻打刘地的想法，但即便有，那也是优先级比较次的考虑。就目前而言，子朝派满脑子充斥的乃是扶立新王，以求从事实到名分上不断挤压保王派的战略空间。

于是乎，在尹文公的主持下，王子朝登履王位。王畿范围内，出现了二王并立的尴尬局面，时人以王城和翟泉西东相望之故，称王子朝为西王，又称周敬王为东王。

登基仪式完毕后，照例要封赏百官、颁布政令、安定民众、建立起行之有效的行政管理网络。

不用我说，大家也应该能领会，这套程序是非常耗时费力的。因此，子朝派和保王派进入了一段表面上看相安无事的和平期。

之所以说是表面上看相安无事，那是因为，双方都知道，一山不容二虎，一国不容二主，这场王位争夺战，有且只有一个胜出者，而输的那个，必定连带要搭上自己的性命。基于这层原因，各自思想上的负担和相互之间的算计，绝对是须臾不离心头的。

尤其是保王派一方，因为处于劣势，内心里的煎熬难以挥除，日日如居炉上，你叫他如何安定得下来？难不成求老天开眼，给子朝派噼里啪啦来一道天降横祸？

嘿，还真给说中了！就在王子朝称王后不久的八月底，古中国范围内发生了一次骇人听闻的大地震。

具体有多骇人，我不妨给一个量化的指标。

《春秋》鲁昭公二十三年（前519年，也就是王子朝称王那年）有载："八月乙未，地震。"《左传·昭公二十三年》亦有载："八月丁酉，南宫极震。"

这里稍微解释一下上述两条记录。

"乙未"指二十六日，"丁酉"指二十七日。

《春秋》是孔子著述的，孔子是鲁国人，他记下八月二十六日的地震，说明鲁国有显著的震感[①]。

《左传》是左丘明著述的，左丘明也是鲁国人，他笔下八月二十七日的地震，却指向洛邑。

为什么说八月二十七日的地震指向洛邑呢？因为记录里出现了一个人的名字：南宫极。

我知道有些人过目即忘的功夫普遍了得，因此不厌其烦地提示一下。这个南宫极，本章里露过脸，他是周王庭卿士，子朝派骨干，现今在王城里坐衙门。

再看《左传》的记录，"南宫极震"。"震"本身是个动词，但在此处作名词使用，意思为"死于震"。

这样一来就很清楚了。洛邑地带发生地震，南宫极死于地震造成的灾祸。而且地震的强度还蛮大，估计震垮了屋宇，要不然也不会弄出人命。

也就是说，在连续两天之内，航空距离约四百三十公里的曲阜和洛邑两地，接连发生大地震。考虑到地震波辐射的问题，地震影响的范围肯定远不止今山东和河南两省，这是一场十足的大地震。

那么，为什么在保王派看来，这场大地震是老天给子朝派降下的横祸呢？难道仅仅因为震死了一个南宫极？

当然不是。南宫极虽然是子朝派的骨干，但子朝派眼下气候蔚然，还不至于少了他就得散伙。

保王派的灵感其实来源于公元前780年发生在镐京的那场大地震。当时，岐山震裂，导致泾河、渭水与洛水堵塞枯竭，太史伯阳父就曾忧心忡忡地预言周王朝将会灭亡。后来果然应验，周王庭被迫东迁洛邑。

所以，刘文公的属下苌弘就说，"西王"那边应了地震之兆，这是上天要抛弃他们的表现，"东王"一定会大胜。

[①] 《春秋》记载的地震不多，可以判定只有大地震才会记录。

这样的说辞，我们很难判断它到底出于一种对神力的笃信，还是出于一种刻意的安抚。

当然，不管出于哪种主观意识，苌弘对于地震破坏效果的判断总不会有偏差。既然能震死一个南宫极，那肯定也能给子朝派的其他人员和物资造成相当程度的损害，从而削弱子朝派的实力，为保王派腾出更多苟延残喘的时间。

确切地说，保王派意外赢得了三到四个月的缓冲期，至少在这个时间段内，《左传》和《史记》中均找不出双方交战的记录。

但等到来年（公元前518年）一月的时候，子朝派终于缓过气来，随即又展开了对保王派的新一轮军事行动。

一月五日，在召简公（召庄公之子）和南宫嚚（南宫极之子）的接引下，作为保王派骨干的甘桓公（甘平公之子）叛变，径投王子朝而去。

保王派屋漏偏逢连夜雨，心情简直苦憋到了无以复加的地步。比城邑更难获取的是人心，城邑丢了还可以打回来，人心散了可就无法挽回了。

刘文公哀叹连连，随着甘桓公这么一跑，他隐隐觉得保王派已经走到了尽头。

苌弘免不了又要劝慰刘文公一番，说什么山不在高有仙则灵，人不在多没跑光就行，只要剩下的人同心同德也能成就大事。

刘文公含泪点点头，也罢也罢，权且死马当作活马医吧，反正认输也来不及了，保王派抵抗或不抵抗，子朝派总是要斩草除根才安心的。

然而就在保王派掰着指头过日子的时候，一个天大的惊喜不期而至——晋大夫士弥牟奉晋顷公之命造访洛邑。

士弥牟的来意，据他自己所称，是调查了解周王庭的动乱；但就算是一头猪也猜得出，士弥牟是来为保王派站台的。

因为，晋国去年曾经派军援助保王派。作为一个顶着霸主光环的大国，很显然，晋国不可能在这么短的时间内改变外交口径转而支持子朝派。否则，晋国岂不是等于自己扇自己的嘴巴？

三月二十五日，士弥牟在王城的乾祭门（北门）上，召集王畿的士民前来问询，问完这个问那个，一副不厌其烦秉公办事的样子。

偏偏轮到王子朝的代表准备上场做陈述时，士弥牟予以辞谢。这一刻，所有在场的人都明白无误地知道，晋军又要来了，唯时间早晚而已。

看准这一点，子朝派便有了下一步行动的指导方针，那就是赶在晋军干涉王畿内乱之前，尽可能地打击保王派，努力营造出不可逆转的斗争态势。

说来也巧，恰在此时，晋国因为鲁国侵犯邾国之事跟鲁国陷入严重的外交纠纷，这在某种程度上牵扯了晋国的精力、延缓了晋国出兵的时间，也给了子朝派一个从容运作的窗口期。

六月八日，子朝派的军队向保王派据守的瑕地和杏地发起猛烈攻击，两地的守军皆溃败，保王派再遭重创。晋国到底何时出手，因之成为一个时人热议的话题。

随后，郑定公携正卿游吉访问晋国。期间，游吉与晋大夫范鞅谈话，劝晋国及早介入子朝之乱，勿使晋国空负霸主之名。范鞅深以为然，遂与正卿韩起商议，决定来年召集诸侯会盟，共商大计。

我想啊，保王派如果探知了晋国的决议，估计会急得痔疮喷发。这真是急惊风碰上了慢郎中——你急他不急。还来年召集诸侯会盟呢，会盟的主题是什么，商议给保王派烧纸吗？

可以想象，保王派的焦虑情绪，正在通过他们所能找到的一切孔径，源源不断地向晋国传导，各种收买、游说、撒娇甚至以死相逼的地下活动，正在如火如荼地开展。

所以，呈现在我们面前的表象就是，这年十一月，晋国南境的温地，忽然发兵进入王畿，攻打了子朝派的据地。而为晋军带路的人，乃一个名叫阴不佞的保王派分子（周敬王为了赏功，随后把一个叫东訾的地方封给了阴不佞）。

显然，这是一次由保王派竭力争取的、由晋国临时起意并负责实施的救场行动。

只不过，这次救场不能视之为晋军大举南下的集结号。晋国坚持要在联合国协议框架内干涉子朝之乱，在和诸侯各国举行会盟之前，它并不打算一肩挑起为保王派保驾护航的重担。

晋国这种令人咀嚼的态度，印证了《左传微》认为左氏之词"诡妙殊甚"的说法。

假定王子朝是以庶长子的身份来争夺王位，那晋国出兵对其进行打压就是一种粗暴的违法行为。

我们都知道，如果谁想做一件不光彩的、非正能量的事情而又担心别人非议的话，那么逃避责任的最佳方法莫过于呼朋引伴，打着团体的旗号出动。这样一来，即便事后有人指摘，当事人也可以借由法不责众这条潜规则来掩护自己。

晋国穷尽拖沓之能事的做法，确实难以逃脱世人的怀疑。

当然，晋国再怎么玩棉花，保王派也只有干瞪眼的份儿，毕竟是保王派求晋国帮忙，毕竟晋国也表达了帮忙的意愿。

所以，那就等吧，遇上了这样兵荒马乱的年头，傲娇是没有任何意义的，不习惯也得习惯。

公元前 518 年在保王派的苦苦等待中施施而去，挨到公元前 517 年夏，传说中的诸侯会盟，终于来了。晋、鲁、宋、卫、郑、曹、邾、滕、薛、郳十国大夫齐聚晋国的黄父，共同商讨如何安定周王室的动乱。

盟会上，晋国下军佐赵鞅（赵氏孤儿赵武之孙）要求诸侯各国向周敬王输送粮食，并派遣兵马为保王派助拳。

一直紧张兮兮收看盟会直播的保王派刚要举杯庆贺，就挨了一记晴天霹雳反转，只听赵鞅接着说："准备明年护送周天子（指周敬王）回去。"

让保王派揪心的还有。与会的宋国右师乐大心不想援助周敬王，发表自己的看法说："敝国不给周天子送粮食。敝国是周室的客人，怎么可以指使客人做这些事情呢？"①

赵鞅一听这话，唰地一下涨红了脸。

幸好晋大夫士弥牟掌控了场面。他首先称赞宋国自践土会盟以来②，积极参加了晋国主导的每次战役和每次盟会；接着口风一转，狡黠地问乐大心："盟辞'一起为周室而操劳'声声犹在耳畔，您哪里能躲避得了呢？如果背弃盟约，难道不怕上天降下灾祸吗？"

---

① 西周立国之初，周王室为了笼络作为殷商遗属的宋国，特意拔高宋国的身份，待之以宾客之礼，而待其他诸侯国以臣属之礼。

② 公元前 632 年，晋文公主持践土会盟，开晋国霸业之基，宋国当时曾与盟。

这一番话，巧妙地把矛盾焦点从宋国要不要享受作宾王家的特殊待遇，转化成了宋国要不要信守自己曾经许下的誓言。乐大心当然无话可说，只好乖乖地领着载有输粟具戎任务的简札退了出去。

至此，保王派盼眼欲穿的多国联合干涉行动，终于在法律层面获得了通过。只是究竟何时付诸实践，仍然是一个无边无际的问题。保王派就像爱上了一个不回家的人，唯一结局还是无止境地等。

同年十月十五日，子朝派的尹文公率兵攻打保王派的东訾。

这一仗，尹文公虽然没有把东訾拿下，但战斗过程中纵火焚烧城垣，给保王派造成了巨大的心理恐慌。然而晋国看在眼里，依然无动于衷。

保王派守着窗儿一直等，等啊等，看完银装素裹，又看柳絮漫舞，看完柳絮漫舞，再看芰荷欹角。

终于，在公元前516年四月将要幽会的青蛙发出第一声呻吟之前，保王派实在等不下去了。单穆公亲赴晋国通报紧急情况，请求晋国立即予以支援。

晋国是如何答复单穆公的，史籍中没有记载。但晋军用按兵不动的实际表现，给了我们一个明确的答案。

我猜想单穆公从新绛返程时，心中一定怀着深深的悲怆，这求爷爷拜奶奶的事，真不是人做的呀！

既然晋军不来，那就继续打吧。

五月五日，刘师和来自王城的子朝军在尸地交战，以刘师小胜告终。可保王派勉强挤出来的那一丝笑容还未散去，五月十五日，刘师和子朝军再战于施谷，结果刘师一败涂地。

玩不下去了！真的玩不下去了！此役过后，保王派再也没有任何资本和子朝派正面抗衡。在子朝派的不断进逼之下，保王派开始抱头鼠窜。

《左传·昭公二十六年》关于这一时期子朝之乱的记录，留下的全是保王派急促而凌乱的脚步。

七月十七日，刘文公带着周敬王弃刘地而走；十八日，刘文公等人到达阳渠，子朝军随后一把火烧了刘地；二十四日，刘文公等人到达褚地；二十五日，到达萑谷；二十八日，到达胥靡；二十九日，到达滑地；三十日，不跑了。

不跑了的意思不是说保王派精疲力竭跑不动了，心灰意懒不想跑了，而是说，不用跑了。

保王派当然不是陷入了子朝军的重重包围，他们之所以停下脚步，是因为局势迎来了关键性的反转。晋国中央军团终于出动了，子朝之乱由此进入晋国再度干涉的第四个阶段。

七月底，晋国下军将智跞和下军佐赵鞅率军进入王畿，与周敬王会合，随即又派晋大夫女宽镇守阙塞，阻断子朝军的追击。

子朝军之前虽然一路高歌猛进，但实力这玩意儿是个比较级，在刘师面前如狼似虎状若凶残，遇着晋军精锐那就只好装聋作哑紧急回避了。

可回避终究只是一腔美好的愿望，保王派现在受转攻，倒要寻着子朝派没完没了了。

十月十六日，周敬王在滑地起兵，携手晋军发起了对子朝派的大反攻。

借助晋军的力量，那就相当于玩游戏开挂，保王派的攻击力，一夜之间噌噌地往上蹿哪，亲！

十月二十一日，刘师接连攻克郊地和尸地。十一月十一日，晋军置剁手节于不顾，加班加点攻占了巩地。巩地乃王城的门户，这个地方一丢，子朝派就坐立难安了。

果不其然。子朝派的骨干分子召简公认为，保王派胜局已定，继续拥附王子朝无异于自取覆亡，遂发动政变，将王子朝从王城中驱逐了出来。

而另一个子朝派的成员阴忌也闻声而叛。

王子朝自知在晋军强大的打击下，王畿范围内根本无处可躲，于是将心一横，和召氏之族（召简公的族人并未和召简公同进退）、毛伯得、尹文公、南宫嚚一起，带着周王庭的典籍逃亡到了楚国（后来尹文公不知何故中途折返，离开王子朝又回到了王城）。

召简公二话不说，立刻赶往尸地觐见周敬王，并与刘文公和单穆公缔结盟约，商议迎纳周敬王返京之事。

双方一拍即合，保王派随即簇拥着周敬王进驻王城东门外的圉泽，并于十月二十三日正式入城。

晋军见周敬王这一次是踏踏实实坐稳了，就留下成公般在洛邑戍守，大部队则退了回去。这也标志着子朝之乱第四个阶段结束。

折腾周王庭五年之久的子朝之乱终于接近了尾声。从楚国和晋国曾经订立南北弭兵协议的角度来看，楚国出兵帮助王子朝打回老家去的概率几乎为零，王子朝再要想掀起大的风浪是不可能了。

王子朝抵达楚国后，第一时间就向诸侯各国寄送了一份洋洋洒洒的、怨气冲天的文告。文告按照其所要表达的意思可分为三个部分，我帮大家解读一下。

王子朝首先赞颂了各国诸侯扶持历代周王室的勋劳，并斥责了王子颓和王子带[①]非法冲击王位的行为。

赞颂各国诸侯扶持周王室的勋劳，是王子朝打下的一个伏笔，先把人家吹捧一番，便于顺势提出要求。至于具体什么要求，后文会交代。

斥责王子颓和王子带是为了反衬王子朝自己。从心理学的角度而言，如果某甲公然斥责某乙，那几乎可以肯定，某甲是以正义自居；或者至少可以说，某甲认为自己比某乙做得好。所以，我们要问，王子朝的底气从何而来？依然看后文。

王子朝接着控诉道：单穆公和刘文公倒行逆施，擅自拥立亲近的王子；晋国助纣为虐，对单穆公和刘文公篡改王位继承规则的行为施以援助。王子朝呼吁各国诸侯秉持法度，齐心协力拨乱反正。

文告的末尾，王子朝做了一番补充说明。下面引述原文。

昔先王之命曰："王后无适，则择立长。年钧以德，德钧以卜。王不立爱，公卿无私，古之制也。穆后及大子寿早夭即世，单、刘赞私立少，以间先王，亦唯伯仲叔季图之！"

这话什么意思呢？就是再次强调继承规则是有嫡立嫡、无嫡立长，不能搞裙带关系，也不能论私下交情；单穆公和刘文公偏私拥立年幼的王子，这违背了先王的制度，各位伯仲叔季[②]，你们一定要出来主持公道哇！

大家请注意，王子朝指责单穆公和刘文公拥立年幼的王子，那言下之意，他

---

① 王子颓和王子带是前两次"庶孽之乱"的主角。
② 王子朝以周天子的口吻，照例可以称呼各国诸侯为"伯仲叔季"。

自己才是拥有第一顺位继承资格的长王子。这一点，成为某些学者为王子朝翻案的重要证据。

王子朝的文告虽然言辞热切，但还是受到了各国诸侯的冷落。

这一方面源于当时弭兵思想所造就的安逸氛围；另一方面，只怕也与子朝之乱的双方正邪难辨有关，连晋国都在介入此事时表现出那么大的犹疑，其他国家又怎会轻易蹚这趟浑水？

然而，诚如前文所言，王子朝是那种慢热型的选手。

既然热得慢，那当然冷得也慢。王子朝逃到楚国后，本人搅动时局的能力虽然与日俱减，但他的拥趸却展开了绵绵不绝的抗争，其持续时间竟长达十五年之久，超乎了所有人的意料。我们把这一时期划为子朝之乱的第五个阶段。

鉴于这些抗争情节的时间跨度实在太大，且相互之间的逻辑关系又非常松散，本书也只能予以跳跃式的记述。

公元前 515 年秋，晋国召集宋、卫、曹、邾、滕诸国大夫在扈地会盟，处置鲁国的内部争斗[①]，并决定联合出兵戍守洛邑。这反映出子朝派余党对周敬王政权的威胁依然很大。

公元前 513 年，洛邑一片刀光剑影。三月，当局处决了前子朝派大员召简公、尹文公，以及原伯鲁之子。子朝派余党王子赵车见势不妙，遂于五月据鄩地而叛，后被阴不佞率兵剿灭。

公元前 510 年，因王城之中子朝派余党的势力暗流涌动，周敬王惧而遣使赴晋国求援，请晋国帮忙修筑新城以居之。十一月，晋大夫魏舒和韩不信（韩氏宗主，韩厥曾孙）在王畿会盟鲁、齐、宋、卫、郑、曹、莒、薛、邾、郳诸国大夫，随即开始施工。次年，工程竣毕，在洛邑戍守了六年的诸侯国联合派遣军也各自返国。

公元前 506 年冬，吴国和楚国爆发柏举之战，吴军长驱直入攻克楚国郢都，楚国陷入混乱。次年春，眼明手快的周敬王当局派人赶赴楚国，将在此政治避难的王子朝杀死。

---

① 公元前 517 年，鲁国发生了季孙意如驱逐鲁昭公的事件。

公元前 504 年春，在精神领袖王子朝已死的情况下，潜伏于洛邑的子朝派余党居然逆势出击，上演了一出轰轰烈烈的全武行。

一个叫儋翩的周王室子弟聚集子朝派的残余分子，对外勾结郑国，筹备发动叛乱。郑国也积极响应，并率先动手，接连攻打了王畿的冯、滑、胥靡、负黍、狐人、阙外六地。

无奈之下，晋国只得派阎没率兵驰援，并在胥靡筑城戍守。当年冬，周敬王出居姑莸（王畿某地），以避儋翩之祸。

公元前 503 年的二月，儋翩正式发动叛乱，并占据了仪栗（王畿某地）。追随儋翩举事的政治势力中，有子朝派的旧部——尹氏。

四月，单武公和刘桓公率兵在穷谷将尹氏击败。

顺便说下，单武公和刘桓公分别是前保王派大员单穆公和刘文公的儿子。大家瞧瞧，人都换了一拨了，架还没打完，这是得有多刻骨的仇恨和多执拗的精神啊！

当年十一月二十三日，单武公和刘桓公赴姑莸迎接周敬王，晋国也派兵加以护卫，又把周敬王送回了王城。

公元前 502 年的三月，单武公和刘桓公分别攻打儋翩占据的谷城、简城和仪栗、盂地，基本上肃清了子朝派的余党。

同年秋，晋国执政大夫范鞅会合周卿士成桓公联军攻打郑国，以惩罚郑国两年前侵犯洛邑的行为。郑国挨了这一家伙，也就死了继续搅和周王室动乱的心。

至此，子朝之乱曲终落幕。

下面，我们再回过头来审视一下子朝之乱的内部关联，并对子朝之乱的影响做出评述。

就现象而言，以周悼王为代表的保王派，战胜以王子朝为代表的子朝派，赢得了最后的胜利，这是个没有争议的事实。

就本质而言，单氏和刘氏打着保王的旗号，战胜拥护王子朝的召氏、尹氏、南宫氏、毛氏、原氏，成为这次权力争夺战中笑到最后的周王庭卿族。

为什么要把子朝之乱归结为周王庭卿族之间的争斗呢？原因有三。

第一，卿族是保王派和子朝派的骨干力量；第二，卿族是保王派和子朝派的行动策划者；第三，卿族是保王派和子朝派的政策执行者。

如果大家一路上细细读来，应该可以发现，整个动乱过程中，充斥着卿族台前幕后、上蹿下跳的字句，而周悼王（包括后来的周敬王）和王子朝仿佛只是个符号化的摆设。

甚至可以说，王位之争就是各大卿族借以调整彼此之间势力格局的一个切入点，如果没有卿族的参与，周悼王（以及周敬王）和王子朝的争斗只不过是一场小打小闹而已。

这样一来又牵扯出另外两个问题。

第一个问题是为什么王子朝拥有如此多的拥趸。重量级的包括周灵王族、周景王族、八王子以及召、尹、南宫、毛、原这五个自西周建立以来就世居卿族的大佬；轻量级的就更是不可尽数了。

而反观周悼王和周敬王的拥趸，少得可怜，从头到尾几乎就是单氏和刘氏在支撑门面，好不容易冒出个甘氏，还中途反了水。

这个问题的答案很简单，王子朝获得了各阶层多数人的认可。

特别要指出的是：支持王子朝的周景王族，都是王子朝、周悼王和周敬王的兄弟或子侄，他们的立场理应是最公正无私的，他们的选择理应是最具备说服力的。

更令人惊讶的是，即便王子朝大势已去，以儋翩为代表的子朝派余党还坚持了那么长久的斗争，我们很难否认这种行为有信仰和同情的动机在内。

第二个问题是为什么王子朝坐拥如此多的拥趸却败下阵来。

这个问题的答案，乍一看不难给出。若论单挑的话，保王派压根儿不是子朝派的对手，但晋国的介入，改变了保王派和子朝派的实力对比。

那么我们不妨追问一句，为什么晋国会介入一场扑朔迷离的周王庭内乱呢？

这其中牵涉的因素我也讲不全，但有一点可以肯定。现今执掌晋国正卿的范氏和保王派的擎天巨柱刘氏是世代姻亲，两家互粉互帮[①]，刘氏的所作所为，当然

---

① 后来，晋国发生卿族之争，胜出的赵氏还因刘氏死铁范氏之故，逼死了刘氏的骨干苌弘。详情参见成语"苌弘化碧"。

会获得范氏的鼎力相助。反过来，刘氏在周王庭站稳了脚跟，就能以周王室的名义为范氏鼓与呼。

所以，晋国支持保王派与范氏支持刘氏是表里关系。

说来说去，上述两个问题归根究底还是关于子朝之乱性质的问题。

令人纠结的是，本书虽然做出了这么多有翻案倾向的分析，终因缺乏能够证明王子朝庶长子之身的确凿证据，也不能理直气壮地站出来划个黑白分明。

子朝之乱的真相，注定湮没在了历史的迷尘之中。

幸好，除了子朝之乱的性质，其余问题的答案都是明确的，譬如，子朝之乱的影响。

与过往的三次"庶孽之乱"相比，子朝之乱的规模尤为巨大，前后历时近二十年，大小战役达二十次以上，动乱波及地点五十多处，很多世族因卷入动乱而消亡。

剧烈的内斗严重损耗了周王室的军力，以至于公元前502年（即子朝派被彻底剿灭的那年）后的先秦文献中再也找不到关于周王庭军事活动的记载。

日本学者石井宏明就曾在《东周王朝研究》中提出一个观点，他认为子朝之乱过后，"东周王朝的军事力量真正地崩溃了"。

子朝之乱对文化的破坏同样不容忽视。

前文曾提及，王子朝在去往楚国时，随身带走了周王庭的典籍。

不难想象，从洛邑到楚国，山高水远，路途遥遥，王子朝一行仓皇出逃，势必潦草，携带的典籍很有可能在路途中遭到了大量损毁。

日本学者竹添光鸿在《会笺》中便把此事称为"大厄"，将其视作焚书坑儒之前中国文化所遭受的最大破坏。

军力的损耗和文化的破坏，使得原本就日薄西山的周王室更加一落千丈。《国语·周语》云："景王崩，王室大乱。及定王，王室遂卑。"韦昭注释道："是时大臣专政，诸侯无伯，故王室遂卑。"

周王朝，这头自远古时代走来的青铜巨兽，经过一程又一程的艰难跋涉后，它的步履愈发蹒跚，它的气息愈发紊乱。或许，下次再见，就是说再见的时候。

斗鸡之变

"三桓"是一个亘古弥新的话题。

我在前文中对三桓思维和行为方式的特质做过一个概论，即：在维护国家利益方面，同为公室血统的三桓和鲁君风雨同舟，休戚与共；在维护集团利益方面，同为贵戚权臣的三桓紧密协作，瓜分君权；在维护家族利益方面，同为世代大家的孟氏、叔孙氏和季氏连横合纵，明争暗斗。

这个概论具有普遍的指导意义，至少本书中专述三桓的篇章和段落，譬如"东门襄仲二三事""三郤之戏"的楔子，"那一年臧孙纥追寻过的梦"以及"叔孙豹之死所透射的三桓乱象"等，都是在其含义范畴之内展开的。

接下来将要上演的这场以三桓政治生态为主题的最新剧目，当然也不例外。不过大家别以为我是在老调重弹，至少这场剧目的矛盾表现形式和矛盾发展方式，都让人耳目为之一新。

开演之前，我先简单地交代一下背景。

宏观背景是：在南北弭兵协议的制度制约下、在楚国和吴国恶斗的国际环境中，中原各国的外患相对轻微。

孟子曾经教导我们：无敌国外患者，国恒亡。这句高度抽象的箴言所揭示的现实具象就是：因为缺乏来自外部的武力威胁，中原各国的内部争斗日渐抬头。

本书最近几章接连讲述宋国的华氏之乱、周王室的子朝之乱、鲁国的斗鸡之变，并不是一种毫无根据的排篇布局。

中观背景是：鲁国以季氏为首的三桓畸形生长，特别是季氏，自东门襄仲倒台至今，连续三代执掌鲁国正卿[①]，权势已经累积到了难以想象的地步。

为了使大家对季氏的滔天权势有更加细致的感知，我们简单回顾一下季孙宿执政期间的主要施政行为[②]。

---

① 自然世代数为四，季孙行父、季孙宿、季孙纥、季孙意如；政治世代数为三，其中季孙纥早夭，季孙意如直接继承了祖父季孙宿的职位。

② 季氏自季孙宿起，实现了对鲁国朝政的高度掌控，呈霸政之势。

公元前 562 年，季孙宿增设中军，三桓各主一军之征赋，由此国君益弱而三桓渐强。

公元前 561 年，季孙宿"十二分其国民，三家得七，公得五，国民不尽属公，公室已是卑矣"。

公元前 538 年，季孙宿再度裁撤中军，将军队一分为四，季氏独掌其二，孟氏和叔孙氏各掌其一，"三家自取其税，减已税以贡于公，国民不复属于公，公室弥益卑矣"。

季孙宿大权在握，鲁国国君已然如芒在背；而季孙意如继续发扬家风，牢牢把控朝政绝无半点儿放松，鲁昭公脑子再怎么笨（参见《叔孙豹之死所透射的三桓乱象》中鲁昭公"三易衰"的典故），也不至于连受制于人的憋屈都体会不到吧！

憋屈是一种情绪，任何情绪都会经历一个发育的过程。

鲁迅先生有句"不在沉默中爆发，就在沉默中灭亡"的名言，恰是对憋屈这种情绪发育过程的精致描述。而鲁昭公憋屈情绪的发育过程，反过来又可以作为鲁迅先生那句名言的生动注脚。

起初，鲁昭公不敢得罪季孙意如，只能把所有的憋屈统统压在心底。但人的忍耐终究有个限度，憋屈的情绪日积月累，突破理智的约束只是迟早问题。

本章所要讲述的斗鸡之变，就是忍无可忍的鲁昭公在丧失理智的情况下强行削弱季氏而引发的一场大变乱。

微观背景是：季孙意如与三个人有仇怨，这些仇怨最终又促成了鲁昭公憋屈情绪的大爆发。

下面，我们先掰一掰季孙意如和三个仇家之间的故事。

季孙意如的第一个仇家叫季公亥。

季孙意如的祖父季孙宿育有四个儿子和两个女儿。四个儿子中，除《那一年臧孙纥追寻过的梦》中已经出场的季公弥和季纥（季纥又生三子，分别为季孙意如、公甫靖和公之），还有季公鸟和季公亥。两个女儿中，一个嫁给了郳君，人称小邾夫人（小邾夫人育有一女，即宋元公夫人）；另一个嫁给了鲁大夫秦遄，人称秦姬。

季公鸟的夫人季姒是齐国望族鲍氏（鲍叔牙后裔）之女。这个女人虽然出自名门，但行为举止十分不端。

季公鸟死后，其家务由季公亥、公思展（季氏族人）和申夜姑（季公鸟家臣）管理。季姒不甘寂寞，竟然和主管伙食的家臣檀勾搭成奸。

偷情虽然爽彻肺腑，但一个无法摆脱的痼疾就是提心吊胆，生怕哪一天光溜溜地被人从床上揪下来。

季姒作为家母，忌惮的人不多，代掌家务的小叔子季公亥恰巧就是其中之一。

所以，当隐约察觉到季公亥发现了自己的奸情后，季姒决定抢先动手，倒打一耙，踩着季公亥的脊背把偷情伟业进行到底。

季姒为了这事也蛮拼的。她首先让贴身侍女把自己痛打一顿，然后云鬓散乱装作虎口余生的样子跑去对小姑秦姬哭诉："公若（季公亥之字）逼我委身于他，我不从，他就打了我！"接着又跑去对外侄公甫靖喊冤："（公思）展和（申）夜姑联手逼我就范！"

秦姬一介女流，不好出面调解，便将季姒之言转告给了公之。公之和公甫靖两兄弟一合计，觉得这不是小事，于是又转告给了大哥季孙意如。

季孙意如不辨真假，当即雷霆大怒，先把公思展抓起来，关在下地；又把申夜姑抓起来，准备一刀剁了。

季公亥简直比窦娥还冤，因为一旦申夜姑伏法，那所谓"季公亥逼奸季姒"，就成了夹在裤裆里的黄泥巴，不是屎也是屎了。

所以，季公亥一清早就跑到季孙意如处求情。

可是季孙意如拒不接见，令下人挡了季公亥的驾。

季公亥又急又气，只得在门外声泪俱下地告求："如果杀了姑，那就等于杀了我！"

季孙意如心如铁石，始终不肯通融。日至晌午，有司奉命将申夜姑处死。

季公亥的尊严零落成泥碾作尘，从此，他就和季孙意如铆上了。

公元前 517 年春，季公亥作为叔孙婼的随从赴宋国聘问。

宋元夫人育有一女，该女和季孙意如订有婚约（论辈分，该女是季孙意如的表侄女。不过，这对婚约没有影响），叔孙婼此行就有迎亲的使命在肩。

谁知，季公亥私下里找到宋元夫人，煞有介事地说，千万别成全这门婚事，鲁国马上就要驱逐季孙意如啦！

显然，季公亥不欲使季孙意如借由迎娶宋国公主而获得来自宋国方面的支持。

宋元公考虑到季氏强而鲁君弱，不想贸然得罪季孙意如，遂不理会季公亥的言语，依然把女儿嫁给了季孙意如。

这是反映季公亥怨恨季孙意如的一个典型案例。

季孙意如的第二个仇家叫臧孙赐。

臧孙赐是鲁国世家臧氏的宗主，他有个堂弟叫臧会。

有一次，臧孙赐出使晋国，臧会趁机将臧孙赐饲养的一只宠物龟盗走。

盗走以后呢，臧会又害怕臧孙赐追索不休，遂想了个转移视线的计谋。

当时，臧氏的家臣准备赴晋国探望臧孙赐，臧会便主动请缨代为前往。

及至相见，臧孙赐问起家政，臧会回答如常。臧孙赐又问起夫人和胞弟叔孙的近况，臧会沉默不语。臧孙赐生疑，再三问询，臧会依旧欲言又止。

待臧孙赐回国时，已先期回国的臧会赶到边境处迎接。臧孙赐又一次问起夫人和胞弟，臧会还是讳莫如深。

看到这里，如果还有人不能猜出臧会葫芦里卖的是什么药，那我就真的要为你的智商"捉急"①了。

"海棠老师，我知道你是在说我，但我一点儿都不生气。我老爸准备了两座写字楼七间旺铺九套住宅，只等我毕业后去收租，你说智商这玩意儿有什么用啊？"

"嘿嘿，那是，那是！"

"不过海棠老师，智商一文不值是一回事，不许卖关子又是另一回事。臧会究竟意欲何为，你还是快快招了吧！咱智商不高，偏偏情商也很抱歉，不用我说得太直白吧？"

"好好，我招，我招！"

臧会的计谋，说穿了就是无中生有，用特殊的行为方式暗示臧孙赐：你老婆和你胞弟有一腿！

---

① "捉急"为安徽、山东、湖北、河南、江西、江苏、湖南、广西等地区的方言，发音是"zhuó jí"，即"着急、心急"的意思。

臧孙赐很讶异，但是作为一个成熟的男人，他并没有贸然相信臧会的话，而是决定，先观察一下再说。

带着这个想法，臧孙赐继续返程，并在曲阜郊外驻足，然后派人潜入城内，暗中探查他夫人和胞弟的行状。

探查的结果当然是啥事也没有，于是臧孙赐发飙了。老子好歹也是鲁国排得上号的知名人物，活生生地被你勾勒成了一只绿油油的大王八，而且还附带叔嫂通奸这样狗血的剧情，你小子这不是找死吗？怒罢，喝令手下将臧会逮住放血。

臧会做贼心虚，本就随时准备跑路，一看势头不对，立马逃到了郈地，并在当地主官鲂假手下谋了个贾正的差使。

臧孙赐一击不得手，自然耿耿于怀，念念不忘要和臧会这头缺德兽做个了断。不久之后，臧孙赐就迎来了一个绝佳的机会。

郈地在当时是鲁国的一个公邑（即尚未分封给私人），按照规定需要报送财务资料给司徒审阅。

臧会司职郈地贾正，恰好主管这方面的事务；而鲁国担任司徒的，是季孙意如。所以，臧会必须到季孙意如府上走一遭。

臧孙赐得知这个情报后，就派五个杀手埋伏在季孙意如的大门外，准备将办完差后退出府外的臧会截杀。

臧会也是千年的老狐狸，自知臧孙赐不会善罢甘休，因此一直处于戒备之中。当从季府退出来陡遇杀手时，臧会临危不乱，小蛮腰一扭，拔腿又往季府中逃。

杀手见猎物近在咫尺，不甘心功亏一篑，便操着戈和楯径直追了进去。

季府乃当朝首席权臣的宅邸，进进出出的人都小心翼翼，几时见过如此明火执仗的街头暴力行为？

于是乎，臧会和杀手一前一后地刚冲进外门，就被安保人员挨个扑倒然后分隔开来①。

继而季孙意如大发雷霆。竟敢在老子的地盘上舞刀弄枪，长眼睛没？长脑子

---

① 其中臧会受到了保护。后来臧孙赐逃亡出国，臧会成为臧氏宗主。

没？杀手是谁派的，臧孙赐对吧？先把他的室老①抓起来再说！

抓个臧氏的室老，在季孙意如看来，或许还是给臧孙赐留了面子的。

但在臧孙赐看来，感受肯定天差地别。男人最在意的就是自己老婆的名誉，臧会这厮血口喷人，你季孙意如居然加以庇护，岂不是欺人太甚吗？

就这样，臧孙赐和季孙意如结下了梁子。

季孙意如的第三个仇家叫郈昭伯。

先说明一下，郈氏乃鲁孝公之子惠伯华的后裔。郈氏之所以以"郈"为氏，并不是因为受封于郈地。

在春秋时代，"厚""后""郈"三个字是通假字，郈氏最早其实是厚氏②，后来才慢慢转化成了郈氏。

话说春秋时代流行斗鸡。斗鸡在如今是一种草根气息浓郁的街头把戏，但在春秋时代却是一种贵族的娱乐方式。之所以有这种转变，主要是人们的生活品质有了千百倍的提升。

春秋时代，贱民难以维持温饱，养不养得起鸡都是个问题；即便养得起，大概也不会把鸡的脂肪和蛋白质浪费在无实际价值的竞斗上。

而贵族食用无匮，偏偏生活又单调乏味，因此斗鸡以其精彩的观感和博彩的功能，获得了贵族的青睐。

某年某月某日，一场斗鸡正要进行。

竞斗的两只鸡，一只为季孙意如所有，另一只为郈昭伯所有。为了方便述说和理解，我们不妨分别称其为季鸡和郈鸡。

既然是竞斗，那肯定都希望自己的鸡能够获胜。而到底是否能够获胜，又是个未知数。所以，为了提高胜率，季孙意如和郈昭伯都动起了歪心思。

这个歪心思，潮一点儿说是开挂，土一点儿说就是作弊。

季孙意如在季鸡的翅膀上喷涂芥末，寄望季鸡扑扇翅膀时，芥末粉会飘洒到郈鸡的眼睛里，致使郈鸡丧失战斗力。

---

① 相当于家宰，即家臣之长。
② 例如在《左传·襄公十四年》的记载中，有一位被称为厚成叔的人就是郈昭伯的先辈。

郈昭伯则更狠，在郈鸡的脚爪上偷偷安装金属钩子，让郈鸡具备了秒杀对方的能力。

准备就绪后，两鸡开斗。

虽然火爆的过程已无法还原，但结果是毫无悬念的，郈鸡三下五除二就把季鸡抓得毛羽纷飞、皮开肉绽。

淋漓的鸡血在斗鸡台上留下触目惊心的印记，与季鸡一起瘫倒在地的，还有季孙意如。

愿赌服输是斗鸡的江湖规则，季孙意如即便位极人臣，也不好泼皮要赖。因此，这个栽他认定了。

然而，大权在握总是好处多多。譬如，季孙意如可以很轻易地改个时间，换个地点，寻个借口，觅个空当，把在斗鸡台上丢的场子再找回来。

很快，季孙意如就实施了报复行动。《左传·昭公二十五年》载："（季氏）益宫于郈氏。"季孙意如要么侵占了郈氏的土地来修筑房屋，要么就是直接侵占了郈氏的房屋。

为了这个，郈昭伯怨恨季孙意如。

论绝对影响力，季公亥、臧孙赐和郈昭伯这三个人，加一块也不见得有很大。但是，如果作为一个引爆鲁昭公情绪的导火线，那他们仨无疑绰绰有余。

公元前517年秋，鲁国在鲁襄公的庙宇里举行公祭。

春秋时代，祭祀的时候需要跳羽舞（即文万舞），而且根据主祭人身份等级高低不同，舞者人数的多寡也不同。按照周礼的规定：天子用八佾，诸侯用六佾，大夫只能用四佾。

佾是指舞者排列为一行，每行八人。也就是说，鲁国的这场公祭，得用六八四十八个舞者。

可是，参加祭祀的人们发现，到场的舞者只有两个。

这就奇怪了！难道其他的舞者昨夜相邀，集体去洗脚，折腾了大半宿，以致腰腿酸软都起不了床？

非也非也，舞者们一个个活蹦乱跳，只不过他们都被另一个大人物叫走了。

叫走舞者的大人物是谁？答曰：除了季孙意如还有谁？季孙意如叫走舞者干

吗呢？答曰：为季氏之私祭跳羽舞。

那么，又有两个问题接踵而来。

第一个问题。按照周礼的规定：君祭孟月（指每一季的第一个月），臣祭仲月（指每一季的第二个月）。为什么季氏的私祭会和鲁昭公的公祭在同一天举行？

第二个问题。季孙意如身为大夫，即便举行祭祀，用个四佾就够了，要那么多舞者干什么？

这两个问题的答案其实指向同一个源头：季孙意如无法无天，为所欲为！

如果说不避公祭还只能说明季孙意如飞扬跋扈，那他搜罗舞者的意图就只有用令人发指四个字才足以形容。因为，他想擅自提高礼仪规格，采用八佾之舞。

八佾是天子专用的礼仪，季孙意如一介大夫，有什么资格享用？

作为周礼的卫道者，孔子事后就对此做了激烈的抨击，他说："八佾之舞于庭，是可忍，孰不可忍！"言辞苛厉，怒气冲天。

事实上，作为季孙意如的对头，臧孙赐就在鲁襄公的庙宇里发表了即时评论，他感叹道："此之谓不能庸先君之庙！"意思是说：因季孙意如之故，鲁昭公未跳六佾之舞，所以不能彰显鲁襄公的功绩，让祖宗蒙受了羞辱。

这句话一出口，在场的人们又有了更深层次的认识，鲁昭公固然咬牙切齿，大夫们也觉得季孙意如实在是太目中无人了。

祭祀结束后的某日，季公亥假装向鲁昭公之子公为献弓，进而邀请公为一起射箭，然后趁机说起了除掉季孙意如的话题。

公为和季公亥志同道合，一心想要成事，于是转身又去和弟弟公果、公贲商议。公果、公贲又把鲁昭公的侍者僚柤拉进团队，并委托僚柤向鲁昭公表达他们除掉季孙意如的想法。

僚柤身负重大使命，行动非常拘谨，因为担心隔墙有耳，所以他特意选择在一个深夜向鲁昭公做汇报。

当时鲁昭公已经睡下，听了僚柤的汇报后，他忽然抓起床边的一支戈，作势要击打僚柤。

僚柤出于本能，转身就跑。鲁昭公也不追赶，只是自言自语般说了声"抓住他"，却又没下正式的命令，就任僚柤逃走了。

僚柤逃回家后,战战兢兢,一连两个月都不敢出门,生怕鲁昭公派人来拿他。

可是,僚柤多虑了,鲁昭公那边安安静静,仿佛从来就没发生过深夜密报的事一样。

公果和公贲仔细一琢磨,觉得老爸像是在掩饰什么,未必没有动心,于是又把僚柤叫来,鼓励鼓励,让他再去试试。

鲁昭公依旧还是老样子,又用戈来吓唬僚柤,僚柤又逃了回去。

经过这次试探,公果和公贲肯定了自己先前的判断。鲁昭公确有除掉季孙意如之心,要不然,为什么他每次都只是做出动怒的样子而又放僚柤一马呢?这分明是在保存革命的火种嘛!

于是,公果和公贲第三次派僚柤去打探鲁昭公的口风。而这一次,鲁昭公终于吐露了自己的心声,他说:"非小人之所及也。"

原来,鲁昭公认为除掉季氏之事牵涉重大,而僚柤位卑人微,是故不愿和他浪费口舌。

得知这个信息后,公果和公贲长长地舒了口气,接着由公果亲自出面,觐见鲁昭公,父子做了密谈。

经过此次密谈,鲁昭公的信心更加坚定,但他还想召三个亲近的人过来问询,听听他们对除掉季氏的可行性评估。

第一个见召的人是臧孙赐。臧孙赐原则上不反对动手,但他认为条件尚未完全成熟,成功的把握不大。

第二个见召的人是郈昭伯。郈昭伯认为百分之两百的行,生怕鲁昭公犹豫,顺带又极力劝说鲁昭公赶紧动手。

第三个见召的人叫子家羁。子家羁乃鲁庄公的玄孙,政治背景不明。他劝鲁昭公不要动手,理由是季氏三代掌权,士民多有依附,鲁昭公强行动手的话只怕会搬起石头砸到自己的脚。

鲁昭公似乎心意已决,因此听了子家羁的话后怫然不悦,摆摆手叫他退下。

子家羁也是个久经宦海的聪明人,瞧着鲁昭公那郑重其事的架势,立马指天发誓,称绝不向外人泄露君臣间谈话的内容,否则不得好死。

退出去后,还怕鲁昭公不放心,子家羁就干脆住在了公宫里,再也没有回家。

就这样，鲁昭公在绝密的情况下，做了大量的准备工作，至少在他自己看来，已经初步具备了跟季孙意如摊牌的能力。

当年九月十一日，鲁昭公大起刀兵，攻打季孙意如的府邸。季府措手不及，季孙意如的弟弟公之被斩杀于大门口，随即乱兵一拥而入。

季孙意如在亲兵的护卫下退到府中的高台上，鲁昭公则率军将高台团团围住，双方陷入了僵持。

既然使用武力已无法取得进展，那就谈判吧！

季孙意如显然被鲁昭公一棍子给打蒙了，惶恐的感觉占据了他的神经，因此他第一时间产生的念头是辩解。

他对鲁昭公说："君不察臣之罪，使有司讨臣以干戈，臣请待于沂上以察罪。"

意思就是说，我季孙意如并无反迹，你鲁昭公不问青红皂白就大动干戈，怕是搞错了对象吧？不过没关系，我可以先到沂水之畔住几天，等你调查清楚了再说。

鲁昭公不屑一顾。这都什么时候了，你还跟老子叽叽歪歪？不行！

季孙意如心急火燎，又请求将自己囚禁在费邑①。

鲁昭公冷笑。将你囚禁在费邑，那就是你自己囚禁自己咯？你当我傻呀，会中了你纵虎归山的诡计？

季孙意如近乎崩溃，最后请求封金挂印，只带五辆车子流亡出国。

鲁昭公愈发得意忘形，断然拒绝！

作为陪同人员的子家羁深以为不妥，便苦口婆心地劝诫鲁昭公。

季孙意如要出亡就让他去嘛，五辆车能带走多少人？季孙意如一走，季氏剩下的族人还不是你鲁昭公的菜想怎么玩都行啊？

再说了，鲁国政令数世出自季氏，士民只知季氏而不知有君。季氏之族根深蒂固，季氏之党枝繁叶茂，真要拼个你死我活的话，焉知笑到最后的肯定就是你鲁昭公？依我看呀，你还是见好就收为妙，别把季孙意如逼急了，万一他走投无路之下狗急跳墙，后果不堪设想啊！

---

① 前文已有交代，费邑是季氏的采邑。

子家羁的话说得十分在理，惜乎是老生常谈，鲁昭公哪还听得进半分？加上郈昭伯在一旁不停地撺掇"一定要杀了他、一定要杀了他（指季孙意如）"，鲁昭公恨从心头起，恶向胆边生，终于在死磕季孙意如的道路上越走越远，再也无法回头了。

为了尽快攻上高台，鲁昭公派郈昭伯去邀请孟孙何忌[1]前来助战。

在鲁昭公的考量里，季氏高高在上，孟氏亦受其苦，弄死季孙意如，孟氏将大获舒展，所以孟孙何忌必定会倾其全力屁颠屁颠地赶来相助。

写到这里，我不禁心生一些感慨。

鲁昭公认定孟孙何忌会与他携手铲除季孙意如，这充分说明了鲁昭公的政治头脑和政治手腕还很稚嫩。

政治斗争这玩意儿看起来纷繁芜杂、千头万绪，其精髓说穿了全在于"平衡"二字。

以《三国演义》中著名的片段"关羽捉放曹"为例。

刘备和曹操是势不两立的死敌，从一般的逻辑而言，刘家杀掉曹操是天经地义不需要任何理由也不存在任何顾忌的。

那么问题来了，为什么诸葛亮明知关羽会放走曹操，还偏让关羽去执行捉曹的任务呢？随便换个人不行吗？

如果谁在这个问题上纠结，那不妨去和鲁昭公惺惺相惜一下，顺便引为人生知己。

诸葛亮之所以派曾蒙受曹操私恩的关羽去把守华容道，是因为诸葛亮根本就没想杀掉曹操，或者说，诸葛亮认为曹操现在还不能死。

诸葛亮早年在隆中待价而沽时，就有三分天下的构图，这正是一个经典的政治平衡模式。把这个构图套用在曹、孙、刘三股势力上，我们可以发现：

赤壁之战前，刘备必须与孙权联手，否则必被曹操各个击破。赤壁之战后，曹操元气大伤（此后再也没有挥师南下过了），孙权作为孙、刘联军的绝对主力声威大震。

---

[1] 孟氏宗主，孟孙獲之子。

198

此时如果杀掉曹操，则曹家必然大乱，而孙权在北方压力骤减的情况下，必然心生撇开甚至算计刘备、进而席卷荆州之意。一旦形势发展到这个地步，那刘备就算哭得天昏地暗、飞沙走石也甭想再有出头之日了。

所以，在刘备尚未如隆中对所规划的那样夺取益州之前，刘家绝不能给孙权创造单飞的条件，也就是说，绝不能杀掉曹操。

诸葛亮处置曹操的案例带给我们的启示是：在维护"三桓"集团利益这个目标的驱使下，孟孙何忌必然会考虑鲁君与三桓之间政治平衡的问题。假如季孙意如身死、季氏被连根拔除，那三桓的联合阵线就会瓦解，孟氏和叔孙氏也有次第遭到砍削的危险。

把握住了这个思路，那孟孙何忌究竟会在鲁昭公和季孙意如的生死较量中持什么立场，也就不难想象了。

不过，剧情的演进依然出乎人们的意料。因为，最先对鲁昭公攻打季氏做出反弹的，不是孟氏，而是叔孙氏。

当鲁昭公攻打季氏时，叔孙婼并不在家。叔孙氏的司马鬷戾是个政治敏锐度很高的人，他当即就咨问手下该怎么办？

手下很紧张，这么重大的突发事件，设若应对失当，那可是要掉脑袋的，因此都不敢轻率地做出回答。

鬷戾看穿了手下的顾虑，于是复杂问题简单化，又问："我是家臣，不敢参知国家大事。只是想知道，有季氏和没季氏，哪一种情况对我们更加有利？"

手下不约而同地答道："没有季氏，也就没有了叔孙氏！"看来除了鲁昭公，大家都懂得唇亡齿寒的道理。

鬷戾见手下这么上道，便振臂一呼："那还等什么，我们一起去救援季氏吧！"遂带着一彪生力军风风火火地赶到季府，从西北角突了进去，把驻守在那里的鲁昭公的亲兵驱走了。

叔孙氏在行动，孟氏也没打瞌睡，一直密切关注着季府的势态。

当得知叔孙氏发兵援助季氏的消息后，孟氏立即展开行动，首先把前来联络的郈昭伯杀了，然后点起人马直扑季府，反而攻打鲁昭公。

鲁昭公原以为季氏孤立无援只能坐以待毙，孰料形势急转直下，三桓如心有灵犀般瞬间合体继而战斗力爆棚，那心情，怎一个悲催了得！

危难之际，子家羁展示出了一个忠臣义士的血性和担当，他对鲁昭公说："国君不妨假装是被臣等劫持的样子（即假装攻打季氏乃臣下之意，非为鲁昭公本愿），让臣等背负着攻打季氏的罪名逃亡出国，那国君就可以避开意如的怨恨而继续留在国内了。"

鲁昭公此时沉浸在深深的挫败感中。一想起留在国内会不会遭到季孙意如的报复还是个未知数——就算没遭报复，也不过是重复以往看季氏脸色行事的痛苦生活，他就无比意兴萧索。

念及于此，鲁昭公长叹一声，带着子家羁和臧孙赐匆匆逃往齐国而去。

齐景公听闻鲁昭公来投，就派人传话，约在齐国的边邑平阴会见。

鲁昭公现在是丧家之犬，正有求于齐景公，为了表达一种齐尊鲁卑的意味，他特意越过平阴，先一步到达齐国的野井恭候齐景公大驾。

两君相见之后，齐景公显得很热情，信誓旦旦地说鲁昭公的事就是他的事，要拨两万五千户给鲁昭公采食，还将起兵帮助鲁昭公打回老家去。

鲁昭公满心欢喜，庆幸自己遇上了齐景公这么个大好人。

子家羁却在一旁泼冷水，他提醒鲁昭公：受齐景公采食之赐，即为齐臣，既为齐臣，鲁国还有谁会愿意尊奉你为君？况且，齐景公是个无信之人，他的话做不得真，不如趁早辞谢，转而去晋国寻求帮助。

鲁昭公没有听信子家羁的箴言，执意留在了齐国。

作为鲁昭公心腹随从的臧孙赐，也和子家羁产生了严重的分歧。

臧孙赐把跟随鲁昭公来齐的大多数人邀集在一起，结成了一个以随遇而安、不轻易回归鲁国为宗旨的同盟。而子家羁则主张谋求多国介入（主要是晋国的介入），及早回归鲁国。

子家羁和臧孙赐的见识孰优孰劣，暂且先不探讨，我们现在只需知道，臧孙赐一方人多势众，在鲁昭公何去何从的问题上占据了主导地位。

好，鲁昭公在齐国的景况先放一边，我们掉转视线去看下鲁国的政局有何新的变化。

鲁昭公和季氏拔刀相向时，叔孙婼恰巧去阚地办事；等鲁昭公逃亡出国后，叔孙婼才回到曲阜。

叔孙婼是个仁人君子，非常看重君君臣臣那一套，得知鲁昭公被逐，他心忧如焚，立即去晋见季孙意如。

季孙意如此时心里也没底，不知道驱逐鲁昭公这事到底怎么收拾，瞧着叔孙婼面色凝重的样子，不由得愈发慌乱，腿一软就做了个稽颡的动作，口中说道："你教我怎么办哪！"

稽颡乃古代的一种跪拜礼，常用来表达极度虔诚或者哀伤之类的感情（例如此刻，季孙意如表达的是驱逐鲁昭公的哀戚）。

见季孙意如态度软化，叔孙婼也就不客气地数落起来："每个人都想在世上留下好的名声，您却以驱逐国君而成名，这难道不可悲吗？大权握于您手，我又能要求您做什么？"愤愤之色溢于言表。

季孙意如内心里游移不定。因为他所欲所求的是迅速平稳局势、解除自己的政治风险。至于为了达成这个目的，究竟是采取迎接鲁昭公回国的措施呢，还是采取另立新君的措施呢，还是保持鲁国无君的状态观望一阵再说呢，还是别的什么，他并无成见。

当然，为了彰显自己是个遵纪守法的好人，也为了应付叔孙婼正气凛然的问责，季孙意如表面上仍是很诚恳地说："如果你能使我有机会重新侍奉国君，那就真是所谓活死人肉白骨了（意即请叔孙婼出面迎回鲁昭公，以洗清他季孙意如的罪责）！"

叔孙婼略感欣慰，随即奔赴齐国，准备将鲁昭公接回来。

因为与叔孙婼理念相同，子家羁在齐国这边为促成叔孙婼与鲁昭公的会晤，做了很多保障工作。

其中最重要的一条就是保密，不让臧孙赐一伙发现叔孙婼的行踪，让叔孙婼在没有干扰的情况下安安心心做鲁昭公的思想工作。

子家羁派人把守鲁昭公的住处，下令将进去的人统统拘禁起来，以防走漏风声。叔孙婼和鲁昭公则躲在帷幕之中密谈。

叔孙婼禀告鲁昭公：季孙意如已经表示臣服，您还有什么顾虑呢？鲁昭公怦然心动，决定启程回国。

这时，臧孙赐一伙终于还是发现了叔孙婼的秘密，便在去往鲁国的路途上伏下杀手，意欲将先期回国的叔孙婼刺死。

一个被称为左师展的鲁大夫，鬼使神差地又发现了臧孙赐的秘密，便抢先一步向鲁昭公示警。于是，叔孙婼临时改变路线，绕道铸地，安全返国。

都说大难不死必有后福，可叔孙婼侥幸逃过一劫后，迎来的却不是福祉。因为，季孙意如反悔了，将不再履行迎纳鲁昭公的诺言。

叔孙婼那个气呀！老子前一秒钟刚在鲁昭公面前拍完胸脯，你季孙意如下一秒钟就拆老子的台，你是掐着时间在玩我对吧？这一气不得了，以贤名闻达于诸侯的叔孙婼竟然活活地气死了。

齐国那边，鲁昭公不知国内又生变故，正要在左师展的护卫下按原计划归国，不料被严密监视的臧孙赐那帮人给挡了驾，只好不了了之。

在鲁昭公尝试第一次归国的同时，宋国发生了一段和鲁国局势相关的插曲。宋元公打算和晋国商议送鲁昭公归国的事宜，谁知在赴晋的中途忽然死了。

回到主线。公元前517年的十二月二十四日，也就是鲁昭公奔齐的当年冬天，齐景公率兵攻打鲁国的郓地，并于次年春破城。随即，齐景公把鲁昭公安置在那里，准备修整一下再继续进军。

公元前516年夏，齐景公筹备对鲁国实施深度打击，而且严禁部下收受鲁国的财礼，大有专心致志直捣曲阜的势头。

季孙意如压力山大。你说抵抗吧，鲁国不是齐国的对手；你说不抵抗吧，鲁昭公还乡后也绝不会跟他将旧账一笔勾销。

怎么办怎么办怎么办？季孙意如陷入了深深的思索。

齐景公下令，严禁收受鲁国的财礼。假如从收礼这个角度逆向思维，季孙意如是不是可以找到一条破解困局的蹊径呢？

对，就这么办！派人贿赂收买齐景公的宠臣梁丘据，然后借由梁丘据之口，劝说齐景公退兵！

很快，两个分别叫女贾和申丰的季氏家臣踏上了去往齐军营地的路途，他俩每个人都随身携带了一份高档礼品———一匹锦。

锦是一种厚重的丝织物，一匹锦正常叠放的话体积不小，很扎眼，容易被齐景公的眼线识破。

为了蒙混过关，女贾和申丰把锦紧紧地束缚在一起，压缩到只有一块瑱圭大小，然后揣在怀里，顺利地进入了齐军大营。

然而，混进齐营只能算作完成了规定动作的第一步，如果不能见到梁丘据，那女贾和申丰终归还是无法达成使命。

偏偏梁丘据身份尊贵，外人急切间根本进不了他的门，女贾和申丰只好先去拜会梁丘据的家臣高龁。

见着高龁后，女贾和申丰请他代为将锦送给梁丘据，并开出了价码：如果高龁能帮季氏收买梁丘据，那季氏就帮高龁当上高氏的宗主，并另外致送粮食五千庾（一庾等于十六斗）。

这里插播一个背景。齐国的卿族世家中有两个高氏。一个是与国氏齐名的镇国二守之一；另一个是以齐惠公之孙公孙虿为始祖传下来的氏族，公孙虿又被称为高虿，前文曾经叙述过他的事迹。

高龁乃高虿后裔，却仅为梁丘氏家臣，虽说马马虎虎将就得过去，但与他显赫的家世相比，肯定还是很不相称的。

所以，如果能够升任高氏宗主并位居齐国卿大大之列（同时还能获取大量的粮食），而交换条件只是阻止"伐鲁"这件对他个人而言无甚益处的事情，他又何乐而不为呢？

高龁带着锦去见梁丘据，并转达了女贾和申丰的来意。梁丘据对锦爱不释手。

高龁趁热打铁，极其贴心地说："这样的锦，鲁国人准备了几百匹，准备都送给您，只不过因为道路不畅，眼下只带过来了两匹。"

梁丘据两眼放光，当即应承了女贾和申丰的请托，随后又面见齐景公，并神秘兮兮地提醒他注意两件事。

第一件事：叔孙婼谋求让鲁昭公复位，结果叔孙婼无疾而终。第二件事：宋元公谋求让鲁昭公复位，结果宋元公无疾而终。

梁丘据进一步阐述道：这两件事说明鬼神已经抛弃了鲁昭公，国君您还是不要以身犯险为好。要不这样，让臣子先率兵出征，如果战事顺利，您再亲自指挥后续的动作；如果战事不顺，您就不必劳驾了。

齐景公深以为然，于是派儿子公子鉏将兵，攻打鲁国。

季孙意如采用孟氏家臣——成邑官员公孙朝的计策，由公孙朝出面，诈称成邑士民不堪孟氏压榨之苦而欲叛投齐国，将齐军诱往成邑（诱往成邑的用意未明，因为史籍没交代），双方随即在成邑附近的炊鼻作战。

《左传·昭公二十六年》描述了炊鼻之战的几处战场细节，我们挑两个有代表性的出来说说，借以概括这场战斗的状况。

第一个。

齐国的子渊捷撞上了鲁国的野泄。

子渊捷射箭，这一箭势大力沉，射中野洩的盾牌，箭头钻进去达三寸之深。

野泄还以颜色，一箭射穿子渊捷战马头部的皮带，继而击毙了战马。

战马是战车的发动机，马死了，车也就跟着废了，子渊捷只好带着车组成员换乘另外一辆战车。

这时，一小队鲁国士兵误将子渊捷当作了叔孙氏的司马鬷戾，围过来协助他作战。

子渊捷也是条汉子，不想占对方的便宜，主动表明身份，称自己乃齐国人。

鲁兵见认错了人，便顺势对子渊捷展开攻击。子渊捷再次张弓，将领头的鲁兵射死。

子渊捷的御者大呼：“再射！再射！”子渊捷大概得到过梁丘据的授意，无意于大败鲁军，遂收弓作罢。

那些鲁兵惮于子渊捷威猛，倒也不敢过于逼近。

第二个。

齐国的子囊带也撞上了鲁国的野泄。

子囊带没有动手，而是对着野泄叱骂。

野泄很理性地对子囊带说：打仗的时候骂人有屁用啊，有本事你骂死我！

子囊带才不管这些，继续骂，而且越骂越狠，直斥野泄作为人的自然属性和社会属性泯灭殆尽。

野泄终究还是顶着块面皮活在世上，被子囊带如此辱骂，渐渐地也就失去了理性，同子囊带交口相骂起来。

总之，炊鼻之战就是齐、鲁双方很有默契地合作演出的一场小打小闹的舞台剧。

可以作为佐证的是，《左传》没有记述此仗的胜负关系；《史记》中甚至找不到相关记载，似乎这一仗根本就没发生过一样。

这样的结果，当然是有利于季孙意如维护其自成一统的局面，而不利于鲁昭公回国。

同年七月，齐景公邀集鲁昭公、莒子、邾子和杞君在郓地会盟，商议送鲁昭公回国之事。可是商议归商议，商议完后就没了下文。

从此，鲁昭公时而居郓，时而居齐，在两地徒劳奔走，始终看不到自齐而归国的曙光。

不过到公元前515年秋的时候，事情好像迎来了一线转机。因为，一场更加盛大的盟会召开了，这就是上一章曾经提到过的扈地会盟。

晋国邀集宋、卫、曹、邾、滕诸国大夫，决定出兵援助周王室子朝之乱中的保王派，并讨论了送鲁昭公回国的议题。

当时，宋国代表乐祁和卫国代表北宫喜从维护本国利益的立场出发，坚决请求将鲁昭公送回去。但是，主持盟会的晋国大夫范鞅暗中收受了季孙意如的贿赂，因此不想成全鲁昭公。

范鞅啰里啰唆地跟乐祁和北宫喜讲了一堆反对送鲁昭公回去的大道理，我把它大致归纳为鲁昭公的"三不可恕"和季孙意如的"三可赎"。

"三不可恕"。

一、鲁昭公在未昭明季孙意如之罪的情况下，无缘无故地攻打季孙意如，涉嫌滥用职权。

二、鲁昭公置季孙意如提出的行政复议、自我囚禁和自我放逐三次息事宁人的请求于不顾，执意扩大事态，最后自取其咎。

三、鲁昭公冀图获取齐国的帮助而三年未获成功，这说明上天已经抛弃了鲁昭公。

"三可赎"。

一、季孙意如在鲁昭公发起攻击的时候，完全处于被动防守状态，没有任何驱逐鲁昭公的预谋，是鲁昭公自己要逃亡的。

二、季孙意如能够挨过鲁昭公的突然袭击而不丧失自己的权势，这说明季孙意如受到了上天的眷顾。

三、季孙意如家族数世执掌鲁政，有百姓的拥戴、有淮夷的依附、有齐国和楚国的支援、有上天的眷顾，其权势几乎已经等同于诸侯。但季孙意如在鲁昭公逃亡后，没有自立为君，也没有另立新君，而且一如既往地侍奉鲁昭公①。如此仁人君子，不应受到责罚。

老实说，"三不可恕"和"三可赎"的说辞，气势是恢宏的。至于逻辑严不严谨嘛，那就是个见仁见智的问题了。

不过这些都不是关键。关键是，它出自晋国重卿范鞅之口，这在乐祁和北宫喜看来，那就如同金科玉律一般，无法辩驳，也不容更改。

于是乎，有关鲁昭公归国的商议被搁置，鲁昭公还得偏居郓地继续等待发落。

而就在扈地会盟临召开之时，因为预计到盟会将商议鲁昭公归国之事，所以季孙意如一边贿赂范鞅，阻止他国介入；另一边还派遣家臣阳货（又名阳虎）会同孟孙何忌一起攻打郓地，想赶在他国有可能的介入之前，尽量使得鲁昭公处于更加不利的境地。

在看不到齐国有救援的迹象、且扈地会盟那边晋国不欲施以援手的消息还没传出来的情况下，对齐国已经失望的鲁昭公只好一边派亲兵奋力抵挡来敌，一边派历来主张亲晋的子家羁赴晋国求援。

顺便交代一句，鲁昭公的亲兵在郓地附近的且知被击败，鲁昭公现在就连滞留郓地也不是长久之计了。

在鲁昭公彷徨和挣扎的过程中，齐景公助鲁昭公归国的热情在不断消退，对鲁昭公的礼数也渐渐怠慢起来。

同年冬，鲁昭公又一次去往齐国，齐景公说要用享礼接待鲁昭公。享礼

---

① 这句话有些过了。真实的情况是，季孙意如每年都给鲁昭公送去了马匹，并给鲁昭公的随从送去了衣服和鞋子而已。

是那个时代高规格的接待礼仪，乍一看，齐景公对鲁昭公依旧盛意拳拳。其实不然。

子家羁就一针见血地指出，你鲁昭公像个齐国的臣子一般，三天两头地在齐国走动，齐景公怎么可能用接待异国国君来访的礼仪接待你？人家只不过是打着享礼的幌子招待你饮酒罢了。

果不其然，齐景公真的只是请鲁昭公饮酒，而且饮酒的时候态度甚是不恭。

一开始，齐景公让宰臣给鲁昭公献酒。

"献"的概念，在重耳流亡路过楚国与楚成王饮宴的场景中，本书曾经介绍过，它是古代的一种饮酒礼仪，指主人向客人敬酒，客人回敬，主人再敬的一整套流程。

"献"礼可以识别尊卑贵贱。

一种情况正如前文所言，"献"的次数越多，就表示主人对客人越是尊敬，至"九献"而达到顶峰。

还有一种情况前文没说，那就是"献"要讲究身份对等的原则。

譬如，作为东家的国君甲，与作为客家的国君乙饮酒，双方身份对等，则国君甲亲自向国君乙献酒；如果作为东家的某国君，与作为客家的某臣子饮酒，国君尊而臣子卑，则国君使宰臣向臣子献酒。

根据第二种情况推导，我们不难得知，齐景公让宰臣给鲁昭公献酒的行为，摆明了就是把鲁昭公降格对待。

齐景公的失礼还不止于此。饮至中途，齐景公忽然单方面退席，而让自己的夫人出来陪饮。

对齐景公这个举动的解读要分为两个部分。

第一个部分。

按照礼数，中途退席不是不行，但那只有一种情形，即东家出于关照客家的目的，恭请客家中途退席。

就像我们现在一起聚餐，主人对客人说：哎呀，你酒量有限，别喝了，保重身体要紧。

齐景公作为东家而无故退席，是一种轻慢的行为。

第二个部分。

大家应该还记得下面这件事。公元前530年，季氏家臣南蒯意欲背叛季孙意如。为了提高胜算，南蒯与鲁昭公之子公子憖暗中勾连，后来事败，公子憖逃往齐国（参见《叔孙豹之死所透射的三桓乱象》一章）。

那位出来陪饮的齐景公夫人，名叫重，她正是公子憖的女儿。

也就是说，齐景公让夫人重陪她的爷爷鲁昭公饮酒。这个场景，貌似既温馨又体贴的样子。

当然，如果你真的觉得美好那就大错特错了。

要知道：首先，这是个庄重的外交场合，而不是惬意的家庭聚会。其次，就算齐景夫人要见鲁昭公，那也应当在齐景公的陪同下进行才对，春秋时代的男女风气虽然自由奔放，可一旦融入了政治的蕴含，那还是有很多禁忌的。

所以，杜预在为《左传·昭公二十七年》作注时，对齐景公使夫人陪饮的行为，下了一个"媟"的评语。

何谓"媟"？淫狎、污秽也！再引申开来，就是指齐景公行为放浪，压根儿没把鲁昭公当回事。

面对这样昭然的冷落和羞辱，鲁昭公别说只是有点儿呆傻，就算是头猪，也无法继续保持麻木不仁了。此处不留爷，自有留爷处，抹一抹眼泪，走吧！

公元前514年春，鲁昭公投奔晋国，准备去往位于今河北省成安县东南的晋国边邑——乾侯。

子家羁劝鲁昭公别急着去乾侯。因为，你鲁昭公三年来一直投靠的是齐国，如今骤然间转投晋国，应该先打探一下晋国的口风再说。你不管三七二十一就跑到乾侯去，万一晋国给你吃个闭门羹呢？有意思吗？所以呀，你还是先在晋国边境外候着为妙。鲁昭公不听，执意跑到乾侯，然后请求晋国派人迎接自己去新绛议事。

这时，季孙意如又眼疾手快地对晋国六卿遍施贿赂，试图阻止鲁昭公与晋顷公会晤。

而晋国六卿也颇讲究江湖义气，收了季孙意如的好处后，便可着劲儿劝晋顷公不要亲自接见鲁昭公。

经过一番暗箱操作，晋顷公给鲁昭公捎去口信：您淹留在外好几年，宁愿住在齐国，也不派个人来问候寡君一下（场面话，真实含义是斥责鲁昭公临时抱晋国的佛脚，一早干吗去了），难道现在还要寡人派人到齐国去迎接您①？

鲁昭公挨了当头一盆冷水，只好讪讪地离开乾侯，退到晋国边境以外。接着，晋顷公再派人把鲁昭公迎接到乾侯。

鲁昭公还是原来的鲁昭公，乾侯也还是原来的乾侯，只不过一出一进之间，空气中已然充满了鄙薄的味道。但鲁昭公不死心，还想厚着脸皮等晋顷公接他去新绛。

然而自春至冬，新绛方面始终没有任何动静，只是任鲁昭公在乾侯干耗。鲁昭公又坐不住了。

公元前513年春，百无聊赖的鲁昭公灰溜溜地离开乾侯，又前往郓地，打算再到齐国去碰碰运气。

然而齐国终究不是个菜园门，并非鲁昭公想进就进想出就出的。奉齐景公之命来郓地慰问鲁昭公的高张（守国之高氏），竟然口口声声称呼鲁昭公为"主君"。

"主君"是一种特定的称谓，常用于家臣称呼卿大夫。高张称鲁昭公为主君，其中的轻慢不言白明。

子家羁非常愤怒，直指鲁昭公这是自取其辱。鲁昭公这一回也端出了自己的节操，二话不说，转身就走，又回到了乾侯。

是的，大家都没看错，鲁昭公在短短一年的时间跨度内，去齐而就晋，又去晋而就齐，再去齐而就晋，是不是很像一个东奔西走的老匹夫？

不过，经过如此翻来覆去的几番周折，鲁昭公也渐渐地明白了一个道理。那就是：把宝押在齐国或晋国任意一家手上，都是一件不靠谱的事情，只有两边同时下注，才是尽快摆脱流亡窘境的正道。

于是，鲁昭公自己老老实实地待在乾侯，摆出一副非晋国不作他想的样子；又让世子公衍向齐景公行贿，暗暗抓住齐国这根稻草不放松。

---

① 鲁昭公从齐国直接跑到乾侯，如果晋顷公派人去乾侯迎接鲁昭公，那看起来就和派人去齐国迎接鲁昭公无异。

等到公元前 512 年的六月，晋国发生了一件对鲁昭公而言少许有利的事情，晋顷公死了，其子晋定公继位。

晋顷公在位期间，晋国六卿的权势继续加重。反映这一政治演变趋势的典型案例有三个。

其一，公元前 514 年，时任六卿的韩氏、中行氏、魏氏、范氏、智氏、赵氏，用不光彩的手段，灭绝了在晋国颇具影响力的公族祁氏和羊舌氏，然后合伙瓜分了祁氏和羊舌氏的封邑。

其二，公元前 513 年，上军佐赵鞅和下军将中行寅，在全国范围内收集生铁四百八十斤，铸造成一座大鼎，并将已故去的前晋国政坛大佬——范匄制定的"刑书"，铭铸于鼎上（史称"铸刑鼎"），成为晋国的第一部成文法典。

在范匄制定"刑书"之前，晋国通行的律法是由晋文公于公元前 633 年冬在被庐阅兵时制定的，史称"被庐之法"。

被庐阅兵，晋文公作三军六卿，充分调动外族（即非公族）精英的聪明才智，开创了晋国独特的政治体制。

随后，晋国在城濮大败楚国，迅速登上了中原盟主的宝座。因此，"被庐之法"的历史地位非常崇高，说它开晋国百年霸业之基实不为过。

而范匄制定的"刑书"，是源自公元前 621 年春晋襄公在夷地阅兵时制定的法律，史称"夷蒐之法"。

夷地阅兵，晋襄公削两军四卿（即由五军十卿恢复至三军六卿），因没能妥善处置好元老派和新贵派之间的利益分配，导致狐射姑、箕郑父、先都、梁益耳、士縠和蒯得等重臣相继作乱，给晋国政局造成了相当大的震动。

而且很不凑巧的是，当时的晋国还祸不单行。夷地阅兵的同年八月，正值壮盛之年的晋襄公忽然撒手西去。国境之外，狄人和秦国几乎连年入侵，楚国也不断攻伐着晋国在中原的一众小弟。

这么多内忧外患累积在一起，给晋国带来了痛苦的感受。因此，作为那个年代的标志性物事，"夷蒐之法"躺着中枪，常常被关联记忆成混乱和灾祸的代名词。

不过，带着排遣怨念的心态来评判"夷蒐之法"是不严谨的。作为局外人、作为后人，又应当怎样评判基于"夷蒐之法"的"刑书"呢？这就需要我们首先对当时的时代背景有一个基本的了解。

前春秋时代，中国是一个依靠"礼"来维持各种关系的宗法社会。

春秋时代前期，随着生产力不断进步，旧有的社会秩序举步维艰，社会组织形式也不断地进行着解构，各国都在自觉不自觉地调整着政治经济制度。

改革浪潮中，晋国可谓是个急先锋。在《三十年河东，四十年河西》那一章，本书曾经提到，因为韩原之战惨败给秦国，晋国丧失河西之地，事后痛定思痛，展开了以"作爰田"、推进国家行政体制郡县化、"作州兵"为主要内容的改革。

这三项改革措施，本质上起到了推动奴隶社会向封建社会转型的效果，表象上则体现为对"礼"的粗暴破坏以及新兴地主阶层从国君手中夺取权力的努力。

当然，"作爰田"、推进国家行政体制郡县化、"作州兵"只是晋国历次改革的一个典型代表。我列举它的用意是想说明，同处社会变迁之下，范匄的"刑书"，也在某种程度上具备了这三项改革措施的特点，即对"礼"的破坏，以及六卿对君权的分割。

因此，尊崇礼教的孔子认为"刑书"是不折不扣的"乱制"，进而对赵鞅和中行寅铸刑鼎的行为大加挞伐。

就我们现在讨论的"晋国六卿权势加重"这个话题而言，赵鞅和中行寅铸刑鼎则是一个极佳的例证。

因为，铸刑鼎不但要压制社情舆论的反对[1]，也是对君权的公然挑战。这样高风险的举动，只有在六卿牢牢把控朝政的前提下才有可能做得到。

其三，就是本章之前反复提到的，晋国六卿数次收受季孙意如的贿赂，擅自做主，不支持鲁昭公回国。

六卿如此擅权，晋定公必定从小就耳濡目染，感触良多。所以，当他即位之后，如果试图推行自己的主张——譬如送鲁昭公回国——以显示自己新君的气象，是完全可以期待的。

公元前 511 年春，晋定公制订了一个令鲁昭公欣喜万分的计划：派军队护送

---

[1]　社情舆论恨屋及乌，把对"夷蒐之法"的恶感延伸到了与"夷蒐之法"一脉相承的"刑书"上。

鲁昭公回国。

而且这一次，六卿并没有表示反对，只是由中军佐范鞅提出了一个前置审批程序：召季孙意如前来问话。假如季孙意如愿意奉迎鲁昭公回国，那就皆大欢喜，不必舞刀弄枪；假如季孙意如确实有失为臣之道，那再使用武力也不迟。

晋定公觉得这样变通一下无碍大局，便向季孙意如发出召唤。

而范鞅则赶在晋定公的使者抵鲁之前，派私人快马加鞭地抢先通知季孙意如：有我范鞅暗中转圜，你季孙意如只管放心大胆地来。

随后，季孙意如应召赶赴晋国的适历，和晋国上军将智跞会见。

智跞别有深意地对季孙意如说："寡君叫我问你，为什么赶走国君？有国君而不侍奉，是会受到刑罚的。请你认真考虑一下。"

季孙意如浸淫鲁国政坛近三十年，遭遇过的大风大浪和暗流潜涌不计其数，厚黑大法早已烂熟于心，哪有闻弦歌而不知雅意的道理？

他自然明白，智跞这是在暗示他，一定得夹着尾巴装孙子，只要给晋定公造成一种他季孙意如热切盼望鲁昭公归国的印象，那剩下来的事，六卿可以摆平，保管他季孙意如回去后还是大爷。

于是，季孙意如故意戴着练冠、穿着孝衣、光着双脚①，再次会见智跞，并俯伏在地上，用诚惶诚恐、战战兢兢的神态说："侍奉国君，正是下臣求之不得的事情啊！国君如果认为下臣有罪，就请把下臣囚禁在费地，以等待国君的发落，下臣无不惟命是从。国君如果赐下臣一死，而不绝季氏之后，那下臣死而不朽（意即即便死了也要谢谢鲁昭公不株连季氏家族的大恩大德）。如果国君愿意让下臣奉迎他回国，那正是下臣的愿望，岂敢还有别的念头？"

这番话，看似句句都很公道，其实仔细一琢磨，里面还夹带了很多私货。

大家注意看，季孙意如孝服出镜、表达认罪的态度和奉迎鲁昭公的愿望，这些都中规中矩、像模像样。但是，他同时也在不动声色地为自己脱罪。

国君出亡，执政卿以死谢罪本是常情。鲁昭公应不应允季孙意如去死尚且放在一边，为什么季孙意如要主动给出除了死之外的另两种处置措施呢（即囚禁自

---

① 此乃为近亲服丧的装扮。季孙意如假装对鲁昭公流亡的极度悲伤。

己、奉迎且继续侍奉鲁昭公）？而且，即便是死，季孙意如还提了个附加条件，那就是罪在一人，不涉家族。

很显然，这就是季孙意如的老辣之处。

你晋国六卿口口声声只要我季孙意如低头认罪，你就确保我后事无忧、富贵如昨。我先不管你说的是人话还是鬼话（当然，人话的可能性居大），关键是晋定公眼下正处在兴头上，设若你六卿最终搞不掂晋定公，而晋定公又拿着我的认罪之辞顺手把我给办了，到时候我咬你们六卿解恨啊？

因此，说是试探也好，说是暗示也罢，季孙意如如此措辞，用意就是跟晋国六卿讨价还价：配合你们演戏可以，千万把握好分寸，可别真的把老子给陷进去了。

智跞向晋定公汇报季孙意如的言行。晋定公很满意，他觉得既然鲁昭公和季孙意如一个愿意回归一个愿意迎接，这事基本就算成了，于是让智跞带季孙意如去乾侯，启动送返鲁昭公的程序。

四月，季孙意如跟着智跞去往乾侯，见到了阔别七年的君父鲁昭公。

那么，鲁昭公和季孙意如又能否如晋定公想象的那样，相逢一笑泯恩仇呢？我只能说，呵呵。

晋定公肯定没有意识到，鲁昭公愿意回归和季孙意如愿意迎接，并不等于一个愿卖一个愿买。

因为，如果做严格地区分，抛开季孙意如的虚情假意不说，鲁昭公愿意回国是一回事，愿意被季孙意如接回国又是另外一回事。

大家别忘了，鲁昭公是个智商有缺陷的人。而智商有缺陷的一个常见的表现形式就是认死理，钻死胡同，不懂得相时而动。

如果鲁昭公沉浸在对季孙意如的怨恨中不能自拔，那么，与季孙意如会面时，那种仇人相见分外眼红的汹涌激情，将会瞬间吞没鲁昭公本来就不富裕的理智，使得季孙意如的明迎暗拒能够歪打正着、轻易得手。

事实上，鲁昭公没有带给我们惊喜。他不肯和季孙意如冰释前嫌，对于季孙意如迎接他回国这种回国方式忌讳尤深。换而言之，晋定公用武力送他回国可以，季孙意如迎接他回国不行。够二的吧？

子家羁急得眼珠子都要蹦出来了，掏心置腹地对鲁昭公说："去吧去吧！一次的耻辱不能够忍受，难道终生的耻辱反而能够忍受吗？"

言下之意，别纠结于和季孙意如的私人恩怨，先回去掌管国家是正经，如果因为怄气而丢掉复位的机会，那就成了舍本逐末，只有傻子才会那样干！

鲁昭公刚有一丁点儿的动心，一群人却站出来坚决予以阻止。大家还记得随同鲁昭公流亡的臧孙赐吗？还记得臧孙赐组建的那个反对鲁昭公回国的团体吗？搅局的就是他们一伙。

鲁昭公受这帮人蛊惑，思想又回到了原来的轨道。他对智砾说："国君（指晋定公）念及晋、鲁两国先君的友谊，惠及于逃亡的人（指自己），我非常感激。但是，我就是不能见那个人（指季孙意如），如果见到他，我宁愿受到鬼神的惩罚！"

话说到这个份上，那就没有任何商量的余地了。

智砾一阵窃喜，装作惶恐、失望和无助的样子，捂着耳朵跑开，嘴里还一边嚷嚷："不敢听闻鲁国的灾祸！（真是太棒啦！）下臣向寡君转告您的意思就是了！（你怎么不早说！）"

退出来后，智砾胸有成竹地对季孙意如说："国君（指鲁昭公）的怒气还没有平息，你姑且回去主持祭祀吧！"国之重事，在祀在戎，主持祭祀，那就是摄行君权的代名词了。

与此同时，子家羁听说鲁昭公受臧孙赐那帮人的蛊惑而拒绝回国，简直要气疯了，他三脚并作两脚进见鲁昭公，急切地说："国君何不单车入鲁营，季孙意如一定会带您回去的。"

子家羁想让鲁昭公摆脱臧孙赐那帮人的纠缠，先与季孙意如会合再说；而只要会合成功，那鲁昭公回国的把握还是相当大的。

鲁昭公没主见，见子家羁态度决绝，又心意回转，打算去找季孙意如。

可惜，已经迟了。臧孙赐那帮人横得很，见鲁昭公想跑，干脆撕破脸皮，威胁鲁昭公不要轻举妄动。

鲁昭公拔了毛的凤凰不如鸡，又能奈他何？

就这样，鲁昭公回国的最后一线希望，轰然而逝了。

又过了一年，公元前510年的十二月，一个万物凋零的季节。郁郁寡欢的鲁昭公病了，仿佛一阵寒风刮过，就能将他带走。鲁昭公知道，自己已经不行了。

一个人到了将要死去的时候，都会沉下心来，细细回顾自己走过的路。那些辉煌的、潇洒的往事用以慰藉平生，那些暗淡的、蹩脚的往事则用以期待来世。

我不清楚鲁昭公到底想到了哪些事，但是作为一个旁观者，我猜测他除了庆幸自己机缘巧合过了把当国君的瘾，大概没有别的什么值得留念。

内政外交方面，被季孙意如驱逐出国且迁延时月往返他国而终不得返的悲惨结局且不说，鲁昭公之前的所作所为也乏善可陈。

例如前文曾经提到过的，十九岁而三易丧服，前后四次访晋遭拒，好不容易被大魔王楚灵王送把宝弓吧，还没捂热又被连骗带吓地要了回去。

作为一篇试图在严肃性和观赏性之间寻求某种融合的文字，《我的春秋我做主》当然要追问一句：为何鲁昭公会沦落至此？

如果把责任都归咎于他那颗先天不足的脑袋瓜子，虽然不算离谱，但显然也不够严谨。因为，按照推理的规律和要求，我们需要找到的，是介乎思想与结果之间的那个东西——行为。

在一本记载齐国贤相晏婴言行的名叫《晏子春秋》的书中，收录了这样几段对话，对我们有重大的启示。

齐景公问逃亡至此的鲁昭公："你为什么会失掉国家？"

鲁昭公说："我年轻时，有很多热爱我的人，我却不能亲近他们；还有很多劝谏我的人，我也没能采纳他们的意见。因此辅佐我的人没一个，阿谀奉承我的人却很多。这就好像秋天的蓬草，枝叶很繁茂，偏偏根很浅薄，秋风一到，就被连根拔了起来。"

齐景公认为这话说得很有水平，就转述给晏婴听，并发表自己的看法："假如让这个人（指鲁昭公）返回鲁国，他难道不会成为圣贤之君吗？"

晏婴嗤之以鼻："怎么可能？愚蠢的人总是喜好悔恨，昏聩的人总是认为自己贤明，溺水的人总是不探察水流，迷路的人总是不打听道路。溺水以后再探察水流，迷路以后再打听道路，这就好比面临外敌入侵时才急急忙忙地去铸造兵器，吃饭噎着以后才急急忙忙去挖井取水，即便再快，也来不及了。"

鲁昭公承认自己不能亲近贤人，不能听取忠言。晏婴则更进一步，指责鲁昭公明明知道要亲近贤人、要听取忠言，但就是不去做，每次等到火烧眉毛尖了，才想起自救，结果于事无补，实在是咎由自取。

晏婴的话，想必大家看着不会觉得突兀。鲁昭公三番五次置子家羁的忠言于不顾，屡屡出昏着、下臭棋，自残自损无极限，说他自己把自己玩死了，还真没冤枉他半分。

当然，作为斗鸡之变的内生动力，季氏的擅权以及三桓在重大利益面前抱团的大然属性和初始技能，更是我们研究春秋时期鲁国政治时，应该格外予以关注的决定性要素。

说得再通俗点，三桓主导鲁国政局乃长久之"势"，斗鸡之变乃局地之"相"。三桓畸形壮大若此，即便换个鲁君，也会有斗狗之变、斗蝈蝈之变、斗地主之变，变的是形式，不变的是形势。

公元前510年的十二月十四日，鲁昭公身故。《春秋》载言："公薨于乾侯。"这是说鲁昭公死不得其所。中国人讲究要寿终正寝，死在他乡异国，魂灵是得不到安息的。

鲁昭公死后，晋国六卿赵鞅与一位叫墨的晋国史官，有过一段探讨斗鸡之变的对话。

赵鞅问："季氏赶走鲁君，任鲁君死在外面，而鲁国民众和各国诸侯都无动于衷。这是为什么？"

史墨答："鲁国数世政出于季氏，人们都快要忘记鲁君了，又有谁会去怜悯鲁君而惩罚季氏？土地没有固定的主人，君臣没有不变的关系，自古以来就是这样，季氏强盛而鲁君衰弱又有什么稀奇？"

史墨目光深邃，明察秋毫。季孙意如携祖上三世执政所累积的权势，兼有二桓命运共同体支撑，要想搞掂鲁昭公是毫无悬念的。而且天下本无主，唯有德者居之，千秋万世只是一腔美好的愿望，没有哪一支血脉能够永久地占据一个政权，君臣异位只是时间问题而已。

但是，我不知道史墨有没有意识到一个更深层次的问题。

就鲁国而言，所谓君臣，存在两种对应关系，一是鲁君与卿大夫，二是卿大夫与家臣。

当卿大夫的实力空前膨胀时，确实有取国君而代之的可能（例如鲁昭公流亡期间，季孙意如就实际上行使着国君的大部分职权），这也是春秋晚期各国政局的大势所趋（典型的如晋国六卿和齐国陈氏）。

而随着卿大夫实力的空前膨胀，卿大夫家臣的权力也在水涨船高，一发不可收拾。

那么，有一种政治权力的让渡与转进方式就应运而生了。即当某位强悍的卿大夫死了而其继承人又孱弱不堪的时候①，其家臣因为摄行家政，从而实际上行使着卿大夫的职权。

如此一来，这位强悍的家臣就可以利用卿大夫过往累积的权势，跳出"家"这个政治实体的框架，对"国"这个政治实体施与重大的影响。

了解了这一点后，回过头来再咀嚼史墨提出的"君臣异位"，我们就会有新的体会。

原来，君与臣相互关系的转化，并不仅仅限于国君与卿大夫之间，卿大夫与家臣一样能行，甚至于说，国君和家臣也行。

这种家臣跃然于庙堂之上的奇观，就是学者们研究鲁国历史时所津津乐道的"陪臣执国命"。它是三桓集权的高阶表现形式，也是三桓这出春秋大戏下一次粉墨登台时不可错过的主要看点。

深喉

吴、楚争霸是春秋末年浓墨重彩的一出重头戏。

它之所以抓人眼球，不仅仅是因为吴这个以前毫不起眼的诸侯国，竟然以令人匪夷所思的速度崛起，进而和北方诸侯一百多年来需抱团儿抵御的超级大怪兽楚国打得难解难分；还因为，长江下游作为一个新兴的政治板块闪亮登陆春秋大舞台，极大地丰富了中原争霸的表现形式和演进方式。

---

① 虎父常有犬子，譬如秦始皇之子——短命的秦二世，刘备之子——扶不起的阿斗。

在前文中，我陆陆续续讲述了吴国发展壮大的历程以及吴、楚间早期的争斗。至《伍子胥入吴》，止于公元前 515 年夏，吴国公子光弑吴王僚而自立为吴王（史称阖闾）。

吴、楚势难两立，不分生死无由收场。而当吴国击败楚国的政治诉求，灌注了阖闾的野心与能力，并承载了伍员一雪杀父之仇的愿望后，会变得异常强烈。

所以，一个贯穿楚国攻破郢都的远征计划，已在吴国君臣的盘算之中。

吴国和楚国，其各自的核心区域，一个位于长江下游南岸的太湖平原，一个位于长江中游北岸的江汉平原（附带南阳盆地），基本上处在同一纬度。

两大政治板块的交汇地带，是江淮平原的中部，即环巢湖平原地区。

无论是谁，要想把自己的势力推向对方的地盘，必然会首先经由江淮平原中部。换句话说，无论是谁，要想取得吴、楚争霸的优胜态势，就必须先取得江淮平原中部的主导权。

因此，争夺江淮平原中部，是吴、楚争霸的战略基石。吴、楚双方针对对方的所有谋划和布局，都是围绕江淮平原中部而展开。这一点，请大家务必牢记，否则，将无法理解柏举之战的精妙之处。

既然江淮平原中部如此重要，本书当然有必要介绍一下它的地缘结构。

（下述内容强烈建议对照地图阅读）

整个江淮平原，是一个 C 形的封闭结构。

江淮平原的西部是封闭结构的底，由桐柏山和大别山首尾相接而成。在桐柏山和大别山之间——今河南省信阳市南部——有一条山谷，经由此处可以从江淮平原去往楚国的核心区域江汉平原。

作为沟通两个独立地缘板块的交通要道，这条山谷的战略价值是显而易见的。因此，从古至今，人们都在这里修建关隘以达成某种政治军事上的目的。

今天，人们习惯用"义阳三关"来指称这些关隘。义阳的由来，是因为南北朝时期，该地区属义阳郡管辖。三关的由来，是因为这条山谷又辟为三条独立的狭道，故而分设了武胜关（京广铁路即贯通此处）、九里关、平靖关三个关口。

义阳三关在春秋时代还未修筑成后世那般坚固的模样，当时它们分别被称作直辕、大隧、冥阨，从名称可以很直观地看出，它们已经具备了一定的封锁或是阻碍功能。

桐柏山和大别山为底，它们两侧各向东伸展出一道边。其中，上边是从桐柏山西北部发源而蜿蜒流淌的淮河，下边则是从大别山东南侧辗转路过的长江。

作为长江流域首个崛起的大国，楚国率先在江淮平原取得了较大的战略纵深。具体表现为：淮河沿线的蔡国、徐国和钟吾国，先后拜倒在楚国门下；而且在江淮平原中西部，楚国还设立了多个军事要点，如六地、潜地、州来、钟离等。

作为周王朝东南区域实力超群的大国，吴国的生存环境较为宽松。虽然长江下游适于过江的渡口极少，但吴国通过长年的渗透，依然在江淮平原中东部拥有了较大的话语权。

了解了江淮平原中部的地缘结构后，我们就可以尝试着规划一下吴国远征楚国的进军路线。理论上，可以分为三条。

第一条是走水路。溯长江而上，穿彭蠡泽（鄱阳湖的前身）和云梦泽（洞庭湖的前身），在郢都（今湖北省荆州市荆州区西北）城南上岸，直捣楚国的后门。

第二条是走陆路。逐步攻占楚国在江淮平原中部和西部的土地，然后从义阳三关南下进入江汉平原。

第二条是水陆混路。先溯淮河而上，至蔡国后，或选择在北岸登陆，攻打桐柏山和伏牛山之间的方城，然后经由南阳盆地进入江汉平原；或选择在南岸登陆，然后从义阳三关南下进入江汉平原。

那么，这三条进军路线，到底哪一条最经济适用呢？下面我们逐一展开分析。

第一条水路，吴军选择它的可能性微乎其微，原因不仅在于溯流而上的难度太大，还在于楚国水军有了长足的进步。

吴国虽然以水战冠绝天下，但楚国经过长期对吴战争的磨砺，其水军的建设已远非昔日可比（前文记述过楚国水军主动出击和局地击败吴国水军的案例）。

吴国水军要想击败楚国水军，并没有百分百的把握，在溯流而上的情况下，胜算还要再打一个大的折扣。

加上彭蠡泽是楚国的水军基地，吴国水军倘若客场攻坚，已无优势可言。即便有幸通过彭蠡泽，那接下来在楚国的内水中继续西行，也不过是强弩之末罢了。

第二条陆路，吴军对它的考虑会相当谨慎。

楚国是一个陆军强国，连巅峰状态的齐国和晋国都忌惮它三分，以水战见长的吴国，虽然在习得车战之法后陆战功力突飞猛进，但还没到强压楚国一头的地步。

更重要的是，陆路的行军方向上，层层叠叠都是楚国的军事据点。我敢保证，如果吴军朝着郢都踏步前进，那它最好的结局就是成为拿破仑和希特勒攻打莫斯科的翻版。

而且过往的事实证明，吴国和楚国的战略平衡线就是巢湖周边。

楚国发挥得好，偶尔可以攻取朱方（所在有争议，约在今江苏省中部）；吴国发挥得好，偶尔可以攻取栎邑（今河南省新蔡县）和鸡父（今河南省固始县东南）。

其余绝大多数时候，双方鏖战的处所还是在江淮平原中部的六、潜、州来、钟离、巢、驾、鳌、厖诸地。

显然，吴国不会置这些战例的示范意义于不顾，勉为其难走陆路直捣郢都。

但我们要注意一点，栎邑和鸡父，到今信阳的航空距离分别不超过一百二十公里和一百六十公里，到义阳三关的距离还要进一步缩短。

吴军既然来过栎邑和鸡父，想必对义阳三关北部的地形地貌已然知悉。这一点，是吴军最终确定进军路线时，至关重要的参考依据。

第三条水陆混路，同样是机遇与挑战并存。

鉴于江淮平原东部是吴国的势力范围，所以吴军可以从吴江入东海[①]，然后不受人为干扰地沿海岸线北上并进入淮河河口。

但对吴军不利的是，淮河下游北岸、中游两岸以及上游两岸，几乎都被楚国控制。

具体而言，下游北岸的钟吾和徐国受楚国的节制；中游北岸的夷地和南岸的州来、钟离，是楚国的军事据点；上游在楚国及其小弟蔡国境内。吴军如果溯淮河而上，依然存在着风险。

但我们又要看到，这种风险相对而言较小。因为，淮河流域大部分处于楚国势力范围的边缘地带，楚国对它的影响力比较薄弱。

---

① 吴江又名松江，是沟通太湖和东海的水道，也是苏锡常平原和杭嘉湖平原的分界线。

例如，钟吾和徐国，只是把楚国看作对抗强邻齐国的倚仗，并无死忠楚国的想法；夷地是楚国遥远北方的门户，宜自守而不宜出击；州来和钟离处在抗吴一线，时不时被吴军夺取，自身并不稳固；蔡国作为一个正宗的姬姓国家，屈从于楚国的淫威，常怀北归之意。

因此，如果能够收伏或者策反钟吾、徐国和蔡国，同时保持对州来和钟离的陆路军事压力（不可否认这很难），那吴军至少可以安全地走完水陆混路中的水路。

接下来的陆路，到底选择在淮水蔡国段的北岸登陆还是在南岸登陆，则不需要花费吴人太多的脑筋。

走北岸的话不但路途遥远，并且必须要攻克方城。而方城是楚国国防的样板工程，有重兵屯守，其坚固程度相当于二战时期法国的马其诺防线，齐国和晋国都避之不及，吴国没有任何理由要去硬碰硬。

反之，走南岸的话不但路途减省，而且吴人对义阳三关北部的地形地貌熟悉，可以较为快捷地前插。

通过比较三条进军路线，不难发现，走陆路肯定不行，可以首先排除。走水路和走水陆混路相比，走水路危险系数更大，走水陆混路操作更复杂。但是对于阖闾和伍员而言，追求的是痛击楚国的结果，而操作过程复杂一点儿，麻烦一点儿，多留点儿汗，多费点儿神，是他们愿意承受也能够承受的付出。

所以，吴国只可能选择走水陆混路进军，即溯淮河而上，在蔡国登陆后折转向南，继而穿义阳三关入江汉平原，最后兵锋直指郢都。

大的方针策略判定后，接下来，我们就看吴国如何分片分段的进行战术实施。

当然，为了保持与前面章节的衔接，也为了给后面章节的延续做出铺垫，我还是得采取序时的叙述方式。因此，本章的故事情节，要从公元前515年楚国的一桩政治陷害说起。

当年春，吴国的公子掩余和公子烛庸率军攻打楚国，孰料陷入楚军的包围，兵败后一个投奔徐国，另一个投了钟吾国（这两个国家很眼熟对不）。

而楚国也没有趁吴国动乱（即吴王僚遇刺）而攻打吴国，在击溃公子掩余和公子烛庸率领的吴军之后（此即潜地之战），楚军就打道回府了。

楚军没有乘胜追击，原本是个孤立的事件，但在某些有心人的运作下，它和误国扯上了关系，进而转化成了一个杀人的借口。

构架起这桩案子的主要人物有三个。

第一个是费无极，大忽悠，资深反派，搞政治陷害的专业户。栽在他手里的人包括太子建、伍奢、伍尚、伍员、朝吴，这些我在前文中都已经做过交代。

另外还有一个未曾交代的受害者叫蔡侯朱，他是蔡平侯之子。蔡侯朱那点事不在本章的主线上，只简单地说说。

公元前 521 年，蔡平侯逝世，本应由蔡侯朱继位。但一个叫东国的蔡国公子意欲争位，就贿赂费无极以谋求获取楚国的支持。费无极巧舌如簧，上哄下骗，最后把这事给办成了，东国继位为蔡悼侯。

第二个是令尹囊瓦，此人身居高位，但偏偏像个没有见识的九品芝麻官一样，贪恋财物，而且轻信谗言。

第三个是左尹郤宛，他就是那个因不忿父亲伯宗被三郤害死而投奔楚国并担任过楚国太宰的伯州犁的儿子。

郤宛在前文中只匆匆露过一面，即楚国调兵遣将包围吴国公子掩余和公子烛庸的那一仗中，他曾率兵驻扎于潜地。

郤宛是个品格正直，但性格却很温和的人，在楚国拥有良好的口碑。

然而，有两个人却嫉恨郤宛，一个叫鄢将师，是楚王亲兵的重要将领；另一个就是费无极。费无极素来以整人为乐，所以大家也就别追问他为什么会嫉恨郤宛了。

费无极要整郤宛，自己却没有这个权力，于是他又擎出了"借刀杀人"这招屡试不爽的绝技。而这一次他借刀的对象，是当朝令尹囊瓦。

费无极的阴谋照例轻巧而又周密。他首先对囊瓦说，郤宛要请你喝酒。然后又对郤宛说，囊瓦要到你家里去喝酒。

郤宛说，令尹纡尊降贵来我家喝酒，这是对我的恩赐，可是我没有合适的礼物酬谢令尹，如何是好？

费无极说，很简单，令尹喜欢皮甲和武器，你准备五件皮甲和五种武器，放在门口，等令尹来的时候，趁机献给他，他一定会很喜欢。

到了囊瓦去郤宛家那天，郤宛就如费无极所言，把五件皮甲和五种武器摆放在门边，用帷幕遮起来，只等囊瓦观赏。

费无极闻讯后立即对囊瓦说："我几乎陷您于险地。子恶（郤宛之字）打算谋害您，皮甲和武器都已经放在门口了，您一定不要去！"

见囊瓦动怒，费无极又火上浇油："潜地的那次战役，我们本来可以乘胜追击，都怪郤宛受了吴国的贿赂，说什么乘人动乱（吴王僚遇刺）而进攻不吉祥。果如他所言，那我们有丧事，吴国为什么要攻打我们呢（潜地之战的起因是吴国伐楚平王之丧）？"

暴跳如雷的囊瓦派人去郤宛府上察看，赫然发现有兵甲隐藏在帷幕之中，当下对费无极的话深信不疑。随即召鄢将师来，令他攻打郤宛（当时楚昭王年幼，故囊瓦得以调动王室亲兵）。

鄢将师正中下怀，于是大起刀兵，一边攻打，一边纵火焚烧郤府。情势纷乱，郤宛百口莫辩，羞愤之下怆然自戕。

鄢将师眼睛都不眨一眨，将郤宛的族属屠灭殆尽（只有郤宛之子伯嚭侥幸逃往吴国）。完了还不收手，又擅自做主，将与郤宛关系密切的人——前令尹阳匄之子阳令终以及阳令终的两个弟弟，还有大夫晋陈及其子弟统统杀了。

一日之间，郢都城内死尸伏地，血流成河。这一下闹大了。

晋陈的族人在街市上哭喊："费氏和鄢氏以君王自居，专权祸国，削弱王室，蒙蔽令尹以谋取私利，国家可怎么办哪！"

喊冤的我们见得多了，但像晋陈族人这般喊出水平来的不多。他们在控诉费无极和鄢将师的同时，把囊瓦与之区别开来，说囊瓦是受到了费无极和鄢将师的蒙蔽。这就为囊瓦以忠良自居进而惩治奸佞营造了心理基础和舆论氛围。

《左传·昭公二十七年》记载，囊瓦听了后，"病之"。

"病"这个字做动词用时，语意非常丰富，什么恐惧、忧虑、愤怒、失落等不爽的心情，统统能够表达。

我们可以想象，囊瓦的心里，是五味杂陈的，某些想法，肯定已在蠢动之中。

而且事态还在继续发酵。郢都城内的人们，怨言不止；将楚王的胙肉分发给众卿大夫的使者，也纷纷指责囊瓦。囊瓦现在已经如坐针毡。

沈尹戌对囊瓦说："左尹（指郤宛）和中厩尹（指阳令终），没有罪名在外，您却杀了他们，人们能不毁谤如潮吗？一个仁爱的人，即使叫他杀人来掩盖毁谤，他都不干；您现在杀人招引了毁谤，却不思补救，是不是昏乱得太过分了？无极最喜爱诬陷他人，去朝吴、出蔡侯朱、丧太子建、杀连尹奢（即伍奢），楚国何人不知谁人不晓？先君平王温和仁慈、恭敬节俭，本来可以建立超越成王和庄王的功业，就是因为接近了无极，所以不能得到诸侯的拥戴。如今，无极又和鄢将师假传您的命令，擅自灭除了三个名门望族（指郤氏、阳氏和晋陈氏），这是要祸及于您的征兆哇！吴国刚立了新君，东部边境危机四伏，如果这个时候发生战争，您内外交困，请问如何应对？"

沈尹戌说一句，囊瓦就肉颤一下。等沈尹戌的话终了，囊瓦已然汗透重衣。保全自己要紧，不能再犹豫了！九月十四日，囊瓦将费无极和鄢将师双双合族处死，郢都城内，再度流血漂杵。

楚国的政治陷害案至此讲完了。我之所以要从这个案子说起，其实是想引出对楚国当政者和吴国当政者能力素质的比较。

楚国的实际掌权者囊瓦，诚如上面那个案子所展示的一样，贪残不仁，导致内政紊乱，显然不是国之良人。

吴王阖闾则从当王子开始就显露出了极其高超的指挥和运筹能力，即位以后，更是励精图治，使得吴国的国力突飞猛进。

关于阖闾施政的状况，后来继囊瓦担任楚国令尹的公子申[1]曾有过一段描述。

他说："昔阖庐食不二味，居不重席，室不崇坛，器不彤镂，宫室不观，舟车不饰，衣服财用，择不取费。在国，天有灾疠，亲巡孤寡，而共其乏困。在军，熟食者分，而后敢食。其所尝者，卒乘与焉。勤恤其民而与之劳逸，是以民不罢劳，死知不旷。"

大意就是：阖闾很勤勉、很节俭、很体恤百姓和士兵，获得了吴人的倾心拥戴。

这番话放在春秋时代的语境中，是一种很高的评价。但是，对于想要了解柏

---

① 楚国有两个公子申。之前的是右司马公子申，于公元前571年死于国内的政治斗争。

举之战前奏的我们来说，未免太过笼统，太过片面。

毕竟，吴、楚争霸是一种系统的比拼，吴国要想痛击楚国，必须在军略和政略上做出全方位的布置与积累，单靠争取民心显然是远远不够的。

那么，阖闾究竟为伐楚做了一些什么准备工作呢？我结合自己的见闻，从以下两个方面进行论述。

一是任用孙武主持吴国军务。

孙武就是大名鼎鼎的孙子，他乃齐国陈（田）氏的后裔，他的曾祖父陈无宇，曾在前文中有过活动记录。

关于孙武为什么会由齐国来到吴国，宋人邓名世在其《古今姓氏》一书中有这样的记载："（孙武）以田鲍四族谋作乱，奔吴为将军"。

所谓的"田鲍四族谋作乱"，就是指公元前545年陈、鲍、高、栾四氏杀庆封之事，当时，齐国非常动荡。

至于孙武治军的详细情况，没有太多的史料可供咨询。但是，《史记》记载了一个流传度很广的故事，足以反映孙武的水准。

孙武来到吴国，向阖闾献上了自己的心血之作——被称为《孙子兵法》的十三篇兵法。

《孙子兵法》为后世兵家所备至推崇，被誉为"兵学圣典"，置于《武经七书》之首，至今仍是世界上最声名显赫的兵家经典。

不过，《孙子兵法》刚问世的时候，其实践效果尚未彰显。因此，阖闾拿着它，还掂量不准轻重，就客客气气地对孙武说："兵书我已经看过了，可以小规模地试着指挥军队吗？"

孙武不动声色地说："可以。"

阖闾故意增大难度，又问："可以用来指挥妇女吗？"

孙武依然斩钉截铁地说："可以。"

阖闾将信将疑，便从后宫中挑出一百八十名美人，交由孙武演练，自己则在高台上观看。

孙武把美人分为两队，每队由一名阖闾的宠妃领头担任队长，再每人发给一支戟，然后对她们训话道："你们知道自己的心、左手、右手和背吗？"

美人们以为自己听错了,如此简单的东西,还有必要问?看来孙武这人有点儿傻。遂哂笑着回答:"知道!"

孙武接着训话:"我说向前,你们就看心口所对的方向;我说向左,你们就看左手所对的方向;我说向右,你们就看右手所对的方向;我说向后,你们就看背所对的方向。"

美人们心想,放心,老娘又不是猪,不会把左手右手前胸后背当作地下天上的。遂参差不齐地答道:"是!"

号令宣布完毕,孙武命执事摆好斧钺等刑具,再次宣布号令。准备就绪,就击鼓发令,叫美人们向右。

花容月貌的美人们握着杀气腾腾的戟,本就是一幅极不协调的画面。她们相互一打量,觉得世界上最滑稽的事情莫过于此,于是乎置孙武的命令于不顾,只是咯咯地笑个不停。

孙武也不气恼,神情自若地说:"纪律还不清楚,号令还不熟悉,这是指挥官(指他自己)的过错。"又三令五申,反复讲解命令。

讲解完毕,再次击鼓发令让美人们向左。

美人们大概觉得孙武跟一帮娘儿们较真儿,实在是可笑到家了,愈发开怀大笑。校场上东偏西歪、聒噪不止,哪还有半点儿演练兵法的严肃气氛?

孙武骤然发飙,他威严地说:"一开始纪律不清楚,号令不熟悉,是指挥官的过错。现在纪律讲得清清楚楚,却仍不遵照号令行事,那就是吏士(指小头领)的过错了。"言罢,将担任队长的两名美人抓起来,准备就地正法以肃军纪。

阖闾望见宠妃有难,急得浑身冒汗,赶紧派一个随从去救驾。随从施展八步赶蝉的绝技,一口气冲进校场,差点儿没撞到孙武的脸上。

随从气喘吁吁地传达阖闾的旨意:"寡人已经知道将军善于用兵了。寡人要是没了这两个侍妾,食不甘味、睡不安寝,请你手下留情。"

孙武不为所动,冷冷地说:"我既然已经受命为将,那将在军中,国君的命令也可以不接受。"不管三七二十一,毅然下令行刑。

随着刑刀呼啸而落,两名宠妃的哇哇呼救戛然而止,只剩下鲜血在断开的脖颈处咝咝喷射。

转瞬之间，喧闹的校场忽然变得鸦雀无声。那些原本儿戏视之的美人，如同中了魔似的，脸色煞白，一个个站得笔直，排得齐整，如同刀切过一般。

孙武令原本排在每队第二位的两名美女继任队长，接着发号施令，继续演练。

奇迹就此发生了。这一次，美人们如臂使指，井然有序，前后左右、跪倒起立，无不符合要求。

孙武派人向阖闾报告："队伍已经操练结束，大王可以来视察她们的演习。任凭大王怎样使用她们，即使叫她们赴汤蹈火也办得到！"

阖闾叹为观止，于是任命孙武执掌军权。孙武由此如鱼得水，成为吴国称霸的功勋人物。《史记·孙子吴起列传》称："西破强楚，入郢，北威齐晋，显名诸侯，孙子与有力焉。"

二是任用伍员主持吴国政务。

《吴越春秋》中言简意赅地介绍说，伍员设计重修了吴国的都城、添置了防具、充实了粮储。《吴越春秋》还用丰富的笔墨讲述了伍员推荐要离刺杀庆忌，以及邀请干将、莫邪为阖闾铸造宝剑的故事。

学术界常常诟病《吴越春秋》的严谨性，认为它记述的内容过于戏剧化甚至玄幻化，不可完全当真。我原则上不反对这种观点，但于此处亦有自己不同的看法。

譬如要离刺庆忌和干将莫邪铸剑的故事，真实度确实比较低。不过，假如我们跳脱出对历史细节本身的纠缠，而去考察历史细节所反映的历史趋势，那我们就会有更加深刻的认识。

要离刺庆忌的故事反映了什么？反映的是阖闾清除政敌、稳定政局的努力。要知道，阖闾以流血政变而上位，骤然改变权力秩序，必然会引起既得利益者的反扑，如果不着重加以整肃，那别说施展抱负，就连基本的生存安全都成问题。

干将莫邪铸剑的故事反映了什么？反映的是阖闾提升武器装备现代化水平的努力。要知道，楚国的铁剑以精良而闻名于天下，吴剑的品质若不能超越楚剑，吴军和楚军对阵时就会吃大亏。

至于添置防具、充实粮储的记载，虽然仅见于《吴越春秋》，但那也是巩固国防、蓄力伐楚的必要准备，吴国任谁当政都能想得到。

因此，《吴越春秋》中记述伍员施政的文字，是符合历史逻辑的。我们从辩证的精神出发，举一反三，应该能够窥一管而知全豹。

接下来，单独说说伍员设计并重修吴国都城。这件事情在诸多文献资料中都有记载，其真实性不容置疑。

关于这座新都的精确位置，现在还未判明，如今苏州、无锡、常州三座城市各执一词，都说自己是正主。但是，新都紧靠太湖而建，应该是一个没有争议的共识。

伍员重修的新都与以往的旧都相比，最大的创意就是设立了水门。如果没猜错，这应该是中国古代城邑设立水门的最早记录。

吴国地处江南水乡，境内沟渠纵横。伍员因地制宜设立水门，使城内的沟渠与城外的沟渠相接，乍一看也不是什么惊人之举。

不过，事情没有你想象的那么简单。

伍员的眼光已经远远超出这些沟渠而落在了太湖之上，他设立水门的意图，是想在城外沟通一条水路，把原本不能走水路直达的国都与太湖连接起来。

而把吴都和太湖用水路连接起来的目的，当然不是为了方便阖闾游山玩水和方便吴人去太湖打鱼。伍员的终极目标，一是伐楚，二是伐越。这句话怎么理解呢？

吴国作为一个水资源极其丰富的国家，其人民擅长于在水上活动。他们有一种思维习惯，即办任何事情时，都尽量发挥自己的水上优势。这是一个基本的前提。

而太湖地处江东地区的腹心，水面宽阔，支流众多且呈发散状。从运输的角度看，太湖就是一个天然的中枢节点。

因此，伍员将吴都与太湖相连，就可以便捷地把吴都的兵员和辎重转场到太湖，进而向四面八方输送，以满足战争和殖民的需要。

可为什么我说，伍员把吴都和太湖连接起来的终极目标是伐楚和伐越呢？话说当时，太湖并未与长江相通（长江是从吴国去往楚国的捷径），也并未与杭州湾相通（杭州湾以南是越国的核心区域）啊！

这就要考验一个人的眼光深远与否了。发人之所未发，见人之所未见，永远是衡量政治才干的重要标准。

如果连普通人都能轻易参透修水道兴兵事的玄机，那伍员作为吴国霸业领军人物的响亮名头，岂不得大打折扣了？

关键的因素还是水。江东地区水网的稠密程度是极高的，太湖的支流虽未与长江以及杭州湾直通，但其实也差不太多了。那些密集分布的自然河湖之间的距离非常小，小到只要挖掘一条短短的沟渠，就能彼此相通。

也就是说，要想使太湖的支流与长江以及杭州湾直通，只需挖一条或几条人工渠就够了。而这，对于世居水乡泽国、水利工程经验丰富的吴人来说，并不算难。

伍员的计划是再沟通两条水道。第一条水道从太湖向西，直达长江东岸的今安徽省芜湖市。第二条水道从太湖向南，在杭州湾的北岸入海。

有了这两条河道，吴国向楚国东部和越国北部进军，就容易多了。

而后，伍员的计划得到贯彻落实。沟通吴都和太湖的水道修成，被称作胥江；沟通太湖和长江的水道修成，被称作胥溪（又称胥河）；沟通太湖和杭州湾的水道修成，被称作胥浦①。它们的名字默默镌刻着伍员不朽的功绩。

胥浦的功能，脱离了吴楚争霸的主题，所以我们先放一边，只说说胥溪的功能。

我在前面分析过了，吴国深入打击楚国的三条备选路线中，走最南边的水路溯长江西上并不可取。那么，这条便于吴国向长江运送兵员和辎重的胥溪，到底价值几何呢？

这就要回到本章篇首关于吴、楚争霸以江淮平原中部为战略基石的论点。

胥溪的西头是今日的芜湖，从芜湖渡过长江，马上就能进入江淮平原中部的核心区域。因此，加强吴国对江淮平原中部的控制力度，才是伍员开挖胥溪真正的用意所在。

---

① 胥浦完成的时间较晚，大致在公元前 494 年夫椒之战以后。

看到这里，估计大家又会产生新的疑问：吴国加强对江淮平原中部的控制力度有什么用？海棠你不是说，吴国深入打击楚国的三条备选路线中，走陆路逐步攻占楚国在江淮平原中部和西部的土地也行不通吗？

这个问题的答案，正是柏举之战的精髓之所在，所谓正奇相合，虚实难辨是也。下面，我们按时序慢慢咀嚼，细细感受柏举之战的暴力美学。

公元前 512 年，吴国分别向徐国和钟吾国发出外交照会，要求它们引渡各自收容的吴国逃亡公子掩余和烛庸。

徐国和钟吾国虽然不敢公然对抗吴国，但也不肯乖乖就范。于是，掩余和烛庸不约而同地逃到了楚国。

楚国当然很高兴，又是封地又是为之筑城，打算拿掩余和烛庸做点文章，狠狠地恶心吴国一把。

吴国当然也很高兴，因为索要掩余和烛庸本来就只是个托词，找个借口向徐国和钟吾国用兵才是真义。

当年十二月，阖闾攻打钟吾国，逮捕了钟吾子。继而又攻打徐国，修筑堤防将山水灌进徐都，赶在楚国援兵抵达之前，一举灭亡了徐国。

徐子绞断头发（表示愿从吴国断发文身之俗），携夫人以降。阖闾另择一地安置徐子，可徐子在迁徙的途中逃往楚国。楚国救援不及，便把徐子安置在了夷地。

将徐国和钟吾国纳入囊中具有十分重大的意义，它使得吴国占领了淮河下游的北岸之地（吴国原本就控制了淮河下游的南岸之地，如今又控制了北岸），确保了吴军从东海进入淮河并溯流起航的绝对安全。

接下来，摆在吴国面前的障碍是淮河中游密集分布的楚国军事据点，吴国在陆军战力不占优势的情况下，有没有牵制甚至压制楚国的可能呢？

类似的疑问，曾经萦绕在前晋国中军将智䓖的心头。当时，晋、楚争霸也是进入了相持阶段，晋国想要胜出，但又力不从心。于是智䓖为晋国规划了一套足以写进军事教科书的经典策略，即三驾制楚。

三驾制楚的核心要义就是疲敌。把晋国现有的军事资源分成三份，每次调一份出来，轮流与楚国周旋。

楚国经年累月全力应付晋国分力的袭扰，自然疲乏不堪并最终丧失了反应能力。晋国正是依靠三驾制楚的战略，书就了悼公复霸的辉煌篇章。

晋国三驾制楚的往事并不久远，其成功的经验昭然于前，就看吴国能否从中汲取榜样的力量了。

而对于楚国来说，很不幸的是，那个本是楚人的吴人伍员，就准备依葫芦画瓢，借用晋国的技法，让楚国遭二道罪。

甫一攻下徐国和钟吾国，阖闾就向伍员咨以伐楚之策。

伍员说："楚执政众而乖，莫适任患。若为三师以肆焉，一师至，彼必皆出。彼出则归，彼归则出，楚必道敝。亟肆以罢之，多方以误之。既罢而后以三军继之，必大克之。"

伍员建议阖闾组建三支快速部队，轮流袭扰楚国，打一下就跑，跑一下又打，打跑跑打循环往复，搞得楚国神魂颠倒，最后趁其虚脱和麻痹，再以重兵出击，攻城夺地。

我相信阖闾听到这番鼎定乾坤的真知灼见时，一定产生了热烈拥吻伍员的念头。作为旁观者的我们，亦应从伍员的构思中，体会出脯溪这条战略通道对短平快战术的决定性支持。

公元前 511 年秋，吴国执行伍员制订的三师肆楚计划，展开了一系列令楚国眼花缭乱的攻击行动。

一部吴军首先攻打夷地。等楚军北上救夷时，另一部吴军又侵袭南边的潜地和六地。待楚国左司马沈尹戌率军赶至潜地，吴军已然退走。

沈尹戌见潜地城邑破败，只好迁邑于潜地北面的南岗，筑城而还。

孰料，又一部吴军衔枚疾进，竟然包围了弦地。弦地距离信阳约六十公里（距离义阳三关更近），这也是吴军有史以来最接近郢都的一次行动，相当于一拳打到楚国面门上了。

楚国如临大敌，沈尹戌人不及卸甲马不及卸鞍，与右司马稽风尘仆仆地率军救援弦地，可是才走到豫章，吴军就已退回。沈尹戌追赶莫及，无奈之下打道回府。

可楚军刚一掉头，再一部吴军斜刺里杀了出来，以迅雷不及掩耳之势直奔养地，将盘踞于此的吴国流亡公子掩余和烛庸抓走。

那一刻，楚国甚至来不及做出任何救援动作。显然，他们已经被吴人搞得晕头转向了。

频传的捷报，可以视作吴国的战略佯动已经小有成就。

吴国攻打淮河以北的夷地和养地，本是为了化解日后溯淮河而上时有可能遭受的侧面攻击，但这并没有引起楚国的警觉。因为楚国想当然地认为，吴国这是为了追捕徐子和两位吴国流亡公子。

而攻打江淮平原中西部，令楚国在陆上吃紧，则迫使楚国收缩兵力，无形中降低了对淮河中游水道的看管力度。

用兵于楚国东部的同时，吴国也没忘记防范越国。毕竟，吴国要想千里奔袭郢都，其兵力必然倾巢出动，倘若越国从背后突然来袭，吴国就会有螳螂捕蝉黄雀在后之虞。

吴国防范越国的措施相当激进。公元前 510 年夏，吴军主动攻打越国，意欲提前消除越国袭吴之势。

史籍没有记载越国遭受了多大程度的损伤，但有一点可以肯定的是，只要越国没有亡国，那它和吴国对着干的想法就不会泯灭，这也成了后来影响柏举之战进程的一个重要因素。

一切都在按照吴国的设想有条不紊地进展，但仍有一些出乎吴国意料的惊喜不期而至。那个贪残不仁的楚国令尹囊瓦，为了谋取一己私利，不知不觉为吴国打开了两扇通往郢都的大门。

公元前 509 年，蔡昭侯访问楚国，他随身带着两套奢侈品，每套包括一块精致的玉佩和一件华美的皮衣。

蔡昭侯把其中的一套献给了楚昭王。两位国君会晤的时候，就一人穿戴一套，俱各光彩照人，十分抢镜。

谁知，囊瓦看在眼里、馋在心上，暗暗生出了强取豪夺之意。

会晤结束后，囊瓦拦下蔡昭侯索要玉佩和皮衣。蔡昭侯和随从们一合计，决定不给。

囊瓦流氓劲上涌。不给对不对？来人，给我拿下！于是把蔡昭侯羁押了起来。

同一年，唐成公①带着两匹叫骕骦的宝马访问楚国。

巧的是，囊瓦又看上了。接下来复制囊瓦和蔡昭侯过招的流程。囊瓦要，唐成公和随从一合计，决定不给，囊瓦悍然将唐成公羁押。

蔡昭侯和唐成公从此就在楚国的黑牢里度日，他俩还有戏份等着上演，不过那已是三年之后的事了。利用这个空当，我们先把目光转向吴国和楚国的争斗。

公元前508年秋，吴国三师肄楚之计继续施行，并取得了预期中攻城夺地的斐然战果。

因吴国策反舒鸠氏之故②，楚国令尹囊瓦在豫章集结军队，准备伐吴。

吴国明里派水师赴豫章迎敌，暗里却在巢地附近集结陆军。当年十月，吴国水师在豫章击败楚军，陆军亦发动突然袭击，攻破了巢地。

楚国在江淮平原中部面临的局势日趋严峻，但囊瓦仍然能找到自己的乐子，至少蔡昭侯和唐成公是他手中的面团，搓扁拉长全在他一念之间。

唐国因国君未归，极为焦虑。看守当局觉得为了两头畜生而让国君受罪太不明智，就寻思再派一拨人去楚国，取代先前不愿献马的那拨随从，赶紧把马交出去，以救唐成公于困厄。

公元前507年冬，后面这拨人到楚国后，不动声色地把先的那拨人灌醉，然后偷了马献给囊瓦。囊瓦这才把唐成公放了回去。

蔡国一样也急呀！听说唐成公回家过年了，赶紧如法炮制，再派一拨人去楚国，说服先前那拨人，把玉璧和皮衣献给囊瓦。囊瓦这才把蔡昭侯放了回去。

三年哪！整整三年！就因为拒不接受异国之臣的勒索，两位按照正常外交程序出访的国家元首，被楚国羁押了整整三年！而且最终还是被迫接受勒索才换回自由之身！

我想大家和我一样，一定很想知道，受尽屈辱的蔡昭侯和唐成公在获释后，心情会是如何。是感恩戴德，是暗暗庆幸，是惊魂未定，是默默承受，是已然痴呆，还是一种被压抑的极度愤怒终于等到了发泄的时刻？

---

① 唐国是楚国的附庸国，位于今湖北省随州市西北。
② 舒鸠国早已被楚国兼并，此舒鸠氏是指居于舒鸠故地的舒鸠族人。

蔡昭侯自郢都北归，途经汉水时，将玉沉入水底，对着鬼神郑重祷告："我要是再渡过汉水往南，有大河为证！（即发誓永不朝楚）"

悲怆的声音从心底升起，宛若晨钟一般，隐隐回响在汉水之上。那一刻，仿佛万物生灵都有了感应。

回国后，蔡昭侯更不停留，驰赴晋国，以自己的儿子公子元和正卿的儿子为质，请求晋国出兵攻打楚国。这一次，蔡昭侯豁出去了！

公元前 506 年的三月，晋定公会刘文公（周王庭的卿士）、鲁定公、宋景公、蔡昭侯、卫灵公、陈惠公、郑献公、许男斯、曹隐公、莒郊公、邾隐公、顿子、胡子、滕顷公、薛襄公、杞悼公、郳子、齐国夏（齐国的卿士国夏）于召陵，共商伐楚之事。

与会的晋国上军佐中行寅向蔡昭侯索贿，未能得逞，便公报私仇，对中军将范鞅说："国家内有雨灾疟疾，外有中山为祸①，诸侯们亦多怀二心，我们何必在如此不利的情况下，背弃弭兵协议而去与楚国交战呢？况且楚国有方城之固，我们未必能够战而胜之，出兵恐怕是徒劳无功。不如辞谢蔡昭侯吧。"

于是，联军攻打楚国的决议未能成型。

盟会结束后，晋国叫蔡国去讨伐未来参与盟会的沈国。同年夏，蔡国将一腔怒气撒在沈国身上，功力迸发，一举攻破沈都，将沈子嘉押回蔡国处死。

沈国素来依附楚国。楚国一怒蔡国提议伐楚，二怒蔡国灭亡沈国，遂于同年秋起兵伐蔡。

蔡国独力难支，又愤懑于晋国没有担当，蔡昭侯只得向吴国告急，请求合力对付楚国。

至此，吴国梦寐以求的淮河航道，随着蔡国张开怀抱而全线贯通。

吴王阖闾当即决定，携伍员、孙武、伯嚭、夫概（阖闾的弟弟）等人亲征，将厉兵秣马筹备了近十年的水陆混路攻打郢都计划付诸实施。大军绕海路进入淮河，然后开足马力，向蔡国全速前进。

---

① 中山国源自狄族鲜虞部落，居于华北平原左侧的太行山上，曾在去年秋击败过晋军。

与此同时，吴国继续派遣军队在江淮平原中部袭扰[①]，死死地牵制住淮河南岸的楚军，让走淮河水路的那支主力得以顺利到达蔡国的淮汭——这是他们水路的终点，也是实质性攻击的发起点。

公元前506年冬，吴军从淮汭弃船登岸，在蔡军的协同下，朝着义阳三关猛扑过去。

淮汭与义阳三关之间的地图迷雾早已被吴国打开（吴军曾经攻下域内的柈邑和弦地），再加上蔡军的引导，吴军如虎添翼，三步两步便赶到了义阳三关的北部隘口。

摆在眼前的义阳三关，山高路远坑深，吴军又能否纵横驰奔呢？理论上来说，这很难。

而一旦吴军被阻滞于义阳三关之外，那吴国穷尽心血谋划的奔袭郢都之计付诸东流且不说，远道而来的吴军亦有被楚军前顶后包歼灭的危险。

然而有句话说得好，人算不如天算。就当驻守义阳三关的楚军嘿笑不已的时候，意外情况发生了。楚军悲摧地发现，被前顶后包的不是吴军，而是他们自己。

前顶义阳三关的是吴军，这很好理解；那后包义阳三关的，又是哪路英雄好汉呢？

答曰：唐国。

没错，就是那个国君惨遭囊瓦勒索、羁押、羞辱一条龙全套服务后对楚国恨之入骨的唐国。

唐国的位置在义阳三关之内的江汉平原，它如果想给楚国制造一点儿譬如后院起火的惊喜，那简直再方便不过了。

在与吴军取得秘密联系后，唐军趁楚军不备偷袭了义阳三关。楚军的眼睛盯着关外，做梦都没想到会被唐军抄后路，顿时慌了手脚。吴军再趁势发起猛攻，楚军溃败，义阳三关就此门户洞开。

穿过义阳三关后，江汉平原东部已无险厄之处可供楚军固守，因此吴军很快就冲到了汉水之滨。在这里，他们遇到了真正的麻烦。

---

① 事实上，这样的袭扰连年都在进行，只不过史籍一笔带过，本书也无法详述。

吴军的麻烦，不但在于他们经过长途陆路跋涉后已无大规模渡河作战所必需的物资储备（比如船只）；还在于，楚国在连连失手后，终于想出了一条堪称完美的防御计划。

楚国左司马沈尹戌是这条计划的主创。他的盘算是：由囊瓦率军在汉水西岸布防，坚决地将吴军阻挡于汉水东岸；他自己则率军北出方城，继而折向东南的淮汭，将吴军遗留的船只尽数毁坏后，再折向西南，封锁义阳三关，堵塞吴军的退路，并最终与囊瓦前后夹击歼灭吴军。

吴军此时的处境，与他们在义阳三关外时类似，同样面临着被楚军前顶后包的局面，不过更加险恶。

因为，在义阳三关外时，吴军身后——驻扎于江淮平原中西部的楚军受到了辅攻吴军的牵制，分身乏术；吴军身前——驻扎于义阳三关的楚军遭到了唐国的偷袭，轻易崩溃。环境是相对宽松的，运气也是极好的。

而此时，吴军身后——绕桐柏山而来的沈尹戌是一支奇兵，且招招致命；吴军身前——令尹囊瓦已无路可退，必做困兽之斗。

如果换作你是吴军指挥官，在这不想退（而且随着沈尹戌包抄而来会变成不能退）又不能进的困境中，你会不会油然而生想死的感觉？

如果你想到了死，那就说明这场战争充满了转折和跌宕，很是值得你一看。

历史故事里常常出现这样的场景。某攻防战中，防守方只要坚守不出就一定能够把进攻方耗死，但防守方的决策者出于各种各样的原因，令将士冲出壁垒，主动与敌人贴身肉搏，从而将防御的优势白白浪费，并最终一败涂地。

当然，所谓各种各样的原因，往往都是中了奸计或者自己犯二。而眼下这场夹汉水而对峙的攻防战，其后续势态的发展，大抵也是以这种剧情为蓝本。

囊瓦有两个猪队友，一个叫武城黑（楚地武城的主官黑），一个是大夫史皇。既然称作猪队友，那肯定是有猪头之举。

武城黑对囊瓦说："吴国的战车没有蒙皮，而我们的战车有蒙皮[①]。现在正当雨季，我们的战车不能持久，不如速战速决。"

---

① 蒙皮能够保护战车免遭磨损，但蒙皮本身不耐潮湿。

史皇对囊瓦说："楚国人不喜欢您而喜欢司马（指沈尹戍）。如果司马在淮河边毁掉了吴军的船只，封锁了城口（指义阳三关）而来，那他就是首功，人们一定会愈发拥戴他。所以，您一定要速战速决，争夺军功。"

大家看一看瞧一瞧，大敌当前，这两个猪头三的糨糊脑袋里在想些什么。

一个居然吝惜蒙皮。蒙皮才值几个钱？让它受潮腐烂，不要了就是呗！吴军的战车不也没蒙皮吗？

一个竟然算计私利。连覆巢之下焉有完卵的道理都不懂，稳稳当当击败吴军收取全功难道不比侥幸击败吴军收取私利来得圆满？万一单独出击反被吴军击败了又怎么办？

更让人"捉急"的是，掌握楚国国运的囊瓦，居然听从了武城黑和史皇的意见，随即拔营而起，东渡汉水，向原本就急于求战但偏又一直觅不到战机的吴军发起攻击。

这真是天作孽犹可恕，人作孽不可活呀！

然而诡异的是，吴军竟然退却了。

楚军不肯罢休，奋起直追。

史籍中并未记载吴军退却的原因，只记载了吴军退却的方向——柏举（位于大别山西南麓今湖北省麻城市境内）。这里头究竟有什么玄机呢？我们不妨梳理一番。

首先，吴军没有往义阳三关的方向退却。这说明他们不是想原路返回，换句话说，吴军没打算就此结束战斗，他们只是在和囊瓦周旋。

那有没有这样一种可能呢？即吴军本想原路返回，只不过他们知道沈尹戍在义阳三关的方向包抄他们，所以不敢原路返回。

我觉得，这个可能是不存在的。吴军如果铁了心想打道回府，那就只有义阳三关这条路可走（否则他们当初规划的进攻路线就不会经过义阳三关），往柏举跑是条死胡同，除非他们想上大别山打游击。

另外，后来的事实证明，沈尹戍的行军路线过于漫长，吴军从汉水之滨退却时，沈尹戍离义阳三关还有十万八千里。吴军若往义阳三关退却，压根儿就没有一丁点儿被阻截的风险。

其次，吴军往柏举方向退却的具体意图是什么。很显然，柏举不是战略要地，也不是繁华的城邑，拿下柏举对吴军而言并没有实际意义。

通过地图我们可以发现，柏举与汉水之间的距离很远。也就是说，退却的吴军和追击的楚军，都要做一个长距离的机动。

长距离的机动？如果大家对运动防御的理论有一定了解，就会领悟：在长距离机动的过程中，防守方可以因地因势创造出很多反咬进攻方一口的机会；而且随着进攻方不断被削弱，最终防守方一举击溃进攻方，也不是什么天方夜谭。

吴军的构思正是如此。他们一路向东，跑一程就回过头来敲打楚军一次，打完后又继续退却。就这样，在抵达柏举之前，吴军连续三次击败了楚军。

楚军每每受挫，兵力减损，士气也渐渐低沉。囊瓦感觉形势不妙，想放弃追击，返回汉水防线。

史皇再次挺身而出，煞有介事地劝诫囊瓦："您之前贪贿致敌的罪过，正要借击败吴军加以清除，如果中途而废，就不能免于灾祸。"

囊瓦既忧且惧，只得硬着头皮将追击进行到底。

旋即，吴军抵达柏举，再也无路可退，楚军亦尾随而来。十一月十八日，吴、楚两军在柏举摆开阵势，战斗一触即发。

夫概以"楚瓦不仁，其臣莫有死志"为由向阖闾请命：自己率部先行发起攻击，冲动楚军阵脚，然后吴军大部队跟上，必能击败楚军。然阖闾不许。

夫概并不服气，他认为做臣子的只要行为符合道义，那就无须获得国君的授命，遂率本部五千人抢先攻击楚军。

不出夫概所料，敌人果然阵脚不稳，部分楚军士兵已开始奔逃。

阖闾虽然恼怒夫概擅自行动，但眼见得战局对己方有利，当然不会跟夫概斗气攥着不催动阵势，于是乎全线压上。

楚军兵败如山倒。史皇被当场击毙，囊瓦侥幸脱身，畏罪逃往郑国，楚军残部则往郢都方向仓皇逃窜。

吴军岂肯善罢甘休，张牙舞爪，紧追不舍。

追赶到今湖北省孝感市附近时，被清发河①挡住了路。楚军准备渡河，去势

---

① 即涢水，汉水的一条支流。

被迫为之一滞。

吴军指挥部意欲赶在楚军渡河前发起攻击，以求全歼楚军。但夫概极力劝阻，他认为，倘若逼楚军背水一战，楚军在走投无路的情况下，必然拼死反抗，到时候谁胜谁负还很难说；不如趁楚军半渡而击之，那么，已经过河的楚军只会继续逃窜，而尚未过河的楚军，一则兵力更加单薄，二则在那些已然过河的楚军的奔逃示范效应下无心恋战，到时候，吴军能够消灭的楚军有生力量依然大为可观。

指挥部听取了夫概的建议，又一次大败楚军。

楚军残部（其实应该称作残部的 n 次方，因为已经被打残 n 次了）继续往郢都奔逃。他们是多么想一口气逃回郢都哇，家里的黄脸婆虽然老丑，总比死在路上然后连黄脸婆亦不可得强吧？

只可惜，逃命的愿望再强烈，力气却总要靠饭食来支撑。当肚子要求"请你们歇歇脚哇，暂时停下来"的时候，那也只能老老实实顿住脚步生火做饭了。

然而，吃口饭对于楚军而言，已经成了一个奢侈的愿望。当他们刚刚把饭食做好，准备狼吞虎咽之时，呼啦啦天边涌来一团乌云，吴军渡过清发河又追了上来。

楚军连骂娘的空歇都没有了，扔下饭食抬腿就跑。吴军拍马赶到，也是饥肠辘辘，正好就着现成的饭食，大快朵颐，吃了个饱。吃完后，满血满状态的吴军又驾车追赶。

讲到这里，我要插话介绍一下沈尹戌的动向。

沈尹戌预定的行军路线是北出方城，然后折向淮汭，先去毁坏吴军遗留的战船，再穿义阳三关南下，包抄吴军的后路。

可是沈尹戌万万没有料到，临行前说得好好的计划会被全盘打破——囊瓦这厮居然没有固守汉水防线，而是贸然出击并兵败于柏举。

收到囊瓦战败的消息时，沈尹戌刚到息地（从方城去往淮汭须途经息地），这样一来，他已无法继续遂行攻打淮汭的计划了。

因为，汉水是郢都的最后一块遮羞布，汉水防线一旦失守，郢都就得裸奔。如今，囊瓦溃不成军，残部无以在汉水西侧立足，如果沈尹戌不赶紧回防截住吴军，那吴军铁定就要兵临郢都城下了。

于是乎，沈尹戌临时改变行军路线，从息地南下，穿过义阳三关，继而朝着郢都的方向一路狂奔。

行至今湖北省潜江市以北的雍澨河①时，沈尹戌正好与囊瓦的残部会合，两股楚军联手，堪堪将追击至此的吴军打败。

这一战，楚军杀敌一千自损八百，特别是其主心骨沈尹戌受了伤，这使得楚军对于自己能否扼住吴军后续进攻势头的预期很不乐观。

沈尹戌有一段特殊的经历，他原本是个吴臣，曾经在阖闾手下任职，后来不知何故去吴而就楚。

因为这段经历，沈尹戌很忌讳自己战败受辱，所以他特意叮嘱随从句卑：如果大势已去，请你给我一颗光荣弹，千万别让吴军把我活捉了。

这边厢，吴军不依不饶，就在雍澨整顿兵马后，又向楚军发起攻击。楚军拼死抵挡，和吴军交战三次，连战连败，连败连战，沈尹戌又接连三次受伤。

旧伤未愈，又添新创，沈尹戌即便是钢筋铁骨的躯体，也到了支离破碎的尽头。很快，他就死了。

沈尹戌一死，楚军已无法再组织像样的抵抗。依照事先的约定，句卑将沈尹戌的首级割下来，掩藏好尸体，然后带着首级落荒而逃。

楚军至此完全溃散，郢都之外，再无战事。

就这样，吴军在追击过程中连续五次击败楚军（柏举和清发各一次、雍澨三次），最终攻到了郢都城下。

巍峨的郢都城，活色生香地横陈在吴军眼前。阖闾曾经千百次梦想自己驾临这里，当梦想终于成真时，他仿佛听到了热血在身体里流淌的声音。列祖列宗啊，光今日奉着你们的魂灵一起来了，请你们睁开眼睛好好看看吧！

吴王令下：攻城！

历经长途奔袭辗转作战的吴军将士并未感到倦怠，相反，攻破敌方首都的巨大荣耀，令他们亢奋不已，他们几乎是呼啸着对郢都城发起了猛烈攻击。

十一月二十七日，郢都城被疯狂的吴军攻破。楚昭王携眷属和近臣弃城西逃，

① 今有三澨水，其一名雍澨。

吴军绕城而过，紧追不舍。

楚昭王逃至雎水（即今湖北省当阳县东北的沮水）时，身边已无兵力可用。为了拖延吴军追击的速度以便为自己赢得渡河的时间，他不得不派人将一群大象的尾巴点燃，驱使象群反向冲击吴军[①]。

大象的力量是惊人的，点了狂暴技能的大象更是处于无敌状态。楚昭王趁乱渡江，侥幸逃脱。吴军被象群冲散，悻悻而归（归入郢都）。

十一月二十八日，吴军正式进驻郢都。从宏观层面讲，这是吴国多年对楚斗争的辉煌胜利；从微观层面讲，这也是此次远征楚国的巅峰时刻。

是的，这一切来得太过艰辛，来得太过猛烈，以至于吴军上上下下都被巨大的喜悦冲昏了头脑。

自古以来，军界就有纵兵三日，以飨将士的惯例。战胜方在占领区内，用不限方式的手段去补偿、慰劳自己，乃古今中外鼓舞士气的通行做法。吴军放纵放纵自己，也就成了情理之中的事了。

郢都本是大国的都城，兼之楚昭王政府急急奔逃之故，遗留在郢都内的子女财帛可谓数不胜数。自阖闾以下，吴军将士按职权高低依次入驻宫室，"君居其君之寝，妻其君之妻；大夫居其大夫之寝，而妻其大夫之妻"，"以辱楚之君臣"。

《左传·定公四年》对吴军纵兵之事一笔带过，但记载了一个有意思的细节。阖闾的儿子公子山原本占据了囊瓦的府邸，阖闾的弟弟夫概眼红，以武力攻打相威胁，逼迫公子山撤出，而后夫概搬了进去。这个细节值得我们留意。

之前，我讲述过夫概在战场上的表现。如柏举一战中，他以"臣义而行，不待命"为由，决然攻打楚军并一举奠定胜局；又如清发一战中，他提议"半渡而后可击"，避免与楚军作生死之搏，保存了吴军的实力。

这两个例子说明夫概是个智勇兼备的人，第一个例子甚至还带点桀骜或者说跋扈的意味。

那么，用武力驱逐公子山的细节，则进一步加深了夫概桀骜和跋扈的印记。

夫概此人有一股子狠劲，为了达成自己的目标，有时候并不忌惮忤逆王权和

---

① 春秋时期，长江南北皆有野生象存活；至战国时期，则江北已绝迹。

触犯礼法。这个结论等下还要用，我们暂且先存在这里。

《史记》记载了另一个我们津津乐道的情节——掘冢鞭尸。

我猜想很多人心中关于"掘冢鞭尸"的印象是下面这样的。

阖闾在楚宫召开庆功宴，群臣皆喜，唯伍员痛哭。

阖闾问：你大仇已报又何悲乎？

伍员答：平王已死，昭王复逃，何言已报？

阖闾又问：那你意欲何为？

伍员说：我要掘平王之冢，开棺斩首，以泄心头之恨。

阖闾准奏。

伍员查知楚平王之墓在郢都东门外的寥台湖附近，便引兵前往。然而放眼四望，但见衰草遍地，湖水茫茫，哪有半点儿墓冢的影踪？

伍员正要吐血三升，幸得一老翁指引，在寥台东侧的湖中确定了墓冢的位置。然后派能人潜入湖中勘察。经过复杂的水下作业并破解了一个疑冢后，终于把楚平王的棺椁打捞了上来。

于是乎，"员令毁棺，拽出其尸，验之，果楚平王之身也。用水银殓过，肤肉不变。员一见其尸，怨气冲天，手持九节铜鞭，鞭之三百，肉烂骨折，于是左足践其腹，右手抉其目，数之曰：'汝生时枉有目珠，不辨忠佞，听信谗言，杀吾父兄，岂不冤哉！'遂断平王之头，毁其衣衾棺木，同骸骨弃于原野"。

这个故事版本引自《东周列国志》，也是所有"掘冢鞭尸"版本中最精彩的一个。

但我们此处要讲的不是故事，而是历史。事实上，史学界对于"掘冢鞭尸"的原貌为何还存有不少争议。

以最早记述"掘冢鞭尸"相关情节的《史记》为例。《史记》中涉及"掘冢鞭尸"情节的篇目共有三个，分别是《楚世家》《吴太公世家》和《伍子胥列传》，而这三个篇目给我们讲述的版本各有不同。

其中，《楚世家》提到："吴兵遂入郢，辱平王之墓，以伍子胥故也。"

注意看，并没有明确说伍员动手"掘冢鞭尸"，只说吴军因为伍员而"辱平王之墓"。那到底是伍员授意干的，还是吴军揣摩伍员之意愿干的，难以辨清。

还有，具体怎么个辱墓法。按照当时的习惯，应该是掘坟抛尸，当然你也无法完全排除有冲着坟墓或者尸体嘘嘘的可能，但总之《楚世家》没有说鞭尸。

《吴太公世家》提到："吴兵遂入郢。子胥、伯嚭鞭平王之尸以报父仇。"这个倒是明确说伍员鞭尸了，但鞭尸的不止伍员一人，同样背负杀父之仇的伯嚭也参与其中。

《伍子胥列传》提到："及吴兵人郢，伍子胥求昭王，既不得，乃掘楚平王墓，出其尸，鞭之三百，然后已。"

这个说法指明"掘冢鞭尸"乃伍员一人所为，它也是"掘冢鞭尸"《东周列国志》版本的原型[①]。

将《史记》中三个篇目的记载叠加起来分析，大致可以推测有伍员"掘冢鞭尸"这回事。但是，一些形成年代比《史记》早的史籍，其说法和《史记》又有不同。

如形成于战国初年的《春秋穀梁传》，在定公四年的记载中称："吴入楚……坏宗庙，徙陈器，挞平王之墓。"这里没有出现伍员的名字，行为动作也只是"挞墓"而非"掘冢鞭尸"。

形成于秦帝国诞生前夕的《吕氏春秋》在《孝行览第二·首时》的记载中称："（伍子胥）亲射王宫，鞭荆平之坟三百。"这里倒是有伍员了，但行为动作是"鞭坟"而非"掘冢鞭尸"。

综上所述，楚平王的坟墓曾遭吴人作践是确凿无疑的，但作践的方式和程度有待商榷。伍员绝大概率是主要当事人，但不一定做出了鞭尸的举动。

话说回来，无论是介绍夫概强占令尹府，还是考证伍员掘冢鞭尸，我的用意都是为了展示吴军占领郢都后的风貌——他们把主要的心思花在了宣示胜利上，而丧失了先前那种猛冲猛打穷追不舍的劲头。

这，就给了楚国以喘息之机。

国土面积广袤最大的好处就是，入侵者几乎不可能实现全域占领；而自卫者借由空间换时间的战略，往往能够在长期的相持过程中积蓄力量并成功逆转。

---

① 《伍子胥列传》和《东周列国志》之间的过渡版本是《吴越春秋·阖闾内传》。

那么，这种效应套在楚国身上也很适用。以楚国偌大的疆域，吴国即便以雷霆一击瓦解楚国中央政府，也不可能将楚国的抵抗力量摧毁殆尽。又遑论，吴国连楚昭王都没逮到呢？

我们知道，楚国的传统核心区域除了以郢都为中心的江汉平原外，还有方城护卫下的南阳盆地。南阳盆地盛产粮食，而且是楚国的主要兵源地，更关键的是，这个区域目前还控制在楚国手里。

也就是说，楚昭王还没到山穷水尽的地步，他只要保住性命，那东山再起就绝不是一个小概率事件。

按照这个理解，楚昭王自睢水逃脱吴军的追击后，应该向北直奔南阳盆地而去才对。但吊诡的是，根据《左传·定公四年》对楚昭王奔逃路线节点式的描述，楚昭王是从睢水附近南渡长江，继而现身郧地，最后抵达随国。

为什么楚昭王会选择这样一条奔逃路线？惜乎年代久远且史籍散佚，我们已经无从追考。但有三点原因或许是存在的。

第一点，吴军主力虽然进驻郢都，但很可能并没有完全放弃对楚昭王的围追堵截。

楚昭王北上南阳盆地之路，因为受到大巴山和汉水的包夹，实际上是越走越窄的，这就为吴军追捕楚昭王创造了有利条件。

因此，楚昭王一开始故意不往吴军重点布控的北方走，而往吴军料想不到的南方走，这是一种反追捕的技巧。

等到吴军彻底失去楚昭王的行踪后，楚昭王再偷偷地启程北上，那通行的安全性显然会提高很多。

第二点，楚昭王一开始不以南阳盆地为奔逃目的地，很可能是为了防范晋国等北方势力的入侵。

大家不要忘了，晋国和楚国一百多年来明枪暗箭缠斗不休，防范晋国早已成为楚人融入血脉的潜意识。

虽然两国之间订有弭兵协议，但其后濒于攻战的局面并不鲜见。而且就在柏举之战这一年的年初，晋国还和包括周王室在内的总共十九路诸侯（暂且把周王室算作诸侯）在召陵举行盛大会盟，以商议伐楚之事。

此次盟会虽然未能形成伐楚的决议，但它无疑加重了楚国对于晋国南侵的忧虑。在这种心理的指引下，保持方城防线的稳固就成了楚国防务指导思想的一个锚地。

而伴随着吴军的入侵，楚国对方城防线的倚重可谓百尺竿头更进一步。

因为，吴国作为晋国的盟友，双方有着良好的合作经历，历史上常常合力夹击楚国。那么，就当前的局势而言，假如晋国等北方势力趁火打劫，亦出兵南下，配合吴军攻打楚国，试问楚国的结局到底是死呢？还是死得不能再死只剩下一只鞋呢？

（友情提示一下，北方势力趁火打劫可不是说来吓人的，如前文《子朝之乱》所言，吴军攻占郢都后，周王室就立即派人前往楚国，杀死了叛逃至此的王子朝。）

所以，楚昭王一开始不往南阳盆地逃，就是为了尽量避免将吴军引至方城防线的背后，进而避免晋国闻声出击与吴军一前一后合力攻陷方城。

第三点，楚昭王逃往随国[①]，应该是认定随国能够给予他足够的安全庇护。这一点，后面会有相关的展示。

楚昭王沿着自己精心规划的路线奔逃，虽然成功地抵达随国，但路途中仍然遭遇了重重困厄。

例如在江南，楚昭王露宿于野外，因为缺少护卫，他在睡觉时遭到了强盗的袭击，幸得随从以身挡刀才逃过一劫。

又例如在郧地，郧地主官鬬辛的兄弟因记恨楚平王杀死了他们的父亲鬬成然，是故想杀死楚昭王以报父仇，幸而鬬辛深明君臣之义，护着楚昭王逃往随国。

但最惊险的情节不是上述两例，而是吴军竟然在郧地附近发现了楚昭王的行踪，然后一路追赶至随国，叩关索要楚昭王。

面对吴军的威逼，随国并没有迷失自我，他们紧紧地抓住了问题的关键——随国无须讨好吴国，但千万不能得罪楚国。

我们今日论述中日两国必须保持良好合作关系时，常常挂在嘴边的一句话就是：中日两国是邻居，而邻居是搬不走的。这句话所揭示的本质，其实还是一种

---

① 随国的位置在今湖北省随州市一带，大致位于江汉平原和南阳盆地的交界处偏东。

地缘关系。

稳定的周边环境是发展的重要基础，中日两国既然相伴而生，那就注定要在一个整体的框架内对话和协作，互相争斗只会两败俱伤。

当然了，相争则两伤的判断仅限于眼下的国际形势。作为一个综合国力远超日本且领先优势越拉越大的国家，这句话由小白兔说出来，其间的警告意味也是不言自明的。

那么回过头来看本案。

随国作为汉阳诸姬的一员，紧邻楚国而居，最初肩负着监视和羁縻楚国的使命。可是楚国膨胀的速度实在太快，当挨了楚国几次胖揍之后，随国明白无误地弄清楚了一个道理：既然逃不走也打不过，那要想活命，就只能乖乖地跟着楚老大混，除此之外别无他途。

多少年以来，随国靠着世世代代和楚国缔结友好盟约而存活，这已是它维持自身利益的最佳方式，轻易打破不得。

再说了，吴军这种跃进式的打法，凭的就是战术上的匠心独具和斗志上的一鼓作气，目的也是尽量毁伤楚国的有生力量及掠夺财富，并未设想也不可能以吞并国土的方式来灭亡楚国。

所以，如果把楚昭王交给吴军，那随国就是自寻死路。因为，当吴军终有一天打道回府后，楚国瘦死的骆驼比马大，要想收拾随国就是分分钟的事，到时候吴国也不可能千里迢迢地赶来搭救随国一命。

有鉴于此，随国婉拒了吴军的要求。吴军也无意用强，随即就撤退了[①]。

这样一来，就形成了吴国远征军和楚昭王战时流动政府对峙的局面。

楚昭王要想反攻郢都的话，并非搜罗不到兵力，只是江淮平原上的兵力被吴国本部的兵力牵制，方城的兵力又不敢轻易调出，导致楚昭王陷入了无机动兵力可用的窘境。

怎么办？难道坐视吴军在庙堂重地肆意作践？这肯定不行！且不说他楚昭王还要顶着块面皮混阳世，楚国也经不起这等掏心窝子的旷日折腾。

---

① 随国是春秋末年大国吞并小国的浪潮中，硕果仅存的汉阳诸姬成员，此为后话。

那就只有向外界求取救兵了。可是，楚国该向谁求救呢？谁又会愿意救楚国呢？

首先确定两个前提。

第一，一般块头以下的国家绝不会闲着没事做来蹚这趟浑水，道理不解释。

第二，为数不多的大块头国家中，晋国与楚国是竞争对手的关系，楚国向它求救无异于引狼入室。

在这两个前提之下，楚国可以选择的对象就很明确了，一是齐国，二是秦国。

齐国和秦国的基本共同点是：他们都有能力干涉吴、楚之争，而且他们目前都和楚国没有直接的利益冲突。

齐国和秦国的能力突出就不多说了，春秋时期开山立柜的五大流氓之二嘛。现在重点说说它俩和楚国的战略关系。

先说齐国。

齐国早年称霸中原时，是跟楚国死磕的。但这种死磕是有条件命题，即限定在争霸的背景下。

侯齐国衰落，失去了在中原的利益诉求后，我们就发现，齐、楚两国真的是风马牛不相及。一个在东海之滨，一个在南海之滨，相隔那么远，楚国是好是孬关齐国屁事呀？

甚至于说，当晋国崛起并取代齐国中原老大的地位时，齐国还时不时和楚国保持暧昧关系，明里暗里拆晋国的台。这是齐、楚两国并非天敌的铁证。

就此时的吴、楚相争之势而言，齐国应该也有抑吴扬楚的考虑。毕竟，一旦吴国称霸长江流域，下一步扩张的目标就是沿海岸线北上，侵入齐国的势力范围，后来的历史发展也证明了这一点。

问题是，楚国又很难期待齐国会出兵相救。

原因在于，从齐国到郢都的距离比从吴国到郢都的距离更远，而且齐国又不像吴国那样善于运用水道运输以降低军队在长途行进中的巨大消耗。

至于指望齐国走捷径"围吴救楚"，也不怎么靠谱。齐国得山海渔盐之利，富裕程度非常高，政治顶层普遍有一种天朝上国的优越感，之前之后都对吴越蛮荒之地意兴萧索，压根儿就提不起攻打吴国的兴趣。

再说秦国。

苦于殽函通道的封锁，秦国长期以来只能憋在西戎之地闭关修炼。地缘上的隔绝，致使秦国和中原事务几乎没有交汇的机会。

换句话说，吴、楚之争对秦国几乎没有影响。当然，秦国就算想干涉吴、楚之争，也找不到便捷的路径，殽函通道控制在晋国手里。

但是，我们又要看到事情的另一面。如果一定要秦国在吴、楚之间作一个选择，秦国必定会倾向于支持楚国。至于原因嘛，还是着落在秦国和晋国的恩怨上。

大家都知道，秦国和晋国不对付，晋国和楚国也不对付，而敌人的敌人就是自己的朋友。

因此，秦国和楚国历来还有些江湖交情（曾经联手对抗过晋国，也有联手攻击吴国未遂的经历），秦国肯定不想楚国被吴国打残从而导致晋国在中原方向承受的压力减小、进而引发秦、晋之间平衡局面被打破的连锁反应。

此外，秦国虽然与中原隔绝，并不代表它没有介入中原事务的欲望。如果能有机会到中原去秀一秀自己的风采，秦国还是一百个乐意的。

好，这就是摆在楚昭王案头的形势分析报告。

究竟何去何从，已没有太多的时间任楚昭王斟酌再三。随即，一个叫申包胥的使者，背负着楚昭王的叮咛嘱托，朝着秦国飞驰而去。

到达秦国后，申包胥面见秦哀公，陈词如下："吴国就是封豕、长蛇[1]，一再吞食上国，楚国遭其祸害，社稷已经失守。寡君避难于杂草丛林之中，特意派小臣前来告急。吴国贪婪无比，如果吞并楚国而与秦国为邻[2]，一定会成为秦国的边患。请您趁着吴国还未在楚国扎根，立即出兵将其逐走，楚国感恩戴德，世世不忘。"

鉴于申包胥所请之事无比重大，秦哀公当场未置可否，而是让申包胥先到馆驿去歇息，待秦国商议之后再作定夺。应当说，这是一个合理的、中性的答复。

---

① 即大野猪、大蟒蛇，上古传说中的两大怪兽。
② 秦、楚从地缘角度看是几近隔绝的，从地理角度看却是相近之邻。

但申包胥肯定不能揣着秦哀公的话泰然处之。原因无他，一者关心则乱，譬如一个重犯，听到"择期宣判"的审判结果，感触肯定比围观群众来得慌张；二者从求援的技巧而言，也要适当地催迫对方，促使局势朝着有利于自己的方向发展，你不急，对方更加不急，反正家里开了锅的是你而不是对方。

问题是，用什么办法催迫对方呢？申包胥以一个弱者的身份前来秦国，本就没有太多可以交换的筹码，要是秦国坚持不肯出兵相救，难不成他申包胥哭死给秦哀公看？

哎，还真就是这个理儿。你去读《三国演义》，数数里面谁的技能最厉害。诸葛亮算无遗策？别逗了，他还失街亭斩马谡呢！赵子龙屡战不殆？老实说，他也曾兵败箕谷被降级任用。

《三国演义》里真正百试不爽的终极技能，说出来怕你不相信，是刘玄德的哭。确切地说，刘备每到凶险窘迫的时刻，只要一祭出号哭神技，就没有摆不平的事。

鉴于刘备以哭制敌的案例太多，篇幅受限，我只能挑其中最具代表性的两款出来说说。

如第三十八回《定三分隆中决策　战长江孙氏报仇》。

刘备请诸葛亮出山，不厌其烦地三顾茅庐，腿都差点儿跑断了，好不容易才逮住诸葛亮。可是一番交涉，任刘备说得喉咙冒烟舌头生茧，诸葛亮仍然坐地抬价欲就还拒。

刘备心想，穷乡僻壤山野村夫，老子贵为皇叔，要是这次再搬你不动，那一张老脸往哪儿搁？于是泣曰："先生不出，如苍生何！"言毕，泪沾袍袖，衣襟尽湿。

一个大老爷们儿，抽抽搭搭实在不成体统，衣襟浸透了要不要换块尿不湿？可诸葛亮还偏吃这一套，立马放下矜持，曰："将军既不相弃，愿效犬马之劳。"

又如第五十六回《曹操大宴铜雀台　孔明三气周公瑾》。

赤壁之战后，曹、孙、刘三家割据荆州，孙权为了壮大盟友刘备的实力以共同抗拒曹操，将自己占据的南郡借给刘备养兵。后来因见曹操无力南下，已无继续资助刘备的必要，孙权便派鲁肃去找刘备索回南郡。

刘备当然不想归还南郡，但装惯了，又不好意思公然赖账，于是请诸葛亮想办法。诸葛亮说你不是挺能哭的吗？一个劲儿地往死里哭就行，到时候我自会出来解围。

刘备不明觉厉，谈判开始。鲁肃说刘皇叔你就还了吧！刘备闻言，二话不说掩面痛哭。鲁肃问刘皇叔你哭什么呀？刘备仍旧充耳不闻，哭得如丧考妣。

正当鲁肃不知所措时，诸葛亮果断插入，端着一副深明大义的架势打圆场：当初约好取得西川再还南郡，可西川之主刘璋是我家老板的兄弟，我家老板若兴兵西川，恐外人唾骂手足相残；若不取西川，又必违归还南郡的承诺，因此泪出痛肠。

鲁肃是个老好人，平生最看不得别人犯难，眼见刘备哭得跟个泪人儿似的，只好空手而还。

这两个经典案例所揭示的重大意义，就是开辟了一条以弱胜强的蹊径：弱者看起来处于被动地位，只能听从强者的意志；但假如弱者充分发掘自己的潜质，索性一弱到底，反而又会具备降服强者的能力。

申包胥显然精于此道，他就是决定打悲情牌，用弱者的哀切来激起秦哀公强者的勇武气和同情心。

因此，当听到秦哀公甩出"你先去馆驿歇息"这样未置可否、不痛不痒的话语时，他不假思索地答道："寡君还没有得到安身之处，下臣又怎敢赴馆驿安歇？"

秦哀公不再理会，挥挥手叫侍者把申包胥牵引出去。

申包胥毫不气馁，驻足于庭院之中号啕大哭。据《左传·定公四年》记载："日夜不绝声，勺饮不入口七日。"

第一天，秦哀公心想：哭能解决问题吗？

第二天，秦哀公心想：这家伙真是冥顽不灵！

第三天，秦哀公心想：有本事你别停！

第四天，秦哀公心想：还真没停额……

第五天，秦哀公心想：再这样哭下去恐怕会死人吧？

第六天，秦哀公心想：我是不是太残忍了点？

第七天，秦哀公心想：也罢也罢，谁叫我那么急公好义呢！

第八天，秦哀公召申包胥进见，为其赋《无衣》。《无衣》是秦人广泛传唱的一首诗歌，其间有"王于兴师""与子同仇"类似语句的反复吟唱，表达了一种同仇敌忾的强烈意味。

秦哀公为申包胥赋《无衣》，那就是应允出兵救楚了。申包胥欣喜若狂，向秦哀公行"九顿首"之礼后方才落座①。

说实话，我想象不出号哭七日而水米未进的申包胥，怎么还有气力完成这些动作。从常理推断，他至少应该处于黑血状态、气若游丝才对。

不过这些并不重要，重要的是，整个柏举之战至此迎来了重大转折。

"海棠老师，你刚才还一口咬定崤函通道已经被晋国封锁来着，现在居然又口口声声地说秦哀公同意出兵援楚。那秦军到底是飞过去呢还是从西半球绕过去？胡说八道也不要这样明目张胆好不好？"

"是这样的，叽叽。你知道，世界上原本没有路，走的人多了，也就成了路。官路不通，秦军就不会找条野路？活人难道还会被尿给呛死不成？"

诚如鲁迅先生所言，我们脚下的路都是一代又一代的先人慢慢开辟出来的。

在这个开辟的过程中，有的路走通了，有的路没有走通；在走通了的路里面，有的路相对好走，有的路相对不好走。

对于渭河平原（即秦国所在地）的居民而言，他们向中原方向探索时必然会采取多头并进的方式，其中崤函通道恰巧就被走通了。

但这并不等于说没有任何其他路径通往中原。只不过其他路径与崤函通道相比，整体可通行性差了数个档次，以至于绝大多数渭河平原的居民一提起前往中原，脑海中首先出现的选择就是走崤函通道。

这种大众选择经过不断地流传、不断地巩固，最后在世人的认知上烙下了深深的印记，即崤函通道是秦国进出中原的唯一路径。

而那些比崤函通道难走的其他路径，因为长时间遭到冷落，所以无论在口头上，还是在文字记载中，都被人为地忽视了。

也就是说，秦国如果下定决心要驰援楚国，那他们除了崤函通道，应该还有

---

① "九顿首"并不是一种春秋时代的标准礼仪，只不过申包胥为了表示千恩万谢，刻意"顿首"不绝，以至九次或更多次之多。

通行性相对较差的后备路径可选。

而真实情况是，有一条今天被称作丹江通道（因丹江沿途流淌而得名）的路径，呈西北——东南方向穿越秦岭，理论上可以沟通渭河平原和南阳盆地。

这条路径在春秋中前期还寂寂无闻，但自春秋后期开始渐渐承载起战略通衢的功能，并在三百年后灭亡秦国的战争中，发挥了戏剧性的作用。

当时，项羽作为反秦义军的实际首领，亲率主力部队走崤函通道入秦，结果被秦军封堵在函谷关下，举步维艰；而刘邦作为项羽的部属，率偏师走丹江通道入秦，结果轻轻松松地攻克咸阳，摘取了率先入关的殊荣。

因为义军名义上的最高首领楚怀王事先有"先入定关中者王之"的允诺，所以，当项羽费尽九牛二虎之力抵达咸阳却发现刘邦已在城外列队欢迎时，胸中的那股憋闷啊，真可谓字字沥血，罄竹难书！楚汉之争即由此而始，当然，这是后话。

秦国之前对丹江通道并不怎么熟悉（至少在史籍中找不到渭河平原政治实体有组织穿行丹江通道到达南阳盆地的记录），但肯定是知道有这么一条路径存在的。

因此，彻底打通丹江通道，以破除晋国一百多年来对秦国中原梦的桎梏，就成了秦国驰援楚国的隐性诉求。

事不宜迟，秦哀公命子蒲、子虎为将，率兵车五百乘，一路跋山涉水，披荆斩棘，沿丹江通道向楚国进发。

当秦军历尽艰辛，即将穿过丹江通道抵达楚国时，另一件对楚国有利的事也不期而至。公元前505年夏，越国趁吴国空国远征之机，出兵攻打了吴国本土。

越军的这次军事行动规模不大，没有给吴国造成功能性的损伤。是故，在郢都威福作乐的吴军高层，并未做出立刻班师回国的决定。

但是很显然，越国借由这次战术行动，展示了一种将吴国拖入首尾受敌险境的战略威慑。因此，吴国远征军高层中不乏主张立刻班师回国的声音。

换句话说，在是去是留这个问题上，吴军高层其实是分裂的，只不过继续留在郢都的意见占了上风。

我要特别指出的是，在之前屡次战斗中表现优异的王弟夫概，正是坚定的主张回国派（与之相对，阖闾是主张留楚派）。

而我们知道，夫概的特点是既有坚持主见的魄力，又有实施主见的能力。他和阖闾的意见分歧，对后续局势的发展产生了较大的影响。

公元前 505 年的六月，子蒲和子虎率秦军与楚军会合后，并没有径直攻打郢都，而是循着楚国已故左司马沈尹戌的思路，出方城去包抄吴军的后路。

阖闾派夫概领军拦截，并与秦、楚联军在沂地（今信阳市东北的正阳县）碰撞。

秦军有备而来，他们之前已经通过楚军详细了解了吴军的战法，因此沂地这一战，秦、楚联军大败吴军。

而吴军惨败的结局，又进一步加剧了当事人夫概对阖闾的抵触情绪。因为，要是按照夫概的意见，吴军见好就收，赶在秦军入楚之前回国的话，那沂地之败原本是可以避免的。

与此同时，楚国新任令尹公子申也聚集了从柏举败退的残兵，在随国附近的军祥（今随县西南）打败了吴军一部。

七月，秦、楚联军南下，将曾经协助吴军攻破义阳三关的唐国灭掉。至此，非但楚昭王流亡政府得以安生，整个楚国抗吴的形势也开始逆转。

九月，又一个对楚国重大利好的消息传来。因与阖闾等主留派意见严重冲突，主回派的领袖夫概毅然回国，并自立为王（故史籍中又称夫概为"夫概王"），继而起兵反攻阖闾。

幸而阖闾的统治根基还算深厚，他在国内的支持者组织力量对夫概进行了镇压。夫概兵败，只得辗转逃往楚国，其后裔居于棠溪（今河南省遂平县西北），遂辟为棠溪氏。

遭遇秦军动物凶猛，兼之后院一再起火，吴军的疲怠愈发显露无遗。

随后，吴军与秦、楚联军连战四场，除第一战取得胜利外，其余三战皆墨。吴国远征军再也无法在楚国盘桓，只好如同来时一般，开足马力，行色匆匆地全军撤退了。

十月，秦军载誉而归，漂泊了近一年之久的楚昭王政府，也陆陆续续回到了一片狼藉的郢都。君臣们怀着苦涩的心情，开始收拾柏举之战的烂摊子。

此时，吴、楚间地缘态势较战前已有不小的改变。以往作为吴、楚两国交界地带的江淮平原中部，如今已被吴军掌控，吴国的势力范围向前延伸到了江淮平原西部，与蔡国相毗邻。

这种态势意味着，庇护江汉平原的义阳三关，差不多直接暴露在了楚国的国防第一线，随时都有遭受吴国攻击的危险。楚国上下为此夙夜忧愁，坐立不安。

为了重新夺回对江淮平原西部的控制权，给予义阳三关足够的安全纵深，楚国稍作休整，于次年四月向吴国先后发动了两波攻势。

第一波是水路进攻，结果被吴太子终累率领的吴国水军击溃，楚军将领几乎尽数被擒。第二波是陆路进攻，结果刚走到蔡国境内的繁阳，就被吴军迎头痛击，铩羽而归。

两次伐吴失利，给楚国带来了巨大的挫折感。那段时间，他们完全丧失了继续战斗的勇气，认为吴军以如此雄壮的兵力，定然会再度取义阳三关而攻打江汉平原的郢都。

出于安全的顾虑，楚国被迫做出了一个屈辱的决定——将国都北迁至鄀地（今湖北省宜城市东南）。

鄀地位于汉江通道的最窄处，也是楚国两大核心区域（即江汉平原和南阳盆地）的交会处。楚国迁都于此的好处，在于伸缩有度，进退自如。

假若晋国等北方势力侵入南阳盆地，楚国王庭可以退入江汉平原；假若吴国等东方势力侵入江汉平原，楚国王庭又可以退入南阳盆地。

而无论是南阳盆地还是江汉平原，都蕴含着巨大的生产能力，足够让楚国王庭抗压负重，浴血重生。

（海棠表示，楚国能够纵贯东周时代而始终以一个一流大国的面貌屹立于华夏大地，其双核心区域的强大配置实在是厥功至伟。）

不过，事实证明楚国紧张过头了。吴国眼下的锋芒虽然健锐，可是体量毕竟不如楚国，从概率论的角度而言，吴国压着楚国打是难以想象的。

吴国固然可以凭借人和与地利之便，攻略江淮平原中东部；也可以凭借高超的战略战术谋划，侵入江淮平原中西部，甚至直捣郢都。

但江淮平原西部乃是楚国经营多年的传统势力范围，吴国即便能在短短数年时间内奋起神勇将其占领，也很难在楚国的竭力抗击下，将其迅速消化整合并长期据有。

此外，吴国并非无后顾无忧。吴国南边的越国，是一个不断成长中的国家，它日后的实力与抱负，均不输于今日之吴国。假以时日，越国渐渐壮大，吴国就会越来越感到难以招架。

而后方的吃紧，也会牵扯吴国的精力，迫使吴国将投放到江淮平原西部的军事力量收缩回来，以应付越国的挑战。

因此，吴国终将退出江淮平原西部，并回归到吴、楚间的战略平衡线——江淮平原中部，这是一种基于实力对比以及国际环境的自然趋势。

宛如一场酝酿了许久的暴风雨，在肆意发作之后，终于慢慢消散，留下满目疮痍，触动着人们的感怀，勾引着人们的思索。

柏举之战虽然大幕落下，但它所反映的精妙战略战术以及吴、楚间经典地缘博弈，仍值得我们长久的咀嚼与回味。

最后要顺便提及的是蔡国的命运。

在柏举之战中，蔡国和唐国同为吴国的友军。其中，唐国由于身处楚国腹地，所以很快就遭到了楚国猛烈的报复，并因此丧国；而蔡国由于身处楚国边境且获得了吴国的抵近护卫，所以在战后得以保全。

然而，随着吴国势力次第退出江淮平原西部，蔡国也随之失去了依靠。而处在吴国羽翼之外的蔡国，是断断无法在楚国的打击下善存的。

于是乎，这个曾经遭受过迁国之苦的国家，不得不追随吴国战略退却的脚步，又开始了它新一轮的整体迁徙 ①。

公元前 493 年，为了躲避楚国的侵袭，蔡昭侯向东迁都于州来（后世亦称之下蔡），以继续寻求吴国的庇护。

后来，吴国在和越国的较量中倒地不起，蔡国再度失怙，并最终于公元前447 年被楚国吞灭，永远地消失在了历史深处。

---

① 蔡国的初封地为蔡地，位于今河南省上蔡县。公元前 531 年，楚灵王灭蔡国。公元前 529年，楚平王恢复蔡国，但把蔡国南迁到了今河南省新蔡县。

陪臣执国命

说实话，阳货（又名阳虎）这个人很奇特。据说，有很多人初次见到他的名字时，脑海中浮现的第一个关联物竟然是祖龙的假父，并因之牢牢地记住了他。

阳货在《左传》中的首秀，前面《斗鸡之变》那一章已有交代。公元前 515 年秋，孟孙何忌与他共奉鲁国正卿季孙意如之命，率军攻打鲁昭公据守的郓地。

伐郓之战事关季孙意如的前途命运，季孙意如当然不可能儿戏视之。但令人难以理解的是，根据史籍的记载，作为季氏军队最高指挥官的孟孙何忌，时年居然不足十六岁。

十六岁的少年，形容或已脱稚，心智恐怕还未成熟，又岂能寄以军国大事之重托？

所以，一种合理的解释是：在季氏军队的指挥序列中，孟孙何忌固然以孟氏宗主之名居于阳货之先，但行使实际指挥权的，应该是阳货。

也就是说，在季孙意如构筑的权力体系中，阳货拥有极高的地位。

喜欢读武侠小说的人大概都知道，中国武侠小说界的两大泰斗——金庸先生和古龙先生，他俩在塑造大人物的手法上，存在着明显的区别。

金庸先生笔下的大人物，都有一个明显的成长轨迹和进化过程。

以郭靖为例。他从小在蒙古大漠跟神箭手哲别学射箭和摔跤；青少年时期跟随江南七怪学市井武艺，又获得"丹阳子"马钰传授全真派内功；成年后，先是喝了"参仙老怪"梁子翁的蛇血从此百毒不侵，接着学了"九指神丐"洪七公的降龙十八掌，继而又学了"老顽童"周伯通的九阴真经、空明拳和双手互搏。技能解锁完毕后，再历经漫长时间的勤修苦练外加打怪升级，最终才成为无人匹敌的大侠。

至于杨过、张无忌、令狐冲等统统都是照搬这个路数。

而古龙先生笔下的大人物，则似乎个个都是带着全属性和满状态横空出世的。

譬如陆小凤、楚留香、李寻欢、沈浪、谢晓峰等男主角，一亮相就是高富帅兼高大上的顶级配置，嘴里有喝不完的美酒，腰间有花不光的金银，身边有数不尽的靓女，手上还有万夫莫敌的招式，分分钟不给草根活路的节奏。

显然，阳货的出场方式就带有浓郁的古龙气息。不唯《左传》中如此，《史记》中也一样。

《史记》关于阳货最早的记录收于《孔子世家》中。仿佛是为了映衬阳货的高高在上，这则记录所叙述的内容颇令孔子不堪。

公元前535年，孔母颜徵在过世。孔子（时年也是十六岁）正披麻戴孝给母亲大人守丧呢，听闻季氏府上举行宴会款待名士，他忽地来了精神，抹一把眼泪，换套干净衣服，兴冲冲地赶去赴会（仲尼，敢问节操何在？）。

谁知，屁颠屁颠跑到季氏大门外一看，孔子傻了眼。季氏的家臣阳货挡了他的驾，傲慢地说："季氏招待名士，没有请你呀！"

言下之意就是说：小鬼，这是你来的地方吗？一边玩鸡屎去，赶紧地，别瞎凑合！

我猜想，那个凌乱的瞬间，孔子一定情不自禁地产生了一架重型轰炸机呼啸而来并零距离投掷高爆炸弹的感觉。

而这种赤裸裸的心灵伤害，在孔子胸中种下了仇恨的种子，并反过来对阳货的传世形象产生了深远的影响。关于这一点，我稍后还会述及。

从这则记录看，阳货先于伐郓之战二十年前，就已在季氏家中拥有了较大的话事权，否则不会担任迎宾之类的重要角色。

上述文字，虽然极其简陋，但勉强算是交代了阳货的个人信息。当然，阳货既然身为季氏家臣，那我们在对他进行审视时，少不得还要联系季氏专权这个时代大背景。

季氏的权势，经由祖孙三代的持续经营，至季孙意如治下，已经积累到了骇人听闻的地步。

其时，国家军队季氏独掌其半，政令出自季氏之门，国民只知季氏而不知有君。这是季孙意如在斗鸡之变后得以放逐鲁昭公长达八年之久的政治基础。

而季氏宗主的一人得道，势必带来季氏族人的鸡犬升天。似阳货这种重量级的季氏家臣，他所掌控的实际权力，非但超出了一般意义上家臣的范畴，即便是尊贵如孟氏、叔孙氏的鲁国大佬，只怕也要让他几分。

公元前 510 年的十二月，被季孙意如逼得有国不能归的鲁昭公，在晋国乾侯郁郁而终。次年夏，季孙意如派叔孙不敢（叔孙氏宗主，叔孙婼之子）赴乾侯迎回鲁昭公的灵柩，又立鲁昭公之弟公子宋为君，史称鲁定公。

接下来的几年间，鲁国维持旧有的权力格局不变，季氏携扶立新君之功继续稳定壮大，阳货也跟着水涨船高（至迟在此期间出任了季氏的家宰）。

可是，在这个风平浪静的表象下面，一个可怕的演变趋势正在酝酿之中。

简单地说，伴随着季孙意如政治生命不断绽放的，是其自然生命的慢慢枯萎；而伴随着阳货权势渐渐扩张的，却是其野心的无限膨胀。

这个演变趋势的可怕之处在于：

在季孙意如和阳货的二元架构中，当季孙意如执掌权柄时，阳货虽然炙手可热，但他毕竟是季孙意如的附着物，他所能释放的能量，全在季孙意如的可控范围内。

而当季孙意如逐渐衰老并终将有一日先于阳货撒手西去时，如果他的后嗣不能够驾驭阳货，那阳货就将成为季氏的实际掌控者，并借助季氏这个平台，以季氏代言人的身份控制鲁国的朝政。

大家不要以为趋势再可怕，终究只是停留在理论层面上而已，所以没必要庸人自扰。事实上，阳货的胃口大得很，季孙意如在世时，他不敢轻举妄动，可等到季孙意如一死，他就成了和尚打伞——无法（发）无天。

公元前 505 年的六月十七日，季孙意如出巡季氏封邑东野，不料在返回曲阜的途中毫无征兆地死了。随后，季氏为季孙意如操办丧事。

阳货提出要用一块名叫玙璠的宝玉为季孙意如陪葬。但玙璠保管在另一位叫仲梁怀的季氏家臣手中，而仲梁怀又以"改步改玉"为由拒绝交出宝玉。因此两个人铆上了。

在继续阳货和仲梁怀的冲突之前，我先讲述一个历史知识：何谓"改步改玉"？

"改步改玉"和公元前 635 年周襄王拒绝晋文公隧葬请求的理由——"改玉改行"，是两块牌子一套人马，原意都是指行走的步伐要和佩戴的玉饰协调变化。

按照《礼记》的记载："君与尸行接武，大夫继武，士中武。"这句话就是描述了不同身份的人，其行走时应该遵循的步伐标准——身份越尊贵，其行走的步伐就越慢越短。

接武者，行走时后一步要以缓慢的速度超过前一步半只脚掌的幅度（即后一脚的脚窝与前一脚的脚尖齐平）。

继武者，行走时后一步要以适中的速度超过前一步整只脚掌的幅度（即后一脚的脚跟与前一脚的脚尖齐平）。

中武者，行走时后一步要以较快的速度超过前一步两只脚掌的幅度（即后一脚的脚跟与前一脚的脚尖之间能容下一只脚掌）。

因其步履不同，是故佩玉亦不同。如欲改其步履之徐急长短，则亦需改其佩玉之尊卑贵贱。

那么就仲梁怀的"改步改玉"而言，它的具体语义是下面这段话。

鲁昭公流亡期间，季孙意如摄行君事，当时佩戴的就是鲁君曾经用过的玙璠。等到鲁昭公归来（灵柩归国），或者说已经立了新君鲁定公，那季孙意如就应当行臣事，不能再佩戴玙璠了（不能用玙璠陪葬）。

这一番道理堂堂正正，无懈可击，阳货在季氏家族中虽然位高权重，却也驳仲梁怀不倒。

当然，我们要厘清的一个细节是：仲梁怀陈述"改步改玉"的原始动机，并非为了尊礼守法。

仲梁怀也是季氏的宠臣，他想和阳货争权，所以故意利用阳货礼法上的漏洞来抵制阳货。而且，季氏的世子季孙斯也对阳货心存忌惮，有心扶植仲梁怀来削弱阳货。

阳货很恼怒，心中暗生驱逐仲梁怀的想法，但还没有十足的把握，便找到费邑邑宰公山不狃[①]，想探听一下公山不狃的态度。

公山不狃也是个精明人，他不想在阳货和仲梁怀斗争形势未明朗之前贸然选边站队，便以仲梁怀是为国君着想为由（此为故意转移矛盾，意即仲梁怀的初衷又不是想跟你阳货顶着干），劝阳货不必计较。

---

① 前文曾提及，费邑是季氏封邑中的一个大邑，拥有丰足的钱粮兵马。

于是，季孙意如未能佩戴玙璠下葬，随后季孙斯继立为季氏宗主。阳货当然对仲梁怀恨得牙痒痒，只是急切间找不到撕咬的机会。

但阳货没有等待太久。因为，仲梁怀天生不是块搞政治的料，他很快就犯了一个严重的错误，从而把自己的肉主动送到了阳货的嘴边。

公元前505年的九月，季孙斯以新任掌门的身份巡行季氏封地，其间就来到了费邑。

公山不狃一看老板来了，赶紧出城郊迎，尽其所能殷勤招待。这等拍马屁的好机会可不是天天都有，巧干一次那就相当于人家苦干十年哦。

季孙斯新官上任，也有延揽人心的需求，对公山不狃褒奖有加，表示了足够的尊重。

可是，陪同季孙斯出行的仲梁怀，大概自恃有季孙斯暗中倚重，竟然在公山不狃面前摆起"领导身边人"的架子，表现出了傲慢的姿态。

这一下把公山不狃激怒了。

且不说领导季孙斯都没摆架子，随从仲梁怀凭什么摆架子；也不说公山不狃是手握实权的地方大员，面子同样金贵得很；单说公山不狃对仲梁怀加以善存于前（虽然不是刻意为之，但效果等同），仲梁怀却对公山不狃施以冷遇于后，如果换作你是公山不狃，你有没有一把攥死仲梁怀的冲动？

不管你有没有，反正公山不狃有了。于是，很自然地，公山不狃想起了阳货，想起了阳货曾经透露给他的那个隐晦的图谋。

那一次，公山不狃婉拒了阳货联手驱逐仲梁怀的意愿；这一次，公山不狃找到阳货，见面第一句话就问：您不是要驱逐仲梁怀吗？

宛如一头苦苦等待觅食机会的食肉动物嗅到了食草动物由远及近的体香，阳货的眼睛倏地亮了。

有了公山不狃的全力配合，阳货已然立于不败之地，因此胆气愈发粗豪。他现在所盘算的，已不仅限于驱逐仲梁怀，而是准备干一票大的，将季孙斯也踩在脚底。

至于原因嘛，很简单，阳货既然心怀掌控季氏之志，那驱逐仲梁怀就只是一个前期目标，他迟早还是要和季孙斯过招。

这年头讲究的是争分夺秒、跑步前进，那索性化繁就简，把仲梁怀和季孙斯并案处理算了。

俗话说，常在河边走，哪有不湿鞋？既然湿了鞋，何不干脆洗个脚？既然洗了脚，何不干脆洗个澡？

这三句俚语所反映的逻辑转进，正是阳货在篡权路上一去不返的上佳注脚。

九月二十八日，阳货突然动手，将季孙斯及其堂弟公父文伯囚禁，并将仲梁怀逐走。

十月十日，阳货杀了季氏族人公何藐。

十月十二日，阳货与季孙斯在曲阜南门（名叫稷门）盟誓，逼迫季孙斯承认阳货对季氏家政的实际控制权。

十月十三日，阳货主持大型诅咒仪式，并驱逐公父文伯和秦遄[①]。公父文伯和秦遄逃往齐国。

这一套行云流水般的组合动作使下来，非但季氏宗主季孙斯已经没有反抗之力，其他季氏异己分子也都清除殆尽，阳货全面控制季氏家族，彻底地成为季氏的幕后老大。

也许聪颖的同学早已了然于胸，但本着教育工作就低不就高的基本规律，老师还是要不厌其烦地强调一句："季氏执鲁国之命"和"阳货执季氏之命"这两个设定凑合在一块，推导出来的结论就是"阳货执鲁国之命"。

这是春秋时代史无前例的奇特政治景观，孔子将其定义为"陪臣执国命"[②]。

阳货是一个不懈追求进步的人，"执国命"后，他又马不停蹄地滋生了提升自己行政编制档次的想法。

怎么理解"提升行政编制档次"？说到底，这是阳货以陪臣而执国命带来的陌生感所引发的心理需求。

作为一种历史文化也好，作为一种政治规则也罢，自古以来，执政大臣都是由王臣或者公臣担任。

---

① 季孙意如的姑父，前文已提及。

② 陪臣就是指臣子的臣子。阳货名义上乃季氏之臣，而季氏乃鲁国之臣，所以阳货乃鲁国之陪臣。

阳货以陪臣而执国命，表面上虽然风光无限，暗地里肯定会有打破传统所带来的不踏实、不安稳的感觉。

那么，阳货所能想到的最有效的解决之道，就是转换身份，把自己的家臣编提升为公臣编，以便堂而皇之地出入于庙堂之高。

为了达成这个目标，阳货开始着手新一轮的政治清洗。这一次，他的目标是进一步置季孙斯和孟孙何忌于死地。

前文讲述《子朝之乱》时，我曾经提到过这样一个情节。公元前 504 年的四月（就是阳货发动家变的次年），一个叫儋翩的王子朝余党勾结郑国发动叛乱。郑国随后攻打了王畿的胥靡。

在子朝之乱中持保王立场的晋国很生气，便指令鲁国攻打郑国的匡地，以惩罚郑国攻打胥靡的行为。

于是，阳货派季孙斯与孟孙何忌领军出征。乍一看很惊诧，一个家臣居然能够驱使世为强卿的三桓？

当然，不是我不明白，是这世界变化快。老实说，驱使三桓其实算不了什么。因为，更让人不寒而栗的是，在驱使的背后，阳货还使了一个极其缺心眼的阴招。

鲁军西征郑国，需从卫国地界路过。鲁国和卫国是正常的邦交国，按照老规矩，鲁军必须向卫国当局打报告申请借道。

借道本质上是个礼节问题。你申请一下，表示尊重我的主权；我批准一下，卖个人情给你，反正又不要花费任何成本。

所以，绝大多数情况下，行客都会向地主提交申请，地主也会给行客提供方便。

但就是这样一件约定俗成的事情，阳货偏偏玩出了新花样。

他让季孙斯与孟孙何忌去的时候不向卫国借道；等鲁军攻陷郑国匡地并原路返回时，他又让季孙斯与孟孙何忌径直从卫都帝丘的南门进、东门出，并且在东门外不远处的豚泽安营歇脚。

如果说，去的时候不借道是对卫国的藐视，那来的时候如此行军就是对卫国赤裸裸的侮辱。

为什么说是侮辱呢？

首先，事可一，不可再。

第一次不借道，效果等同于抽卫国右脸一个耳刮子。第二次仍不借道，那效果就绝不等同于反手又抽卫国左脸一个耳刮子。连续打脸造成的伤害值不是呈等差递增的，而是呈几何递增的，这是个常识。

其次，哪有从卫都穿行而过的道理。

自古以来，一国军队进入另一国都城，只可能是出于两种目的，一是协助戍守，二是武装占领。你鲁军自己说说属于哪一种？

最后，穿行卫都的路线还那么风骚。

鲁军从郑国返回，是自西向东的行军路线，就算穿行卫都，也应该西门进、东门出。你鲁军倒好，搞个南门进、东门出，如此作弄难道是想昭告天下，麻木不仁就是卫国君臣做人最大的硬伤吗？

很明显，阳货想激怒卫国，使卫国在忍无可忍之下愤然攻打鲁军。

要是运气好卫国把季孙斯与孟孙何忌给杀了，那之前已被阳虎严重砍削的季氏，就会雪上加霜，陷入空前虚弱的境地。

到时候，阳货就会获得一个正式取代季氏名分的好机会，从而实现脱家臣而入公臣的愿望。

"海棠老师我知道了，阳货让季孙斯与孟孙何忌在城外的豚泽安营歇脚，目的就是为了留给卫国更多攻击的时间窗口！"

"嘘，小声点儿，理解万岁。"

卫灵公果然怒不可遏，面对鲁军的肆意妄为，他拍案而起，点起兵马就要追赶。

已致仕在家的公叔发 [①] 听闻此事后，进宫劝阻卫灵公说，鲁军的挑衅都是出自阳货的私人授意，卫国不必因此大动干戈而影响了卫、鲁关系，阳货这厮多行不义必自毙，且让老天去收了他吧。

卫灵公闻言遂止。

借刀杀人之计落空后，阳货的心境似乎有了一个大的转变。

公元前504年夏，季孙斯代表鲁定公前往晋都新绛进献郑俘。阳货又强行派

---

① 卫灵公堂弟，国之贤人。

（强调一下是"强行派"）孟孙何忌代表鲁定公夫人前往新绛行聘。

这里需要插话解释一下代表国君夫人行聘是怎么回事。

春秋时代的行聘不是现代意义上的定亲，而是指互相馈赠礼物以增进友好关系的行为。

当时，诸侯各国间已开第一夫人外交之风。当国君派人出使某国时，国君夫人也可以派人一并出使该国。但是，通常情况下，国君的使者和夫人的使者是由同一人兼任的。

那么问题来了，阳货为什么不让季孙斯顺便兼任定公夫人之使，而非得让孟孙何忌额外地再跑一趟呢？话说曲阜到新绛也隔山渡水的，省点儿路费不行啊，有钱不会去多买几本海棠老师的书吗？

继续往下看。

晋定公设享礼同时接待季孙斯与孟孙何忌。可是，孟孙何忌却在会场外和晋国中军将范鞅说起了悄悄话。

孟孙何忌说："阳货如果在鲁国待不下去了，会抛弃爵禄投奔晋国。到时候，请务必给他安排一个中军司马的职务。"

范鞅仓促之间无法给予明确的答复，只好未置可否地说："寡君素以选贤任能为设立官职的要义，鞅无法干预。"

事后，范鞅对上军将赵鞅谈及此事："鲁国人厌恶阳货，孟孙已经察觉到了，而且认为阳货一定会投奔晋国，所以提前替他请求，以期为他在晋国谋取禄位。"

上述场景收录在《左传·定公六年》的记载里，我读史至此时，对于范鞅推测孟孙何忌主动为阳货善后的观点，是不认同的。

按道理说，孟孙何忌内心里应该充满了对阳货的怨恨，他没有任何理由要主动为阳货善后。毕竟，以德报怨只是千百年一遇的江湖传说，以眼还眼以牙还牙才是人之常情对不对？

而孟孙何忌之所以事实上做出了为阳货善后的举动，唯一的可能应该是受到了阳货的逼迫，不得已而为之。

我在前面说了，孟孙何忌是阳货强行派到晋国去的（《左传》原文为"强使"），一个"强"字说明了一切。

当然，无论孟孙何忌是主动还是被动，我们都可以推导出一个共同的结论，即阳货首创的"陪臣执国命"权力模式已经出现了危机。

至于危机到达了什么程度，史籍中没有明确的交代。不过，考诸《左传》，还是能发现很多反映阳货处在焦虑之中的线索。

公元前504年秋冬之际，阳货和鲁定公以及三桓在周社盟誓，再和国人在亳社盟誓，又在五父之衢诅咒①，谋求在意识形态方面巩固自己的治权。

公元前503年春，齐国归还了过往占领的鲁国边邑郓地和阳关。阳货立即在郓地和阳关设立府邸，然后经常性的住在那里，发布命令，处理政务。

显然，他这样做无非出于两种考虑：一是把郓地和阳关当作自己的据点，以抗拒敌对势力潜在的反制；二是把郓地和阳关当作外逃的跳板，以方便自己在落败时有路可遁。

总之，在阳货看来，随着他在权力的金字塔上越攀越高，周遭的空气是越来越稀薄的，温度是越来越低的，轰然坠落的可能性也越来越大。

而应对的措施，除了做好必要的安全防范外（如前文所述之盟誓、诅咒和占城），就是竭尽全力向金字塔的更高处冲刺。

对权力的渴求会产生推动力，而被掌握的权力会产生战斗力，这是个放之四海而皆准的道理。

一旦阳货成功地跻身为公臣，那他的执政地位将会更加稳固，别人若再想扳倒他，其难度就超乎想象了。

阳货要改换自己的编制，根本之道还是得先除掉季孙斯。可是，亲自动刀子总是很难洗底，能不能再找一个借刀杀人的机会呢？

一个阳光灿烂的午后，阳货倚在窗台上，双手搭成一个拱，托着腮痴痴地这样想。

别说，事情还真这么巧，阳货想着，机会就来了。

机会不会凭空而来。诚如《华氏之乱》《子朝之乱》《斗鸡之变》和《深喉》

---

① 周社、亳社和五父之衢均为曲阜重要的政治和祭祀场所。

诸章所述，公元前 6 世纪晚期，中原版图上的政治秩序非常紊乱。

周王室一如既往地，哦不，持之以恒地，也不对，一泄如注地衰败，礼乐崩坏的程度持续深化。

晋国和楚国这一对共同主宰了中原霸业一百多年的老牌强国，都处在多事之秋，无论公信力还是干涉国际事务的能力，都出现了断崖式的沉降。

晋国的主要问题是六卿专权积重难返。我们多次看到，晋国六卿徇私贪贿，置国家利益于不顾。

如处理鲁国乱局时，六卿受季孙意如之贿，数度阻碍流亡的鲁昭公回国。

又如公元前 514 年，六卿用不光彩的手段，灭绝了在晋国颇具影响力的公族祁氏和羊舌氏，然后合伙瓜分了祁氏和羊舌氏的封邑。

再如公元前 506 年，因楚国悍然扣押蔡昭侯和唐成公，各国诸侯及周王室代表特意于召陵会盟，共商联军伐楚之事。但六卿于此紧要关头，竟然私下里向蔡昭侯索贿，并因索贿不成而导致盟会无果而终。

凡此种种没有操守没有担当的行为，导致归附晋国的诸侯渐生离意。

楚国则更惨，在柏举之战中，被吴军从边境一路打到都城，连国君都落荒而逃，要不是秦国出手相助，还不知道该怎么收场。其衰败之象，一目了然。

至于以鲁国和宋国为代表的其他诸侯国，也因卿大夫擅权而发生了激烈的政治动荡。

此时的中原大势其实和齐桓公称霸前的无霸局面比较类似。因此，常年在晋国和楚国之间观望游走的、无比怀恋旧日荣光的齐国，又萌生了天下本无霸、唯有德者居之的想法。

不错，齐景公就是准备趁晋、楚都处在低谷的绝好时机，扩张齐国的势力范围，重新建立以齐国为主导的国际新秩序。

在这个目标的指引下，齐国相继拉拢了郑国，威慑了卫国，又于公元前 503 年秋攻打鲁国。而阳货除掉季孙斯的算计，就正着落在抵御齐国入侵的战事上。

当时，季孙斯和孟孙何忌皆领军出征，阳货为鲁军制订了一个夜袭齐军的计划。

"stop！"

"叽叽，又怎么了，是不是想尿尿？"

"不是，上节英语课已经尿过四把了，下一把得留给数学课。我想问一下海棠老师，鲁国不是有个叫'三桓'的男团组合吗？听说哥仁儿平时形影不离的，为什么最近老是只见姓季的和姓孟的在外面瞎晃悠？还一个姓叔呢？难道被他妈妈叫回家吃饭去啦？"

"噢，是叔孙氏！叽叽，难得你这么有情有义，居然还记得鲁国有个三桓、三桓里有个叔孙氏，下学期的学习委员非你莫属了！"

"少来这一套，又想哄我帮你监督别人背课文，门都没有！快说，叔孙氏到底干吗去啦？"

"其实没去干吗，他们一直都在，只不过新近换了个小正太当掌门，所以较少在江湖上走动。那个迎回鲁昭公灵柩的叔孙不敢，在季孙斯挂掉的同年也一路向西了，他的儿子叔孙州仇继位时年纪还小，一时半会儿接不到戏，我们也要理解人家的苦衷不是？"

夜袭是雷达预警技术诞生以前兵家喜闻乐见的战术，所以，阳货夜袭齐军的决定本身是无可挑剔的。那么，他的杀招又藏在哪里呢？

这个谜题猜起来有点儿费劲，不过说穿了其实也没什么技术含量，就是阳货偷偷地把夜袭计划透露给了齐军。

齐军当然非常受用，于是明里装作毫不知情，故意松懈防备；暗里却设下重重埋伏，只等鲁军前来送死。

可是，不知何故，齐军本应绝密的扮猪吃虎计反过来也被鲁军高层的某些人知道了。

活着总是件愉悦的事情，明知去送死，当然没人会干。

于是，孟氏封邑成邑的邑宰公敛处父（时任孟孙何忌的车御）愤懑地发出抗议，称阳货故意造成祸乱，将来不得好死。

另一个叫苦夷的大夫更加暴性，明白无误地威胁阳货说：你陷害季孙斯和孟孙何忌，将来不等军法官判处你，我就要杀了你。

阳货做贼心虚，又同样非常热爱活着的感觉，见人家要和他拼命，当即尿了，只好取消了夜袭的计划。

再度失手无疑是令人沮丧的，兼之三桓宗主日渐成长，阳货的焦灼可谓与日俱增。当然，阳货既然能由家臣一路混到执政的地位，那他运筹帷幄的本事绝对不是吹出来的。

搞政治斗争嘛，讲究的是绞尽脑汁，挖空心思，无所不用其极。既然借外力清除季孙斯不成，难道阳货不会换个法子再来？

阳货带着坚毅的表情，郑重地点点头说，他会。

阳先生请留步！我是穿越电视台的兼职记者，能问您最后一个问题吗？下一步您将采用什么法子祸害季孙斯？知道您很忙，用八个字回答就行了！

阳货渐行渐远，空中盘旋着他因刻意压制而略显变调的声音：变本加厉，放手一搏——

迷离的、斑斓的欲望落在现实的、灰白的尘世，又会生出怎样的悲喜呢？这需要从五个人说起，其中季氏三个，叔孙氏两个。

季氏的三个人。

第一个叫季寤。他是季孙斯的庶子。注意，季寤不是世子，没有继承权，这点必须讲清楚。

第二个叫公偄极。在《那一年臧孙纥追寻过的梦》一章中，我曾经提到过，时任季氏宗主的季孙宿没有嫡子，但有两个庶子比较突出，其中庶长子叫季公弥，庶幼子叫季纥（即季孙斯的祖父）。

原本，季公弥应该凭借年长的优势出任世子。可是季孙宿偏爱季纥，生生打破无嫡立长的规矩，强行立了季纥为世子。

如此一来，季公弥这一支就无缘季氏巨大的政治遗产，注定只能渐渐走向没落。

而眼下的这个公偄极，就是季公弥的曾孙（季公弥又名"公偄"，或者字"公偄"，其后嗣遂以"公偄"为氏）。

第三个是公山不狃。大家已经认识他了，季氏家臣，费邑的邑宰。此处需要补充的一个信息是：公山不狃虽属地方实权人物，但对于自己的境遇并不满意。

叔孙氏的两个人。

第一个叫叔孙辄。他是叔孙氏的庶子，辈分不详，总之没有法定继承权。

第二个叫叔仲志。《叔孙豹之死所透射的三桓乱象》一章中出现过一个叫叔仲小的人物，叔仲志就是叔仲小的儿子。

彼时，叔仲小与公子慭、南蒯三人图谋驱逐季氏未遂，季氏一直记恨叔仲氏，叔仲志因之看不到出头之日。

如果说，上述五人有什么共同点，那就是：他们都郁郁不得志，心中充满了改造世界的强烈愿望和盎然兴趣。

阳货凭着敏锐的嗅觉，发现这五人有怨气盈胸，足堪驱驰，便礼下于人，着意结纳。这五人也正有倚树乘凉之意，于是三方一拍而合，准备共同实施一起惊天大案。

说是惊天大案，还真不带一点儿夸张。因为，他们的目标是将三桓的宗主——季孙斯、孟孙何忌、叔孙州仇一网打尽，然后由季寤继任季氏宗主，由叔孙辄继任叔孙氏宗主，孟氏宗主则干脆连血统都一并换掉，由阳货来继任。

怀着对更高阶权势的急切渴求，阳货已经失去了最后一丝耐性，既然借刀杀人的战术老是不顺手，那就挽起袖子亲自操刀上吧！

虽然会坐实乱臣贼子的千古骂名，但自古舍不得孩子套不住狼，舍不得媳妇套不住流氓，为了美好的新生活，拼了！

公元前502年的十月一日和二日，鲁国将要连续举行盛大的祭祀。根据以往的经验，届时君臣俱各行仪，都会忙得不亦乐乎。

约在公元前502年的九月，阳货等人因应地制订了一个行动方案。

方案的要点有两个：一、十月三日在曲阜东门外的蒲圃设享礼招待季孙斯，就在席间袭杀之；二、命令鲁国各处城邑中明里暗里受阳货等人节制的战车部队于十月四日齐集曲阜，准备合力灭除叔孙氏和孟氏。

这个方案的可行性是非常高的。我们知道，祭祀仪程庄重、事务烦琐，在消耗鲁国君臣的精力之余，也会麻痹鲁国君臣的神经，为阳货举事提供绝佳的掩护。

因此，阳货俨然已经胜券在握了。

眼瞅着杀机朝三桓飞奔而至，而三桓却没有任何防备，难道三桓主政鲁国百余年的固有局面，将要就此破碎成云泥吗？

我相信，这个时候大家一定会想：要是来点儿反转就爽了。我说呀：你们别着急，就像工作总会有的、房子总会有的、媳妇总会有的，反转也终归是会有的，只不过来得有点儿慢而已。

就在三桓命悬一线的危急关头，阳货等人因动作幅度过大，终于露出了蛛丝马迹。于是，偏转的历史之轮意外地被推回了原来的轨道。

其时，孟氏成邑的邑宰公敛处父察觉所部兵马异常，立即向孟孙何忌报告，并询问阳货为何调动兵马。

孟孙何忌一头雾水，说有这等事？我不知道哇！

公敛处父只觉一股凉气从脚板升腾而起。调动咱们孟氏的兵马[1]，你这个做宗主的竟然毫不知情，阳货那货肯定是想对你图谋不轨！必须马上着手布置，以防范动乱！

公敛处父遂与孟孙何忌约定：十月三日，由公敛处父起兵赴曲阜接应孟孙何忌。

可巧，公敛处父起兵的日期和阳货起事的日期竟然不谋而合。显然，双方都看准了十月三日是个作乱的好日子。

孟孙何忌预先做好了防备，季孙斯却一直蒙在鼓中。转眼已是十月三日，阳货亲自迎接季孙斯去往蒲圃赴会，季孙斯就这样傻乎乎地上了路。

阳货心中暗喜，自以为得计，便先一步赶至蒲圃做准备，并让从弟阳越率人"护送"季孙斯随后跟过来。

当时，季孙斯的马车走在最前面，为他驾车的是季氏家臣林楚（林楚已被阳货暗中收买）。季孙斯马车的两边，是手持铍、盾的卫兵（不消说他们也是阳货的人）。阳越则走在最后压阵。

走着走着，季孙斯犹如醍醐灌顶般突然发现不对头，假如他季孙斯去了蒲圃，保管吃不了兜着走。

蝼蚁尚且贪生，为人谁不惜命？不甘就死的季孙斯决定设法逃走。

---

[1] 背景是鲁国军队一分为四，其半数属季氏，另一半由孟氏和叔孙氏均分。

想逃？怎么逃？跳车逃跑肯定没什么希望，跟阳越谈人生谈理想交个朋友然后各自走路也不现实。季孙斯四下里一打量，最后把目光落在了林楚身上。着，就是你了！

借着脚步声、马蹄声和车轱辘声的掩盖，季孙斯压低喉咙、用推心置腹的口吻对身旁的林楚说："你的先人都是季氏的忠良之臣，你也要努力继承家风啊！"

林楚一愣，但转瞬之间又明白，季孙斯已经识破了阳货的阴谋，继承家风之语，是季孙斯恳求他施以援手。

林楚良性未泯，经过一番短暂而激烈的天人交战，他心中的坚冰迅速融化，开始同情起眼前这个无助的家主来。

可是，同情有什么用呢？林楚对季孙斯说："您跟我说这话已经晚了。阳货手眼通天，且已筹谋多时，以我的区区之力，怎么救得了您？"

季孙斯并未气馁，继续给林楚鼓劲："不晚不晚！一点儿都不晚！怎么会晚呢？你只要送我到孟氏那里就行了！"

林楚的忠主意识和英雄主义猛烈迸发，他坚毅地对季孙斯说："只要能保护您免于灾祸，我即便一死，又有什么可惜呢？"

季孙斯欣慰地说："去吧！"

林楚不再言语，骤然打马，驾着马车如离弦之箭般从行队中挣脱出来，朝着孟府的方向狂奔而去。

阳越猝不及防，张弓去射季孙斯，手忙脚乱没有射中。他跳起脚来骂了一声娘，喝令兵士们赶紧追，都把吃奶的力气拿出来，有多快给我追多快，生要见人死要见尸云云。众兵士哄然追赶。

切换场景。

孟氏这边，为了在瞒过阳货耳目的情况下布置防卫，也想了很多办法。其中有一条就是，打着为孟公期（可能是孟孙何忌的某位子侄）修筑房屋的幌子，挑选三百名身强力壮的男奴在府门外施工。

既然是建筑施工，那别的工具不说，板砖这种神挡杀神佛挡杀佛的利器肯定是少不了的。设若阳货果然来攻，奴隶尽可以随手抄起家伙抵挡一阵。

老话常说，机会永远只垂青做好了准备的人。谁都没想到，因为季孙斯慌乱来投，设在孟府外的这道防御阴差阳错地提前一天发挥了功效（此时是十月三日，而阳货原本准备十月四日攻打孟氏）。

在孟氏的接应下，季孙斯躲进了孟府。阳越岂肯善罢甘休，当即挥兵攻打。

府门外的那些奴隶拼杀了一阵，终究力不能支，于是往府中退却，然后关上大门以阻挡阳越。

阳越不依不饶（其实我很理解他，跑了季孙斯，回去交不了阳货的差呀），继续攻门。

孟氏的人从门缝里射箭还击，其中一箭不偏不倚地射死了阳越。

阳氏余众失了主心骨，斗志涣散，越打越意兴萧索，渐渐地也就退了。

这场小规模的冲突拉开了阳货作乱的大幕。季孙斯的意外逃脱以及阳越攻打孟氏的行为，暴露了阳货的狼子野心。阳货已无法按部就班地执行预定方案，只得匆匆动手了。

阳货首先劫持了鲁定公和叔孙州仇这两个重要人物，一者握定朝政的话语权不放松，确保自己居于有利态势；二者使得叔孙氏投鼠忌器，不敢和阳货对抗。继而起兵攻打孟氏。

但就眼下阳氏和孟氏的力量对比而言，并非阳货事先评估的那样呈阳氏占压倒性优势。因为，阳货暗中邀集的各地兵马要次日才能赶到，而孟氏家臣公敛处父的成邑兵马却正在如约进城。

于是，有备而来的成邑兵马误打误撞地遭遇了仓促而起的阳氏兵马，双方就在曲阜城中展开了巷战。

第一阶段，双方战于曲阜的南门内，孟氏一方"弗胜"。第二阶段，双方战于曲阜的棘下，阳氏一方"败"①。

两仗打下来，阳货的折损极大，从物质比拼的层面来考量，他已经处于下风了。

阳货是个明白人，他很清楚，欺君灭主，为人伦纲常所不容，"陪臣执国命"

---

① 给战果加上引号，是表示引自《左传》原文，同时提请大家注意左丘明老夫子的措辞。

本就是一条后方节节塌陷的不归路，只有不断朝着权势的顶峰攀爬，用层层加码的威福牢牢压制住传统贵族日积月累的怨愤，才能确保自己政治生命和自然生命的延续。

现如今，天不遂人愿，击杀三桓不成且在刺刀见红的武斗中落败，那阳货接下来的路该怎么走，已无须左思右想了。

"海棠老师，瞧你这意思，阳货畏罪自杀啦？那也太没劲了！"

"死？老师刚才哪个标点符号透露了阳货要死的意思？"

"原来没死！那他下一步准备怎么办？是跑到南美洲隐姓埋名，还是跑到北美洲政治避难？"

"叽叽，why you always'图样图森破'①。你就算没听说过有个词叫鱼死网破，也应该听说过有个词叫孤注一掷吧？阳货之所以在曲阜落败，并非他的实力不足以与三桓一战，而是计划赶不上变化，他的兵马未能踩着点进场。以阳货积攒的政治资本而论，他还没到山穷水尽的地步，翻盘并非没有可能。只不过，若想挽回眼前的颓势，阳货得拿出点儿非常的手段来才行。至于跑路，可以作为终极的备选方案，倘若底裤输光了再跑也不迟嘛！"

不错，浸淫权术多年的阳货，止是一个有胆色有谋略的赌徒。

他深知，要想富贵如昨，那就只有一条路可走——将叛主升级成叛国，彻底颠覆鲁国的政权，掌控对自己历史问题的定性权，避免接受他人的审判。

如果夺取最高权力失败，那就转入跑路程序，脱离鲁国而去，永远摆脱鲁国的司法问责，以保全身家性命。

进退有度，左右皆便，算盘打到这个程度，阳货称得上是个人精了。

鉴于曲阜城中的局势已经失去控制，再待下去非但无所作为，反而有被关门打狗之虞，阳货遂裹挟着鲁国的宝器（宝玉和大弓）转移至他经营多年的阳关，公然和鲁国中央政权对抗（值得一提的是，史籍虽然没有明确记载，但据推测，先前被阳货劫持的鲁定公和叔孙州仇应该在此期间重新获得了自由）。

---

① 网络用语，英文"too young, too simple 的谐音"，翻译为太年轻，太天真。

阳货一走，三桓便自动填补他留下的权力空缺，曲阜又恢复了过往的政治秩序。

然而，曲阜的消停并不是阳货作乱这个事件的终结。三桓主政中央，阳货割据城邑，双方一个大病初愈，一个甫遭重创，状态都不好，短时期内无法再举刀兵，于是鲁国形成了对峙的局面。

不过有一点肯定出乎阳货的预期，那就是三桓复原的速度。

如果说阳货是鲁国政坛的一种现象，那三桓就是鲁国政坛的一种力量。

三桓根植于世袭贵族的土壤内，生长在世代专权的空气中，他们的权势和鲁国的国情在漫长的时间里相互塑造、紧密咬合，早已成为根深蒂固的政治常态。

阳货得以执掌国政，表面上经历了一个渐进演变的过程，看似瓜熟蒂落，水到渠成，但他基于季氏之强势并趁三桓宗主幼弱而上的因缘巧合，才是成功的秘诀所在。

也就是说，阳货短期内执掌国政的现象，并未将三桓长期执掌国政所聚集的力量侵蚀殆尽，也并未改变鲁人尊崇三桓的心理定式和惯性思维。

在这样的背景下，三桓一旦卸去阳货的压制，就会如同好风借力、如鱼得水一般，迅速地、酣畅地、横向到边纵向到底地重建他们的权力体系，然后以一个近乎满血满状态的形象出现在世人面前。

所以，阳货割据地方以对抗中央的做法，虽说是势在必行，但结合三桓在鲁国的独特地位以及独特功能而言，我们不能对阳货抱有太多乐观的期待。

对峙初期，阳货和三桓没有发生火并，但这种局面并不代表双方达成了静态的平衡。

根据《左传·定公九年》记载，作乱的次年，也就是公元前501年夏，阳货把窃据的宝器归还给朝廷。这个缓和气氛的举动至少说明，阳货在某种程度上已经感到力不从心了。

然而三桓并不傻，作为鲁国的顶级官宦世家，从小浸染在把玩政治的浓郁氛围中，他们别的或许不懂，你死我活、穷追猛打的道理是绝对不需要旁人额外点醒的。

公元前 501 年的六月，三桓聚集兵力，重拳出击，将阳关围起来团团攻打。

阳货支撑不住，眼看破城在即，只得启动应急预案，纵火焚烧城门，并趁政府军惊惶之机，率众突出重围，直奔齐国而去。

齐国欲重整霸业，正在想方设法扩张势力于中原东部。因此，齐景公热情地接待了阳货，以期利用阳货的剩余价值影响鲁国的内政外交。

阳货也察言观色，很适时地向齐景公提出了起兵攻打鲁国的建议。他拍着胸脯打包票，有他阳货做指引，凭借齐国的军事力量，只消三次出击，就一定能吞灭鲁国！

齐景公大喜，当场就要和阳货签署合作协议。

卿士鲍国极力劝阻，他从三个方面阐述了反对的理由。

首先，鲁国不是一块好啃的骨头。

鲁国刚刚驱逐了阳货，正值三桓彼此无间、朝野相与欢腾之际，其国民的精神是亢奋的、斗志是昂扬的；加之外有晋国看觑，内无天灾肆虐，并非孱弱可欺。倘若此时攻打鲁国，齐国必定折损极大。

其次，阳货不是什么好货。

阳货曾经说过"亲富不亲仁"[①]的话语，这暴露了他负斐逐利的本性。

阳货蒙受季氏的恩宠，回过头来却想灭除季氏；现在齐国比季氏更加富有，如果施予阳货恩宠，阳货一定会趁齐国因伐鲁而疲乏之机颠覆齐国。

最后，收容一个祸害祖国的叛逃者，有损齐国的仁义形象，不符合齐国恩威并施的外交策略，不利于齐国打开宾服诸侯的外交局面。

齐景公吓出一身冷汗！好你个烂穿肚肠的阳货，三桓你搞不定，想把坏水吐到齐国来，你觉得老子好欺负是吧？竟敢跑到老子的地盘上玩花样，老子奉陪到底！于是下令将阳货逮捕，准备押解至齐国东部囚禁。

阳货何其精明的人，一见情况不妙，立马脑洞大开。既然自己没被处死，那就意味着还有机会逃跑。可这要是被关在齐国东部，那还跑什么呀[②]？要是能被

---

① 原话为："为富，不仁矣；为仁，不富矣。"成语"为富不仁"即出于此。

② 齐国濒临东海，若从齐国东部往外逃，那只有北、西、南三个方向可走，而无论哪个方向，都需要长距离穿越齐国的国境，逃脱的难度极大。

关在齐国的西部，那逃起来就容易多了。

阳货的想法很美好，但问题在于，齐景公似乎没有理由要为阳货大开方便之门啊！

假如换作你是阳货，你能想出使齐景公改弦更张的法子不？话说齐景公正在气头上，你也别指望求情告饶能起到啥作用。

想不出是吧？那恰好证明阳货这厮确实有过人之处。因为，他就能想出法子。

阳货的法子，抽象一点儿说，叫无中生有。

何谓无中生有？按照兵书《三十六计》给出的定义，乃"诳也，非诳也，实其所诳也"是也。

这句很拗口的话意思就是说：故意表露出与本心相违背的动向，让你的对手竭力阻挠甚至倒推你，然后你就借着他的力，快快乐乐地达成了你原本想要的目的。

阳货没看过《三十六计》，但他对"无中生有"的技法显然无师自通。收到劳改通知书后，阳货装出一副欢天喜地的样子，给人一种他阳货从小就梦想着去看海，今朝终于遂愿的感觉。

齐景公心中不爽：坐牢给你坐出愉悦感了，那我还有什么成就感可言？随即追加一道命令，改判发落阳货至齐国西部边境囚禁。

阳货脸上一副苦大仇深的表情，其实肺腑已经笑出九级内伤了。

到达齐国西部边境后，阳货马不停蹄地开始着手策划逃跑。

他首先把当地人的车子全部借来，用刀在车轴上刻挖出深深的裂隙，直到将断而未断的程度，接着用麻束把裂隙处裹缠起来，使外人看不出车轴已遭破坏，最后再归还原主。

原来，阳货估计，假如自己逃跑，当地人必定会驾车追赶。而车轴严重受损的车，根本经不起高速运转和剧烈颠簸，半路折毁绝对是板上钉钉的事情，届时他阳货就能甩脱追捕顺利地逃之夭夭了。

做完这些，阳货再找来一辆专门装载衣服的、名为"葱灵"的车①，在车上面

---

① 春秋时代盛行马车，对马车的功能有细致的划分。

堆满衣服，然后藏身在衣服堆里，叫人驾车将他偷偷地运出齐国去。

可是，阳货的诡计未能得逞。他刚溜出去没多远，齐人就及时发现并逮住了他，继而又送回临淄关押。

阳货当然有一颗逃跑的心，时时刻刻为你转不停，他的执着也曾经，深深震撼你的心灵。剧情由此进入《越狱》第二季。

这一次，阳货的手段更加高超。高超到什么地步？说实话，到了几乎神不知鬼不觉的地步。

为什么这么说呢？

从逃脱的难度来看，无疑是大大增加了。一者，阳货有越狱的恶行在先，齐国势必将其作为重犯严密看管；二者，转狱临淄，大大拉长了阳货逃出齐国所需经行的距离。

但就是在这样极端不利的条件下，阳货仍然成功地逃了出去。

而他逃脱的手段，《左传·定公九年》中仅仅提到是故技重施，"又以葱灵逃"。至于其他细节，譬如怎么找到车的、怎么避过看守的、怎么甩掉追兵的等，则一概不知，这不是神不知鬼不觉又是什么？

出得齐国来，阳货途经宋国，最终抵达晋国，并投靠了时任中军佐的赵鞅。

赵鞅素知阳货精明能干，当即任命他为赵氏的家宰。

这个消息传到鲁国后，孔子幽幽地丢了一句："赵氏恐怕世世代代都不得安宁了吧！"意思就是说：阳货既为奸佞之人，赵氏竟然对他委以重用，不殃及子孙才怪！

孔子的话乍一看挺有道理，不过仔细一品咂，却发现内中别有一番酸味。

为什么说有酸味？我们暂且把这个悬疑搁在一边，先看一道案例分析题——赵氏是否如孔子所料那般被奸人阳货搅得"世有乱乎"。

事实是胜于雄辩的。赵氏非但没有逐渐衰败，反而日益强盛，并在约一百年后裂土封侯，成为声名显赫的战国七雄之一。

如果掰得稍微细致点儿，我们考察一下阳货有生之年在这个过程中所发挥的作用，那简直能把孔子噎个半死。

因为，这位在鲁国只手遮天、翻云覆雨的奸臣巨蠹转会到赵氏后，居然服服帖帖、一心一意地当起了能臣干吏，在晋国险恶的环境中 ① 为赵氏献智献力，屡建功勋。

那么，我们必须要紧接着追问一句，到底是一个什么样的神奇因素，改变了阳货的品性、让他洗心革面重新做人了呢？难道是感念赵鞅的知遇之恩？

非也非也，若论知遇之恩，难道季氏对阳货的知遇之恩还不够隆盛？

玄机藏在《韩非子·外储说左下》中。绝无夸张地说，该文所阐述的自我修为与用人之道，被每一位当权者奉为至尊宝典亦不为过。

文中有这样一段记载："恃势而不恃信，故东郭牙议管仲。恃术而不恃信，故浑轩非文公。故有术之主，信赏以尽能，必罚以禁邪，虽有驳行，必得所利。简主之相阳虎，哀公问'一足'。"

翻译成白话文就是说：君主应当倚仗的是权势而不是臣属的诚实，所以鲍叔牙建议齐桓公不能把大权全部交给管仲；君主应当倚仗的是权术而不是臣属的诚实，所以浑轩反对晋文公关于箕郑父以后不会背叛的论断 ②。懂得权术的君主，有功必赏，以便人尽其能；有罪必罚，以便禁止奸邪。即使臣下行止不端，也一定有可以利用的地方。赵简子（赵鞅谥称赵简子）任阳货为家相，就是充分发挥了他的才能。鲁哀公了解到夔只有一个特长，认为也足可利用。

其主旨是为了说明：人都是善恶交融的混合体。做君主的，不要指望臣属像白求恩大夫那样，毫无自私自利之心，个个都是纯粹的、道德的、脱离了低级趣味的、有益于人民的人；而应当施展权术，赏罚并济，因才施用，扬臣属之长而抑臣属之短。如此，才能成为有为之主。

我们也可以认为这段话揭示了一个规律，即任何物事都是具有多重属性的，但在特定的使用者面前，它的属性会变得单一化。

譬如一件商品，原本具有价格贵贱和质量优劣等多重属性，但在土豪面前，它就只剩下价格贵贱的属性。

---

① 时晋国六卿之间分化组合，犬牙交错，政治斗争非常激烈，此乃三家分晋的前奏。
② 后来箕郑父果然作乱。

又如一只妹纸，原本具有颜值高低和性格刚柔等多重属性，但在土豪面前（怎么又是土豪），她就只剩下颜值高低的属性。

同理可证。只要君主善于弄权，那臣属就会丧失忠奸的属性，变成只有精干和平庸的区分。

而阳货是什么人呢？用阳货自己的话说，叫"主贤明，则悉心以事之；不肖，则饰奸而试之"。君主贤明，就尽心尽力去侍奉他；君主不贤，就掩饰邪念去试探他。试探他干吗？当然是为了伺机作乱。

那么，做君主的，应当如何驾驭阳货这种才干与野望均十分了得的家伙呢？问题又得兜个圈子说起。

《韩非子·外储说左下》中还有一段记载，详细叙述了浑轩谏晋文公不可轻信箕郑父的原委。

话说晋文公流亡在外时，箕郑父携着食物一路跟随。有一天，箕郑父和晋文公走散了，饿得在路上哇哇哭，却始终不敢背着晋文公吃掉食物。晋文公回国后，飞黄腾达了，就想把原地封给箕郑父，他觉得箕郑父既然以前能忍受饥饿的痛苦而坚决保全食物，那以后也不会凭借原地叛变。浑轩谏阻道："因为不偷吃食物，就坚信箕郑父不会凭借原地叛变，您是不是太傻太天真了点？"

韩非子随后大发感慨："故明主者，不恃其不我叛也，恃吾不可叛也；不恃其不我欺也，恃吾不可欺也。"

翻译成白话文就是说：所以做明君的，不要寄望于别人不背叛我，而要依靠我的不可背叛；不要寄望于别人不欺骗我，而要依靠我的不可欺骗。

我讲到这里，想必大家已经懂了。

在以权力稀缺为基础特征的集权体系中，压根儿就没有与生俱来的忠诚。某些臣属之所以对君主忠诚，那不是因为他天性忠诚，也不是因为他崇尚忠诚，而是因为，他必须忠诚，他不敢不忠诚，他不得不忠诚，他不忠诚就玩不下去。

阳货的为人，赵鞅了解得很清楚，心术不正、"逐于鲁，疑于齐"嘛！但赵鞅对自己很自信，他认为玩弄起权术来，阳货跟自己相比还嫩了一点儿。

赵鞅简拔阳货为家宰时，左右也曾谏言："虎善窃人国政，何故相也？"

赵鞅轻巧地答道："阳虎务取之，我务守之。"意思就是说：阳货虽然善于窃取政权，我却善于守护政权，阳货能奈我何？

而后，赵鞅"执术而御之"。"阳虎不敢为非，以善事简主（即赵鞅），兴主之强，几至于霸也。"

说到底，阳货之所以能够在鲁国为祸，主要是因为缺少了一个能镇得住他的主。

一旦遇着已入职六卿达二十五年之久、历尽风浪而处变不惊的老麻雀赵鞅，阳货就会自觉不自觉地改造自己，篡权的想法收束蛰伏，而谋事的能力张扬释放，最终成为赵鞅的臂膀。

上面这道案例分析题，理论是经典的，但逻辑是平实的，以孔子老先生的资质而言，应该不至于参悟不透。

那么回到之前搁置的那个疑问，为什么我称孔子看跌赵氏（或者说给予赵氏负面展望）的言论带着酸味呢？

其实，这就是一个"吃不到葡萄就说葡萄酸"的现实映射。

孔子对阳货抱有切齿的仇恨，满心指望他在鲁国受死吧，他毫发无损地逃到了齐国；满心指望他被齐景公诛杀吧，他又毫发无损地逃到了晋国，而且居然还当上了赵鞅的家宰。你说孔子这口恶气怎么咽得下？

可是活人终究不可能被尿憋死，孔子总要给自己找一个宣泄的出气口，于是乎只好使出乾坤挪移大法，把对阳货的仇恨转化为怪怨赵鞅识人不明，进而预言赵氏"世有乱乎"，聊以自慰罢了。

好，孔子吐酸的疑问解答完了。不过，另一个疑问又随之而生。孔子为啥如此仇恨阳货呢？妥妥的五百年前了无瓜葛、互不相欠哪！

这个话题比较有趣，包含的信息量也不少，如果大家愿意花点时间来了解一下，那至少可以得到一些教科书不会告诉你的知识。

孔子和阳货，俱为中国历史上的名人。然则，孔子留下的是清名，被后世推崇为"圣人"；而阳货留下的是浊名，被后世痛斥为"恶人"。两人一正一邪，一善一恶，形成了鲜明对比。

从古至今，批判阳货的文章可谓是铺天盖地，直把阳货骂得体无完肤，其言语之狠、其气势之猛，令人触目惊心，俨然阳货就是开天辟地以来首屈一指的元凶巨孽。

所以，阳货的恶名从何而来？自孔子以降，为什么骂阳货之声不绝于耳？仅仅是因为阳货祸害季氏、动摇鲁国那么肤浅吗？

其实，里面的水深着呢。大家且听我慢慢道来。

《列子》把孔子一生所遭受的磨难概括为四句话："穷于商周，围于陈蔡，受屈于季氏，见辱于阳虎。"

"见辱于阳虎"即《史记·孔子世家》所述孔子赴季氏之宴却被阳货拒之门外的事，篇首已有交代。

值得一提的是，在孔门后人所撰的《孔子家语》中，对此事亦有记载，但故事情节更具煽动性。

《孔子家语》是这样说的："孔子有母之丧，既练，阳虎吊焉，私于孔子曰：'今季氏大飨境内之士，子闻诸？'孔子答曰：'丘弗闻也。若闻之，虽在衰绖，亦欲与？'阳虎曰：'子谓不然乎，季氏飨士，不及子也。'"

按照《史记·孔子世家》的记载，阳货把资历尚浅的孔子拦下，其动机中还有公事公办的成分。但在《孔子家语》的记载中，阳货是诱孔子于先，而拒孔子于后，其作弄之意就昭然若揭了。

"围于陈蔡"发生在孔子周游列国期间。

当时，孔子从卫国出来，率着一众弟子经过陈国和蔡国之间的匡地，原本走得很人畜无害，孰料匡人不由分说就把孔子强行拦住，围起来不让走。

孔子被搞得灰头土脸，狼狈不堪，他就奇了怪了：我老头子不说仙风道骨，那也是慈眉善目吧，更兼初来乍到，咋就招你们惹你们啦？哎哟，那个憋屈，简直三天三夜罄竹难书！

原来，这是一起因阳货而造成的误会。阳货"尝暴匡人"，匡人一直记恨在心。恰巧孔子又和阳货长得非常相像，所以匡人把孔子当作阳货实施报复了。你看冤不冤。

围到第五日，匡人的动作越来越火暴，孔子招架不住了，眼看性命堪虞，只好派一个随从去向卫国求救，这才脱离困厄。

按道理说，"围于陈蔡"纯属误会，阳货既不是罪魁祸首，也不负连带责任。但孔子及其后人一直耿耿于怀，偏要将这笔账算在阳货身上。

清人所著《隔帘花影》中有两诗句："曾参投杼疑慈母，阳虎招尤误圣人。"便是孔子一门对阳货怨愤之情的生动写照。

很显然，如果把"见辱于阳虎"和"围于陈蔡"当作孔子和后世痛恨阳货的全部理由，那肯定太苍白了点，没什么说服力。所以，我下面要揭示的，是隐藏在表象下面的三道内情。

第一道：因为理念不合，孔子有批判阳货的必要。

理念不合这个题目说小很小，无非就是孔子尊礼而阳货违礼；但说大也很大，如果要讲清楚，那必须对春秋时代的人文政治以及孔子的精神世界来一个全方位的概述。

鉴于本章的主题是阳货作乱，所以阳货和孔子理念不合的题目，我也懒得冒充专家教授去展开长篇大论了，就化繁为简，避重就轻，仅结合两句阳货曾经说过的话略微谈谈吧。

阳货的第一句话是"为富，不仁矣；为仁，不富矣"。

从实践的角度看，这是一句大实话。当时的中国是个农业社会，实行的是专制统治，商业经济可以忽略不计，因此发家致富的手段不外乎压迫和剥削。你若说这些手段是"仁"的，估计孔子都要跟你急。

然而，从立论的角度看，这又是一句大谬话。因为，立论必须是高远的、前瞻的、富有建设性的，我们不能基于灰暗的、落后的、保守的社会现实来描述人类应有的价值观和文明观。

譬如，在结婚典礼上，司仪问新郎：以后，工资全交了吧？新郎斩钉截铁地回答：交了交了，一分不留！司仪又问：家务活全包了吧？新郎义无反顾地回答：包了包了，谁也别跟我抢！司仪再问：老妈和老婆一同掉水里，不会犹豫了吧？新郎深情地看了八十岁的老妈一眼然后无比自豪地回答：我妈是潜水教练！台下掌声雷动喝彩不迭；新娘面泛桃红眼波流转；新郎汗透重衣两股战战，心里把司仪的家属默默地念了一百遍哪一百遍。

春秋时代，"为富不仁"虽然是铁一般的事实，但你"为富"就"为富"呗，干吗还要提醒别人你"不仁"？底层草民固然会群情激奋，富裕阶层 ① 也会忌讳尤深啊！

阳货说这句话，相当于把自己摆在了一个无差别阶级的对立面，是个人都会骂他，要么骂他坏，要么骂他傻。

孔子也骂他。孔子的学术思想中虽然没有直接论述"富"与"仁"的关系，但有一个与之极其相近的"利义论"。

孔子认为，义是人类行为的最高准则，诸事要"义以为上"，要"见利思义"、要"义然后取"。如阳货这般为了"利"（相当于"富"）而抛弃"义"（相当于"仁"）的思想，那是要骂个狗血淋头的。

阳货的第二句话是"主贤明，则悉心以事之；不肖，则饰奸而试之"。

这又是一句极度拉仇恨的话。试想，君主们要求的是臣属对自己无条件忠诚，哪个君主会容忍臣属像阳货所说的这么"试之"？你当是网友见面，先躲在暗处瞄一眼，倘若对方是靓仔辣妹就献身，倘若对方是青蛙恐龙就闪人啊？

因此，历代王朝统治阶级都主动加入骂团，口诛之笔伐之，对批判阳货起到了推波助澜的作用。

孔子的观点和阳货不同，他主张"所谓大臣者，以道事君，不可则止"。"止"就是停止，可以理解为辞职，也可以理解为跳槽。

总之，孔子认为，不管君主如何荒淫昏聩如何孱弱可欺，做臣属的顶多只能选择不为君主效力了，而绝对不能有任何戕害君主的非分之想。

阳货僭越弄权且不说，还三番五次地给君主设死亡陷阱，孔子又岂能容他？

第二道：因为在政治上受到了以阳货为代表的权臣势力的巨大打击，孔子有还击阳货的欲求。

大家不要看孔子被誉为"至圣先师""万世师表"，就以为孔子打小便立志要开宗创学投身文教事业。不是这么回事！孔子一开始其实是醉心功名的。

只不过呢，孔子实在是时运不济，他一个坚定的卫道士（虽然偶尔有瑕疵），却生在一个礼乐崩坏的时代，遇着了季氏前后几代宗主以及阳货这些个将私欲凌

---

① 都是当官的，当时只有当官才能富裕。

驾于君权国法之上的横主。

这就在双方之间造成了一种非常微妙的政治生态。

就孔子而言，他一方面热切地想当官，但另一方面又耻于与季氏和阳货为伍。

就季氏和阳货而言，他们一方面想任用孔子，利用孔子的名望来树立自己爱才呀崇德呀等高大形象；另一方面又难以容忍孔子的政治主张，不愿重用孔子。

因此，我们看孔子的人生履历。

他尽管出道得比较早，年轻时曾在季氏手下做过管理仓库、牧场的小吏，而且据说业绩还不错，账目分明，牲畜繁息，工作能力挺扎实的。

但后续的仕途就不顺畅了。

斗鸡之变后，季氏的跋扈达到巅峰，孔子失望之余跑到齐国淘金，在守国世卿高氏门下当了一段时间家臣，后因政见与齐国国情相左[①]，又回到了鲁国。

回到鲁国后，不久便是阳货执政。阳货自知来路不正，想给孔子安排个一官半职，借以笼络士民。但孔子对阳货嗤之以鼻，千方百计躲着阳货，就是不肯出来效力。

阳货精于权谋，当然不会被孔子的这点儿小伎俩难住。于是，他叫人送一只乳猪给孔子享用，然后等着孔子登门道谢。

"来而不往非礼也"，这可是你孔子自己说的，有种你就不来，自己把自己的脸打肿，看天下人笑话谁。

孔子拿着这只乳猪是左右为难哪！斟酌再三，他只好想了个折中的办法——趁阳货出门在外的时候去阳府道谢。既回了礼，又免了相见的尴尬，两全其美，就这么定了。

好不容易打听到阳货外出的消息，孔子鼓起勇气，跟个贼似的出了门，然后朝着阳府一路疾行，心里那个忐忑呀！

怎料怕什么来什么，孔子走到半路，居然和阳货撞个正着。

---

① 孔子极力倡导繁文缛节，让历来讲究简洁明快的齐国烦得不行。

孔子避之不及，那边阳货已经似笑非笑地打起了招呼："过来，我有话和你说！"

孔子没法，讪讪地来到阳货跟前，扭扭捏捏地行礼，一边用脚指头隔着鞋底按压地面一边佯装镇定地等阳货发话。

阳货不动声色地问："把自己的本领藏起来而听任国家迷乱，能叫'仁'吗？"

孔子一想：仁者爱人，倘若连个偌大的国都不爱、都任它迷乱，那还爱个屁的人啊？只好老老实实地答道："不能。"

阳货再问："那想要干一番事业却屡屡错失良机，能叫'智'吗？"

孔子又一想：智者不惑，嘴里哼着唱着要实现抱负，有了进身之阶却自命清高，这算什么智呀？只好老老实实地答道："不能。"

阳货咧了咧嘴，宛若一位悲天悯人的哲人般喟叹道："<u>日月逝矣，岁不我与！</u>"

孔子如遭雷击，简直连思考的气力都没有了，顺从地答道："<u>诺，吾将仕矣。</u>"

这件事情说明了什么呢？阳货老奸巨猾？没错，可那不是重点。

重点在于，孔子在阳货面前别说无还手之力，连招架之功也没有，说得好听点叫一败涂地，说得难听点儿叫被阳货玩弄于股掌之间。

事后孔子回味这件事时，心中是什么感受，史籍没有记载。

但我们基于人之常情来推理，他难道没有巨大的挫败感？他难道不因这巨大的挫败感而生出对阳货的刻骨仇恨？答案是不言自明的。

阳货事败出逃后，孔子迎来了一个短暂的春天。鲁定公急于重塑鲁国的政治道德，是故对主张克己复礼的孔子破格任用。

孔子在短短数年之内冲天而起，先任中都宰^①，再升任司空，再转任司寇，最后兼"摄相事"。

火箭般的速度，梦幻般的蹿升，使得孔子飘飘然了。

君以国士待我，我必以国士报君呀！国君最大的敌人是谁？当然是那些贪如狗狡如鼠的卿大夫。卿大夫中最嚣张最专横的又是谁？当然是世为强卿的三桓。好，我去帮您搞定他们！

---

① 中都是一个邑的名称。

285

于是乎，孔子开始强推削弱三桓的政策，其代表作就是公元前 498 年 "堕三都"，即把季氏的费邑、孟氏的成邑、叔孙氏的郈邑——这三个都邑的城墙的超标部分拆毁。

依礼制，卿大夫封邑的城墙最长不得超过都城的三分之一，这是诸侯防范卿大夫聚集钱粮兵马作乱的必要措施。

而费、成、郈三邑都远不止曲阜的三分之一，这构成了支撑三桓逾制越权的物质基础。

在我交代后续情节之前，请大家猜一猜，堕三都的施行情况如何？

从理论上说，三都必须被堕，违章建筑嘛，成何体统？

但从鲁国臣强君弱的政治沿革来说，三桓绝对有能力阻止孔子堕三都。

可是，关键在这个可是，封邑过大是一柄双刃剑，卿大夫固然可以倚仗它挑战国君的权威，家臣也可以倚仗它挑战卿大夫的权威。

对于刚刚经历了阳货之乱的三桓来说，封邑尾大不掉是一个紧迫的现实威胁。你要知道，阳货作乱的一个重要的力量来源就是费邑主官公山不狃的鼎力支持。

而费邑叛乱已不是第一次见之于史了，在《叔孙豹之死所透射的三桓乱象》一章中我曾提及，当时的费邑主官南蒯就曾率邑叛主，季氏费了九牛二虎之力才将其平定。

三桓中的叔孙氏亦深受封邑叛乱之苦。

就在堕三都的两年前，即公元前 500 年，叔孙氏家臣侯犯据郈邑以叛，把叔孙氏搞得头大如斗。双方打打杀杀，翻来覆去，最后以侯犯兵败奔齐收场，但叔孙氏也被折腾得够呛。

只有孟氏的情况看起来稍微好一点儿，在堕三都之前没有发生过封邑叛乱。当然，不用我特意提醒，大家也应当能够意识到，只要成邑继续维持那么大个块头，叛主的可能性就总是存在的。

事实上，孟氏终未能独善其身，距堕三都十八年后的公元前 480 年（即鲁哀公十五年），时任成邑主官公孙宿发动叛乱，孟氏躲过了初一，没能躲过十五。

因此，当孔子推行 "堕三都" 时，季氏和叔孙氏的反响异常积极。叔孙氏二话不说就把郈邑堕了。季氏二话不说也要堕费邑，但麻烦事又来了。

原来，当初为了尽快平定阳货之乱，季氏对参与作乱的费邑主官公山不狃采取了拉拢政策。所以，公山不狃目前仍然担任着费邑的主官。

而公山不狃一看季氏要配合孔子堕费邑，登时就急了！

好你个奸似鬼的季孙斯，项庄舞剑意在沛公的鬼把戏能玩得再明显一点儿吗？若不是为了架空我公山不狃，你会舍得把费邑给堕啦？老子才不会坐以待毙呢！拍完桌子，公山不狃随即举兵叛乱。

季氏眼泪一喷，又费了九牛二虎之力才将其平定。最后公山不狃及其同党叔孙辄兵败奔齐（后来又辗转投奔了吴国），季氏总算把费邑堕了。

最后轮到孟氏。孟孙何忌本来也想堕成邑，但成邑主官公敛处父在阳货之乱中立下汗马功劳，孟孙何忌碍于情面有点儿不好意思下手。

而且成邑本身的情况很特殊。一者，成邑是鲁国北部抗击齐国的边境重镇，一旦被堕，鲁国的国家安全堪虞。二者，成邑对于孟氏的支撑格外重要，一旦被堕，孟氏无异于自毁长城。

基于上面这些原因，公敛处父劝孟孙何忌不要接受朝廷堕成邑的命令。孟孙何忌同意了。

鲁定公连堕费、郈二邑，罕见地取得对三桓斗争的重大胜利，正自踌躇满志，又岂肯半途而废？于是起兵攻打成邑。

然而，这是一个实力压倒规则的时代。费、郈二邑接连被堕的关键在于季氏和叔孙氏有堕邑的主观意愿，而不在于鲁定公（或者孔子）的威权，单凭鲁定公一己之力，想要捣毁成邑，未免太异想天开了点。

果不其然，鲁定公围攻成邑以失败告终。而这次失败的军事行动所造成的后果，就绝不止堕三都未能收取全功那么单纯。

本书曾归纳过三桓思维和行为方式的三条特质，其中有一条就是：在维护集团利益方面，同为贵戚权臣的三桓紧密协作，瓜分君权。

三桓自愿堕三都和鲁定公强制堕三都，虽然结果都表现为堕邑，但表达的意味大相径庭。

对三桓而言，自堕是为了自保，而鲁定公强堕是为了削弱三桓。因此，三桓的集体自卫模式被鲁定公攻打孟氏成邑的行为瞬间激活了。

而在鲁国，一旦三桓齐心，那国君就只有歇菜的份儿。就这样，隳三都不了了之，并且，醒过神来的三桓对孔子展开了猛烈的倾轧和挤对。

孔子在政治上属于暴发户类型，根基浅薄，羽翼稀疏。因此，面对三桓的强力反击，孔子几乎是一触即溃。

这一溃，孔子在鲁国就待不下去了，被迫开始了长达十四年的流亡生涯。

孔子及其后人将这段经历称为周游列国，听起来跟个欧洲七国游似的惬意无比，其实是政治斗争失败后无可奈何地自我放逐以及另寻出路。

十四年后，在列国屡屡碰壁的孔子又两手空空地回到了鲁国。

三桓倒没有再为难孔子（当然更不会抬举孔子），不过孔子也有自知之明，政治那玩意儿，不是他这种理想主义者所能从容来去收放自如的。

这一年，孔子已经六十八岁高龄了。

可是，当人们以为孔子将要就此归于沉寂时，孔子的人生忽然发生了伟大的转折。

因为仕途频频受挫，对政治心灰意懒的孔子开始寄情于整理诗书典籍并传道授业，对中华文化的归集和传承做出了无与伦比的重大贡献，最终成为名传千古、蜚声中外的一代大儒。当然，这已是题外话。

我们再回过头来看这个小节的提纲："因为在政治上受到了以阳货为代表的权臣势力的巨大打击，孔子有还击阳货的欲求。"怎么理解这句话呢？

造成孔子仕途不顺的主要原因有抽象的，如王道崩坏；有具象的，如季氏和阳货窃权。孔子为何不骂这该死的时代，不骂这遭瘟的季氏，而偏偏集中火力攻击阳货呢？

其实，我们只需亲身代入一下，就能得到深切的体会。骂人，总是要有一个具体的对象，骂起来才舒爽、才解恨。

孔子恨这个礼崩乐坏的时代，难道他搬块石头砸天来泄愤？天会疼吗？天知道他是谁吗？所以他必定要寻个有感知的、能代表这个时代的人来骂。此其一。

其二，同为权臣的代表，季氏和阳货还是有着显著的区别。

季氏掌国日久，士民早已习惯于政令出自季氏之门；且严格地说，季氏只想窃权，不想误国，在多年的执政过程中，季氏也有许多捍卫国家尊严、增进人民福祉的作为。所以，包括孔子在内，士民对季氏的认可度相对较高。

阳货不同，他以家臣之卑跃居执政之尊，前后的身份反差巨大，士民普遍存在抗拒感；且阳货窃权的手段更加卑劣，得势后又未给鲁国带来实实在在的利益，留下的只有动乱，所以士民多有鄙夷和怨恨。

总之，为了突出主题、凝练话语、提升效果，孔子把阳货当作一个恶的典型来骂；并且自然而然地把对时代、对季氏的恶感也归并于阳货一身，骂起来就愈发猛烈了。

第三道：因为孔子创建的儒家学派在中国几千年历史中占据了意识形态的主导地位，所以孔子门徒具有描抹阳货的优势。

孔子搞政治蹩脚，搞教育却独领风骚。我总结了孔子门徒的两大特点，一是人多，二是特有凝聚力。

先看人多。《史记》称，孔子有弟子三千，其中贤者七十二位，可谓"桃李满天下"。

而且，孔子的直传弟子承继师业，使得再传弟子又世代绵延（如亚圣孟子便是孔子的第四代弟子）。如此循环不绝，几千年下来，孔子的门徒就成了一个天文数字。

再看凝聚力。孔子在儒家学派中享有崇高的威望，众门徒都对孔子毕恭毕敬，极尽溢美之词。

如子贡称孔子"日月也"，"其生也荣，其死也哀"，"夫子之不可及也，犹天之不可阶而升也"。孟子称"自生民以来，未有盛于孔子也"。凡此种种，历朝历代不一而足。

对孔子门徒来说，祖师爷的好恶，自然就是他们的好恶；祖师爷厌恶阳货、唾骂阳货，他们自然要效仿之。

由于中国几千年封建社会一直尊崇儒家思想，孔子门徒遍及朝野，牢牢地掌控了意识形态的主导权，所以他们可以极其方便地利用各种发声的机会痛骂阳货。

如司马迁在《史记》中骂阳货为"贼"。

班固在《汉书》中骂阳货为"盗"，并将阳货列为三类九等人物之末。

欧阳修在《新唐书》中骂阳货为"盗"时，添油加醋，称阳货除盗走了鲁国的宝玉和大弓外，还盗走了《春秋》，好似亲眼看见了一般。

司马光在《资治通鉴》中骂阳货为"祸根"。

白居易骂阳货，"季桓心岂忠，其富过周公。阳货道岂正，其权执国命"，将阳货斥为犯上作乱之徒。

李端骂阳货，"乐生东去终居赵，阳虎北辕翻适楚。世间反复不易陈，缄此贻君泪如雨"，斥阳货为本性游移、随时叛主的小人。

魏源在《阿芙蓉》中骂阳货，"儒臣鹦鹉巧学舌，库臣阳虎能窃弓"，凭空把阳货连降九级，贬为一个仓库保管员。

孔子门徒一代又一代接力痛骂阳货，渐渐地造就出了骂阳货的主流氛围。这种主流氛围产生的典范效应，又使得骂阳货成为一种全民时尚风潮。

那些原本和阳货在价值观上没有冲突的族群受典范效应的吸聚，也不由自主地在各种场合把阳货当作一个负面素材来使用。

如相书《神像全编》写道："孔子河目而阳虎类之，一圣一狂，天渊之悬，是不可不辨。"大骂阳货为狂徒。

清代名医吴楚在比较药理时说，"如阳虎貌似孔子，若徒取其貌之似，则阳虎亦大圣人矣！孰知其为大奸大恶也乎？药之似对症而实与症相反者，亦犹是也"，骂得新意十足，花样百出。

由是官骂民骂各种骂上下连接，前后呼应，声势浩荡，盛况空前，最后形成了如老鼠过街人人喊打般的壮阔景象。阳货也就被这无数人一齐推倒的墙牢牢压住，至今没有翻身。

说了这么多立场暧昧的话语，我并非想把阳货从历史的耻辱柱上彻底解救下来。我只不过认为，这世上既然没有十全十美的善人，那就也没有一无是处的恶人。阳货的真实形象，不应该被面具化和符号化。

结合阳货在季孙斯掌权期间安分守己，在季孙斯死后胡作非为，在投奔赵氏后功勋卓著的三部曲来看，他其实和曹操颇多类同，都有权谋，有才干，有野心，是治世之能臣乱世之奸臣。

历史上像阳货这样具备双重人格的角色多如牛毛，新时代的我们，何妨用开放的眼光和豁达的心态来审视那个混乱时代背景下的阳货呢？

好，阳货的今生后世，言尽于此。本章既以"陪臣执国命"为题，那在本章的最末，必须把视角从阳货身上拔高，扼要地总结一下鲁国家臣叛乱的走向。

鲁国家臣叛乱的历史和现实根源不外乎以下两点。

首先，叛乱的家臣都是三桓氏中的要员（如竖牛和阳货是家宰，南蒯、侯犯、公山不狃和公孙宿是邑宰），三桓世代把持鲁国，积累的权势通过各种方式寄存或者说转移到了他们身上。

三桓专于国政，于家政则关问较少。家宰乘隙而入，渐渐取得了家族事务的处置权，进而借由主家强大之阶插手国家事务，形成鸠占鹊巢的局面；而邑宰们因三桓需筑城抗衡国君之故，得以"坐邑有城池之固，家有甲兵之藏"，获得了发动叛乱的充足力量。

其次，鲁国乃周公之后，周礼氛围浓郁，尤其分封意识无处不在，即便是家臣也拥有土地和人民，有的甚至其职位还能够世袭。

长期的稳定的经营，使得家臣持续壮大，最终在实力对比上达到了家主和家臣本末倒置的程度。

基于这些认识，三桓痛定思痛，开始着手进行内部改革，其主要举措就是推行新式家臣制度，用非宗法型家臣来替代宗法型家臣。

宗法型家臣和非宗法型家臣的关键区别在于：前者大多领有封邑，靠采邑而获得收入；后者没有封邑，全靠领取俸禄而获得收入。

很显然，后者已经和土地以及人口脱钩，丧失了造反所必需的物资条件。如此一来，鲁国的家臣叛乱便成了绝响。

然而，以鲁国为代表的家臣制度改革，其意义并不局限于消除家臣叛乱，它在中国历史大潮中也发挥了积极的推动作用。

因为，这种无土无民无宗法关系的新式家臣，就是战国时代官僚的雏形。历史的演进，总是这般悄无声息，柳暗花明。

孔子云："天下有道，则礼乐征伐自天子出；天下无道，则礼乐征伐自诸侯出。自诸侯出，盖十世希不失矣；自大夫出，五世希不失矣；陪臣执国命，三世希不失矣。"

陪臣执国命，是家臣叛乱的巅峰之作，也是周代权力结构下移的集中体现。如果把春秋晚期礼乐崩坏的乱相比作一幅如泣如诉的夕照图，那陪臣执国命就是其中一抹凄厉的血色。

海棠栖露——著

最后的霸主

我的春秋我做主之

[下]

中国出版集团　现代出版社

六卿都去哪儿啦之基础理论篇

不错，正如多数人审题时第一反应所意识的那样，此六卿并非指周王朝泛用的顶层政治制度，而是指即便放在整个春秋历史中也独树一帜的晋国六卿。

一个周王朝泛用的顶层政治制度，独被晋国演绎出了别样的风情。如果你认为这其中的主因是晋国六卿的扮演者实在太过牛气，那教你哲学的老师一定会产生深深挫败感。

时势可以造就人，人也可以造就时势。但我们应该明白，这两句论断其实并不具备均等的判定效应。时势造就人几乎放之四海而皆准，人造就时势却往往只是个别现象。

就晋国六卿而言，当然是先有牛气的制度，再有牛气的扮演者，反之不能成立。

在晋文公创设三军六卿之前，晋国也有传统意义上的六卿（以下简称旧卿）。

根据学者曾金声先生在其著作《先秦政治制度史》中的论述，旧卿包括太傅、太师、司空、司徒①、司马和司寇。

这套班子中，政务一般归口于太傅、太师、司空、司徒和司寇；军务一般归口于司马。

唯一的交叠之处，是司空因为主管土木，涉及营垒建设和军队后勤的部分职能。但这不影响我们得出一个结论：晋国政务和军务的署理权是相互分离的。

晋文公创设三军六卿之后，旧卿的职数遭到削减，似乎只保留了太傅、太师和司空。

六卿和旧卿共济一堂，其职责分工势必要做出新的调整，结合《左传》的记载来看：

六卿专管军务，不参与政务，当时晋国的大型政务活动几乎都是由太傅阳处

---

① 晋僖侯以司徒为名，为避讳故改司徒官职为中军。

父和司空士縠主持完成。

旧卿主管政务，可以涉足部分军务，例如忽悠楚军先行后退然后无节操单方面宣布己方获胜的泜水之战，便是太傅阳处父的得意之作。

值得指出的是，六卿并非如同大家想象的那样，一出场就成为晋国的群臣之首。

鲁文公六年，即公元前621年，晋襄公在夷地阅兵，拟任狐射姑为中军将、赵盾为中军佐；但太傅阳处父认为不妥，力促晋襄公改变初衷，将狐射姑和赵盾的职务进行互换。不难推断，此时太傅的权势和影响力仍在六卿之上。

不过，六卿随即便实现了对旧卿的反超，这个时间节点仍然是公元前621年的夷地阅兵。据《左传·文公六年》载："宣子（赵盾别称赵宣子）于是乎始为国政，制事典，正法罪，辟狱刑，董逋逃，由质要，治旧污，本秩礼，续常职，出滞淹。既成，以授太傅阳子与太师贾佗，使行诸晋国，以为常法。"

这则记载话里话外透露出两条信息。

第一条信息是：赵盾出任中军将的同时"为国政"，成为晋国的正卿；六卿也随之包揽了晋国的军务和政务。

第二条信息是：太傅和太师退出卿士集团，沦为了中军将政令的执行者；六卿也随之整体跃升到了晋国官制的顶层。

至此，六卿从一个专业性的军事机构变成了一个综合性的军政权力机构。这是六卿制度进化史上一个重要的里程碑。

还有一个需要澄清的问题，晋国的卿士集团是不是就此被六卿垄断了呢？答曰不是。晋国还有一种既不同于旧卿，也不同于六卿的卿士。

如《左传·僖公三十三年》载："以一命命郤缺为卿，复与之冀，亦未有军行。"

罪臣郤芮之子——下军大夫郤缺在箕之战（先轸即死于是役）中立有军功，于是晋襄公以一命授予他卿爵，并恢复其家族因郤芮之故被剥夺的封邑——冀地，但没有授予他三军将佐之职。

杜预为之注曰："（郤缺）不在军帅之数，然则晋自有散位从卿者。"用现代化的语言表述，就是说：晋国有一种低职高配的卿，他的职务按传统习俗不在卿之列，但又实实在在地获得了卿的行政级别。

当然，我要提醒大家注意，春秋时代的卿一般分为下、中、上三种品级，且授卿的仪式又分为一命、二命（或称再命）、三命三种（以命数多为贵）。

所以不难想象，郤缺受一命而为卿，肯定只能位列下卿。推而论之，"散位从卿者"都只可能是卿之末流。

这是夷地阅兵六年前的情况。夷地阅兵六年后的公元前615年，晋、秦爆发河曲之战，当时晋国上军大夫赵穿因不忿秦军挑衅，贸然率军出击。

《左传·文公十二年》记载了晋军主帅赵盾听闻赵穿出战后的反应。

赵盾说："秦获穿也，获一卿矣。秦以胜归，我何以报？"意思就是说：如果秦国俘获了赵穿，那就是俘获了晋国的一个卿；他们欢天喜地地回去了，我们有什么颜面去见家乡父老？

赵穿以将佐之下而位居卿列，自然和郤缺的性质一样，同属"散位从卿者"。

另外，《左传·襄公七年》（襄公七年即公元前566年）还记载了晋悼公因中军将韩厥告老退休而使韩厥次子韩起继任为卿的事。而通过《左传·襄公九年》的记载，我们又得知，晋国时任中军将由智䓨担任。

所以我们可以得出"韩起仅仅承继其父卿位，而未承继其父军职"的结论。显然，韩起也是一个"散位从卿者"。

但是，自韩起以降，《左传》中就再也寻不出任何"散位从卿者"的记载了。即便是后来名扬天下的大贤羊舌肸，终其一生也止于大夫之职，未能登履卿位。

这说明，借由夷地阅兵总揽晋国军政权力的六卿，又经历了一个较长的过程后，方才将卿爵全部垄断。

垄断卿爵标识着六卿[①]的集权化程度得到了进一步提高。这就不可避免地带来一个现象：不管有意还是无意，六卿的权势已然对晋君的权势产生了冲击。

聂淑华先生对此有精辟的论述。他在《晋国的卿族统治》中指出："六卿集团开始由国君控制下的一个高级职能部门向与国君有分庭抗礼能力的权力机关过渡。"

我们知道，晋国最终就是亡于卿族之手。那么，这个卿权超越君权的节点到底在何时成型的呢？我认为，分际在晋悼公时代。

晋悼公身前，晋君统揽最高的行政和军事权力，六卿总体而言受到晋君的节

---

① 六卿是个统称，在不同的时期分别表现为四卿、六卿、八卿、十卿和十二卿。

制，虽然这种节制力呈渐趋衰减之势（如晋灵公和晋厉公被权卿弑杀）。

这个阶段，晋君的政权主要体现在任免、命令和杀伐六卿上。

关于任免六卿。

如《左传·僖公二十七年》载："（晋文公）使郤縠将中军，郤溱佐之；使狐偃将上军……命赵衰为卿……使栾枝将下军，先轸佐之。"

又《左传·文公六年》载："六年春，晋蒐于夷，舍二军。使狐射姑将中军，赵盾佐之。"

再如《左传·成公十八年》载："二月乙酉朔，晋侯悼公即位于朝。始命百官……使魏相、士鲂、魏颉、赵武为卿。"

关于命令六卿。

如《左传·宣公十六年》载："冬，晋侯使士会平王室。"

又如《左传·襄公三年》载："晋为郑服故，且欲修吴好，将合诸侯。使士匄告于齐曰：'寡君使匄，以岁之不易，不虞之不戒，寡君愿与一二兄弟相见，以谋不协，请君临之，使匄乞盟。'"

再如《左传·襄公十四年》载："夏，诸侯之大夫从晋侯伐秦，以报栎之役也。晋侯待于竟，使六卿帅诸侯之师以进。"

关于杀伐六卿。

如《左传·宣公十三年》载："晋人讨邲之败，与清之师，归罪于先縠而杀之，尽灭其族。"

又如《左传·成公八年》载："晋讨赵同、赵括。"

再如《左传·成公十七年》载：晋厉公剿灭三郤（详见《三郤之戏》一章）。

这个阶段，晋君的军权主要体现在大蒐、亲征以及改革军制上。

关于大蒐。周苏平先生在《春秋时期晋国政权的演变及其原因之分析》中论述道："根据《左传》的记载，春秋时期晋国共举行过八次大蒐礼。晋文公四年，'蒐于被庐'；晋文公八年，'蒐于清原'；晋襄公七年，'蒐于夷'，同年又'改蒐于董'；晋灵公十一年，'蒐于黄父'；晋景公五年，'蒐焉而还'；晋悼公元年，'间兵蒐乘'；晋悼公十四年，'蒐于绵上以治兵'。可以看出，晋国举行大蒐礼主要在春秋前半期，晋悼公以后，晋国不再举行大蒐礼，其原因是君权已由公室下移至卿族，说明军队已被卿族所垄断。"

关于亲征。段志洪先生在《周代卿大夫研究》中讲到，晋悼公身前，国君①亲征达二十余次；而晋悼公身后，国君亲征只有寥寥一两次而已。

关于改革军制。我们考察一下自六卿诞生始晋国军制历次的变化情况。晋文公四年，始作三军六卿，次年又设三行；晋文公八年，化三行为上、下新军，共五军十卿；晋襄公七年，取消上、下新军，恢复三军六卿；晋景公十二年，增设三军，共六军十二卿；晋厉公三年，并新军三军为一军，共四军八卿；晋悼公十四年，以新军无帅而从于下军，次年又取消新军，再度恢复三军六卿；及至晋定公时期，六卿变为四卿，不过已不是由晋君主导的改革，而是由卿族血腥内斗造成的减损。可见，晋君改革军制都在晋悼公身前。

晋悼公拥有的权势保留了历代晋君最后的尊严。自晋悼公之子晋平公继位起，晋君的行政和军事权力被严重架空，逐渐沦为晋国政坛一个虚化的符号。与之同步的是，六卿则百尺竿头更进一步，成为晋国毫无争议的权力中枢。

当时，各诸侯国的有识之士，观察到晋国公室衰微、卿族昌盛的景况后，多有预判晋国政治巨变之语。

如《左传·襄公二十九年》载："（季札）说赵文子、韩宣子、魏献子曰：'晋国其萃于三家乎！'将去，谓叔向曰：'吾子勉之！君侈而多良，大夫皆富，政将在三家。吾子直，必思自免于难。'"

又如《左传·昭公三年》载："叔向曰：'然。虽吾公室，今亦季世也。戎马不驾，卿无军行，公乘无人，卒列无长。庶民罢敝，而宫室滋侈。道堇相望，而女富溢尤。民闻公命，如逃寇仇。栾、郤、胥、原、狐、续、庆、伯，降在皂隶。政在家门，民无所依，君日不悛，以乐慆忧。公室之卑，其何日之有？'"

再如《左传·昭公十六年》载："子服昭伯语季平子曰：'晋之公室，其将遂卑矣。君幼弱，六卿强而奢傲，将因是以习，习实为常，能无卑乎？'"

总而言之，作为一个极具特色的制度设计，晋国可谓成也六卿，败也六卿。

六卿设立前期，因为军政统一在六卿门下，所以晋国的权力体系上下通畅、

---

① 包含储君，因为储君权力是国君权力的延伸。

左右协调，充分发挥了举国体制的优势，从而盛极一时。

六卿设立后期，又因为军政权力过于集中，卿强君弱的态势积重难返，强卿各各毁公济私且相互火并，最终导致晋国分崩离析。

以上是从宏观角度对六卿做出的评述，大家不妨将其视为一段导语，尽管又臭又长，但耐着性子读完它的人至少会对晋国六卿形成一个整体的认识，窃以为这很值得。如果你实在提不起兴趣，那就请从下一章开始读起吧。

六卿都去哪儿啦之实践操作篇

从宏观角度看，六卿是一种制度。制度作为基础的盘面，虽然重要性无以伦比，奈何缺乏必要的亲和力和吸引力。

幸好，六卿拥有复合的构造，从微观角度看，它是一群卿族的集合体。而一旦从人的层面解读六卿，那有血有肉的爱恨情仇就纷至沓来了。

清代巨儒高士奇在其《左传纪事本末》中提纲挈领地指出："晋之卿族，魏氏、赵氏、狐氏、胥氏、先氏、栾氏、郤氏、韩氏、智氏、中行氏、范氏，凡十一族。贾季奔狄而狐氏废。先縠得罪而先氏废。胥废于郤。栾、郤废赵而赵复兴。厉公用栾氏潜杀三郤，而郤氏废。范宣子逐栾盈而栾氏废。范、中行氏逐于智、韩、魏、赵，而韩、魏、赵复共灭智伯，遂为三晋。"[①]

寥寥数语就道尽了六卿近两百年大浪淘沙、优胜劣汰的风云和波澜，不可不谓之经典。

鉴于在前面章节的叙述中，十一家卿族已去其五，所以本章的重心，要放在六家卿族去其二上，亦即范氏和中行氏被智、韩、魏、赵四氏联手驱逐的过程。

正如大风往往起于青萍之末，范氏和中行氏的败亡当然也有着细微的发端。为了尽量把这个事件的始末交代清楚，我预备拐弯抹角从齐国的政治野望说起。

公元前 6 世纪晚期，中原版图上的霸权隐晦不明。晋国有六卿毁公济私，诸

---

① 高士奇列举的卿族是六卿中的主要氏族，那些短时期担任六卿的卿族并未收录在内。

侯离背；楚国有柏举之败，元气大损。两大传统霸主不约而同地处于运势的低谷，天下诸侯因之游移四顾。

素以复霸为政治追求的齐国于是乎相机而动，着手扩张势力范围，先期目标就是谋求建立一个以齐国为主导的东方集团。

作为这个设想的东方集团中的一员，卫国因界于晋国东南与齐国西北的夹缝之间，所以成为晋、齐两国争夺的焦点。

公元前 503 年秋，齐景公邀请卫灵公在咸地会盟。

卫灵公正有叛晋之意，接到请柬后欲启程赴盟。可是朝臣们认为不妥，纷纷劝阻，毕竟瘦死的骆驼比马大，以卫国的个头而言，得罪晋国要冒不小的风险。

卫灵公很纠结，思来想去，便耍了个花招，派主管外交事务的大臣北宫结出使齐国，让齐景公故意逮捕北宫结然后攻打卫国[1]。

卫灵公并非癫狂，他是想告诉齐景公：我愿意和你会盟，但阻力很大，你不妨假装以武力相威胁，我则假装迫不得已顺服你。

这样一来，蒙在鼓里的卫国朝臣以及晋国，因为没有抗齐救卫的良策，所以也不好过分指责卫灵公投齐自保。

齐国方面，虽然清楚经由如此这般操作下来的会盟成色并不纯粹，但总归是在争夺卫国的对抗中领先了晋国一个身位，也就乐得配合卫灵公行事。

齐景公遂和卫灵公在琐地顺利会盟。

晋国看在眼里急在心上，想对卫国动粗又找不到正当的借口，只好气鼓鼓地等待一个合适的反击机会。不过很快，鲁国就为晋国创造了条件。

鲁国结结实实挡住了齐国向中原扩张的去路，历来又非常抵制齐国的扩张。

是故齐国拉拢卫国后，便开始频频攻打鲁国。鲁国也不服软，奋起勇气硬顶上。一时间，双方互有攻守，打得不亦乐乎。

可是，勇气这玩意儿不能当饭吃，战争比拼的终究还是实力。因此几个回合打下来，鲁国渐感疲乏。

公元前 502 年夏，适逢齐国再次入侵，鲁国只好向晋国求助。

---

① 北宫结之父北宫喜曾发动叛乱，当时卫灵公无暇处置，是故此时打击北宫结以削弱北宫氏。

晋国大喜，扶持鲁国这种具有一定根基的国家对抗齐国是最经济适用的制齐策略。于是，时任六卿的范鞅、赵鞅和中行寅率兵风风火火地赶往鲁国。

齐军估计晋、鲁联军势大，自己讨不到便宜，便赶在晋军入鲁前打道回府了。

晋军一琢磨，何不趁齐国气势正馁，在返程时顺道将卫国扳回来呢？齐国能做初一，晋国就能做十五嘛！

打定主意后，晋军取道卫国归国。

入卫后，晋军要求和卫灵公举行会盟。卫灵公这次是真的迫不得已，只好涨着脸答应了。

晋国记恨卫国去年会齐之事，意欲摧辱卫灵公，所以晋军方面仅仅派了两个大夫——涉佗与成何为代表去参加会盟。

晋国领袖中原百余年，相较于其他国家而言确实很有优越感，故平时多有以卿士会盟诸侯之举。但这大夫比卿士毕竟又低了一个等次，你要卫灵公浑若无事般与涉佗、成何会盟，显然有点儿勉为其难。

然而摄于晋军的兵威，卫国方面又无法拒绝会盟，因此他们想了一个挽回颜面的办法，提出会盟时由涉佗或成何执牛耳。

执牛耳的学问，我以前介绍过，这里重复一遍。

执牛耳就是指订立盟约的时候，操刃执盘割牛耳取血的动作。

取完血后，盟主率先歃血（用血涂抹嘴唇），盟众依次继之。

与盟者用这样一套仪式，表示彼此之间有天地神灵为鉴，倘若违约，必将遭受神灵的惩罚，最终将像牛一样死亡。

就抽象意义而言，我们常用"执牛耳"来指代盟主；但从执牛耳以及歃血的具体操作细节而言，执牛耳的人往往又不是盟主，而是某一个盟众国代表。

盟主之所以不执牛耳，是因为操刀端盘子乃杂役，做了的话有失身份（古有"君子远庖厨"之语）。

因此，执牛耳的活计一般交给某一个盟众国代表去做。这个盟众国代表被称为"尸盟者"，意即操办盟会具体事务的人。

也就是说，真正体现盟主威仪的举动不是执牛耳，而是首歃，用专业术语来表达，就是"卑者执之，尊者涖之"。

卫国方面提出由涉佗与成何执牛耳，不失为维护卫灵公尊严的好办法。

不过，涉佗与成何既然带着摧辱卫灵公的使命而来，岂肯轻易让卫灵公下这个台阶？面对卫国关于"晋执卫涊"的提议，涉佗与成何嗤之以鼻。

成何说："卫国只不过比于我国的温地和原地，卫君又怎么能视同诸侯？"

依周制，大国之卿当小国之君。

成何的字面意思是强调：卫国是一个小国，卫灵公名为国君，但实际影响力只不过相当于晋国的卿士。

话外音却是说，你卫灵公国小民寡，能和晋国会盟已是天大的荣耀，竟还敢争首歃？别给脸不要脸！

等到正式会盟的时候，晋方代表涉佗还是如卫国所愿担任了尸盟者，一切看起来很和谐的样子。

可是就当卫灵公用手从敦盘里蘸好牛血准备往嘴唇上涂抹时，一个令他意想不到的情况发生了。

涉佗忽地推了卫灵公的手一下，于是牛血顺着手掌淌到了卫灵公的手腕上。场面瞬间变得非常难堪。

须知，设置尸盟者的用意，本就是为了防止盟主亲自操刀时出现诸如身体被牛血玷污的现象。

现在涉佗来这么一家伙，等于将卫灵公从盟主的位置上一把拽了下来。卫灵公顿时觉得自己的尊严都被雨打风吹去了，一颗心啊，拔凉拔凉的。

场边的卫国大夫王孙贾见状疾趋而进，抗议道："结盟是用来伸张礼仪的，你们非礼而行，卫君又如何能接受这个盟约？！"双方不欢而散。

卫灵公惨遭羞辱，自然是气得花枝乱颤，但他随即又发现，这其实是一个背晋投齐的契机，如果运作得好，完全可以改变朝臣们先前顺晋背齐的立场，最终从形式到实质上完全倒向齐国。

于是，他在王孙贾的协助下导演了一场苦情戏。

离开会场后，卫灵公没有回到公宫，而是住在了都城外面。

群臣诧异，问其故。

卫灵公苦兮兮地说，（因与晋国结盟时被牛血玷污）我让社稷受到了耻辱，没脸再见你们了；你们还是另立他人为国君吧，我无不服从。

群臣觉得卫灵公挺可怜，纷纷劝阻：别，这又不是您的过错。

卫灵公顺势编了一个故事：还有更让人忧虑的事呢，晋人责令我的儿子和你们的儿子都到晋国去当人质。

群臣大抵认为反正是要亲晋，送儿子过去也没关系，遂答道：只要利于国家，那就送吧，我们都愿意。

卫灵公不动声色地说好吧。说罢回宫，立即着手遣送人质之事。

等到人质们启程赴晋的那天，大夫们已有了不舍之意，只是憋在口中谁都没说出来。

这时，王孙贾挺身而出，说先别急着送。大夫们闻言，暗自欣喜，刚要鼓掌通过，却听王孙贾口风一转：不如把工匠商人也一起送过去吧。

群臣骑虎难下，硬着脖子说那好那好，其实心里已经叫苦连天。啥？非但要送人质，而且还要加码，把工匠商人也一起送过去？这工匠商人虽然都是些不入流的角色、平时可打可杀，but，一旦少了他们，爷的品质生活怎么得到保证啊？真是坑爹哟！

等到人质和工匠商人启程赴晋的日期定好后，卫灵公召见群臣。王孙贾似乎不着边际地提了一个问题："假如卫国背叛晋国，而晋国攻打卫国五次，卫国会危险到什么程度？"

奇迹发生了。那些以往口口声声要亲晋的朝臣们不约而同地答道："就算晋国攻打卫国五次，卫国也一定还有能力继续作战！"

卫灵公微微咧了下嘴角，心里暗骂了一声"贱人"。

王孙贾则把话挑明："既然晋国攻打卫国五次，卫国都顶得住，那说明卫国转圜的空间很大嘛！我们何不先背叛晋国？就算晋国攻打卫国，我们也可以等到实在支撑不下去的时候，再遣送人质也不迟呀！"

在私心的干扰下，群臣被王孙贾偷换"背叛晋国"和"不遣送人质"概念的把戏蒙住了，一致赞成背叛晋国。

晋国一看卫国来真的，自知理亏，赶紧巴巴地通知卫国，说要带着诚意重新和卫国结盟。

这一次，卫国君臣同心，断然拒绝。

晋国恼羞成怒，邀集鲁国于同年秋先后攻打卫国以示惩戒。

齐国挺讲义气，于次年秋为卫国张目，出兵攻打晋国的夷仪。

卫国也相机行事，在齐国的掩护下攻打了晋邑邯郸[①]，并一度攻破了邯郸城的西北角。

晋国如临大敌，从临近的中牟调兵，将齐军击退，解了夷仪之厄。卫军也见好就收，掉头就走。

又过了一年，公元前500年夏，晋国中军佐赵鞅率军围攻卫国都城帝丘以报夷仪之役。

邯郸的邑宰叫邯郸午（他的曾祖父就是那个桃园弑君的赵穿），欲报去年卫军攻打邯郸之仇，也带着七十个步兵参加了围攻帝丘之役。

晋军围城日久，虽说也取得过一些诸如"杀人于门中"的战绩，但一直未能将帝丘整体拔下。

因为齐国在一旁虎视眈眈，晋军担心局势生变，遂提出和卫国进行谈判，想捞点好处闪人得了。

卫国也同样对前景惴惴不安，不知自己在晋军的铁桶阵中能否坚守到底。见晋军退而求其次，卫国焉有不赞同之理？

双方一拍即合，放下武器上谈判桌。

最终，晋国杀了挑衅卫灵公的涉佗（成何则畏罪逃往燕国）；卫国则贡献五百户人口给晋国，晋国将这五百户人口就近安置在了邯郸。

晋、卫罢兵貌似是一种交战双方都能够接受的结果，但对晋国而言实际上应该算作失败。

因为，在晋、齐争斗的大格局中，晋国没有将卫国这颗重要的棋子抢到手；而且，攻陷帝丘不成，更加消除了卫国对晋国的顾忌，使得卫国坚定地投向了齐国（且于公元前497年春与齐国联军攻打了晋国东部）。

这种微妙的局势，相关诸侯各国都心领神会，接下来该怎么调整外交策略，

---

① 夷仪和邯郸都在华北平原上，距离齐国和卫国比较近。

当然用不着旁人再额外提点。

于是，郑国、鲁国和卫国陆续归附齐国[①]，宋国亦因使臣乐祁遭晋国野蛮对待而对晋国心存芥蒂，齐国筹建东方集团的努力取得了丰硕成果。

乐祁之事是一个展示晋国六卿内斗而误国的典型案例，不妨一述。

公元前504年，晋国内外交困之际，宋国主动派重臣乐祁[②]访问晋国以巩固两国的友好关系。

宋国追随晋国的时间已经很长了，乐祁所属的宋国乐氏，以前一直都是拜在晋国的范氏门下。

但是，乐祁对现任范氏宗主——晋国中军将范鞅很不感冒。经过深思熟虑后，乐祁决定改换门庭，投靠范氏的政治对手赵氏。

因此，当上军将赵鞅代表晋国在绵上为乐祁接风洗尘时，乐祁向赵鞅献上六十面用黄杨木制作的盾牌[③]，以为进阶之资。赵鞅笑纳了。

乐祁和赵鞅把酒言欢，范鞅自然是火冒三丈。既然你无情，就别怪我无义！

范鞅对晋定公说，乐祁身负国事访问的重任，还未正式朝见晋君就私自喝酒，这是对宋景公和晋定公两位国君的大不敬，"不可不讨也"。随即将乐祁抓起来关进了大牢。

这一关就是两年。其间，诸侯叛晋之势愈演愈烈，晋国的安全环境日趋恶化。

公元前502年，赵鞅忧心忡忡地对晋定公说："诸侯之中唯有宋国仍在尊奉晋国。晋国好好接待宋国的使者还来不及，为何要拘捕他（指乐祁）呢？这不是自绝于诸侯吗？"

范鞅岂肯成全赵鞅，于是狡辩道："晋国扣押了他三年（前后跨越三个年头），现在又宣布无罪释放，宋国必定会因怨恨而背叛晋国。"

话虽这样说，范鞅作为晋国当家的，也实在难以承受强行扣押乐祁所带来的各方压力。斟酌再三，范鞅还是同意把乐祁放了。

不过，打压赵氏的念头就像吃饭拉屎一样，早已成了范鞅的生物本能。因此，

---

① 鲁国终于忍受不了晋国六卿的专横了，同时又受到了齐国的利诱。

② 时任司城，宋国六卿之一。

③ 黄杨木质地坚硬，用它做的盾牌比较珍贵。

即便同意释放乐祁，范鞅也准备尽其所能阻碍赵氏和乐氏相互靠近的步伐。

基于这个考虑，范鞅私下对乐祁说："寡君害怕不能侍奉宋君，所以没有让您回去。您姑且让溷（乐祁的世子）来代替您吧。"

这句话的字面意思是说：晋国担心宋国会背叛晋国，所以扣押你当人质；现在，你可以回去了，但必须让你的世子溷来接替你继续当人质。

心底里的盘算却是：以世子溷来牵制乐祁，使得乐祁归国之后，乐氏不敢和赵氏过于亲近，从而达到抑制赵氏的目的。

乐祁的家宰陈寅劝乐祁慎重行事。晋国如此粗鲁无礼，宋国迟早会背叛晋国，倘若把世子溷送到晋国来，那与送肉上砧板又有何异？

可是乐祁顾不了这么多了。送世子溷来晋国虽然有风险，但听天由命也不是长久之计，自己总不能在晋国把牢底坐穿吧？于是，乐祁答应了范鞅的要求，然后踏上了回国的路途。

不过乐祁万万没有料想到，这是一次无甚作用的妥协——当他行至太行山麓的时候，突然死了。

大家看到这里，会不会为范鞅捏把汗？人家乐祁活蹦乱跳而来，无端受了两年牢狱之灾且不说，还莫名其妙地把性命丢了，宋国那边可不好交代哦！怎么办怎么办？

当然，困难再多，办法总是有的，如果人能够做到脸比墙厚心比墨黑的话。而以范鞅的修为而言，这并不是一种多么遥不可及的境界。

范鞅的应对措施很简洁、很干脆。把乐祁的尸身扣留下来，给宋国传话：宋国若愿意和晋国结盟，就可以把乐祁的尸身领走；否则的话，哼哼，晋国就把乐祁的尸身放那发酵。

大家瞧瞧，在处理乐祁的问题上，范鞅哪还有一丝一毫国家为重的情怀？

人家乐祁无论投靠范氏还是投靠赵氏，总归投靠的是晋国没错？你范鞅堂堂晋国正卿，为了倾轧赵氏而不惜再三羞辱宋国最重要的政治派别——乐氏（时宋国六卿乐氏占据三席），是不是太丧心病狂了点？

乐祁的案例乃窥豹之管，从中不难想见晋国衰败之势。但我讲述这个案例的主要用意，是想牵扯出晋国六卿之间的敌友关系。

我们先看下公元前 501 年范鞅死后晋国六卿的构成：

中军将	智　跞	中军佐	赵　鞅
上军将	中行寅	上军佐	韩不信
下军将	魏曼多	下军佐	范吉射（范鞅之子）

六卿分别来自晋国的六大世家，分布状况看起来均匀且清晰。但是，因为历史渊源和现实纠葛，他们之间的敌友关系一点儿都不均匀，一点儿都不清晰。

要把这个关系扯清楚那就是一部春秋晋国史，所以我只能做一个简单的暴力划分。

中行寅和范吉射是儿女亲家，所以中行氏和范氏的关系非常紧密。附带的，邯郸午是中行寅的外甥，所以邯郸氏和中行氏的关系也不错。

赵氏和范氏不对眼前面已经说了。而敌人的朋友约莫也可归为敌人一类，所以赵氏和中行氏的关系必定比较紧张。

赵氏和韩氏历来就相互提携，长期是盟友关系。

韩不信和中行寅相互憎恶；魏曼多和范吉射相互憎恶；晋大夫梁婴父受到智跞的宠爱，智跞想为梁婴父谋取卿位；范氏族人"范皋夷无宠于范吉射，而欲为乱于范氏"。

鉴于中行寅和范吉射休戚相关，是故韩不信的利益、魏曼多的利益、智跞的利益、梁婴父的利益和范皋夷的利益得到了部分融合，他们的共同目标是驱逐中行寅和范吉射。

智氏对赵氏持防范和排挤态度，但智氏对中行氏和范氏更为忌惮，所以智氏暂时可以容忍赵氏。

而且，因为韩氏和赵氏交好，韩氏又和智氏、魏氏有利益交集，所以在特定的背景下，智氏、赵氏、魏氏和韩氏可以结成宽泛的同盟。

当然，不用我强调，大家也应该能意识到，所谓特定的背景，就是指对付中行氏和范氏。

总结一下，目前六卿大致可以分成对立的两派，一派是中行氏和范氏（以下简称中行派），另一派是智氏、赵氏、魏氏和韩氏（以下简称智派）。

中行、范、智、赵、魏、韩六氏垄断六卿之位已逾半个世纪。之前，他们尚能维持斗而不破的局面；不过，当时间进入公元前 5 世纪时，六卿之间的矛盾已经突破阀值，郁积已久的火山终于爆发了。

公元前 497 年，赵鞅以赵氏大宗宗主的身份命令赵氏小宗宗主——邯郸午，将公元前 500 年卫国献给晋国并安置在邯郸的五百户人口转徙到赵鞅的重镇——晋阳去。

邯郸午和本氏的大佬一合计，觉得这事挺难办。

人口和土地是春秋时代最为宝贵的资源，五百户人口对于作为晋国新兴城邑的邯郸而言，不是个可有可无的小数目。

更为重要的是，邯郸氏疏赵氏而亲中行氏，如果顺从赵氏的话，必然会引起中行氏以及范氏的恚怒。

可是，如果不遵从命令，邯郸午又面临着赵鞅的家法惩处，即便是中行氏和范氏也保不了他万全。

挣扎良久，邯郸方面想出了一条折中之计：五百户人口还是给赵鞅送过去，不过不是直接送，而是先攻打齐国边邑，然后等齐国反攻邯郸时，假装害怕城破而将五百户人口转移到晋阳去。

如此，则既填饱了赵鞅的胃口，又封住了中行寅和范吉射的嘴，可谓里外齐全、左右兼顾。

然而，邯郸午还是把这件事想得太简单了。

赵鞅索要五百户人口，固然以削弱邯郸氏为基本诉求（实质上是削弱中行派），但他期望的结果，却不一定仅限于从邯郸氏手中获取这五百户人口，如果方便的话，他也不吝把脚迈得更开一点儿，把手下得更狠一点儿。

因此，当邯郸午按照自以为是的完美计划先攻打齐国再转移五百户人口时，赵鞅敏锐地觉察到这是一个把事态扩大的好机会（实质上是加重削弱中行派的程度）。

于是赵鞅以邯郸午转徙人口的行动迟缓为由将其拘捕，并对邯郸方面传话说："吾私有讨于午也，二三子唯所欲立。"

"讨"是一个含义丰富的词。没收家产是讨，收押监禁是讨，剥夺政治权利终身也是讨；骂是讨，打是讨，杀也是讨。

所以，单看"吾私有讨于午也"这前半句，赵鞅的意图还未明朗。

但是，"二三子唯所欲立（意即你们自行扶立邯郸氏的继承人吧）"这后半句名堂就来了。

通知邯郸氏扶立继承人。那一般什么情况下需要扶立继承人呢？当然是父死子继。也就是说，赵鞅这句话宣判了邯郸午的死刑。

邯郸方面大吃一惊。什么？杀了？"转徙人口的行动迟缓"这才多大点儿事，至于用杀一个邑宰来做结吗？你当是杀只鸡杀头猪那么"湿湿碎"①？

可是，扯皮已经来不及了。赵鞅蓄意要弄死邯郸午，自然毫不拖沓，话音刚落，就斩立决了。

邯郸方面那个悲愤哟，简直都赶上六月雪崩了。邯郸午的儿子邯郸稷、家臣涉宾随即据邯郸而反。

晋国六卿大规模混战的序幕就这样呼啦啦地开启了。

同年六月，根据《左传·定公十三年》的记载："上军司马籍秦围邯郸。"这是一条很奇怪的记载，怪就怪在，领军主帅是上军司马籍秦。

为什么说"领军主帅是上军司马籍秦"就奇怪呢？

首先，发兵镇压叛乱，主帅居然不是出自六卿。

其次，中军佐赵鞅是主要当事人，而中军居然并未出动。

再次，邯郸氏是上军将中行寅的亲信，籍秦也是中行寅的亲信，让籍秦攻打邯郸氏，乍一看似乎有些宝气。

这其中到底有何玄机呢？

历史总是喜欢出谜题，以我孤陋的见闻所及，没有哪部书籍给出明确的解读。所以，要想搞清楚籍秦围邯郸的逻辑，只能老老实实地靠自己推测。

如果我没猜错，事情的原委很可能是这样。

六卿一开始对如何处置邯郸氏叛乱的意见并不统一。中行派主张温和处置，手段以抚为主；智派主张激进处置，手段以镇为主。

两派掐到最后，中行派原则上做出了妥协，同意出兵镇压（毕竟叛乱行为的

---

① 粤语方言"世事无绝对，万事湿湿碎"，"湿湿碎"意为小意思，没有什么大不了的。

性质太过恶劣）。

但在具体的运作上，智派做出了妥协，同意由中行派来主导。这样一来，智派的四位卿就被排除在了主帅之外。

而中行派的两位卿之所以也没有出任主帅，是因为，他们想暗中放水，攻打邯郸氏的架势还是装出来，但真正攻打的时候动作整飘忽点，别真把邯郸氏给灭了。

因此，中行派的两位卿主动推拒主帅之职，以免放水的意图不慎暴露时中行派退无可退。

与此同时，中行派又必须确保，围攻邯郸的军队受到自己的绝对控制，以便随时调节战术动作，尽量放缓节奏，为大事化小小事化了创造机会。

因此，中行派相中了自己掌控最牢的上军（中行寅乃上军将），并任命亲信籍秦为主帅来指挥这次行动。

总之，确定由籍秦率师攻打邯郸，是中行派和智派在水面下的一次斗法。不过，这也是最后一次，水落石出的时刻马上就要到了。

中行派自朝廷攻打邯郸的决议形成后，一直做的是两手准备。一手虚一手实，虚的是攻打邯郸氏，实的则是攻打赵氏。

没错，中行派对邯郸午之死大为光火，认定这是赵氏对中行派的重大侵害。中行派已忍无可忍，决意突施杀手，给予赵氏致命一击。

不过，偷袭赵氏并不容易。

因为，赵氏素为强宗，中行派要想一击得手的话，必须得调遣很多兵马。而调遣的兵马太多的话，必然声响很大，极易引起赵氏的警觉。

而事实上，赵氏已经察觉到了中行派的意图。

赵氏的干臣董安于劝赵鞅先下手为强。

赵鞅拒绝道："晋国有命，始祸者死，为后可也。"意思就是说：依晋律，发动兵变者死无赦，我们还是不要当出头鸟，且看对方如何动作再做区处吧。

董安于心里直想骂娘，火都烧到眉毛尖了，还守什么法要什么脸咯？不要太童真好不好！遂直言道："与其害于民，宁我独死。请以我说。"言下之意：快动手吧，出了事要杀要剐我一力承担。

赵鞅仍是不允。

董安于愤然而退，私自募集兵马，率先发难。

先手总算被赵氏的人抢到了。但问题是，赵氏整体上处于迟滞的状态，董安于以家臣之资，背着赵鞅私自行事，力量毕竟有限。

因此，尽管董安于率先出手，但于中行派而言不啻隔靴搔痒；而筹备已久的中行派在随即展开的反击中，打得更加威猛。赵氏很快就招架不住了。

无奈之下，赵鞅突出新绛，避居晋阳。中行派如蛆附骨，又将晋阳团团包围。赵氏面临着下宫之难后又一次被灭族的巨大危险，于是乎以死相拼。

晋阳战事焦灼，智氏、魏氏和韩氏就成为左右时局的关键力量，而他们应该如何选边站队，并不需要花费太多的考虑时间。

智跞端着一副天下为公的面孔对晋定公说："先君训导我们，作乱者必须处死。如今，记载先君训令的盟书沉在河里（意神圣有效），作乱的三个大臣（指赵鞅、中行寅和范吉射）中却唯独只有（赵）鞅遭到驱逐，这也太不公平了，以后还怎么以法治人？请把他们（指中行寅和范吉射）也一并驱逐。"

这一番话既冠冕堂皇，又切中了国君维护自身威仪的需求，晋定公当然不会表示反对。

同年十一月，智氏、魏氏和韩氏启动了他们已制备多时的计划，奉着晋定公攻打中行派。然而中行派实力雄厚，智氏、魏氏和韩氏一时未能将其攻下。

至此，六卿一个不落地统统加入战团。

就眼下的实力对比而言，中行派以二卿敌智派四卿，至少是不占优势的；加之智派把国君拉了过去，中行派的行情还要进一步看跌。

所以，中行派靠谱的做法应该是立足现实，稳扎稳打，先把国君争取过来（或者至少把国君从智派中剥离出来，使国君两不相帮），再和智派在一个相对均衡的层面上较量。

可是，不知中行派是昏了头，还是抱着类似于挟天子以令诸侯的想法，反正他们的下一步行动计划是攻打晋定公。

从齐国流亡而来且归附了中行派的高疆认为不妥，他向中行寅和范吉射以身说法，深情回顾了自己三十六年前一着不慎满盘皆输的悲催往事。

公元前 532 年，那是一个春天，有一场内战在齐国爆发。

交战的双方俱为卿族，一边是高氏、栾氏集团，另一边是陈（田）氏、鲍氏集团。开战的原因，和晋国六卿内战一样，也是因为矛盾日积月累达到了无法调和的程度。

当时高氏的宗主正是高疆。他为了争夺内战的有利态势，便打起了齐景公的主意，想让原本置身事外的齐景公为自己站台。

可是，高疆很毛糙，他争取齐景公的方式不是文请（即尊奉、感召的方式），而是武请——攻打公宫，图谋挟持齐景公。

这一下犯了众怒，国人纷纷拿起武器去帮齐景公打高、栾二氏。陈（田）、鲍二氏意外地获得了国君以及国人的鼎力支持，战斗力暴增。

高、栾二氏遂一败再败，家底输个精光，最终高疆辗转流亡到了晋国。

高疆劝中行寅和范吉射不要重蹈覆辙。可惜中行寅和范吉射已经走火入魔，执意要攻打晋定公。

不善于从别人的失败中汲取教训的人注定是没有好果子吃的。诚如高疆所料，晋定公在国人的纷纷襄助下，反将进犯的中行派痛扁了一顿，智氏、魏氏和韩氏再趁势掩杀。

一夜之前还感觉良好的中行派，忽然发现自己陷入了人民战争的汪洋大海，只得仓皇出逃，向东远远地跑到朝歌方才站稳脚跟。

魏曼多和韩不信又联袂为赵鞅说情（请注意，智跞没有出面说情哦），朝廷准其所请，将赵鞅迎回新绛。

晋国遂形成了智派在朝、中行派在野的对峙局面。

需要强调的是，精诚团结对于智氏和赵氏而言只是一种瞬时状态。当中行派的紧迫威胁解除后，智氏对赵氏的防范和排挤又故态复萌了。

但是，眼下中行派残而未死，还存有反攻倒算的能力，智跞倒也不敢贸然挑起智派内斗。

况且，智氏上一秒钟还在同赵氏并肩作战，倘若下一秒钟就对赵氏翻脸不认人，智跞也惧虑魏、韩二氏寒心，担忧天下人非议。

不过，一个怀有强烈动机的人总会给自己找到合适的方式和借口。智氏既要削弱赵氏，又不能做得太过斧凿，于是制订了一个折中的方案——拿董安于开刀。

拿董安于开刀的好处在于：

第一，智氏可以达到事实上削弱赵氏的目的。

如前文所述，董安于是赵氏的干臣。人才这东西，不唯 21 世纪抢手，公元前 5 世纪也很紧缺。除掉董安于，就相当于斩断了赵鞅的一条臂膀，何乐而不为？

第二，智氏可以找到一个方便下手的理由。

智氏联合魏、韩二氏攻打中行派的理由是中行派作乱，而如果细细加以考究，形式上首先作乱的却是董安于。所以，如果智氏以"始祸者死"为由，拿董安于开刀，则非但情理上通畅，道义上也无亏。

公元前 496 年春，在心腹梁婴父（梁婴父厌恶董安于）的参赞下，智跞派人对赵鞅说："范、中行氏虽信为乱，安于则发之，是安于与谋乱也。晋国有命，始祸者死。二子既伏其罪矣，敢以告。"

赵鞅在痛苦中煎熬。不杀董安于吧，智跞势必追比不休，赵氏永无宁日；杀了董安于吧，自毁长城，既不忍心又不舍得。

董安于爽直之人，慨然道："如果用我一人之死能换取赵氏合族的安定，那死又有何可惧？自古谁人无死，我年纪一大把，早就活够了。"言讫自缢而死。

赵鞅固哀董安于之殁，然人死不可复活，悲伤亦是枉然。董安于既有以死存赵之心，那赵氏就应当好好地生存下去，否则，董安于岂不是白死了？

于是，赵鞅咬着牙含着泪将董安于暴尸于市，并禀告智跞，称依尊命已将作乱者董安于处死。

智跞见赵鞅服软，疑忌之心稍减，遂与赵鞅结盟，稳固后方，然后准备挥兵攻打朝歌，围剿中行派。

朝歌地处晋国东南边陲，与卫国比邻而居，亦在齐、鲁、宋三国的军力辐射范围之内，且齐、鲁、宋、卫（加上郑国）恰好是一个由齐国主导的、以抗晋为宗旨的东方集团。

因此，东方集团迅速展开行动，意欲援救中行派，维持晋国的内部分裂态势，进而实现削弱晋国的目标。

接下来的历史比较碎片化，大致就是东方集团支持且协助中行派死磕智派。

双方你来我往，互有攻守，打得不亦乐乎。中间还穿插了南子宣淫的奇葩剧情、郑宋内讧的狗血环节以及苌弘化碧的感人故事，总之各种凌乱不一而足。

在这个过程中，智派基本上是智跞主内、赵鞅主外的格局。赵鞅才能卓越，更兼阳货等家臣的大力襄赞，因此愈发龙精虎猛。打着打着，智派渐渐地占据了上风。

确定大局走势的一战发生在公元前 493 年的八月。

当时，郑国出动大军，准备将齐国资助的一大批粮食押送到中行派的地盘去。注意，郑国的军队和押运的粮食都非常多，东方集团方面这次可是下了血本。

这么多粮食，对于勉力支撑的中行派来说，无异于雪中送炭。智派则当然不愿看到疲乏的中行派获取补给后又滋生新的战斗力，便由赵鞅领军出击，并于卫国戚地将郑军运粮大队截住。

随后，双方机动至戚地以南的铁地，准备交战。

晋军的初始状态并不理想，原因很简单：敌我兵力相差悬殊，郑军的战车数量明显超出晋军一截。

然而晋军还是决定同郑军拼死一战。为了弥补己方在硬件方面的欠缺，晋军高层在精气神方面做足了文章。

阳货建议赵鞅，把"兵车之旆"插在车上，伪装晋国中军精锐毕集于此，以壮声势。

示敌以强的举措，《三国演义》中多有记述，譬如蜀国某一偏将原本不是魏将的对手，于是打出关、张、赵的旗号，冒称有猛人坐镇，结果把魏将吓得斗志全无。

此外阳货还认为，有自己参战，对郑军也是一种震慑。阳货主政鲁国时，霸气侧漏，郑国对其多有忌惮；此时战场相遇，阳货余威尚在，郑军难免心生畏惧。

赵鞅也对全军做了热烈的鼓动，他说："中行氏和范氏逆天行道，郑国为虎作伥（历数中行派和郑国的罪行巴拉巴拉，此处略去两百字），我们铲奸除恶，在此一役。凡战胜敌人的，上大夫赏县，下大夫赏郡[①]，士赏十万亩土田，庶人工商

---

① 《周书》作雒篇称"千里百县，县有四郡"。春秋时，县大于郡；战国时，则郡大于县。

封官，奴隶得自由之身。志父（赵鞅又名志父）如果战胜敌人，请国君酌情封赏；如果没有战胜敌人，请用绞刑将我诛戮，然后用三寸的薄棺装殓，棺木不包椁、不用装饰过的马车装运、不葬于本族的墓园中。"

为众设赏，为己设罚，主帅如此慷慨仁义，当兵的敢不竭股肱之力，尽忠贞之节，继之以死乎？

八月七日，两军对阵，正式展开交战。

临战前，郑军以绝对优势数量营造出的现场压迫感，仍然使得个别晋军将领两股战战、几欲先走。

赵鞅审时度势，再度发布动员："想当年，毕万（晋国魏氏的先祖）不过一介匹夫而已，但接连七次战斗都俘获了敌人，后来被国君封赏，拥有了四百匹马，并得以寿终正寝。请诸位奋勇杀敌吧，勇敢的人一定不会死在敌军手里！"

晋军为之一振。饿死胆小的撑死胆大的，为了美好的新生活，拼了！

战斗随即打响。

赵鞅用实际行动证明，他不是个光说不练的假把式。为了最大限度鼓舞将士，赵鞅以主帅之尊，亲冒矢石，拼杀在第一线。

惨烈的战斗中，赵鞅战车上的帅旗被郑军夺走，他本人也被郑军击中肩膀，以至于跌倒在车里。幸亏担任车右的卫国世子蒯聩（蒯聩因卫国夫人南子宣淫之故而辗转流落晋国）用戈格挡住郑军的后续攻击，赵鞅这才免于一死。

不过，赵鞅的鲜血没有白流。晋军经过一番苦战，最终大败郑军，并缴获了一千车齐国运来的粮食。

看着如此丰盛的战果，赵鞅浑然忘记了身上的伤痛，由衷高兴地说："<u>可矣</u>（意中行派失援粮竭，亡无日矣）！"

赵氏属臣傅傻在一旁冷峻地说："<u>虽克郑，尤有知（'知'通'智'）在，忧未艾也</u>。"提醒赵鞅不要得意忘形，只要智氏尤在，赵氏就不能说高枕无忧。

傅傻的话可以解读出两重意思。第一重意思：克郑之战确实破灭了中行派负隅顽抗的可能。第二重意思：赵氏的终极对手，乃是智氏。

第二重意思揭示了晋国六卿争斗的发展方向，然而与本章六卿去其二的主题无关，所以暂且不管。第一重意思则为智派和中行派的持久战涂上了一抹落日的余晖。

尽管齐国仍不死心、仍在拉着卫国袭扰晋国，但一者，宋国因与郑国闹翻而不再参与东方集团伐晋的集体行动，郑国因戚地惨败而抚伤自怜，齐国亦因海量粮食被劫而无法继续为中行派提供充盈的输血，是故东方集团在扶持中行派这件事上已无可能有大的成效。

二者，作为晋国反对党的中行派根基已被淘空，就算东方集团勒紧裤腰咬紧牙关强行对其进行输血，中行派也已经是病入膏肓，"攻之不可，达之不及，药不至焉，不可为也"。

公元前492年的十月，赵鞅率军围攻中行派的据点——朝歌。

朝歌地处黄河北岸，乃晋国东南的边境城邑。从朝歌往南渡过黄河，马上就能进入卫国的地界。也就是说，中行寅和范吉射若想逃窜，端的是非常便捷。

这么简单明白的道理，赵鞅当然也懂。为了封堵中行寅和范吉射的去路，赵鞅特意在朝歌的南门外驻扎重兵，务求生要见人，死要见尸。

这中行寅和范吉射倒也不是死脑筋，眼看去往卫国的路被堵得严严实实，立马反其意而行之——集中兵力往南门外突。

"Wait！海棠老师，反其意而行之不是应该向北门突破吗？你不要以为我爸钱多我就一定人傻，上南下北左东右西我还是分得清的。"

"叽叽，你的分辨能力果然已非常人所能及。不过老师要提醒你，行军打仗是一项将斗智发挥到极致的游戏，你即便分清了南北东西也未必能领悟其精妙之处。"

对于中行寅和范吉射来说，成功突围是目的，如何突围只是手段。从南门突围固然路程最近，但成功的可能性几乎为零。

那么，中行寅和范吉射为何明知山有虎偏向虎山行呢？难道是想找死？

非也非也，这其实是一种障眼法。

中行寅和范吉射为自己选择的终极突破方向，乃是北方。

在朝歌北方不到一百二十公里处，有另一个中行派的重要据点——邯郸稷驻守的邯郸，中行寅和范吉射可以去那里喘口气。

赵鞅来势汹汹，虽将重兵部署在了南门外，但部署在北门外的兵力亦不在少数。中行寅和范吉射如果直接从北门突围，成功的把握依然不大。

因此，中行寅和范吉射故意装出一副老子蛮性发作宁死也非走南门不可的架势。

赵鞅欣喜万分，赶紧将原本部署在北门外的兵力抽一部分调往南门外，等着中行寅和范吉射自己撞墙。

中行寅和范吉射抓住北门外封锁松动的战机，立即将攻打南门外的兵力掉转攻打北门外。与此同时，朝歌城外的几股中行派兵力也应约向北门封锁线发起冲击。

赵鞅措手不及，待挥使兵力往北门外集结时，中行寅和范吉射已在本部和救兵里应外合的护卫下，突破北门封锁线逃之夭夭了。

十月二十三日，中行寅和范吉射成功抵达邯郸。赵鞅追赶莫及，自顾兵锋已老，无力继续围攻邯郸，只得怏怏作罢，班师回朝，以图后效。

次年七月，齐国和卫国有过一次联手救援中行派的军事行动，但未见成效。中行派的骨干成员们依然在邯郸城里风雨飘摇，惶惶不可终日。

九月，赵鞅卷土重来，将邯郸团团围住，全力攻打。中行派亦奋起反抗。

双方各各斗狠，无所不用其极，战局一直僵持到十一月，邯郸城的防御终于被赵鞅日月不息的攻打所击垮。

破城之日，中行派的骨干成员四散逃窜，中行寅和范吉射去往太行山上的鲜虞之地，邯郸稷则去往临近的临地。

十二月，齐国再度邀集卫国联手救援中行派，而且声势非常浩大。

"老师，这个中行派一败再败，急急如丧家之犬，明眼人都看出已经是稀泥巴糊不上壁了。齐国却如此这般锲而不舍地一救再救，到底图个啥？"

"死马当作活马医、不择手段地给晋国添堵呗！虽说注定只是个然并卵的结局，但恶心晋国总是一件令齐国愉悦的事情，所以齐国倒也不嫌麻烦。"

齐军和卫军深入晋境。其中，卫军赴临地，将邯郸稷救走。齐军则接连攻取了晋国东部的邢、任、栾、鄗、逆畤、阴人、盂、壶口诸地，与鲜虞接上头，然后将中行寅和范吉射护送到了邯郸以北的柏人。

齐国没有像卫国救赵稷一样直接将中行寅和范吉射救走，说明它仍然冀图能把中行派打造成一根插在晋国体内而且帽头捏在齐国手中的钉子，以便让晋国持续失血和功能受损。

你说齐国的这种行为到底是矢志不渝呢？还是想象力太丰富了点？

答案旋踵而至。

翻过年头——也就是智派和中行派火并的第八年——公元前490年春，智派调遣大军围攻柏人。

中行寅和范吉射再也不堪忍受这种年复一年被人撵着屁股打的、没有尊严没有前途的苦憋生活了，于是抛下一切逃往齐国。

中行派作为一支对晋国有重大影响的政治势力，就此宣告覆亡。

孟子说道："出则无敌国外患者，国恒亡。"这句话告诉我们，人类的社会活动本质上是一种永恒的斗争，唯一的细分之处在于：某个特定的阶段，人到底是处在外斗之中，还是处在内斗之中。

当然，也可以说成：人要么处在外斗之中，要么处在内斗之中。

推导开来，对一个组织而言，如果有外部的压力存在，那内部必然会产生向心力以为对冲；如果外部的压力消失了，那内部的向心力必定也会随之消失。

古今中外这种有难同当、有福不同享的案例实在是不胜枚举。

中行派的覆亡对于智派来说，正意味着外部压力的消失。所以，当我讲完这段智派和中行派以命相搏的历史后，大家胸中应当有了一个关于晋国政局后续演变方向的大致轮廓。

不错，中行派的出局，深刻改变了晋国的传统政治结构，使得六卿制度首次进入了四卿执政模式。

四卿执政模式是强卿进一步攫取行政资源的集中体现，晋国从此再也未能回到经典的六卿执政模式，并在四卿继续火并且国政归于卿家的道路上加速前进，一去不返。

那么，在这历史性大转折的苍凉之夜，让我们揣着对六卿当年皇皇盛况的无尽怀想，倾耳聆听吧。

天边不断传来了丧钟悠长而沉重的声响：duang——为智派而鸣；duang——为六卿而鸣；duang——为晋国而鸣；duang——为春秋而鸣……

越策

一个国家的特质，从根本上说，就是其所处地缘环境培育出来的国民特质的综合表达。

基于这个认识，我们要弄清楚越国为什么会成为现在这幅光景，首先必须对越国的主体民族——越人做一定的了解。

在不少人的心目中，越人和吴人一样，都是生活在舟楫上的族群。而其实不尽然。

之所以会形成这种错觉，据我推测，主要根源应该在于，越国和吴国同属于"江东"地缘板块之内。

江东这个概念给人的第一关联印象，大概是三国时期的东吴政权。东吴士民自称江东子弟，常年据水而居，数千年来被公认为中国古典水战之王。

那些人据此推论，越国和吴国既然同属江东地区，无疑都是以水为其主要属性。

对于吴人而言，情况确实如此。对于越人而言，其间则还有相当的商榷余地。

事实上，我们要弄清楚两个问题：第一，越人的水属性不是天生的；第二，越人后来养成的水属性也与吴人的水属性有差异。

更透彻地说：第一，越人并非江东地区的原住民，他们在进入江东地区之前是一个山地族群；第二，越人的水属性更偏重于海洋特质，而吴人的水属性更偏重于江河特质。

为了便于大家准确理解"越人并非江东地区原住民"的论断，我有必要说明一下，江东具体是指哪一块区域。

所谓江东，有广义和狭义之分。

广义上的江东地区，大致是指由长江下游河道（即今江西省九江市以下河道）、长江入海口往南直至杭州湾开口处下缘的海岸线、东南丘陵赣浙部分这三道边所包夹的平原地带。

狭义上的江东地区是指北至长江，东至海岸线，南至东南丘陵浙江部分，西至镇江—宜兴—湖州—杭州一线的这块区域，即今环太湖的苏锡常平原和杭嘉湖平原①、外加杭州湾以南的宁绍平原。

狭义上的江东是广义上的江东的核心区域。而苏锡常平原和杭嘉湖平原又是狭义上的江东的核心区域。

越人不是江东地区的原住民，那他们又是从何而来的呢？答曰：中南半岛②。

按照人类迁徙理论的描述，远古人类从南部非洲北上，经非洲东北角到达中东，然后在中东分为两路，一路北上欧洲，一路东入亚洲。

东入亚洲的这一路朝着东亚进军，在行至喜马拉雅山脉西侧时，因世界屋脊所阻而再次分为两路。

其中一路走喜马拉雅山脉北侧进入中国的中原地区，然后穿过东西伯利亚，走白令海陆桥进入北美，接着南下，最终到达南美。

另一路则走喜马拉雅山脉南侧经南亚次大陆进入中南半岛，接着又一分为二：一部分朝着东南方向行进并最终抵达澳洲；另一部分朝着东北方向进入中国的东南丘陵地带，再逐渐散漫到云贵、两广、福建全境以及湖南、江西、安徽和浙江四省的南部。

对于这些散居于东南丘陵中的土著族群，先秦时期统称为"越"。细而分之，或称"于越"，或称"蛮越"，或称"南越""扬越""荆越""百越"，不一而足。

那么很显然，古中国境内的越人，原本是一个纯粹的山地族群。这个观点可以得到《汉书》的佐证。

在《汉书·严朱吾丘主父徐严终王贾传》中记载，"越非有城郭邑里也，处溪谷之间，篁竹之中"，"以地图察其山川要塞，相去不过寸数，而间独数百千里，阻险林丛弗能尽着"，"夹以深林丛竹，水道上下击石，林中多蝮蛇猛兽"。

东南丘陵距中原山遥水远，且所在地型破碎，极易将越人分割成同根同源但习俗上又各具亚文化特点的族群。是故中原主体民族一直对越人知之不详。

这种生疏感在"百越"一词中得到了淋漓尽致的展现。"百越"是一个宽泛的称呼，翻译成现代语言就是"那帮子越人"。

---

① 要除去上海，上海那块地儿当时还沉浸在海面以下。

② 中南半岛位于亚洲东南部，由越南、老挝、柬埔寨、缅甸、泰国及马来西亚西部组成。

不过，你也别怪古人做事马虎，他们实在是分不清各个族群的越人之间到底有什么区别。

这就好比清朝的时候，咱们中国人忽然面对蜂拥而来的盎格鲁－撒克逊人，哪分得清他们是汉森是约翰还是高卢？最后只能一声长叹，将其统称为雪肤豚。

当然，"那帮子越人"中也不乏颇具辨识特征的佼佼者。有一支在东南丘陵中立国多年、政治成熟度比较高的越人，约于公元前 6 世纪末期迁都于东南丘陵浙江段北缘的某处山脚下（这个拗口的地名就是指今日杭州湾南面的绍兴市越城区），这便是后来被所有越人奉为源流正朔的越国。

越国将新都命名为会稽。而会稽城背靠的那座山名叫会稽山。

据《史记·夏本纪》记载，大禹巡视东方，在此山之上会聚诸侯，考核诸侯们的功绩，孰料中道崩殂，后就地安葬，世人遂将此山命名为会稽山（会稽就是会合统计的意思）。

言下之意，先有会稽山而后有会稽城，会稽城是因为会稽山而得名。千百年来，绝大多数文史档案和教科书秉持的都是这个观点。

然而，当我们引入地缘的视角做出观察和论证后，会发现这个千百年来被当作常识的观点中，有一个暧昧不清的细节。

这个细节是：诚然，会稽城是因为"会稽山"这个历史概念而得名；但是，你怎么知道，大禹会聚诸侯的会稽山，就是会稽城南面的那座会稽山呢？

这个问题——即真正的会稽山到底在哪里，其实和另一个问题——即越国的来历为何，互为表里。

如果我们想挖掘得深一点儿，不妨继续对《史记》中的相关记载做出探究。

《史记·越王勾践世家》开篇即说道："越王勾践，其先禹之苗裔，而夏后帝少康之庶子也。封于会稽，以奉守禹之祀。"

太史公说越国是大禹后裔的封国，而大禹出身于黄河中游的古西羌族群。

也就是说，太史公的观点和我的观点迥然不同，一个认为越国之人打北方来，一个认为越国之人打南方来 [①]。

---

① 前面我说了，越人来自中南半岛。

我们知道，太史公是中国史学界首屈一指的大家，《史记》被奉为"二十四史"之首，其人其书历来享有崇高的声誉。

那么，这场大师与草根之间的观点对决，谁会是最后的赢家呢？我觉得，解开迷局的关键，在于搞清楚一点：大禹治水的地点究竟在哪儿。

"搞清楚大禹治水地点"与"弄清楚越国来历"之间的逻辑关系在于：

如果大禹治水的地点确如《史记》宣称的那样遍及天下九州，那说明夏朝的统治力量极有可能已经覆盖越地①，太史公的观点就得到了有力的支撑。

而如果大禹治水的地点局限于某地且此地距离越地非常遥远——譬如远在黄河流域②，那说明夏朝的统治力量尚未覆盖越地，我的观点庶几就要道声承让。

探寻大禹治水之地不是件容易事儿，以目前掌握的证据以及考证技术来说，不可能给出完全确凿的答案。但这并不影响我们努力求证出一个比较接近真相的结果。

首先我们明确一点：相对于长江乃至世界上的任意一条大江大河而言，黄河频繁泛滥的程度都要严重得多。

当然，拿黄河与中华区域以外的江河比，对于探寻大禹治水之地没有实际意义，所以我们现在仅仅与长江比。

黄河泛滥一般都是集中在下游。

黄河的下游不像上游和中游那样在崇山峻岭间游走，而是盘旋在广阔的华北大平原上。河道因为缺乏山体的约束，一旦水量充沛，其流向就极有可能失控，从而造成灾害。

有人不服气了。长江下游受山体约束的情况比黄河下游好不到哪儿去呀，为什么长江下游就没有像黄河下游那样恣意妄为呢？

我给出的解释有四点。

第一，好不到哪儿去那也终归是好了一点儿，你不服气不行。长江下游的前段处于大别山和黄山的包夹之中，至少这一段它会比较驯服。

---

① 毋庸置疑，"治水"是针对仅限于本辖区之内的一种社会治理行为。
② 用当时的眼光看，黄河流域距离东南丘陵非常遥远。

第二，长江下游失去山体约束的河道长度，其实大大短于很多人想象中的长度。须知，春秋时期长江的入海口在现如今的江苏省镇江市附近（大禹时代，长江入海口更在镇江以西）。

也就是说，在大禹眼中，长江下游无约束河道的长度，最多只是从今安徽省铜陵市到今江苏省镇江市这一段。

而这一段占河道的长度，差不多只占现如今长江下游无约束河道长度的二分之一，也明显短于古黄河下游无约束河道的长度，因而江水泛滥的窗口收窄。

第三，长江中游偏下的地方有一个巨大的湖泽——云梦泽（洞庭湖的前身），在丰水之年可以对即将进入长江下游的洪水进行调蓄，从而降低下游溃堤的风险。

而长江下游的起点，又有一个重量级的湖泊——彭蠡泽（鄱阳湖的前身），汹涌来水被再次分流，导致下游堤岸承受的压力进一步减小。

有了云梦泽和彭蠡泽的双重保险，长江下游再想泛滥，就会变得有点儿底气不足。

第四，黄河中游流经的黄土高原，是由厚达几十上百米的疏松黄土堆积而成。尽管古代黄土高原的植被完好，但被河水冲刷搬运到下游的泥沙，仍然令长江难以望其项背。

这些海量的泥沙长途漫游到下游后，因河水流速放缓而慢慢沉积，渐渐抬高了黄河的河床，大大削弱了河道的蓄水能力，使得河道在丰水之年不堪大用。

我拿黄河与长江作比的用意，是为了给大家建立起一个基本认识：大禹时代，如果古中国范围内出现了令执政当局坐卧难安的大洪水，那发生在黄河流域的可能性要远高于长江流域。

换句话说，大禹治水地点位于黄河流域的可能性要远高于长江流域。

当然，你如果坚持相信《史记》中大禹治水之地遍及九州的说法，那我也只能尊重你表达的权利。

只不过我相信，按照当时的政权分布、人口规模、社会组织构成和生产力水平而言，大禹没必要也不可能行遍九州。

关于大禹在黄河流域治水的配套证据还有。为了方便论述，我们先引进一个叫"治水社会"的文明形成理论，它是由德裔美国历史学家和汉学家魏特夫先生提出的。

"治水社会"理论认为：在上古时代的东方①，为了发展农业而产生了治水的需求，由于兴修和管理大规模水利工程必须统一调度全水域的人力物力资源，所以大一统的思想应运而生，并建立起了庞大的社会和政治结构，从而形成了东方的专制主义。

魏特夫说："政府管理的大型水利工程使农业的大规模供应机构归国家掌握。经营的建筑工程，使国家成为大规模工业中最全面部门的无可争辩的控制者。……国家居于在工作上进行领导和从组织上进行控制的至高无上的地位。"

"治水社会"理论与中国历史上第一个具备国家初始形态（同时也是专制社会）的朝代——夏朝的建立过程，又是如何相互印证的呢？

这得从炎帝和黄帝说起。

炎帝和黄帝同属于古西羌族群，炎帝所属的部落（简称炎帝部落）早先活动于渭河平原西部的姜水之畔，黄帝所属的部落（简称黄帝部落）早先活动于渭河平原以北的陕北高原上的姬水之滨。

两个部落为了拓展生存空间，纷纷向自然条件更加优越的渭河平原中央迁移，并渐渐得到了发展壮大。

其间，炎帝部落先于黄帝部落崛起（应该与他们地理空间上距渭河平原中央更近有关），成为古西羌族群的首领（这也是后世将"炎"置于"黄"之前合成"炎黄"一词的根源）；而黄帝部落也保持了强大的实力，且时时存有后发赶超之心。

后来，渭河平原已经不能为两个部落的继续成长提供更多资源了，于是很自然地，他们又不约而同地把目光瞄向了与渭河平原相连接的其他平原地带。

我们打开中国地形图看看，炎帝部落和黄帝部落的出路会在哪里。

渭河平原的北侧与西侧均被陕北高原包围，南侧被东西横贯的秦岭截断，这三个方向的土地显然开发价值不高。

剩下的路唯有向东，那就走吧。

当他们走到渭河平原的东头时，遇见了一个岔路口。他们可以选择左拐北上，

---

① 这个"东方"是指西欧的东方，涵盖范围较广，但主要是指中国。

渡过黄河进入山西盆地；也可以继续向前，穿过觳函通道进入河洛地区（即后来东周建都的洛邑及其周边）。

若仅仅对比地理单元本身的体量，山西盆地要完爆河洛地区。但河洛地区拥有一个具备决定意义的优势，它直接连通着广袤的中原。

这对任何原始部落来说，都是一个致命的诱惑 ①，又遑论炎帝部落和黄帝部落这样已然萌发了政治意识的高级部落呢？

所以，炎帝部落和黄帝部落为争夺河洛地区的殖民权而爆发了激烈的冲突，双方在洛河与黄河交汇的"洛纳"大战一场，史称"阪泉之战"。

这场战争的结果是黄帝部落取胜，因此黄帝部落得以在河洛地区站稳脚跟；而落败的炎帝部落不得不北上山西盆地。

然而，驱逐炎帝部落并不意味着黄帝部落从此高枕无忧。当他们以河洛地区为新的核心领地并朝着中原方向展开新一轮的扩张时，一个异常强力的对手出现了，它就是以蚩尤部落为代表的古东夷族群。

古东夷族群的活动范围从北至南覆盖辽河平原、华北平原、黄淮平原、江淮平原，以及江东地区北部。

其中，以山东丘陵为中心的黄河下游四部——即蚩尤部、帝俊部、徐夷部和莱夷部，以及淮河以南的淮夷部实力最盛。

黄河下游四部又以蚩尤部为首领。其中，帝俊部约居于今山东省和河南省交界的地区，蚩尤部约居于今山东省西南的丘陵地带，徐夷部约居于今山东省徐州市，莱夷部约居于今山东省东部。

古西羌族群和古东夷族群的接触以及竞争，是中华民族融合的大势所趋。不过要提醒大家注意一点，和古东夷族群发生碰撞的古西羌族群不只黄帝部落，还有炎帝部落。

炎帝部落进入山西盆地后迅速扩张，先是溯汾河一路北上，到达桑干河的上游；然后又沿桑干河东下，一来二去，竟然走出山西盆地，来到了华北平原西北部的涿鹿（今河北省张家口市涿鹿县）一带。

---

① 因为平整的土地是最优质的生产资料，当然越多越好。

前面说了，华北平原是古东夷族群的地盘，面对炎帝部落的闯入，古东夷族群当然不肯退让。

因此，炎帝部落和古东夷族群很快便水火不容。双方在太行山东侧兵戎相见，其中一场关键性的战役被称为"涿鹿之战"。

"涿鹿之战"是中华文明史上的殿堂级战役，诸史多有记述。

如《逸周书·尝麦》载："蚩尤乃逐帝（指炎帝），争于涿鹿之阿，九隅无遗。赤帝（指炎帝）大慑，乃说于黄帝，执蚩尤，杀之于中冀，以甲兵释怒……"

如《史记·五帝本纪》载："蚩尤作乱，不用帝（指炎帝）命。於是黄帝乃徵师诸侯，与蚩尤战於涿鹿之野，遂禽杀蚩尤。而诸侯咸尊轩辕（指黄帝）为天子，代神农氏（指炎帝），是为黄帝。"

这两则文献粗线条描述了"涿鹿之战"的整个流程。一开始是炎帝部落和蚩尤部落争斗，炎帝部落失败后，黄帝部落介入并在涿鹿击败了蚩尤部落，最终黄帝成为黄河中下游的共主。

我们用现代思维来审视一下文献中的"涿鹿之战"，会发现不少耐人咀嚼之处。

第一点，炎帝部落与蚩尤部落碰撞的时间，会早于黄帝部落与蚩尤部落碰撞的时间吗？答曰：应该不会。

上述文献中的蚩尤部落应该是以蚩尤部落为首的古东夷族群的代称。

考虑到古东夷族群的地盘已与河洛地区以及山西盆地相接，那么，黄帝部落在河洛地区东侧与古东夷族群碰撞的时间，应该早于炎帝部落行远路由西南至东北纵贯山西盆地后再与古东夷族群碰撞的时间。

第二点，号称华夏始祖的炎帝的部落，竟然败给原始和野蛮化身的蚩尤的部落，这正常吗？答曰：没什么好奇怪的。

历史总是为笑到最后的胜利者而讴歌。

黄帝部落最终战胜蚩尤部落并代表古西羌族群入主中原，所以，与黄帝同根同源并曾在古西羌族群内发挥过重大影响的炎帝也随之光耀千古，成为后人贴金增彩、顶礼膜拜的神祇。

而作为被古西羌族群征服的古东夷族群的总代表，蚩尤被矮化成了落后的象征。

但是，我们今天在这里探讨涿鹿之战的意图，乃是为了还原历史，而非为了锦上添花。所以，我们有必要对古西羌族群和古东夷族群的文明程度做一个比较。

理论上，两者似乎差不多。

因为，黄河中游文明的代表仰韶文化（距今七千年至五千年）和黄河下游文明的代表大汶口文化（距今六千五百年至四千五百年），两者形成的时间比较接近，且在成就上俱为中国新石器时代的巅峰之作。

而实际上，古东夷族群的发展程度要比古西羌族群高。例如中国传统文化的典型代表——同时也是当时先进文化和先进生产力的代表——龙文化和玉文化，便是源自古东夷族群。

就爆发于距今约四千六百年前的涿鹿之战而言，当时古东夷族群掌握的生产力也要比古西羌族群更为先进。因为，古代的很多资料上都提到了一个关键的证据——蚩尤部落率先迈进了青铜时代。

如先秦的《世本》说："蚩尤以金作兵。"

战国的《尸子》说："造冶者，蚩尤也。"

汉代的《龙鱼河图》说："（蚩尤）铜头铁额……造立兵杖、刀、戟、大弩，威震天下。"

汉代的《管子·地数篇》说："葛庐之山发而出水，金从之，蚩尤受而制之，以为剑铠矛戟，是岁兼并者诸侯九。雍狐之山发而出水，金从之，蚩尤受而制之，以为雍狐之戟，芮戈。是岁相兼者诸侯十二。"

可见，蚩尤冶炼青铜的历史，在炎黄之前。因此，"剥林木以为兵"的炎帝部落败于以蚩尤部落为首的古东夷族群之手，也就不那么致人惊诧了。

第三点，黄帝部落会和古东夷族群在涿鹿交战吗？答曰：几乎不可能！

黄帝部落和炎帝部落本身也存在竞争关系，即便黄帝两害相权取其轻，也没必要费力巴筋千里迢迢跑到人生地不熟的涿鹿去打一仗（中间还要跨越黄河，光运送人员物资这一项就会把黄帝部落折腾死），他家门口就有夷人，而且在家门口打还能发挥主场优势，何乐而不为？

第四点，海棠你认为黄帝部落没有出兵涿鹿，而古代文献中却说有，请问你怎么解释？答曰：古代文献中的说法，极有可能是一种基于最终结果的混沌描述。

据我推测，炎黄部落战胜古东夷族群的真实经过应该是这样的。

起初，黄帝部落与炎帝部落分别在河洛地区东侧与山西盆地东侧和古东夷族群交战。

后来，炎帝部落和古东夷族群在涿鹿进行了决战。这场战役非常惨烈，给先民们留下了较为深刻的印象。

炎帝部落以失败告终，从此，和古东夷族群对抗的重任就落在了黄帝部落的肩上。

而黄帝部落也不负古西羌族群所望，最终击败古东夷族群而封禅泰山，获得辉煌的胜利，受到了古西羌族群的极度崇拜以及古东夷族群的敬畏。

或许是为了彰显黄帝的丰功伟绩，先民们融汇历史素材而故意编造出了一些黄帝的光辉事迹，其中之一就是黄帝在涿鹿击杀了蚩尤。

又或许是随着时光逝去，先民们的记忆逐渐模糊，只记得古西羌族群和古东夷族群在涿鹿有过一场大战，而古西羌族群这一方参战的到底是哪个部落已然忘记，于是潜意识中把古西羌族群的首席代表黄帝部落作为主角编排了进去，并在黄帝部落最终一统江湖这个结局的影响下，想当然地把涿鹿之战的结果编排为了黄帝部落取胜。

第五点，既然古东夷族群的发展水平超过了古西羌族群，那为什么黄帝部落还能击败古东夷族群呢？答曰：这需要借用之前提到的那个"治水社会"理论来展开论述。

关于这个问题的答案，众说纷纭。

流传最广的是《山海经·大荒北经》中的说法。据它描述："蚩尤作兵伐黄帝，黄帝乃令应龙攻之冀州之野。应龙畜水。蚩尤请风伯雨师，纵大风雨。黄帝乃下天女曰魃，雨止，遂杀蚩尤。（注意，这段话也证明了，不是黄帝万里赴戎机跑到涿鹿去攻打蚩尤；而是蚩尤先攻击黄帝，然后黄帝在冀州击杀了蚩尤。）"

根据这段描述，双方运用了天象和水文的力量，这对我们是一个重要的启示。

至于后人将这段描述演绎成各种版本——朴实一点儿的说黄帝发明了指南车破除迷雾的阻障、华丽一点儿的说黄帝用旱魃止雨其实是使用了热核武器——我们不因它们缺乏实据而将其证伪，但它们至少超出了我们的理解范围，因此暂时不予采信。

而《史记·五帝本纪》中描述道："於是黄帝乃徵师诸侯，与蚩尤战於涿鹿之野，遂禽杀蚩尤。"

这段描述反映出，黄帝曾调动许多部落协助自己。这也是一条重要的线索。

此外，还有一些资料也很有助益。如《太平御览》说，"黄帝与蚩尤九战九不胜"，这说明双方从开始冲突到分出胜负，经历了相当长的时间。

那么，我们把天象、水文、诸部落之力、漫长的过程这四大线索综合在一起，能得出什么结论呢？结论如百川归海，直指一处——水。

古代黄河下游的水患一般起于今河南省境内。河水或在今郑州市西部溃堤向北漫流，至北夺海河而入渤海；或在今开封市西部溃堤向南漫流，至南夺淮河而入东海。

也就是说，以黄河河南段为顶点，以至北的海河和至南的淮河两条路线为边，黄河下游的泛滥区呈扇形分布。

这个顶点控制在黄帝手中，而泛滥区则将蚩尤及其上下左右的联盟部落统统覆盖。

看到这里，想必聪颖的人已经豁然开朗。

没错，黄帝如果借水患冲击黄河下游之机攻伐古东夷族群，无疑将会收获事半功倍的效果。

如此一来，前面的四大线索就得到了有机结合。

距今约四千六百年前，地球正处在一个距今八千至三千年的温暖期之内。

青藏高原上的积雪大量消融，为黄河带来了丰沛的水源。而洋面的强烈蒸发，使得更多水分升入大气层，再化作雨水降到陆地，又进一步助推了黄河的汹涌之势。

不难想象，涿鹿之战爆发前后，黄河下游水患的频率应该是较高的，规模也应该是较大的（你甚至可以想象这里面还有人祸的因素）。

当黄帝部落与古东夷族群交战之初，黄帝部落并不是古东夷族群的对手，因为古东夷族群率先掌握了先进的青铜兵器，这便是"黄帝与蚩尤九战九不胜"的历史背景。

然而打着打着，古东夷族群后劲不足的短板就显露出来了。

大家想想，古东夷族群的领地深受黄河水患之苦，农业生产无法保持稳定性和连贯性。而古东夷族群恰好又是一个比较依赖农耕经济的族群，他们哪还会有持续作战的能力？

与之相对的是，古西羌族群是一个更多依赖畜牧业的族群[①]，而且其领地几乎不存在水患，可以源源不断地获取补给，然后对古东夷族群形成持续压迫。

于是，与黄帝部落交锋的古东夷族群各部开始次第崩溃或败降，或许还有稍远的古东夷族群部落望风归降，以及其他族群的部落慕名来投。

最后黄帝就率着这样一支浩浩荡荡的混编大军直取蚩尤部[②]，并以优势兵力将蚩尤部击败。

击败蚩尤部标志着黄帝在形式上统一了黄河中下游流域。

之所以要强调"形式上统一"，那是因为：黄河下游的疆域非常广大，任何新来的征服者要想在这么广大的疆域内把自己的统治力从威服转化为被征服族群的习惯性认同，还需要一个长期的磨合过程。

因此，在黄帝建立的这个部落大联盟中，占主导地位的古西羌族群非但不能如臂使指般调遣古东夷族群，而且有时还需要向古东夷族群让渡统治权力，以保证联盟能够不绝延续而不是分崩离析，从而形成了一种轮流执政的模式。

这种模式映射在我们平时熟悉的历史中，便是五帝时代出现的"禅让制"。

然而，情况仍在不断地发生着变化。历史证明，"禅让制"注定只是过渡阶段的权宜之计。

黄河下游的水患已经肆虐了成千上万年，它在时间长河的一瞬间无意中为黄帝征服古东夷族群贡献了一臂之力，你怎么能够期待它会因为人间的厮杀暂时息却而停止？

所以，当古西羌族群和古东夷族群共聚一堂商讨大计时，他们定当一致认为，

---

① 古西羌族群是从高原上走下来的，高原上的水、热资源较少，更适合发展畜牧业。

② 蚩尤部盘踞在黄河下游唯一的一片高地——山东丘陵，可躲避黄河水患，故抵抗的时间最长。

这该死的黄河水患必须得到彻底的治理。

怎么治？当然得集中全流域的人力物力资源、大家挽起袖子一齐动手才行。

就这样，当时中国文明最为富集的区域——黄河中下游流域产生了大一统的需求①。

那么另一个问题又接踵而来，哪个族群的首领将会出任即将诞生的这个以世袭制为执政模式的大一统王朝的君主呢？

这个问题似乎不难回答。古西羌族群在整个部落大联盟中拥有更多权力份额，首任君主出自古西羌族群是符合情理的事情。

回答正确。只不过我还想强调一下，世袭制是对禅让制的粗暴破坏，如果由古西羌族群的首领世袭君主，那古东夷族群的政治权利就会遭受彻底的阉割。因此，古东夷族群必定会奋起抗争。

于是我们要问，古西羌族群到底是如何宾服古东夷族群继而顺利将世系君主权揽入怀中的呢？

答案还是着落在一个水字上。原理很简单，对于居住在同一条水域的不同族群而言，上游族群的区位优势是无可比拟的。

君不见，天邦每次放下澜沧江上大坝的闸门（目的是蓄水发电），就引得湄公河流域诸国叫苦连天跳脚不迭吗？

现在我们换个思路，假如，是假如哈，假如这些蓄满水的大坝一夜之间全部垮塌，你能脑补出湄公河流域诸国又是怎样一副呼天抢地的悲催表情吗？

在当前的部落大联盟构架下，古西羌族群虽然不至于故意纵水冲击古东夷族群；但是，如果古西羌族群不在今河南省境内对黄河河道进行有效的治理，那黄河水就会自动自觉地、毫不客气地给居于黄河下游的古东夷族群降下灭顶之灾。

如果掌握了这个原理，你就能体会到，当那个叫启的古西羌族群首领（启据说是黄帝的六世孙），悍然推翻部落大联盟沿用的禅让制，并开创一个世袭制的夏王朝且自任君主时，胸中的那腔睥睨天下舍我其谁的霸气。

你也会理解，为什么在中国的古典政治文化中，有"逐鹿中原""问鼎中原"

---

① 大一统是比部落大联盟结构更紧密、管理更有序、行动更高效的组织形式。

之类的词汇。那代表着，作为中原核心的黄河中游流域即今河南省一带，掌控着黄河下游流域生死存亡的决定权；而一旦掌控了黄河中下游流域，亦即从河洛地区直至山东丘陵的整个中原地区，那就可以提刀四顾笑傲群雄了。正所谓，得河南者得中原，得中原者得天下。

分析至此，我们只差最后一个环节就能回归到本章的主线、去继续探寻越国的来历了。这最后的一个环节便是大禹治水。

占有今河南之地对于古西羌族群争夺黄河中下游的统治权而言只是一种优势，而要把这种优势转化为胜势，古西羌族群还必须实实在在地治理好黄河水患，赢得黄河下游古东夷族群的倾心拥戴。这是启开国基即王位的必要条件。

在这件事上，启本人充当了司马炎的角色。因为，他的父亲禹，为他铺就了一条登上权力巅峰的康庄大道。

诚如前文所述：第一，黄河中下游流域是当时中华区域内最大也是最集中的一个文明区域；第二，要把黄河中下游流域的水患治好，着力点铁定在今河南省境内。

所以，作为黄河中下游流域部落大联盟首领的舜，不会将目光投向黄河以外的其他江河水系（譬如长江水系）的水患——那些地方对他以及他的族群他的部落联盟而言就是与己无关的化外之邦，他只会关注黄河流域的水患，他下达给禹的命令只可能是治理黄河流域的水患。

当时，黄河洪水的走势，乃是向南溃堤夺淮河入东海，因而给黄淮流域的古东夷族群带来了深重的灾祸[1]。

而大禹治水的策略，乃是引黄河洪水向北循海河入渤海，解黄淮流域的古东夷族群于倒悬，从而赢得古东夷族群的信赖。

当然，引黄河水向北也不是不会造成新的灾难。只不过，相较于其他黄河入海路线，循海河入渤海造成的损害最小，是故后世的河官均将其奉为经典，称其为"禹河故道"或"禹贡黄河"。

---

[1]　黄淮流域是古东夷族群最主要的聚居区，例如前面提到的古东夷族群中最强大的黄河下游四部，基本都处在黄淮流域。

这也就评判了之前那场大师与草根的观点对决。大禹治水之地未曾到达江东地区南缘的会稽山。换句话说，越国不可能是大禹后裔的封国。

事实上，也有不少学者从地缘以外的角度来论证越国和大禹之间不存在直接关系。其中，研究百越族的宋蜀华先生的观点比较有代表性。

宋先生认为："勾践的祖父夫镡以上至夏少康庶子无余，世系不清楚；夏少康经商至周敬王共六十余代，两者世系相差近一千年，把越王勾践说成是夏少康的后裔，实难信服。"

宋先生还认为，夏文化和越文化截然不同，因为"夏人活动地区从未发现过'印纹陶文化'，而'印纹陶'流行地区也从未发现过'二里头文化'"。

那么，历史上为什么会流传下越国源自大禹的说法呢？这又是一个宏大的题目。我预备分两个方面展开论述，第一个方面是越国巩固和发展的需求，第二个方面是中华民族团结和共荣的需求。

先看第一个方面，越国巩固和发展的需求。

建立越国的这一支越人（以下简称越人）从中南半岛辗转北徙。当他们来到今会稽山北麓眺望宁绍平原时，看到的景象和后世有着显著的不同。

怎么形容他们当时看到的景象呢？如果说后世的宁绍平原是一个呈条块状的狭长平原，那他们当时看到的宁绍平原，几乎可以称作一个呈线条状的细长平原。

造成这种同地不同景的原因是海侵。也就是说，当越人第一眼看到宁绍平原时，宁绍平原还有大半淹没在海水之中。

而宁绍平原高于海平面的那部分因为面积过于窄小，且土壤存在一定程度的盐碱化，无法被越人用来进行大规模的耕作开发。

因此，越人没有大举进入宁绍平原，其主体继续在会稽山中盘桓（反正他们从中南半岛一路走来翻越了茫茫的东南丘陵，熟稔山林生活方式），同时也有少量族人勇敢地走下山，朝着吴国、朝着楚国、朝着中原的方向探索，并从此开始睁眼看世界。

在会稽山中盘桓的越人主体并非漫无目的地浑噩度日，由于定居，他们渐渐地建立起了自己的国家——越国。只不过，创建之初的越国形态上还很稚嫩，因此籍籍淹没于百越之中。

可是，只要有了组织，就有了维系人口以发展壮大的基础，也有了守得云开见月明的盼头。

终于，在越人眼巴巴的守候中，杭州湾的海水逐渐向北退去，宁绍平原随之向北延伸，其面积已变得非常可观。

只不过，刚从海水中露出来的宁绍平原北部，土壤是盐碱性质的，晒盐赶海可以，种粮种菜不行。

也就是说，从农业生产的角度而言，整个宁绍平原还不具备足够的自持力，它还需要很多时日让雨水和河流将其冲刷浸润成适宜耕作的正常属性。

所以，越人暂时能做的就是下得山来，开发宁绍平原南部那些已经去盐碱化的土壤，然后根据以往探索所打开的地图迷雾，绕过杭州湾，朝着早已经去盐碱化的杭嘉湖平原开进。

照理说，近水楼台先得月，吴国应该在越国染指杭嘉湖平原以前就将杭嘉湖平原完全纳入囊中了。

然而实际情况比想象的复杂，太湖的入海水道起初并不固定，漫流的湖水使得苏锡常平原和杭嘉湖平原大面积呈沼泽状。

吴国一直处在自北向南治理太湖水道的过程中，经年累月耗费了大量的时间。

所以，当越国自南向北进入杭嘉湖平原的时候，南下的吴国也恰好刚进入杭嘉湖平原不久。双方迎头相撞，一段延绵百余年的吴越争霸史便就此开启了。

一开始，形势对越国非常不利。

因为，吴国和越国的地理间距是如此之小，小到只隔着一道浅浅的海湾。而吴国和越国的实力差距又是如此之大，大到吴国只需挥一挥衣袖，越国就不剩下一条裤衩。

在前文中，我断断续续地讲述了吴国和越国之间的早期斗争史。大家应该还记得，越国确实屡屡处于被动挨打的境地，直到越王允常治下的公元前505年，越国才利用吴国空国远征楚国之机（参见"柏举之战"一章），对吴国进行了一次小规模的攻击。

那好，现在让你舍身处境，假如你就是越国的执政者，面对吴国这样一头近在咫尺的巨兽，你会做何感想？

第一感想是不是怕？怕就对了！对体量超过自身太多的物事产生恐惧感是人之常情。

第二感想呢？应该是努力提高自身的竞争力对吧。把自己变得更加强大，使自己不那么容易被吃掉，总归是一条颠扑不破的处世之道。

在这种指导思想的支配下，越国的执政者们必然会采取很多巩固和发展的措施。

联楚制吴是关键的一条，另外还有很重要的一条，就是从名分上超越吴国，从而快速地树立起民族自信心，同时也让吴国保有对越国起码的尊重。

从名分上超越？听起来很不具备可操作性。那越国该如何个超越法呢？原理很简单，你只需想一想那条广为传扬的名言——"我爸是××"。

我们暂且不去争论这句名言的真伪——有很多人相信这句话真实存在，也有不少人认为，这句话只是某些不怀好意的人为了达成某种暗黑的目的而故意捏造的噱头。

如果是真的，那固然可以直接加以引用；如果是假的，它所映射的社情民意依然还是真的。

这句话的功用何在呢？本质上，它就是一种拼爹效应，为自己找一个高大上的出身，向别人宣示自己的来头不小，从而快速建立起江湖威望。

具体到越国和吴国的较量上。

吴国自称是周太王的儿子——太伯和仲雍繁息而来，根正苗红的华夏之族。当年若非太伯和仲雍主动让贤，坐江山的就不是周王室现在的这支血统。

绝！玩得傲！如此则连周王室都不得不高看吴国一眼。

越国呢？打南边来的蛮夷之族，倘若不将自己的屁股洗白一下，那在吴国面前就与一群猴子无异，还混个屁呀？

所以越国就想啊，吴国认周太王做爹，我该认谁做爹才能强压吴国一头呢？

认周太王他爹做爹？辈分上倒是高了吴国一级，可这也太没有新意了好不好。

再往上面数，商朝的行不行？不行不行！这家子是被周朝扫到角落旮旯里的弃物，认了会倒八辈子血霉的。

334

那再往上面数，夏朝行不行？夏朝是华夏民族的开辟者，其灵魂人物大禹乃治洪水救苍生的旷世英雄，连周王室都要对其顶礼膜拜。那就着落在大禹身上吧，我看行！

于是乎，越国把自己标榜为了大禹的后裔，妥妥的白日飞升啊！

不过，认祖归宗这种事，非但要自己愿意认，认完了也要旁人愿意承认，如果光喊几句口号就了事了，只怕观众那边会不买账。

因此，越人进一步张开想象的翅膀，宣称大禹会聚诸侯的会稽山就是杭州湾南面的那座山，进而以新都依山修建之故，将新都命名为会稽。此时，正是后来大名鼎鼎的越王勾践当国。

如此这般运作下来，颇有一些不明真相的围观群众把越国当成了大禹后裔的封国。

可是，千载之下认知能力已有了极大提高的我们，应该保持清醒的头脑，别被越人给忽悠了。

你仔细想想关于大禹和会稽山的那个故事。如果会稽山真的坐落于今杭州湾南面，那么就算大禹青春无敌精力无限，不辞辛劳从千里之外的中原南下，一路跨过黄河，跨过淮河，跨过长江，跨过钱塘江，跨过东南丘陵浙江段那足以令今人患上密集恐惧症的大小山岭，再爬上所谓的会稽山……但，他图个什么？难道他是来眺望钱塘潮的吗？

你要始终牢记，大禹及其部落大联盟的地盘在黄河中下游流域。江东地区南部边缘的这穷山恶水于他而言有什么意义？难不成他想拓疆僻壤搞开发？搞开发也要步步推进先把江淮流域盘活了再说好吧？

所以，如果大禹想要会聚诸侯，最理想的地点应该选在黄河中下流域或者淮河流域。选择前者可以体现万国来朝唯我独尊的威仪，选择后者则可以为开拓淮河流域造势。

而事实上，在宋代《嘉泰会稽志》一书中，留下了这样的记载："涂山在县西北四十五里，旧经云，禹会万国之所。"按照这本书的观点，涂山才是"会稽山"的正选。

涂山位于今安徽省怀远县，地处淮河中游的南岸，从开拓江淮流域的角度来考量，这的确是一个很适当的大禹会聚诸侯之所。

这样说来，越国以大禹后裔自居是不靠谱的事情了。那为什么中国古代那么多才华横溢治学严谨的史官愣是没有将其证伪呢？

这就牵涉了前面罗列的第二个方面，即中华民族团结和共荣的需求。

在我们的生活实践中，广泛存在着一对矛盾。矛盾的双方，我们姑且分别称之为原则正确和实践正确。

毋庸置疑，实践正确应该是指导人类行为的最高准则。而事实上，实践正确常常居于原则正确之下，并由此引发灾难性的后果。

为了方便理解，我不妨举个明朝的例子，让大家深入地体会一下什么叫作为原则正确而死。

明末之时，内有流寇作乱（就是高迎祥、张献忠、李自成那帮猛男），外有后金为患。明政府内外交困，亟需先稳住一方，以便集中精力对付另外一方，避免腹背受敌。

这个道理，其实袁崇焕抵御皇太极那会儿就懂。

话说当时明朝距离灭亡挺远的，如果跟后金签署和平协议，先各种修炼强基固本，再回过头来跟后金较量，那最后死的肯定是后金而不是明。

估计现在很多人想象不到的是，皇太极当时也愿意和谈。当然，皇太极并非热爱和平的良善之辈，他之所以愿意和谈，是因为他的日子也不好过。

政治上，努尔哈赤新死，遗命四大贝勒同时执政，实行集体领导制。皇太极权位不固，满洲内部人心动荡。

经济上，为了供养不断扩充的兵力，仍然实行奴隶制（意味着生产力很落后）的后金，财政捉襟见肘。

而且，因为和明政府处于战争状态，满洲的物产失去了从关内换回生活物资的贸易机会。

偏偏运气也挺不好，那几年天降灾荒，使得后金雪上加霜。想要从明那边抢吧，又被袁崇焕死死顶住无法南下。

皇太极想消停几年再说。因此，他频频修书致大明皇帝，要求和谈，而开列的主要条件不外乎三点。

第一点，明政府承认后金是一个藩属国而不是一个地方政府，后金之主的地位在明朝皇帝之下，但要高于明庭诸臣。

第二点，后金打从明政府手中抢走的土地和人口，明政府不予追索，从今往后属后金所有。

第三点，明政府和后金互相馈赠，其中后金送明政府人参、貂皮和东珠等土特产，明政府送后金金子银子和绸缎布匹（说明一下，后金送的土特产价值上最多等于明政府送的绸缎布匹，明政府的那些金银相当于是白送的）。

对于后金提的这些条件，明朝执政当局是这么看的。

第一点。后金开山立柜的努尔哈赤，不过是明臣李成梁的家奴出身，虽说后来当了女真部落联盟大首领，但终归还是率土之滨吧？竟敢要求独立为藩属？自古藩属皆从外来，你又是个什么玩意儿？

第二点。滚犊子！我泱泱华夏，人多地广，你拿走的那点儿原本我也不会放在眼里。如果作为蛮夷的你好言好语央求，本着泽被天下苍生的慈悲心和优越感，我大笔一挥可以恩赐给你（历朝历代这种事可没少干过）。可是你强抢横夺不行，要是你说抢了就抢了，那我堂堂大明的天颜往哪搁？

第二点。你是要我学南宋和^①金输币纳献丧权辱国吗？你是要我学秦桧汉奸卖国遗臭万年吗？呸！我才不自甘末流去遭那千古唾骂呢！^②

所以，虽然身处抗金一线的袁崇焕发自肺腑地认为该和谈，但朝廷就是不许，甚至不容商榷。

朝廷的意见是：你满洲要谈可以，我派个地方官员和你谈，但谈话的内容仅限于我单方面对你进行批评教育。

这样的"和谈"意向，我们不得不承认，义正词严，铁骨铮铮，金光闪闪，神圣不可侵犯，政治上可以打满分。

可是，摆着一副明朝江河日下的架势，你这没有实力的愤怒有一丁点儿的意义吗？

---

① 此"和"解作"与……议和"。
② 后金和金都是女真政权，是故明政府很容易产生以金比后金、以自己比南宋的联想。

批驳完原则正确的夸夸其谈，我们再看从实践正确的角度应该怎么做才对。

你后金要升格为藩属。好，我同意，反正后金只那么大①，先记在账上，这总比我连国祚都亡了要强。

你后金要割走人口和土地。好，我同意，这东西又不是一次性消耗品，我只要保住性命，总有一天会夺回来。

你后金要多捞金银。好，我同意，被你捞走的金银相较于我用在辽东防务上的军费开支，不过九牛一毛，我横竖是亏，但亏得少就等于赚了。②

可惜，实践上的正确终究没能敌过原则上的正确。谈判完全破裂后，后金知道自己难但明政府更难，于是咬紧牙关继续攻打关辽防线。

双方顶了几年牛后，后金因整体盘面较小易于转型，兼之抽空降服了本为明朝藩属的朝鲜，故而先一步走出困境。

反观明朝这边，边患不息，流寇也越闹越凶，里外都未得到有效管控，于是持续性失血，国力每况愈下。

崇祯皇帝即位后，连老天爷也赶来补刀了。以往的灾荒降给后金，如今降给了明帝国，一年又一年，搞得赤地千里、民不聊生。

等到崇祯十五年的时候，苟延残喘的明帝国已经被拖到濒于亡国的边缘。说实话，要想活命，就必须得和谈，这是当时最大的实践正确，虽说风头正劲的后金不见得会答应。

可就是在如此不可复加的恶劣局面下，那些个言官啊、清流啊、卫道士啊，依旧铁板一块，绝对不能和谈，谁谈老子就骂死谁，实在骂不死你，老子就死给你看。

崇祯皇帝对于这种必须谈但又不能公开谈的险恶形势是心知肚明的，所以他和兵部尚书陈新甲暗中商议，准备悄悄地派人找后金和谈。

注意，是暗中，是悄悄地哦，一旦被群臣获悉了，那必定会被他们饱含正义

---

① 当时的后金，还未壮大到后世的规模，连满洲的疆域都未完全占领，满洲仍有相当部分掌控在明政府手中。

② 皇太极最后的要价是每年从明政府获得金银折合二十万两银子，而前辽东经略熊廷弼守辽之时，明政府每月用于辽东的军费，仅饷银这一项就有折合十万多两银子。

感的唾沫给淹死，断无生还的可能。

可即便这样小心谨慎，和谈之路还是危机四伏困难重重。

一开始的时候，朝中大臣风闻崇祯意欲和谈，便纷纷上奏，给崇祯打预防针。崇祯矢口否认，说哪有这回事，你们别疑神疑鬼。群臣手无实据，只好悻悻作罢。

崇祯更加悬心吊胆，每次亲笔写手诏给陈新甲，都不忘郑重告诫：此乃天大的机密，千万泄漏不得。

可是，悲催的可是啊，崇祯的运气真的是坏到了极点。

当年八月，崇祯又派亲信送一封亲笔诏书给陈新甲，催促他想方设法尽快找满洲议和。

恰巧陈新甲不在家，毛手毛脚的使者竟将崇祯的密诏留在了陈新甲书房中的几案上。

陈新甲的仆人误以为密诏是普通的塘报（你可以理解为一种可以公开的上谕），便拿出去交给各地驻京办事处传抄。

如此一来，崇祯暗中议和之事便天下皆知。群臣登时炸了锅，继而集中上奏表示严厉谴责和强烈反对。

这一刻，崇祯即便贵为九五至尊，也不能便宜行事。因为，他触犯的是中国几千年来华夏尊贵而蛮夷低贱的传统认识。

华夷有别、华夷不可平等相处的思潮和舆论，就像狂涛巨浪一样，能够吞噬一切敢于阻挡它的物事，包括万人之上的皇帝。

崇祯万般惶急之下使了个阴招：把陈新甲推出去当挡箭牌。他装模作样地下一道诏书，以置身事外的立场，严词叱责陈新甲为什么主张议和，敢问节操何在。

陈新甲心道：我顶你个肺哟！你不仁，就别怪我不义。于是引述崇祯手诏中的言辞作为申辩，以证明议和是出于崇祯的圣意。

崇祯愈发老羞成怒，当即找了个蹩脚的借口将陈新甲杀了。

各位，此时距离明亡不过一年半的时间。在这样亟待喘口气的危急关头，明政府的政策导向依然是以原则正确为纲，反对议和，以至于连皇帝都不得不偷偷地和兵部尚书商议，而表面上坚决不肯承认，最后露了马脚，皇帝还被迫杀死兵部尚书以自救。

你能想象这是一种什么样的行为和精神吗？说得好听点，叫坚持原则；说得不好听，叫不识时务。明朝的最后一根救命稻草，就这样被他们自己用原则正确给毁灭了。

他们或许从来没有想过，华夏最为强盛的汉唐两朝，汉高祖刘邦曾和匈奴议和，休养生息，到汉武帝时再将匈奴揍趴下；唐太宗李世民曾和突厥议和，整军顿武，然后派李靖北伐，打得突厥满地找牙。

当然，他们也未能用思想和眼神杀死敌人，后金的铁骑最终将明帝国——从躯体到颜面——践踏得粉碎。

所谓识时务者为俊杰，无论是一个人、一个组织还是一个国家，都要把利益最大化当作自己的目标和原则。历史一再证明，拘于一时一事是成不了气候的。

回到实践正确和原则正确这对矛盾。当它们发生冲突时，站在实践正确这一边往往是明智的选择。后世的史官在考证、记述越国的来历时，秉持的正是这种方法论。

周王朝虽然名义上是一个统一的国家，但因为实行分封制，诸侯享有高度自治权，所以全国各地的离心力非常大。

秦王朝开中华大一统之先，郡县制层层制约，度量衡四海归一，因此这种离心力有了显著减弱。

汉王朝则在秦王朝的基础上，将大一统推向了一个崭新的高度，它真正实现了黄河文明与长江文明的融合。

这种融合具有划时代的意义。从汉朝开始，将黄河、长江两大文明融为一体的"汉文化"概念逐渐取代仅代表黄河文明的"华夏文化"概念，成为中华民族新的符号。

正是在汉朝（确切地说是汉武帝时期），中央政府开始完善对东南丘陵浙闽地带的体系化管理，如何让居于其间的越人产生对中央政权的强烈向心力，成为庙堂决策者们心头日夜萦绕的重大议题。

幸好解决的办法并不难找。

咱们历朝历代的中国人，虽然各族群之间的文明程度和文化习俗有很大差别，但基本上都奉行祖先崇拜这一条。如果能够为汉人和越人找到一个共同的祖先，那向心力的难题便迎刃而解了。

　　因此，越人奉大禹为先祖的说法 [①] 虽然不那么经得起推敲，平时也不那么为正宗的华夏族裔所接受，但在汉帝国整体利益的需求下，依然得到了中央政府的官方认可。也就是说，原则正确为实践正确让了路。

　　我们看到，在汉代（同样也是在中国历史上）享有最崇高地位的史书——《史记》，承继了越人关于其源流的说法，将大禹会聚诸侯且安葬之地——会稽山，考证在了杭州湾的南面；并宣称夏少康的庶子无余受封于会稽山一带，"以奉守禹之祀"，且为越王勾践之祖。

　　毫无疑问，这种有悖历史本原、有违华夷之防的刻意扭曲，反而为中华民族的团结和共荣做出了伟大的贡献。

　　它使得越人成为中华民族不可或缺的一员，它使得越人居住的东南丘陵成为中华大地不可分割的一部分，其功德无量，其福泽流长。

　　不过话说回来，即便用这么长的篇幅论述越国将新都命名为会稽是一个扯虎皮拉大旗的战略欺骗，也丝毫不能否定越国以迁都会稽为标志，正式成为一个和吴国同处在江东地缘板块内的新兴国家的事实。

　　这里顺便阐述一下，为什么和吴国同处在江东地缘板块之内，越国的水属性却偏重于海洋特质。

　　一者，越人自中南半岛迁徙而来，在沿中南半岛东侧的海岸线北上时 [②]，他们与海洋打了不少的交道，对海洋的习性以及滨海的生活方式有了相当程度的熟悉和了解。

　　二者，越国的国土大部分位于东南丘陵浙江段的北部，属山地地型，域内江河湖泊的丰度远较吴国所处的苏锡常平原低，越人对内水的掌握与依赖程度自然也低于吴人。

---

①　越人以越国为正朔，而越国以大禹为先祖，故而越人都以大禹为先祖。
②　海岸线地势平坦，比中南半岛内陆的山地和丘陵地带更容易行进。

三者，越国的新都会稽位于杭州湾南侧，紧靠大海，极易沾染海洋的气息，并因其作为全国政治经济文化中心的重要地位，而将海洋气息凝结成了一种国家气质。

四者，居住在东南丘陵浙江段南部的越人①，或因仰慕越国在政治上取得的高度成就，心生归附之感；或因受到越国的羁縻，须时常听从越国的调遣，为越国的内政外交服务，从而将自己的海洋特质传递给了越国。

当然，凡事都有双面。

对于越国而言，迁都会稽意味着国家的战略重心北移，有利于越人更加便捷地开发宁绍平原以及向杭嘉湖平原方向拓展；同时，这也意味着越国和吴国的缓冲空间进一步缩小，因而不可避免地会受到吴国更加强力的打压。

对于吴国而言，虽然在杭嘉湖平原方向面临着越国越来越大的挑战，但挟公元前 506 年柏举之战大胜楚国之威，吴国无论是国运，还是国势，此时都正处于一个前所未有的高度。

所以，后一阶段吴、越之间斗争的整体走势，倒也不难判断。

说起吴、越之间斗争的走势，还要多句嘴。

蒲松龄老先生穷困潦倒的时候写过一副很励志的对联。上联为"有志者，事竟成，破釜沉舟，百二秦关终属楚"，下联为"苦心人，天不负，卧薪尝胆，三千越甲可吞吴"。

上、下联的题眼分别是"有志者，事竟成"和"苦心人，天不负"，引用的事实分别是项羽破秦和勾践灭吴。

对联本身的立意很棒，可惜题眼和事实之间的逻辑关系不怎么严谨。

就像龟兔赛跑，如果你用乌龟获胜的比赛结果来赞美乌龟锲而不舍的比赛精神，显然是件不靠谱的事情。因为，乌龟获胜的关键在于兔子的吊儿郎当。

同样，项羽破秦的关键不是因为项羽志向坚定，而是秦国自己因循守旧，继续沿用以前在关中当诸侯国时的那一套治国方法，来治理当前的大一统帝国，理念与现实严重错位，导致产生了一系列无法化解的内疾。项羽只不过恰好扮演了

---

① 也就是浙江东南沿海的越人，他们与越国之越人同源同种，但分属于不同的亚族群。

一个趁他病要他命的角色。

勾践灭吴的关键也不是因为勾践隐忍坚守，而是吴国自己在执行战略规划时或好大喜功，或妇人之仁，两次错失将越国拍死在摇篮里的良机，养虎为患反遭其噬。

先说第一次。

吴国的最佳战略规划本应分三步走。第一步灭越，统一江东地区；第二步退楚，统治长江下游平原；第三步制齐，统揽东南半壁江山。

这个规划循序渐进，严谨密实，吴国如果按部就班地执行，其功业必定不止于一个存有争议的春秋五霸之一。

但是，任何规划在执行过程中，总会因为执行者主观能动性的自由发挥而走样。

吴国也不例外，两个非常有主见的人，恰好在这个规划实施之初，释放出巨大的主观能动性，使得该规划没有得到严格的贯彻落实，最终把吴国独霸东南的愿景变成了一枕黄粱。

这两个过度发挥的人，一个是吴王阖闾，另一个是伍员（即伍子胥）。

阖闾从当公子时就能力出众，胸怀抱负，有建功立业的野心和志向。偏偏他最为倚重的大臣伍员，又身负血海深仇，急不可耐地想把仇人楚平王剁了祭祖。

这一主一臣的风云际会，造成了吴国冒进思想抬头。阖闾一夜成名的潜在需求，在伍员复仇主义的催化下，不可抑制地喷发了。

于是，本该先灭除越国，打扫干净后院的战略步骤被扰乱了。

公元前510年，吴国以重创越国为目标向越国发动攻击。我们可以想象，如果这样的攻击能够接二连三地来几波，那越国十有八九难逃一死。

可是四年之后，吴国居然丢下半身不遂的越国不管，掉转枪口又发动了柏举之战。

这是成就阖闾威名的一战，也是完成伍员夙愿的一战，吴国几乎提前实现战略规划中的第二步，占领了江淮平原的中东部。

然而，有句话说得好，步子迈得太快，容易扯着蛋。

在没有消除越国这个后顾之忧的情况下，轻率地和另一个重量级对手楚国以命相搏，换来的苦果就是顾此失彼，前功尽弃。

于是我们看到，公元前 505 年，越国趁吴国主力部队远在楚国而突袭了吴国本土。吴国远征军前有秦军（前来救援楚国的）相逼，后有越国放火，首尾难以兼顾，只得草草退兵。

就这样还没完。因为越国的牵制，吴国无法专心向西，经由柏举之战抢来的江淮平原中部，又逐渐被楚国夺了回去。等于说，那场精雕细琢技惊四座的柏举之战，吴国白忙活了。

这是吴国错失的第一次灭越良机。

至于错失的第二次嘛，便是那个非常曲折的故事——"卧薪尝胆"。更确切地说，是整个故事的前半段——吴王夫差已经将以勾践为首的越国核心高层堵在会稽山上了，后来居然神经大条地又将其放生了。

"卧薪尝胆"是大家耳熟能详的春秋著名剧目，但我还是要额外地强调一下，上面那段文字说了，它是一个非常曲折的故事。

曲折不仅表现为夫差的"捉放曹"和勾践的"藏于九地之下，动于九天之上"；还表现为，在吴强越弱的大背景下，作为"卧薪尝胆"这个剧目的前戏，吴、越之间曾经爆发过一场以弱胜强的檇李之战。

诸史记载的"檇李之战"共有两场。

第一场仅见于《吴越春秋》。《吴越春秋》寥寥数语，称公元前 510 年吴国伐越时，攻破了越国的檇李。窃以为可信度不高。

第二场发生在公元前 494 年，《左传·哀公元年》和《史记》等正史中均有详细记载①。下文将要提到的乃第二场"檇李之战"。

檇李之战是吴国和越国争夺江东地区霸权的一场典型性战役。其典型性反映在：

首先，吴强越弱，吴国处于攻势，越国处于守势，这是吴、越争霸长期态势的一个缩影。

其次，越国虽弱，但以奇谋击败吴国，正如越国扮猪吃虎最终将吴国吞灭。

---

① 本书所称的"正史"，是指学术态度严谨端正的史书，并非指学术概念中以纪传体为编撰体例的史书，下同。

再次，檇李（今浙江省嘉兴市西南）位于吴、越两国交接的杭嘉湖平原，因此檇李之战可视作研究吴、越两国在江东地区地缘斗争格局的一个范本。

本章起首提到越人由山林到水泽的属性变化。越人这种山水杂糅属性对吴、越交兵带来的影响，在檇李之战以及之后一场叫作夫椒之战的战役中都得到了不同程度的体现。

对檇李之战带来的影响主要体现在吴国谋划伐越路线的考量上。

吴国伐越有东西两条路线可供选择。

东线是从杭嘉湖平原水陆并进，南下杭州湾，直捣越国腹心。

西线则是攻打越国占据的天目山，斩断越国至太湖的快捷通道，保障吴都的战略纵深，同时在越国腹地插进一个楔子。

理论上，两条路线所指引的目标都能让吴国怦然心动，但吴国绝不会选择西线。原因无他，走西线意味着吴国必须弃舟楫而登山林，这是以己之短攻敌之长，吴人并不欠缺这点儿智商。

至于越人属性变化对夫椒之战的影响，还是放在下一章再说吧，吴王阖闾已经横刀跃马、急不可耐地要把撩他后庭的越国痛扁一顿了。

而随着阖闾此番出征，一场裹挟着惊天密计和艰苦忍耐的大逆转也即将隆重登场。

夫椒之战

允常是越国历史上功勋卓著的开拓之主。在他治下，越国将国境线远远地推进到杭州湾以北，并且屡屡配合楚国夹击吴国，极大地提升了越国的实力和国际知名度。

越国和吴国同在江东这个碗里扒食，越国每做大一分，吴国不舒爽、不自在的感觉就强一分。不难想象，吴国对越国的仇视和吴国对允常的忌恨是成正相关的。

公元前496年，正当伐楚（指柏举之战）归来的吴国吃饱睡足准备寻点开心时，越国方面传来一条重磅消息——令吴国头疼和闹心的允常挂了。

吴王阖闾开心更兼亢奋，于当年夏季起兵伐越国之丧。

上一章说了，吴国和越国的势力分割线在杭嘉湖平原。所以，阖闾兵锋所指，乃是今浙江省嘉兴市西南一个叫檇李的越国据点。

国难当头，越国继任的国君勾践（允常之子）顾不得重孝在身，也率部北上，在檇李与阖闾迎头相撞。

两军对阵，只等厮杀。

勾践观吴军阵势严整[①]，担心打不过[②]，就想找个法子把吴军阵势弄散了再打。

春秋那会儿不是有"致师"的传统嘛，派几个勇武之人，冲击敌阵，或杀敌或俘敌，对于扰乱敌方军心、搅动敌方阵势有很好的效果。

勾践担心三五个人冲不动吴军的阵脚，就搞了个放大版的致师——组织一彪敢死队（《左传·定公十四年》原文为"死士"）发起冲锋。

说到这里要插一句嘴。越军疏于阵法，但若论彪悍凶狠，应该称得上是天下第一等。

越军的勇猛不仅源自其山林族群血脉中流淌的蛮性，还和勾践的悉心调教有很大关系。

《墨子·兼爱下》中有一则简直耸人听闻的记载："昔者越王勾践好勇，教其士臣三年……焚舟失火，鼓而进之。其士偃前列，伏水火而死有不可胜数也。"

这则记载的意思是说：当年勾践好勇，经他的手训练出来的将士也非常勇猛。勇猛到什么程度？眼睁睁看着是一条着火的船，只要擂鼓进击，将士们也能前赴后继地向前冲，以至于烧死和淹死的数都数不清。

这种练兵之法，听起来好像有点儿宝气，可一旦把如此这般训练出来的士兵投放到战场上，那就是一台台冷血的杀戮机器，想一想都令人胆战。

不过话又说回来，打仗毕竟不等同于黑社会斗殴，斗志这种主观能动性在严密的阵势面前，不见得一定有用武之地。

譬如眼下，吴军就没把越军的敢死队当回事。知道你们这群二愣子不怕死，但我们的箭雨戈林也不是吃素的，尽管放马过来吧。

---

① 吴国有孙武和《孙子兵法》，排兵布阵是强项。
② 越军习于在山地这种狭隘的空间里作战，不太讲究阵法，故而阵型比较松散。

越军敢死队嗷嗷地冲过去，乒乒乓乓一会儿不见了动静。吴军抻抻衣袖拍拍裤腿，浑若无事。

勾践不死心，又组织一彪新的敢死队，再次发起冲锋。

吴军冷眼视之，傻子年年有，今年特别多，反正刀已见血，我倒也不吝再杀几个。

越军敢死队又嗷嗷地冲过去，乒乒乓乓一会儿又不见了动静。吴军依然浑若无事，只差没吹口哨哼小调了。

勾践其实不傻，试探了吴军两次后，知道来硬的只是徒劳，灵机一动又想了个软招。

他叫手下调来一批罪犯，在阵前列成三行，每人发给一把剑，然后喝令他们如此如此。

吴军一开始以为这是越军的第三波敢死队，正在寻思，贱人，这一回连战车都不要了，难道驾着两条后腿就敢冲锋，真是奇了怪了。然后，他们就看到了更加奇怪的一幕。

只见越国罪犯纷纷将剑架在脖子上，然后整齐划一地喊道："二君有治，臣奸旗鼓，不敏于君之行前，不敢逃刑，敢归死。"说完就一起抹脖子，把自个给杀了。

吴军被这种形式上像表演实质上动真格的行为艺术给弄蒙了，于是一部分看得出了神，另一部分想得出了神，阵势还是严整的样子，但人已经不在战斗状态了。

而就在这转瞬即逝的当口，勾践果断地催动大军，向吴军发起了猛烈攻击。

吴军慌忙收束心神，已然措手不及，随即被越军骤然而至的一顿王八拳打得人仰马翻。

纷乱的阵仗中，吴军阵型被冲散了，越军前锋竟然突至阖闾驾前。领衔的越将乃大夫灵姑浮，他举起戈来猛击阖闾，砸中了阖闾的大脚趾，连鞋子都打掉了。

阖闾拼命闪躲，好不容易方才挣脱追杀，强忍着伤痛收集残兵败将，然后满怀不甘悻悻而归。

檇李之战虽败，但吴军是败在越军的装神弄鬼上，并非硬实力不如越军，老子且休养一段时间再卷土重来，叫你们装孙子亦不可得！

平心而论，阖闾的盘算很朴实，一点儿也不好高骛远。可是这些实实在在的盘算都得基于一个必要的前提，那就是他还有御驾亲征的机会，而老天爷，却不肯成全他。

当吴军行至檇李以北七里的陉地时，阖闾因伤势过重而亡。临死前告其子夫差曰："必毋忘越！"

这种死法乍一看有点儿令人难以置信。且不说《越狱》的男主斯科菲尔德被黑老大阿布鲁滋剪掉一根脚趾后依然越狱，也不说武松被阵斩一条胳膊后还能独臂擒方腊，你随便挑一部神剧看看，有人身中数弹后起伏蹿蹦，照杀照砍，一点儿压力也没有，阖闾只不过断根大脚趾而已，至于把命丢了吗？

这就需要具体问题具体分析了。

首先，檇李之战发生在夏季，天气十分炎热，而且檇李（今嘉兴市西南）受东南季风影响，空气比较潮湿。所以阖闾的伤口容易发炎，甚至引发败血症。

其次，阖闾年纪不轻[1]，纵使胆气仍旧豪壮，血气却已衰微，不堪承受断趾之创痛。

再次，吴国檇李之战输得窝囊，阖闾的心情异常憋屈，沉重的思想包袱进一步恶化了他的伤势。

尤次，当时的卫生技术落后，加上军旅之中条件简陋，阖闾得不到很好的医治和护理，伤情失去控制。

当然，即便阖闾之死从逻辑上说得通，但从情绪上，吴人、特别是新君夫差[2]，却怎么也想不通，那个悲愤啊，冲天贯地，都快赶上窦娥冤了。

恨与悲层层堆积在一起，酿就出来的结果就是：此仇不报，誓不为人！

为了时时强化恨意进而催迫自己强军兴国，夫差特意在室外的庭院里安排了几个下人，每次只要自己跨出门外，下人就会依约高呼："夫差，而忘越王之杀而父乎？"夫差则必定敛容作答："唯。不敢忘！"

此时，阖闾朝赖以治国的四位大臣，夫概已经逃亡，孙武已经归隐，还有伍

---

① 他的政治生涯至少可以追溯到公元前 522 年以前，至今已有二十六年，想来已近老迈。

② 阖闾的太子本是夫差的哥哥终累，夫差因伍员力荐而得以后发赶超。

员和伯嚭支撑局面。

从之前的历史情形来看，伍员的才干和地位均在伯嚭之上。不过，根据史籍中的记载，夫差当政后最亲近的大臣却是伯嚭。

其间有没有什么内幕我们不得而知，但高层秩序的改变，往往是政治动荡的前兆。透过史籍的记载，我们依稀嗅到了吴国君臣猜忌的不祥气息。

吴国的砥砺奋发 [①]，越国看在眼里，急在心上。

该怎么办？坐等吴国万事俱备然后大举来攻？别开玩笑了！吴强越弱，如果堂堂正正拼肌肉，越国保管有一百零八种死法，一种比一种难看。

在焦虑的深度炙烤下，勇猛的越人做出了一个激进的决定：赶在吴国准备就绪攻击越国之前，抢先攻击吴国！

发球权难得一见地落到了越国手里。现在，他们面临着上一章末我们曾经讨论过的一个问题：攻击路线。

越国同样也有东西两条攻击路线可供选择。

东线是走陆路，相继穿过杭嘉湖平原北部和苏锡常平原南部，攻打吴都。

西线是走水路，从太湖南岸登船北上，攻打吴都。

吴国和越国虽然都有两条攻击路线可供选择，但抉择的难度可谓天差地别。

摆在吴国案头的两条攻击路线有明显的优劣之分，几乎不存在纠结反复的余地。

而摆在越国案头的两条攻击路线没有明显的优劣之分。更确切地说，两条攻击路线都相当地令越国不满意，非常伤脑筋。

使越国陷入两难境地的关键在于越军的战力不如吴军。

走陆路，越军虽然勇猛，但吴军的阵法更具备战场决定性，且吴军的车战之法更加纯熟。

走水路，越军在内水中作战的功底虽然也不容小觑，但技战术水平到底不如吴军那般臻于尽境。

---

① 连通太湖和杭州湾的胥浦大致就是在此时开工的。吴国借由胥浦，可以非常方便地向杭州湾运兵，从而直捣越国腹心。

"海棠老师，越国这也不行那也不行，还打个屁呀？"

"叽叽，没听说过有句话叫两害相权取其轻吗？从宏观的角度讲，越国拼整体实力虽然打不过吴国，但与其坐以待毙，不如先下手为强；从微观的角度讲，这两条攻击路线虽然都不好走，但也并非没有任何差别。"

差别在于效率。

走陆路的话，沿途有密密麻麻的河汊沟渠，一路行走的节奏是平地—下水—上岸—平地无限循环，想一想都一个脑袋两个大。

走水路的话则比较简洁。越国可以轻松地在太湖南岸找一个船码头，扬帆北上，然后在太湖东北侧沿胥江（吴国修建的沟通太湖和吴都的水道）直取吴都。

以越人平素悍勇的性格和此时迫切的心情而言，走水路无疑是一种相对理想的选择。

公元前 494 年春，也就是檇李之战的一年半之后，越国大举水军，浩浩荡荡地朝着吴都进发了。

夫差收到越国来犯的战报时是个什么反应，史籍没有记载，但想必是一个又好气又好笑的场景。

这就好比一个女人，发现老公被狐狸精勾搭上了，心里苦得跟杨白劳似的，这会正咬牙切齿地准备去撕小三，一边还祈求各路神仙保佑，千万别让狐狸精给跑了。

不料磨刀霍霍之际，狐狸精反而大张旗鼓地找上门来，头上系着"真爱无敌"的额带，嘴里还不住地嚷嚷：黄脸婆，守不住老公就干脆离了吧，我爱他，他也爱我，我和他才是天造一对地设一双！

你说这个女人哑然失笑之余，会不会有把兄弟姐妹闺密发小叔叔伯伯姑姑婶婶老同学老邻居等八竿子之内打得着的亲友统统叫过来然后合力将狐狸精击毙的冲动？

夫差的反应大抵就是如此。贱人，你欠我海债山仇未偿，居然还敢打上门来，这不是自己找死吗？当即征调全国的精锐部队，向太湖战区集结，务求将越军打得翻来覆去死去活来。

闲话少叙，我们先来了解一下双方水军即将发生碰撞的战场。

双方的作战区域无疑局限于太湖的东南部，这是由太湖的形貌、越军发起攻击的位置以及吴都所在的方位共同决定的。

在越军航行的水道上，有两个相隔很近的、呈西北—东南方向排列的巨大湖心岛。这两个岛屿被统称为"夫椒"①。

那么，这个目前控制在吴国手中的夫椒，其价值又有几何呢？

夫椒位于太湖东南部，扼守着越军攻击路线的必经之处。吴军要拦截越军，必在此处设下重兵。越军则必须冲破夫椒封锁线才能跨越太湖。

而且，即便攻占夫椒、攻打吴都不能一气呵成，哪怕只攻占了夫椒，越人把它营建成自己的水军基地，那再要想攻打吴都，还不是随心所欲、为所欲为？

上述这些，就是勾践明知吴国水军独步天下也仍要孤注一掷发起夫椒之战的动机。

夫椒，这两座湖光山色、风景旖旎的美丽岛屿②，注定是吴、越两军抛洒热血、以命相搏的狰狞之处。

讲到这里，恐怕大家已经急不可耐地想要观摩夫椒之战了，它会不会比四大名著中的赤壁之战以及宋军攻打水泊梁山之战更加精彩呢？

答案会令你们很失望，因为《左传》和《史记》对这场战役的描述均未超过二十个字，我们所能得知的全部，就是越军崩溃式的惨败。

而这种崩溃式惨败所引发的后果，就绝不仅仅是越军铩羽而归并从此老老实实地待在杭嘉湖平原南部不再倒腾那么简单。

因为，吴、越两国都是以举国之力备战夫椒之战的。所以，当越军在夫椒覆没后，后方兵力已十分空虚；而吴军几无损耗，在夫椒活动开筋骨后，浑身燥热无处发散，正好以雷霆万钧之势乘胜追击。

这一追不得了，就像快刀破嫩竹一般如入无人之境。越军节节败退，夫差率吴军横扫杭嘉湖平原南部，继而绕过杭州湾，直下越都会稽。

---

① 或言其一名"夫"，其一名"椒"。如今，西岛仍为湖心岛，被称为洞庭西山；东岛因东侧湖面淤塞已成为半岛，被称为洞庭东山，二岛合称洞庭山。

② 现为太湖的著名景点，号称双岛之上共有七十二峰，其最高峰名"缥缈峰"，是不是很眼熟？

会稽想硬扛，奈何力不从心，眼看破城在即，勾践只好带着心腹臣属以及剩下的五千名军士退守会稽山。

吴军岂肯罢休，如影随形又将勾践据守的山头团团围住。

被困在山头上的感觉，要比困在城里差很多。没有 Wi-Fi 还是次要的，主要是山头上不像城里那般囤有大量的物资储备，无法持久。

勾践这样五千多人的大型亡命团队，即便放在物资丰庶的城里都要坐吃山空，就更别提放在物资奇缺的山头上了。

所以，如果不出现诸如越军在某个隐蔽山洞里忽然翻出越女剑秘籍或者吴军因修炼缥缈峰神功而集体返老还童之类的旷世奇遇，勾践是断断没有生路可寻的。

那么，究竟会不会有令人意想不到的情况发生呢？这就不得不提到两个人，一个叫文种，一个叫范蠡。

在介绍他俩的来历之前，请容许我先吐个槽。大家还记得在"伍子胥入吴"那章中我曾经提到过的一个叫"楚材晋用"的词语吗？

当时是公元前 547 年，伍举（伍子胥的爷爷）因卷入楚国的政治要案，愤而逃往晋国。

他的好友——蔡国大夫公孙归生想帮他脱罪返乡，便借调解晋、楚关系之机（背景是向戌弭兵），跟楚国令尹屈建谈起楚国人才为晋国所用的话题。

屈建问："依你看，晋国的大夫和楚国的大夫，谁更加贤明啊？"

公孙归生不客气地答道："晋国的大夫比楚国的大夫强多了，他们（指晋国的大夫）都是当卿的人才。"

屈建的脸色正自尴尬，更大的难堪又接踵而至，只听得公孙归生继续说道："而且，很多晋国的大夫原本都是楚国人。"

然后，公孙归生打开话匣子，如数家珍般列举了楚人析公、雍子、屈巫以及苗贲皇背楚投晋继而襄助晋国给楚国造成重大危害的往事①。

我的槽点在于，如同替他人作嫁衣一般，楚国很难跳出以己国之才资他国之

---

① 屈巫和苗贲皇是熟面孔了，析公和雍子的事迹前文未曾述及，这四人均在晋楚争霸的年代里，为晋国立下了汗马功劳。

政的怪圈。除了"楚材晋用"外，"楚材秦用""楚材吴用"和"楚材越用"的现象也很突出。

"楚材秦用"的代表是百里奚仕秦，将秦穆公扶上"春秋五霸"的宝座之余，还为秦国日后一扫六合打下了坚实的基础。

"楚材吴用"的典型案例是伍员和伯嚭背楚投吴。柏举之战，吴军能够千里挺进郢都，占楚人宫室、淫楚人妻女、掘楚人祖坟，赶得楚王急急如丧家之犬，伍员可谓居功至伟，伯嚭也参与其中。

至于"楚材越用"，指的便是文种和范蠡。

范蠡本楚国宛地三户人，少年游学，精通策略，是一位罕见的军政复合型奇才。

然而，才学这个东西，并非总是能够给身负才学的人带来即时的利益。因为，才学本身不能当饭吃，你总得等待贵人给你一个施展才学然后飞黄腾达的机会。

偏偏范蠡比较孤傲，既不喜欢张扬和卖弄，又缺乏心与神交的知音，所以韬略藏于胸臆，一直不为外人所知。

而才学被埋没的灰暗现实，反过来又进一步炎凉了范蠡的内心，使得他愈发鄙薄凡尘俗世，每每自言自行，癫狂过市，时人皆以为他是个疯子。

然而有句话说得好，怀才就像怀孕一样，时间久了，总会被人发现。就在范蠡抑郁苦闷却又无处言说之际，一束智慧的眼光投向了他。

宛地主官文种，听闻范蠡的行迹，觉得"狂夫多贤士，众贱有君子"，便叫手下小吏前去相请。

这小吏虽然卑微，但却很有主见。找到范蠡后，他觉得此人非但有疯病，而且病得很严重，没有招徕的必要，于是两手空空地打道回府了。

文种听了小吏的回报后，笑着说："吾闻士有贤俊之姿，必有佯狂之讥，内怀独见之明，外有不知之毁，此固非二三子之所知也。"

这样的洞察力，就好比是鲍叔牙举管夷吾于士、蹇叔举百里奚于市。文种之才，当不在范蠡之下。

文种寻思，范蠡深藏不露、特立独行，非小吏所能招致，遂决定亲自走一遭，去会会范蠡。

谁知，去到三户之后，文种并未找到范蠡。到底怎么回事？范蠡早不早迟不迟地跑哪儿去了？

大家别着急，请参考一下"三顾茅庐"的剧本，然后尝试着揣摩一下范蠡的心态，是不是觉察到了一丝欲擒故纵或者说待价而沽的意味？

情况大抵就是这样。范蠡得知文种来访，故意躲着不见，他知道，文种肯定还会再来的。正如姜太公钓鱼，这个钩哇，鱼儿咬定了。

果不其然，没过几天，文种又来登门拜访。这一次范蠡不再矜持，他找兄嫂借了几件体面的衣服，然后接待了文种。

此时呈现在文种面前的范蠡，一副进退有节、揖让有礼的高士风范，哪还有半点癫狂的痕迹？

两人一见倾心，"抵掌而谈"，"终日而语，疾陈霸王之道"，"旁人观者耸听之矣"。

谈到尽兴处，两人一致认为，王霸之兆出现在东南方向（即吴国和越国之所在），楚国徒留无益。于是，文种和范蠡，一个弃官，一个抛家，携手投东南而去。

首先到了吴国。有人建议他俩去伍员手下任事，毕竟有一层同胞的特殊关系在嘛，随便提携一下，可以迅速站稳脚跟，省却许多打拼的苦功。

可是，文种和范蠡没把这点儿小利放在眼里。他俩身负辅佐王霸之志，而伍员亦是济世之才且吴王阖闾对其言听计从，留给他俩的发展空间已不大。

因此，两人很明智地继续前行，辗转来到了越国。

越国相对于吴国来说，处地更加偏远，平时受中原文明熏陶和滋润的机会甚少。因此，越国民智不如吴国发达，土生土长的高端人才嘛，肯定也非常稀罕。

那么，大家应该能够想象，当正在为如何开拓杭嘉湖平原而抓耳挠腮的越王允常忽然捡到文种和范蠡这两个宝贝疙瘩时，心中那股言说不尽的喜悦，与大龄未婚穷苦青年董永突遇思凡下界投怀送抱的七仙女是别无二致的。

所以，文种和范蠡得到了允常的顶格任用。

文种"善图始"，被委以"正内"（即掌管内政）；范蠡"能虑终"，被委以"治出外"（即掌管外政）。特别是范蠡，因其具有敏锐的洞察力和卓越的大局观，尤为允常所倚重。

据《越绝书》载："越承二贤，邦以安宁。始有灾变，蠡专其明，可谓贤焉，能屈能伸。"这则记载反映出文种和范蠡在提振越国国力方面所做出的巨大贡献，并格外强调了范蠡机敏务实、收放自如的能力特点。

而后，允常崩殂，范蠡和文种又顺理成章地成为勾践的左臂右膀。

当公元前494年春，越国的余息被夫差堵在会稽山上走投无路时，与勾践一样不甘就死的，还有范蠡和文种。

他俩满怀建立不世功勋的憧憬，千里迢迢地从楚国跑到越国来，倘若还未闹腾出多大动静，就出师未捷身先死了，那怎么能够瞑目？

更何况，当初有个出仕吴国的机会摆在他俩面前，他俩铁了心不要，非得和吴国的死对头越国你侬我侬，回过头来却又死于吴国之手，这要是传扬出去，绝对贻笑千古，多没意思！

勾践找范蠡和文种商议：命悬一线，您二位赶紧拿个主意！

文种说："昔日商汤囚禁在夏台，周文王困于羑里，晋重耳逃到翟，齐小白逃到莒，一个比一个狼狈，然而他们最终都王霸天下。由此观之，您今日的处境何尝不是一种福分呢？"

范蠡道："保持强盛要顺从天道，转危为安要顺从人道，处理政事要顺从地道。"

人家勾践心急火燎，范蠡和文种却好整以暇，仿佛成竹在胸。

勾践问范蠡顺从人道又该如何。

范蠡吐露真言："用极谦卑的辞令、极恭敬的礼节，带上珍宝和女乐，去向吴王求和。如果这样还不行，那您就只有亲自去做他的奴仆以自赎。"

勾践依计，派文种下山求和，临别密密叮嘱，务要低微卑贱。

文种下得山来，老远就跪在地上，膝行叩见夫差，口称："君王亡臣勾践使陪臣种敢告下执事：勾践请为臣，妻为妾。"

膝行已经够下作的了，再加上"请为臣，妻为妾"这样自轻自贱到极点的说辞，令夫差不禁动了一丝恻隐之心，他琢磨着要不放勾践一马得啦？

伍员在一旁厉声谏止："天以越赐吴，勿许也！"

夫差头顶上盘旋的小天使被这一声棒喝驱走，于是板起面孔将文种斥退。

文种无功而返。勾践以为再无回旋的余地，脑子一热，就想杀了妻子、焚烧宝器，然后带着五千残兵跟夫差拼了。

可是文种一把拉住了他，并且告诉他：想死很容易，不争这一时半会儿，您可以再等等，因为局势还没到山穷水尽的地步。吴国不是有个叫伯嚭的人吗，在他身上或许能找到一线生机。

勾践问其详。

文种说："伯嚭本性贪婪，如果用重贿去诱惑他，请他暗中通融，未必就不能扭转乾坤。"

勾践说，那你还不快去？

文种备好礼物，私下找到伯嚭，如此这般这般。伯嚭果然见钱眼开，拍着胸脯一力应承，然后就把文种引荐到了夫差的面前。

文种说了一大堆好话，如果得到您的赦免，您要什么我们都给，您想怎么样我们都照办之类。末了又加句狠的："万一不能侥幸获得您的赦免，勾践会跟您决一死战！"

伯嚭也旁敲侧击："越以服为臣，若将赦之，此国之利也。"

夫差正要恩准。伍员再次挺身而出，掷地有声地发表了一番长篇大论。

这番言论的主旨用六个字概括就是"斩草务须除根"，引用的论据则是"少康中兴"。

"斩草除根"的词义简单明了，大家一看就懂；而"少康中兴"的信息量相对比较大，三言两语没法说得清，但鉴于它是春秋史料中经常被引用的一个典故，所以我认为有必要花点笔墨介绍一下。

话说夏启之子太康当国时，荒淫无道，嗜好游猎，置朝政于罔顾。士民怨声载道，可太康非但充耳不闻，反而行为愈发出格。

有一次，他出门游猎，居然一去就是整整三个月，而且忘乎所以地跑到了黄河以南[①]。

一场历时三个月的游猎，足迹横跨黄河南北，想必是爽彻肺腑的了。

———————————

① 国君离开都城越远就越危险。当时，夏朝的国都在黄河以北的今许昌市禹州市一带。

可是俗话说得好，物极必反，兴尽悲来。当太康恋恋不舍地踏上归途并来到洛河之滨时，忽然发现自己回不去了。

在上一章中，我曾经提到过一个观点。

夏朝的前身——即黄帝建立的黄河中下游部落大联盟，实行的是古西羌族群和古东夷族群轮流执政的禅让制。但是，代表古西羌族群的启悍然破坏游戏规则，将部落联盟改造成世袭制的夏王朝，这必然会引起古东夷族群的极力反抗。只不过，因为治理黄河水患的命门掌握在古西羌族群手中，是故古东夷族群对启的专制独裁行为敢怒不敢言。

这个观点描述的是一种大致趋势，而不是一种绝对化的定式。也就是说，在古东夷族群中，愤懑的情绪和不服的心理依然存在，而且个别部落还有比较清晰的反叛的预期。

而太康疯玩的劲头，就正给了那些图谋反叛的东夷部落以现实的可乘之机。

图谋反叛的东夷部落名叫有穷氏，其先祖可以追溯到尧帝时代射日的后羿。

确切地说，后羿本名"羿"，因功而被后人在本名前冠以一个代表尊贵的"后"字，故而流传下来的名称是"后羿"。

"后"这个字，我们现在一般把它视作"後"的简体字，两者意义相等，常用于对时间、空间和次序等关系的描述。

而事实上，"后"字创建之初，和"後"字没有半毛钱的关系。

"后"字乃夏启时代的产物，由"司"字衍生而来[①]。"司"字的本意是指用口发布命令，即统治和管理，是个动词。

随着启强推世袭制，治权得到空前加强，"司"字本应在夏朝的政治语言中占据重要地位。

可是很不巧，启的老爸禹曾经担任过司空。为了突出自己的权威，且表达对父禹的尊崇（为尊者讳），启便依托"司"字的形意，创制了"后"字。

"后"字的本意，做形容词解时，类似于今文之"伟大"；做名词解时，类似于今文之"伟人"。

---

① 两个字从形体上看互为镜像，把"司"字左右翻转过来就成了"后"字。

如果我们留心观察三代的政治文化，可以发现，周代以"王"为尊号，商代以"帝"为尊号，夏代则以"后"为尊号。

和太康同时代的有穷氏首领，是一位射术极其精妙之人，因而沿用了先祖羿的名号，也叫作羿。又因其后来有惊世之举，所以也被后人唤作后羿。

下文中出现的"后羿"，指的是第二个后羿，而不是射日之后羿，大家不要混淆了。

后羿久怀叛乱之心，见太康外出游猎不归，便果断出击，占据夏都，把太康拦在洛河之外，进而"因夏民以代夏政"（太康有家不能回，多年后郁郁而终）。这个桥段，史称"太康失国"。

喜欢游猎的太康被后羿拆了台，可是后羿也不是什么好鸟，他对游猎的喜欢程度，和太康一个半斤一个八两。

于是乎，执掌夏政八年之后，后羿也迎来了太康曾经面临过的那种天下沸反的局势。

有了太康的前车之鉴，后羿稍微学乖了一点儿，便以有穷氏不向中央政府纳贡为条件，将国政还给太康的弟弟仲康，自己依旧当有穷氏首领去了。

急流勇退，远离政治旋涡，乃明智之举。不过，事实证明，后羿的智慧也仅止于此。

回归本位后，后羿仍旧"不修民事而淫于原兽"，弃贤臣而亲寒浞。与此同时，仲康也撕毁了与后羿的和平协议，要求有穷氏恢复纳贡，于是有穷氏和夏王室之间重燃战火。

寒浞本是寒氏部落的族人，因挑拨离间、花言巧语的恶行被驱逐。后来，后羿收留了他，还委以专任。

然而寒浞天生就是一个当奸人的料，后羿将他视若己出，他却恩将仇报，一方面行媚于内，使后羿日日醉心游猎，荒于政权；另一方面施赂于外，结交党徒，培植自己的势力。

当一切准备就绪，寒浞趁后羿游猎将归之时，发动政变将其"杀而烹之"，又杀了后羿的儿子，占了后羿的老婆，自任为有穷氏首领。

寒浞篡位后，有穷氏和夏王室的战争愈演愈烈。

寒浞与后羿的老婆生了两个儿子，一个叫浇，一个叫殪，俱是手裂熊虎、足踏蛟龙的旷世猛男。寒浞每每让浇和殪冲锋陷阵，渐渐取得了战争的优势。

夏王室这边，屋漏偏逢连夜雨，外面兵凶战危，仲康却踩着点儿撒手西去，只留下一个烂摊子。待其子相继立[1]，局势已经恶化到了不可收拾的地步。

不久，在寒浞父子的围逼下，夏后相被迫逃离国都，去依附同姓诸侯斟寻氏。浇紧追不舍，引兵攻打斟寻氏。斟寻氏力不能支，被灭。

夏后相只得去依附另一个同姓诸侯斟灌氏。浇再追，斟灌氏也被灭。夏后相走投无路，死于乱军之中。

寒浞杀了夏后相，认为大局已定，天下无复顾虑，于是自任夏王，并将浇和殪分封于过地和戈地，父子仨过起了歌舞升平的安逸日子。

然而，寒浞高兴得太早了。夏后相之死并不意味着夏王室正宗的断绝，因为，在寒浞剿灭夏后相的时候，有一个夏后相身边的关键人物，从墙洞里逃了出去。

这个关键人物是位女性，史称后缗，乃夏后相的老婆。

女人无法承继国祚，所以，后缗本身并不关键，她的关键之处在于腹中怀有夏后相的骨血，而且恰好是个男孩儿。

后缗一路狂奔，安全抵达了娘家有仍氏，接着产下遗腹子少康。少康又长大成人，还担任了有仍氏的牧正[2]。洗血国恨家仇的愿望，开始在少康的胸中生根发芽。

可就当少康逐步迈上正轨的时候，已经很多年不见动静的寒浞父子忽然派兵攻了过来，有仍氏岌岌可危。

少康见势不妙，逃到了有虞氏。

而寒浞父子就跟嗑了药似的，好不容易清醒一把，随即又陷入昏沉和麻木，从此再也没有采取任何压制和管控少康的措施。

这边厢，有虞氏的首领非常器重少康，不仅将其招赘为婿，还划拨了一块叫纶的土地供其采邑。

---

[1]　史称"夏后相"。"夏后相"之"后"便是一个尊号。
[2]　相当于畜牧养殖部部长。先秦时期，人们的生活起居高度依赖畜牧，因此，牧正是个要职，大家可不要小看了。

纶地方圆十里，属民五百，保衣食无忧足矣，求报仇复国则非常渺茫。

但少康意志坚定，毫不懈怠，一方面悉心经营纶地，宣扬大禹的功德，蓄积人口和粮食；另一方面联络夏室逃散的旧臣，招抚斟灌氏和斟寻氏残余的族人，争取广泛的支持。

慢慢地，少康发展成了一支独立的政治势力。只是，眼下的少康，和寒浞父子相比，还显得很单薄。

因此，尽管复仇的心情十分迫切，但少康并没有贸然出击。他决定采取蚕食的战术，先轮番砍削寒浞的羽翼，然后再和寒浞算总账。

于是，少康首先派一个叫艾的妾，混到浇的身边（说穿了就是自荐枕席）打探情报。当探知浇将要出门游猎后，少康立即在路途中设下伏兵和驯兽。

浇虽负"陆荡舟"之能（在陆上搁一条船，浇坐在船里，双手荡桨，船能移动，可见浇臂力之惊世骇俗），但终究架不住人与兽的重重围攻，遂殒命当场。

接着，少康又派自己的儿子季抒去引诱豷（《史记·夏本纪》原文："使季杼诱豷"）。

至于怎么个引诱法，书上没说，大家可以自行想象，只要别太绚烂就行。总之，豷也被少康用计给结果了。

击杀浇和豷的过程，文字层面上看起来很轻松，其实操作层面上的难度非常大，而且付出的成本也不小（老婆的贞洁和儿子的安危）。

所以，这两件事更多的还是应该被视作少康在敌强我弱的劣势条件下，处心积虑、艰难前行的写照。

当然，无论经历多少艰难，少康终究斩断了寒浞的羽翼。而垂垂老矣的寒浞，处在孤立无援的境地中，已然失去了有效反击的能力。

故事的结局相当正能量。大反派寒浞被少康生擒，明正典刑后处死。少康恢复夏王室正宗，即位后勤政爱民，天下大治，史称"少康中兴"。

伍员例举"少康中兴"的故事，告诫夫差"今吴不如过（过即浇的封地），而越大于少康"，过和少康之间的实力差距要甚于吴和越之间的实力差距，而过尤被少康翻了盘，那么吴被越翻盘的可能性可想而知。

继而又说："（越国）与我同壤而世为仇雠，于是乎克而弗取，将又存之，违天而长寇仇，后虽悔之，不可食已。姬①之衰也，日可俟也。（吴国）介在蛮夷②，而长寇仇，以是求伯③，必不行矣。"

切切之辞，振聋发聩；殷殷之情，日月昭鉴。如果人能够把肺腑掏出来，只怕伍员也掏了。

然而，夫差就像中了魔一般，水泼不进，坚持要以和平方式解决吴、越争端。

随即，吴、越双方展开谈判。

夫差提出三个条件：第一，越国臣服于吴国；第二，越国的疆域削减为会稽周边百里之地④；第三，勾践入吴为质。

勾践全盘接受。夫差满意而归。

望着潮水般退去的吴军，伍员不禁老泪纵横，喟然长叹道："越十年生聚，而十年教训，二十年之外，吴其为沼乎！"时值公元前494年的三月。

关于夫差带球晃过守门员面对空门却不射的原因，《左传》《史记》《国语》等名家巨作都略去不提。千百年来，人们大多将其归结于夫差的妇人之仁，对于这种观点，我原则上是不反对的。

可是，勾践作为一个夫差曾发誓不共戴天的仇敌，死到临头却又获得夫差的赦免，如此重大的转变，必然经过了夫差不说缜密但绝对审慎的考虑。

因此，假若笼统地以"妇人之仁"四个字来诠释夫差的行为，给人的感觉，难免过于抽象，过于虚浮。

我猜想大家此刻肯定很希望弄清楚，到底是一些什么样具体的、符合情境的原因，促使夫差最终做出了一个表现为"妇人之仁"的决定呢？

据我推测，应该不外乎以下四点。

首先，伯嚭进谗，迷惑了夫差的理智。

其次，杭州湾是一个天然的地缘分界线，当越国被拘限在杭州湾以南的会稽

---

① 指吴国，吴国为姬姓。
② 蛮指楚国，夷指越国。
③ 伯指方伯，即霸主。
④ 号称百里之地，其实不止。东南丘陵浙江段北部的越国疆域，吴国鞭长莫及，因而也无法将其从越国的版图中分割出去。越国真正丧失的是其在杭嘉湖平原南部的疆域。

周边之后，夫差很容易产生已将越国驱逐出境的错觉。

再次，越国持之以恒地向别国灌输越人是大禹后裔的观念，时间一久，观念就变成了真理。而在华夏族确立为中华主体民族的背景下，如果灭绝大禹的后裔，政治上要冒很大的风险。

最后，也是最重要的一点，越国保留的宁绍平原体量较小，和吴国所据有的苏锡常平原以及杭嘉湖平原不可同日而语。夫差认为越国已经丧失了威胁吴国的能力。

如果我们把夫差和勾践的宿命对决看作一篇史诗，那么它现在被画上了一个停止符。

只不过，作为局外人，我们都知道，这个停止符是省略号，而当事人夫差却当作了句号。

夫差没有料到的是，他的余生将无能再次踏足至此，他的国家也将会因为他的"心慈手软"而走上不归路。

黄池遗梦之夫差极武

前文曾经提到，吴国称霸的最佳战略规划应该是分三步走。第一步灭越，统一江东地区；第二步退楚，统治长江下游平原；第三步制齐，统揽东南半壁江山。

规划是一种停留在纸面上的理想状态，一旦落实到行动中，难免会发生各种程度不一的走样，从而导致执行效果和规划预期之间产生偏差。

就吴国的作为而言，受累于阖闾和伍员一个急于建功一个急于复仇的冒进思想，吴国在没有彻底征服越国之前，便过早地打响了吴、楚争霸的决战。

结果我们也看到了，吴国虽然在柏举之战的前期大败楚国，收官阶段却因为越国的牵制而陷入腹背受敌的不利境地，最终不得不草草收兵。

而若非如此，吴国本可以充分消化吸收前期的战果，在江淮平原中部取得更加稳固的统治地位。

从战略规划的角度看，柏举之战无疑是失败的。然而，吴国的失败不止于此。

正如杜牧在千古名篇《阿房宫赋》中所写的那样："秦人不暇自哀，而后人哀之；后人哀之而不鉴之，亦使后人而复哀后人也。"你眼睁睁看着前面的人掉坑里了，自己却不管不顾，跟着往坑里掉，让你后面的人哀你不幸又怒你不争。

吴国就是属于那种典型的吃一堑却不长一智的主儿，夫椒之战明明已经将越国的小命捏在指尖了，偏偏不吸取教训，稀里糊涂又放越国一条生路，将越国留在身后，掉头往中原方向用兵，一度战果辉煌，最后重蹈腹背受敌的覆辙，国亡君死，为天下笑。

当然，吴国的悲情结局既是春秋历史的经典时刻，也是后续几章的中心议题，不可能一语概之，且待我慢慢道来。

事情还要从蔡国说起。

柏举之战，吴国之所以能够将楚国一顿暴打，有着方方面面的原因。其中，蔡国和唐国的接引功不可没。

后来，吴军退却，缓过神来的楚国开始重整山河，首先吞灭了楚国腹地的唐国，继而又对楚国北面的蔡国形成威胁。

就地理位置而言，蔡国处于江淮平原西部的北缘。就柏举之战刚刚结束时的吴、楚地缘格局而言，蔡国恰好位于吴国势力范围和楚国势力范围的交界处。

得益于吴国的抵近护卫，蔡国一时半会儿还不怕楚国拿它怎么样。但是，随着吴、楚间地缘格局恢复到正常状态，吴国的势力范围逐渐向东收缩，蔡国的处境也变得越来越孤立无援。

公元前 495 年（也就是柏举之战的十一年后，时楚国大病初愈，而吴国正在和越国连番恶战），楚国趁机兴兵灭胡[①]。

次年春（时吴国即将迎来夫椒之战，无暇西顾），楚昭王便迫不及待地率楚、陈、随、许四国联军伐蔡，以报柏举之恨。

联军很快包围了蔡国的都城新蔡。新蔡防御力还行，联军急切间未能将其拿下，于是在城外修筑大型堡垒，以做长期围困的准备。

---

① 胡国曾在柏举之战中趁火打劫，掠走了胡、楚边境处的楚民。柏举之战后，胡国仍不尊奉楚国。

蔡国一看楚国摆出死磕到底的架势，摸摸自己纤细的胳膊和疲乏的腰脚，心中慌了神，赶紧摇白旗投降。楚国也见好就收。双方约定，楚国退兵，蔡国迁国于"江、汝之间"①。

和楚国达成这份和平协议，在当时是没有选择余地的全民共识。可等到联军一退，蔡昭侯和相当一部分臣僚的意见又产生了分歧。

蔡昭侯的想法是继续寻求吴国的庇护，楚国见逼，我宁愿把国址东迁到吴国去。而臣僚的想法是事近事大，顺从楚国，迁往"江、汝之间"。

蔡昭侯身为国君，在政务决策上多多少少具有优势，所以东迁的想法占据了上风，随即派使者赴吴国报备。

然而，臣僚的阻力实在是太大了，以至于蔡昭侯和吴国就此事洽商了近三年之久方才勉强成行（蔡昭侯为此还付出了血的代价，这是后话）。

在这近三年的时间里，吴、楚之间并未消停，只不过斗争的着力点转移到了陈国。

陈国位于蔡国东北方向，也是淮河北岸的重要国家。

柏举之战吴军攻入楚国后，曾征召陈国前去助力。陈国当时认为，吴国和楚国的国运尚需时日才能判明，不宜贸然站队，因此拒绝了吴国的要求。这件事在吴国心头埋下了一个梗。

当夫椒之战结束后的公元前494年夏，吴国终于可以腾出手来反击楚国的不断东进了②。于是很自然地，不久前刚刚随楚伐蔡的陈国，就成了吴国兵锋所指。

当年八月，吴军挥师入陈，这引起了楚国的惊惧。

很多大夫尤对柏举之战心有余悸，他们觉得阖闾已经够恐怖的了，听说夫差比阖闾又不知强了多少倍，楚国可如何是好？

唯独新任令尹公子申对此持不同见解，他驳斥道："二三子恤不相睦，无患吴矣。昔阖庐食不二味，居不重席，室不崇坛，器不彤镂，宫室不观，舟车不饰，衣服财用，择不取费。在国，天有灾疠，亲巡孤寡，而共其乏困。在军，熟食者分，

---

① 长江之北，汝水之南。具体位置不可考，总之是距离吴国更远之处。

② 对吴国来说，楚国是东进；对楚国自身来说，其实是恢复传统势力范围。

而后敢食。其所尝者，卒乘与焉。勤恤其民而与之劳逸，是以民不罢劳，死知不旷。吾先大夫子常易之，所以败我也。今闻夫差次有台榭陂池焉，宿有妃嫱嫔御焉。一日之行，所欲必成，玩好必从。珍异是聚，观乐是务，视民如仇，而用之日新。夫先自败也已。安能败我？"

以前阖闾为什么能把楚国打成猪头三？是因为阖闾勤俭持国，不将国力耗费在个人的奢侈腐化上，体恤百姓，爱护士卒，与国民同甘共苦，所以国民倾心拥戴阖闾，平时不辞辛劳，战时亦不畏死。

再看看现在的夫差是什么派头？住则需楼台池沼，宿则无数女不欢，出则务有求必应，玩则非珍异不可，视民如仇敌，使民如差狗①。就凭夫差这副德行，难道吴国还能把楚国给拉长了搓扁了不成？

公子申的话，我们应该一分为二地解读。

第一个方面，公子申揭示了夫差日后败亡的一个重要原因。

执政者骄奢淫逸历来是亡国之兆，鉴于我在后文中将主要围绕吴国的军政大略来叙述吴国之亡，故而此处提请大家注意夫差性格方面的弱点（其余的弱点还包括好大喜功，急于求成；有时又任性自专，目光短浅）。

毕竟吴国作为一个顶级强国骤然而逝，原因肯定是不一而足的，如果我们仅仅将目光停留在军政大略上，那逻辑体系就会显得单薄了些。

第二个方面，公子申的初衷是鼓舞士气、提振信心，因此单单只揪住吴国的不利因素说事，而刻意回避了楚国的不利因素。

实际上，就楚国的整体情况而言，若要和吴国正面交锋，还真有点儿底气不足。所以，哪怕公子申这番话说得意气风发，朝堂辩论过后，楚国依然还是没有出兵援助陈国。

好在吴国也没把陈国整得云鬓散乱人事不省。大概是路途遥远、准备不足的缘故，吴军打着打着便收兵回国了。楚国和陈国自然皆大欢喜。

不过，最终的赢家仍旧是吴国。

---

① 湖南方言里有个名词叫"差狗子"。"差狗子"中的"差"读作"拆"，意为"被喝使的"。"差狗子"是指那些执贱役的下人，被主子呼来唤去，人格形同狗格。"差狗"运用了名词动化的修辞手法，意为喝使狗。

因为，虽然没把陈国打趴下，但吴国扬兵威于陈国，对住在陈国隔壁的、一心想要投靠吴国的蔡昭侯是个巨大的鼓舞。

所以在次年（公元前 493 年）冬，迁延不决的蔡国东迁之事终于成行了。

具体经过是这样的。

蔡国臣僚反对东迁的声势仍旧很足，蔡昭侯就和吴国合谋了一个瞒天过海之计。

吴国派一个叫洩庸的人去蔡国聘问，后边还远远地跟着一大彪吴军。蔡国臣僚以为洩庸真的是来聘问的，没留神还有虎狼之师跟随于后。

在蔡昭侯的接应下，吴军渐次进入国都新蔡。等到吴军毕集，蔡国臣僚这才恍然大悟，然而说什么都已经迟了。

有了吴军站台，蔡昭侯的腰杆瞬间硬朗，二话不说将反对派的头儿——公子驷抓起来咔嚓咔嚓以儆效尤。

臣僚不敢反抗，只好默默念叨着三字经，恨恨地随蔡昭侯踏上了去往州来的东迁之路[①]。

顺便说一下蔡昭侯的结局。

东迁虽然已成事实，但蔡国臣僚兀自愤愤不平（被蔡昭侯耍了嘛，换你你也生气）。公元前 491 年春，蔡昭侯赴吴国聘问，所为何事史籍上没说。

臣僚以为蔡昭侯意欲故技重施，和吴国商议把蔡国继续东迁（州来距吴国核心区域很远，吴国无法时时护卫蔡国万全，蔡昭侯如果有意继续东迁，也在情理之中），寻思你敢情是想梅开二度对吧，看我们怎么弄你，遂派杀手尾随而去，用弓箭将蔡昭侯射死。

陈国保卫战，楚国缩首不出；蔡国争夺战，楚国又毫无建树，可谓是处处落于吴国之下，深深的挫败感折磨着楚昭王。

作为一种发泄也好，作为一种自我救赎也罢，公元前 491 年夏，楚国向北方用兵，控制了蔡国故地，并攻灭了洛邑以南的戎蛮。

---

① 州来本是楚国东部边境地带的重镇，后来被吴军攻占，成为吴国西部边境地带的城邑。因蔡国迁国于此，后世亦称州来为下蔡。

蛮子（即戎蛮首领）拼死逃到晋国的阴地（阴地是晋国位于黄河以南的边境重镇）。楚昭王不肯罢休，召集兵马扣关问之，声称晋国如果不交出蛮子，楚国就去攻占少习山。

少习山的名字还是第一次在本书中出现，或许不少读者会感到很陌生。鉴于少习山在中国军事战略上的地位举足轻重，我认为有必要花点时间稍微科普一下。

大家还记得柏举之战后期秦军东出丹江通道援楚击吴的往事吗？丹江通道呈西北—东南向穿越秦岭，途经十万大山，而少习山就是丹江通道最狭窄处的一座山。

春秋末期，秦国在少习山下修筑关卡，因山之故，名之少习关。少习关与函谷关、萧关、大散关并称为"秦之四塞"。战国时，少习关更名为武关。

自春秋末期开始，少习关（武关）就是兵家必争之地。

顾祖禹在《读史方舆纪要》中称："扼秦楚之交，据山川之险。道南阳而东方动，入蓝田而关右危。武关巨防，一举而轻重分焉。"

顾栋高亦作诗云："武关一掌闭秦中，襄郧江淮路不通。"

战国时，秦出武关而虐楚（楚怀王即被执于武关）；秦末时，刘邦入武关而定关中；新朝时，邓晔得武关而灭王莽；东晋时，桓温破武关而摧前秦；中唐时，郭子仪武关整军而吐蕃夜遁；唐末时，黄巢出武关而转战中原；元末时，红巾军入武关而惊三辅；明末时，李自成出武关而大明几亡；清中时，白莲教入武关而清廷震颤。凡此种种，举不胜举。

就楚、晋、秦三国态势而言，一旦楚国拿下少习山，那就相当于进一步拓宽了丹江通道，可以为楚、秦两国提供更加便捷的交流。

而晋国同时与楚、秦两国都是战略竞争对手，一旦楚、秦两国的合作得到深化，晋国的安全形势将会骤然恶化。

所以，面对楚国赤裸裸的威胁，阴地命官士蔑不敢轻忽，赶紧请示中军佐赵鞅（赵鞅是晋庭具体管事的人）应当如何处置。

当时，晋国方值智、赵、魏、韩四卿大战中行、范两卿即将分出胜负的紧要关头，自己一身的虱婆子都捉不尽，肯定不想再招惹麻烦。于是赵鞅拍板，把蛮子引渡给了楚国。

扫荡完戎蛮后，楚昭王的心情舒畅了些许。

然而快乐的日子总是太短暂，过了还不到两年的时间，公元前489年夏，吴国旧怨重提，再度挥师伐陈，而且这一次的兵锋比上一次更加威猛。

楚昭王忍无可忍，打左脸是欺负，打完左脸再打右脸就成侮辱了，于是果断出兵，驻扎在城父[①]，以便随时策应陈国。

七月，吴军逼迫渐紧，楚军决定出击迎战。

为此，楚昭王占卜。开打？卦象为凶。撤退？卦象亦为凶。这是要玩死人的节奏吗？

楚昭王愤然道：横竖是个死，老子跟丫拼了。当即将令尹公子申召来[②]，令他继承王位（楚昭王立志以死相拼嘛，得先把后事安排好）。

公子申连连推却。

楚昭王的思想进了死胡同，见公子申不受，便把公子结召来。

孰料公子结也不肯。

楚昭王又把公子启召来。

公子启前后辞谢了五次，死活辞不掉，只好勉强应允接位。

说到这里，哀兵的意味已甚是浓重，如果接下来楚军能够大胜吴军，那故事就完美了。只可惜，历史有时候也喜欢不按常理出牌。

临战之前，楚昭王暴得重病。七月十六日，楚军准备攻打大冥，尚未开拔，楚昭王先已身死。

阵仗之际死了御驾亲征的国君，那这场仗是无论如何都不能再接着打了。于是，楚军由公子启主持退兵。

撤出安全距离后，公子启和公子申、公子结商议：虽说楚昭王主动舍弃儿子而让位于弟，但咱们做弟弟的可不能因此心安理得地就坡上驴，还是把王位还给楚昭王的儿子更加顺乎情理。

商议罢，立刻秘密调动军队，封锁各条消息渠道，然后将楚昭夫人[③]的儿子

---

① 城父有南北两处，此为北城父，在今河南省宝丰县东。
② 公子申与下文之公子结、公子启俱为楚昭王的兄弟。
③ 楚昭夫人乃越王勾践之女。

熊章接到军中，立为国君（史称楚惠王），方才退兵回国。

至此，楚国和吴国的争斗告一段落。

作为后人，我们可以清楚地认识到：楚国虽然在气势和运势上差了吴国一截，但在战略态势上并不输于吴国。

可是对于时人来说，最鲜明的感受却是：平素凶悍的楚国，依然不是吴国的对手，吴国的霸气，四溢横流。

而从吴国的视角看，作为一个东面临海的国家，当南面的越国被制服、西面的楚国被镇住后，接下来如果还想继续增加自己威仪的话，那就只有向北面用兵了。

即便抛开这个方向轮转说，吴国也久有北上之意。

古代中国的政治文明源自北方，而黄河与济水又是孕育北方文明的两条母亲河。所以，在河济之间宣示霸权，就会显得神圣而凛然。

因此，春秋时代有一条不成文的规矩，但凡怀揣霸王梦想的君主，都得跑到河济平原去盟会诸侯，否则霸王的资质就会出现重大缺陷。

故而，业已称霸江淮的吴国要想将霸业扩散到中原，就必须北上河济，不去还不行。

既然吴国确定了下一步的走向，那具体又应该以哪个国家为突破口呢？

答案无疑是齐国。在吴国的北向上，离得最近的大国就是齐国，更何况齐国还是赫赫有名的首任中原霸主，一旦被吴国征服，示范效应将极其可观。

另外，从吴王夫差的视角看，他本人野心勃勃，醉于功名。套用一下古龙先生的名言，如果能够喝最烈的酒、泡最靓的妞、杀最刁的人，那这个男人庶几是死无所憾的。同理，如果能够把曾经不可一世的齐国骑在胯下，那夫差庶几也可以告慰平生了。

不过问题来了，中国的地型呈西高东低之势，贯通西东的河流可以找着（例如长江和黄河），贯通南北的河流却是打着灯笼也找不出一条。

吴国对齐国用兵，倘若不借助水道，那吴国独特而强大的水军战力，又何从得到发挥呢？

幸好这个急煞旁人的问题在吴国看来并不算特别棘手。因为世代居于水乡泽国，吴人通过不断地生活实践，已经成为中国首屈一指的水利大师，开挖河渠、沟联水道这种事对于他们而言，早就司空见惯了。

所以，利用版图上现有的水力资源，吴国完全可以拼接出一条沟通南北的水道，进而把吴国的兵力快捷地输送到齐国去。

这条构图中沟通南北的水道，起始于吴国的太湖北岸（约今江苏省无锡市），然后由一条人工河延伸到长江入海口南岸（今江苏省镇江市），渡过长江，再由一条人工河从长江入海口北岸（今江苏省扬州市）延伸到淮河南岸（今江苏省淮安市的淮南部分），渡过淮河就是泗水入淮口（今江苏省淮安市的淮北部分），接着溯泗水北上，到达今山东省济宁市。

今济宁市是春秋时代鲁国的地界，但却不是泗水的源头。从逆流的角度看（也是未来吴军北上的行军视角），泗水还需在济宁市折向东面（鲁国都城曲阜就在这东西流向河段的南岸），然后才能抵达源头——蒙山。

前文介绍齐、鲁两国的地缘结构时，我曾经提到过，春秋中前期，齐国和鲁国的地缘分界线是泰鲁沂莲山脉。而蒙山在泰鲁沂莲山脉的西南侧（即鲁国一侧）。

言下之意，吴军哪怕沿水路前进到了蒙山，也无法对齐国形成足够的威胁。

因为，齐国很早以前就在泰鲁沂莲山脉一线修筑了齐长城，吴军要想攻破齐国依山傍岭修筑而成的泰鲁沂莲防线，难于登天。

好在老天爷不喜欢把事做绝。

春秋时期，齐国在和鲁国的地缘博弈中一直占据优势，长期的蚕食，使得齐国的势力范围已经跨过泰鲁沂莲山脉而到达了泰鲁沂莲山脉与蒙山之间的泰莱盆地[①]。

这就为吴军打击齐国创造了可能性。

分析到这里，吴国理论上已经找到可以直达齐国家门口的攻击路线了，但是另一个问题又接踵而至。

这条路线沿途需要穿越淮北的一系列国家，到时候人家会不会让吴军顺利通

---

① 该盆地的西部为今山东省泰安市，东部为今山东省莱芜市，故得名。

过呢（淮南已被吴国牢牢控制，整条路线的通行安全性只有淮北部分还得不到充分保证）？

回答这个问题之前，先要回顾一下柏举之战的往事。

当时，为了确保吴军在淮河中航行的安全性，吴军攻灭了对吴国抱有敌意的淮河下游以北、泗水下游以西的徐国和钟吾国。

这件事的意义在于：吴国不但消除了泗水流域已知的敌对势力，还使得那些有可能对吴国抱有敌意的以及虽然没有敌意但不愿配合吴国的小国（除却徐国、钟吾国和鲁国，泗水流域几乎都是些弹丸小国）再也没有和吴国做对的勇气。

这也就是说，泗水沿线真正需要吴国公关的国家，其实只有具备一定实力且外交政策相对独立的鲁国。

鲁国对吴国谋划中的这次北伐至关重要。

这不仅仅体现在，如果鲁国将吴军拒之门外，那吴军就无法直接兵临齐国城下；还体现在，如果鲁国协同吴军作战，那吴军无论是兵力补充，还是后勤补给，抑或是熟悉战场环境，等等，都将得到一个飞跃性的提升。

说一千道一万，鲁国到底会不会同意和吴国合作攻打齐国呢？

这又要牵涉到两个方面，第一个方面是鲁国和齐国的交情，第二个方面是鲁国和吴国的交情。

先看第一个方面，鲁国和齐国的交情。

从地缘结构上讲，鲁国和齐国是死敌。

俗话说，一山不容二虎，鲁国不但和齐国同处在山东丘陵这一个地理单元内，而且结结实实地挡住了齐国向中原扩张的道路，所以鲁国和齐国之间的矛盾是根本无法调和的。

自周王庭没落以后，天下诸侯失去了约束，便开始自行调整原有的势力格局，鲁国和齐国也不断交恶（主要是齐国侵犯鲁国），和平共处的时间扳着指头都能数得出。

不过，就近期而言，齐国为了从晋国的屋檐下走出来而自立门户，刻意拉拢东方诸侯，对鲁国释放了很多的善意；与此同时，晋国六卿专横，刻薄诸侯，引起了鲁国的强烈反感。因此，眼下鲁国和齐国的关系还算比较亲近。

再看第二个方面，鲁国和吴国的交情。

说实话，作为两家已经共存了近六百年的诸侯，他们几乎谈不上什么交情。

谈不上交情的意思就是说，我和你不熟，既不喜欢你，也不恨你，既没有利益交集，也没有利益冲突。

整个西周时期外加春秋中前期，鲁国和吴国差不多都是彼此隔绝。这种情况直到公元前570年左右才稍微有所改观。

当时，晋悼公为了围攻楚国而构筑一条从西北至东南的宽泛阵线，鲁国和吴国由于晋国居中联络之故，总算建立起了正式的外交关系。

但是鲁、吴间的外交关系非常松散，就实质意义而言，仅仅也就是完成了从无到有的转变。

因为绝大多数时间里，鲁国都是协同晋国在楚国的北境行动，而吴国则是单独在楚国的东境行动。

后来鲁昭公①在吴国迎娶孟子②为夫人，鲁、吴两国本可以多亲近亲近。

然而，鲁昭公和时任正卿季孙意如的争斗愈演愈烈，至公元前517年爆发斗鸡之变，鲁昭公被季孙意如驱逐出国，辗转流浪达七年之久并最终客死他乡。

为了维护季氏的利益，季孙意如及其后嗣奉行全盘否定鲁昭公的立场，鲁、吴关系受此牵连，亦毫无起色。

甚至于后来昭夫人孟子去世，鲁国在季孙肥③的操控下，采取了"不赴（意为不发讣告）""不称夫人""不反哭（意为安葬以后不按照丧礼回祖庙号哭）""（《春秋》）不言葬小君④"的处理方式，鲁国对吴国之无感可见一斑。

总而言之，鲁国灵魂深处是反齐的，但情绪上目前并不急于反齐。此外，吴国对鲁国的影响力很小，吴国试图改变鲁国的外交政策的努力，前景值得期待，但过程注定会十分艰难。

面对这样复杂的鲁国外交形势，吴国其实没得选，毕竟为了实现称霸中原这

---

① 公元前541年至公元前510年担任国君。
② 某女子，非儒家的"亚圣"，这个标注是不是很多余？
③ 季孙意如之孙，掌国政。
④ 小君是春秋时代对国君夫人的一种敬称。

个宏伟目标，下一番苦功搞定鲁国还是物有所值的。

因此，当把思路捋清后，吴国便迅速地付诸行动，一边着手开挖太湖通往淮河的水道，一边着手对鲁国展开公关。

相较而言，吴国开挖河道工程量大，劳民伤财，但活儿比较单纯，做起来熟门熟路，省心，甩开膀子干就行；而叩开鲁国心扉的活儿则比较伤脑细胞，为此，吴国制定了以打促服的指导方针。

公元前488年夏，吴王夫差赴鲁国鄫地与鲁哀公会晤。会晤的主题是什么，史籍上没说，但我前面已经把话讲得那么明白了，相信大家此刻都能猜到。

第一，吴国意欲加强和鲁国的接触，因为只有多接触，吴国才有机会施展各种手段的打压，并最终将鲁国收服。

第二，夫差可以借由访问鲁国，顺便考察淮北的地势和泗水的水文，为伐齐做技术上的准备。

会晤时，吴方要求鲁方以百牢为享①。鲁方简直不敢相信自己的耳朵。什么？百牢？

鲁方莫名惊诧的原因倒不是说牲口太金贵、鲁国消耗不起；也不是说，你们几个月没吃了，　张口就要这么多，不怕撑死吗？

而是在于，按照正统的周礼，接待像吴国这种级别的诸侯时，应该使用的牢数，与吴方要求的牢数，差距实在是太远了。

按照《周礼·秋官·掌客》的说法，"王合诸侯而享礼，则具十有二牢"。《周礼·秋官·大行人》又说："上公九牢，侯伯七牢，子男五牢，是常数也。"

上面两则记载，规定了人员身份等级和应该享有的牢数之间的对应关系，具体来说：天子享十二牢，公享九牢，侯伯享七牢，子男享五牢。

我们先看看夫差的身份等级，在各种正式的文献中，吴国君主的称谓一律都是吴子，妥妥的子男等级。

"慢着，吴国不是已经称王了吗？老师你前面还白纸黑字的写吴王夫差来着，误人子弟也不要这么明目张胆吧，当我们的学费是拉屎捡来的？"

---

① 一牢即牛、羊、猪各一头。

"歪歪息怒，你凑过来深情地端详一下老师英俊潇洒充满了正义和智慧的脸，有没有感受到一股真诚扑面而来？有没有感受到一阵又一阵思想的涤荡和灵魂的悸动？就算你爱了不该爱的人从此开始怀疑人生也不要怀疑老师的节操嘛！吴国的那个王号呢，是雕个萝卜章子自封的，从来没有上过周王室的铜版册；而鲁国呢，是周代出了名的老学究，浸淫周礼几百年，行必有依言必有据，自然绝无搞错吴国行政级别的可能啦！"

面对吴方的无理要求，鲁方代表子服何答道："先王没有过这样的事情。"（《左传·哀公七年》原文为"先王未之有也"。）

大家注意看，子服何没有说"你们这么做不合乎礼"，而是说"你们这么做不合乎先王的规矩"。礼难道不比先王的规矩更具权威性吗？为什么子服何要倒置轻重舍本逐末呢？

其实，子服何也是不得已而为之。

常言道：秀才遇着兵，有理讲不清。吴国打小就是化外之邦，未系统接受过周礼的熏陶，你要在这国君会晤的当口耐着性子给夫差由浅入深地把周礼科普一遍不现实。此其一。

但是话又说回来，吴国肯定也不是对周礼一无所知，天子十二牢公侯伯子男多少多少牢这些关键知识点，量必是耳闻目睹过的。

只不过，周礼历来就不是吴国的公民行为道德纲领，所以吴国不会把享礼时该用多少牢的标准太当回事，兴之所至随手拈来不存在有什么心理障碍。

当然了，吴国虽然不讲究，但如果只是关起门来自行其是，那我们都能理解，也不会太过介意，毕竟每个国家都有自己独特的人文习俗。

可吴方在明知鲁国很有讲究的情况下，还偏要拉鲁方陪着他们一起玩不讲究，这里头就有玄机了。

玄机在哪里呢？

鲁国是书香门第的世家望族，吴国是断发文身的乡下暴发户，鲁国骨子里无疑是非常鄙薄吴国的。

吴国早年在太湖东岸埋头积攒存在感时，眼光拘束，见识短浅，压根儿体察不到以鲁国为代表的北方诸侯对它的鄙薄。

渐渐地，吴国混出个模样来了，也能够感受到来自北方的鄙薄了，可它还无力扭转，只能装作视而不见，心下暗自愤然。

等到吴国独步东南了，眼观六路耳听八方了，它就会萌生捣毁北方诸侯文化优越感的强烈意识，无论是为了维护自己的尊严，还是为了给争霸营造有利条件，它都有这个需求。

至于怎么个捣毁法，不妨参看一下当年曾同样惨遭北方诸侯深刻鄙薄的楚国崛起时，楚王熊渠的那句经典名言："我蛮夷也，不与中国之号谥。"

熊渠的逻辑就是：别以为你那一套了不起，老子学不会也不想学！老子另起炉灶，你待怎样？不服来打！

北方诸侯拿楚国没辙，首先坚决抵制，然后勉为其难，接着习以为常，最后正眼相看者有之、同台共舞者有之、趋之若鹜者有之、摇尾乞怜者有之，大家在理智上都认可了楚国的江湖大佬地位。

同理，吴方依仗强大的国力，明知鲁国不可为而仍要鲁国为之，目的就是捣毁鲁国的优越感，让鲁国改变观念，抛弃虚荣，收起架子，认清形势，赶紧和吴国打成一片。

而子服何也正是看到了这一点，所以抬出周先王的名头，挣扎一下，企图让自称是周太王之后的吴人看在周先王的面子上，不要逼迫鲁国坏了先王的规矩。此其二也。

面对子服何的辩解，吴方傲慢地说："之前宋国已经享我们百牢了，鲁国不能降低规格。"

宋国什么时候享吴国以百牢啦？正史上找不到任何记载。

杜预在《春秋左氏经传集解》中作注："是时吴国过宋，得百牢"。乍一看说得通，拿地图一比画，却发现根本站不住脚。

道理很简单，你现在从江苏省苏州市（即如今大多数人认为的吴都所在）去往山东省枣庄市东（即鲁国鄙地），有没有必要途经河南东部（即宋国）？什么？有必要？那你肯定是想绕个弯去撩拨一下你的初恋。

所以，"宋国享吴国以百牢"之说，绝大概率是吴方胡诌的。

可是，鲁方难以反驳，因为鲁方也拿不出宋国没有享吴方以百牢的确凿证据。

春秋那会儿，各个主要国家内政外交方面有什么大的动静都习惯于互相通报①，但出于各种各样的原因，也不是事事都通报了，故而我们在《左传》中经常看到"某某国不报，故经（指《春秋》）不书"的字句。

因此，宋国到底有没有享吴国以百牢，只能是一笔说不清道不明的糊涂账。

就在鲁方有口难辩时，吴方又扔过来一颗重磅炸弹："鲁国以前享宴晋国大夫，不也超过了十牢吗？那享宴吴王百牢，又何必大惊小怪呢？"

言下之意，卖了第一次就可以卖第二次，反正鲁国早就坏过规矩了，再坏一次也无所谓。

诶，这享晋国大夫超十牢之事倒是有据可考。

公元前521年夏，晋国上军佐范鞅赴鲁国聘问，鲁国方面由叔孙婼主持接待。

当时，鲁国正卿季孙意如想阴叔孙婼一把，就私下里叮嘱具体操办的人，说按照齐大夫鲍国归还费地时鲁国接待鲍国的礼数来接待范鞅即可。

鲍国归还费地，事见于公元前528年，我在《叔孙豹之死所透射的三桓乱象》一章中曾经述及。鲁国费邑的邑宰南蒯率土携民叛投齐国，后来齐景公又派鲍国把费邑还给了鲁国。

费邑回归仪式上，鲁国接待鲍国使用的是七牢。鲍国乃侯爵国齐国的代表，享用七牢是中规中矩的。

晋国也是侯爵国，作为晋国的代表，范鞅享用七牢本在情理之中。但季孙意如素知范鞅跋扈，喜欢耍上国权臣的威风，必定会要求鲁国超规格接待。

所以，季孙意如叮嘱下人用七牢接待范鞅，看起来是照章办事，实际上却是故意驳范鞅的面子，然后诱使范鞅恶诸叔孙婼。

季孙意如陷害叔孙婼不是本章要说的重点，重点是当鲁国方面端出七牢后，范鞅果然大发雷霆。

他说："齐国是个小国（相对于晋国的地位而言），鲍国是个小臣（相对于范鞅的权势而言），你们竟然用接待他的标准来接待我，也太没把敝国放在眼里了。

---

① 其中鲁国收到通报后会做比较系统完善的记录。这些记录归集成档案后就成了原始史料，孔子撰写《春秋》就是以鲁国的原始史料为主要依据。

我回去之后一定要向寡君报告。"

鲁国方面屁股一紧，晋国不是他们得罪得起的主，只好取"低于天子、高于公爵国"之义，临时加四牢，用十一牢来接待范鞅。

吴方向鲁方提及这件往事，摆明了就是要霸王硬上弓。

鲁方当然无力反抗，只好絮絮叨叨强调了一番"我方合礼，你方违礼，我本不甘堕落，都是你逼的"，最后端出百牢了事。

逼迫鲁方违礼接待，是从精神方面打压鲁国，但吴国也没忘玩点实质性的动作。

在鄫地会晤期间，吴方提出，鲁国东南边的邾国，从今往后要充当吴国的保护国。

邾国作为泗水流域的一个小国，因为和鲁国比邻而居，所以历史上邾、鲁两国互动频繁，邾国时而依附鲁国、时而又受到鲁国欺凌。

近几年来，两国关系非常紧张，鲁国不断攻伐邾国，侵吞邾国的城邑，邾国亟待引入强援以抗击鲁国。吴国充当邾国宗主国的主张，客观上迎合了邾国抗鲁的需求。

但是，光有付出没有收益的事情，世界上没人会干。吴国张开羽翼为邾国撑起一片天空的举动，主观上肯定不是想留下千古侠名，它的目的有二。

第一，吴国可以将自己的势力范围延伸至鲁国腋下，从而对鲁国施加更大的地缘压力，促使鲁国尽快归附吴国。

第二，为伐齐厚势。出门办事的时候，帮衬的人总是越多越好。吴国远道伐齐，如果在获得鲁国接应的基础上又把邾国拉入伙，那成功的概率肯定会有显著上升（注意，邾国也是齐国的邻国）。

鲁方在吴方面前没有讨价还价的能力，仍是满口应承。然而等到鄫地会晤结束之后，鲁国回想起吴方的种种盛气凌人，心中甚是不爽，又生出了抗拒之意。

这不，吴方刚刚班师回朝，鲁国就开始筹划攻打邾国。

公元前488年秋，鲁国伐邾。

邾国时任国君邾隐公是个昏君，耽于声色，鲁军都已经直逼邾都城下了，他还鼓乐不息，仿佛倘若现在不抓紧时间乐呵乐呵，等下死了也不值。

大夫们劝郯隐公赶紧视事，郯隐公置若罔闻。

大夫茅夷鸿（又称茅成子）心急如焚，提议请吴国出兵解救，郯隐公却说远水解不了近渴。

茅夷鸿刚要吐血三升，郯隐公头也不抬地又补了句：难道凭我们一己之力就治不了鲁军？

茅夷鸿好恨！如果治得了，鲁军还会长驱直入？苍天哪大地呀，自己咋就摊上了这么个猪头木寸无知无畏的主？

一气之下，茅夷鸿率封邑茅地叛变①。

未几，鲁军破城而入，在郯都昼夜劫掠，随后还将郯隐公押解到了鲁国。

郯国的余众并未放弃抵抗，茅夷鸿也奔赴吴国，控诉鲁国背弃鄫地的盟约②，藐视吴王的命令，攻伐吴国的属众郯国，"郯非敢自爱也，惧君（指夫差）威之不立……若夏盟于鄫衍（鄫衍即鄫地），秋而背之，成求而不违（意倘若鲁国达成目的而未受到吴国的惩处），四方诸侯，其何以事君？"

夫差装作怒不可遏，其实心里乐开了花，正想着怎么再敲打鲁国一下，这厮倒自己送上门来了，当即应允出兵相救。

公元前487年的三月，吴国出兵伐鲁，夫差亲征，且指令以前曾担任过鲁国费邑邑宰的公山不狃引路③。

公山不狃心怀故国，不愿以"所恶废乡"（指虽然厌恶鲁国的季氏，但不能因此而祸害鲁国），但又不敢公然违抗夫差军令，于是故意带着吴军走险路进发。

险路上有个叫武城的鲁国重镇，殊难攻克，公山不狃盘算着不说让吴军知难而退起码也让吴军损兵折将后继乏力吧。

不过吴军的运气实在是太好。当地恰巧有一个熟悉地理的鄫国人，以前曾因弄脏了武城人的饮用水源而被武城人拘捕，正自怀恨在心，遂引导吴军将武

---

① 《左传·哀公七年》原文为"成子以茅叛"，结合后文的意思，茅夷鸿叛的是郯隐公而不是郯国。

② 吴鲁鄫地会盟时，鲁国既然承认郯国是吴国的保护国，则必然有鲁不侵郯的承诺。

③ 参见《陪臣执国命》一章中鲁国季氏自瘅费邑的往事。公元前498年，费邑邑宰公山不狃抵制季氏瘅邑，事败后和同党叔孙辄逃往齐国，后来又辗转逃到了吴国。

城拔下。

武城失陷，曲阜震动。

吴军继续发力，一路势如破竹，又接连攻克东阳、五梧、蚕室、夷、庚宗，最后将兵驻扎在泗上（前面这些地名懒得一一标注了，反正就是离曲阜越来越近。泗上即今山东省泗水县，距离曲阜只有区区二十五公里），蒸腾的杀气如疾风般直扑曲阜。

鲁国急得跳脚，眼瞅着正面战场阻挡不了吴军前进的步伐，寻思是不是组建一支敢死队，晚上偷袭夫差的营帐去，你不让我好死，我也不让你好活。

这个消息被吴军探察到了。夫差很紧张，以至于夜不安枕，一晚上接连换了三个睡处。

其实，夫差担心的还不只是自己的个人安危，他很担心鲁国真的和吴国以命相搏。

"老师，以鲁、吴两国的战斗力而言，难道吴国还怕了鲁国不成？别睁着眼睛说瞎话好不好，你曾经握着师娘的手发誓你是一个很真诚的人。"

"叽叽，你每次打麻将的时候都会把事情想得太简单。你仔细琢磨琢磨，吴国攻伐鲁国的意图是什么，难道是想把鲁国一竿子给捅死？"

我们要始终牢记，无论从地缘还是从实力的角度看，鲁国都威胁不到吴国。

所以，在吴国的战略构图中，鲁国的定位不是竞争对手。吴国攻伐鲁国，是为了逼迫鲁国服从自己，然后再利用鲁国这个前进基地去攻伐齐国。

如果把鲁国逼上绝境，那鲁国反而会倒向齐国，化身为齐国的屏障，吴国事与愿违。

就算不倒向齐国，如果鲁国据曲阜坚城而顽抗吴军，那吴国的精力也会被鲁国牢牢牵扯住，伐齐的后续动作将难以展开。

因此，吴国在伐鲁时必须讲究一个度。简而言之，吴国需要的是鲁国怕它而不是恨它。

基于这个考量，吴军没有穷追猛打，而是摆出个铁桶阵来，把曲阜里三层外三层围个水泄不通，然后微笑着向城内传递了和谈的意愿。

当然了，"和谈"只是吴方的表述方式，在鲁方看来，那就是不折不扣的"城下之盟"（因为盟约中有要求鲁国服从吴国的内容）。

为了要不要和吴国签订城下之盟，鲁国内部吵开了花。正方的观点是好汉不吃眼前亏，不能要了颜面丢了性命。以子服何为代表的反方的观点是要死就死，华夏誓不与蛮夷为伍。

吵到最后，正反双方相互妥协，并达成了一个立场偏向于正方的共识，即盟约还是签订，但尽量维护鲁国的尊严。

于是，子服何出城与吴方谈判。鲁方的条件是：子服何入吴为质，吴王子姑曹入鲁为质。

鲁国试图用双方交质的平等形式来掩盖城下之盟的不平等实质，效果等同于捂住下身仅剩的一块遮羞布不放手，说到底还是虚荣心作祟。

吴方坏笑，扑都扑倒了，现在只差临门一脚，还羞涩个啥嘛，而且就算你现在爬起来，难道世界上还有谁会相信你仍然是清白之身？回话鲁方：书面画押可以，相互交质不行！

鲁国在吴国一轮又一轮的恐吓和作弄下，三观近乎崩毁，终于抛却不切实际的想法，扭扭捏捏地与吴国签订了盟约。

鲁国归附标志着吴国伐齐的外交障碍基本消除，吴国接下来要做的，看起来只剩下等——等太湖至淮河之间的水道拉通，吴国就能大张旗鼓地扬帆北进了。

可是，有一个问题不知道大家意识到了没有。

我之前说过，齐国为了筹建东方集团对抗晋国，曾刻意拉拢鲁国，齐、鲁关系时值静好。

那么，当吴国变着花样打压鲁国时，就算鲁国因为认准了齐、鲁两国的结构性矛盾终究无法化解而不愿向齐国求援，但心怀大志的齐国为什么不主动援助鲁国从而维持来之不易的齐、鲁良好关系呢？

说起来又是两个故事。

第一个故事是公元前490年夏齐国发生了大动乱。

齐景公临死之前违制立庶子公子荼为储，其余诸子惧而逃亡，守国之国氏与高氏因受齐景公之命扶立公子荼而遭到陈（田）氏、鲍氏以及大夫们的忌恨（陈氏本就有揽权的想法，算计国氏与高氏之心久矣，现在只不过是多了一个冠冕堂皇的借口而已）。

公元前489年的六月，陈（田）氏宗主陈乞会同鲍氏宗主鲍牧，大举刀兵，将国氏宗主国夏和高氏宗主高张及其党徒驱逐出国，进一步巩固了陈（田）氏的权势。

齐国内政纷扰若此，自然也就无暇顾及鲁国之事了。

第二个故事是第一个故事的支线情节。

当时，齐景公的儿子公子阳生为了躲避内乱而逃奔鲁国。

鲁国正卿季孙肥估计公子阳生有回国继位的可能，便做了一笔投机生意，把妹妹季姬嫁给阳生为妻。

公元前489年的八月，公子阳生果然被在内乱中胜出的陈乞秘密迎回齐国，并于十二月继立为君，史称齐悼公。

本来呢，这是一个皆大欢喜的结局。阳生当了齐国国君，季孙肥当了齐国国舅，齐、鲁两国在应对国际事务时有了更多交换的空间和合作的理由。

然而悲催的是，有两个人恰值此时给如火如荼的齐、鲁关系当头泼了一盆冷水。

泼冷水的人一个是季孙肥的叔叔季鲂侯，另一个是阳生的夫人季姬。这都是咋回事呢？

原来，就在阳生于公元前489年的八月被先期迎回齐国后，季鲂侯居然和侄女季姬私通了。

待齐悼公阳生掉转头再来迎季姬赴齐时，季孙肥害怕奸情败露，只好死死地扣住季姬不放，而且还给不出一个正当合理的说辞。

齐悼公心里那个气呀！自古有言嫁鸡随鸡嫁狗随狗，你扣住我老婆不放是几个意思？是看我不起还是想留着你妹自己关起门来过家家？

面对齐悼公的严词责问，季孙肥一肚子的苦水吐不出，只能支吾。

齐悼公怀恨在心，所以非但没有解鲁国见逼于吴国的困厄，而且于公元前487年的五月（上一秒钟吴军刚从曲阜走人）出兵伐鲁，攻占了鲁国的灌、阐两地。

吴国听到齐国伐鲁的消息，不禁笑成内伤。

吴国这些年煞费苦心在鲁国搞风搞雨，朝思暮想就是要把鲁国从齐国的抗晋同盟中扒拉到吴国的伐齐同盟中来。

齐国值此鲁国刚刚归附吴国但其心未固的微妙时刻伐鲁，岂不是相当于把鲁国顶在吴国怀里不能动弹的同时又把自己向吴、鲁同盟的对立面推了一把吗？

可乐，真是太可乐了，不过还有更可乐的。

齐国五月打了鲁国一波后，感觉意犹未尽，六月决定再打一波。

在战役筹备阶段，齐国令人费解地向吴国派了一名使者，使者的使命是邀请吴国共同出兵伐鲁。

在吴国觊觎齐国的背景下，齐国反而谋求和吴国进行合作，齐国究竟想闹哪样呢？难道是没有洞察吴国的祸心？抑或是试探吴国到底怀有几分敌意？

如果大家过于纠结这个问题，海棠窃以为是在自寻烦恼。

因为，一则诸史上都未曾明示，二则我们既不是蛔虫也不是福尔摩斯更不是神仙不可能啥悬疑都解得开，三则——也是最关键的一点——齐国此举对吴国伐齐的大势几无阻滞。

齐国邀请吴国伐鲁，主观上没有对吴国让利，客观上也不构成对吴国的牵制，吴国不需要也没必要为之迁延自己伐齐的计划。

然而，我并不是说齐国此举对吴国伐齐没有影响。事实上，影响还不小。

鲁国刚遭吴国打完又遭齐国打，眼看还有遭吴、齐双打的可能，惶恐兼具苦闷。为了软化吴、齐两国的态度，鲁国被迫采取了两项外交举措。

第一项举措是立即将关押在鲁国的邾隐公释放回国，以取悦吴国（邾国现在是吴国的小弟嘛，前番吴国还曾为了保护邾国而伐鲁来着）。

吴国很高兴。可邾隐公太不争气，回国后依然昏聩。

于是吴国紧接着又出兵将邾隐公废了，并"囚诸楼台，栫之以荆"（这八个字的意思是说：吴国将邾隐公囚禁了起来。至于是囚禁在邾国还是囚禁在吴国，无法得知），另立邾世子革为君，史称邾桓公。

这样一来，邾国当局对吴国的依附程度更高了，以后吴国征调邾国伐齐时，邾国必将更加用命。

第二项举措是立即送还季姬，与齐国媾和。

齐悼公对自己戴绿帽子的事懵然不知，和季姬小别胜新婚，爱得那叫一个死去活来，因此不但罢却了伐鲁的想法，而且在随后的公元前 487 年冬归还了谨、阐两地，齐、鲁关系暂时恢复正常。

不过这样一来，齐国又给了吴国一个可遇而不可求的伐齐的口实[1]，因为齐国对吴国失信了[2]。

整个公元前 487 年，形势都在朝着有利于吴国的方向飞速发展，鲁国和邾国加入吴国阵营了，齐国又鬼使神差地授吴国以柄。

以至于，吴国设想中水道先拉通、外交环境后营造好的伐齐愿景，变成了外交环境先营造好、水道后拉通的现实局面。

这里插句嘴说明一下。

直到公元前 486 年秋，吴国才刚刚拉通太湖至长江的水道，并在长江口北岸——即今天江苏省扬州市所在的位置——营建了一个叫邗的城邑，仍余有长江至淮河的水道尚未拉通。

后来，长江至淮河的水道拉通了，因为始发于邗，这段水道被称为邗沟。待隋炀帝开挖京杭大运河时，邗沟便是重要的基础水道。

历史是一个富于幽默感的东西。要说吧，这伐齐的前期准备工作顺遂对吴国而言本是件好事。可凡事过犹不及，太顺遂了，不经意间又坑了吴国一把。

吴王夫差扬名天下的欲望是如此炽盛，他迫不及待地要到河济之间去展示吴国的雄壮国力，去散发他的迷人气息。

因此，当见到伐齐的前期进展远没有推演中的那般困难重重时，夫差情不自禁地产生了磨牛刀杀菜鸡的感觉。我道你相貌堂堂威风紧，呀，原来是个苗而不秀的银样镴枪头。

既然齐国这么好对付，那我何必非得等到江淮水道全线拉通了再伐齐呢？子在川上曰，逝者如斯夫。老子生来脾气焦躁，最受不得这等蹉跎，来人哪，快快集齐装备，带好魔瓶血瓶，跟随本王去齐国刷怪！

---

[1] 与吴、鲁关系类似，吴国和齐国的历史交集也不多，找不出什么新仇旧恨，吴国要想伐齐师出有名，这个借口还真难找。

[2] 齐国公元前 487 年的六月邀请吴国伐鲁，未经与吴国协商又突然单方面取消伐鲁，而且直到公元前 486 年春才将取消伐鲁的决定通报吴国。

夫差的想法，体现了一种激情澎湃的革命精神，值得充分肯定。

但是，革命精神不能当饭吃，路要一步一步走，事要一茬一茬办。如果太湖至淮河的水道不拉通，吴国又如何将它庞大的水军输送到齐国的大门口去？

夫差反问：你们都只想到没有条件创造条件也要上，那如果本来就有条件呢？

本来就有条件？本来就有条件你费力吧唧拉通太湖至淮河的水道干吗？闲着没事做不会去帮海棠老师的书做做宣传？

夫差轻慢地哼了一声：懒得跟你们这些思维僵化鼠目寸光的家伙浪费口舌，自己打开地图瞧瞧，这不有一条现成的水道明晃晃地摆在那儿吗？

夫差没有信口开河，这条连接吴国和齐国的神奇水道果真有，它，就是海路。

吴国和齐国都位于东海之滨，从吴国下海，认准北方使劲走，齐国绝对会在某一处海岸和你不见不散。

吴军虽然从未自海路到达过齐国，但对这条海路并不是完全陌生。至少，在柏举之战中，吴军曾从吴江下海，然后沿海岸线北上到达过淮河入海口。

也就是说，对吴、齐间海路的南段——接近整条海路三分之二的路程，吴国有某种程度的了解。

而且，柏举之战中吴军对海路的成功运用，也为吴军再次运用海路提供了信心。

因此，吴国于公元前486年冬通知鲁、邾、郯（郯国离齐国南部不远）三国，约以出兵伐齐。

作为此次伐齐的主力，吴国兵分两路。

一路为水军，担任主攻，由大夫徐承率领，自海路攻打齐国东部边境；另一路为陆军，担任辅攻，由夫差率领，会同鲁、邾、郯三军攻打齐国西南边境。

夫差这一路波澜不惊，攻占了齐国西南边境的郹地后便按兵不动，以威慑和牵制为主。看点集中在徐承那一路。

吴国此次伐齐之前，齐国虽然从未遭遇过敌人自海上来犯，但齐国的海防建设并非一片空白。

2015年，一部叫作"琅琊榜"的国产优秀电视连续剧，引爆了琅琊这个古朴而仙逸的地名。据说，很多粉丝做梦都渴望着身披一袭梅长苏版披风去琅琊朝圣。

不过，假如他们真的预订机票、车票或船票，会发现现行的行政区划里根本没有琅琊这个地方。

因为，琅琊是一个古地名，南北朝之后便不再沿用（《琅琊榜》剧情的背景年代是南梁）。今天，琅琊的旧址在山东省临沂市。

春秋时代的琅琊位于齐国的东南角，即泰鲁沂莲山脉中的五莲山与东海相接之处。

有山，又有海，会让人情不自禁地联想到山海关。事实上，齐人也认识到了琅琊关山锁海的特质，故而把琅琊打造成了齐国南部的海防基地，并配置了精良的海军。

此次伐齐担任主攻的吴国水军，必然要从琅琊经过，也必然会遭到齐国琅琊海军的拦截。于是，琅琊海战就成了吴、齐整体战局的胜负手。

那么，这场中国历史上有据可考的首次海战，谁将一举夺得魁首呢？

史籍中的相关描述简单得令人发指，说实话，太乏味，也太不营养。所以，我们不妨发扬自力更生的精神，在公布战果之前，先对战争的过程作一番评估。

其实，比"中国史上首次海战"这个噱头更应该抓住我们眼球的，是海战双方的军种。敏锐的朋友想必早就看出来了，吴国出击的是水军，而齐国迎战的是海军。

水军和海军的区别是什么？这个话题即便对于现、当代海军的发展史都有重大的研究价值，非长篇大论无法讲清楚。

简而言之，内水和海水都是水，水的浮力和流动性对于战船以及战斗人员的影响，本质上是同理的。

然而，内水的水文和海水的水文相差悬殊。同样的气候条件下，海水的水况更加复杂和变化无常，在海水中航行需要更加先进的技术、更加精良的装备、更加丰富的经验、更加充足的补给，还有，更加好的运气。

古典时代，打海战可是一件把脑袋别在腰间的危险事。

一个著名的案例就是：当年在亚欧大陆上纵横驰骋神挡杀神佛挡杀佛的蒙古人，想要将倭国纳入自己的版图，两次组建海军跨海东征，却两次遭遇风暴，折戟沉沙，片甲不还。

蒙古人为什么会屡屡受挫？是风暴太强烈？是测绘能力落后没有及时避开风暴？是战船太单薄无法抵御风暴？是水手太稚嫩不会抗衡风暴？还是真的有传说中的天照大神撩起衣服后摆放了一股神风？

没人说得清。答案也许是其中一项，也许是 N 项。

好，我们回过头来审视一下吴国和齐国的属性，能不能找出一些有参考价值的线索？

很显然，相较于吴国而言，齐国的海洋气质更加浓郁，从事海洋活动的规模更大、范围也更广。

换句话说，在内水环境中作战无敌于天下的吴国水军，挑一个刮北风的季节，不远千里跑到海上去跟拥有基地的齐国海军一争高下，实在是很天真、很想当然、很欠扁。

双方交战的结果没有出人意料，吴国水军败北。

而从陆路进军的夫差得知这个消息后，也只好悻悻地打道回府了。

兴师动众却无功而返，当然让人很不爽。可不爽又怎么办？难不成海上精品路线琅琊故地重游？

夫差虽然雄心勃勃，但还不至于如此缺心眼。胸中的这口气是一定要出的，人总不能把自个活活憋死，水路不通咱走海路，海路不通咱不会回过头来又走水路？

长江至淮河的水道，估计再等一年左右，工程便能告竣。届时，吴国就可以按照自己喜欢而且擅长的方式，让齐国见识一下吴国真正的实力。

公元前485年秋，也就是琅琊海战约半年之后，夫差派人通知鲁国及早备战。

鲁国一开始有些倦怠，毕竟打仗是一件劳民伤财的事，而且三桓之间对于抗齐的意见并不完全统一（三桓之间有利益冲突）。

可是，神助攻又踩着点赶来了。因为怨恨鲁国助吴攻占郓地，齐国于公元前484年春出兵伐鲁，一直打到曲阜近郊才被击退，战事堪称惊险。

鲁国吓出一身冷汗，在生存的压力下，追随吴国伐齐的思维又占据了主导。

公元前484年的四月，吴国引颈以待的太湖至淮河水道终于全线拉通了。

夫差当即率大军乘船北上，与鲁军会合后，在泗水北岸登陆，并于五月初攻克了齐国位于泰莱盆地西部的博邑（今山东省泰安市境内）。

前面说过，泰莱盆地是齐国在齐、鲁地缘平衡线——泰鲁沂莲山脉——西南侧的突出部。

而泰莱盆地最大的开口在西面。也就是说，吴、鲁联军经由博邑进入泰莱盆地的难度是最低的。

泰莱盆地内部地势平坦，无险可据，故而吴、鲁联军如秋风扫落叶般自西向东席卷而过。到五月二十五日，联军攻占了齐国位于泰莱盆地东部的嬴邑（今山东省莱芜市境内）。

至此，齐国在泰鲁沂莲山脉西南侧的突出部几乎丢失殆尽，唯余泰莱盆地东北部、位于鲁山山脚下一片叫艾的丘陵地带还握在手中。

艾陵作为一个地名，大家还是初次相见，但它所指称的这块土地，大家并不陌生。

整整两百年前，也就是公元前684年，齐桓公和鲁庄公曾在这里打过一场著名的战争。当时，这块土地的名字叫作长勺。

两百年前，齐、鲁两国以泰鲁沂莲山脉为分界，所以长勺位于鲁国的国防第一线。两百年后，齐国的疆界已翻山越岭向鲁国延伸，所以艾陵成为齐国在泰鲁沂莲山脉西南侧的最后据地。

对于齐国而言，唯有占据艾陵，才能保持对鲁国的显著地缘优势。因此，固守艾陵、御敌于国门（指泰鲁沂莲山脉）之外就成了齐国上下对当前战局的一致看法。

于是乎，过往部署在泰莱盆地但被吴、鲁联军击溃的齐军，以及从齐国本部方向驰援而来的由守国二卿国书（国夏之子）和高无丕（高张之子）率领的齐军，纷纷向艾陵集结。他们的兵力异常庞大，估计达到了十万人的规模。

而且，齐军指战员众志成城，纷纷抱定了马革裹尸、以身报国的念头。

可以想见，艾陵之战事关吴、齐竞争大格局，齐国是横下一条心，一定要遏制住吴国咄咄进逼势头的。

然而，齐国如此看重艾陵之战并为之投入巨大资源和许下满腔愿景的行为，最终被证明是一场堪比 20 世纪曾屡屡上演的"横下一条心，一定要出线"的悲剧。

五月二十七日，双方在艾陵对阵。

经过一番激烈的战斗，吴、鲁联军大败齐军，阵斩齐军最高统帅国书以及四名主要将领，俘获的齐军战车竟达八百辆之多。齐军死伤之众不可数计。

就战役规模而言，艾陵之战绝对可以与城濮之战、邲之战及鄢陵之战并列为春秋四大战。

但我们阅读《左传·哀公十一年》的时候会发现一个奇怪现象。相比于城濮之战、邲之战及鄢陵之战的着笔繁絮，艾陵之战简直就是一笔带过，作者的厚薄炎凉跃然乎纸上。

所以，这其中的款曲在哪里呢？

说实话，我也不知道。但一个关键的因素肯定存在，那就是鲁人对吴人发自肺腑的鄙薄。

我虽然怕你，不得不服你，但我就是瞧不起你，别看你现在腿长胳膊粗，身上那股浓烈的鱼腥味却永远洗除不尽。

鲁国素为礼仪之邦，在打着蛮夷标签的吴国面前有挥之不去的自恋情结。

比肌肉，吴国是强项，行，吴国说了算；比文化，鲁国是强项，而且又是自娱自乐的事情[①]，那当然由鲁国说了算。

所以，即便作为此次伐齐的战胜方，因为有受吴国胁迫的深层次背景在内，鲁国依然不愿表露出兴高采烈的感觉（倘若表露出兴高采烈的感觉，岂不是以与蛮夷共伍为荣）。反映在记史上，那便是文字格外的冷峻，寥寥数语，聊以补阙。

幽默的是，左丘明老先生三言两语记述完艾陵之战的概况后，看似漫不经心却又别有深意地详细追述了一件小事。

临战前，夫差看到参战的叔孙州仇，大概是想笼络人心，便出言相询："你在鲁国担任什么职务哇？"

---

① 指作为鲁国人的左丘明可以在不受他国干扰、无须考虑他国感受的情况下记史。

叔孙州仇位列鲁国三桓，是有名望的人，答道："从①司马。"

夫差一听是个军事主官，当即送了一副铠甲和一把剑给叔孙州仇，并郑重其事地叮嘱道："认真地承担国君交给你的任务，不要废弃命令。"

叔孙州仇见状不由得呆立当场。

乍一看，夫差的举动中规中矩。虽然他和叔孙州仇是异国君臣，但高下有别，他以尊者的姿态勉励叔孙州仇忠于君事是符合礼节的。

但是，在符合礼节的形式下，夫差做了一件严重不符合礼节的事情。

大家猜到是哪件了吗？没错，他不该送剑给叔孙州仇。

在周代的文化氛围中，尊者送剑给卑者的行为，被赋予了一个特殊的含意，那便是叫卑者去死。

记性好的人应该还有印象，当年鬭勃就是在被楚成王赐了一把剑后自杀的。

当叔孙州仇面对夫差递过来的盔甲和剑时，你觉得他该当如何应对才好呢？

爽快地接下了然后去死？靠死的理由不充分啊！

硬生生地拒绝了事？甭说现在吴强鲁弱不宜抗拒夫差之意，就算是在普通的场合下，也还有一个知识分子崇敬尊者的风度和气质不容丢失呢！

所以，你能想象叔孙州仇的心里是何等的卧槽？

可是叔孙州仇的运气不算太坏，紧挨在他身边的是一个叫子贡的人。

子贡复姓端木，名赐，氏不可考，字子贡。后文中我们姑且称其字。

子贡是孔子的得意门生，有"孔门十哲"之号、"受业身通"之名，孔子亲口赞其为"瑚琏之器"，先秦及两汉的诸多典籍中，都有关于子贡言行的大量记载。

子贡乃中国历史上公认的贤人，德能兼备，但我此刻只想强调的是他心思机敏、辩才无碍。

就在叔孙州仇不知所措的当口，子贡挺身而出，以叔孙州仇私人代表的身份朗声说道："州仇奉甲从君。"

言下之意，你吴王之赐，叔孙州仇不敢不受，但叔孙州仇有自己健全的人格以及完全的辨识能力和行为能力，不能眼睁睁看着你瞎胡闹而不加评判地盲从。

---

① 从是谦词。

叔孙州仇脑海中瞬间涌出五百二十万一千三百一十四个赞，他赶紧朝夫差跪下，叩头称谢，受甲而去。

大家设身处地地想想，假如你是鲁国人，你会不会脸上带着谦恭的笑容，面皮底下却对吴国嗤之以鼻？

会对吧？那《左传》对艾陵之战轻描淡写就合乎情理了。

当然，鲁国这种外恭内倨的态度对于现在的吴国来说，已经无关痛痒。

一者，鲁国思想上服不服吴国不重要，关键是行动上已服，外交战略唯吴国马首是瞻，这就够了。甚至于说，吴国非常享受鲁国不想服但又不得不服的状态，因为这能激发吴国征服的快感。

二者，鲁国在吴国称霸策略中的定位，本来就带有浓厚的过渡意味。襄助吴国取得艾陵之战的辉煌胜利后，鲁国最大的使命已经完成了。

是的，齐国经由艾陵之战，虽说基本尚在，但筋骨已伤，胆气已怯，元神已损，其状甚惨，在吴国面前不说战战兢兢，起码也是噤若寒蝉。

天下诸侯亦悚然震惊，因为有周一代，还从未见过哪家诸侯能够在这么短的时间内，接连吊打楚国和齐国两大顶级强国。

吴国简直就是一头从扬子江畔横空出世的蛮荒巨鳄，钢牙咬河济，铁尾扫江淮，牛！

夫差审时度势，放眼天下，和吴国实力相当的对手，好像剩且仅剩晋国了（秦国实力也够，但影响力未达中原）。也就是说，只要再搞定晋国，那霸主之名就非吴国莫属。

搞定晋国，想法很美，问题是怎么实施。

出兵攻打肯定不现实，以当时的地缘格局和技术条件而言，可操作性很低（主要是因为隔得太远了）。

效仿召陵会盟齐桓公不战而屈楚国之兵，邀晋国见面聊聊，然后逼晋国用盟约的形式承认吴国的霸主地位，倒是很有实践价值。

至于盟会的地点嘛，当然就选在河济平原某处（后确定为黄池。黄池位于河济平原西端的济水北岸，在今河南省封丘县境内）。这不但符合春秋时代霸王在河济平原加冕的传统习俗，而且河济平原不偏不倚恰好是当前吴、晋两国势力范围之间的缓冲地带，必然会大大降低盟会筹备的难度。

着，就这么办！

不过等等，召陵会盟齐桓公可是带着千军万马去的，倘若夫差不依法炮制，恐怕事情会有些难办。

毕竟耳闻不如亲见，如果不让以晋国为首的北方诸侯现场感受一下吴国兵威的壮盛，他们未必肯痛痛快快地叫吴国一声老大。

那么问题又来了。

按照吴国的习惯，要向遥远的黄池运兵，就必须借助水道。而吴国并无直通黄池的天然水道（除非又走海路，从东海北上，绕过齐国，进济水入海口，然后溯流而上到达黄池。不过你用十二指肠想一想，也知道这样做是很不智的），且吴国之前修的那条贯通江淮两大水系的水道，最接近黄池的地方在今山东省济宁市，离黄池还有相当长的路程。

这可如何是好呢？难不成叫吴军在济宁登岸，然后走陆路前往黄池？别开玩笑了，扬长避短的事情只有傻子才会干。

吴国的思路仍旧是着落在水道上。

他们计划从泗水上游的今济宁市河段开始挖掘一条水道①，向西延伸，最后在今山东省菏泽市境内与济水相连。

吴国的水军如果到达菏泽，那只需溯济水几十公里，就能直抵黄池了。

打定主意，吴国在艾陵之战后便从本国派赴大批劳动力北上，立即开挖水道，并于公元前482年顺利完工，史称"黄沟"（或称"深沟"）。

不得不说，吴国的决心是坚定的，付出的努力也是令人感佩的。为了达成称霸的目的，他们不避艰难险阻，南征北战，连常人敬畏不已的大江大河都敢进行改造。

可是，在这连连大手笔的喧闹表象下面，吴国有没有觉察到危险的步步逼近呢？

---

① 吴国挖掘的水道，很多地段都是把当地原本就存在的河湖沟渠连接起来。大家不要想象成挖掘一条崭新的人工运河。

黄池遗梦之勾践怀智

所谓步步逼近吴国的危险，主要来自两个方面。

第一个方面是吴国国力的巨大损耗。

我们看吴国这些年都在忙活些啥，无非就是两件事，不停地打仗，不停地修河。

跟楚国打，跟越国打，跟陈国打，跟鲁国打，跟齐国打，统统都是劳师远征，绝大部分还是恶战。

俗话说，兵凶战危。战争不仅仅会恶化周边的国际环境，而且是对国家财富以及青壮年人口的巨大消耗，打得太多太频繁，很容易造成腰膝酸软和功能衰退。

况且，吴国常用的大兵团远距离出击这种作战方式 [1]，虽然能带来可观的前线效益，但也不可避免地造成了后方空虚。

而本土一旦遇袭，其主力部队无法及时回救，如何止损就会成为一个要命的问题。

冷兵器时代，大型土木工程作业比打仗的消耗更甚，修河也不例外。

就人力资源而言，修河会稳定地长期占用大量劳动力。即便劳动力不要工钱，国家总得管吃穿住行吧，总得付出税赋的机会成本吧！光有人还不够，还得筹集无数的畜力和生产工具。这些账算起来都是触目惊心的。

古人云，盛世修河。只有盛世才能为修河提供充沛的人力、物力和财力支持，才能确保如期修完河以造福国家而不是国家被修河所产生的巨大花费所拖垮。

吴国虽然强大，但还远远称不上盛世。修筑邗沟和黄沟的工程量，别国想一想都会倒抽一口凉气，吴国却赶在不到十年的时间内施工完毕，创造奇迹的背后必然伴随着国力的严重透支。

总之，连年征战和大举修河使得吴国财力枯竭，民生凋敝，兵甲困乏，北上争霸已成为一种国家层面的战略冒险行为。

---

① 之前的柏举之战和艾陵之战都是空国远征，后来的黄池之会也是精锐尽出。

如果这次在黄池顺利达成目标，天下诸侯宾服，吴国还可以回过头来安心调养，徐图培元固本。

但如果中途遭遇挫折或者暴起变故，那吴国就不得不继续沿用竭泽而渔的运行机制来应付危机。只不过，这种运行机制注定不能持久，而且，能不能即时化解危机，还是个未知数。

第二个方面是越国的重塑与壮大。

夫椒一战，越国败北，作为向吴国求和的条件之一，越王勾践被吴王夫差押解到吴都囚禁。但数年之后，勾践又被夫差释放归国，并引领了越国的再度崛起。

勾践为什么能获得夫差赦免，正史上没说。

各种杂史野史倒是说了，称勾践被押解到吴都后，充任夫差身边的下人，经年累月种种贱役操之状若甚爽，而且还做出了主动品尝夫差粪便以辨明夫差病情的惊天之举，孝子贤孙扮演到这个份儿上，连夫差都觉得不好意思再羁押他了。小说家言，不可信但很在理。

而勾践被释放归国后能够东山再起并成功翻盘的秘诀，《史记》中提到了一个灭吴"七术"的概念。

至于"七术"的具体内容是什么，司马迁老先生没做阐释。《史记·越王勾践世家》中关于越国灭吴实质性举措的记载是这样两段话。

第一段是旁观者视角。"吴既赦越，越王勾践反国，乃苦身焦思，置胆于坐，坐卧即仰胆，饮食亦尝胆也。曰：'女忘会稽之耻邪？'身自耕作，夫人自织，食不加肉，衣不重采，折节下贤人，厚遇宾客，振贫吊死，与百姓同其劳。"

第二段是借大夫逄同之口说："今夫吴兵加齐、晋，怨深於楚、越，名高天下，实害周室，德少而功多，必淫自矜。为越计，莫若结齐，亲楚，附晋，以厚吴。吴之志广，必轻战。是我连其权，三国伐之，越承其弊，可克也。"

第一段记载所反映的举措，平实而缺乏亮点，所以我就不做铺展了。

第二段记载所反映的举措，主旨是联结齐、楚、晋三国共同制吴，立意很好，但是否落到实处不得而知。《国语·吴语》称："（越国）春秋皮币、玉帛、子女以宾服（齐、楚、晋三国）焉，未尝敢绝，求以报吴。"《左传·哀公十四年》

亦有楚国伐吴之语。至于这出自不同史籍的两则记载之间有无因果关系，谁也说不清。

这里，我想先对成语"卧薪尝胆"做一个考证。

"卧薪尝胆"是中国人耳熟能详的成语。大家一般都认为，它描述了勾践在人生低谷砥砺奋发的场景。

这样的认识，不能算错，但如果掰开来细细分说，却又不完全正确。

"卧薪尝胆"的创意，确实来自勾践砥砺奋发的往事。可是，遍阅诸史，我们会发现一个问题，那就是：正史中勾践尝胆的情节有迹可循，勾践卧薪的情节却了无影踪。

以研究春秋历史的三大权威史籍《左传》《国语》和《史记》为例。

《左传》"定公"和"哀公"两朝，大量叙述了勾践的行止，却没有提及卧薪尝胆之事。

《国语》的《吴语》和《越语》，通篇也没有勾践卧薪尝胆的记载。

《史记·越王勾践世家》中，仅仅提到勾践"置胆于坐，坐卧即仰胆，饮食亦尝胆也"，尝胆是有了，卧薪仍然无。

那么，"卧薪"这个招牌动作是从什么时候开始有的呢？说来好笑，竟然是出自一篇和勾践毫不相关的文章——《拟孙权答曹操书》。

这篇文章的作者乃北宋大文豪苏轼。他假想自己以谋士的身份，为孙权写一篇书信给曹操。信中有这样一句话："仆受遗以来，卧薪尝胆，悼日月之逾迈，而叹功名之不立，上负先臣未报之忠，下忝伯符知人之明。"

可见，"卧薪尝胆"这个成语的语境是孙权艰苦奋斗，励精图治，和春秋历史没有任何关系。

将"卧薪尝胆"和春秋历史扯上关系的是南宋著名理学家吕祖谦，他在《左氏传说》中谈到吴王夫差曾"坐薪尝胆"。勾践依然置身事外，但"卧薪"总算朝着勾践靠近了一步。

"卧薪"和勾践真正扯上关系是吕祖谦之后的事。南宋中后期，渐渐地有不少文章和书籍开始使用"勾践卧薪尝胆"的说法。

明末时，畅销作家冯梦龙在自己的历史小说中[①]，频频写到勾践卧薪尝胆的故事情节。于是"勾践卧薪尝胆"的说法随着"列国志"系列小说的热销而盛行民间。

上面这些话语，基本上将"勾践卧薪"的说法出现于何时交代清楚了。但是，"勾践卧薪"的说法，到底是没有任何依据的生造，还是有一点点依据然后渐渐演化而来的呢？

答案是后者。

创作于东汉时期的《吴越春秋》，在其《勾践归国外传》一章中写道："越王念复吴仇非一旦也，苦身劳心，夜以接日。目卧，则攻之以蓼。"

这个"蓼"，是指一种草，它叶子的气味非常强烈。

按照《吴越春秋》的说法，勾践日夜操劳，太过辛苦，每次眼皮子打架的时候，他就用蓼去刺激自己的眼睛，强迫自己打起精神继续工作。

中国古代有一种文法，就是习惯于把堆束在一起的植物称作"薪"。

勾践用的蓼多了，"目卧，则攻之以蓼"就成了"目卧，则攻之以蓼薪"。然后，又有人或误解或曲解，将"目卧，则攻之以蓼薪"浓缩成了"卧薪"。

就这样，"卧薪"和"尝胆"两个词语逐渐登对，演化成了后来行销于世的勾践"卧薪尝胆"。

讲完了"卧薪尝胆"，不妨顺便再花一点儿时间，继续考证两个盛传的、与勾践翻盘密切相关的故事。第一个是"买生粮还熟粮"[②]，第二个是"献西施"。

"买生粮还熟粮"的故事首见于《吴越春秋》，它是这么个情况。

话说越国为了算计吴国，谎称本国遭了天灾，粮食不堪民用，想找吴国买粮以度过饥荒，并承诺待来年越国新粮成熟后如数偿还。

夫差本就警惕性不高，再加上伯嚭的撺掇，遂不顾伍员的拼命反对，大笔一挥，答应了越国的请求。

---

① 主要是指《新列国志》。清康熙年间，蔡元放创作的《东周列国志》即是与冯梦龙《新列国志》一脉相承的升级版本，也是"列国志"系列小说的终极版本。

② 和"买"相对应的本应是"卖"，和"还"相对应的本应是"借"。之所以将"买"和"还"登对起来，是因为在这个故事中，越国采用了以货易货的期货交易方式。

第二年，越国如数将粮食还给了吴国，而且颗颗壮硕饱满，品相蔚为可观。

夫差大喜，以为越国土地肥沃故而得此良种，于是散发给全国的农人进行种植，以期来年吴国的粮食获得丰产。

谁知，这些越国来的靓种，播在地里根本就不发芽。于是，好端端的吴国因粮食绝收而闹起了饥荒。

吴人压根儿没料到，这批粮食在送过来之前，已经被越人动了手脚。

越人归还粮食时，故意挑选颗粒大的，蒸煮一遍，然后再晾晒干。这样一来，粮食的外观依旧漂亮，里面的有机质却已失去活性，成了一堆中看不中用的哑种。

这个故事，是很多人脑海中吴越争霸的精彩片段。可惜我要告诉你，它真的只是一个故事而已。

首先我们弄清楚一个细节，所谓粮食，到底是指哪一种粮食。

《吴越春秋》没说吴国借给越国的粮食是哪一种（不过没关系，借的是什么粮食不重要，因为我们考究的重点在于越国还的是什么粮食），却明确提到越国还给吴国的粮食是粟，原文为："越王粟稔，拣择精粟而蒸还于吴。"

粟在现代汉语中是指谷子，但大家不要据此以为越国还给吴国的粮食就是谷子。

因为，在北方文化主导中国语言习俗的古代，粟是对粮食的一种泛称。例如，宋真宗赵恒有一首脍炙人口的《励学篇》，起首就写道："富家不用买良田，书中自有千钟粟"。

所以，《吴越春秋》的记载没有给我们任何线索，要想弄清楚越国还的究竟是什么粮食，我们得另行考证。

这个考证其实也不难，只要你对中国的地理气候以及主粮种植稍微有点儿了解就行了。

越国所在的今浙江省北部，从七千多年前的新石器时代开始，就是中国种植水稻最为密集的地区，没有之一。

与稻同为主粮的粟、麦和黍，因其适宜于土质疏松、气候不湿润的种植环境，一般在北方大范围种植。

因此，越国还给吴国的那一大批粮食，只有可能是稻谷。更确切地说，是水稻的稻谷。

而水稻的种植，一般都要先经过育秧，然后再将秧苗插到田里去。也就是说，稻谷能不能发芽，在正式播种之前农人就已经知道了。

那么，吴国的农人一旦在育秧阶段发现越国的稻种有问题，肯定会另取本国的稻种育秧，又怎么可能会任土地绝收呢？

就算吴国当时使用了水稻直播的技术，直接将越国的稻种播到田里，过了一段时间才发现没有长出秧苗，那他们不会补种啊？

再说了，稻种经过蒸煮后，里面的米粒会吸水发涨，从而把谷壳撑开。

越人将外壳破裂的稻谷交到吴人手中时，吴人如果还若无其事地将其收下，你难道不觉得这个世界也太虚伪了一点儿吗？

所以，"买生粮还熟粮"就是一个虚构的情节，逻辑上它不可能成立。

但是，这个虚构也并非空穴来风，如同"卧薪尝胆"一样，它也是有来头的。

话题又要稍微转回到灭吴"七术"。

《史记》没有明示"七术"为何物，但《吴越春秋》中有一个与之相近的灭吴"九术"，其具体内容为：一曰尊天事鬼以求其福；二曰重财币以遗其君，多货赂以喜其臣；三曰贵籴粟槁以虚其国，利所欲以疲其民；四曰遗美女以惑其心而乱其谋；五曰遗之巧工良材，使之起宫室以尽其财；六曰遗之谀臣，使之易伐；七曰强其谏臣，使之自杀；八曰君王国富而备利器；九曰利甲兵以承其弊。[1]

我们看"九术"的第三条，"贵籴粟槁以虚其国"，翻译成白话就是"以昂贵的价格买入吴国的粮食来淘空吴国"。

这句话只提到"买生粮"，而没有提到"还熟粮"。仅以此观之，"还熟粮"的演绎成分已颇为浓厚。

有人要问了："还熟粮"才是"买生粮还熟粮"整个计划的精髓所在嘛，如果不是为了用"还熟粮"去坑害吴国，单单"买生粮"能对吴国产生什么负面作用？越国怕不是吃饱了撑得慌吧？

---

① 《越绝书》中也有灭吴"九术"，措辞与《吴越春秋》几乎一致，两者应该是一种转载的关系。

的确，"贵籴粟槁以虚其国"这句话乍一看有些费解。越国出钱吴国出粮，双方自愿交易，而且越国还是出的高价，怎么算吴国都至少没有吃亏。越国买个粮食就"虚其国"，能不能给个理由先？

如果大家也认为"贵籴粟槁以虚其国"是个悖论，那我要指出你们犯了一个错误：不该用现代的眼光来考量古代的问题。

我们生活的 21 世纪，物资非常丰富，世界范围内有很多余粮进入国际流通领域，倘若一个国家粮食不够吃，可以很方便地从别国进口粮食。

但春秋时代不同。春秋时代，农业技术落后，粮食生产维持自给自足已属难能可贵，余粮可谓少之又少，各国无不将其视为最重要的战略储备。所以，粮食成了那个年代的非卖品，各国都有不卖粮的不成文规定。

齐桓公称霸后，为了凝聚中原诸侯以夯实霸权根基，曾明令废除不卖粮的习俗。

然而，不卖粮是一种基于生产力水平低下的自保行为，齐桓公用行政命令强行禁止，无疑违背了市场的正常规律。

齐桓公如日中天时，各国惮于他的权威，不敢不从。等到齐桓公霸权一倒，不卖粮的思维又开始慢慢回潮。

时至今日（指越国向吴国买粮这个时间节点），天下没有一个明晰的霸主，中原政治秩序紊乱，各国相互戒备提防，买粮谈何容易？

但越国之前通过各种纯良装扮已消除了吴国的大部分戒心，如今再辅以高价诱惑，从而顺利地从吴国买到了粮食。这样一来，吴国就掉进了越国构设的一个陷阱。

是的，你没看错，即便是用高价卖粮食给越国，即便没有越国"还熟粮"的后续情节，吴国依然还是中招了。

因为，虽然吴国换来了超乎粮食价值的金钱，但这些金钱却无法随时换回等量的粮食。

换句话说，吴国把价值一百块钱的粮食用一百二十块钱的价格卖给了越国，但吴国拿着这一百二十块钱的售粮款却无法随时买回价值一百块钱的粮食。

别忘了，钱去得快来得也快，粮食却不行，靠种的话它有漫长的种植周期，靠买的话，和平年代你或许可以侥幸买到，非常年代你就算拿金山银山也不一定买得到。

那么，即使吴国当年不会由于卖掉余粮而导致本国粮食供应不足，来年呢？

假若来年吴国遭遇天灾，粮食减产，又恰好没有其他国家输送粮食给它赈济饥荒的话，吴国自己已无余粮救急，势必会导致民众受饿，兵员素质下降，进而影响政局的稳定。

又假若来年吴国和他国爆发战争，则吴国不但会即时消耗掉比平时多得多的粮食，还必须筹措大量粮食以防备战争向长期化演变。而这些格外开支的粮食，绝大部分都是从往年积累的余粮中调取的（少部分是依靠加重赋税从普通民众的口粮中夺取），如果没有充足的余粮储备，这个仗怎么打得下去？

以上罗列的这些风险通通关乎吴国国运，又岂是赚取区区一些金钱所能对冲的？

并且，这些风险变现的可能性极高。吴国北上争霸的大势不可扭转，越国蓄力报仇的意志不会动摇，空气中弥漫着越来越浓郁的火药味，吴国却在最需要屯粮的时候把粮食卖给了越国。

所以，越国故意出高价套取吴国粮食的行为，起到了一箭双雕的作用。一是釜底抽薪，挤压了吴国的回旋余地；二是以敌资己，将吴国的粮食储备变成了自己的粮食储备。这些都是在为日后越国灭吴做积累。

本来呢，"买生粮还熟粮"的故事讲到这里也就打止了，但是，本着治学的态度，我还想说一说《史记》中的相关记载。

《史记·越王勾践世家》中记述了越大夫文种说的一句话："臣观吴王政骄矣，请试尝之贷粟，以卜其事。"

翻译成白话就是："我观察吴王当政太骄横了，请您允许我试探一下，向他借粮，来揣度吴王对越国的态度。"这个态度，你可以理解成亲密度或敌视度。

鉴于《史记》的可信度高于《吴越春秋》，成书的时间也早于《吴越春秋》，所以你可以认为，"买生粮还熟粮"这个故事的原型，只不过是越国想评估一下夫差眼中吴、越两国的友好程度而已。

不过话又说回来，无论越国的方式是借还是买，也无论越国的目的是"虚其国"还是"卜其事"，总之它成功地把吴国的粮食搞到了手，它实现了弱化吴国的效果，这才是问题的关键所在。

讲完了"买生粮还熟粮"，再来考证"献西施"。

传说中，西施位列中国古代四大美女之首。她美到什么程度了呢？有两个文化典故。

一个是"东施效颦"，出自《庄子·天运》。

话说西施胸口有恙，不由得眉头紧皱，双手抚胸自慰。一般人做这个动作时都像只便秘的大马猴，但西施做出来却风情万种，以至于住在村东的一个丑女看见了，也不由得以之为美且无病而仿效之，殊不知世上只有西施才能把颦眉捧胸演绎成经典，其余人倘若依葫芦画瓢，那就成了千古笑谈。

另一个是"沉鱼落雁"之"沉鱼"①。

西施去溪边浣纱，有鱼儿从侧畔游过，一不小心瞥见了西施的绝世姿容，艾玛，当即亮瞎双眼，全身僵直（脑补一个挫男街头偶遇女神的场景），沉入水底。

"沉鱼落雁"的内涵经历了一个发展的过程。它的创意源自《庄子·齐物论》中的一句话："毛嫱、丽姬，人之所美也，鱼见之深入，鸟见之高飞，麋鹿见之决骤，四者孰知天下之正色哉。"

这句话的原意是说：人类与禽兽的观感不同，禽兽无法欣赏人类的美色，所以哪怕毛嫱和丽姬美得冒烟，禽兽们也视若无物，毫不为之停留。

此时，"沉鱼落雁"还和西施无关。

后来，唐代诗人宋之问写了一首《浣纱篇》，曰："鸟惊入松网，鱼畏沈（同"沉"）荷花。"这首诗反《庄子·齐物论》之意，认为禽兽亦识人类的美色，故而鸟鱼俱为美人所惊。

《浣纱篇》专为歌咏西施而作，至此，"沉鱼落雁"和西施有了关联。

再后来，为了给中国古代四大美女各自编排一个江湖名号，又把"沉鱼"和"落雁"分开，"沉鱼"颁给了西施，"落雁"颁给了王昭君。

西施是中国历史上家喻户晓、妇孺皆知的一位大名人。然而奇怪的是，我们

---

① 落雁指王昭君，不叙。

在研究春秋历史的三大权威史籍《左传》《国语》和《史记》中根本找不到她的身影。

那么，西施究竟是如何进入我们视野的呢？这个话题很有意思。

其实，最早提及西施的不是史书，而是先秦诸子们的杂书。

如《庄子·齐物论》中写道："举莛与楹，厉与西施，恢诡谲怪，道通为一。"

翻译成白话就是："不管是小草还是大木头，不管是丑女还是美女，甚至那些稀奇古怪的东西，从道的角度看都通而为一。"

又如《孟子·离娄章句下》中写道："西子蒙不洁，则人皆掩鼻而过之；虽有恶人，斋戒沐浴，则可以祀上帝。"

翻译成白话就是："即便是美如西施的人，只要沾染了污秽恶臭的东西，别人也会捂着鼻子走过去；即便是丑陋肮脏的人，只要斋戒沐浴，也同样可以祭祀上帝。"

再如《墨子·亲士》中写道："是故比干之殪，其抗也；孟贲之杀，其勇也；西施之沈（同"沉"），其美也；吴起之裂，其事也。"

翻译成白话就是："比干之所以被剖心，是因为他犯颜直谏；孟贲之所以被诛杀九族，是因为他勇武过人；西施之所以被沉江，是因为她美若大仙；吴起之所以被车裂，是因为他功高震主。"

这些记载有一个共同的行文特点，那就是轻描淡写，指称含混且叙述的情节碎片化。

借由这些记载，如果要强行拼凑一个西施的人物形象，那大概是这样子的：貌美如花，做了与其外表美好度不相称的丑恶事，最后沉江而死。

而即便上述拼凑符合历史原貌，我们也仍然不知道西施是哪个国家的人、具体做了哪些丑恶事以及为什么要做，还有为什么会沉江以及怎么个沉法。

那这个只鳞片甲的西施是如何演化成后世描述的那个模样的呢？

现今存世的史籍中，最早完整描述西施人物形象的，是两本创作年代接近的书——《吴越春秋》和《越绝书》。

《吴越春秋》乃东汉赵晔所著。《越绝书》的作者只能考证为"汉朝的袁康和吴平"，至于"袁康和吴平"所处的年代到底是西汉还是东汉，就目前掌握的资料来看，已无继续考证的可能。

《吴越春秋》和《越绝书》关于西施生平的记载，其主体情节相似度很高，肯定是出自同一源流无疑。

这两本书给我们讲述了这样一个故事：为丧夫差之志，越国向夫差进献了一位叫西施的美女。西施之美，是个男人见了都会骨酥肉麻神魂颠倒。夫差肉身凡胎，自然也不能例外，于是乎贪恋床帏，荒废朝政，亲近嬖佞，疏远谏臣，沉迷营建宫室楼台，大肆挥霍府库积蓄，吴国由此进入下行通道，直至被越国灭亡。

待越国灭吴后，西施功成归国，等待她的将是什么结局呢？如果翻阅《吴越春秋》和《越绝书》流传至今的存本，我们并不能找到相关的记载。

可是，在当今的存本上找不到记载，并不等于《吴越春秋》和《越绝书》成书时并未记载。这句话怎么理解呢？

就是说：有可能《吴越春秋》和《越绝书》的原本是记载了西施结局的；只不过，原本中记载西施结局的篇章后来在漫长的岁月中逸失了，以至于我们在存本上找不到。

这样看来线索似乎断了。好在天无绝人之路，我们中华文化薪火相传，历朝历代都有文人抄录前人的著述，从而为那些原本失传的古代典籍保留了一线生机。

北齐年间，有一本叫"修文殿御览"的书，自称转引了《吴越春秋》原本的内容，其中有一条记载这样说道："越浮西施于江，令随鸱夷以终①。"

唐代有一本叫"吴地记"的书，自称转引了《越绝书》原本的内容，其中有一条记载这样说道："西施复归范蠡，同泛五湖而去。"

请大家注意，我使用了"自称转引"的措辞，意思是说：有可能是真的转引，也有可能只是假《吴越春秋》和《越绝书》原本之名叙事。到底属于哪种情况，因为缺乏匹配的旁证，现在我们已无从查考清楚。

设若西施的结局果如《修文殿御览》所言，那她要么是被越国当局用皮囊裹着给沉了江；要么就是被勾践赏赐给了范蠡，然后夫妇俩被动退隐江湖。

---

① "鸱夷"的本意是指皮革制成的囊袋；但也可以理解成范蠡，因为司马迁在《史记·货殖列传》中称，范蠡助勾践灭吴后，"乃乘扁舟浮於江湖，变名易姓，适齐为鸱夷子皮"。

设若西施的结局果如《吴地记》所言，则她是投入了范蠡的怀抱，然后夫妇俩主动退隐江湖。

《吴越春秋》和《越绝书》①所提供的西施故事的基本构架，因题材绝佳而成为历代文人争相传唱、评议和演绎的对象，万花齐放，精彩绝伦。

西施的人物形象反过来又因文人的不断着笔而愈发丰满。

后世关于西施的话题主要集中在三个方面。

第一个方面是西施背负的历史责任。

文人们思考：在夫差身死国亡的悲剧中，西施扮演的角色到底应该如何评判，是如妲己狐媚惑主般罪无可赦，还是如陈圆圆沦落风尘般身不由己？

主流的声音是为西施站台。

代表作如中唐诗人崔道融的《西施滩》云：“宰嚭亡吴国，西施陷恶名。浣纱春水急，似有不平声。”

又如唐末五代诗人罗隐云的《西施》云：“家国兴亡自有时，吴人何苦怨西施。西施若解倾吴国，越国亡来又是谁？”

再如北宋政治家、文学家王安石的《宰嚭》云：“谋臣本自系安危，贱妾何能作祸基？但愿君王诛宰嚭，不愁宫里有西施。”

第二个方面是西施的感情。

有的说她和范蠡相爱；有的说她和文种、范蠡三角恋；有的说夫差对她万般宠爱，最后她也感怀而爱上了她的国仇夫差；还有的说勾践其实对她恋恋不舍，献美纯属迫于复仇的无奈之举，灭吴之后又想将她纳入后宫。

凡此种种，绝对只有你想不到的，没有文人写不出的。

第三个方面是西施的结局。

主要有泛舟五湖说、自杀说和沉江说，其中沉江说又细分出了四种不同的沉法，分别是被吴人沉江、被范蠡沉江、被勾践沉江和被勾践夫人沉江。以后会不会被文人骚客们编出得道成仙的版本，也说不定。

---

① 《修文殿御览》以及《吴地记》中的相关记载姑且视作《吴越春秋》和《越绝书》的衍生，故不单独列出来。

鉴于本书不以演义为叙述重心,所以关于西施爱情和结局的种种或美满或凄婉的故事就不继续展开了,还是回到问题的根本:历史上到底有没有西施这号人物?

这个问题的答案目前存在争议,我的观点倾向于将西施证伪。不过,答案是什么其实不重要,重要的是求证的过程能否让人信服。

首先,在将"西施"这个称谓固化为一个具体人物的《吴越春秋》和《越绝书》问世之前,各种文献中出现的"西施",绝大概率是对美女的泛称而不是特指某人。

以前文提到的三则记载为例。

《庄子·齐物论》称"举莛与楹,厉与西施",一看就是排比的句式,对比和借代的双重修辞手法,"西施"与"厉"相对,此处泛指美女。

《孟子·离娄章句下》称:"西子蒙不洁,则人皆掩鼻而过之;虽有恶人,斋戒沐浴,则可以祀上帝。"借代和对比,"西子"与"恶人"相对,泛指美好的女子。

《墨子·亲士》称:"是故比干之殪,其抗也;孟贲之杀,其勇也;西施之沈,其美也;吴起之裂,其事也。"排比的句式,且比干、孟贲、吴起在历史上确有其人,貌似可以推导出西施也确有其人。

但是要提请大家注意,《墨子》是一部杂书,而杂书有一个特点,就是它品评的对象不一定是真实的人和事物,虚拟的、抽象的人和事物也可以随便拿来做一番文章(与之相对的是,史书一般拿真实的人和事物做文章)。因此,如果拿这则记载来证明西施确有其人是不严谨的。

其次,最早将西施和吴越争霸关联起来的《吴越春秋》和《越绝书》,不但成书的时间距离越国灭吴的年代久远,而且在学术界的定位不高,往往只是作为研究吴越历史的借鉴和参考,而不是依据。

受全书的格局所限,越国献西施灭吴的故事难以叫人心安理得地认同和接受。

再次,这也是最给力的一点,《左传》《国语》和《史记》等正史,距离越国灭吴的年代较近[1],对吴越争霸有着非常详细的记述,却对西施绝口不提。

在自共和元年后记史便延续不绝的中国,如果西施确有其人,而且确实在越

---

① 《左传》成书于越国灭吴的紧邻后期;《国语》成书于战国初年,大致和《墨子》同期;《史记》成书于西汉,也较《吴越春秋》和《越绝书》为早。

国灭吴的过程中发挥了重大作用，那我们很难理解为什么三大正史会不约而同地对她选择性忽视。

特别是《史记》。众所周知，司马迁撰写《史记》有一个好习惯，就是把他无法甄别判断的对同一历史的不同说法同时记录在案，留待后人继续追索。而即便是在这样较为宽松的条件下，《史记》依然没有登录西施的名字。

总之，西施应该是一个只现身于传说中的人物。

当然，如果不是为了历史考证的需要，大家对于西施存在与否的问题大可不必计较。

吴越争霸后期，越国要想逆势翻盘，必然无所不用其极，美人计这种从古至今简单便捷又屡试不爽的招数，必然也在越国的筹谋之中①。

《吴越春秋》提到的灭吴"九术"中，第四条为"遗美女以惑其心而乱其谋"。从操作层面考虑，无疑具有很大的实践价值。

很可能汉代的文人就是把真实的美人计和虚拟的西施完美地糅合在一起，构建出了"献西施"的故事。

而故事中西施绝世的姿容、坚忍的操守以及卓越的功勋，受到了庙堂和江湖的一致颂扬。人们觉得她闪烁着人性光辉的美，进而又把更多对人性美的期愿灌注在她的身上。

渐渐地，西施就成为中华文化喜闻乐见的一个精神符号，其真实性反而不再成为人们关注的重点。

经过一代又一代的塑造和营建，西施终于修成正果。2006 年 5 月 20 日，"西施传说"经国务院批准，列入第一批国家级非物质文化遗产名录。这很好地诠释了我们看待西施时应该秉持的态度。

从上述《史记》的两段写实性记载，以及"卧薪尝胆""买生粮还熟粮""献西施"三个基于真实历史背景的故事，还有虚虚实实的灭吴"九术"中，我们可以大致窥测越国灭吴的端倪。

不过实事求是地说，即便上述列举的措施都确凿无疑，它们也依然很难对越

---

① 《国语·越语》中就有越国向吴国太宰伯嚭进献八名美女的记载。

国灭吴起到一个决定性的支撑作用。

在我看来，越国灭吴的终极密要，乃是夫差增封越国，使越国重新具备了挑战吴国的资质。

土地永远是一个国家存在和强盛的根本。

越国从闽浙丘陵逐渐向北扩张，至槜李之战后，疆域达到历史最大，其范围包括闽浙丘陵北部、宁绍平原、杭嘉湖平原南部（即今嘉兴以南部分）。

夫椒一战，越国惨败，其疆域又被夫差削为会稽周边百里之地，丧失了在杭嘉湖平原南部的纵深。

至于夫差为什么不立地灭了越国，上一章我已经讲了，最重要的原因就是：越国保留的宁绍平原体量较小，和吴国所据有的苏锡常平原不可同日而语，夫差认为越国已经彻底丧失了反攻倒算吴国的能力。

夫差这么想，理论上不能算错。

你要知道，越国以前之所以能够挺进到杭嘉湖平原南部并对吴国形成威胁，是因为同时期的吴国刚刚进入杭嘉湖平原北部不久。

也就是说，当时的杭嘉湖平原还近乎是块无主之地，所以越国有机会在其南部立足。

可现在（"现在"指称的是夫椒之战后这个时间节点）的情况不同了。吴国的势力已经到达杭嘉湖平原中部并且随时可以向南部侵彻（连接太湖和杭州湾的胥浦也在此时修成，吴国控制杭嘉湖平原南部的能力大大提升）。

那么，被吴国勒令退出杭嘉湖平原的越国，以后若想再度北上杭嘉湖平原南部，就无异于虎口夺食了，吴国会坐视不管吗？越国要是敢动一动脚指头，吴国不一巴掌拍死它才怪！

总之，如果越国今生不再涉足杭嘉湖平原，那吴、越争霸必将就此成为绝响。

基于这个道理，从稳健的角度出发，吴国下一步应该是花上几代人的时间，潜心开发杭嘉湖平原南部，把整个杭嘉湖平原充分消化吸收，从理论到实践都不留给越国任何可乘之机。

不过，要想使一个人抛开眼前的诱惑，而去埋头苦干以谋图长远，总是很难。

夫差念念不忘的是在有生之年称霸中原，你要他收束那颗不安分的心，集中精力开发好杭嘉湖平原南部，进一步厚实吴国的基础，将称霸中原的荣耀留给他的子嗣，他做不到。

夫椒之战后，吴国军民大举北进（打仗兼修河），占用的人力和损耗的物资难以数计，这就使得吴国陷入了两难境地。

即要想确保北上争霸有充足的人力资源可供使用，就必须中止向杭嘉湖平原南部投入人力；而如果不向杭嘉湖平原南部投入大量人力，吴国缺乏新的经济增长点，物资供应紧张的局面又得不到缓解，北上争霸势必难以为继。

于是，夫差自然而然想到了越国。

鉴于勾践曾经表现出的和正在表现的异常驯服的态度，夫差对越国的疑忌已大为消散。

所以，夫差决定给越国松绑，允许越人重新进入杭嘉湖平原南部，让越国承担劳作的重任，而吴国收取贡赋之利。

夫差的这个主意听起来很棒，但他显然把问题想得过于简单了。

越国算计吴国的路数和现代日本对美策略如出一辙。吴国给的屈辱和压迫越国都是打落牙齿和血吞，只求能有守得云开见月明的那一天。

因此，夫差让越国代替吴国开发杭嘉湖平原南部的盘算是打错了主意。越国形式上虽然会为吴国出钱出人，但实质上却是借服务吴国而恢复了自身的功力。

当然，即便让越国重回杭嘉湖平原南部，吴国的局面也不是说就一下子失去了控制。只要夫差肯花一些心思和气力对越国进行监管，那越国在吴国的眼皮子底下，还是不可能有大作为的。

但问题是，夫差的注意力全都投放在北方，他想当然地以为越国对吴国感恩戴德、必定会积极主动全心全意地支持吴国的北进大业，从而放松了警惕，事实上将越国置于一个没有监管的环境中。

而我们都知道，当一个需要监管的东西失去监管时，监管者最后往往都会成为悲剧。

以上这些，就是黄池之会前，吴国内外潜伏的重大危机。对此，吴国高层有没有清醒的认识呢？

伍员是肯定有的，他从夫椒之战捉放勾践开始，便不断地警告夫差：勾践乃乱世枭雄，越国乃肘腋之患，吴国不能听信越国的任何花言巧语，务须斩草除根，先剿灭越国，再图北上河济，若非如此，吴国定然难逃死劫。

伍员的话诚为剖肝沥血之语，可是夫差有自己不同的见解，在选择南下或是北上的问题上，两人的看法常常相左。

一开始，夫差还能保持对伍员礼貌的拒绝。但面对伍员一次又一次严词正色的谏阻和切责，夫差逐渐丧失了人主的风范，每每对伍员报以冷遇，任由伍员自话自说，直至不欢而散。

再后来，夫差制定的国策在歧途上越滑越远，伍员的谏言也愈发凌厉，且话语中夹杂着悲天悯人和恨铁不成钢的腔调。

夫差贵为一国之君，又岂能容忍臣下的藐视，于是对伍员的态度由疏远转变为厌恶，非但对伍员的忠言充耳不闻，而且陷入了逢伍必反的怪圈。

至于伯嚭嘛，应该也是有些本事的。不过本事这东西，跟节操完全是两码事。

综观史籍中的相关记载，伯嚭似乎在吴、楚争斗方面发挥了一些建设性作用，但当以柏举之战为标志吴国确立阶段性的对楚优势后，伯嚭的功用就统统表现为拖吴国的后腿。

伯嚭人品低劣，既贪恋越国的贿赂，又嫉妒伍员的才干，参知政务时毫无忠君体国的意识，大事不讲原则，小事也不讲风格。

每次伍员的话音一落，伯嚭就跟着唱反调，时而扇阴风点鬼火，污蔑伍员表里不一，另有图谋；时而把吴国的威德吹捧到天上，把越国的威胁贬损到地下，为夫差营造了一个虚幻的安逸氛围。

伯嚭的伎俩不见得有多么高明，但他有意无意间迎合了夫差反伍的心理，因此他的话夫差听起来格外悦耳。两人既志趣相投，夫差遂将他引为心腹，反过来又更加不待见伍员了。

话说到这个份儿上，相信大家都能看出来，伍员的处境已非窘迫二字所能描述。

随着夫差对伍员的恶感呈螺旋式攀升，如果伍员明哲保身，在朝议涉越事务时三缄其口，那君臣或许还能相安共事。

如果伍员秉持"孤臣可弃，但绝不折节"的理念，依旧仗义执言，那夫差的对他的恶感终究有一天会升到顶点，继而在忍无可忍的情况下玩君主权限，让伍员无法全身而退。

摆在伍员面前的路，他究竟会选择哪一条呢？让我们把时间拨回到公元前484年初，也就是艾陵之战前夕。

吴国北向用兵，对于越国而言，是天大的喜事。

得知吴国将要伐齐，勾践揣着畅爽的心情、装着谦卑的模样去为夫差壮行。

到吴国后，勾践向夫差及其臣属俱各"馈赂"了丰厚的财礼[1]。

见勾践如此恭顺，吴国君臣都很高兴，唯独伍员惧而长叹道："是豢吴也夫！"

有人要问了。"豢吴"不是"豢养吴国"的意思吗？有人愿意养你挺好哇，坐在宝马里哭那也是高规格对不？为什么伍员还要长吁短叹做此无病之呻吟呢？

我要告诉你，这个"豢"理解成"豢养"是没错，但你把"豢养"理解成"供养"就错了，理解成"包养"更是错得万里无云，正确的理解应该是"圈养"。

圈养你懂吧。做一圈围栏，放一头猪进去，给它吃给它喝，好生将它养出一身肥膘，过年的时候再给它一刀，然后围炉把酒，谈笑人生。

所以伍员忧愤地向夫差进谏道："越在我，心腹之疾也。壤地同，而有欲于我。大其柔服，求济其欲也，不如早从事焉。得志于齐，犹获石田也，无所用之。越不为沼，吴其泯矣！使医除疾，而曰：'必遗类焉'者，未之有也。《盘庚之诰》曰：'其有颠越不共，则劓殄无遗育，无俾易种于兹邑。'是商所以兴也。今君易之，将以求大，不亦难乎？"

之所以照搬《左传·哀公十一年》中伍员的原话，是因为这番话实在是字字珠玑，既把吴、越不共生和伐齐无远益而有近忧的地缘关系一语道尽，又引经据典陈述了除恶务尽和养虎为患的道理。

然而夫差心如铁石，伐齐志在必得，遂不纳伍员的谏言，且令伍员出使齐国[2]。王命不可抗拒，使齐势在必行，如此明知不可为而不得不为之的局面，令伍员陷入了巨大的痛苦和深深的惶惑之中。

---

[1] 《左传·哀公十一年》原文为"馈赂"，说明有的是馈赠，还有的是贿赂。

[2] 伍员在吴国为行人，主管外交事务。顾炎武补正云："古者兵交，使在其间。"

这个尘满面鬓如霜的楚汉子终于开始思考，夫差到底是不是一位值得自己尽心竭力辅佐的良主，吴国到底是不是一块值得自己寄托伍氏血脉的福地。

权衡再三，伍员心中虽尤不忍背弃夫差，但他也不想让自己的子嗣为吴国陪葬。于是，他秘密地带着儿子伍丰，踏上了去往齐国的路途。

至齐国后，伍员将伍丰托付给鲍氏的宗主鲍牧，伍丰遂辟为王孙氏。接着，吴国和齐国就爆发了艾陵之战。

及至吴军从艾陵得胜归来，伍员寄子于齐的事，不知怎的竟然被伯嚭知道了。

伯嚭素与伍员有隙，当然不会放过这等整治伍员的好机会，于是第一时间向夫差告密，称伍员自恃先王老臣，固执己见，擅权独断，如今因建言数度未蒙采纳而怨恨君主，已生叛国投敌之意云云。

伯嚭的话，就如同一根导火线，瞬间引爆了夫差心中郁积已久的反伍情绪，他想都没想便恨恨地说："就算没有你提醒，我也早就怀疑他了！"话音刚落，派使臣将一把宝剑赐给伍员。

伍员接剑，不由得仰天叹息："唉，伯嚭进谗，君王却反而要杀我！想当年，我辅佐先王称霸，又在先王面前冒死力荐你为太子，你即太子位后，还曾许下过裂土分封于我的愿言，但我从未想过要得到你的回报。不意你今日竟然听信谄媚小人的谗言来杀害长者！"

"三顾频烦天下计，两朝开济老臣心。出师未捷身先死，长使英雄泪满襟。"呜呼，诚不痛哉？

叹讫，伍员将门人唤进来，声声泣血地嘱托道："你们一定要在我的坟墓上种植梓树，让它们长成后能够做棺材（寓意夫差难逃一死）。还要挖出我的眼珠悬挂在都城的东门上，让我亲眼看见越寇是怎样攻入都城灭掉吴国的。"

交代完这些，伍员怆然挥剑自刎，身后的世界，夫差你冷暖自知，祸福自取。

使臣将伍员的遗言回报给夫差。夫差听了勃然大怒，令人将伍员的尸身装进皮袋，抛入江中，使其亡魂永世无所归依。

一代传奇人物伍员，就以这样悲情的方式，结束了他波澜壮阔的一生。

三十八年前，他为了躲避一个小人的谗言而背井离乡，不承想三十八年后，又因为另一个小人的谗言而身死异国。他所有的挣扎和奋斗，都没能助他逃脱这个暗黑的轮回。

千百年来，人们对伍员褒贬不一。

褒扬的声音主要如下。

庄子道："伍员、苌弘知事君尽忠，而不知逆君之致祸。"

战国纵横家陈轸道："子胥忠其君，天下皆欲以为臣。孝已爱其亲，天下皆欲以为子。"

屈原道："忠不必用兮，贤不必以。伍子逢殃兮，比干菹醢。"

司马迁道："向令伍子胥从奢俱死，何异蝼蚁。弃小义，雪大耻，名垂于后世，悲夫！方子胥窘于江上，道乞食，志岂尝须臾忘郢邪？故隐忍就功名，非烈丈夫孰能致此哉？"

西汉大文学家刘向道："楚不用伍子胥而破，吴阖庐用之而霸。"

唐代著名史学家司马贞道："谗人罔极，交乱四国。嗟彼伍氏，被兹凶愍！员独忍诟，志复冤毒。霸吴起师，伐楚逐北。鞭尸雪耻，抉眼弃德。"

范仲淹道："胥也应无憾，至哉忠孝门。生能酬楚怨，死可报吴恩。"

司马光道："昔周得微子而革商命，秦得由余而霸西戎，吴国得伍员而克强楚国，汉得陈平而诛项籍，魏得许攸而破袁绍；彼敌国之材臣，来为己用，进取之良资也。"

王安石道："子胥出死亡捕窜之中，以客寄之一身，卒以说吴，折不测之楚，仇执耻血，名震天下，岂不壮哉！"

明代大思想家李贽道："伍子胥绝孝纯忠，惊天震地，楚之烈也。"

上述古人的言论有三个落脚点，分别是忠、孝、能。据此，我们应该怎样解构伍员呢？

其实，忠、孝、能都是形而上的大道理，在实践中会有各种各样不同的映射。

譬如忠。伍员心怀吴国，辛劳操持国务不说，还不顾夫差翻脸的危险，一而再再而三地犯颜直谏，不可不谓之忠矣。

但是，他为楚人时叛离楚国，后来还代表吴国的利益与祖国为敌，几乎给楚国带来了灭顶之灾；为吴臣时又寄子于齐，明显有悖身家与国俱在的人臣之义。你说这样的伍员，还能不能冠之以忠呢？

因此明代学者邵宝就说了："伍子胥孝知有亲而不知有国，仇一人而戕一国，卒之流毒宗社，不亦甚哉！"金代文学家王若虚则说："勇而无礼，为而不顾，既自贼其君，又贼人之君（指伍员推荐专诸刺杀吴王僚），员真小人也哉！"

又如孝。伍员历尽艰险逃脱楚平王的追杀，为伍氏存得一缕血脉，后来还费尽心血率吴军攻入郢都，驱王掘冢，为父兄报得血海深仇，不可不谓之孝矣。

但是，楚平王向他发出征召时，他在明知倘若自己不赴命则父亲必死的情况下，依然选择了逃亡。孟子云："孝子之至，莫大于尊亲。"伍员抛父弃兄独善其身的做法，算是尽的哪门子孝？

再如能。伍员仓皇逃楚，落魄就吴，而卒以客身掌握吴国权柄，挥师入楚，执仇雪耻，不可不谓之能也。阖闾和夫差两代吴君在伍员的辅佐下，意气风发，纵横江淮三十年间几无抗手，伍员不可不谓之能也。

但是，能的含义不仅仅指技能和韬略，它还包括心机和处世之道。伍员作为一个辅圣佐霸的军政复合型人才，最后却没能为自己谋个寿终正寝入土为安的结局，能的含金量只怕也要打个大大的折扣。因此诸葛亮就一针见血地指出："子胥长于图敌，不可以谋身。"

综上所述，伍员并非一个纯粹的人，简单地给他贴一个"高大全"标签的做法，往往是各种相关文艺作品用来塑造人物形象和制造矛盾冲突的技巧，倘若用于还复人物原貌，则没有体现历史唯物主义的精神。

就我个人的感受而言，切入点又不同。

伍员乃当世罕见的奇才，本可报效楚国，光宗耀祖，建功立业，达到修身齐家治国平天下的大境界。孰料奸人进谗，父兄遭戕，家破人亡，己不为君主所容，被迫离亲叛国，亡命天涯。

逃难途中，山穷水复疑无路，一夜白头过昭关，九九八十一难涉险，差一点儿就要籍籍归于尘土。

入吴之初，被闲投散置，空负乾坤变化之力，海债山仇却报复无门，心中的悲愤和焦灼只能强自按捺，内中煎熬。

助阖闾即位后，城吴治水，养兵蓄民，却是强盛了敌国仇族；伐楚攻郢，掘冢鞭尸，却是屠戮了同胞乡亲。造化弄人，实莫过于此。

托孤受命，将欲殚精竭虑，成就吴国霸业，却惨遭夫差疑忌，奸臣陷害，赤胆蒙冤，身陷浊流。

是故，我读伍员，未见其忠，未见其孝，未见其能，但见其苦。人生在世，倘若十事九逆，拂乱本心，那纵使曲折离奇，名动江湖，活着又有什么乐趣？

不过，虽然伍员是忠是孝是能还是苦众说纷纭，他的死却毫无疑问是吴、越争霸进程中的一个关键转折点——身为吴国擎天巨柱的伍员倒了，吴国这座大厦的外观虽然依旧雄伟，但整体坍塌已经只是一个时间问题而已。

上面花较长的篇幅讲述了吴国和越国间的此消彼长，这些因素框定了吴亡越兴的大局。此外，还有一个不容忽视的因素，策应了吴国衰亡的趋势。

该因素广泛存在于春秋时代中原主体族群弱势国家和边缘少数族群强势国家的纠葛中，我们不妨称之为"精神高贵的种族歧视"。

这个话题也是老生常谈了。

上一章讲述吴国和鲁国的外交互动时，我一再说过，身为华夏的鲁国，看不起作为蛮夷的吴国，只是被吴国逼得没有办法，这才不得不侍奉吴国。

弱国顺服强国是古往今来之常情常理，但在同样是"服"的表象下，"服"的内涵可以有很多种。

以春秋时代为例：有的是倾心仰慕，如宋襄公服齐；有的是有求于人，如卫穆公服晋；还有的是迫不得已，如郑文公服楚和鲁哀公服吴。

而迫不得已还可以继续一分为二：一是成服，二是初服。我们可以借由这两种情况略微感受一下"精神高贵的种族歧视"。

譬如郑文公服楚。

从初心来讲，郑国又不是没有华夷之防的觉悟，它鬼才想服楚呢！都怪楚国经年累月地蹂躏，各种皮鞭蜡烛绳索夹子，郑国反抗一次，楚国就打一次。

渐渐地，郑国的荣辱观被消磨殆尽，在痛苦地承受和痛快地享受之间，务实地选择了后者。

长此以往，郑国就把服楚当作了一种常态，不用楚国上道具，郑国也积极配合，甚至楚国疲软无力，郑国还主动问长问短。这就叫成服。

而鲁哀公服吴乃典型的初服。

其具体表现以及演变过程为：吴国说老子有道具，鲁国嗤之以鼻；吴国上道具，鲁国死去活来；吴国亮出道具，鲁国二话不说自己把自己摆平；吴国道具失灵，鲁国掩襟遐想我要不要从良；吴国道具失效，鲁国拉起裤子彼其娘之。

成服和初服的共同点在于：一开始的时候，弱国自恃种族优越，精神层面上抗拒或者蔑视强国，但强国用无差别的暴力手段迫使弱国在行动上服从强国。

成服和初服的区别在于：成服的弱国，是经过了强国长期反复打磨的，内心里种族优越感已经泯灭，习惯了或者说认同了对强国的顺服，强国即便状态不勇，弱国依旧唯其是从。

初服的弱国，屈从于强国的时间不长，内心里的种族优越感尚存，还没有完成"习惯"和"认同"的心理转化。

他们之所以顺服强国，主要是因为惧怕遭到强国的即时打击；而一旦强国失去了打击能力，那弱国就会毫不犹豫地挣脱束缚，和强国一刀两断。

鲁国对吴国的种族歧视与初服同理。

我是高贵的华夏，你是低贱的蛮夷，我歧视你是理所应当滴。但是我很怕你，所以我脸面上不公然歧视你，我把歧视藏在怀里，装作对你死心塌地。但假如你哪一天力有不逮，我绝对立地和你划清干系，我还是原来的我，你还是原来的你。

我们知道，鲁国在吴国的称霸战略中占有非常重要的地位。

从地缘上讲，鲁国是吴国北上河济的跳板和周转站，没有鲁国提供中继，吴国很难将军事能力无减损地输送到济水流域。

从外交格局上讲，鲁国服吴能在鲁国周边的各国诸侯中产生很大的示范效应——华夏可以服于蛮夷，从而帮助吴国较快地打开北方局面。

然而，凡事都要辩证地看。鲁国及其周边那些同为华夏族裔的诸侯在对待吴国时持相同或相近的立场，并不一定总是给吴国带来正面收益。

道理很简单。当吴国国势升腾时，华夏族裔的诸侯们固然会小心掩盖好种族歧视的思维进而不同程度地顺服吴国；但是当吴国国势沉降时，华夏族裔的诸侯们又会很自觉地重新操持种族歧视的思维，轻则将吴国唱衰，重则对吴国落井下石。

鲁国周边同为华夏族裔的诸侯主要有哪些？答曰齐国、卫国和宋国。

拜相继开挖邗沟和黄沟所赐，这四个华夏之国，目前都处在吴国的辐射范围之内。

其中，鲁国已被吴国连打带吓地收服，但心里装着一千一万个不情愿；齐国刚被吴国痛扁，双方交恶，尚无外交对话的可能；卫国和宋国虽未正面接触吴国，但能感受到吴国咄咄逼人的气场。

吴国要在黄池会盟诸侯，盟会的对象除了自己立志超越的晋国外，鲁、卫、宋三国也榜上有名。

至于鲁国周边远近的其他诸侯，从后来的历史记载看，并未参与黄池会盟。

为什么会是这样，我们不得而知，猜测原因不外乎四点。

一是吴国首次倡导盟会，更加注重效率而不是规模。

二是吴国扬国威于北方不久，不少诸侯还抱有观望态度。

三是晋国等北方大国暗中施加影响力，使得某些诸侯抵制了黄池会盟。

四是北方诸侯之间也有矛盾，不见得能坐到一张桌子前面来，譬如郑国就因为宋国侵略曹国，正和宋国打得不可开交。

吴国显然也对自己能否一炮打响有所顾虑，因此在正式盟会之前，特意找鲁、卫、宋三国进行沟通协调。

公元前483年夏，夫差在吴国的橐皋会晤鲁哀公。

夫差派伯嚭传话，要求重温五年前的吴、鲁鄫地之盟。

鲁哀公不同意，派子贡回话说："盟誓是用来建立信用的，我们要在心里敬畏它，用言行遵从它。寡君认为，既然有了盟约，就不会更改；如果盟约能够更改，那现在重温盟誓又有什么用？"

鲁国乃当世周礼正宗，学术精湛根底深厚，纸上谈兵的功夫天下从来不做第二人想。吴国只好讪讪地收回了重温鄫盟的要求。

可是吴国不死心。你鲁国说双方重温盟誓是徒劳无益，好，我辩不过你，那我换个方式，看你还有什么话说！

随即，吴国邀请鲁、卫、宋在今山东省莒县南的郧地会晤（郧地现为吴国所控制）。

看清楚了，上次是吴、鲁一对一，这次是吴、鲁、宋、卫一对多。吴、鲁、卫、宋四国在新的框架下搞一个盟约，你鲁国总不能再拿"重盟无益"当说辞了吧！

理想很丰满，但吴国万万没有料到的是，现实很骨感。

卫国国内对于要不要赴郧地之会意见不统一，有人支持，也有人反对。当吴国的使者且姚因（使者的名字叫"且姚因"）抵达卫国后，反对派抢先一步把他杀了。

话说使者是享有外交豁免权的，即便在战争时期，也有两国交兵不斩来使的规矩，这还是和平时期呢，你卫国把人家使者杀了是几个意思？

主管外交事务的反对派大夫子羽辩称："吴国正处在无道的时候，假使国君赴会，必然会遭受羞辱，千万别去。"①

子羽的话中，"精神高贵的种族歧视"的意味很浓厚，套用电影《唐伯虎点秋香》中秋香赏鉴唐寅作品的话说就是：这吴国争霸，的确是凭实力打拼出来的，可惜吴国始终是蛮夷，就算用兵强马壮来衬托，也无补于事，蛮夷就是蛮夷，绝对不会脱胎换骨变成华夏的！

义正词严，很精彩呀！

但大夫子木表示反对，他说："吴国正处在无道的时候，必定会祸害其他国家。高大的树木倒下，没有不压坏东西的；健壮的狗发疯，没有不咬人的。吴国是个大国，我们何必触怒它呢？"

子木的话里也有难以割舍的"精神高贵的种族歧视"，直将吴国比作倒木、疯狗。

不过他比子羽看得开一点儿。识时务者为俊杰，如果卫国和吴国顶着干，难保没有飞来横祸，还是先应承了再说吧！

公元前483年秋，吴王夫差、鲁哀公、卫出公、宋大夫皇瑗齐聚郧地。

夫差很高兴，你们平时一个个不都自视甚高吗？我还以为你们真的敢不来呢，看我怎么玩你们！

不过，夫差紧接着就发现，被玩的不是别人，而是他自己。因为，在卫方的串联下，鲁、卫、宋三方居然偷偷地搞了个小范围的会盟，同时又拒绝跟吴

---

① 杀且姚因可以表达卫国抵制吴国的立场。

方会盟。

夫差心里那把火呀，都快循着七窍九孔喷射而出了。杀我使者于前，放我鸽子于后，你是不是觉得生活太安逸啦？！

盛怒之下，吴方派兵将卫出公下榻的馆舍重重包围，逼卫方给个说法。

鲁、卫、宋三方是拴在同一根绳上的蚂蚱，卫方被吴国拔刀相向，鲁、宋两方也很紧张。

其中，宋国对吴国发作时的光景还只是耳闻，鲁国却是有着切身感受。鲁方知道，如果任由矛盾进一步激化，卫方固然会死得很难看，鲁方肯定也会吃不了兜着走。

于是，鲁方开始筹划转圜。未几，随鲁哀公而来的子贡，拜会了随夫差而来的伯嚭。

伯嚭骄横地说："寡君愿意侍奉卫君，但是他盟会迟到了（卫国之前不是为了要不要赴会而吵吵嘛，因而行程被延误了），寡君很害怕，所以打算留下他。"

春秋时代的语境语义哈，请大家在脑海中自行转换一下，可不要讶异伯嚭这厮说话怎的如此温和谦逊。

伯嚭直斥卫出公盟会迟到乃藐视夫差威仪之举，吴方要将卫出公扣留以示惩戒。

说实话，这一脚踩到了卫国的痛处。因为伯嚭讲的是实情，卫国正是因为以华夏自居，对吴国有抵触情绪，不甘听从吴国号令，故而姗姗来迟。

设想一下，假若将你放在子贡的位置上，你会不会有一种理屈词穷胸闷气促天哪我该怎么办的感觉？

有对吧？知道为什么会有这种感觉吗？因为你不是子贡。

只见子贡慢条斯理地说："盟会乃国家大事，卫君赴会之前，肯定要和大夫们商议。卫国的大夫，有的同意他来，有的不同意他来，这需要时间进行协调，所以他来迟了。"

看到这里，只怕观众都犯迷糊了。子贡你到底是在给卫国做无罪辩护呢？还是在帮吴国分析卫国的犯罪动因？

接下来就是见证什么叫舌灿莲花的时刻。

子贡侃侃而谈："卫国那些同意他来的大夫，是吴国的朋友；那些不同意他来的大夫，是吴国的仇敌。如果吴国扣留卫君，岂不是做了件友痛仇快的傻事？吴国的仇敌岂不是会因此而在卫国更加得志？（情景模拟：说了叫你别去，你偏要去，果然出事了吧，现在知道我是多么英明神武了吧？）况且，吴君在会见诸侯的场合扣留卫君，天下还有哪家诸侯愿意再会见吴君？吴国以后又怎么能够主盟称霸呢？"

明明是一次盟会迟到的外交事故，硬被子贡三言两语生生谱成了一曲卫出公冲破重重阻力赶来赴会的赞歌，而且还顺带给夫差穿了件皇帝的新衣，使得夫差投鼠忌器，不敢拿卫出公咋地。

现在把你放在伯嚭的位置上，你服不服？

服是吧？伯嚭也服。他转嗔为喜，非常欢快地下令解开包围，还卫国代表团以自由。

郧地的这次诸侯会晤，我们很难说谁是最后的赢家。

因为，经由吴国围卫释卫这么一闹，鲁、卫、宋三方都知道吴国不好惹，如果事态按照正常的情理发展，鲁、卫、宋三方应当同吴方举行一次盟会正式尊奉吴国为老大才对。

然而史籍中关于郧地之会的记载却在吴国释卫后戛然而止，也就是说，至少鲁、卫、宋三方作为一个整体，并未和吴国达成完全的妥协。

那么，吴国在郧地之会到底收获了什么呢？结合后来的历史记载看，仅仅是维持了鲁国对吴国的顺服。

因为，吴国构图中要参加黄池会盟的鲁、卫、宋三国，最终只有鲁国遂了吴国的愿。

至于卫国和宋国，我猜想，他们有可能在郧地对吴国做了某种口头上的承诺，应允不给吴国北上黄池添乱，通俗点说就是我不会帮你，但我也不会害你。如果真是这样，吴国肯定不会满意，但也不是不能接受。

从郧地归来已是公元前483年末，吴国又陆续联络了周王室和晋国，周王室和晋国皆应允与会。

至此，黄池之会的舞台已经搭建好，一场对时局有深远影响的精彩好戏即将隆重上演。

当然了，所谓精彩好戏，往往并不仅限于舞台上演员呈现的部分，舞台下观众的反应也足够抓人眼球。

常言道，你方唱罢我登场。舞台从来都不是专为了某个大牌而设，谁又知道下一站的天后将会是谁呢？

夫差，你听懂我说的话了没？

黄池遗梦之恨水东逝

在付出一系列艰辛的军事和外交努力并完成规模浩大的土方工程后，吴王夫差终于等到了他朝思暮想的和晋国当面较量的机会。

只要再翻过晋国这座天王山，夫差就将成为这个时代首屈一指的强者，进而在历史上留下浓墨重彩的一笔。

夫差的心情是如此急迫，为了尽快实现自己的梦想，他把会盟日期选在了公元前 482 年的春夏之交。

这个节点距离郧地之会结束有超过半年之久，留给会场布置以及与会各方赶路的时间都非常富余。那么，夫差选择这个时间点会盟，从哪里体现了"尽快"呢？

这就要牵涉到夫差对黄池之会的另一个心理企点：他必须尽最大的可能力压晋国成为盟主（此次会盟是没有预定盟主的，到时候吴国要争、晋国要保，双方无疑会有一番缠斗）。

而夫差要做到这一点，仅凭三寸不烂之舌肯定不够，在可以预期的范围内，秀秀肌肉掰掰手腕在所难免。

因此，夫差决定调集全国的精兵北上黄池，用雄壮的兵力为自己撑腰打气。

但是这样一来，又产生了一个新的问题。

前文讲述兵礼的时候，我曾经说过，春秋时代，各国一般等到秋收以后才发动战争。

这样做不是没有理由的。一来，它可以保证有充足的人力资源投入农业生产中去①，二来，它可以保证有充足的粮食支持军队打仗。

夫差调集全国精兵北上黄池，如此大兵团的远距离出击，虽说不是直奔打仗而去，但形式上也与打仗差不多了。

那么很显然，如果遵循"等到秋收以后才发动战争"的一般规律，夫差应该将黄池之会的时间延后到公元前482年的秋末或冬季才对。

因此，夫差不惜逆时而动也要选在春夏之交会盟，当然就是为了"尽快"了。

不过，我抛出夫差逆时而动这个话题，目的并非为了说明夫差不知礼，而是为了提请大家注意，在上一章列举的种种战略危机的基础上，夫差选在春夏之交北上黄池，又给吴国增加了新的风险。

而对于夫差来说很不巧的是，这些潜在的危机和风险，最后统统兑现成了血淋淋的事实。

公元前482年春夏交接之季，吴王夫差率大军经太湖—邗沟—泗水—黄沟—济水水道抵达黄池，与周卿士单平公、晋定公（也是带着大军来的）、鲁哀公聚首。四方开始磋商盟约。

说是四方，其实当事人就是吴、晋双方，鲁哀公是前来看热闹的民间代表，单平公是前来作公证的官方代表。别看与会的人少，班子倒是挺齐整的。

晋国作为一个享誉一百多年的老牌强国，虽然近些年来卿族之间相攻相杀导致国势下行，但一来它家底厚实经得起折腾，二来它衰退的表象下其实是权势从国君向卿族转移，相当程度的国家实力都得到了保存。

所以，尽管吴国志在必得，晋国又焉有将霸主之位拱手相让的道理？

于是乎，吴国和晋国在黄池之会由谁来主盟的问题上针锋相对，谁也不肯后退半步，双方陷入了僵持的状态。而且这一僵，说出来吓你一跳，就是三个多月。

历时三个多月的一场国际会议，这放在任何时候都是一件令人难以想象的事情，而黄池之会尤为甚。

你要知道，黄池并非一个城邑，会场就是在原野上临时搭建的一个处所，各

---

① 一年之中，基本上秋收以前的时间是农忙，秋收以后是农闲。

种后勤保障不可能完善。

如果参与黄池之会的人员寥寥，那后勤保障压力小，服务水平还能维持高位运行。

然而悲催的是，会聚在黄池的人比原野上那些滥情的野生动物还要多，吴国和晋国可都是带着好几万大军来的哦。

那么，你能想象这群丘八汉子在黄池死耗上三个多月后将会混乱成什么模样？

算了，还是别想了，那画面肯定太美，你不敢看。

尤其对于吴国来说，形势就会变得十分险恶。

因为，越国多年来一直图谋翻盘。如果吴军主力在国内镇守，越国不会轻举妄动；如果吴军主力短程或短期离境，越国也会顾忌重重；如果吴军主力长程且长期离境，那越国绝对会抄起家伙玩一票猛的。

黄池之会，吴国精锐尽出，又远离本土，偏偏还因为和晋国掐架而滞留异域不归，苦苦隐忍达十三年之久的越王勾践，还有什么理由不抓紧时间给夫差送去一个天大的惊喜呢？

公元前482年的六月十一日，勾践撕下平素卑贱温顺的面具，"乃发习流（即经过教习的流放罪人）二千人，教士（即正规军）四万人，君子（即亲兵或特训兵）六千人，诸御（即各级军官）千人"。

这么庞大的兵力就像一夜之间从地底冒出来的一样，在勾践的挥使下，杀气腾腾地扑向吴国。

周代有"三军"之说。按照"三军"的定义，一个军满员为一万二千五百人，一个诸侯国的军队根据不同情况可以最多维持三个"军"的规模（换算成兵员就是三万七千五百人）。

虽说后来礼乐崩坏，"三军"的制度没有得到严格执行，顶级大国如晋、楚、齐的常备军纷纷突破了三个军的限制，但是越国以一度濒临灭国的惨淡境地而能在短短十数年间就聚集起超过三个军的兵力，其"十年生育十年教训"的国策着实功不可没。

我相信，当吴人探知越国忽然搞出这么大的动静时，下巴一定掉在了脚背上。

越国兵分两路，一路由大夫畴无余、讴阳率军为先锋，勾践率大军继之，自陆路攻打吴都；另一路由大夫范蠡、舌庸率军自海溯淮，以阻黄池吴军之归路。

内行一看便知，这妥妥的是要围点阻援直取吴都的节奏。

根据《史记·越王勾践世家》的记载："吴国精兵从王，惟独老弱与太子留守。"这样渣的配置怎么抵挡得了越国的虎狼之师？

于是越国陆军那一路势如破竹，继横扫杭嘉湖平原北部后，又迅疾地突破了吴国的吴江防线。

吴江乃吴都的屏障，也是苏锡常平原和杭嘉湖平原的分界线。吴江防线失守，意味着处于苏锡常平原南部的吴都已经直接暴露在了越军的刀锋下。

情势危急，吴太子友率骨干臣僚大夫王子地、王孙弥庸和寿于姚去吴都南郊的横山上近距离观察敌情[①]。

王孙弥庸眼尖，突然发现越军的行伍中竟然有他父亲的旗帜，当下又气又急。

父旗为敌所夺，显见其父已为敌所杀。王孙弥庸哀父之亡，情难自已，愤然请命出战。

太子友不允，他郑重地告诫王孙弥庸："战而不克，将亡国，请待之。"

太子友的话是老成持国之语。越军厚重而健锐、吴军单薄而孱弱，双方实力相差悬殊，正面交锋的话吴军根本不是对手。方今之计，吴国唯有收缩兵力，固守吴都，以待夫差返旆救援。

可是王孙弥庸怒火攻心，气冲斗牛，父仇不共戴天，他一分一秒都不能忍。

在王子地的协助下，王孙弥庸私自召集了一支五千人的队伍，意欲主动出击和越军拼个你死我活。

看到这里，大家不妨使劲啐一口。

愈是危急的关头，愈要同心勠力共赴时艰，愈要沉心静气步步为营。

王孙弥庸和王子地这对活宝倒好，身负守国之重任，却背着主帅自行其是，而且为了逞一己之私而轻率地分兵作战，直将国事视作儿戏，脑子都让狗给吃了！

《孙子兵法》教导我们："十则围之，五则攻之。"按照这个理论值推演：将五千吴军放在吴都用于防御作战，越军得拿五万人来围攻才有胜算；而将五千吴

[①] 春秋时代多有横山之名，此横山乃今江苏省苏州市横山，非前文所述之今安徽省当涂县横山。

422

军用于主动出击，则只有把握战胜一千人的越军。

你说这五千老弱的吴军是应该拿去执行技术含量低的守城任务，还是应该拿去执行技术含量高的攻敌任务？猪都能给出正确的答案对吧？

再说了，吴国的兵力原本就很紧张，必须捏成一个拳头才能和越军周旋。

五千兵力对于此时的吴国而言不是个小数目，其边际价值非常高昂，倘若有所折损，余下的吴军一则胆气消沉，二则更加势单力孤，那接下来的仗还打个屁呀？

所以，当王孙弥庸和王子地决定私拉部队投入进攻时，吴国都城保卫战的一只脚已经踏入了非常危险的境地。

若说局势还有一线回转之机，那要么是王孙弥庸和王子地小宇宙爆发，仅用五千老弱之兵便将越国陆军全部击退；要么是夫差置盟会于不顾，或中途退会，或尊晋定公为盟主，总之赶紧从黄池抽身，率主力部队兼程倍道南下，冲破越军范蠡、舌庸那一路在淮河布下的阻击线，然后与太子友里应外合，解吴都之困厄。

先看王孙弥庸和王子地的动作。

吴军分兵出击原则上是一个错误的决定，但落实到操作层面上，又要具体问题具体分析。

王孙弥庸和王子地率领的五千老弱吴军是哀兵，兵员素质欠佳但气势饱满。

越军兵员素质优良，气势也饱满，但被吴军瞄上的这部分人马只是由畴无余和讴阳率领的越军先头部队，人数上比较吃亏，而且远道而来，估计体力上也有些疲乏。

双方各有长短，一拉一扯之间，实际战斗力倒也差不了太多。

六月二十日，五千吴军和越军先头部队在吴都近郊开战。吴军有如神助，一番生死搏杀后不但将越军击败，还阵斩越军指挥官畴无余和讴阳。

这场战斗遏住了越军高歌猛进的势头，也极大地提振了吴国的信心。

如果吴国留守政府接下来应对得当，那且不说就此扭转局面，至少可以迟滞越军的攻势，把战争的进程拉长，从而为吴国聚力反击赢得时间。

何谓"应对得当"？关键还是固守吴都。

"老师，为什么非得固守吴都不可？刚才王孙弥庸和王子地主动出击，不也取得了重大的战果吗？"

"叽叽，你这样想就属于典型的左倾机会主义了。王孙弥庸和王子地主动出击那叫冒进，得胜只是侥幸。侥幸的事情可一而不可再，勾践率领的越军主力马上就会跟过来，你以为观音姐姐的娘家是吴国的，每次交战都会给吴军点祝福技能？"

然而，吴国留守政府还真就被胜利冲昏了头脑，连之前持小心谨慎态度的太子友也产生了轻敌的思想。

他们大概认为，越军之所以能从边境一路滔滔打到吴都近郊来，不是因为越军特别能战斗，而是因为吴国在吴江以南的杭嘉湖平原压根儿就没有投入多少防御力量①；现在越军先锋居然被吴国老弱之兵击败，说明越军的能耐不过如此嘛，那我何必龟缩在吴都被动挨打呢，给勾践迎头来一棒岂不爽哉？

六月二十一日，勾践率大军赶到。吴方留王子地在都城守备，太子友、王孙弥庸和寿于姚兴冲冲地出城迎战。

俗话说得好，是骡子是马拿出来遛遛。吴方这一遛，就遛出了大麻烦。

在越军主力凶悍的攻击下，自我感觉良好的吴军彻底溃败，太子友、王孙弥庸和寿于姚一个不落地死在了战场上。

王子地孤零零地守着个偌大的吴都，当真是喊天天不应，叫地地不灵。

吴军的大部队都给太子友陪葬了，吴都城本身的物理结构虽然坚不可摧，但只剩下微末的一点儿兵力，怎么扛得住勾践来攻？难不成叫王子地化身美少女战士代表月亮消灭越军？臣妾做不到哇！

六月二十二日，吴都失守，勾践挥师入城。

二十五年前，吴军在楚国的都城搞风搞雨恣意作践，不承想，今日自己的都城竟也落得个在越军魔掌和铁蹄下辗转呻吟的结局。天乎？命乎？

不过等等，我前面不是说吴国还有另一线转机在于夫差返旆救援吗？这边厢吴都已经陷落了，夫差又在哪里呢？

答案前文已经透露过了。夫差与晋定公争当盟主，双方各不相让，导致盟会

---

① 吴国的战略重心在北方，又以为越国倾心归服，故而其部署在南部的防御只是做个样子。

迁延不决，夫差因而未能及时率吴军主力归国。

现在我们细细咀嚼一下"夫差未归"这个问题，其实里面还隐藏着另一个不容忽视的因素——情报的获取。

诚然，夫差醉心功名，不当上盟主誓不罢休，在黄池滞留的时间太长，给了勾践乘虚而入的机会。

但我们要看清楚，勾践起兵的日期是在夫差赴会的约两个月之后，这约两个月的时间里，吴、越关系表面上是平静的，夫差未料想到勾践会在背后捅刀子。

既然情报库中没有越国偷袭这档子事，那夫差自然会不计时间地和晋定公死磕了。

等到六月十一日勾践出兵，继而侵入吴国境内，远在黄池的夫差，肯定无法第一时间得知消息。

春秋时代没有电话，没有微信，也没有信鸽（中国要到明代才出现信鸽的雏形），传递情报速度最快的方式是骑马。

而信使骑马从吴都出发，紧赶慢赶，到达黄池起码也是旬日之后的事了。换句话说，受限于情报传递的时效，夫差无可避免地耽误了一些宝贵的救援时间。

至于夫差究竟在何时收到越国偷袭的情报，现在只能凭猜测。我觉得靠谱的情形之一应该是这样的。

吴国前前后后派出了好几波信使赴黄池报警，毕竟敌情在不断变化嘛。

夫差收到第一份写着越军入侵的情报时，越军实际上已经临近吴都城下了（注意，中间有个时间差）。

可能在夫差看来，越军跨越杭嘉湖平原北部以及横渡吴江尚需时日，因此夫差决定按兵不动，继续留在黄池和晋定公斗法。

紧接着，夫差向晋定公施加更大的压力，争取在最短的时间内夺得盟主之位。

随后，告急的情报又陆续从吴国传到黄池。换作一般人，估计是再也无法稳坐黄池的了。

这就好比赌徒甲在茶馆里诈金花，手里摸了一副似乎不错的牌，很有可能会扫台。可就在其他赌徒下注的当口，甲的老婆忽然撞进来跟甲说家里着了大火。你觉得甲是应该马上把牌一扔跑回家救火呢？还是应该马上把牌一扔飞回家救火？

但是夫差和甲不同，他是那种已经红了眼的赌徒，虽说闻警后心急如焚，但称霸的执念太深，同时又因为自己不断加码而判断晋定公服软的可能性越来越大，因此将心一横，咬牙决定再坚持一下，赌自己能赶在吴都陷落之前搞定晋定公。

而实际上，此刻吴都已经陷于越军之手。

七月初，夫差收到了吴都陷落的确信。接下来该何去何从，是一个折磨夫差神经且考较夫差智慧的难题。

可以明确的一点是，夫差争当盟主的心愿非但没有动摇，而且更加迫切。

没有动摇是因为：夫差辛辛苦苦十几年，图的就是这点儿念想，而且还付出了都城失陷的惨重代价，他要是空手而回的话，有什么脸面去见江东父老？即便江东父老愿意继续奉他为王，他又怎么给自己一个交代？

更加迫切是因为：以前吴都没有陷落，他还可以用吴都化险为夷的幻想来作为自己继续留在黄池跟晋定公打持久战的理由；现在吴都已经陷落，幻想的泡沫破裂，打持久战的理由没了，他必须立即将盟主之位拿下，然后赶回国内驱逐越军，毕竟在黄池耗的时间越长，越军对吴都的破坏就越大。

此外，夫差很担心越国袭击吴国的消息在黄池传播扩散。

因为，倘若自己的僚属知道了①，必然士气涣散，军心动摇，没准还会自行崩溃。

倘若晋国方面知道了，那他们必然会在谈判时强硬到底，管你夫差各种催逼，我一概置之不理，反正后院失火的是吴国而不是晋国，我看你能拖到几时。

为了防止消息走漏，从吴国赶来报信的使者，夫差接见过后便亲手杀死在中军大帐里，来一个杀一个，一连杀了七个，局势之严峻，心理之紧张，由此可见一斑。

七月五日，夫差召开御前会议，商讨应对之策。明天，他将要和晋定公再次举行会谈，是去是留，必须做个决断了。

大夫王孙雒说道："面对危局不能转为平安，面对死亡不能求得生存，那就

---

① 主要指广大的中下级官员和士兵，夫差的核心圈肯定知情。

不能称作高超的智慧。每个人生来都怕死而希望富贵长寿，在这一点上，晋人和我们是相同的。晋人距离本国近，有退却的余地；我们距离本国远，没有退却的可能。由此可以推断，晋人绝不会和我们拼死一决。所以，我们今天晚上一定要做出攻击晋军的姿态。请君王激励士卒，振奋军心，不吝高官厚禄之赏，不惜严刑酷法之罚，使将士俱各奋勇争先。届时晋人不敢应战，必惧而将盟主之位让给我们。而我们执掌了盟主的权柄后，即以年成不好为由，不责求诸侯进献贡赋，哄得他们先行回国，诸侯们定会欣然从命[1]。待诸侯们都离开以后，君王可以许诺让那些用命的将士在江淮一带得到封地，然后一天紧走，一天慢走，最终安安稳稳地回到吴国[2]。"

高！实在是高！王孙雒的见解可谓瞻前顾后，张弛有道，为焦头烂额的夫差提供了夺盟和回救的一揽子解决方案，令人拍案叫绝。

夫差依其言，遂严饬再令，吴军乃严装饱食，厉兵秣马，迅速地展开了行动。

当天午夜，沙场点兵。

全体吴军人衔枚，马勒口，左中右三军皆排成齐整的方阵。每个方阵中，一百名士卒排成一行，共一百行。

每行由一名官帅率领（官师是一种比大夫级别低的官员），抱着金属做的大铃，捧着士兵名册，旁边立着幡旗和犀牛皮做的盾牌。

每十行由一名下大夫率领，竖着旌旗，提着战鼓，挟着兵书，拿着鼓槌。

每百行由一名将军率领，竖着日月旗，支起战鼓，挟着兵书，拿着鼓槌。

中军的方阵，将士都穿着白色的下衣，打着白色的旗帜，披着白色的铠甲，带着白色羽毛制作的箭，"望之如荼"[3]。夫差在方阵中间站立，手中执钺，身旁竖着白色的军旗。

左军的方阵，将士都穿着红色的下衣，打着红色的旗帜，披着红色的铠甲，

---

① 让晋定公先撤军，可以避免夫差撤军时遭晋军掩杀的不测之祸。

② 王孙雒之前曾经提醒过夫差，无论如何不能显露败象，否则淮北那些畏惧吴国和依附吴国的、骨子里以高贵种族自居的诸侯有可能跳梁或倒戈，进而在黄沟和泗水的两侧袭扰吴军。而如果吴军一天接一天地紧走，无疑会显露出惊惶的迹象，从而诱发淮北的诸侯作乱。

③ 荼有两解，一指苦菜，二指茅草的白花。此处作二解，"望之如荼"即远看像一片白色的花海。

带着红色羽毛制作的箭，"望之如火"（即远看像一片红色的火海）。

右军的方阵，将士都穿着黑色的下衣，打着黑色的旗帜，披着黑色的铠甲，带着黑色羽毛制作的箭，"望之如墨"（即远看像一片黑色的云海）。

准备就绪后，这披坚执锐的三万吴军便雄赳赳气昂昂地向前进发，至鸡鸣时摆定阵势，距晋军营地仅有一里的路程。

夜风拂过，吴军将士筋虬肉结，箭在弓，戟在手，唯余军旗猎猎作响。

俟天色微亮，夫差当先擂响军鼓，随即军中鼓声暴作，三军将士亦奋力呼喊。鼓声与人声相合，震天动地，如巨浪般朝着晋军营地奔腾而去。

晋军睡眼惺忪间骤然接警，心里叫苦不迭，一个个从帐篷中迸窜而出，歪七倒八火烧火燎地赶赴战位。

好一阵慌乱过后，晋国大夫董褐奉命到吴军阵前询问，中心思想就一句话：不是说好今天会谈的吗，你们张牙舞爪地到底想干吗，还能不能一起快乐地玩耍啦？

夫差冷峻地说："眼下周王室衰微，外姓的诸侯不纳贡，本姓的诸侯也不施援，周天子连祭祀天地鬼神的牺牲都匮乏，不得不向吴国告急，是故我邀请晋君在此共商大计。如今，晋君不为周天子分忧，非但不去征讨藐视周王室的戎、狄、楚、秦等国，而且不遵从长幼的礼节，攻打同姓的兄弟之国。我克承先君的功业，超越先君我不敢，不及先君我也不愿。现在盟会的日期临近，我深恐有负周天子的重托而被诸侯耻笑。究竟是我屈从晋君，还是我战胜晋君，都决于今日。我将亲自在军营外听取晋君的答复！"

夫差的这番话称得上是精彩至极了。

他巧妙地把吴国争霸的真实意图和"尊王"的虚幻使命糅合在一起，在道义上已稳居不败之地；进而斥责晋国空负大国宗亲之名，尸位素餐，监守自盗，执法犯法，根本就没有争当盟主的资格；最后夸耀吴国的武功，对晋国进行赤裸裸的武力威胁，而且还限时要求答复，不给晋国任何回旋的余地。

周遭的吴军将士鲜衣怒马，刀枪明晃，气势如虎。在他们的簇拥下，这一刻的夫差，威风凛凛，宛若天神下凡，具备了操纵人间生杀予夺的能力。

董褐察言观色，未与夫差抗辩，审慎地说了几句场面话，便心事重重地返回

428

晋军大营了。

董褐向晋定公复命后，又找到军中主事的赵鞅，详细汇报了自己和夫差交涉的所见所想。

他字斟句酌地说："我观察吴王的气色，似乎为忧患所困扰。从小的方面说，可能是他的宠妾或嫡子死了，不然就是国内突生变乱；从大的方面说，很有可能是越国已经攻入了吴国。被逼到困境的人通常都会极其残暴，与这样的人作战是非常不明智的。为了稳妥起见，我建议还是让吴王先歃血做盟主吧；但是，我们不能无底限地顺从他，必须提出限制条件以作为交换。"

赵鞅深有同感。于是，晋军大营一番紧急商议过后，董褐奉命再次出使吴军。

夫差远远地望见董褐轻车数从而来，表面上努力装作威严和镇定的样子，其实心已经跳到了喉咙口。这种感觉不是害怕，而是一种患得患失的巨大紧张。

倘若董褐带来的信息是晋国认怂，那夫差不但夙愿得偿，而且终于从首尾难顾的煎熬中挣脱出来，可以立即返旆救援吴都。

而一旦董褐带来的信息是晋国针锋相对，那吴军箭在弦上不得不发，必然要和晋军做生死搏杀，强制分出高低，结束这场旷日持久的盟主争夺。

如果吴军失利，那夫差两头失手，血本无归，就此跌入十八层地狱；纵使吴军获胜，那必然也是杀敌一千自损八百的惨胜（毕竟晋军的战斗力也非同小可），夫差即便勉强夺得盟主宝座，但兵力已经严重残损，返旆回援也成了水月镜花，依然还是没有归路可言。

董褐的车渐驰渐近，夫差不由得暗暗祷告，祈求满天神灵给予保佑。我夫差且不说精诚所至，起码也是念兹在兹心血倾注吧，成全一下下有那么难吗？

从晋军大营到吴军阵前，董褐仿佛只走了一秒钟，又仿佛走了一个世纪。在夫差忐忑的目光中，董褐下车、前行、见礼，犹如宣判一般开启了口齿。

夫差定了定神，一双汗淋淋的手不知不觉攥紧了马车的扶栏，只听得董褐谦逊地说道："寡君畏惧您的军威，不敢现身以见，特地派我前来复命。"

夫差长长地嘘了口气，心中的千钧重担落了地。他合了合眼，舒缓一下紧绷的神经，颔首示意董褐继续说下去。

董褐也不是一味示弱，他侃侃而谈①："如您所言，眼下周室衰微，诸侯失礼，您准备用龟甲占卜（古人常用火烧龟甲以预测祸福），恢复（周）文王、（周）武王时期的纲常。孤接近天子（晋国和洛邑地理位置相邻，晋国当局和周王室的互动也相对比较频繁），时常听闻天子的训导：'以前吴国的先君从不失礼，一年四季必定率领诸侯前来朝见。'孤见贤思齐，没有逃避未匡扶礼仪之罪责的理由。如今吴国有蛮、荆的威胁，不能延续先君朝聘天子之礼，所以天子命令晋国效劳辅佐周室、并邀集同姓的兄弟（指姬姓诸侯国）朝聘天子，消除天子的忧虑。现在您的权威覆盖东海，僭越的名声已经传到天子耳中。吴国虽然倡设礼仪之防，可您自己却逾越了，那又怎能苛求蛮、荆之人以礼仪来尊奉周室呢？天子当初授予诸侯命圭时早已定制，称吴国的国君为"吴伯"而不称"吴王"②，但吴国国君以"吴王"自居，所以诸侯们纷纷疏远吴国。诸侯中不可以有两个盟主，周天下也不可以有两个王。您如果不冒犯天子的尊威，以后以"吴公"自称，那孤怎敢不顺从您的命令而让您先歃血主盟呢！"

董褐的这番说辞，可谓绵柔寸劲，收放自如。

说辞的前段，董褐结合周天子的训导及吴国与楚、越交恶的事实，既称赞了吴国先君尊奉天子的往事③，又直言不讳地指出吴国因专务霸业而荒废了朝聘天子之礼，还陈述了晋国为周王室奔走效劳的功绩，反驳了夫差的吹嘘和指责，维护了晋国的形象和尊严。

说辞的后段，董褐以子之矛攻子之盾，揭穿吴国说一套做一套的行径，有力地对冲了晋国退出盟主之争所带来的折辱。你吴国既然口口声声要倡设礼仪之防，为什么置周天子定吴国国君爵位为伯的命令于不顾而妄自称王呢？到底是你秀逗了还是你以为我们大家都秀逗啦？有你吃相这么难看的吗？以德服人的道理都不

---

① 此乃董褐代晋定公传话，故下述言辞使用了晋定公的口气。

② 关于吴国的爵位，依《春秋》系列史籍的说法为"子爵"，依《国语》的说法则为"伯爵"。本书以《左传》为主要叙史依据，一般采信"子爵"的说法。但董褐会夫差的情节出自《国语·吴语》的记载，是故此处照搬了"伯爵"的说法。

③ 这其实是欲加之美何患无辞，目的是顺承夫差之前自我褒扬的谈话氛围，为自己后续输出攻击性语言在夫差心里预先建立一个缓冲区。讲真，吴国建国六百多年来一直是个化外之邦，其先君哪有什么尊奉天子之举？

懂你还怎么出来当老大？好在我们是很有风度的，如果你自行去除王号而以诸侯自称，那晋国为了凸显尊王的正能量，可以考虑将盟主之位让给你。

夫差听得很专注，嘴角偶尔抽动，有时候是欲辩还休，有时候是微露笑意。当董褐陈词完毕后，夫差几乎不假思索地表态：就这么办！

夫差不笨，并非对董褐话语中的讥刺麻木不仁，但是很显然，如果晋国愿意屈居吴国之下，那吴国任晋国发几句牢骚又有何妨呢？丢一个虚的吴王之号，得一个实的盟主之名（这个盟主之名可是连晋国都签字画押承认的，含金量相当高），人要懂得知足嘛！

随即，黄池与会四方正式歃血定盟。在周王室特别代表单平公及鲁哀公的见证下，夫差首歃，晋定公次之。

从制式标准来说，我们不能将黄池之会的盟主夫差视为春秋霸主，毕竟少了具有标志意义的天子特赐的胙肉、弓矢和车马，而且现场也没有一众诸侯齐聚众星拱月的盛况。

然而从崛起历程来说，吴国接连镇楚、制越、击齐、服晋，仅用了短短两代人的时间便将当时排得上号的中原列强挨个压在身下，这种实力、这番作为、这份荣耀，整个春秋时期都无人能出其右。夫差倘若以春秋霸主自居，我们也不能嘲讽他自吹自擂言过其实。

但是从可持续发展的角度来说，夫差的权势还够不上霸主之名。

因为，夫差一直没有理顺吴国的战略行进步骤，没有管控好越国这个战略大后方，吴国的拓殖和扩张始终带着高危运行，基础不牢，地动山摇。

打个不恰当的比喻。吴国的霸业像一只气球，越国的威胁就像一根针，哪怕吴国费尽心力把自己做到最大，只要越国还在，吴国就难逃轰然破碎的结局。

前文一而再再而三地讲过，吴国最科学的战略规划必须是首先灭掉越国，完整占有狭义上的江东地缘板块，再心无旁骛地逐鹿中原。

可是夫差养虎为患，接二连三地将越国置之死地而后生，又接二连三地被越国打乱争霸中原的进程，真是让人哀其不幸怒其不智。

夫差以往处置越国事务时犯的傻吃的亏我们就不重复批判了，毕竟他那时候还有资本试错，也有机会改过。

但这一次不同，吴国的国力经由夫差多年的消耗和挥霍，已经严重透支，至黄池之会时恰好处在一个临近失去平衡的点上。

也就是说，若非越国在吴国屁股后面狠狠地捅这一家伙，夫差从黄池载誉而归后，至少还拥有一个安居的环境，如果他愿意的话，可以静静地休养生息，不动声色地充盈吴国的骨肉和气血，只需缓得几年下来，吴国仍然是一条硬朗汉子。

但越国的背后突袭，将吴国躯体内潜伏的病灶激化成了开放性的功能损伤，极大加深了吴国积重难返的程度，也就此打破了吴国的内外平衡，使得吴国很难再度聚集起驰骋中原甚至是对抗越国的国力。

更为要命的是，越国在此次重创吴国后，又不断地对吴国施以敲打，使吴国长期处于失血的状态。

吴国久病不愈，越拖越羸弱，又无别国施以援手①，只能生生地坐以待毙。

以上文字是对吴越之争尾声的概括性描述，其效果等同于猪八戒吃人参果，好处在于快进了剧情，坏处在于没有细细品咂个中的滋味。所以，我们还是接着夫差夺盟的话头继续往下掰。

搞定晋人后，吴军启程回国。

因为担心途经泗水时遭遇齐国和宋国的袭击，夫差特意抽调一支劲旅，以借道为名先行穿越宋国。这支吴军精锐在经过商丘时，故意焚烧了商丘北面的外城以示威慑。

与此同时，夫差又派员向鲁国借粮。

没办法，吴国赶在秋收前出兵黄池，筹措的粮食难免会打点折扣；加之又在黄池盘桓过久，携带的粮食想来已经所剩无多。

此行回转，必须将越军驱逐出境，十有八九要打硬仗。这人是铁饭是钢，一顿不吃饿得慌，吴军再勇猛再急切，倘若粮食难以为继，你总不能指望他们单凭怨念就把越军赶跑吧？

诚如前文所言，在春秋时代，借粮历来就是强人所难，成功的概率相当不容

---

① 中原大国如晋、楚、齐皆与吴国不睦，淮北那些与吴国为邻的、以鲁国为典型代表的华夏族裔诸侯又戴着种族歧视的眼镜隔岸观火。

乐观。

鲁国表面上看起来虽然对吴国很顺服，但夫差也情知，今时不同往日，自己的老巢都被越国端了，行情一片看跌，精神高贵的鲁国人不落井下石就够意思的了，借粮什么的别要求太高行不行？

有鉴于此，夫差并未直接与鲁国政府交涉，而是派了一个叫申叔仪的大夫去向鲁国大夫公孙有山寻求帮助。

申叔仪和公孙有山是旧友，交情不一般。

公孙有山有心帮申叔仪一把，但仅凭个人之力不可能搞到很多粮食，而且还怕被朝廷发现，于是偷偷摸摸地弄了一批粗粮给申叔仪，多少弥补了一下吴军粮食的短缺。

吴军在使尽浑身解数，这边厢，越军也没闲着。

自六月二十二日勾践率陆军攻破吴都之后，由大夫范蠡、舌庸率领的舟师也开始从泗水入淮口沿邗沟南下，与勾践会师（越军舟师的作战任务是迟滞吴军回救，为勾践攻取吴都提供充裕的时间。现在勾践已经拔下吴都，舟师的任务也就完成了）。

由于夫差采取了一天紧走一天慢走的撤军策略，因此行进的速度很不理想。吴军约于七月中旬启程回国，在正常情况下不到一个月就能抵达吴都，但这一次估摸走了近两个月。

这样一来，吴军的路途安全倒是得到了最大保证，但越军也正好趁此机会在吴国的土地上尽情肆虐，其舟师沿途停靠，一路劫掠两岸的资财；陆军则在吴都烧杀搜刮，直至十室九空，寂寂如野。

大概在公元前 482 年秋冬之际，夫差终于见到了吴都的轮廓。

是的，见到了吴都的轮廓，只是一个轮廓而已。夫差离开仅仅半年，吴都已经被越军摧残得不成样子了。

此时，越军的陆军和舟师已经合兵一处，在吴都城中全装惯束，严阵以待。夫差率领吴军远道而来，风尘仆仆，虽然恨意盈胸，奈何将士俱各疲敝，倒也不敢轻易攻城。

双方隔着一道城墙相互对峙，尽管没有发生火并，但情势显然对亟待修整的吴军更加不利。

夫差思度再三，决定主动向勾践求和，先把越军弄走再说。

这样做虽然很丢面子，但识时务者为俊杰，吴军现在最大的愿望就是赶紧回家收拾残局。说句不好听的，再迟一点儿，恐怕家里的死人都要烂得不成样子了。

勾践见吴军阵势俨然，自忖没有将其击败的把握。反正越军在吴国境内恣意妄为，各种乐呵爽够了，再待下去也不会产生更多的收益。思及于此，勾践接受了夫差的求和。

但是，城下之盟从来都不是那么好签的哦。夫差为此向勾践额外交付了一大笔财货作为战争赔款，才把这群活祖宗给请出去。

公元前 482 年冬，吴都，越军退场，吴军进场。

看着眼前这熟悉而又陌生的城邑，夫差顿生一种宛若隔世的时空错乱感。君臣气血淤胸，无言以对。那一年的冬天，一定格外寒冷吧！

越国经由此次袭吴，深刻改变了以往吴强越弱的局面。

吴国最大的损失不在于越军长达三个月的烧杀劫掠，也不在于签署城下之盟时被迫进献的大量财货，而在于，越军携得胜还朝之势占据了原本属于吴国的杭嘉湖平原北部。吴越两国从此以吴江为界。

现在我们来盘点一下吴国和越国各自的主要势力范围。

吴国的核心领地是苏锡常平原，此外控制了江淮平原东部，另淮北有零星的军事据点。

越国的核心领地是宁绍平原，此外控制了整个杭嘉湖平原，另东南丘陵浙江段的北部是越国的祖地。

从具有高开发价值的土地面积来算，吴国的势力范围要大于越国[1]。但我们不能忽视另一个重要的因素——开发程度。

江淮平原东部与苏锡常平原有长江天堑相隔[2]，在邗沟未修成之前，吴国要想开发江淮平原东部，其人员物资的周转运输非常困难，这也就不可避免地造成江

---

[1]　越国的东南丘陵浙江段北部不适宜耕作，故未计算在内。

[2]　其实还有东海相隔。因为当时的长江入海口在镇江一带，长江湾和杭州湾一样，也像一个横置的大漏斗，东海因之呈楔形深入江淮平原东部与苏锡常平原之间。

淮平原东部的开发程度较低。

而杭嘉湖平原地处苏锡常平原和宁绍平原之间，三者同属狭义的江东地缘板块。以往在吴国和越国的共同治理下，杭嘉湖平原的开发程度已经颇高。

换句话说，吴国土地的总开发价值较大，但目前能提供的即时效益较小；而越国土地的总开发价值较小，但目前能提供的即时效益较大。

所以，吴国接下来要做的，理论上应该是赶紧开发江淮平原东部，将发展潜力迅速变现。

而越国接下来要做的，理论上应该是赶紧整合杭嘉湖平原北部，毕竟这块地打从吴国手中抢来，地虽是熟的，人却是生的，越国必须迅速建立起行之有效的管理体系。

至于吴国的目标和越国的目标哪一个更加容易达成，史书上没说。据我推测，越国应该会快一点儿。

因为，吴国要在江淮平原东部生聚人口、耕作土地、兴修水利等，都是不能取巧的实打实的工作，耗时漫长。

而杭嘉湖平原北部本来就非无政府管理的处女地，越国只需接收吴国旧有的管理体系，再委派官吏加以补充完善就行了。鉴于当时的行政管理总体水平不高，越国要想把杭嘉湖平原北部的管理体系恢复到吴国治下的水平，还是比较轻松的。

这也就是说，只要稍假时日，越国的国力必将超过吴国。那么，"稍假时日"到底是多久呢？答曰：四年。

在越国袭吴之战后（即从公元前482年冬开始计时）的四年内，吴越两国都保持了一种外松内紧的状态，双方休兵，埋头苦干，越国谋图进击，吴国谋图自卫。时间就是生命的奥义于此体现得淋漓尽致。

我们都看到，吴国的态势更加窘迫，更加需要安宁的国际环境以便关起门来专心调养。然而，吴国未灭越而先伐楚的战略失误又补刀般地开始发挥诅咒效应了。

公元前480年夏，楚国令尹公子申和司马公子结率军伐吴，兵至桐汭①。

---

① 桐汭是太湖西边的一条河，起于今安徽省广德县，呈东南—西北流向，止于今安徽省马鞍山市东。楚军行进到桐汭何处已不可考，肯定进入了广义的江东地区，但离吴国的核心地域还有些距离。

这件事情给吴国带来了一定的威胁，吴国遂于一年后的公元前479年夏攻打楚国，兵至今安徽省颍上县的慎地。

慎地位于江淮平原中部偏西一点儿，历史上就是吴楚两国反复交兵争夺的处所。

公元前506年时，吴国曾通过柏举之战将楚国的势力从江淮平原中西部逐走，进而控制了慎地。后来在地缘格局自然调整的背景下，吴国因为战线拉得过长而被迫东退，慎地又重回楚国之手。

现如今，慎地乃楚国东境的一个边邑。吴国打到这个位置，我们该如何评价呢？

首先是不应该。

无论吴国出兵慎地的考虑是进攻性防御，还是报复性攻击，都是一种基于战略失误的战术选择。吴国当前的死敌是越国，当前的要务是培元固本。

楚国的袭扰虽然恼人，但暂时不会致命，吴国应该沉心静气，五音不破，五色不侵，忍辱负重，骂不还口打不还手，甚至主动向楚国割让江淮平原中部的土地（反正那些资源吴国迟早守不住），尽量缓和吴楚间的局势，集中精力和越国周旋。

其次是划不来。

慎地和吴国本部之间没有十万八千里也有五万四千里，吴国以积病之躯行此远征，不说伤筋动骨，起码也会导致气血翻涌，无疑有害于国力的恢复。

更何况，吴国攻打慎地是一场孤立的战役，既没有前戏也缺乏后招，即便占据了慎地，楚国也不痛不痒，楚进吴退的大势也不会改变。吴国赔本赚吆喝，空忙活一场。

再次是没好报。

以前讲伍子胥入吴的时候，我提到过，楚国的太子建有个儿子，史称白公胜，因牵连于太子建而流落吴国。

白公胜淹留吴地，约公元前487年时又被楚国迎了回去，并封邑于白地。恰值此次吴国入侵，白公胜奉命率军抵御，并在慎地将吴军击败。

吴国真是屋漏偏逢连夜雨，船迟又遇打头风啊！

436

总之，吴国和楚国的这一轮较量，对吴楚间的竞争态势没有影响，但对处在越国虎视眈眈之下亟待凝心聚力的吴国却是极大的伤害。

两千五百年后的今天，我隔着厚厚的史书都能听到吴国风雨飘摇的声音。

所谓"自助者天助之，自弃者天弃之"，吴国于此岌岌可危之际兀自不知死活，越国也就老实不客气了。

公元前478年（吴国袭楚的次年）的三月，厉兵秣马已历四年的勾践，向吴国发起了猛攻。这一次，他要堂堂正正地和夫差较量一番。

伍员不是说过吗？"越在我，心腹之疾也"，"壤地同"，"越不为沼，吴其沴矣"。伍员对越国如此抬举，我勾践若不能效验伍员的预言，岂不会叫天下人看了越国的笑话？

越军来势汹汹，吴国丧失了杭嘉湖平原北部的纵深，其水师亦不复堪用，只能在吴江北岸陈兵设防。

吴江旧名笠泽，故此战又被称作笠泽之战。

这里要特别说明一个问题。吴国水师向来称雄于天下，套用一句时髦话，吴人连上个厕所都恨不得开船去。为什么在笠泽之战的紧要关头，吴国不派水师封锁吴江以阻止越军的进攻呢？

这个问题的答案，各种文献资料中有两种说法。一种说法是越国趁黄池之会袭吴时，掠走（或是毁坏）了吴国遗留在国内的战船。另一种说法是吴国经年累月用兵，其水师（包括将士和战船）因战损而消耗殆尽。

说实话，这两种说法我都不以为然。

先看第一种说法，战船被掠说。

夫差赴黄池会盟，就其携带的兵力而言，堪称空国远征。这茫茫多的将士，得用多少战船才能装载得下？

当然，没人能够给出确切的答案。但以常理度之，无非分两种情况，一是将吴国的战船近乎全部征用，二是将吴国的战船征用一部分。

如果是第一种情况，那吴国的战船来去始终在吴军的脚下，越军无从掠走。

如果是第二种情况，那未被征用的战船肯定会被越军掠走。但是，你要想一想，掠走了又如何？被征用的那部分战船既然足够运送吴军"空国远征"黄池，难道就不足够运送吴军封锁吴江？

所以，第一种说法逻辑上是讲不通的。

再看第二种说法，水师战损说。

战争（尤其是大战和战败）确实是一种对人员和装备高效损毁的行为方式，吴国这些年来也确实四处用兵。

但我们从距今十六年前（即公元前 494 年）的夫椒之战开始盘点，可以发现，吴国近年来的历次军事行动鲜有败绩，其战船除了参加夫椒之战外其余时间都只是用作后勤运输。

这就是说，吴军将士和战船的战损率是较低的，即便在个别场合（如夫椒之战和艾陵之战）战损较重，也有充足的时间来补给和重建。

这个结论我们可以通过公元前 482 年的黄池之会得到验证。当时，夫差摆出了气势雄伟不战而屈晋人之兵的三万人方阵，而且这些精兵后来都乘船而归。

显见，直至公元前 482 年时，吴国仍然可以组建一支实力不凡的水师。

那么，从公元前 482 年到笠泽之战爆发的公元前 479 年，这才四年的工夫，吴国的水师都去哪儿了呢？或者问得更加细致一点儿，到底是兵没了，还是船没了？

首先我们可以排除，肯定不是兵没了。你看看，吴国的将士正密密麻麻地堆在吴江北岸上等着越军抢滩登陆呢。

这样算下来，只可能是船没了。

那船呢？从公元前 482 年到公元前 479 年之间，虽有吴楚互伐之战，那也都是陆战而不是水战对吧，吴国的战船难不成插上翅膀自己跑到九霄云外去啦？

这个问题一度把我搞得神魂颠倒。当我最终找到一个自认为比较合理的解释时，我发现，要解答这个问题，仅仅拥有缜密的逻辑思维能力是不够的，还必须要有丰富的生活体验。

说起来也是偶遇。

有一天，我看到一期讲民间手艺的电视节目。

师傅是一个县域内唯一做圆木家具①的人，他在节目里忧叹圆木手艺恐怕会

---

① 圆木家具，指那些用木做的盆子、桶子、筒子等圆形的家用器具。

失传。

因为，圆木家具本身就难做，而制作圆木家具所需的工具更加难做①。现在人们都用上轻便精美的金属和塑料家具了，没人愿意学圆木手艺。师傅迄今没有传人，一旦歇手，那套宝贝工具连同制作技术便会湮没在时间的长河里。

这期电视节目给我的启示就是：既然制作结构简单的圆木家具都如此难、如此需要技艺的传承，那制作结构超级复杂的战船岂不是更难、更需要技艺的传承？

我们想一想，吴国的战船作坊都集中在吴都，生产战船的技术工人和专用工具也集中在吴都。那公元前482年越军攻入吴都之后，肯定会破坏作坊，掳走或杀掉技术工人，掠走或毁掉专用工具，彻底摧毁吴国的战船生产能力。

在失去了战船生产能力之后，纵然夫差从黄池带回来的那些战船还可以继续使用，但作为一种作战装备，战船也是需要保养和维修的吧？那好，请先提供工人和工具。

提供不了是吧，或者说供给严重不足是吧？那好，吴国的战船只能疲劳使用、带病使用，越用越坏，越用越少，四年过后，便无船可用了。

设想一下，如果吴国还能够拼凑出一支水师的话，那可以尝试封锁吴江，吓阻越军渡江。

如果越军强行渡江，那吴国水师也能予以越军重大杀伤，使得越军即便冲破封锁线而在北岸登陆，也无力继续深入吴境。

再不济，吴国水师可以在吴江中快速机动，上下巡查，及早发现越军的渡江路线，为吴国陆军的防御提供预警。

然而，一切只是设想。失去了水师的吴军，现在只能在吴江北岸被动防守，何时打，怎么打，都由越军说了算。

好在即将展开的笠泽之战是越军渡江登陆作战，倘若吴军扼守渡口，不给渡江而来的越军以从容集结布阵的机会，那吴军的胜率依然可观。

---

① 制作圆木家具需要用到一套特别的工具，这套工具没地方买，都是一代代圆木师傅积累前辈的技术再结合自己的感悟手工制作而成的。如果没有这套特制的工具，圆木活就无从下手。

我是这么想的，吴军也是这么做的。越军呢？越军当然也清楚抢滩登陆非常不利。为此，勾践动起了脑筋。

经过一番周详的筹划，一个两翼出击、中心开花的战术在勾践脑海中清晰起来。

三月某日，黄昏。勾践将全军分为左中右三部，左右皆为偏师，中军担任主攻。

勾践令左军衔枚，逆江上行五里待命；又令右军衔枚，沿江下行五里待命；令中军在原地待命。

夜半时分，勾践令左右两军登船，擂鼓呐喊进至江心，动静越大越好，如果能模拟出百万雄师过大江的音响效果，那就是奇功一件。

寂静的春夜里，连蛙鸣声都让人心猿意马，越军刻意放大的喊杀声，在神经时刻紧绷的吴军听来，那不啻勾魂夺魄的恶魔之音了。

吴军放眼望去，江上一片黑暗，无法准确掌握越军的动向。

根据声响的来源，吴军高层凭直觉判断是越军避实就虚（即避开吴军重兵扼守的渡口而另择吴军守备不严的渡口过江），分兵来袭，于是火速将主力部队划为左右两部，分赴上游和下游御敌，唯余少量中军看守大营。

越军这边，勾践既然决定两翼出击，为什么让左右两军只行至江心便止步不前了呢？其实这正是越军战术的精巧之处。

勾践制定的这个战术，两翼出击只是佯动，目的是诱使吴军分兵迎敌，中军渡江给予对方中枢雷霆一击才是杀招。

但是这个战术存在着一个难以把控的风险，那就是：如何确保吴军的左右两军跑出足够远的距离以形成大营空虚。

道理很简单。如果吴军的左右两军尚未跑远就发现越军中军渡江来袭，那他们必然会立即掉转枪头回救。这样一来，越军中军要么会被吴军堵在滩头，要么会被吴军左右夹击，总之无法达成调虎离山继而直捣黄龙的战前预期。

为了尽量避免这种情况发生，越军的左右两军就要极尽勾引之能事。上行下行五里渡江是第一步，给吴军左右两军留出跑路的空间；行至江心而止是第二步，给吴军左右两军留出跑路的时间。

吴军左右两军既有跑路的空间，又有跑路的时间，那当然就会投桃报李，奋力把这五里地跑完，然后将一个门户洞开楚楚可欺的大营留给越军尽情糟践。

勾践运筹帷幄，度吴军的左右两军已远离大营，便令中军衔枚疾进，全速渡江，然后以迅雷不及掩耳之势冲进了吴军大营。

大营中吴军的人不多，但辎重不少，越军放火点灯，砍瓜切菜，甭提有多欢畅了。

上游和下游都喧闹不已，吴军的左右两军正自庆幸赶在越军登陆前抢占了滩头阵地，哪曾料想，越军的主力会在吴军最薄弱又是最紧要的地方从天而降？

在一番失悔、恼怒和惊恐混合交织的恍然大悟后，吴军的左右两军顾不上再和江中的越军纠缠，拍马又向大营狂飙而去，就如他们来时一般急不可耐。

然而，来时容易，去时未必。越军的左右两军见吴军大营传来声光，已知中军得手，遂催动船只，加紧靠岸，向作势欲走的吴军杀去。

吴军顾头不顾腚，沿途死伤不少，奔至大营，左中右三股残兵艰难会合，又挨越军中军当头一棒，顿时掉了一半的血，无法再战，只好向吴都仓皇逃窜。

越军岂肯善罢甘休，撵着吴军的屁股紧紧追赶。

两军一前一后，从昏到晨，又从晨到昏，一路打杀。越军分别在囿地、没地和吴都郊外三次大败吴军。最终，夫差在残兵败将的拼死护卫下，侥幸逃进了吴都。

越军虽然以战胜者的姿态兵临城下，但连日激战下来，也出现了人困马乏、剑钝刀卷等现象。如果在这种状态下还要强行攻城，那我只能当面夸他们勇（有）气（毛）可（病）嘉（啊）。

越军到底还是没有得意忘形，在巍峨的吴都面前，他们很明智地选择了适时而退。

路要一步一步走，饭要一口一口吃。像吴国这种曾经跻身一流强国之列的主，底子不是那么容易掏空的，妄想三下五除二就将其弄死，那得需要多么强大的想象力。

越军趾高气扬地走了，留下一地鸡毛。夫差还能做些什么呢？

起码，他再也没有心思和精力去和楚国搞什么冤冤相报了——当然，楚国也没有心思和精力去撩拨吴国，因为楚国在接下来的三年间，接连和陈国（楚国于公元前 478 年灭陈）、巴国、越国（越国故意伐楚以迷惑吴国）、东夷作战，忙得很。

夫差现在唯一能做的，就是竭尽所能巩固吴都的城防。吴国的战船没了，老兵也多半丧于越国之手，三年五载之内，如果再和越国打野战，那除了受虐真的找不出第二种结局。

越国呢，越国又在做些什么？

根据《左传·哀公十九年》的记载，越国为了迷惑吴国、使吴国产生越国无意继续伐吴的误判进而放松对越国的戒备，遂于公元前 476 年春装模作样地攻打了楚国。

楚惠王不明就里，还以为越国翻脸不认人[①]，心里呼地上了火，令大夫公子庆和公孙宽率军迎敌。

越军本来就只是做做样子而已，没想着要和楚军真打，一见楚军出击，他们立马掉头就跑。

楚军跟在后面追赶，一直追到越国的冥地，没追上，就打道回府了。

（温馨提示：对照地图看历史是一个好习惯。）

冥地在今安徽省广德县和浙江省长兴县之间，位于杭嘉湖平原西面、莫干山西北面[②]一块呈东西走向的狭长小平原上。

说是平原，其实有点儿勉强，主要是它的北面和南面都是山，上下一比较，就显得地势平坦了。所以，称呼它为一条狭长通道，也许更加确切。

沿这条通道向东，无缝连接着另一条由太湖和莫干山包夹而成的通道。通道再往东，就是杭嘉湖平原最西端的今浙江省湖州市了。

这便是楚军追赶至冥地而止步的原因。因为继续追赶的话，就会孤军深入越国腹地，太危险，小心插进去了拔不出来。

解析冥地的特点并非我的意旨，我主要是想借由这个话头，稍微聊聊越国和楚国的地缘态势，丰富一下本书的知识层面。

春秋时代，国与国之间一般没有明确的分界线，政治势力交汇地带的属权往

---

① 因为有抗击吴国的共同需要，楚国和越国是长期的同盟关系，且楚惠王还是勾践的外孙。

② 莫干山是天目山山脉最北端的一座山，传说干将莫邪曾在此地为吴王铸剑。

往模糊不清。

前文中说到，越国的疆域目前包括杭嘉湖平原、宁绍平原和东南丘陵浙江段的北部。这是一个对越国疆域的模糊性描述（当然也是尽量精准的描述）。

在这个地域范围的南面，即东南丘陵浙江段的南部，虽然越国没有建立起直接的行政管理体系，但当地的部族都不同程度地受到越国的节制。后来，越国北上争霸时，这些部族还给予了鼎力的支持。

在这个地域范围的西面，即以黄山山脉为主的东南丘陵安徽段，包括黄山山脉脚底下有限延伸的平原地带，也处在越国逐渐地探索和开发之中。我们可以将其视为越国的准势力范围。

黄山山脉以西最显著的地理单元就是彭蠡泽，这在当时是楚国的势力范围。

在黄山山脉和彭蠡泽之间，是彭蠡泽南面的赣北湿地平原。要强调一下是湿地，不便于耕作，也难以经行跨越。至于其成因嘛，就像云梦泽一样，大湖的旁边多沼泽湿地。

楚国将势力范围扩张至彭蠡泽，是为了尽可能多地取得对江东地区（更确切地说就是吴国）水上作战的便利条件，对于黄山山脉，他们不感兴趣也无力开发，而且交通还被赣北湿地阻断。

而越人源自山地族群，山林对他们来说有天然的亲和力。能够控制黄山山脉，越人已经心满意足了，再要他们下山去和楚国争夺彭蠡泽，则同理，既无兴趣也无力，交通还被赣北湿地阻断。

也就是说，越国和楚国，在黄山山脉和彭蠡泽之间，隔着一块赣北湿地平原，达成了地缘平衡。

更何况，在吴国咄咄逼人的时候，越楚双方还有联手对付吴国的需求，相互侵袭的可能性很小，因而进一步稳固了越楚间的地缘平衡。

这种态势随着越国兴盛吴国衰亡而渐渐消融，并在越国取代吴国成为江东之主后，被完全打破。

越楚地缘态势的话题就此打住，继续吴越争霸。

越国伐楚以迷惑吴国，效果如何呢？史籍里没做明确的交代。《左传·哀公二十年》倒是记载了这样一件事。

吴国有个唤作庆忌的人。这个人很讨厌，因为一提到他的名称，我就不得不打断正常的行文思路，先耗费口舌对他的身份做一番额外注解。

在民间广泛流传的庆忌，出自一个名叫"要离刺庆忌"的故事。

最早记载"要离刺庆忌"的古籍，至少可以追溯到《战国策·魏策》中的篇章《唐雎不辱使命》。

《战国策》版本的"要离刺庆忌"，几乎就是一个词条，既没有指明庆忌的身份，也没有讲清楚要离为何要刺庆忌，总之内容很空乏。

后来经过《吕氏春秋·忠廉篇》《吴越春秋·阖闾内传》和《东周列国志》的接力演绎，"要离刺庆忌"的故事情节变得有血有肉起来①。

然而，叙述春秋历史的三大正史《左传》《国语》和《史记》中均未提及此事，学界对于"要离刺庆忌"是持重大怀疑的。

所以，被要离刺杀的庆忌我就不多说了。但不可否认，《东周列国志》的终极版"要离刺庆忌"是一个非常精彩的故事，强烈推荐大家去读一读。

《左传》中的庆忌也是一位公子，生于何时不详，死于夫差末年，且并非夫差的政敌。

这个庆忌和前面被要离刺杀的那个庆忌是否为同一人，不好说。有三种可能。

第一种可能，吴国有两个庆忌，两人的生平事迹自然不同。这种可能性最小。

第二种可能，后庆忌为真实人物，前庆忌为虚拟人物。这种可能性稍大。

第三种可能，吴国只有一个庆忌，只不过《左传》进行了真实的描述，而春秋以后的文人墨客进行了小说化的描述。这种可能性最大。

《左传》叙述庆忌如下。

庆忌对吴国当局的施政方略不满，多次警告吴王，如果不厉行变革，将难逃灭国之灾。但吴王不采纳他的意见。庆忌愤而离开吴都，在靠近楚国的·个叫艾的地方住了下来，后来又去了楚国。

公元前475年冬，这已是笠泽之战后的第三年，吴国百业倾颓，而越国又有

---

① 《吕氏春秋》版的"要离刺庆忌"，称庆忌为吴王子，但为何王之子，未可辨也。《吴越春秋》版和《东周列国志》版的"要离刺庆忌"，则指庆忌乃吴王僚之子，这两个版本的庆忌都是吴王阖闾的政敌，所以阖闾要派要离刺杀他。

伐吴的迹象。庆忌心忧故土，便回到吴国，打算出使越国以促成吴越媾和。

返吴期间，庆忌仍旧一腔忠义不改，想要除掉夫差身边的那些奸佞之臣。

奸佞之臣都是谁，《左传》没说，据我推测，应该是指伯嚭之流。伯嚭屡屡收受越国的贿赂，且屡屡谄媚于夫差，越国恃之以伐吴，可谓罪大恶极。

可是，奸佞之臣手眼通天，反咬一口，将庆忌杀死。

庆忌之死对于吴国的国运有何影响，我们不得而知。但很显然，作为一股维护吴国利益、试图挽吴国于水火之中的力量，庆忌或许很微薄，他的横死却将吴国政局败坏到无以复加地步的现状表露无遗。

历史是冰冷无情的，你死到临头了还自己折腾自己，那神仙也懒得来救你。公元前 475 年的十一月，越国集结重兵，再度伐吴。

吴都以南的防御已形同虚设，是故越军如入无人之地，径直跨过吴江，将吴都里外裹了三层。一场艰苦卓绝的围城战就此揭开序幕。

这里，必须替吴人向伍员致敬。因为，伍员主持修筑的吴都城，实在是太坚固了，任凭越人使出十八般武艺，穷尽三十六种变化，就是无法将吴都拔下。

攻城方在人员物资的损耗方面，是极其吃亏的。越军死伤累累，打着打着也肉疼，于是攻势放缓，将战术调整为以围为主、以攻为辅。

简单地说，就是实施严密的封锁，我打不死你，还怕饿不死你？

如此一来，战争的进程就被大大拉长了。

不过话又说回来，战争的结果虽然不可立见，但战争的趋势还是一目了然的。

吴国疯狂扩张的那些年，穷兵黩武，对国力进行过度开采，已然种下了难以化解的内疾。

黄池之会，吴国触顶反弹，在越国接二连三的重拳打击下，疲倦衰弱之态日甚一日。

如今，吴都被越军的铁桶阵围得水泄不通，崩溃必定只是一个时间迟早的问题。

在这种形势下，诸侯列国看待越国的眼光和越国看待诸侯列国的眼光，都发生了显著的变化。我们看《左传》中的三则记载。

第一则。

越军包围吴都后，晋国卿士赵无恤（赵鞅之子）特意派家臣楚隆前去拜访勾践，试图劝解吴都之围。

晋国和越国，那就如同当年的齐国和楚国一样，也是风马牛不相及。若搁在平时，晋国根本不会理睬越国，更不可能主动拜会越国。

然而今时不同往日，越国这些年来一直压着吴国狠打，灭吴而代有江东之势呼之欲出。这越国一旦崛起，那就是吴国的翻版，必将北上争霸，给晋国带来严峻的挑战。

所以，晋国非但没有落井下石顺手黑吴国一把，反而捐弃晋吴前嫌，主动放低身姿，去向勾践说情，看能否让吴国缓口气，以尽量延缓越国崛起的速度。

不过勾践才不会被楚隆三言两语轻易哄得心意回转呢。很快，楚隆就悻悻而归了。

我们注意看，晋国的初衷是拉吴国一把，但反过来也凸显了越国地位的上升。

政治协商从古至今就是强者与强者之间才有的温馨场景，越国若非踏着吴国的脊背登入春秋强国之林，晋国犯得着有话好好说吗，早就劈头盖脸一棒子抢过去了，做人不好太叽歪好不好？

第二则。

公元前 474 年的五月，越国使者历史性地首次访问了鲁国。

这个举动所传递的意味是很丰富的。

外事活动覆盖的范围是一个国家国力的体现。"弱国无外交"这句话不仅指弱国在外交博弈中处于劣势，还可以用来指弱国外交覆盖的范围很狭窄。

越国以往被吴国迫于东南一隅，自保且不暇，顶多和楚国互通声气以联手抗吴，史籍中罕见越国和其他国家的交往。

眼下，越国和远在淮北的鲁国搭上关系，说明它国力大幅增进，已经具备了相当程度应对各种机会和挑战的自信，并且在为日后进军中原做铺垫。

第三则。

公元前 473 年的四月，被废黜的邾国前国君邾隐公从齐国投奔越国，并被越国重新扶上了邾国国君之位。

邾隐公的人生经历，堪称大落大起，悲喜交合。关于他的那点破事，我在《黄池遗梦之夫差极武》一章中提到过一些，这里再简单复述一下，以便和他后来的遭遇接续起来。

鲁国号称礼仪之邦，但有时候也不是那么循规蹈矩，旁边挨着一个小小的邾国，鲁国有事没事老拿它寻开心。

邾国不忿，向吴国求援。

吴国当时正有制鲁伐齐之意，便借公元前 488 年夏吴鲁鄫地会盟之机，宣布从今往后邾国充当吴国的保护国。

鲁国摄于吴国的威势，被迫接受，但会盟结束后又心生抗拒之意，遂于同年秋起兵攻打邾国，将昏君邾隐公俘虏，并押解到鲁国囚禁。

这一下惹来了大麻烦，先是吴国伐鲁，然后鲁国又阴差阳错地和齐国交恶，齐国意欲邀集吴国共同伐鲁。

鲁国眼泪一喷，为了息事宁人，只得向齐、吴两国分头讨好，其中作为软化鲁吴关系的举措，邾隐公于公元前 487 年的六月被释放回国。

可邾隐公太不争气，回国后依然昏聩。于是吴国紧接着又出兵将邾隐公废黜并囚禁，另立邾世子革为君，史称邾桓公。

公元前 485 年春，邾隐公挣脱囚禁，逃到鲁国，后又因自己是齐国的外甥而投奔齐国。

齐国为邾隐公提供了人身庇护，但却无法助其复位。因为，在随后的半年间，齐国发生了齐悼公被弑的变乱，又接连在和吴鲁邾郯四国、晋国、鲁国、吴鲁两国的四场战事中失利，简直倒霉悲催透顶。

特别是第四场战事，亦即艾陵之战，齐国大败亏输，元气受损，从此畏吴如虎。

而助邾隐公复位意味着挑衅吴国，这对于齐国来说绝对是没事找抽，于是邾隐公就成了齐国的常住人口。

失去国君之位的感觉肯定如丧考妣般难受，但难受归难受，除非哪个国家能同时满足既比吴国牛气，又和吴国作对的条件，否则，邾隐公何由看到希望的曙光呢？

对了，还有晋国！霸业纵贯百余年的晋国行不行？

现实令邾隐公陷入绝望。继艾陵之战后，吴国又在黄池称雄，连晋国也不得不尊吴国一声老大。

邾隐公觉得，自己这辈子肯定是要老死他乡了，想一想都叫人心碎呀。

然而转瞬间局势峰回路转，那个曾经隔三岔五被吴国暴搓的越国，忽然角色调换，反将吴国打得没脾气。

邾隐公起初漫不经心，笠泽之战时开始心旌荡漾，至越军包围吴都后终于芳心暗许。

着，看勾践这有型有款的架势，傍他的大腿是错不了了，于是收拾细软，屁颠屁颠地投了越国。

勾践问清来意，得知是和夫差有旧怨，肺腑中顿时腾起一腔慷慨之气，二话不说，当即派人将邾隐公送了回去，干净利落地重新立为国君。

综观这三个案例，越国一边围攻吴都，一边向北方拓展外交，好整以暇的背后，稳操胜券的味道就很足实了。

那么，越国围吴之战，还有什么悬念吗？

这个问题不好回答。

倘若你说有，那我说没有，夫差就如同是瓮中之鳖，难道还能上天入地逃了不成？

倘若你说没有，那我说其实也还是有的，悬念就在于勾践将会如何处置夫差。

当然，处置的前提是先要破城。而攻破吴都，越军用了整整两年的时间。

这两年的时间里，浸润了多少滚烫而廉价的城头血，又辜负了多少缱绻而冰冷的春闺梦。

吴都虽固，奈何城墙损一处便薄一处，军民死一个便少一个。越军损耗虽重，却能源源不断地得到补给，就是用啃，吴都也有架不住的那一天。

公元前473年的十一月二十七日，勾践率越军破城而入，夫差携残兵退守吴都的制高点——姑苏台。

只是，连偌大的吴都都破了，一个小小的姑苏台又何能为耳？

姑苏台乃往昔吴王消遣娱乐之所，惜乎楼台如昨，人事已非。

夫差登临旧地，思绪怅然。举目四顾，似有娇娃曼舞，定睛一看，满眼皆为破碎山河；耳听八方，若闻孺童欢吟，侧耳倾聆，句句尽是朔风如割。

那一刻，夫差在想什么我不知道，我想到了一个叫默克尔的德国女人。

公元 2016 年的九月，德国执政党基督教民主联盟在地方选举中惨败之后，执政地位已摇摇欲坠，党主席兼德国总理默克尔深刻反省，就其一意孤行大量接收中东难民的政策首次公开认错，她喟叹道："如果可以的话，我宁愿时光倒流到很多、很多年以前。"

是呀，如果时光能够倒流，我们都会抓住机遇，选择那条对自己最有利的人生路。然而，哗啦啦的吴江水，日夜向东流，你几时见它回过头？

夫差在幻境和现实中纠缠穿梭，沧桑多少事，弹指一挥间。望着台下潮水般的越军，他老泪纵横，止不住地叹息。

事已至此，何去何从？

夫差决定做最后的努力，他还有一个跟勾践交换的筹码，能不能成交是另一说，路不走到绝处，他死不瞑目。

接下来，我们见到了似曾相识的一幕。

夫差的全权代表王孙雒下得台来，膝行觐见越王勾践，并用谦卑的话语向勾践求和，言谈中，他提起了二十二年前的会稽往事。

当时，勾践被吴军堵在会稽山上，生死只在夫差一念之间。但夫差心慈手软，最终放了勾践一马。

王孙雒重提会稽往事，就是希望打动勾践，使勾践以彼之道还施彼身，有什么仇怨，咱们换个时间、换个地点，最重要的是换个方式再说。

正热切憧憬毕其功于今日的勾践不禁犹豫了起来。

毕竟，勾践以前像条狗一样苦苦乞怜于夫差的时候，夫差并未将越国赶尽杀绝。你说夫差仁慈也好，你说夫差愚昧也罢，对勾践而言无论如何都是一份天大的人情。

现在时来运转，攻守异势，虽说勾践要弄死夫差易如反掌，但完全不讲究点江湖道义，多多少少总会有些心理障碍。

眼看勾践脸上铿锵的杀气不知不觉中消散了许多，范蠡挺身而出，郑重地告诫夫差：天予不取，反受其咎；时至不迎，反受其殃。

勾践闻言一悚，二十几年来受的苦遭的难流的血出的汗在脑海中历历闪过，于是拒绝了王孙雒的请求。

王孙雒空手而归，旋即去而复返，再次向勾践求和，礼节愈发恭敬，言辞愈发卑微。

这种向死企生的恐惧和渴望再次打动了勾践，记忆中的感同身受喷涌而出，他仿佛看见一个失足者在水面苦苦挣扎，那个人的面孔不停变幻，一会儿是夫差，一会儿是他自己。

范蠡目眦欲裂，再次警告勾践道："是谁使得我们早朝晏罢夙夜忧思？是吴国！又是谁同我们生死相拼争夺三江五湖之利？还是吴国！我们呕心沥血谋划了十年才至于此地，怎可将前功弃于一旦？"

勾践的心里，一半是海水，一半是火焰，焦思良久，方才吐出一句："吾欲勿许，而难对其使者，子其对之。"

范蠡嘿笑，我只怕你许，不怕你不能许，交给我来办，那再好不过了。遂左手提鼓，右手执槌（这个举动是杀伐的象征），冷峻地对王孙雒说，天意在越而不在吴，你不要再浪费口舌了，何况你说的话我也听不懂。

"听不懂"①这样虚伪到极点的理由竟然堂而皇之地从一个国家的顶级大臣口中说出来，哑然失笑之余，我们更应将其视为一种决绝的表达。

言下之意：伙计，别瞎忙活了，就算你舌灿莲花，也是对牛弹琴，再说下去有卵用吗？

王孙雒仍不死心，以面辞为由，哀求范蠡让他见勾践最后一面。

范蠡怫然作色，一字一句地对王孙雒说："寡君已经委事于我，你若再不走，我就不客气了！"

王孙雒万念俱灰，凄然而去。

范蠡不再请示勾践，随即擂响战鼓，摩拳擦掌的越军瞪着猩红的眼睛，一鼓作气攻上了姑苏台。

---

① 《国语·越语》中的原文为："又安知是浅浅者乎？"

勾践和夫差二十年前在吴都作别①，二十年后又在吴都相遇，然一别一遇之间，风起云涌，斗转星移，换了人间。

当这对历尽浮沉的老冤家再度聚首时，彼此还会碰撞出什么火花呢？是杀戮和告饶、羞辱和抗争吗？都不是。

古往今来那些势不两立的江湖大佬，虽然争斗的时候无不竭尽所能地贬损对方、亟欲将对方除之而后快，但等到真正分出高低的时候，往往却又生出些许英雄相敬之意。

这是淌过人生的急流险滩、跨过人生的高山深坑并最终攀上人生巅峰后油然而发的一种哲学感悟。

所以，勾践没有处死夫差。当然，他也不会重蹈夫差纵虎归山的覆辙，他决定将夫差迁到甬东（今浙江省舟山群岛）去居住，并允许夫差挑选三百对夫妇作为属民。

舟山群岛现今是中国第一大群岛，包括一千三百九十个岛屿，陆域面积共一千四百四十平方公里。其主岛为舟山岛，面积达五百零二平方公里，位居中国岛屿面积第四。

单就陆域面积而言，舟山群岛比两个鼻屎国凑一起还大，如果驯服岛上的土人，再加以悉心经营，夫差完全可以效仿其先祖太伯和仲雍，另外开辟一片天地，子孙绵延，自成一统。

但是，夫差已经没有了太伯和仲雍的心态。

太伯和仲雍到达江东时，一无所有，每拓殖一寸土地、每收纳一名土人，都是莫大的胜利。人在这种状态下，就会对未来充满幸福的期盼，越干越起劲。

夫差呢？被曾经的手下败将逆势翻盘，从一个政治影响力纵跨长江、淮河、黄河流域的一流大国的领袖，即将褪变为一个天悬地隔的海岛上的土著酋长，你叫他做何感想？

其实夫差也没想很多，他只想去死。

与越国被削为百里之国时拥有的宁绍平原不同，甬东是一块战略上的死地，

---

① 会稽之战后，勾践曾在吴都当过几年人质。

而且资源匮乏，绝无反攻大陆的可能。

夫差如果迁居甬东，那他活着的每一天，不是生命的延续，而是耻辱的堆积。

既然如此，又何必苟全性命于他人的冷眼和讥笑之下呢？

一丈白绫飞瀑直下，夫差邀它送自己最后一程。临行前，他叮嘱属下告祭伍员："使死者无知，则已矣；若其有知，吾何面目以见员也！"

啊，多么痛的领悟！只是为什么一定要在万劫不复之后呢？

同样噬脐莫及的还有伯嚭。他身居吴国太宰之位，却不思报效君父，反而贪恋外贿，处心积虑奸国乱政，为越国吞灭吴国立下了汗马功劳。

勾践会怎么感谢伯嚭呢？让他在越国享受比担任吴国太宰时更优渥的待遇？

啊呸！一个三姓家奴，忘恩负义，禽兽不如，能不能给一条活在人世上的理由先？

伯嚭在斧钺加颈的一刹那，应该厉声咒骂了自己一句蠢笨如猪吧！

夫差一死，吴国的国祚也至此而终。

春秋时代，灭国无数，但吴国的灭亡尤为悲情。

首先，吴国是一个大国。

它有悠久的历史，也有优良的地缘环境，还有强劲的实力，更有煊赫的功绩，它是很多人心目中的春秋五霸之一。

然而，吴国也是所有春秋霸主[①]中唯一一家未能跨入战国时代的诸侯。更别提，还有很多弱不禁风的诸侯，都在吴国灭亡之后，熬过了很长的险恶时光。

其次，吴国由盛转衰的过程太仓促。

公元前482年黄池之会的时候，吴国还是一个接连镇楚、制越、击齐、服晋的散发着耀眼光芒的伟大国家。

可是，随后短短十年间，吴国急遽衰弱，并于公元前473年轰然倒塌。

若非吴越战争的亲历者，脑海中铭刻的一定还是吴国四面出击骏驰飞扬的盛况，孰料蓦然回首，金锁沉埋，壮气蒿莱，吴国已成明日黄花。

再次，吴国灭亡的方式太窝心。

---

① 包括公认的齐、晋、楚三国，和有争议的秦、吴、越、宋四国。

一个国家的灭亡方式有很多种。如果是亡于天灾，那可以接受，因为人犟不过天；如果是亡于强敌，那也想得通，因为力不如人。

但吴国这种亡法，堪称抱恨而终，因为它亡于越国。

曾经的越国，那就是吴国手中的蚂蚁脚下的蝼蛄，吴国要弄死越国，不过分分钟的事。

而且，夫差心知肚明要弄死越国。而且，夫差三番五次有机会弄死越国。而且，伍员不厌其烦地告诫夫差务必弄死越国。而且，弄死越国对吴国有百利而无一害。而且，换作任何人当吴王都会弄死越国。

但是，夫差就是不弄死越国。所有的旁观者都要急成心绞痛了，夫差就是执迷不悟。

然后，我们眼睁睁地看着越国在吴国的鼻子底下各种阴谋暗算，各种潜滋蔓长，最后果断出击，将踏在自己背上的吴国掀下来，又反踏在吴国的背上，最后将吴国活活踩死。

噫！此情此景，诚千古憾事也，宁不悲夫？遂致诔词曰：

> 东南之末，春秋雄图。太伯高让，择地作吴。
>
> 周章受国，别封于虞。寿梦初兴，始用兵车。
>
> 三子递立，延陵不居。王僚见杀，贼由专诸。
>
> 阖闾欺楚，槜李败覆。夫差称霸，齐晋束服。
>
> 去贤嬖佞，祸从越取。甬东之耻，空惭伍胥。
>
> 百年家国，千里山河。姑苏台倾，吴都城横。
>
> 击西扫北，风尘翕张。虎踞一方，禼禼皇皇。
>
> 繁华俱往，来者堪哀。明月空照，对景难排。
>
> 天地不仁，吴越代有。盛衰更替，予忧予愁。
>
> 怅极欲伤，人生几何。恨水东逝，滚滚悲歌。
>
> 呜呼！尚飨！

愤怒的白公胜

长久以来，《史记》不仅仅是史学界的翘楚，在文学界也享有崇高的声誉。鲁迅先生一句"史家之绝唱，无韵之《离骚》"，更是将《史记》的文学成就推上了其他史籍难以企及的高峰。

相形之下，《左传》的文学成就似乎有些见拙。不过这其实是一种名人效应造成的错觉。在我看来，《左传》和《史记》之间，只是差了一个鲁迅而已。

就这两部作品在引导中国记史技法走上文学化道路过程中所发挥的作用而言，《左传》开风气之先，《史记》跟随其后。

而在《左传》之前，中国最重要的史书——《春秋》，殊少文学之美，其记史叙事都是纲要式的，阅之与年表无异，味寡而难嚼。

历史上，鸿儒博学赞颂《左传》行文优美的声音不绝于耳，对《左传》前所未有的深厚叙事功力尤为推崇备至。

如唐代史学家刘知幾在《史通·杂说上》中称："左氏之叙事也，述行师则簿领盈视，眬聒沸腾；论备火则区分在目，修饰峻整；言胜捷则收获都尽，记奔败则披靡横前，申盟誓则慷慨有余，称谲诈则欺诬可见，谈恩惠则煦如春日，纪严切则凛若秋霜，叙兴邦则滋味无量，陈亡国则凄凉可悯。或腴辞润简牍，或美句入咏歌。跌宕而不群，纵横而自得，若斯才者，殆将工侔造化，思涉鬼神，著述罕闻，古今卓绝。"

清代学者冯李骅、陆浩同在《左绣》中称："左氏叙事、述言、论断，色色精绝……凡声情意态，缓者缓之，急者急之，喜怒曲直莫不逼肖，笔有化工。"

清代文学家刘熙载在《艺概》中称："左氏叙事，纷者整之，孤者辅之，板者活之，直者婉之，俗者雅之，枯者腴之，剪裁运化之方，斯为大备。"

清代思想家梁启超称："《左传》文章优美，其记事文……纲领提挈得极严谨而分明，情节叙述得极委曲而简洁，可谓极技术之能事。……又其文虽时代甚古，然无佶屈聱牙之病，颇易诵习。故专以学文为目的，《左传》亦应在精读之列也。"

例尽于此，再举，就有掉书袋的嫌疑了。

根据这些名人的评述，我们再把思维向前拓展一点儿，可以认为，《左传》对历史人物形象的表现也是非常成功的。

叙事和叙人看起来是两码事，做起来却是一码事。

原理很简单，叙事是叙人的形，人物的能力和性格特点都必须通过一系列的事件才能表现出来；叙人是叙事的神，事件的产生、发展和终结都必须依托人的心理、语言和动作才能得到演进。

所以，那些典型的人物形象背后必定有着耐人寻味的故事；反之，耐人寻味的故事必定会造就出典型的人物形象。

《左传》中共记写了春秋时代上自王侯将相，下至贩夫走卒的社会各阶级人物一千四百多个，其中约三分之一骨肉丰满、立体感强。

左丘明在《左传》中生动再现如此众多的历史人物形象，反映了他以人为本的历史哲学观，附带的好处就是《左传》的可读性（亦即文学价值）划时代地显著提高。

诚如梁启超先生所言，《左传》记事"极技术之能事"，又"颇易诵习"，"应在精读之列也"。

现在发行的各种语文课本里，就收录了不少《左传》中叙事的篇章，如《郑伯克段于鄢》《曹刿论战》《烛之武退秦师》和《子鱼论战》。

可见，《左传》叙事之美，古今都是有目共睹的。

当然，这些被语文课本收录的篇章，也可以印证我前面提到的那个观点——《左传》成功地表现了很多特色鲜明的人物形象。

如《郑伯克段于鄢》中奸诈狡猾的郑庄公、偏私狠毒的武姜和骄纵贪婪的太叔段。《曹刿论战》中出身草根但见识非凡的曹刿。《烛之武退秦师》中老而弥坚且沉着冷静的烛之武。《子鱼论战》中顽固捍卫传统礼教的宋襄公。

这些人物都在春秋历史上留下了难以磨灭的印记，也是后人津津乐道的话题。

本章的主人公白公胜，说实话，在《左传》中着墨寥寥，没有轰烈之事，也没有神奇之举，但他依然够特别。

因为，白公胜的性格类型绝对是《左传》众生相中的独一号。如果你捧起一本《左传》从头读到尾，你一定找不出第二个像白公胜一样偏执斗筲、记仇好勇的武夫。

白公胜的生平，前文中已有概略的叙述。

白公胜乃楚平王之孙、太子建之子。

太子建为了躲避费无极的陷害，被迫携子逃亡。经停郑国时，太子建与晋国密谋攻袭郑国，不慎事败而被郑国当局处死。白公胜辗转逃到了吴国。

约公元前 487 年时，楚国令尹公子申想把白公胜迎回来。

叶公（叶地主官）沈诸梁（前司马沈尹戌之子）忧心忡忡地说："我听闻胜这个人狡诈而好作乱，迎回来只怕是个祸害呀！"

公子申不以为然地说："我倒是听闻胜诚信而勇敢，从来不做没有利的事情，把他安置在边境抵御外敌吧。"

沈诸梁反驳道："符合仁爱才叫作诚信，遵循道义才叫作勇敢。胜无论说了什么话都要实现，不管做什么事情都要争胜，又在家中蓄养死士，这不是诚信也不是勇敢，而是怀有私欲。如果迎他回来，您一定会后悔的。"

沈诸梁苦口婆心，但公子申坚持己见，迎白公胜回国，并因吴国屡屡侵楚之故，将其安置在了东部边境的白地，委以防御吴国之任。

不过公子申没有料到，彼时吴国正打算全力以赴北上争霸，楚国并非吴国军事战略的拓展方向，所以吴楚边境接连好多年都相安无事。

但白公胜也没有闲着，从回国第一天开始，他就锲而不舍地忙于一件事——要求公子申出兵攻打郑国。

白公胜之所以主张伐郑，是因为他的父亲太子建死在郑国人手里，他要为父报仇。

父仇不共戴天，为父报仇是一个很响亮的伐郑理由。然而，具体事情具体分析，白公胜报仇的愿望很难引起别人的强烈共鸣。

想必大家都还记得，太子建之死完全是咎由自取。当年，太子建不为家国所容，像条狗一样沦落天涯，郑国好心收留他，他却暗地里和晋国图谋攻袭郑国。这样的举动实在是有亏道义，合该一死。换作你是郑国人，你也绝不会放太子建一条生路。

太子建死于三十六年以前。春秋时代的三十六年，那是整整两代人的时间，是一段比现代意义上的三十六年更漫长的时光。

三十六年过去，很多人和事都烟消云散了，却冲不淡白公胜心中的仇恨。白公胜执念之深，由此可见一斑。

不过话又说回来，对于军国大政而言，打着什么旗号并不重要，重要的是对利益得失的考量。楚国处在向中原扩张的历史阶段时，伐郑不亦乐乎，何曾想过还要打出一个冠冕堂皇的旗号？

然而时过境迁，郑国现在是由齐国主导的、以抗晋为宗旨的东方集团的成员（卫、鲁、宋三国亦在其中），而晋国又是楚国一百多年来最大的战略竞争对手。

所以，站在令尹公子申的立场上，他必然不愿意伐郑以利晋。

白公胜不依不饶，持续不断地提要求，伐郑伐郑快伐郑，我说你到底伐不伐？

公子申内心里是欣赏白公胜的，因此一直予以婉拒，话语风格常用"眼下还有这种那种的不方便，等到将来条件齐备了，我一定满足你的要求"之类。

公子申如此措辞，重心还是落在一个"拒"字上。他希望采取拖的方略，将白公胜伐郑的欲望消磨掉，并最终不了了之。

但白公胜领会的角度不同，他觉得公子申给了他一个伐郑的期许。

这个期许就像摆在小孩儿面前的糖果，一刻不停地散发着诱人的芬芳，使得白公胜愈发使劲地催促公子申。

催了一天又一天，催了一年又一年。

公子申本来为这事挺头疼的，然而他慢慢地发现，即便没有白公胜在耳边喋喋不休地念叨伐郑这本经，楚国客观上也生出了伐郑的需求。

因为，国际政治形势风云变幻，随着齐鲁交恶、艾陵之战吴鲁大败齐国、郑国与宋国的相互攻伐愈演愈烈等因素次第出现，齐国主导的东方集团近乎崩解。

在东方集团崩解的背景下，郑国失去了支撑，单凭它的一己之力，已不可能再对晋国产生多大的牵制作用。

与此同时，晋国也想重新将郑国纳入自己的势力范围。大国收服小国，通行的做法是恩威并施，既给粑粑又给棒棒。晋国也不例外，作为行动的第一步，它决定先向郑国示好。

因此，在某次郑国遭受宋国的攻伐后，晋国曾经筹划出兵援郑，只不过由于占卜得到的卦象不吉利而作罢。

晋郑关系的微妙变化，公子申肯定不会无动于衷。

当郑国以晋国敌对势力的面貌示人时，楚国怎么看怎么顺眼，没有再对郑国拳脚相向的道理。

而且，若非将大部分精力放在了经略江淮平原中西部的事务上①，楚国肯定还要助郑国一臂之力，折腾晋国嘛，当然是动静越大越好。

可是，眼下郑国无力再去扮演晋国敌对势力的角色，而且晋国还着意勾搭郑国。

倘若楚国听之任之，那日积月累，量变导致质变，晋、郑、楚三国就会形成一种隔山打牛的模式，晋国是人，郑国是山，楚国是牛。

所以，楚国必须采取措施，防止郑国成为晋国南下的跳板。

基于这层考虑，公子申扭转了过往不宜伐郑的观念，也认为有必要给郑国一点儿教训，于是在公元前 479 年的时候，他明确接受了白公胜的要求，准备不日伐郑。

白公胜仰天长啸，大丈夫报仇，四十年不晚，老子夙兴夜寐，苦苦煎熬，终于等到了这一天。

然而事情就有这么无常。正当楚国万事俱备只等出兵的时候，晋国突然改变对郑外交的节奏，从施恩变成施威，率先攻打了郑国。

公子申见招拆招，兵马还是照旧向郑国调动，但意图由伐郑换成了援郑。你晋国拉，我就打；你晋国打，我就拉。总之一切对着来。

晋军无意和楚军交手，很快便打道回府了。楚军圆满完成任务，顺势又和郑国结盟，双方互诉衷肠，好不亲热。

但面对这场楚国外交的胜利，有一个人却高兴不起来，非但不高兴，而且暴跳如雷。他就是白公胜。

说好的伐郑呢？想好的报仇呢？一觉醒来，板上钉钉的东西统统变了卦。公

---

① 柏举之战，楚国被吴国逐出江淮平原中西部，战后，楚国的要务是恢复对江淮平原中西部的控制。

子申，信誓旦旦食言而肥，当老子是三岁的小屁孩儿，可以翻来覆去耍着玩是吧？

极度失望之下，白公胜的怒气攻心，思想也进入了死胡同，自然而然把仇恨的对象从郑国转换成了公子申，并公然宣称"郑国远在天边，公子申近在眼前"云云。

这话说得很没有大局观，毕竟公子申是楚国的令尹而不是白公胜的私人，凡事都要讲究个轻重缓急对不？

但大家千万不要以为白公胜只是一时兴起，说说而已，他做人很认真的。

不久，司马公子结[①]的儿子公孙平偶然碰到白公胜在磨剑。

堂堂大夫，竟然操此贱役，难道和明朝天启皇帝做木工一样，也是吃饱了撑的？

非也非也，白公胜磨剑并不是消遣，而是武夫赳赳之气的流露。

公孙平好奇地问："您为什么自己磨剑呢？"

白公胜咄咄地答道："胜以爽直而闻名，如果不实话实说，又怎么当得了爽直二字？不妨告诉你，我要杀了你的父亲[②]。"

公孙平大惊失色，赶紧向公子申报告。

公子申压根儿就没有察觉白公胜的理智已经被报仇的欲望所吞噬，还以为白公胜只是不满于自己在楚国位阶较低故而说出了杀他公子申以代之的气话。

因此，公子申并未把公孙平的示警当回事，满不在乎地说道："胜犹如一颗卵，是我羽翼他长大。在我之后，令尹的职位除了胜难道还能轮到别人头上去？"

公子申对白公胜真可谓是关护有加，也真可谓是识人不明。

白公胜听闻公子申浑若无事的行状后，觉得自己受到了莫大的侮辱。

打个比方，你向来是一个杀人不眨眼的狠角色，乡人都怕你怕得要命。可是有一天你放话要杀了某个人，那个人却不带一点儿感，你会不会觉得从下一刻开始你所有的人生价值就必须靠杀了那个人才能体现？

白公胜正是这么想的。我白公胜何许人也，你居然敢在我面前狂妄，我若不

---

① 公子结与公子申俱为楚惠王的叔伯，可以算作一个利益集团的人。

② 公子结和公子申是一体，言为杀公子结，意为杀公子结和公子申。

让你死得很难看，我就枉为白公胜！

杀位高权重的当朝令尹公子申和司马公子结，毕竟不同于杀两个街头巷尾的无名之辈。

白公胜虽然具有"无论说了什么话都要实现，不管做什么事情都要争胜"的强烈个性，但也面临着一个现实的难题，怎么杀得了公子申和公子结。

白公胜和门人石乞商议。

白公胜说："君王和两位卿士没什么可怕的，如果凑齐五百人，我就能搞定他们。"①

白公胜口气不小，但石乞并不讶异，他只是有点儿发愁，这五百号人上哪去凑。

石乞冥思苦想，忽然脑海中蹦出一个可爱的名字，他兴奋地告诉白公胜："市场南边有个叫熊宜僚的勇士，是把杀人放火的好手，如果能把他招募过来，足可抵五百人的威力！"

足可抵五百人的威力？那简直不是一个人啊！白公胜两眼放光，急不可耐地说走带我去会会他。

很快，白公胜就见到了熊宜僚。

然而，熊宜僚并没有石乞描绘的那么可爱，因为他勇则勇矣，却不肯为白公胜效力。

石乞倾情举荐，不料被泼了面子，当下恼羞成怒，唰地拔出剑来，架在熊宜僚的脖子上。说！你到底干不干？

冰冷的剑紧贴着温热的肉，一旁看的人都禁不住胆战心惊。熊宜僚却像被灌注了千钧重量一般，岿然不动，面色如常。

白公胜平素也常以勇武自诩，同类相惜，于是止住石乞道："这是不为利诱、不怕威胁、不泄露他人话语以求富贵的人。"言罢，拉石乞走人。

石乞一边走，一边回味领导的话。不为利诱、不怕威胁，嗯，确实是这么回事。

---

① 白公胜无意杀楚惠王，此处将楚惠王与公子申、公子结并列，是考虑杀二卿必然招致楚惠王制裁，因此要对楚惠王采取一定的强制措施，以保障自己的安全。

不泄露他人话语以求富贵……不相帮则勿相害？高！实在是高！

未能搬动熊宜僚，复仇大计便暂时没了着落。白公胜忍着没有当场发作，但乘兴而去败兴而归的事实依然令他结结实实地憋了一肚子气。

公子申老而不死，该怎么办呢？天灵灵地灵灵，哪位过路的妖怪行行好帮忙收了公子申吧！

人在无助的时候总会有意无意地将心愿寄托于鬼神，你不要以为这很荒谬。世界上的事情常常山重水复疑无路，柳暗花明又一村，除了鬼神之力，有时候你还真找不到别的解释。

白公胜正咬牙切齿无计可施，忽然，天上就掉下来了一个他做梦都想不到的好机会——公元前479年夏，吴国伐楚。

吴国伐楚，绝对属于神经大条。因为它正被越国压得喘不过气来，最紧迫的任务是争分夺秒地休养生息，以应对越国的下一波攻击。

吴国伐楚之举，说得好听点儿，叫不识时务；说得难听点儿，叫自己找死。

当然，吴国的死活不关白公胜的事，白公胜关心的是公子申的死活。而吴国伐楚，恰好就为白公胜提供了一条杀公子申的捷径。

前文说过，白公胜被公子申委以抗吴之任。如今吴军来袭，白公胜免不了要和吴军干一仗。

这一仗叫慎地之战，历史上很没有名气，但对白公胜意义重大，因为他率领楚军击败了吴军。

击败吴军之后，白公胜要赴都都告捷，向楚惠王进献在战场上缴获的吴国军用物资。

这样一来，白公胜就可以带着平时蓄养的死士——并且这帮死士还堂而皇之地带着吴国的兵器——前进到一个平时根本不可能到达的距离楚惠王、公子申、公子结相当近的位置。

具体有多近，《左传》没说，但结合其后文的描述，我们可以推定，白公胜和这帮死士至少前进到了朝堂之外。

据载：当时，白公胜突袭朝堂。楚惠王被劫持。公子申无路可逃，想起沈诸梁曾经说过的迎白公胜必有祸患的预言，又悔又愧，"以袂掩面而死"。公子结职居司马，素以武力事于君王，颇有几根硬骨头，遂奋起抵抗，和叛军打斗到了朝堂外面，身负重伤，还拔起一棵樟树打死数人，最后才力尽而死。

为了报一桩四十多年前的杀父之仇，为了争一口思必有言言必有行行必有果的豪气，白公胜就在象征着国家最高权威的朝堂上，将两位与他父仇毫无瓜葛的国之重臣杀死（附带地肯定还杀死了很多无辜的朝臣和宫人），其心性之顽固，其行为之暴虐，一至如斯。

面对朝堂上枕藉的尸体和横流的鲜血，石乞瞪着猩红的眼睛对白公胜说："干脆杀死君王，烧掉府库，不然这事不能成功！"

白公胜摇摇头说："不行。杀死君王不吉祥；烧掉府库，就会没有积蓄，届时拿什么来维持国家的正常运行？"

石乞嚷嚷道："杀死君王，您来接任，然后恭恭敬敬地祭祀神灵，吉祥不就有了？而且神灵保佑，积蓄也会滋长，您怕什么？"

白公胜仍是不允。

在如何处理楚惠王和府库积蓄的问题上，白公胜和石乞的意见并无优劣之分，只是看问题的角度不同。

白公胜不想杀楚惠王，是因为他寄居吴国多年，在国内根基浅薄，弑楚惠王而自立的话，恐怕难以镇压各界的反弹。而如果将楚惠王控制在手里，然后挟国君以令臣民，那就能相对从容地收拾乱局。

至于不想烧掉府库积蓄，那也是出于私心，可以留着待他把持朝政后用来伐郑呗。

石乞主张杀楚惠王，是因为他觉得开弓没有回头箭，索性一不做二不休，攫取最高权力，一劳永逸地巩固胜利成果。反正白公胜是正宗的楚室王孙，若非当年其父太子建含冤出逃，白公胜有绝大概率是要当楚王的，如今弑楚惠王而自立，只不过是拿回了原本就属于自己的王位而已。

至于烧掉府库嘛，那是为了防止敌对者有可能利用府库的各种积蓄来壮大实力以攻击白公胜。

白公胜作为这场政变的首脑，无疑有权决定接下来走哪一条路。但这条路究竟能走到哪一步、走得潇不潇洒，却不是他一口说了算。

政变这点儿事，自本书开篇以降，我们已经见得多了。实力永远是基础，方法和运气也很关键，无论哪一条不靠谱，翻船就很值得期待。

想要翻白公胜船的人不少，其中就有叶公沈诸梁。

事变时，沈诸梁在蔡地（即蔡国迁居州来前的旧址）。楚国朝野大多不齿白公胜所为，舆论以清君侧为主流。沈诸梁周遭的人们也纷纷劝他起兵靖难。

沈诸梁审时度势，认为白公胜以冒险而侥幸成功，欲望一时半会还不会满足，行为也会越来越乖戾，不如任其胡作非为，待民怨更盛时再起兵，可以收取事半功倍的成效。

果不其然，白公胜驾驭时局力有不逮，面对汹涌的民意，他能且仅能实施的应对之策就是——杀，将那些敌对者统统杀掉，来减轻自己承受的压力。

然而，历史一再证明，杀这种方法，真的不是万能的。

拿本案来说。

白公胜犯上作乱触犯众怒，其敌对者本身就是一个大范围的人群，而那些一时半会还没弄清楚状况的潜在敌对者则是一个更大范围的人群。

白公胜每杀死一个敌对者，就是犯下一起新的罪行，就会造成更加恶劣的影响，就会把 N 个潜在的敌对者转化为现实的敌对者。

换句话说，白公胜不能不杀，但他越杀，敌对他的人就越多，白公胜的处境也越糟糕。所以结果就是，白公胜陷入了恶性循环，越挣扎越费力。

这边厢，沈诸梁在等一个合适的时机。当白公胜又杀了一个叫管修①的大夫后，估计民怨沸反盈天了，沈诸梁遂起兵向郢都进发。

沈诸梁乃民心所向，故而没有遇到什么阻力，以极快的速度一天天逼近郢都。白公胜心里火烧火燎的急呀！

急可怎么办呢？总不能坐以待毙，必须找到突破口。鉴于郢都之外鞭长莫及，白公胜一个圈环顾下来，又把目光瞄向了楚惠王。

大家不要误会，白公胜并非幡然悔悟欲重拾石乞之计弑楚惠王而自立，他是

---

① 管修是管仲的后裔，本为齐人，因田氏乱齐之故而适楚。

想把楚惠王废黜，另立公子启为君①。

这样做的目的在于树起一面挡箭牌，将相当一部分民怨转移到公子启身上。并且，一废一立之间，白公胜还希望意外登履王位的公子启投桃报李助他一臂之力。

想法很美妙，不过，白公胜显然打错了主意。

白公胜不知道，公子启不是那种贪恋权位而不顾大义的人，曾经有一个比现在更好的登履王位的机会摆在公子启面前，公子启都能秉持君子之礼，绝不逾制。

那是公元前489年夏，楚昭王率军援陈抗吴，与吴军狭路相逢。当时，楚昭王抱定战死沙场的决心，准备将王位禅让给公子申后再作战。

孰料公子申不受。楚昭王又禅让给公子结，公子结也不受。楚昭王再禅让给公子启，公子启还是不受。

但楚昭王矢志不改，公子启接连推拒了五次，仍无法让楚昭王收回成命，只好勉强应允。

随后，楚昭王暴得重病，未及临战身已先死。这时，公子启拳拳的节操便显现出来了。他当机立断，将楚昭王之子迎到军中，并立为楚惠王，整个过程雷厉风行，毫无半点迟疑和拖沓。

大家看，公子启要是有什么非分之想，早就当上楚王了，何必等到现在？更何况，与楚昭王诚心禅让迥异的是，白公胜不怀好意，立他为王会使他居于炉上，他不会看不穿白公胜的险恶用心。

见公子启不肯下水，白公胜就像曾经恐吓熊宜僚的石乞一样，对公子启进行武力逼迫。说！你到底干不干？

公子启不卑不亢地说："您如果安定楚国，整顿王室，然后对启加以任用，那是启的愿望，岂敢不听从。您如果倾覆王室来谋取私利，不顾国家的安危，那么启宁死不从。"

这一刻的公子启，和曾经被石乞恐吓的熊宜僚差不多，任尔软磨硬泡，我自不为所动。

----

① 公子启与公子申、公子结俱为楚昭王的兄弟。

但白公胜再也无法重现曾经阻止石乞恐吓熊宜僚的风采，他凶焰腾腾地把不受利诱、不怕威胁的公子启杀了。

此时，沈诸梁已率军到达都都远郊，即将兵临都都城下。对于城里的那些造反派而言，局势已经危若累卵了。

白公胜久居王宫无法破局，遂将楚惠王挟持到高府（某高氏人家的府邸）别做算计。

至于白公胜后续会怎么算，是弃城而走，还是负隅顽抗，或是另有妙招，我们谁都猜不透。

不过嘛，猜不透也没关系。因为，悬念马上就要到揭晓的时刻了。

如前文所言，决定一场政变成功与否的要素有三个，分别是实力、方法和运气。

咱不客气地说，白公胜的实力和方法都很抱歉，如果建个模型做风险评估的话，谁也不会看好他。

但白公胜运气不错，朝堂突袭的时候，不但杀掉了群臣之首的令尹公子申和司马公子结，而且劫持了楚惠王。

劫持楚惠王最大的好处就是可以让所有的敌对者投鼠忌器。你别看沈诸梁一路高歌猛进，真把白公胜逼到墙角了，沈诸梁也会束手无策，无他，白公胜拉楚惠王垫背这一招，沈诸梁破不了。

因此，政变走到眼下这一步，焦点其实不是白公胜，而是楚惠王。

只要白公胜抓紧楚惠王不放松，他至少能够和以沈诸梁为首的敌对者周旋很长一段时间。

而时间一长，白公胜就有机会在朝廷安植党羽，形成自己的势力，如果不出岔子，成为最后的赢家也不是没有任何可能。

总之一句话，楚惠王就是白公胜的命根子，得之可求生，失之则必死。

然而，运气是一种很难捉摸的东西，它随机施展祝福和诅咒两大技能，它这一会儿能让人上天，下一会儿也能让人下地。

白公胜终究不是吉星转世，祥云瑞气不会一直罩着他，当把楚惠王带到高府以后，他的天空就毫无预兆地降下了厄运。

当时，为了加强护卫，白公胜特意让心腹石乞亲自把守大门。石乞也非常尽职尽责，站定门口哪也不去，一副严防死守的架势。

没料想，大门看紧了，院墙却出事了。

一个叫圉公阳的敌对者将院墙悄悄挖开，神不知鬼不觉地潜进去，然后把楚惠王背出来，并有惊无险地送到了楚昭夫人宫里。

听起来如同儿戏一般。作为这场政变斗争中关乎胜败的砝码，竟然如此轻易地改变了权属。

但是想一想也理所应当。白公胜倒行逆施，人怒天怨，不出事才怪。

白公胜得知丢了楚惠王，不由得毛孔炸裂，分不清是冷汗还是热汗，霎时溅了他一身。

他咆哮着令手下去昭夫人宫把楚惠王抢回来。抢不抢得回且不论，楚惠王是他唯一的倚仗，不去抢的话那就只能等死，而死的味道据说很不舒服。

可是已经来不及了。仿佛是天意，楚惠王刚逃到昭夫人宫，沈诸梁跟着就挥师入城，时间上咬合得很紧密。

沈诸梁的军事力量远非白公胜所能抗衡，加之又受到了都都士民的衷心拥戴和全力支持，所以高府瞬间就成了一座孤岛，白公胜自顾且无暇，哪还有什么心情去昭夫人宫抢人？

非但抢不了人，白公胜寥寥的拥趸也迫于形势而倒戈。

沈诸梁入城后，撞见了前去救援白公胜的箴尹固一行。

沈诸梁对其晓以大义："如果没有子西和子期（此为公子申和公子结之字），国将不国（二子在柏举之战中立有战功）。倘若弃德而就贼①，你还指望自己有什么好结果吗？"

箴尹固骨子里是个有操守的人，柏举之战时还曾一路护卫落荒而逃的楚昭王来着。他投靠白公胜也只是权宜之计，如今一腔忠勇被沈诸梁唤醒，当即就表态愿供沈诸梁驱驰。

沈诸梁便令箴尹固引路，带着大军攻打高府。

---

① 德指公子申和公子结，贼指白公胜。

白公胜势单力薄，单凭一道院墙怎么抵挡得了千军万马的冲击？眼见防御将要崩溃，他只好带着石乞等亲信突出城去，逃到了附近的一座山上。

沈诸梁岂肯罢休，率部紧追不舍。

白公胜看身边稀稀拉拉的随从，除了死党石乞还有几分精气神外，其余人等要么丢盔弃甲，要么伤痕累累，衰败之像一览无余。

白公胜一琢磨，继续顽抗是死，投降也是死，臆测沈诸梁那张威风凛凛得意扬扬的面孔，他一千个一万个不甘哪。不行，必须想个办法反击，绝不能让沈诸梁称心如意！

再一琢磨，他杀是死，自杀也是死，太好了，就这么办。与其让沈诸梁手刃，还不如自己了断，怎么能把七尺威武之躯交给沈诸梁去寻开心？

他狞笑着将脖子吊在一棵树上，恨恨地骂了一声。

白公胜撒手而去，随从将其尸身匆匆掩藏。

沈诸梁率众攻上山来，生擒了石乞等人，且得知白公胜已死。但沈诸梁并不满足，他坚持要找到白公胜的尸身。

沈诸梁连个死人都不放过是有原因的。

首先，生要见人死要见尸自古以来就是追逃的指导思想。哦，你们说死了就死了呀？万一是哄我呢？要是过个三年五载白公胜换个地方又冒出来了，你们当老子喜欢捉迷藏啊？

其次，就算白公胜真的死了，他的尸身也还大有用处。前文讲"三郤之戏"时提到过，春秋时代有杀人陈尸的习俗，将罪人暴尸于朝堂或街市上，以儆效尤，效果杠杠滴好。

可是，要在草深林密高低错落的山上寻找一具尸体，实在是太难了。

晋文公当年在绵山寻找介子推时还可以考虑采用火烧烟熏法逼介子推自行现身，但尸体无知无觉，莫非还怕你玩出什么新花样不成？

所以，沈诸梁很明智地把目光转向了石乞。石乞和白公胜向来焦不离孟砣不离秤，如果说世界上只有一个人知道白公胜的尸身在哪，那这个人一定是石乞。

石乞很爽快，直言不讳地告诉沈诸梁，白公胜的尸身藏在哪儿他是知道的，但要他开口说出到底藏在哪儿也是不可能的。

沈诸梁怒喝道："不说我就烹了你！"

石乞狂笑："此事克则为卿，不克则烹，固其所也，何害？"

成王败寇，愿赌服输，石乞说得在理！

沈诸梁虽然敌视石乞，却也佩服石乞是条硬朗汉子，遂不再啰唆，让手下将他烹了。白公胜的尸身，找得到固属锦上添花，找不到也无关大碍，随它去吧。

剿灭白公胜犯罪集团后，楚国的政局还要经过悉心调养才能完全平复。在此期间，沈诸梁奋勇担当，勤勉任事，一人身兼令尹和司马两职，这也是楚国历史上空前绝后的政治景观。

一年后，楚国局势安定，沈诸梁又主动将令尹和司马之职分别让给前令尹公子申之子公孙宁和前司马公子结之子公孙宽，自己无官一身轻，回到叶地颐养天年。

白公胜之乱，终于落下帷幕。

常言道盖棺而定论。白公胜作为《左传》中一个非主流的典型人物，虽然只是在历史长河中扑腾起小小的浪花，但未必没有评说的价值。

春秋时代，为父报仇是人生的重大使命。在反映我国先秦礼制的经典——《礼记》中，记载了一段孔子与其弟子子夏的对话。

子夏问于孔子曰："居父母之仇如之何？"夫子曰："寝苫枕干，不仕，弗与共天下也；遇诸市朝，不反兵而斗。"

原文有点儿晦涩，下面是译文。

子夏向孔子请教说："对于杀害父母的仇人应该怎么办？"孔子说："不能居安忘仇，要以草垫为褥，盾牌为枕，不担任公职，时刻以报仇雪恨为念，决心不和仇人并存于世。武器须臾不离身，不论在什么地方碰到了仇人，拔出武器就和他拼命。"

孔子的言论乍一看有些扎眼，身为万世师表的他，竟然向弟子灌输仇杀的理念，似乎很不文明，很不法治。

但是，你不能拿21世纪的观念去质问古人，在春秋那会儿，孔子的思想代表着中国先进文化的前进方向。

所以，白公胜坚持伐郑为父报仇，原则上是没有错的。

然而，白公胜被自己偏执的个性带上了歧途。

白公胜偏执到了什么程度呢？前文说过，哪怕是过了三十六年，他还念念不忘父仇。

都说时间是治疗心灵伤痛最好的良药，换作旁人，三十六年过去，这个仇大多就放下了。但白公胜非但放不下，还要高高举在头顶、牢牢嵌在心间。

当然，如果仅凭这一点而言，还不能称他偏执，前文的措辞也不过是称他"执念"很深。

可是，"执念深"所描述的心理状态和"偏执"其实也没什么本质区别，只是附加的感情色彩不同而已。

但白公胜执着于报父仇，而将其他诸如忠君体国爱人的礼法统统践踏，就是不折不扣的偏执了。

《列子·说符》中提到一个细节，对白公胜的偏执做了入木三分的刻画。

说白公胜图谋作乱，脑子里成天想着这事，散朝回家后站在那里，倒挂着马棰，又想得入了神，以至于棰针向上穿透了下巴，血一直流到地上，他都毫无知觉。

连疼痛都感知不到的人，往往都是走火入魔了。

为父报仇原本是正义的，但天底下正义的东西不止为父报仇这一件。

白公胜将全部的心力倾注于报仇上，忘了天底下还有别的正义，并且将所有不利于他报仇的东西都主观认定为非正义，甚至还要用极端暴力手段来破坏不利于他报仇的正义，从而模糊了他为父报仇的正义色彩。

他杀死令尹公子申、司马公子结、大夫公子启，劫持楚惠王，还擅行废立（未遂），严重破坏了楚国正常的政治秩序，这些行为在法理上都不属于他报仇的必要条件。

因此，我们在《史记·伍子胥列传》中看到，对于同样是为父报仇的伍员和白公胜，司马迁却给予了不同的评价。为了便于大家比较分析，附上原文："怨毒之于人甚矣哉！王者尚不能行之于臣下，况同列乎！向令伍子胥从奢俱死，何异蝼蚁。弃小义，雪大耻，名垂于后世，悲夫！方子胥窘于江上，道乞食，志岂尝须臾忘郢邪？故隐忍就功名，非烈丈夫孰能致此哉？白公如不自立为君者，其功谋亦不可胜道者哉！"

说明一下，《史记》中白公胜的事迹与《左传》记载最大的不同是，楚惠王从高府逃脱后，白公胜曾自立为楚王。

伍员为报父仇，不惜叛楚事吴，后来还代表吴国的利益与楚国为敌，几乎给楚国带来了灭顶之灾。

从表象上看，伍员给楚国造成的损害，无论是广度还是深度，白公胜都无法比拟。

但司马迁赞誉伍员："向令伍子胥从奢俱死，何异蝼蚁。弃小义，雪大耻，名垂于后世……隐忍就功名，非烈丈夫孰能致此哉？"

伍员的父兄皆为楚平王所杀，伍员报复的对象就是整个楚国。是故，司马迁认为伍员的所作所为符合道义。

白公胜呢？司马迁的态度是誉毁参半，你如果不自立为君该多好。意思就是说，你要报仇就找郑国呗，干吗在楚国作乱？

这样一番对比，白公胜的性格缺陷就很清晰了。

要我看哪，司马迁说"怨毒之于人甚矣哉"，这句话意味悠长，发人深省。白公胜就是一个活生生的范例，可悲却不可怜，不可耻但可恨。

把目光从遥远的春秋时代转移到今天的世界，白公胜其人其事对我们有什么启迪呢？

小到草根在城市化的紧张生活节奏里，大到国家在国际上抢夺生存空间的激烈竞争中，触怒我们的因素数不胜数。在应对时如何把握方向并保持分寸，是一门学问，也是一种艺术。

愤怒的力量就像一把双刃剑，我们自己不仅要学会正确使用，还要防范被某些不怀好意的人诱导利用。印证这个道理的现代案例有很多，如果大家感兴趣，我们找个机会再聊。

唐太宗说得好：以铜为镜，可以正衣冠；以古为镜，可以知兴替；以人为镜，可以知得失。知怒而善怒，这大概就是我们解读白公胜所得到的收获吧。

三女乱卫

宋代著名理学家朱熹在《诗集传》中有一句著名的论断："郑卫之乐，皆为淫声。"诗乐乃民风的总结与表达，卫国民风之乱，由此可见一斑。

纵览春秋时期的卫国历史，前有卫宣公三代通吃，彰显丈夫气概；后则有三女宣淫，可谓巾帼不让须眉。

此三女分别名为宣姜[①]、南子和孔伯姬，其身份分别是卫灵公的嫡母、夫人和女儿（论辈分也是三代）。因此，这一章我们不妨从卫灵公聊起。

卫灵公是卫襄公的儿子，更确切地说，是庶子。以庶子之资而就国君之位，说明卫灵公是个有故事的人。

卫襄公的夫人宣姜没有生育。换而言之，卫襄公没有嫡子。

无嫡意味着只能立庶，更确切地说，是立庶长子。然而，公子时期的卫灵公并非庶长子，至少他还有个亲哥哥，名叫孟絷。

孟絷是不是卫襄公的庶长子，史籍没有指明。但孟絷有一个显著的优势——他的母亲婤姶是卫襄公最宠幸的女人。

对于卫襄公来说，倘若离了婤姶，他只是个国君而已，还不能算作一个人生圆满的男人。

在妻妾成群、子嗣如云的家长制社会，母固然可以凭借子而长享富贵，子也可以凭借母而平步青云。所以，孟絷的政治前景理论上是值得期待的。

可是，孟絷也有一个显著的劣势——他的腿脚非常不利索，几乎到了丧失行走能力的地步。就其形象而言，我只能说真的不敢恭维。

因此，腿疾相当程度对冲掉了卫襄公因宠幸婤姶而寄予孟絷的政治厚望。这样一来，朝臣的看法就成了决定孟絷命运的关键力量。

对孟絷有看法的朝臣是孔烝鉏和史朝。这两位爷均是卫国政坛的资深人士，孔烝鉏更是大权在握的五朝元老（到卫襄公朝为止是五朝，后面还会延续），搞

---

① 卫国前后有两位宣姜，前为卫宣公夫人，已述。

事能力特别强，当年卫襄公的老爸卫献公都是他扶立的。

连卫襄公的老爸都能扶立，那扶立一个卫襄公的儿子就更不在话下了。

孔烝锄和史朝属意的对象到底是不是孟絷呢？

据《左传·昭公七年》记载，孔烝锄和史朝各自做了一个梦，梦的内容惊人一致，都是卫国开国先君卫康叔面授机宜：立"元"为国君，并让孔烝锄的曾孙孔圉和史朝的儿子史苟辅政。

两人事后一合计，觉得这是天意，遂产生了弃孟絷而立元为君的念头。

然而问题来了，元又是何许人也？话说孔烝锄和史朝做梦那会儿，卫国宗室并没有一个叫元的男丁啊。

答案在公元前540年揭晓。那一年，婤姶诞下了第二个儿子，恰巧取名叫"元"。

孔烝锄再为国君的人选占筮，结果元的卦象极佳，而孟絷的卦象很抱歉。于是孔烝锄坚确了立公子元为君的想法。

公元前535年，卫襄公去世。在孔烝锄的一力主持下，公子元登履君位，史称卫灵公。

"灵"字是个恶谥。卫灵公身后虽然以"灵"为谥，但他生前并非如同"灵"谥所归结的那么不堪。

所以，卫灵公的真实面目到底为何呢？我们不妨先看两则孔子评价卫灵公的记载。

孔子周游列国时，居留时间最长的国家就是卫国，而且当时正好是卫灵公执政。所以，孔子对卫灵公是非常熟悉的。

第一则记载出自《孔子家语·贤君》，原文如下。

哀公问于孔子曰："当今之君，孰为最贤？"

孔子对曰："丘未之见也，抑有卫灵公乎？"

公曰："吾闻其闺门之内无别，而子次之贤，何也？"

孔子曰："臣语其朝廷行事，不论其私家之际也。"

公曰："其事何如？"

孔子对曰："灵公之弟曰公子渠牟，其智足以治千乘，其信足以守之，灵公爱而任之。又有士曰林国者，见贤必进之，而退与分其禄，是以灵公无游

472

放之士，灵公贤而尊之。又有士曰庆足者，卫国有大事，则必起而治之；国无事，则退而容贤，灵公悦而敬之。又有大夫史苟，以道去卫。而灵公郊舍三日，琴瑟不御，必待史苟之入，而后敢入。臣以此取之，虽次之贤，不亦可乎。”

这段记载是鲁哀公和孔子的对话实录。孔子以卫灵公为当今贤君之最，引用的论据是卫灵公能够任用贤臣公子渠牟、林国、庆足和史苟。

第二则记载出自《论语·宪问》，原文如下。

子言卫灵公之无道也。

康子曰：“夫如是，奚而不丧？”

孔子曰：“仲叔圉[1]治宾客，祝鲍治宗庙，王孙贾治军旅，夫如是，奚其丧？”

这段记载是鲁国正卿季孙肥[2]和孔子的对话实录。孔子引用的论据同样是卫灵公能够任用贤臣（仲叔圉、祝鲍和王孙贾），但提出的论点嘛，民间历来多有争论。

争论的根源在于“子言卫灵公之无道也”九个字。争论的焦点在于“言”这个字。

不少人把“言”翻译成“曰”，进而把“子言卫灵公之无道也”翻译成“孔子说卫灵公无道”或“孔子认为卫灵公无道”。这其实是误解了“言”的含义。

假如你把“言”翻译成“曰”。那孔子说卫灵公无道，紧接着又称“卫灵公能够任用贤臣仲叔圉、祝鲍和王孙贾”，前言后语岂不是自相矛盾了吗？

“言”字正确的翻译应该是“谈及”“议论”。“子言卫灵公之无道也”九个字应该翻译成“孔子针对某些人说卫灵公是无道之君而发表自己的意见”。

这样理解的话，接下来的逻辑就顺畅了。

季孙肥问：“某些人说卫灵公是无道之君，若果然如此，为什么他没有丧失君位呢？”

孔子答：“因为他有仲叔圉接待宾客，祝鲍管理宗庙祭祀，王孙贾统率军队。能够得到三位贤臣的辅佐，他怎么会丧失君位呢？”

由此可见，在孔子眼中，卫灵公是一位英明的君主。

---

[1] 即前文提到的孔烝鉏的曾孙孔圉。
[2] 季孙肥谥“康”，史称季康子。

当然，世界上不存在绝对的英明。所谓英明，大抵都是比较级。

究竟英明与否，评判的前提是要看自身的实力以及对手的强弱。

以春秋末年的政治格局而言，吴越纷起技惊四座，晋楚有所疲软但仍不失强国之资，齐国趁乱取势躁动不安，周王朝版图上堪称山头林立。

卫国身处其间（特别是在晋国和齐国的夹缝中），如何自保、共存乃至发展，都是令当国者抓肝挠肺的课题。

但是，我们细数卫灵公的执政生涯，发现它并非一部血泪斑斑的屈辱史，我们能够从中找到不少或顽强的或勇毅的或狡黠的或欢乐的片段。

前文讲述《六卿都去哪儿啦之实践操作篇》时，我曾提及晋齐相争而卫灵公背晋投齐之事。

该事件较为复杂，故此处不再复述，大家有兴趣地话翻回去重温一下，看看卫灵公是如何斗智斗勇，不折不挠达成目的的。

这里再讲一个卫国在重大外交场合反败为胜的精彩案例，事情发生在卫灵公背晋投齐之前，当时卫国还是晋国的小弟。

公元前 506 年的三月，因楚国频生北犯之意，晋定公会刘文公（周王庭的卿士暨刘国国君）、鲁定公、宋景公、蔡昭侯、卫灵公、陈惠公、郑献公、许男斯、曹隐公、莒郊公、邾隐公、顿子、胡子、滕顷公、薛襄公、杞悼公、郯子、齐国夏（齐国的卿士国夏）于召陵，共商伐楚大计。

后来，各路诸侯（暂且把齐国夏视作诸侯）在皋鼬歃血结盟，组委会欲将歃血的顺序定为蔡国先于卫国。

在春秋时代的国际政治舞台上，绝无"排名不分先后以姓氏笔画为序"的说法。将蔡国排在卫国前面，那就是昭告四方，蔡国比卫国尊贵。

本来呢，组委会的安排很合礼。因为蔡国的开国君主蔡叔度是卫国开国君主卫康叔的亲哥哥，而长幼有序，乃周代的成法。

然而，卫灵公不甘心就位于蔡昭侯之后，他想和蔡昭侯调换一下顺序，给自己脸上增点光彩，于是派大夫祝鮀去组委会公关。

祝鮀马上找到刘文公的属下苌弘，噼里啪啦发表了一番长篇大论，其主旨概括起来就是六个字——贵德而不贵齿（即以德行优劣为序，而不以年齿长幼为序）。

实事求是地讲，"贵德而不贵齿"更多的是作为一种现象，而不是作为一种规则。"贵德"不如"贵齿"有传统的、普遍的效力。

但是，"贵德而不贵齿"既然可以作为一种现象存在，那必然有其内在的合理性。换句话说，虽然"贵德"要压倒"贵齿"很难，但也并非人力所不可及。

所以，到底能不能扭转委员们的观念，到底能不能更改组委会的预案，全在于祝鮀一张嘴怎么说。

而祝鮀心思机敏、能言善辩，他在谈话中提到了五个人——管叔、周公、蔡叔、康叔和叔虞。

管叔、周公、蔡叔、康叔都是周武王的胞弟[①]。叔虞是周成王的胞弟。

周公才德双修，周文王时期即与兄长发"左右辅文王"。周武王发即位后，又以周公为王庭首辅。周武王死后，因周成王幼弱，周公还曾摄王权七年，分封天下，制定周礼，是为兄弟中的翘楚。

康叔在兄弟排行中靠后，西周建立之初，康叔因年幼并未受封。及其长，因"有驯行"而被周公举为司寇，"以佐成王治"，"有令名于天下"。"三监之乱"后，天下板荡，康叔又受封于卫，被委以镇守殷商旧地的重任。

管叔和蔡叔在兄弟排行中靠前，可是政治立场不坚定，"三监之乱"时当了大反派，结果一个被杀一个被逐。

叔虞受封于唐时年纪很小，上面还有诸多成年的庶兄。当时，唐地刚刚经历战乱，按说周成王派个心智更加成熟的庶兄弟去镇守唐国更加妥当，但他最终还是选择了幼弟叔虞，并且分封时隆重地赐予叔虞"大路、密须之鼓、阙巩、沽洗"等镇国宝器、"怀姓九宗，职官五正"等骨干臣僚，以及"启以夏正，疆以戎索"等便宜行事的政策。

祝鮀提及这五个人，针对性很强。论兄弟排行，周公在管叔之后，康叔在蔡叔之后，叔虞在诸兄之后；但周公、康叔和叔虞在受周王任用方面，却胜过其兄。

---

① 据《史记·管蔡世家》记载："武王同母兄弟十人。母曰太姒，文王正妃也。其长子曰伯邑考，次曰武王发，次曰管叔鲜，次曰周公旦，次曰蔡叔度，次曰曹叔振铎，次曰成叔武，次曰霍叔处，次曰康叔封，次曰厓季载。"

特别值得注意的是，蔡叔乃"三监之乱"的罪魁，而康叔乃周王庭平定"三监之乱"胜利果实的守护者；叔虞乃晋国的始祖，而眼下晋国是组委会的委员长。也就是说，祝鮀在抑蔡扬卫之余，还着力吹捧了晋国一把。

面对这番言语，苌弘无法辩驳（因为他要是辩驳的话，那就相当于非议周文王、周武王、周公和周成王，这在周代是不可想象的事情），只好禀告刘文公。

刘文公也无话可说，又转呈给晋国正卿范鞅。

范鞅听得祝鮀恭维晋国，当然很是受用，加之蔡国参与"三监之乱"的罪名确实难以洗脱，遂愉悦地接受了祝鮀的意见，将卫灵公排在了蔡昭侯之前。

卫灵公绝地反击，打了一个漂亮的翻身仗！

这个案例讲到这里就打止了。正面展现卫灵公的案例还有不少，但为了不偏离本章的主题，我们姑且转换视角，把叙述的主线放到那三位不守本分的女人身上去，至于卫灵公的其他出彩之处嘛，我们就用附带的方式加以描述吧。

话说卫灵公的胞兄孟絷，简直就是个造化弄人的注脚。

他身为庶子，无缘君位继承权，原本只想混个肥缺，牵黄擎苍，锦帽貂裘，优哉游哉地在人世间富贵终老。

混着混着，发现老爸卫襄公一直无嫡且专宠其母婤姶。好似黑夜中划破天际的闪电一般，他突然意识到自己有朝一日可以突破出身的限制而登履君位。这不就是传说中的天上掉馅饼吗？

又混着混着，老爸辛勤耕作，老妈开花结果，给他送来了一个亲弟弟公子元。他当时还不知道这是自己命运的重大转折，依旧沉浸在白日飞升的美梦之中。

再混着混着，自己的腿疾形成功能性障碍，而且一直没有子嗣，老爸对立储的态度因此变得含混暧昧，弟弟公子元却在朝中大臣的鼎力拥护下主导了鱼龙变化，于是他梦想的翅膀被折断，从骄傲的云端轰然坠落，旁人也不再报以谄媚的目光，个中酸楚苦涩，罄竹难书。

几番折腾下来，孟絷的心理已然扭曲。

卫灵公因一奶同胞之故对孟絷委以重用（还因孟絷无子而将自己的儿子驱过继给了孟絷），孟絷却滥用权力，仗势欺人。

司寇齐豹和孟絷往日无怨近日无仇，却被孟絷剥夺了司寇之职以及封邑鄄地。

剥夺官邑也就算了，毕竟你是国君的亲哥，后台太过硬实，咱惹不起躲得起。

可是孟絷格调太低，一碰到什么事情自己不好办理（因为腿脚不便），他就把官邑还给齐豹，喝使齐豹当差；等齐豹把事情办妥帖了，孟絷又把官邑夺走，仿佛齐豹就是一个可以任他呼来唤去的玩物。

朝中大臣北宫喜和褚师圃，也入不了孟絷的法眼，孟絷成天琢磨怎么除掉他俩。

齐氏和北宫氏俱为卫国的世家大族，褚师圃也不是无名之辈，面对孟絷赤裸裸的人身威胁，他们当然不可能逆来顺受。

可是，诚如前文所言，孟絷是卫灵公的亲哥哥，如果采用暴力手段反制孟絷，那就无可避免地成了背叛卫灵公。为此，齐豹、北宫喜和褚师圃虽怒气盈胸却始终不敢动手。

然而束手无策并不等于毫无功效，至少，他们完成了反孟絷的势的积累。也就是说，他们已经到了将反而未反的临界点，只要再有一股力量加入，他们绝对会投袂而起。

对于看热闹不嫌场面大的我们来说，很幸运的是，这股决定势态走向的力量并不难找。

和孟絷一样因时运不济而导致三观颠倒的人，卫国还有一位，名字叫宣姜（即卫襄公夫人）。

宣姜虽然贵为君夫人，但苦于没有儿子给自己撑门面，平素少不得要看卫襄公的冷眼，要听旁人的闲话。

更可气的是，卫襄公专宠婤姶，视后宫诸妃若无物，从此不再向她撒播任何恩泽，宣姜就算想翻盘，也注定只是春梦一场。

怀着对卫襄公的无比怨恨，宣姜果断和朝中大臣公子朝①发生了奸情。男人最输不起的就是自己老婆的名节，宣姜此举，可谓以血还血以牙还牙，相当地给力。

---

① 本章中会出现两位公子朝，即此处的卫国公子朝和候场的宋国公子朝，历来多有将其混淆者。为了便于读者辨识，故下文将卫国公子朝称为卫朝，将宋国公子朝称为宋朝。

卫朝本是卫国的高士，当年吴国大贤季札出访列国途经卫国时，曾和他相处甚欢。然而，在坚守两性道德观方面，看不出卫朝有什么高人之处。

不过，我多多少少还是有点儿理解卫朝的。常言道，妻不如妾，妾不如偷，何况偷的还是君夫人呢？更何况这是在男欢女爱浑不吝的卫国呢？

但话又说回来，和君夫人偷情固然刺激，风险也着实不小。其最大的风险在于，君夫人别号"小君"，表象上是个女人，内核上却已升华为君权的外延，妥妥的可远观而不可亵玩焉，这奸情一旦败露，卫朝断然无法给卫国君主——无论是死了的卫襄公，还是活着的卫灵公——一个交代。

所以，卫朝在痛并快乐中思虑再三后，本着横竖是死或许拼一把还有活路的想法，选择用作乱这种极端方式来抹除罪愆。

诶，要作乱是不，齐豹、北宫喜和褚师圃也欲作乱久矣，差的就是你卫朝这根稻草了，来来来，跟我一起唱，预备起：大河向东流哇，天上的星星参北斗哇，嘿嘿嘿嘿参北斗哇，生死之交一碗酒哇，说走咱就走哇，你有我有全都有哇！于是四方一拍即合，风风火火拉开了卫国大动乱的序幕。

动乱四人组以齐豹为头，而齐豹不共戴天的仇敌是孟絷，因此动乱四人组首先拿孟絷开刀。

在齐豹看来，杀孟絷是有捷径可寻的。因为孟絷的贴身保镖（亦即"骖乘"，又名"车右"）宗鲁乃齐豹所荐，齐豹于宗鲁有抬举之恩。所以，齐豹决定找宗鲁聊聊，要是能把宗鲁策反，那好事就成了一半。

齐豹私下里找到宗鲁，试探性地说道，孟絷这厮不是个东西，天下有目共睹，我打算干掉他，希望你别再与他同车，以免跟（偕）着（我）遭（杀）殃（他）。

宗鲁为人中直，虽然确实对孟絷的行事不敢苟同，但也不想背负叛主的恶名。念在旧日情面上，宗鲁礼貌地拒绝了齐豹的要求，称自己既不会背弃孟絷，也不会泄露齐豹的秘密，此事难以两全，有死而已。

宗鲁把话说到这个份儿上，齐豹也没有继续游说的必要了。好在宗鲁承诺两不相害，齐豹依旧可以秘密地筹划布置，然后打孟絷一个措手不及。

公元前522年的六月二十九日，卫灵公去往平寿（卫国邑名）未归，孟絷将赴国都帝丘的城门外祭祀，动乱四人组下手的机会来了。

齐豹让刺客驾一辆装满柴火的马车停在城门口，将戈藏在柴火中，只等孟絷经过时便抽戈突然袭击。就这样还怕不保险，又在城门外布置了很多帷帐，里面伏下甲士，务求置孟絷于死地。

稍后，孟絷带着宗鲁自城门口而出。

刺客相时暴起，一戈劈向孟絷。孟絷一则无备，二则腿脚不便无法躲避，眼看就要被刺客一戈劈作两截。

说时迟，那时快，宗鲁毫不犹豫地纵身一跃，将孟絷扑倒，用自己的脊背当成了护卫孟絷的肉盾。

可是，血肉之躯怎能抵挡得了金属的暴力冲击？刺客这一戈劈下，生生撕裂了宗鲁的胳膊，顺势又刺伤了孟絷的肩膀。

紧接着伏兵纷拥而出，乱刀齐下，将彻底失去反抗能力的孟絷和宗鲁一起杀死。

卫灵公听闻帝丘发生动乱，立即驱车赶回去处置。但回到公宫一看，狼奔豕突，一地鸡毛，情势已失去控制，且乱党有图谋国君之意，只得又匆匆避往城外。

途经城内齐氏的据地时，卫灵公一行汗出如浆，紧张万分，生怕乱党会断路截杀。

卫灵公的随从华寅为壮声势，肉袒赤膊，以示死战到底，且卸下车盖执于手中，以充当防具。

大概乱党未料及卫灵公会在此时经过，又或者乱党被华寅气势所慑，总之卫灵公一行未和乱党短兵相接。

然而，明枪易躲，暗箭难防。就在卫灵公暗暗庆幸之际，一支箭矢挟着凛凛杀气呼啸而至，正中卫灵公骖乘公南楚的脊背，瞬时扎出一个对穿的血窟窿。

在公南楚的惨叫声中，卫灵公一行吓得连汗都收了，缩着脖子拼命打马，疾向东门冲刺。一路上，马车狂奔颠簸，几乎要将卫灵公的心脏从喉咙里晃荡出来。

待穿城门而出，华寅尤恐乱党追击，遂独自跳下马车，又反身入城，驱散城门守卫，奋力将城门闭合，再攀上城楼，从城头跃出，复与卫灵公会合。

卫灵公的党羽析朱鉏白天未能跟着大部队一齐逃亡，夜间从城墙的排水涵洞里钻出城来，徒步追赶卫灵公而去。

卫灵公陆续收纳旧属，奔至卫邑死鸟。死鸟乃帝丘去往齐国的途经之地，乱党势力尚未波及于此，是故卫灵公一行暂时停驻了下来。

就在卫国爆发动乱的同时，恰好齐国向卫国派出了一个外交使团。使团刚驶离临淄不远，便获得了卫灵公避居死鸟的情报。

使团长公孙青旋即向齐景公报告，请示还要不要继续出使卫国，以及如果继续出使的话，是拜访卫灵公还是拜访帝丘当局的实际控制者。

齐景公有意笼络卫国以构建齐国的势力范围（齐国不愿久居于晋国的屋檐下），便回复说，卫灵公固然失了都城，但好歹还没有流亡出国，按礼来说依然是正统的国君，你不要想太多。

公孙青领命，径直去往死鸟，觐见卫灵公。

卫灵公人穷志不短，尽管景况落魄，但并未在公孙青面前自伤自怜。公孙青欲行聘礼，卫灵公却坚称自己必须在宗庙里受聘，死鸟草草之地，怎可轻言国之重事？

公孙青心底里未尝不想骂娘，但身为一名外交官，他还是很专业地向卫灵公表达了万分钦佩之情，并将自己团队中的良马进献给卫灵公，且主动要求夜里为卫灵公值警。

由于获得了齐国的支持，卫灵公暂时在死鸟站稳了脚跟，虽然他目前还没有力量反攻帝丘。

不过，局势的发展远比卫灵公想象的乐观，就在他夙夜忧愁之际，帝丘的乱党突然向他伸出了橄榄枝。

当然，你不要以为乱党精神分裂，也不要以为乱党先前打打杀杀是闹着玩，他们的态度之所以来了个一百八十度的大转变，是因为齐豹死了。

齐豹乃乱党的一号人物，为什么会在政变尚未成功之际就抛下战友走先呢？其实呀，他也到死都没弄明白。

有一天，齐豹的家宰渠子约见乱党的二号人物北宫喜，意欲商讨下一步的行动计划。

渠子约见的是北宫喜，但北宫喜方面首先接到约见信息的不是北宫喜，而是北宫喜的家宰。

这位家宰在历史上没有留下名姓（为了行文方便，姑且称其北宫家宰），但为人正直，行事果决，端的是条汉子。

北宫喜参与作乱，北宫家宰是极力反对的。只是胳膊扭不过大腿，北宫喜和齐豹一伙人多势众，北宫家宰没有阻拦住，为此一直耿耿于怀。

所以，北宫家宰抓住这次信息不对称的机会（即北宫家宰得知渠子约见北宫喜，而北宫喜本人不知，渠子亦不知北宫喜本人不知），调动自己在北宫氏的资源，设了个计谋将渠子杀死，进而起兵攻打齐氏。

堡垒最容易从内部攻破。齐氏压根儿没想到北宫家宰玩偷袭这一手，猝不及防，稀里糊涂合族被灭。

然后北宫喜忽然发现自己处在了一个非常尴尬的境地。

首先，随着作为乱党支柱的齐氏退场，乱党与卫灵公的力量对比发生了重大改变，继续作乱的难度陡然增大。

其次，齐氏被北宫氏灭除，给人的第一感觉无非就是两种。要么北宫喜私底下被卫灵公招安而背叛了乱党，要么北宫喜为了争当乱党的首领（因为这样可以在变乱成功以后获取更大的政治利益）而在背后捅了大哥齐豹一刀。

总之，就北宫喜个人而言，非但变乱的前途一片灰暗，而且乱党余众对他恨之入骨。

如果北宫喜在前无去路后无退路的极端不利局面下仍想保住老本，那他只有完全地与乱党决裂。

与乱党决裂，意味着乱党彻底式微，很难再采取手段报复北宫喜，也很难再对卫灵公形成重大威胁。

与乱党决裂，还意味着北宫氏向卫灵公靠拢。这个时候，北宫家宰袭杀齐氏之事，就能够轻易地被北宫喜标榜为自己惩治元凶、尊奉国君、力挽狂澜、维护社稷之举。

至于这种标榜卫灵公愿不愿意相信，并不重要，重要的是卫灵公愿意接受。

换句话说，即便卫灵公心知肚明北宫喜投诚是被逼无奈、是老奸巨猾、是搞政治投机、是死道友不死贫道，卫灵公也必须装出宽容大度的姿态，和北宫喜重归于好。

因为，在乱党余孽尚存的情况下，卫灵公的当务之急是团结一切可以团结的力量，先把乱党肃清再说。

至于北宫喜曾经作为团伙骨干分子发动变乱之罪嘛，不一定非要现时结算，可以秋后论处①。政治斗争的高级境界从来都是谋求最终制胜，而非逞一时之快。

于是，北宫喜从作乱的主犯摇身一变，成为平叛的头号功臣。

随即，北宫喜迎卫灵公还都，卫灵公也就坡上驴，重新掌控权柄，君臣在帝丘城外的彭水之畔盟誓和平共处，双方皆大欢喜。

乱党余孽无力回天，只能纷纷逃窜，卫朝和褚师圃等人奔晋。而直接导致此次变乱且在变乱中与卫朝同谋的宣姜，则被处以极刑。

顺便提一句。褚师圃作乱不成，从此畏卫灵公如虎。

此次动乱平定二十二年后的公元前501年秋（时晋齐相争而卫国亲齐），卫灵公去往卫邑五氏，将要途经晋国的边境重镇中牟。

晋国在中牟城内驻有兵车一千辆（便于伐齐伐卫），晋国和卫国又不对付，所以卫人心里都捏了一把汗，生怕中牟方面会出兵拦截。烧个龟甲占卜预测吉凶吧，龟甲又烧焦了（不成兆像，无法预测），这就更增添了卫人的忧虑。

然而卫灵公信心爆棚，满不在乎地说："可以去。我们的兵车有五百辆，寡人可当兵车五百辆，恰与中牟兵车数量相等，怕什么？"

一个人能身当兵车五百辆，卫灵公你确定你自己是人他妈生的而不是超人他妈生的？现在的观众可不好糊弄哦！

其实呀，我这么想也纯属瞎操心，因为，还真就有人吃他这一套。

中牟城中有一个卫人，即二十二年前作乱不成奔晋的褚师圃。他对晋人说："不要攻击卫国，他们的国君在那里，是不可战胜的。还是攻击齐国吧！"

晋人深以为然，果然放着一个送上门的卫灵公不管，转而攻打齐国，并击败了齐军。

齐国摸不清晋国舍近求远演的是哪一出戏呀，由于担心晋卫私底下有什么暧

---

① 二十年后的公元前503年，卫灵公故意派北宫喜之子北宫结出使齐国，又暗中让齐景公逮捕北宫结，以此削弱北宫氏。

昧接触，只好未雨绸缪将西部的边邑——禚、媚、杏三地送给卫国，以求卫国不要背齐投晋。

卫灵公不经意间再次扮演了国际政治斗争的大赢家。

唠唠叨叨说了这么多卫灵公的好话，也许大家始终感到别扭。因为，既然卫灵公差不多总能度过各种困厄，为什么死后会谥之以"灵"呢？妥妥的名不副实呀！

这个问题的答案很难找。如果一定要追究，我想，线索应该藏在本章前文所述的《孔子家语·贤君》里。

《孔子家语·贤君》中关于鲁哀公和孔子评论卫灵公的对话，再次引用如下。

哀公问于孔子曰："当今之君，孰为最贤？"

孔子对曰："丘未之见也，抑有卫灵公乎？"

公曰："吾闻其闺门之内无别，而子次之贤，何也？"

孔子曰："臣语其朝廷行事，不论其私家之际也。"

鲁哀公认为卫灵公"闺门之内无别"，意思就是说卫灵公的私生活很混乱。孔子也没有否认这一点，只不过他认为相较于卫灵公治国理政方面取得的成绩，私生活混乱只属矛盾的次要方面，尽可以忽略。

抓大放小是一种放之古今中外而皆准的方法论，孔子的意见，我原则上是不反对的。然而，还有另一种放之古今中外而皆准的方法论，叫排除法，我们也不得不从。

什么叫排除法？排除一切不可能的，剩下的就是真相。

具体到卫灵公身上。既然他"朝廷行事"没问题，那问题就只可能出在"私家之际"了咯。

那么，卫灵公的私生活到底有多混乱，以至于抵消他的政绩并让他死后留下恶谥呢？这就要牵扯出本章的第二位女主角——卫灵公的夫人南子。

南子乃宋女，待字闺中时，便和宋国的美男公子朝[1]发生了不可描述之事。

---

[1] 此乃本章中出现的第二位公子朝，下文简称为宋朝。宋朝乃当世闻名的美男子。据《论语·雍也》载：子曰："不有祝鲩之佞，而有宋朝之美，难乎免于今之世矣。"意即如果没有祝鲩般的口才，也没有宋朝般的美貌，那在今天的社会上处世立足就比较艰难了。

卫灵公迎娶南子时，是否对她和宋朝的"好事"有所耳闻，我们不得而知，总之南子顺利地嫁到了卫国。

但是，大家千万不要从常理去猜度，以为卫灵公一旦发现南子给他戴了顶绿帽子，断然会拍案而起，将奸夫淫妇千刀万剐，还自己一个清白。

真相会让你们三观尽毁。

南子嫁到卫国后，卫灵公对她宠爱有加。南子却依然和旧爱宋朝缠绵不绝，时有越轨之举。

如此不堪之事，换作你我是卫灵公，绝对一分一秒都受不了。可是卫灵公受得了，非但受得了，简直还很享受这种错乱的三角关系。

然而，卫国的臣子受不了，套用时下流行的语言，叫作"实在睁不开眼"。究竟是哪些臣子被辣到了眼睛呢？这里先说一个叫公叔戌的人。

公叔戌乃卫国公族，论亲缘关系是卫灵公的堂侄，家境很富庶，做事很任性。

公叔戌这种类型，多半是拉仇恨的主，卫灵公就不待见他，只是彼此暂未翻脸。

然后南子嫁过来了，和老情人宋朝各种乱搞。公叔戌是逞强争能之人，平素遇见一块没挡道的石头都要踢三脚，尽管南子不是他的老婆，他也看不顺眼。

看不顺眼怎么办？公叔戌从不习惯憋屈自己，他决定找个机会杀了宋朝，让南子生无可恋。

按说，公叔戌此举虽然主观上不是要将卫灵公的帽子洗白，但客观上能够达成洗白的效果，卫灵公应当支持和感谢公叔戌才对。

谁知卫灵公一点儿都不领情。

当时，南子察觉到公叔戌将要对宋朝不利，便抢先一步向卫灵公控告，称公叔戌意欲造反。

卫灵公本就厌恶公叔戌，此刻被南子一激，顿时起了杀心。公元前 496 年春，卫灵公将公叔戌及其同党——比如大夫赵阳和北宫结 [①]——逐走。

---

① 北宫结曾在使齐时被齐国逮捕，后来又获释归国，心中对卫灵公怀有怨恨，故与公叔戌同进退。

公叔戍和北宫结逃到了鲁国，赵阳逃到了宋国。

卫灵公驱逐公叔戍及其同党，名义上是为了维护国家的安定，实际上也是对他与南子及宋朝三角关系的捍卫。

然而，卫灵公的私生活委实太过混乱，驱逐公叔戍及其同党并不能镇压住卫人对南子的反感。下面我要说的第二个被辣到眼睛的人叫蒯聩，他是卫灵公的世子（非南子所生）。

公元前496年，晋国六卿之间的热战正值焦灼，作为晋国反对派的中行派处于下风，情势堪忧（详见前文《六卿都去哪儿啦之实践操作篇》）。

作为晋国的竞争对手，齐国一直持力挺中行派的立场。为了帮助中行派挽回颓势，齐国频频会晤东方集团诸国（鲁、宋、卫、郑），商议出兵干涉之事。

当年秋，齐景公约宋景公到曹国的洮地会晤。这次会晤，原本卫灵公也是要参加的，但他却打了推脱，转而派世子蒯聩代表自己与会。

卫灵公为什么要翘课呢？莫非是家里有什么事抽不开身？

这个这个，事情还真有。

那是什么事如此重要呢，害得卫灵公连与头儿齐景公及盟友宋景公的会晤都参加不了。难不成是卫国遭了天灾人祸，又或者是卫灵公本人忽然病得起不了床？

非也非也，如果是出于这么正儿八经的原因，那就不好玩了。我们看看《左传·定公十四年》是怎么说的。书曰："卫侯为夫人南子召宋朝。"

嘿，好家伙！容我闭上眼睛想一想，那画面简直太美我不敢看哪！

假设不是左丘明老先生白纸黑字言之凿凿，估计大家都不会相信世间竟有这等奇葩之事吧？

卫灵公、南子和宋朝仨在一起寻欢作乐，卫世子蒯聩则心事重重（蒯聩的心态有点儿类似于夏徵舒，同样为父母淫乱所恼）地去往洮地。

途中经过宋国的郊外，有野人朝着蒯聩唱歌，歌词曰："既定尔娄猪，盍归吾艾豭？"

这歌词看起来文绉绉的，其实不然，当它被现代语文翻译过来后，内容十分的粗俗。它的意思是：既然已经满足了你们那发情的母猪，为何还不归还我们那漂亮的种猪？

大家听懂了野人的话外之音没？如果没听懂，那我提示一下：娄猪影射的是南子，而艾豭影射的是宋朝。

亵谑的歌声宛如劈面而来的乱刀，将蒯聩砍得体无完肤，□碎一地。从即刻起，蒯聩的心里坚定了一个想法：一定要弄死南子那个不要脸的，不然这日子没法过了。

没隔多久，蒯聩从洮地回转，便立即着手处置南子。

他对家臣戏阳速说："随我去觐见君夫人。君夫人接见我们的时候，我使个眼色，你就上前杀了她。"

戏阳速心里打起了小九九：蒯聩为人狠毒，倘若此刻不应承，必然会被蒯聩找个由头害死；可倘若应承下来并杀掉南子，蒯聩也必然会将罪责全部推给我。左右是个死，这可如何是好呢？不如先应承下来，再见机行事……

待到觐见南子时，蒯聩对戏阳速使眼色，戏阳速视若不见；蒯聩再使眼色，戏阳速畏畏缩缩欲行又止；蒯聩猛使眼色，戏阳速还是逡巡而不敢进。

蒯聩好恨自己去年为什么没有买个表送给戏阳速。

然而，戏阳速不动手不代表这事就算完。蒯聩和戏阳速眉来眼去，表情怪异，南子虽被宋人戏称为猪，但毕竟不是真的一头猪，岂有不察言观色之理？

于是乎，南子慌慌张张地立起身来，往卫灵公的处所夺路而逃，一边跑，还一边扯着喉咙号哭："蒯聩将杀余！"

蒯聩见势不妙，自知卫灵公不会容他，也迅疾地突出公宫，带着儿子疾径投宋国而去（后又转投晋国）。

卫灵公听南子说蒯聩要杀她，气不打一处来。老子就喜欢三个人一起过家家，碍着你们啥事啦？又不要你们来推腰助力。为何尔等逆臣贼子老想着拆散我们？俗话说君子有成人之美，偏你们不，偏你们不！好好好，既然你们敢一而再再而三地使坏，我也不嫌整治你们太麻烦。来人哪，给我把蒯聩的党羽统统逐出去！

蒯聩贵为世子，连他都不能拉卫灵公回头，可见卫灵公是打定主意要和南子以及宋朝在自由恋爱和谐共处的路上走到黑了。

蒯聩奔逃后，倒是没有人再接力为难卫灵公，可也没有人再能代表卫灵公参加东方集团的反晋斗争（因为卫灵公一直未再确立世子）。

卫灵公只得暂且放下他心爱的南子和宋朝，亲自出马，继续跟在齐国后面怼晋国。

卫灵公未再确立世子，并不是说他不想确立世子。

卫灵公生息不繁，过继了一个驱给孟絷（驱是蒯聩的同党，因蒯聩谋杀南子事败而遭到牵连，后辗转逃到了齐国），又跑了一个蒯聩，剩下的子嗣已不多。

在这剩余的子嗣里，卫灵公对一个叫郢的公子比较中意。

有一次，卫灵公在郊外游玩，公子郢给他驾车，近旁没有人，父子俩就说起了悄悄话。卫灵公说我现在没有嫡子，准备立你为继承人。公子郢没有作声。

过了段时间，卫灵公又旧话重提。

公子郢恳挚地说："郢何德何能，您还是另选他人吧。今有君夫人在堂（南子因受卫灵公宠幸，在卫国颇有权势），卿大夫在下，您还没有和他们商量，我不敢领受您的命令。"

卫灵公悻悻作罢，还想再逮个时机重新表白。可是，他年岁已经不轻，时间对于他而言，并不宽容。

公元前 493 年夏，卫灵公在尚未确立世子的情况下一命归西。

南子打算帮卫灵公实现生前的愿望，立公子郢为储君。然而公子郢固辞，并竭力推荐蒯聩留在卫国的儿子——辄。最终辄成了卫国的新君，史称卫出公。

就在卫人为君位传承而操心的时候，晋国也过来凑了一把热闹。同年 6 月 17 日，晋国当权派（亦即《六卿都去哪儿啦之实践操作篇》中所述的智派）的赵鞅把蒯聩送回了卫国。

蒯聩是卫国前世子，也是卫国当今君主卫出公的老爸。晋国送他回来，当然不是要他给卫出公当储君，也不是要他当太上君，而是要他争当卫国的国君。

晋国这么做的原因很简单。卫灵公当政时，卫国追随齐国，孜孜不倦地给晋国添堵；如今卫国政局初定，晋国当然要礼尚往来，让卫国也尝尝被横插一脚的滋味。

卫出公虽然和蒯聩是父子关系，但这个父子关系是血缘意义上的。卫出公作为国君，乃所有卫人之父，这个父子关系是政治意义上的。

而政治意义上的父子关系，要比血缘意义上的父子关系更加神圣不可侵犯。也就是说，尽管蒯聩是卫出公的老爸，但面对一个回国争夺君位的蒯聩，卫出公是如临大敌的。

赵鞅也知道卫国定然会阻止蒯聩回国，所以使了一个诈。

他让阳货找了十几个人，装扮成卫人模样，而且穿着为卫灵公戴孝的孝服，从卫国来到晋国。不知内情的人乍一看，还以为这十几个人是奉卫灵公遗命前来迎接蒯聩的。然后，赵鞅就带着人马，亲自护送蒯聩归国。

就这样，赵鞅一行堂而皇之瞒过了卫国边境的检视，深入卫国境内。

可是，卫国并没有发布过迎接蒯聩的命令，随着赵鞅一行越来越接近卫都帝丘，他们终于暴露了。

在卫国军队的拦截下，赵鞅一行不敢恋战，掉转头往回跑，并占据了卫国北部的边邑戚地。

占据戚地乃赵鞅的一箭双雕之举。

其一，是为蒯聩在卫国寻了一个立足之地，便于日后晋国操纵蒯聩，影响卫国的政局。

其二，赵鞅所在的晋国智派，目前正在围攻困在晋国东南边邑朝歌的中行派，而戚地与朝歌隔黄河相望，是齐国领衔的东方集团援救中行派的途经之地，赵鞅占据戚地，可以与国内的友军形成围点打援之势。

8月7日，赵鞅率领的晋军果然与援救中行派的东方集团军队在戚地以南的铁地交战。

这一战，晋军大胜，东方集团从战略态势上再无挽救中行派的可能，蒯聩也借此在戚地站稳了脚跟。

此战过后，卫国一直没有消停。对外，卫国要追随齐国救援晋国中行派（这是东方集团救援中行派的尾声），晋国执政当局（即智派）也对卫国施以报复性攻击，晋卫频频交战；对内，卫出公将老爸蒯聩视为心腹大患，时不时邀上东方集团的盟国一起攻打戚地，冀图驱逐蒯聩。

渐渐地，晋国中行派退出历史舞台，蒯聩却见招拆招始终赖着不走，戚地和帝丘遂成长期相持之势（相持长达十四年之久）。

本来呢，蒯聩和卫出公旗鼓相当，谁也扳不倒谁，卫出公大概已经做好了凭借年龄优势熬死蒯聩的心理准备。然而一个女人的出现，改变了这一切。

这个搅局的女人就是本章的第三位女主角——卫灵公的女儿、蒯聩的姐姐——孔伯姬（或称孔姬）。

孔伯姬乃卫国辅政大夫孔圉的夫人，育有一子，名孔悝。

孔伯姬身为公主，又兼重臣正室，还有儿子顶门户，按理说应该知足了。然而，这个世界之所以色彩斑斓精彩纷呈，就是因为人总有些不安分的想法，拒绝循规蹈矩，不断超越自我。

孔圉家有一个叫浑良夫的小臣。此人位阶低下，但身材高大，容貌俊朗，浑身充满了原始的诱惑力。

孔伯姬这种上了一点儿年纪的贵妇，生活富庶，物欲肥腻，最容易陷入精神空虚和身体饥渴的病态。而唯一能够解救她的办法，就是和浑良夫这种力与美的结合体来一场灵与肉的超级冲撞。

孔圉在世的时候，孔伯姬倒是不敢轻举妄动。毕竟，吃在东家睡在西家的风险太大，弄不好甭说睡在西家成了一帘幽梦，就连吃在东家亦不可得。孔伯姬尽管一念静中思动，却只能强将津唾咽凡心。

日子一天一天艰难行进，孔伯姬心里的那把火也越燃越旺。在多少愁煞人的夜晚，孔伯姬都想到了死——如果孔圉还不死，她一定会活活烧死。

至迟在公元前480年时，孔圉很善解人意地死了。这一下，孔伯姬犹如鸟脱樊笼，鱼入大海呀，外面还挂着白孝，贴肉已悄然裹上了红妆。

浑良夫也很会来事，公众场合待孔伯姬如初该干吗干吗，私底下让孔伯姬舒服该干吗干吗。

孔伯姬和浑良夫很享受偷的乐趣。但偷有两个与生俱来的致命缺陷，一是它见不得光，二是它迟早会见光。为此，孔伯姬和浑良夫又很忐忑不安。

这可怎么办呢？自古下水容易上岸难。以前的事情已经做了，他俩谁都无法抹除；以后的事情设若要他俩不做，他俩也绝对忍不住。

孔伯姬和浑良夫好似一对狂风中的同命鸳鸯，一会儿升天，一会儿坠地，情欲和恐惧交错炙烤着他们。

挣扎良久后，孔伯姬和浑良夫想通了——去他的偷情（反正偷情这条路走不长久），我们要堂而皇之地在一起！

但问题又来了，找到了方向不等于找到了方法。孔伯姬和浑良夫偷情不为礼法所容，他俩不仅要洗白自己，还想非法同居，谈何容易？

这个问题，倘若放在别人身上，几乎叫作无解。但对于孔伯姬来说，却并非太难。

大家还记得吧，孔伯姬有个弟弟叫蒯聩。蒯聩本是卫国世子，却因南子宣淫而丢了储君之位，胸中满腔怨恨，一心只想打到帝丘去，夺回原本属于他的一切。

但想归想，实力仍然差了一截。虽然晋国对蒯聩可着劲儿支持，但蒯聩也只是牢牢占据了戚地，再无法将战线向帝丘推进半步。

孔伯姬和浑良夫的希望就着落在蒯聩身上。他俩计划和蒯聩做个交易，由他俩帮助蒯聩夺取君位，作为回报，蒯聩即位后必须授予浑良夫大夫之职（如此则浑良夫有了和孔伯姬般配的资质）并三道免死令（浑良夫怕将来有人以私通孔伯姬之罪惩治他）。

蒯聩闻讯大喜。如果不能夺取君位，卫国的一根草都不属于他；如果能够夺取君位，区区一个大夫之职并三道免死令，又有什么好吝惜的呢？世界上没有比这更划算的事了。

双方一拍即合，立刻着手展开行动。

公元前 480 年的闰十二月某日，浑良夫偷偷地将蒯聩迎回帝丘，并安置在孔府外面的菜园子里。

浑良夫之所以不直接将蒯聩迎入孔府，是因为孔伯姬的儿子孔悝乃当朝执政大夫，仕途辉煌而稳定，正常情况下绝无迎纳蒯聩的可能（孔悝的官职已经到了天花板，蒯聩无法给他更多）。要是被孔悝发现蒯聩的行踪，蒯聩能否全身而退且不说，浑良夫和孔伯姬恐怕只能来生再续前缘了。

天黑之后，浑良夫和蒯聩用头巾遮住脸，伪装成妇人的模样[①]，搭乘一辆马车去往孔府。

---

① 《礼记·内则》云："女子出门，必拥蔽其面。"

孔氏的家宰栾宁正在门口，见有车马欲入，便上前盘问。

驾车的太监心理素质不错，按照预定的方案诈称车上载的是孔氏姻亲家的妾侍（这种低级别的女人进孔府是不需要提前报备的）。浑良夫和蒯聩也强压住剧烈的心跳，垂着头扭扭捏捏做了几个女人惯有的小动作。

当时光线较暗，不凑近了看辨不清面目。而且栾宁也没想着要凑近了仔细辨别，他下意识地觉得，只不过来了两个普通女人，不至于引发什么乱子，于是挥挥手放行了。

马车轱辘轱辘驶进去，停到孔伯姬的住所前，孔伯姬、浑良夫和蒯聩胜利会师。

三个人简单地吃了一点儿饭，决定当夜就劫持孔悝，继而调动孔氏的力量推翻卫出公。

孔伯姬为此事也是拼了，她手持一柄戈在前面领路，蒯聩则和五个格斗高手身着皮甲居中，后面还用车装着公猪相随①，径直去寻孔悝。

孔悝做梦都想不到，自己的老娘居然亲自引路，带着奸夫和罪臣②打上门来，措手不及，被逼在墙角动弹不得。

孔伯姬一行毫不客气地将孔悝挟持到孔府内的一座高台上，然后开列条件。孔悝迫于无奈，只能照单全收。

控制住孔悝，蒯聩就获得了力量源泉，随即以孔悝的名义调遣人马，准备攻打公宫。

孔氏家宰栾宁虽然在大门口犯了不可挽回的错误，但他的品质不坏，能力也不差。面对骤然而起的变乱，栾宁并未惊慌，他令人火速出城赴仲由处告急，自己则抢先冲入公宫，护着卫出公逃往鲁国。

仲由（字"子路"）是孔子的弟子，位列"孔门十哲"，为人伉直，好勇武，重信义，时年六十三岁，任孔氏邑宰。

---

① 孔伯姬一行要逼迫孔悝结盟，而依照标准的仪程，结盟是需要割牛耳取血的。孔伯姬一行急切间找不到牛，所以打算用猪血替牛血。这种以其他的血代替牛血的做法并非没有先例，前文曾经叙述过鲁庄公与孟任割臂取血为盟缔结婚约之事。

② 蒯聩当年拂逆卫灵公之意而出逃，可以定义为罪臣。

接到栾宁的急报后，仲由即刻赶赴帝丘营救孔悝。

即将入城时，仲由撞见了同为孔子弟子且同在卫国为官的高柴（字"子羔"）。

高柴正欲出城避祸，出于同门兼同僚之谊，他驻足匆匆描述了一下城内的局势，力劝仲由不要冒险进城。

仲由坚毅地说："食焉，不辟其难。"意思就是说，既然自己采食了孔悝赐予的封邑，就要忠于孔悝，不能在孔悝落难的时候弃之不顾。

高柴无言，两人就此分道扬镳。

仲由入城，急驱至孔府。

孔氏的家臣公孙敢正在守门，见仲由疾驰而来，赶紧把门关闭，在门后喊话，称孔悝已与蒉聩结盟，想救也来不及了。

仲由据理力争，称"利其禄，必救其患"。

公孙敢辩不过仲由，但手底下决不放松，任仲由在外面说得喉干舌燥，他只当没有听见，两片门页闭得严丝合缝。

仲由左右不得入，须发皆张，双眼突火，几欲发狂。

恰在此时，孔府有使者外出，大门必须打开。仲由抓住这个时机，一纵而入。公孙敢在他侧后大呼小叫，他根本没有听见。

仲由一边向前冲，一边高呼蒉聩无智无勇（此乃激将法，欲使蒉聩舍孔悝而与仲由拼斗），完全将自己的安危置之度外。

蒉聩在高台上，望见仲由如同一头猛兽奔腾而至，不由得也慌了神，赶紧令石乞和盂黡（即前文所述五个身着皮甲的格斗高手中的两个）下台去拦截。

仲由勇则勇矣，惜乎年齿已老，又远道而来，还未着甲胄，更以一敌二，不多时便被戈击中，身负重伤，连帽缨都被打断了。

仲由斗志未懈，但理智告诉他将要不免于死。

死是人类最大的恐惧。绝大多数的人都怕死，有人怕死得太快，有人怕死得太慢。

仲由也怕死，但他怕的是死得潦草。当滚烫的鲜血裹挟着他的生命力从伤口喷涌而出时，一个信念却在他的脑海中凝练成铁——大丈夫生而顶天立地，死也要死得冠冕堂皇！

仲由强撑着摇摇欲坠的躯体，口占道："君子死，冠不免！"用尽最后的气力将帽缨系紧（这样帽子就不会掉落），方才扑地而死。

仲由年少时，家境贫寒，常常要靠采食野菜来果腹，邻人都轻视他。

为了维持生计，仲由很早就肩负起家庭生活的重担。在常年艰苦劳作的过程中，仲由养成了强健的体魄，形成了勇毅的性格。

但童年的阴影挥之不去，以致仲由喜爱佩戴用雄鸡毛装饰的帽子（古籍原文为"冠雄鸡"）和用公猪皮装饰的剑，来夸张自己的威风。

孔子比仲由年长九岁。据《史记·仲尼弟子列传》讲，在两人结为师徒之前，仲由尝"陵暴孔子"。

可见，那时的仲由，是一个单纯而浮躁的人，带着几分对权势的反叛，还带着几分因刻意装扮强大而生成的戾气。

孔子认为仲由是可塑之才，就用礼乐来诱导他，并最终使他心悦诚服，并主动拜在孔子门下为徒。

孔子循循施教，晓之以理，谕之以义，逐渐磨掉了仲由周身的毛刺，却又使他保留了昂然的锐气。

甫听闻卫国发生动乱时，身在鲁国的孔子便预言"柴也其来乎？由也其死矣"。结局果如他所料。

当收到仲由死难的确信后，孔子一度悲痛万分，连肉糜都吃不下（四个月后的公元前 479 年的四月十一日，孔子去世）。

但我揣度，孔子内心深处一定也暗自欣慰。因为，一个曾经以"冠雄鸡"为荣的浪子，死的时候却能以"冠不免"为志，其间的春风化雨和成仁取义，真真是感人至深的故事。

正如一颗划过天际的流星可以照亮黑暗但不能驱散黑暗，仲由之死让我们深感节操的可贵，却也不能改变孔悝节操破碎的现实——很快，蒯聩就被孔悝扶立为君（曾追随蒯聩逃奔宋国的疾则被立为世子），史称卫后庄公①。

---

① 蒯聩乃卫国第三十任君主，他与卫国第十二任君主扬的谥号相同，均为"庄"。为了区别，称蒯聩为卫后庄公，称扬为卫前庄公。

但是，被扶立上台的卫后庄公内心并无感激之情，他很快就从短暂的兴奋中走出来，转而陷入了深深的失落与仇恨。

卫后庄公的这种思维变换并不稀奇。有些人总是在得不到的时候引颈相望，祈求有贵人拉一把；到手以后却又心安理得，甚至还要怪怨到手得太晚。

依礼依法，卫国的国君之位原本就应该由他蒯聩来继承。偏偏时运不济，遇上了南子这个骚狐狸精，一顿搅和后让他儿子辄坐了君位，而且这一屁股下去，就是十三年。

十三年哪，人生苦短，能有几个十三年？更何况，还是本该当国君的、综合效益和幸福指数都爆表的十三年？

南子老妖婆呢？还没死是吧？马上给老子抓起来砍成万儿九千截的，越多越好！

以孔悝为首的那班旧臣，老子流落在外的时候，也没见他们谁私底下嘘寒问暖致达归顺之意，想来都是一帮见利忘义的小人，这次拥我为君也是迫力使然，非出于真情实意，久留恐生祸端。

浑良夫那个贱人，贼胆包天，和堂堂公主偷情不说，竟然还敢拿老子的国君之位和老子谈条件谋求大夫之职并不死之令，什么东西？！得逮个机会把他废了。

卫后庄公敢想敢做，首先杀了南子，接着准备拿群臣开刀。但群臣都不是傻子，岂有坐以待毙之理？

司徒（官职）瞒成（人名）和大夫褚师比率先发难，准备攻打卫后庄公，未遂，只得逃奔宋国。

瞒成和褚师比这一闹，让卫后庄公认识到众怒不可犯，而自己立足未稳，不可强求将群臣一网打尽，否则有遭反噬之虞，还是集中火力清除孔悝为好。

基于这层考虑，卫后庄公动起了心思。

他先是于即位的次年春（即公元前 479 年春）派大夫鄢胐出使洛邑，向周敬王拜码头，奏报自己新履卫国君位。

周敬王的码头说低不低，因为周王室仍是天下万邦名义上的宗主，所以在授予名分方面，周敬王的表态至关重要。

周敬王的码头说高也不高，因为周王室一直处在不断的没落之中，人气惨淡，所以只要来的都是稀客。

卫后庄公主动遣使拜访的举动，使得周敬王的虚荣心得到了极大的满足。

本着你敬我一尺、我敬你一丈的外交原则，周敬王令卿士单平公答礼，称"朕以嘉命来告余一人。往谓叔父，余嘉乃成世，复尔禄次"，云云。

"嘉命"指蒯聩即位是个好消息；"叔父"乃周王对同姓诸侯国君的特定称谓；"嘉乃成世，复尔禄次"的意思是说：我赞许你继承先世，并恢复你的禄位。这些关键语凑在一起，就是以王命的形式，肯定了卫后庄公的君位。

卫后庄公以小博大，巧借周王室的力量巩固了自己的统治。至于孔悝，对卫后庄公来说依然是一个重大的隐患，但这难不倒机智的卫后庄公。

公元前 479 年的六月，卫后庄公在平阳（孔氏宗庙所在地）宴请以孔悝为首的那班旧臣，说是要酬谢群臣的拥立之功。

席间，卫后庄公对群臣遍施封赏，群臣多以为卫后庄公有妥协之意。君臣觥筹交错，似乎那些埋藏在心底的龃龉都已经烟消云散。

孔悝备受卫后庄公恭维，心情舒爽，只管酒到杯干，喝了个酩酊大醉。

卫后庄公装作关怀的样子，令下人送孔悝去馆驿歇息。孔悝迷迷糊糊像条死狗，自然毫无防备。

到半夜时，卫后庄公撕破温情的面具，突然下令将孔悝驱逐出境。

《左传》记事至此，言语极尽简省，并未详述卫后庄公态度如此强硬的背后究竟采取了哪些保障措施。总之，孔悝压根儿没有还手之力，只能乖乖认栽，带着老妈孔伯姬灰溜溜地投奔宋国。

赶走孔悝，下一步就轮到清除浑良夫了。在一般人看来，卫后庄公连南子和孔悝这样的反派头子都能搞定，拿下浑良夫这样的小喽啰肯定只是小菜一碟。

而事实上，卫后庄公很犯难。因为，浑良夫虽然人微命贱，杀之与屠猪宰狗无异，但这厮偏偏手握三道免死令，而且，还是卫后庄公亲自颁发的免死令。

也就是说，卫后庄公意欲杀浑良夫的刀是把双刃剑，在割掉浑良夫首级的同时，也会割掉卫后庄公的面皮。

卫后庄公觉得自己作为一个讲究技术含量的男人，打脸这种事情，可以手是自己的，不可以脸是自己的，更不可以手和脸都是自己的。

那么局面就很尴尬了。你说不杀浑良夫吧，心有不甘；你说杀浑良夫吧，又投鼠忌器。卫后庄公憋呀！

好在历史总是充满了戏剧性，正当卫后庄公愁烦之际，一些个阴差阳错的遇合，还是把浑良夫推进了鬼门关。

事情的起因是卫出公逃亡时，卷走了卫国宫室的宝器。

宝器虽然不比君位来得实在，但也是君权的重要象征。我们可以这样理解，没有宝器映衬的君位，其成色要差了不少。

这就好比自秦始皇制创传国玉玺后，历代帝王皆以得此玺为"符应"，失之则表现其"气数已尽"。凡登大位而无此玺者，则被讥为"白版皇帝"，显得底气不足从而为世人所轻蔑。

卫后庄公空有君位而无宝器，常常以此为恨。

某天，卫后庄公向浑良夫提及此事，并问浑良夫有何法能够排解他的心绪。

浑良夫屏退左右，献上一计："疾（指世子疾）和亡君（指卫出公）都是您的儿子，理论上都能够继承您的君位。您可以召亡君回来（卫出公回则宝器随之亦回），比较他和疾的才德。如果亡君的才德更胜一筹，则立亡君为储君；如果疾的才德更胜一筹，则废掉（杀死或驱逐或弃之不用）亡君，宝器不就归您所有啦？"

卫后庄公听了这条计策后做何感想，谁也猜不透。但浑良夫的一番话，肯定在另一个人的心中激起了轩然大波。

这个人就是世子疾。他虽然没有亲耳听到浑良夫的话，但卫后庄公和浑良夫密议时，有个内侍偷听到了，然后又悄悄地转告给了世子疾。

世子疾一蹦三尺高。好你个遭瘟的浑良夫，你想在国君面前逞能卖乖，出什么主意不好，非得扯上我的前程？我当世子当得好好的，妨着你了还是碍着你了？还择才录用，你自己又有几分才？竖臣而议国君家事，你知道死字是怎么写的吗？

世子疾越想越气，越想越怕，万一卫后庄公真的如法炮制，那自己就危险了，不行，得先下手为强！

于是，世子疾效仿卫后庄公劫持孔悝的故事，带上五个格斗高手，用车子拉着公猪，劫持了卫后庄公，逼迫他盟誓杀掉浑良夫。

卫后庄公一听要杀浑良夫，顿时来劲了。他向世子疾真情告白，其实他也很想杀了浑良夫，只是受制于三道免死令，不知该如何下手。

世子疾说这还不简单，先让浑良夫犯三次死罪，抵消免死令，然后让他犯第四次死罪，再杀了他。

卫后庄公一拍腿，着哇！

公元前478年春，卫后庄公在一个叫藉圃的地方造了一座刻有虎纹的小木屋，必须找个贤人一起在里面吃第一顿饭。

世子疾推荐浑良夫，卫后庄公二话不说同意了（这都是预先谋划好的套路）。

浑良夫到底出身低微，阅历不深，暴发户情节浓厚，见卫后庄公盛情相邀，还真就飘飘然了，以为自己是个了不起的角色，着意收拾打扮一通，兴冲冲地上了路。

当时，他穿着狐裘①，外面套着紫色的褐衣（不消说，褐衣外面还有正衣）。进到木屋后，不解佩剑就和卫后庄公一起吃饭。吃到中途，热气上身，又敞开正衣和褐衣（袒露出狐裘）以消散热气。

浑良夫自我感觉良好，殊不知一下子犯了三个大忌。

第一忌，他不该穿紫衣。春秋末期，紫衣已成为国君专属的服色，他人不得使用。

第二忌，他不该不解剑。剑是害人之器，不得近至尊，近君尤不得佩剑。

第三忌，他不该袒裘。在国君面前，依礼至多只能袒露出褐衣，袒露出裘衣实属不敬。

卫后庄公受此三辱，搁平时早就拍案而起彼其娘之了，但眼下却不动声色，心里巴不得浑良夫再肆意妄为一些才好。

然而在近旁监视的世子疾却是个急性子，他懒得再等浑良夫继续犯第四忌（譬如醉酒失态），着即派人将浑良夫牵了出来。

浑良夫正吃到兴头上，被人牵引出来时，他一半是迷惑，另一半是恼怒。

---

① 春秋时代，官员在冬季穿的衣服从里到外依次为：明衣、中衣、裘衣、褐衣和正衣。浑良夫与卫后庄公相约的时节，天气还很寒冷。

世子疾轻蔑地看着浑良夫，历数他的三大罪状（即衣紫、佩剑、袒裘），喝令随从将他处死。

浑良夫抗辩，称自己手握三道免死令，恰与三罪相抵，世子疾杀他不得。

世子疾咧嘴冷笑。当有三道免死令护身的时候，浑良夫看起来确实很让人无解；当免死令耗尽之后，浑良夫只不过是一介无根无底的普通大夫，而杀一介普通大夫，他世子疾需要找个冠冕堂皇的理由以塞天下之口吗？需要吗？做人不要太天真好不好？

浑良夫语噎。原来在官场上，比规则更强大的是权力。他不服，但也不得不服。

杀死浑良夫，算是了却了卫后庄公和世子疾的一桩共同愿望。可是，卫后庄公和世子疾之间的芥蒂并非那么容易了却。

自私是一种与生俱来的基因，也是为人处世的行为始发点。人主观上绝不会接受自己的核心利益受到损害，或者受到威胁，甚至有可能受到威胁。

对于世子疾来说，稳稳当当继承君位就是他的核心利益。

然浑良夫建议卫后庄公以储君之位为饵，换取卫出公携宝器回归时，卫后庄公并未表示反对。卫后庄公是怎么想的？究竟只是将其视为权宜之计，还是心底里某些换储的潜意识被触动了呢？世子疾不禁陷入了沉思。

如果是换储的潜意识被触动了，那世子疾只能和卫后庄公拼到底。

如果只是将其视为权宜之计，世子疾也不可掉以轻心。

因为，尽管"以位易宝"馊主意的始作俑者浑良夫已经死了，但谁能保证下一次没有张良夫、李良夫又生发出类似的馊主意来蛊惑卫后庄公呢？

要是下一次卫后庄公没有把持住怎么办？要是下一次没有人及时通风报信怎么办？要是下一次自己没有强力制止怎么办？

说来说去，其实世子疾没得选。只有做最坏的打算，认定卫后庄公有换储之意，然后制备应对之策，以保万全。

而若要保万全，这应对之策的首选，就是尽快将卫后庄公拉下马，继而世子疾子承父业。只有将君位拿到手，世子疾才算是真正地化险为夷。

同年三月，晋卿赵鞅遣使至卫，告卫后庄公曰："您以前在晋国的时候[1]，志父[2]在晋国主政。如今您在卫国为君，请您或太子访问晋国，以免除志父的罪愆。不然，寡君还以为是志父无德，致使您抛弃了晋国。"

赵鞅的说辞，我简单剖析一下。

卫国是齐国主导的以对抗晋国为目的的东方集团的成员，晋国和卫国乃敌对关系。

晋国以前容留蒯聩（即后来的卫后庄公），就是想利用蒯聩对卫国施加影响力，以改变卫国从齐敌晋的局面。

如今蒯聩即位为君了，晋国希望重提往日容留蒯聩之恩，以收取卫国弃齐投晋之效。

赵鞅的话，给卫后庄公出了一个难题。

卫后庄公且不说是否愿意和晋国亲近，关键在于，如果要他以赴晋访问的方式来亲近晋国，他做不到。

卫后庄公即位不到一年半的时间以来，先后经历了诛杀南子案、瞒成和褚师比造反未遂案、驱逐孔悝案和计杀浑良夫案[3]，政局可谓动荡不安。

很显然，卫后庄公的当务之急乃安内。而一旦赴晋访问，则不仅国内的异己分子有趁机作乱之虞，齐国也必然会采取反制措施从而给卫国造成新的外交危机。鉴于此，卫后庄公拒绝了赵鞅的邀请。

实话实说，卫后庄公的考虑是中肯的。

不过，对任何人任何事进行评判，都有一个立场的问题。在卫后庄公看来天经地义的事，站在晋国的立场来看，毫无疑问就是忘恩负义。

而一直图谋算计卫后庄公的世子疾也敏锐地发现了这一点。于是，他私底下找到晋国的使者，添油增醋说了很多诽谤中伤卫后庄公的话，这更加重了晋国对卫后庄公的怨恨。

---

① 卫后庄公任卫国世子时，曾因南子宣淫而逃奔晋国。

② 赵鞅又名志父。此处乃使者转呈赵鞅的口信，故以志父自称。

③ 其实在诛杀浑良夫案之前，还有一个驱逐大夫大叔遗案，只因该事件脱离了本章主线，所以未曾述及。

六月，赵鞅怒而率军攻打卫国。齐国岂肯坐视，立马派国观（国氏宗主）和陈瓘（陈氏族人）率军驰援。赵鞅虑齐、卫联军势大，遂引兵而回。

十月，赵鞅率军卷土重来，势如破竹直取帝丘。卫国反对派也积极配合，竭尽全力在内部作乱。

两厢夹击之下，齐国救援未及，晋军攻破了帝丘外城，卫后庄公则被国人逐走。晋、卫两国随即展开和谈。

让世子疾大跌眼镜的是，最终被晋国扶立为卫国国君的，不是他，而是他的堂叔、卫襄公的孙子般师（史称卫君般师）。

然而般师也不是卫人的真命国君，他顶多坐了一个月的台，估计连朝堂两厢侍立的那些大臣都还没认全，就被赶了下去。

十一月，卫后庄公在齐军的簇拥下返国，般师仓皇出逃。

卫后庄公梅开二度，得意忘形，一方面役使百工之官无度而不加体恤，另一方面故态复萌意欲驱逐旧臣卿士石圃。

石圃在卫国耕植多年，树大根深，不是个怕事的主，立时聚拢百工之官，攻打卫后庄公。

卫后庄公无备，赶紧闭合宫门以阻叛军，同时好言告求，什么肉麻说什么。石圃不听，挥师继续攻打。

卫后庄公难以招架，只好找个叛军攻势稍缓之处突出公宫，再往城外跑。

可是城里也已经沸反盈天，舞刀弄剑光影绰绰，喊杀喊打此起彼伏。

卫后庄公慌不择路，左支右绌，堪堪冲到北门，抬眼一看，顿时心凉了半截，城门居然关了。

身后的追兵正在蜂拥而来，卫后庄公无暇怵惕作态，撩起衣襟，三步并作两步登上城楼，准备逾墙而出。

逾墙而出是一种难度系数很大的高空动作，保险的做法是缒绳而下，刺激的玩法是纵身而下。

但是很可惜，缒绳而下的话，卫后庄公没烛之武那份从容[①]；纵身而下的话，

---

① 烛之武从新郑城头缒绳而下的时候，起码身后没有追兵逼迫。

他又没有秦堇父那份强健①。

就在这种手忙脚乱的节奏中，卫后庄公从城头掉落，且摔断了大腿骨。

摔断大腿骨并不会当场致命，卫后庄公的故事还可以继续。但在继续后事之前，我要先说一段卫后庄公的前情。

帝丘的北城外，有一片己氏的族居区域（浅白点说就是有一群己氏的人在北城外聚居）。这片区域有个奇怪的名字，叫戎州，很容易让人望文生义，以为这是戎人聚落之州。

卫后庄公喜欢在北城的城头上看风景。

有一次，他看到一个己氏的妇人头发容光可鉴，心甚爱之，就令人将她的头发剪下来，然后送给自己的夫人吕姜做假发②。

头发是女人的第二性征，漂亮的头发更是女人的闪光点。卫后庄公把己氏妇人的头发剪掉以为吕姜增彩的行为，实在是很自私，很不道德，无疑引起了己氏族人的愤恨。

不过这不是己氏族人愤恨卫后庄公的全部理由。

又有一次，卫后庄公在北城的城头上和臣属闲聊，偶然得知城外的己氏聚落名叫戎州。或许是为了凸显自己华夷有别的高贵气质，他怫然作色道："此乃正宗姬姓之国，哪里来的劳什子戎人？"

他还不只是说说而已，发完飙后，派出一拨人马，劫掠戎州的财物，并将戎州的屋舍拆毁。

剪人家头发，还只是损人家的仪表；这劫财毁屋，可就是要断人家的生路哇！

己氏族人瞋目切齿、悲愤填膺。

当然，悲愤归悲愤，城头的卫后庄公高高在上，己氏跳起脚来也咬不到他，卫后庄公的倒行逆施，己氏只有生受而已。

但报仇的机会如同股指一般，一不小心就从天而降了。

卫后庄公遭石圃作乱，从北城头掉落，恰好就掉在了戎州之地。

---

① 秦堇父就是那位逼阳攻防战中三次从城头掉落而筋骨未损的鲁国名将。
② 吕姜乃齐国宗室女子，这也是齐国力挺卫后庄公的原因之一。

己氏族人定睛一看，哟嗬，原来是你这老贼，往日不是威风得紧吗？今日怎么不请自来了，还一副落水狗的模样，真是报应不爽啊，咱要是不把你打出翔来，嘿，怎对得起咱这张脸？

于是一哄而上，个个使的都是杀招。这满腔怒火发泄出来，威力自是大得惊人。

混乱中，追随卫后庄公逾墙而出的几位公子都被活活打死，正主卫后庄公却连滚带爬地推开一户民居的门，顺势躲了进去。

然而，这户民居并非一个安全的庇护所。因为，民居的主人，恰巧就是那个头发被剪的妇人的夫君。你说这不是冤家路窄吗？

卫后庄公将国君的架子抛到九霄云外，忍着剧烈的伤痛，连连乞求户主饶他一命，又掏出随身携带的玉璧，企图收买户主。

户主嗤之以鼻。你都死到临头了还要这些花招，当老子是三岁小孩子呀？你这玉璧确实价值连城，但老子有必要饶你不死吗？杀了你不是一样能得到这块玉璧？

卫后庄公无话可说，无计可施，又无路可逃，虽然一千个一万个不想死，但此时此刻哪里还能由得了他。

卫后庄公死后，国不可一日无主，卫人又将逃亡的般师迎回来，再度立为国君。

但齐国又不干了。管你们卫国的君主和臣民之间有什么恩怨情仇，总之齐国在卫国的利益代言人动不得。

公元前 478 年的十二月，齐军攻打卫国。卫国抵挡不住，被迫求和。齐国将般师逮捕，另立公子起（卫灵公之子）为君，史称卫君起。

然而，卫君起也只是一个匆匆过客。公元前 477 年夏，卫君起被卿士石圃逐走，卫出公又回国重新执政。

我们掐指算一算，自南子宣淫导致卫出公以太孙之资即位（公元前 493 年）起至卫出公复位（公元前 477 年）止，短短的十六年时间内，卫国的君位竟然出现了七次更替（卫出公—卫后庄公—卫君般师—卫后庄公—卫君般师—卫君起—卫出公），你说哪个国家经得起如此这般的折腾？

虽然卫国的动乱有晋齐相争的深刻背景，有君臣不和的现实因素，但南子宣淫以及孔伯姬私通浑良夫作为直接诱因和重要推手，是难辞其责的。

如果我们再把视界放宽一点儿会发现，因宣姜和卫朝通奸，卫国的动乱从卫灵公朝就已经开始了。也就是说，卫国因三女放纵的情欲，实际上动乱延及八世。

当然，三女本人也落了个或死或逐的下场。俗话说（剧场版）：善恶终有报，天道好轮回，不信抬头看，苍天饶过谁。你还真别把它当作一句戏言。

因此，刘向在《烈女传》中述及卫女之乱时，曾引用《诗经·鄘风·相鼠》[①]为评。我现在只想问宣姜、南子和孔伯姬一句：你们服不服？

思路决定出路

在中国历史文化中，有一种将两个国家符号并称的现象，如巴国和蜀国并称为巴蜀、秦国和晋国并称为秦晋、齐国和鲁国并称为齐鲁、吴国和越国并称为吴越等。

并称现象的生成，主要原因在于并称的两个国家地缘位置上紧密连接，政治军事上频繁交往，风土人情上彼此刻画，种族血脉上同源或互通，最终形成了你中有我、我中有你的状态。

以春秋历史而论，吴国和越国的融合程度之深，堪称一绝。对此，史籍中多有佐证。

如《吕氏春秋》中以伍员之口说道："夫吴之与越也，接土邻境，壤交通属，习俗同，言语通，我得其地能处之，得其民能使之，越于我亦然。"

如《吴越春秋》称："且吴与越，同音共律，上合星宿，下共一理。"

这些文字用语凝练，概括全面，观点让人信服。但是，为了将本章的主题阐述清楚，我仍然要强调两点。

强调的第一点：吴国和越国在短时期内相继崛起于江东，这种绵密的节奏，

---

① 诗曰："相鼠有皮，人而无仪；人而无仪，不死何为！"

既促进了其内部的充分融合，也极易使得外界将吴国和越国视为同质的个体。

吴国和越国的交往史，基本格调就是争斗。

诚如《左传·哀公十一年》所载，伍员对夫差说："越在我，心腹之疾也。壤地同，而有欲于我……越不为沼，吴其泯矣……"吴、越不共生的格局于此体现得淋漓尽致。

大家阅读本书涉及吴越的章节时，应该也有深刻感触，吴国和越国，的确是一对解不开的冤家。

你们看，自打吴越两国在杭嘉湖平原迎头相撞后，就没怎么消停过。从早期的越国联楚抗吴，到中期的吴越正面交锋，再到后期的越国灭吴，双方阳谋阴谋明争暗斗，场面恢宏剧情跌宕动作劲爆，生生从传统两强晋楚主导的舞台上抢走了戏份，若非晋国末尾放了个"三家分晋"的大炮仗，吴越两国几乎就要"横屏"了。

对内，战争是强制推进区域整合的有效方式。

与古代的所有国家间（或民族间）战争一样，吴越双方在博弈过程中，均伴随着理念和技术的深度交流，这是促成融合的基本盘面。

最极端的情况就是当越方对吴方实行占领时，越方可以借由强权，将自己的人文基因植入吴方的体系内，导致吴方基因突变，从而快速实现吴方以越方为蓝本的再塑造（或是将吴方的人文基因引进到越方体系内，促使越方以吴方为蓝本的基因改良）。

这些道理如果展开来说，足以将本章的主题拉得跑偏，所以我言尽于此。相信仔细翻阅过前文吴越争斗史的读者，已能够体察其中的逻辑。

对外，吴国和越国代有江东，呈现出一种承袭的关系，而承袭无疑也是融合的重要解构要素；并且，因为都以江东为核心区域，越国制定大政方针的依据，必然会与吴国有重大重合。

我在前文中曾经分析过，吴国的最佳战略规划应该分三步走。第一步灭越，统一江东地区；第二步退楚，统治长江下游平原；第三步制齐，统揽东南半壁江山。

这份规划，套在越国身上，理论上说也是适用的。而且，越国事实上已经走完了第一步——通过灭吴而全面控制了江东地区。

长江中游的楚国和淮河以北的齐国以及泗上诸国^①，又情不自禁地枕戈寝甲严阵以待了。

强调的第二点：虽然吴国和越国同以江东为核心区域，但两者的族群属性却不尽相同。

前文也曾说过，两者都有浓郁的水属性，但两者的水属性各有侧重。其中吴国是地地道道完完全全的水乡族群，他们的水属性更偏重于江河特质；越国是沿滨海（指中南半岛的东侧海岸）至山地（指东南丘陵）再至滨海（指位于杭州湾南侧的新都会稽及宁绍平原）并扩散到水乡（指杭嘉湖平原和苏锡常平原）的族群，他们水属性更偏重于海洋特质。

这种族群属性的差异必然会使得越国观察和思考问题的角度与吴国不尽相同。

之所以强调这两点，是要引出一个论题：越国面临着与吴国高度相似的地缘环境，它应该选择什么样的外部策略来求得自己的生存和发展呢？换句话说，它的出路在何方呢？

是像吴国一样大杀四方暴得盛名然后触顶反弹骤然消逝？还是另辟蹊径实现可持续发展？越国需要好好规划一下它的思路。

吴国为什么会盛极而衰输得连裤衩都不剩？

归结起来有三大败因。

首先，它自始至终没有将越国视为头号战略竞争对手，尚未廓清江东便西击北进，纵虎为患，顾此失彼。

其次，它主动与蛮夷融合，和华夏诸国交流沟通时难免遭受"精神高贵的种族歧视"，无形之中加大了外交成本，降低了外交功效，以至于它辛辛苦苦建立的地缘战略优势一旦受挫就极易瓦解。

再次，它的外交策略过于激进，动辄空国远征，并辅以穿江贯河的巨型工程，

---

① 此处提供一个可以用来借鉴参考的概念。从春秋时期开始，列强逐渐扩张，经过不断的兼并侵吞，至战国时期，中原除七雄外，小国仅余泗水流域的十二个诸侯国，包括宋、鲁、卫、邾、薛、郯、滕、莒、任、郳、费、邳，史称"泗上十二诸侯"。

严重透支了国力，导致抵御风险的能力很低。

作为江东地区新的主人，越国无疑要将吴国未竟的霸业发扬光大（或者至少不重蹈吴国的覆辙）。那么，它应该从吴国的败亡中汲取哪些教训呢？

稳固后方？越国已经做到了。灭吴之后，江东区域内部，再无任何能够威胁越国的势力。

除掉蛮夷的标签？越国已经尽力了。它以大禹之后自我标榜并积极向别国宣传灌输，因而在与吴国的较量中获益良多。

如此这番推导下来，越国可以改进的空间就很明朗了。它必须基于自己的族群属性，在攻守之间寻找一个平衡点，在占据关键性的地缘区域之余，最大限度消解周边国家的敌意，以维持越国的国运长久。

简而言之，越国必须走一条有别于吴国的称霸之路。

既然是一条路，必定就有源头。我们还是把目光拨回到东南丘陵浙江段吧，那里是越国的祖脉，越国日后的作为，都能在东南丘陵浙江段寻觅到来时的踪迹。

东南丘陵浙江段，莽莽丛山，东南毗海，西北接陆。

武夷山脉从闽、赣交界处入浙后向东北延伸，次第形成仙霞岭和天台山等一线分水岭，将东南丘陵浙江段分为两部分，其西北地势相对较为低矮平缓，其东南地势相对较为高耸崎岖。

在东南丘陵浙江段的北部（此区域一般称作内越，也就是通常意义上越国灭吴之前的疆域），江河（包括域内三大水系——钱塘江、曹娥江和甬江）北流入杭州湾。

钱塘江的上游水系（衢江和兰江）在内越的腹地冲积形成了金衢盆地。

金衢盆地是今浙江省内的最大盆地，因盆地中有金华和衢州两个城市而得名。

该盆地介于千里岗山脉、仙霞岭山脉、金华山脉和大盘山脉之间，周遭山陵环绕，盛产木材，中央水土肥沃，物产丰庶，今天是浙江省粮食、棉花、柑橘、花卉、生猪和奶牛生产的重要基地，素有"浙江聚宝盆"之称。

这样一块自成一统又便于农业生产的土地，在先秦时代自然也会获得人们的青睐。

越人从中南半岛一路北上，翻山越岭，艰辛异常，行经此地时恋恋不舍，盘桓定居，金衢盆地遂呈繁荣之势，直至越国在此诞生。

人类天性喜逐水而居。由于钱塘江蜿蜒向北流淌，以金衢盆地为根基的越人顺水而下，又来到了杭州湾南侧的绍兴平原。

绍兴平原在宁绍平原西部，与杭嘉湖平原接壤。越国由此与吴国发生碰撞，一方面迅速融入中原文明圈，提高了国际知名度；另一方面吸收中原文明圈的养分，在广义的越人族群中建立起了崇高的威望，并因之被全体越人奉为正朔。

在东南丘陵浙江段的南部（此区域一般称作外越），江河（包括域内四大水系——瓯江、飞云江、鳌江和灵江）南流入东海。

外越并非越国的疆域。这不仅是因为仙霞岭和天台山的阻隔，还因为外越地区的山脉更高更密，致使外越人和内越人的族群属性有显著差别。

之前我们说到吴人和越人都有水属性，但吴人的水属性偏重于江河特质而越人的水属性偏重于海洋特质。

外越人也有水属性，但他们和内越人（即越国人）的差别在于：内越人的水属性只是偏重于海洋特质，而外越人的水属性是纯粹的海洋特质。

形成外越人这种族群属性特点的原因在于水和土。

先看水的因素。

外越之水向海流，如同神的召唤般引领着外越之人与东海相互拥抱，赋予了外越人海的灵魂与体魄。

内越之水也是向海流（流入杭州湾），为什么内越之人没有海的灵魂与体魄呢？

这就牵涉了土的因素。

之前说了，在钱塘江的上游有金衢盆地，在钱塘江的下游，有绍兴平原（此外，内越还有后来逐渐拓展的位于甬江流域的宁波平原）。

这些优质土地的存在，使得内越人可以发展农耕生产，而不必完全依靠海洋来维持生存。

有道是靠什么吃什么，吃什么像什么，像什么做什么。内越人的海洋气质自然不会过于浓重。

而外越之地不同。

外越之山非常密集，从仙霞岭和天台山一线往南，无数高山好似校场点兵一般，个挨个地挤在一起。

群山之中没有面积可观的盆地与河谷（除了在今浙江省丽水市有一个孤零零的小盆地），不适宜大量人口结群而居。

可是，此处不宜居，自有宜居处。

当群山与东海相接时，一直被崇山峻岭束缚的瓯江、飞云江、鳌江和灵江终于获得了一点儿自由，在入海口处形成了稍具规模的冲积平原。

这些平原是刀耕火种时代外越人所能找到的最佳栖息地，因而成为外越地区的政治经济中心。

但是，这些体量比金衢盆地小得多的平原并不足以将外越人塑造成农耕族群。究其原因，在于它们离海太近了。

离海太近会严重削弱这些平原在外越版块内的影响力。

第一，滨海的平原地带普遍都存在土壤盐碱化的问题。当这些本就不宽阔的平原再被盐碱侵蚀掉一部分后，所剩余的可供用于耕作的面积愈发狭窄。

第二，外越的群山入海，在海岸线上形成了为数众多的优良港湾①。外越人在此做海上的营生，获益甚巨。

总之，平原聚集了人口，而滨海淬炼了人性，两者有机结合，催生出了春秋时代最精通海事的族群。

内越和外越因仙霞岭和天台山一线而分隔，但这种分隔并不彻底。

天台山将要接海之处，恰巧也是甬江的入海口。甬江在此处冲积出一块不大的平原（亦即宁波平原的东部），形成了一个与山海关构型类似的沟通内越和外越的孔道②。

当越国向东扩张到宁波平原尽头时，自然可以通过这个孔道与外越的东部发

---

① 山脉入海的地方水深较大，是形成优良港口的必备条件。外越地区的海岸线至今仍是中国优良港口最为富集的区域。

② 因为不能画图，所以要直观描述这块平原的连通功能比较费劲。大家可以把内越比作关外，把仙霞岭和天台山一线比作长城，把甬江冲积而成的小平原比作山海关，把外越比作关内，把东海比作渤海。这样一来就容易理解了。

生接触。

外越之人与越国之越人同源同种，只不过分属于不同的亚族群而已，两者之间天然就具有很大的亲和力。再加之越国在政治文明上取得的高度成就，对外越有较强的吸附作用。

所以，外越就类似于越国的外藩。越国可以比较方便地调遣外越，使之为自己的内政外交服务。

当然了，对于一个政治文明程度不如自己的族群，越国需要借重外越的方面并不多。但是，不多不等于不重要。因为，外越那卓然超群的制海技能，正是越国谋划中屹立于中原强国之林的重要依托。

一言蔽之，正是得益于外越的加持，越国强化了海洋属性，成为春秋时代最顶尖的海上强国。

看到这里，或许有一些读者会提出疑问。作为春秋时代最顶尖的海上强国，为什么越国与吴国争斗时，没有发挥自己的海上优势呢？派一支强悍的海军，由海至陆攻打吴国不行吗？

这个问题的答案得着落在海岸线的形貌上。

你要知道，冷兵器时代海攻陆的模式，与热兵器时代迥然不同。

热兵器时代，海军攻陆时船只不需要过于靠近海岸，拿火炮或导弹发起远程攻击即可。

冷兵器时代，没有远程武器[1]，海军攻陆时船只必须靠岸，然后放战士下船实施近攻。

而船只靠岸是一项有讲究的技术活。

前文分析外越地缘环境时做过一个注解，说的是山脉入海处水深较大，具备成为优良港口的天然资质。

为什么水深大才能成为优良港口？

道理很简单，水太浅的话，船只离岸老远就会搁浅嘛！而一旦搁浅，船只能

---

[1] 冷兵器中的弓弩虽然是远程武器，但它的攻击距离与火炮或导弹相比差了十万八千里，海攻陆模式下只能算作近程武器。

不能恢复自由且不说，船员要踩着海底的烂泥蹚水上岸，想想都眼前一黑呀！

那好，假设越军要由海至陆攻打吴国，他们肯定也要找港口来投放士兵。

可是，港口是那么容易找的吗？

翻开一张中国地形图，沿着东海海岸线上下仔细查看，你会发现，从今浙江省杭州市往北一直到今江苏省北部山东省南部交汇处，这几千公里的海岸线上（越军如果要由海至陆攻打吴国，也就是在这段海岸线上做文章），能找到的港口寥寥无几。

为什么会这样呢？

因为，这段海岸线的陆地一侧统统都是平原（南段是长江下游平原，北段是黄淮下游平原），陆地以很小的角度入海，滩涂长得让想要靠岸的船只绝望。

时至今日，这段海岸线缺乏港口的窘境依然没有改变。中国经济的龙头上海就曾为此苦恼不已。

作为一个内控外引的滨海城市，航运可谓是上海经济的命脉。但上海的脚下是一块冲积平原，打着灯笼都找不到一处优良港口。

为了帮助上海突破瓶颈，国家只好统筹规划，将浙江省舟山群岛最北端的大、小洋山岛（此双岛距离最近的大陆——上海超过了二十四公里，是海底山脉露出水面的部分，周遭海岸线的水深都很大）调拨给上海使用。

后来，大、小洋山岛上建成了吞吐能力惊人的洋山港。而连接洋山港与上海市的东海大桥，因其建筑难度之大，成为举世瞩目的工程奇迹。

所以说，对于与自己陆地接壤的吴国而言，越国海军真是空负熊虎之力，而无用武之地呀！

那么，又一个新的问题来了。

既然在吴越争霸这样的关键时刻都派不上用场，越国海军究竟可以用来干啥？

这又要回到越人和吴人的水属性差别上。

越国国土大部分位于东南丘陵浙江段的北部，属山地地型，域内江河湖泊的丰度远较吴国核心区域的苏锡常平原为低，越人对内水的掌控和利用程度自然也低于吴人。

这种差别反映在实践操作中，就是吴人极其擅于开挖人工河道。

吴人开挖人工河道的目的有二。

第一是排水。挖引水沟将湖沼中的积水排干，以获取更多的耕地来组织农业生产。

第二是运输。开挖人工河道把众多的江河湖泊连接起来，形成四通八达的水网。从民事角度讲，可以便利内部人员物资的流转，从而促进经济发展；从军事角度讲，可以便利战船往来，从而增强吴军的投送能力。

越人不擅于开挖人工河道，这是长年山地生活经历所决定的（在山地开挖大型沟渠的难度可以参考"红旗渠"的修建过程）。当从山地走下来进入宁绍平原后，越人也面临着湖沼遍地人水争土的困局。

不过，要治理这些恼人的湖沼并非只有挖沟一条路，越人其实也有自己的独门秘籍，那就是筑塘。

所谓筑塘，通俗点说就是在低地的四周修筑一圈围坝，使得低地中蓄积的水不那么容易流出来，或者使得低地可以蓄积更多的水。

越人在山地生活时，为了防止水资源因地势落差之故而白白流逝，曾经修筑山塘以蓄水养民。

进入平原后，越人又在湿地周围筑起了水塘。

当然了，修筑水塘的目的不是蓄水，而是先用围堰将漫流的水管束起来，再定向掘口将其排干以获取耕地。

（随着时间推移，越人的筑塘技术愈发精进纯熟，运用范围也越来越广泛。后世吴越之地修筑海塘以抵御海潮——特别是凶猛的钱塘江大潮，无数生灵在海塘的庇护下才得以免于沦为鳖虾。）

然而筑塘也是有局限性的，它的功效仅仅能体现在帮促农业生产方面，对于越人运兵则没有明显助益。

这个时候，越人高超的制海能力就要一显身手了。他们可以经由海道，如同吴人在江河湖泊中做的一样，以舟船代替车马，实现兵力的快速调运。

但问题还是没完。

吴人的水道四通八达，东南西北都能辐射，运兵的灵活度很高。而越人的海道就是东海海岸线今浙江省北部至山东省以南这一段，基本呈南北走向，运兵的方向固定，而且投送地限于滨海区域。

也就是说，以海洋属性为族群主要特点的越人，不可能像以江河属性为族群主要特点的吴人那样，将势力范围拓展到远离海岸线的江淮平原中部（即原吴国和楚国的交汇处）和泗水上游（即鲁国和宋国周边）。

又有读者要问了。越国不是继承了吴国的全部家业吗？那吴人掌控运用内水的技能，越国应该也掌握了呀，为什么越人不如法炮制打造一支强大的水军，然后到楚国、齐国甚至晋国的家门口去耀武扬威呢？

这个问题很好回答。因为吴国以自己的败亡证明了接连与楚、齐、晋三强相争是一条不归路，如果越国贸然跟进，那就是猪撞树上人撞猪上。

吴国连胜楚、齐、晋三强，并不等于吴国建立了对楚、齐、晋三强的稳固地缘战略优势，这种胜利包含了很多战术运用方面的因素，这种胜利只可期待，不可依赖。

越国吞灭吴国后，当务之急是消化吴国曾经据有的苏锡常平原、江淮平原中东部以及一定程度控制的泗水流域——这些土地都是适于农耕的沃土，能为越国提供充足而稳定的物资保障。

但是，曾经依次折在吴国手下的楚、齐、晋三强，必然不会愿意看到一个体量比吴国还大的越国[①]，重走吴国的扩张道路。

所以，如果越国奉行扩张主义，楚、齐、晋三强会采取包括武力在内的各种手段，同时对越国进行打压。而楚、齐、晋三强一旦联手，这世界上就没有他们干不成的事。

换句话说，同样作为从江东地区登上中原舞台的新贵，越国已无可能重现吴国在江淮平原中部以及泗水上游驰骋的盛况。

当然了，能不能重现是一种客观结论，想不想重现是一种主观意愿。而客观结论与主观意愿相悖是常有之事。

我们设想一下，假如站在今天勾践位置上的是夫差。

---

① 越国吞并吴国后，疆域比吴国的故土更加广阔。

以夫差那么强烈的权力欲和功名心，绝大概率会铤而走险，把定江淮平原中部以及泗水上游一步不退，跟楚、齐、晋三强硬拼到底。而这样做的结局，除了死，只有死得不能再死只剩下一只鞋。

那么，真正的当事人勾践又会做何选择呢？

且看《史记·越世家》的记载。书曰：“勾践已平吴，乃以兵北渡淮，与齐、晋诸侯会於徐州，致贡於周。周元王使人赐勾践胙，命为伯。勾践已去，渡淮南，以淮上地与楚，归吴所侵宋地於宋，与鲁泗东方百里。当是时，越兵横行於江、淮东，诸侯毕贺，号称霸王。”

这则记载的看点有三。

第一点。越国吞并吴国后，天下为之震慑。勾践曾将兵巡行于淮河以北，并在黄淮间的徐州会合齐国和晋国。周王室亦见风使舵赐其胙肉，并封其为方伯，这是越国跻身春秋五霸的历史依据。

第二点。勾践很有自知之明，他清楚自己之所以获得这么崇高的地位，靠的是灭吴之威，而不是硬实力达到了举世无双的境界。江淮平原中部和泗水上游以前就是吴国势力范围的边缘地带，现在也非越国所能固守，与其年深月久因力有不逮而被其他大国逐渐渗透，还不如现在就主动送人。

第三点。在继承吴国疆域的基础上，越国并未一味战略收缩，过往吴国控制较弱的淮北平原东部——即泗水下游及其往东至海的区域，越国横行无阻，控制力获得了极大提升[1]。

简而言之，越国在调整地缘格局时有舍有得。舍的是鞭长莫及的江淮平原中部和泗水上游，得的是离海岸线较近的淮北平原东部。

这么做的好处我们可以分析一下。

首先，越国与楚国维持了友好关系。

如果越国效仿吴国故事，在楚国家门口的江淮平原中部部署军力，那楚国将

---

[1] 《史记》原文“越兵横行於江、淮东”中的“江、淮东”，指长江流域东部和淮河流域东部，包括江东地区、江淮平原东部和淮北平原东部。江东地区和江淮平原东部是吴国的核心区域和次核心区域，吴国开发该处的时间早，控制该处的能力强；淮北平原东部则相反。本书要强调的是，越国继承吴国的衣钵后，增强了在淮北平原东部的存在感。

视越国为头号威胁，从而将主要精力放在与越国的边境攻防上，反过来又会消耗越国大量的人力物力资源。

而将江淮平原中部让给楚国，其实是在越、楚之间建立了一个缓冲带。因为，当以晋国为代表的北方势力依然足够强大时，楚国受其牵制，东进的速度快不起来。

也就是说，即便越国将江淮平原中部让给楚国，楚国也要花大把的时间才能将其整合好。而在此之前，越国不必太过担心楚国会经由江淮平原中部大举东进侵害越国。

对于楚国来说，江淮平原中部本来也不是它的囊中之物。越国肯主动退出对江淮平原中部的争夺，它自然乐得接受，然后顺其自然地与越国延续以前因共同抗吴而缔结的情谊。

其次，越国打消了宋国和鲁国的防范心理。

吴国北上与齐、晋争霸时，侵占了宋国和鲁国的少量土地，并控制了一些原本依附于宋国和鲁国的小国，宋国和鲁国对此又怕又气。

故此，当吴国由于战线拉得过长而呈力竭之势时，宋国和鲁国都没有伸手拉扯吴国一把，而是不怀好意地坐视吴国被越国一口一口吞灭。

如果越国意欲在泗水上游保有吴国曾经的势力范围，那对于宋国和鲁国来说就是遭二道罪。宋国和鲁国为防患于未然，肯定会戴着高度怀疑的眼镜观察越国的一举一动。

与其被宋国和鲁国没日没夜地惦记，越国干脆主动表明自己无欲无求的心迹，以诚相待。慷慨大方的人总是特遭群众欢喜，越国通过此举在宋国和鲁国以及泗水上游诸小国的心目中树立起了良好形象，获得了广泛的国际声誉。

不过话又说回来，越国这样做也有很现实的政治考量。

泗水上游乃四战之地，没有山脉作为屏障（特别是面朝中原的方向），易攻而不易守。假使越国横下心来一定要保有泗水上游，那它只有两条办法可供选择。

一是常年派遣重兵赴泗水上游遂行战区任务；二是拼命开挖人工河道，在泗水流域构筑密集的水网，然后以水为屏障，阻滞外来势力的入侵。

无论上述哪一条办法，都是导致吴国灭亡的重要推手。现在吴国尸骨未寒，越国岂有睁着眼睛继续往坑里跳的道理?

最后,越国在准确判断齐国地缘界线的基础上尽量向北扩张了自己的疆域。

《史记》中提到越国增强了对淮北平原东部的控制。但淮北平原东部是一个覆盖范围较大的地理概念,如果缺乏明确坐标的话,我们很难弄清楚,越国的触手到底伸展到了何处。

《越绝书》中倒是有一则可以与《史记》彼此印证的记载。《越绝外传记地传第十》一章写道:"允常子勾践,大霸称王,徙瑯琊,都也。"

瑯琊,即前文所述之琅琊,它位于齐国的东南角,是齐国南部的海防基地,吴国和齐国曾在这里发生过一场海战。

我在不少资料上看到,很多人把"徙瑯琊,都也"解读为勾践迁都于琅琊。窃以为,这是一种误解。

琅琊不可能成为越国的都城,这是由琅琊的地缘位置所决定的。

我们可以在中国地图上勾勒一下。越国如今的疆域大致呈一个拉长的水滴形,国都会稽位于基部中央,靠山面海,四平八稳;琅琊位于顶部的尖尖上。

对于越国而言,琅琊够特别。它距离国家核心地带最遥远,它处在国防第一线而且侧翼没有本国的其他城邑照应(或本国的山川河流遮蔽),它属于越国和齐国共有①。

这么一处地方,就算你是苏秦、张仪、陆贾、郦生复出,口似悬河,舌如利刃,都编不出一个它可以充当越国都城的理由来。

所以,"徙瑯琊,都也"中的"都"应该解作"以之为都邑",而非"以之为都城"。

前文叙述孔子与三桓的矛盾时,我曾写过一个典型事件——"隳三都"。"三都"即季氏的费邑、孟氏的成邑和叔孙氏的郈邑。这个"都"指的也是都邑,而非都城。

但是问题还没完。

从正常的思维角度来说,琅琊最适宜于充当越国北进的矛头。越国如果在琅

---

① 琅琊面积不小,齐国据有其北部,越国据有其南部。

琊屯驻一支军队①，将会对齐国构成极大的威胁。

为什么越国要如此逼近齐国呢？它难道不怕齐国迫于安全形势而做出强硬反击？

这个问题的答案，其实本书之前的章节中陆陆续续涉及过。

齐国所处的地缘板块大致呈一个封闭的菱形。菱形有四条边，其中西南的那条边是由泰山、鲁山、沂山、五莲山（即泰鲁沂莲山脉）连接而成，它把齐国和南邻的陆上区域天然分隔开来。

齐国一直将泰鲁沂莲山脉视作自己的南部屏障。在后齐桓公时代，齐国国势回落，为了防范南方势力北侵，齐国因地制宜在泰鲁沂莲山脉一线修筑了齐长城。

齐长城在防范南方势力北侵之余，反过来又消减了齐国南下的愿望。也就是说，齐长城成了齐国自己给自己划设的一条南部地缘分界线。

这条地缘分界线异常稳定，从春秋后期直至齐国灭亡，它都没有被外敌从南方摧毁，也没有被齐国废弃。

越国正是看准了这一点，所以极富激情地将势力扩张至此（琅琊就在泰鲁沂莲山脉中的五莲山与东海相接之处）。

当然了，若想在地缘政治博弈中拿捏好分寸，除了要有高超的庙算能力外，还必须有强大的行动力兜底。

越国敢跑到齐国的眼皮子底下修筑大型堡垒式都邑，最大的依恃仍在于自己无以伦比的海上投送能力。即便齐国对琅琊的越军发起攻击，越军也有把握在获得海上强力支援的情况下，把齐国怼回去。

经过对江淮平原中部、泗水上游和淮北平原东部做出科学调整，越国完成了立足江东、依托海洋、上下贯通、进退有据的战略布局。

这种布局的即时效果非常明显。《史记·越世家》称："当是时……诸侯毕贺，（勾践）号称霸王。"《吴语》亦称："越灭吴，上征上国，宋、郑、鲁、卫、陈、蔡执玉之君皆入朝。"

---

① 据《越绝外传记地传第十》载："（勾践）从琅琊起观台。台周七里，以望东海。死士八千人，戈船三百艘。"

长远影响也十分夺目。《越绝外传记地传第十》称:"勾践子与夷,时霸。与夷子子翁,时霸。子翁子不扬,时霸。不扬子无疆,时霸……"

最终,越国将自己的国运延续到了战国后期。

至公元前306年,楚国通过一百六十多年的渐进式渗透,自西向东穿越江淮平原中部,继而大败越国,"尽取故吴地"。越国退回到钱塘江以南的山地中,其大国的身份也随之完结(注意,其国祚并未终结)。

这结局乍一看似乎有点儿悲情,但世间万物不比较就不知道什么是好。

同在江东区域内崛起且天生资质比越国更加优越的吴国,真正扬名于天下的君主仅仅就是阖闾和夫差两位,而且吴国的霸业可谓其兴也勃、其亡也忽,犹如一位大富翁开着辆豪车行驶的时候突然遭遇地面塌陷,倏地一下连车带人带魂魄都没了影(注意,其国祚随着夫差身死而终结)。

反观越国,拿着一手和吴国差不太多的牌,却能转变思维,充分发挥自己的海上优势,走出一条持久强盛的康庄大道。

很多时候,成功真的不在于你有多努力,而在于你的思维是否开阔。你的思维宽度,决定了你的人生长度。

反水

晋国六卿,实在是一个经久不衰的话题。

一部煌煌春秋史,看点大半在晋国,而晋国史的看点又大半在六卿。

关于晋国六卿的往事,前文已经讲到了智氏、赵氏、魏氏、韩氏联手灭除中行氏和范氏。

仿佛与数学原理中的"多边形不稳定性"(简单地说,就是除了三角形,其他多边形的结构都不能保持稳定)相呼应,作为晋国政治力量的四个基点,智氏、赵氏、魏氏、韩氏所构筑的晋国政坛格局,亦蕴含着相当的不稳定性。

这种不稳定性的根源在于三点。

首先,春秋时代礼乐崩坏,春秋时代礼乐崩坏,春秋时代礼乐崩坏。

其次，晋国形式上仍然是一个统一的政权。

最后，智氏的宗族实力强于赵氏、魏氏和韩氏，智氏宗主把持着晋国实际上的最高权力。

将这三点结合起来，我想说的是：在一个失去礼乐制约的、卿族权势急遽扩张的时代，智氏可以借由掌控晋国政权之便，进一步攫取晋国的公共资源（甚至赵氏、魏氏和韩氏的私家资源）；而赵氏、魏氏和韩氏不愿坐视智氏独大，必定会采取自保或者反制措施来抗衡智氏的扩张。

也就是说，智氏、赵氏、魏氏和韩氏，这曾经并肩战斗的四大卿族，在灭除共同敌人中行氏和范氏之后，内部矛盾再也无法掩盖，且因为实力分布不均衡，赵氏、魏氏和韩氏联手对抗智氏已成必然趋势。

在这场三对一的较量中，有两位人物要预先介绍。一位是单挑赵、魏、韩三强的智氏宗主智瑶，另一位是赵、魏、韩三强的领头人赵氏宗主赵无恤。

智瑶的爷爷，就是《六卿都去哪儿啦之实践操作篇》一章中率领智派灭除中行派的智跞。智跞于公元前 493 年逝世，其子智申继位。

智申在选择自己的接班人时，遇到了阻碍。当时，智申想立智瑶为世子，但族人智果坚决反对。

智果陈述的理由如下："瑶之贤于人者五，其不逮者一也。美鬓长大则贤，射御足力则贤，伎艺毕给则贤，巧文辩惠则贤，强毅果敢则贤；如是而甚不仁。夫以其五贤陵人而以不仁行之，其谁能待之？若果立瑶也，智宗必灭。"

意思就是说：智瑶这家伙吧，颜值担当，孔武有力，才艺双全，能说会道，欲求强烈，但心地不仁厚。别人受制于智瑶是迫不得已，并非心悦诚服。如果立智瑶为后，智氏保准玩完。

智果的话，到底是危言耸听，还是深谋远虑，在知晓智瑶的结局之前，我想大多数的人都难以辨清。

因为，智瑶的五大长处，即视感很强，易于兑换成现实利益，受众普遍认同。

而心地不仁厚这一项，说起来确实不好听，但如果放在政治的背景下来考量，它的实效常常与声名相悖。

历史上的很多雄主，比如秦始皇嬴政、魏太祖曹操、隋炀帝杨广、明太祖朱元璋、清世宗胤禛，都不乏"不仁"之名。

而一些将"仁"看得比什么都重要的政治人物，其下场往往又悲催透顶，典型如宋襄公，仁义当先，害国害己，至今仍被骂得抬不起头；还有一些政治人物，平时披着"仁"的光鲜外衣，沽取万千赞誉，内里却包藏祸心，终至篡权夺位，典型如王莽，后来白居易曾写诗讥刺王莽道："周公恐惧流言日，王莽谦恭未篡时。向使当初身便死，一生真伪复谁知？"

仁厚或不仁厚，根本就只是一种手段而已，围绕它来制定大政方略或评价政治人物，坦白说，不一定靠谱。

所以，智申没有采纳智果的意见，本着看人要看多数方面的原则，智申还是坚持了最初的选择，立智瑶为世子。

但是很不幸，成事的因素需要很多，而坏事的因素只要一个就够了。智氏的宿命还真就如智果所言，败毁在了智瑶唯一的缺陷——"不仁"上。智申没有押中正确的接班人，亲手把智氏的终结者推上了智氏的最高宝座。

后来，智申死了，智瑶子继父位，执掌晋国的国政。

有一次，智瑶和魏氏宗主魏驹、韩氏宗主韩虎在蓝台饮宴。

这三位爷，都是晋国的巨头，平日里建牙开府，起居八座，端的是威风得紧。然而，智瑶认为自己是巨头中的大头，就像一条龙，有他智瑶在，韩虎和魏驹只是小头，就像两只龟。

面对两只龟……喀喀，当然不必讲什么客气。于是，智瑶"戏康子而侮段规"①。

智果听闻此事，郑重地告诫智瑶："您如果不提防灾祸，灾祸就会不期而至。"

智瑶满不在乎地说："晋人的生死福祸都取决于我。我不给别人降下灾祸，难道谁还敢兴风作浪造祸于我不成？"

智果再谏道："不然。《夏书》中说：'一个人屡次三番犯错，结下的仇怨岂会摆在明处，应该趁它还没显现时就预先提防。'贤德的人能够谨慎地处理小事，所以不会招致大祸。现在您一次宴会就开罪了韩氏的家主和家相，又不戒备，还想

---

① "康"是韩虎的谥号，段规是韩氏的家宰。

当然地以为别人不敢兴风作浪造祸于您。这样可不行。蚊子、蚂蚁、马蜂、蝎子等弹丸之物都能害人，何况是一个大氏的家主和家相呢？"

智瑶只是不听。智果很失望。这种言者谆谆闻者藐藐的场景以后还会频繁上演，我们暂且按下不表，先来了解一下赵无恤。

赵无恤的父亲，就是前面很多章节中都提到过的赵鞅。赵鞅是晋国后期杰出的政治家、军事家、外交家和改革家，战国时代赵国基业的奠定者。

赵鞅在选择自己的接班人时，也遇到了阻碍。赵鞅的儿子中，有一个叫伯鲁的嫡出年长而才薄德寡，还有一个叫无恤的庶出年幼而才厚德众[①]。倘若立赵伯鲁为世子，赵氏日后难免会栽跟头，以赵鞅的见识，肯定不会吃这个睁眼亏；赵鞅有心立赵无恤为世子，又担心乖迕礼法而遭遇世俗的抵制。

纠结再三，赵鞅想出了一个办法。

他把自己日常的箴言训辞写在两块竹简上（一式双份），然后分别授予赵伯鲁和赵无恤，要他俩诵习熟记。

二子未识赵鞅用意，领受而去。

三年后，赵鞅忽然提及旧事，以当年的箴言训辞考校二子。

赵伯鲁抓耳挠腮瞠目结舌。赵鞅再问他竹简何在，赵伯鲁冈顾左右而言他。

赵无恤举止从容对答如流。赵鞅再问他竹简何在，赵无恤立时从袖中取出献上。

于是，天下皆知赵伯鲁不成器而赵无恤贤。赵鞅顺势立赵无恤为世子，周遭的叽歪也就少了许多。

智氏和赵氏作为晋国的两大世家，天然存在竞争性。即便是在联手与中行派热战的间隙，智氏也不忘腾出手来逼死了赵氏的干臣董安于。

智氏的新任掌门智瑶，性格较祖父智跞更加狠戾，身处的时境又无中行派敌

[①] 《史记·赵世家》中有一则姑布子卿为赵毋卹看相的记载。姑布子卿是春秋末年著名的相术师，有一次他拜访赵鞅，赵鞅将儿子们都召来，请姑布子卿为之相面。姑布子卿相了一圈，称诸子资质平平，无一人可以当上将军。无一人可以当上将军，那就意味着赵氏将会没落。赵鞅正要呕血三升，姑布子卿又提起一个刚刚在路上遇见的年轻人（即赵毋卹），话中隐隐有嘉许之意。赵鞅赶紧将赵毋卹召来救场。姑布子卿一见赵毋卹，立马从坐席上站起来，兴奋地说："这才是真正的将军啊！他一定会显贵的！"

患，他对赵氏的打压自然也就更甚了。

公元前464年，智瑶和赵无恤（一主一辅）率军攻打郑国①。

郑国素知智瑶"愎而好胜"，便特意在都城新郑之外一个叫南里的地方稍作防御，以期让晋军得胜还朝。

谁知这一次智瑶不走寻常路，拔下南里后兴致不减，又挥师攻至新郑的"桔柣之门"（即一座名为"桔柣"的城门）。

郑国气恼于智瑶欲壑难填，兼之再无退路，于是乎奋发斗志，和晋军结结实实杠上了。

在某一个回合的攻防战中，晋将鄗魁垒被郑军俘虏。郑人以卿位为诱，欲劝降鄗魁垒。鄗魁垒不从。郑人寻思就算放鄗魁垒一条生路，晋军也不会息兵，遂将心一横，把鄗魁垒推出去剁了。

鄗魁垒之死，对智瑶的震撼相当大。俗话说"横的怕不要命的"，似郑人这等以死相拼的战法，万一智瑶在战斗中有个什么闪失，后果不堪设想啊！

念及于此，智瑶打起了赵无恤的主意。

旋即，晋军再度攻城。

智瑶令赵无恤率部充当先锋，自己殿后。

赵无恤又不傻，当然明白这是智瑶的"送死你去，捡漏我来"之计，便回应道："主将在此，我不能占先。"

智瑶勃然大怒，厉声辱骂赵无恤道："你这个丑陋的懦夫，怎么当上赵氏宗主的？！"

这一声骂就有点儿蛮不讲理了。

赵无恤丑不丑，我没目击过。但遍阅诸史，也没见着谁说他丑。大抵在美男子智瑶的心目中，别人都是丑的。

赵无恤勇不勇，暂时也不好说。但同样面对着新郑的城防，智瑶自己都不敢上，那就不能斥责不想上的赵无恤无勇。

至于赵无恤是怎么当上赵氏宗主的，一则有个众人皆知的典故，二则是前任

---

① 其时，晋国和齐国相争，着力点多在郑国，是故晋国频频对郑国用兵。

宗主赵鞅钦点，三则赵无恤继位乃十一年前的陈年旧事。智瑶现在翻出来做文章，恐怕不只是记性不好或意图捍卫礼法那么简单吧？

赵无恤答道："因为我能够忍受耻辱，不会给赵氏宗族带来灾祸。"言下之意，虽然你侮辱我，但你也踩不死我，有我赵无恤在，赵氏不会屈从于智氏。

一个咄咄逼人，一个绵里藏针，彼此都不是善茬儿。你死我活的念头，如同怒潮一般在两人胸中翻腾。

智瑶很想一把捏死赵氏，但贸然对赵氏下手，并没有十成的胜算，智瑶还需要等，等自己的权势进一步积累，形成对赵氏的压倒性优势。

公元前458年，智氏、赵氏、魏氏和韩氏准备瓜分以前中行氏和范氏的封邑。

晋出公很愤怒。

所谓封邑，顾名思义就是君主分封的城邑，必须经由君主造册分封，臣下才能据有。

中行氏和范氏亡了，其封邑合该收归国有，现在智氏、赵氏、魏氏和韩氏未经晋出公许可，就打算私下里分田分地，敢问节操何在？

不过愤怒归愤怒，晋国政出私门，国君被架空久矣，你要晋出公一声令下治四氏之罪，那真是强人所难。

晋出公自忖凭一己之力搞不定四氏，遂密告于齐国和鲁国，冀图借助齐鲁之力讨伐四氏。

怎料事有不周，晋出公的秘密行动被四氏侦知。四氏既惊且怒，立即抛下彼此的成见，合力攻打晋出公。

晋出公的羔羊之躯哪里经得起四氏的虎狼之威，见势不妙赶紧跑路，直奔齐国而去。跑到半路，不知何故一命呜呼，晋国这下子连名义上的最高领导人都没了。

于是智瑶以首席大臣的身份扶立晋出公的同辈兄弟骄为君（史称晋哀公）。晋哀公就是个傀儡，智瑶专断国政，趁势独占了原本应由四氏共同瓜分的中行氏和范氏的封邑，进一步拉大了与赵氏、魏氏、韩氏的实力差距。

我以前讲过，春秋时代，官员是没有工资奖金可领的，他们的全部收入几乎都来自依附于土地的各种产出。如果丧失了土地，贵族就要沦为平民。

因此，土地是一种战略资产，是一种核心利益。

智氏独吞中行氏和范氏的封邑，一方面激起了智瑶的贪欲，另一方面也增强了智瑶强迫赵氏、魏氏、韩氏让利的信心（或者说增强了智瑶打压赵氏、魏氏、韩氏的能力）。

智瑶心里装着一盘棋，赵氏是最强的竞争对手，必须要削弱，魏氏和韩氏稍逊一点儿，但也不能放过，可是假若同时逼迫赵魏韩三家让利，操作的风险比较大，还是逐个卜手比较容易实现，至于谁第一个挨刀，当然是吃柿子捡软的捏呗。

智瑶首先找到韩虎，以强硬的态度要求韩氏割地给智氏。

韩虎不肯。土地嘛，安身立命之本，凭什么要割给你智氏？再说割了第一次就会有第二次，老子也是个堂堂世家大族，不是一头任人宰割的猪！

韩虎的想法不能说不在理，但显然事情没有他想得这么简单。

韩氏家宰段规是个有眼光的人，他给韩虎上了一课。

第一，智瑶贪财好利，又刚愎自用，如果不割让土地给他，他肯定会讨伐韩氏。

第二，韩氏的实力落于下风，打是打不过的，与其届时战败被痛宰一刀，还不如现在有计划地割地来得从容。

第三，智伯拿到韩氏的地后势必更加狂妄，一定又会向赵氏和魏氏索要土地。如果赵氏和魏氏不从，智伯必定会向他们动武，这样韩氏就可以免于刀兵祸患而伺机行动了。"

段规的话，精髓在于"避敌锋芒，击敌之虚"，可谓说到了点子上。

越先顶撞智氏的氏族，所承受的智氏的报复性攻击就越猛烈。越后顶撞智氏的氏族，就越有机会和早先受智氏欺凌的其他氏族组成联合阵线，甚至于说越有机会从智氏与其他氏族的争斗中浑水摸鱼或猎取渔翁之利。

韩虎的心结被解开，遂不怀好意地将一座万户之邑送给了智瑶。

万户之邑，乖乖隆滴咚，这分量可不是一般的重。想当年，赵鞅要从邯郸迁走五百户人口，邯郸方面都肉疼得紧。这万户之邑，可是万户人口外加能容纳万户人口的大邑呀，它提供的财赋和役力，足够把一个普通氏族撑得滚瓜流油。

智瑶很开心，但并不满足。或许，他之前并未料到韩氏出手这么痛快，可既然有了韩氏的参照在先，那接下来的魏氏，怎么着也得半斤八两，才上得了台面不是？

智瑶又找到魏驹，依然以强硬的态度要求魏氏割地给智氏。

魏驹一开始想不通。我魏氏无罪无过，为什么要割地；你智氏一张口就吞了座万户之邑，敢情别人的万户之邑都是拉屎捡来的呀？

魏氏家宰任章是个老师傅，敏锐地发现了问题的要害所在。他也深入浅出地给魏驹剖析了一番。

第一，现在不是讲道理的时候。你想不通魏氏为什么要割地给智氏，起初韩氏也想不通。韩氏也没犯哪一条王法，但最后还是割了，他们是怎么想通的？无它，不割就要挨打，打完还是要割。既然横竖是要割，那何苦白挨一顿打呢？

第二，智氏索地，诸大夫不割会怕，割了又会恨。智氏得志更骄狂，而诸大夫会因怕因恨而抱团。以精诚团结之诸大夫对抗骄狂轻敌之智氏，"智氏之命必不长矣"。

第三，赵魏韩三家中最强的是赵氏，赵氏的态度很重要。若智氏在韩氏和魏氏处连连得手，必不会让赵氏独善其身。那好，如果赵氏认栽，那抱团的队伍将更加壮盛；如果赵氏硬顶上，那智氏和赵氏开片，魏氏有就了"择交而图智氏"的空间。

魏驹一听还真是这个理儿，也不动声色地将一座万户之邑送给了智瑶。

智瑶接连抢得两座万户之邑，就如同踩上了两只风火轮，从头到脚都开始飘忽了。

原来从别人家割走一座万户之邑这么轻松，那是不是应该整点更刺激的？喂喂喂，赵无恤，你给我割两座邑过来，且慢，不是随便割哪两座都行，我要蔡（今山西省吕梁市离石区以西）、皋狼（今山西省吕梁市方山县南峪口镇南村）两邑！

蔡、皋狼两邑是赵氏的祖地，赵无恤无论是从维护家族荣誉的角度，还是从维护家族实利的角度，都无法接受智瑶的无理要求。

但问题是，无法接受就可以不接受？魏韩二氏谁甘愿接受？谁不是打落牙齿和血吞？难道赵无恤敢于抗拒智瑶的强权？

答案是赵无恤还真就断然拒绝了智瑶。那么，我们要追问一句，赵鞅的底气究竟来自哪里？

这个答案包括的内容就很宽泛了，例如赵氏强于魏韩二氏，例如赵无恤有胆色有魄力，例如智瑶开口太狠，等等。

展开来说既浪费篇幅又扯散了主题，所以，我主要结合两个因素来讲一讲。

第一个因素是地。抛开晋国在华北平原上开拓的且由赵魏韩三氏实际控制的土地和城邑，仅以晋国的核心区域——山西盆地而言，魏韩二氏为自己规划的势力范围都在山西盆地南部，而赵氏为自己规划的势力范围在山西盆地中部。

第二个因素是人。魏韩二氏也有人才，但根据史籍的记载，这一时期比较突出的只有谋臣，比如劝说韩虎和魏驹忍一忍的段规和任章。赵氏却是既有谋臣也有干臣，谋臣叫张孟谈，干臣一个叫董安于，另一个叫尹铎。

前文叙述魏绛和戎时，我曾经讲过。山西盆地基本上是由两条南北走向的山脉——吕梁和太行包夹而成。两山之间，由南至北分布着一连串相对独立且相互毗邻的盆地，即运城盆地、临汾盆地、太原盆地、忻定盆地和大同盆地；此外，在山西东南部，还甩着一个孤零零的长治盆地。

晋国是一个从山西中南部开始成长起来的国家，所以赵魏韩三氏被晋室分封之初，其封地皆在山西南部的运城盆地以及临汾盆地南部（智氏以及已经退出历史舞台的中行氏和范氏，情况也差不多）。

随着晋国的卿族逐渐膨胀，山西南部呈现出了政治山头林立的局面。这种局面，意味着卿族所居处的生存空间越来越拥挤。

拥挤从来都是一种令人不舒服的感觉。而改变拥挤的方法有两种，一种是将挤着自己的人赶走，为自己腾出伸展的余地来；还有一种是主动跳脱出去，另外寻觅一片宽广自由的天地。

赵魏韩三氏之中，魏韩二氏操持的方法是第一种，即专注于窝里打架，争取把别人赶走[①]；而赵氏操持的方法是第二种，即挣脱其他卿族的纠缠，另外开辟一块主基地。

赵氏看中的新基地名叫晋阳。

---

① 赵魏韩三家分晋时，魏国的主城安邑和韩国的主城平阳，一个位于运城盆地，一个位于临汾盆地。显然，魏韩二氏在春秋时期自始至终都扎根于山西南部。再多说一句，后来魏国和韩国倒是都把都城东迁到了华北平原上，但这不代表它们不再重视山西南部，而是因为强秦东侵，将它们赶跑了。

晋阳旧址在今山西省太原市晋源区，位于山西中部。赵氏刚来到晋阳时，这里还比较荒凉（连城邑都没有），受关注的程度低（因为远离其他卿族的主要势力范围），赵氏可以在外部干扰较小的情况下，聚精会神地进行开发。

还有一个问题必须讲清楚。山西中部那么大，为什么赵氏会看中晋阳呢？换句话说，晋阳有什么独特的优势呢？

我想答案有两点。

第一点是晋阳的地缘位置优越。晋阳处在太原盆地的北端，以之作为跳板，赵氏可以方便地向忻定盆地进军，进而染指大同盆地[1]，最后席卷整个山西中北部。大同盆地乃游牧民族和农耕民族的交汇区，后来我们在历史书中看到"赵武灵王胡服骑射"的典故，并不是没有来由的。

第二点是晋阳的地理位置优越。晋阳北望狼孟[2]，西接悬瓮[3]，东临汾水，南面晋水[4]。依水而建的城邑，不唯可以获得生产生活上的便利，还可以凭借河流来阻挡敌人的军事入侵。

总之，山西向为国家安危兴亡之所系，作为山西中心的晋阳（太原），扼战略要冲且易守难攻，历来就是兵家必争之地[5]。

赵氏看中晋阳后，开始在晋阳修筑城邑。而主持修筑城邑的人，正是前文曾经提到的赵氏干臣董安于。

董安于是法家思想[6]的支持者。战国时代法家思想之集大成者韩非著述经典《韩非子》时，在"内储说上七术"一章中，记载了"董阏于为赵上地守"的故事。

故事的具体内容度娘家有，我就不啰唆了。故事展示了董安于欲以"无赦"

---

① 《史记·赵世家》中有赵鞅觊觎代国，赵无恤攻灭代国的记载。代国即位于大同盆地。

② 狼孟邑即今山西省太原市阳曲县所在，扼守着太原盆地和忻定盆地之间的交通要道。

③ 悬瓮山是吕梁山脉的余脉。

④ 晋水是汾水的支流，自西向东注入汾水。在中国的古文化中，山南水北谓之阳。晋水之北，故谓之晋阳。

⑤ 中国历史上发生在晋阳（太原）的战事多达五十场以上，其中有名的恶战包括西晋末年刘琨的晋阳抗战、唐代安史之乱中李光弼守太原之战、五代后唐张敬达与石敬瑭及契丹联军的太原之战、宋初平北汉的晋阳之战等，当然，还有本文即将呈上的晋国四卿的晋阳之战。

⑥ 虽然当时还没有"法家"这个概念，但社会思潮中已经有了法家的某些实质性理念。

之法治理"上地"①的一些情形。

无赦，顾名思义就是不宽赦，想见董安于施政是比较严苛的。

崇尚严苛施政的人，往往徭役赋税都收取得很重。这种施政方法不能持久，久则必有民变；但短期内却会有不错的效果，尤其体现在基础工程建设又快又好上（因为能够集中一切可以调用的力量）。

董安于主持修筑的晋阳城，根据现代著名历史学者谢元璐和张颔的考证，是一座南北长约四千五百米，东西宽约两千七百米，周长约十四点四公里的长方形大型城邑②。称得上是非常雄伟了。

但晋阳城的特点不仅仅是雄伟。

董安于目光如炬，料定晋国各大卿族之间的矛盾无法调和，日后必有惨烈的争斗，所以在主持修筑晋阳城时，做了很多备战的举措。

例如，晋阳城内囤积的粮草很充足。

例如，晋阳的内城（你可以理解成宫殿或者官署），修的时候动了脑筋。它的墙垣里掺杂了很多"高至丈余"的"荻蒿苦楚"（你可以理解成各种各样类似荆条的植物）；它的立柱的材质，不是当时制造立柱常用的木头，而是铜③。

看到这里，你先别急着胡思乱想，以为墙垣是豆腐渣工程，又以为立柱修得穷奢极侈，进而以为董安于修个这么渣的墙垣却配个这么壕的立柱一定是脑筋秀逗了。要是董安于的用意能让你轻易猜透，那怎么能显出他的卓尔不群？

晋阳城竣工后，赵氏立即着手从初封地耿地（耿地位于卿族势力犬牙交错的山西南部）向晋阳进行战略转移，晋阳逐渐成为赵氏新的政治中心，各种制备也愈发完善。

公元前497年，赵鞅曾要求从邯郸迁徙五百户人口到晋阳去，这也是意图充实晋阳的一种表现。

后来，赵鞅以邯郸方面行动迟缓为由，斩杀邯郸午，触怒了邯郸午所依附的

---

① 上地即今山西省上党高地。当时，赵魏韩三氏都在上党高地区域占有土地和城邑。

② 作为对比，位于今陕西省宝鸡市凤翔县境内的秦都雍城，南北宽约三千二百米，东西长约三千三百米，周长约十三公里。

③ 史籍原文为"铜"，但根据当时的工业水平推算，多半是青铜。

中行派。中行派攻打赵氏，赵氏不支。危难关头，赵鞅想到的最安全的避难所就是晋阳。

依托晋阳坚固的城防，赵氏顶住了中行派的猛烈攻势，并在智魏韩三氏的援助下，反败为胜。

但获胜的智派内部并非一团和气，智氏终究忌惮赵氏，遂以"始祸"为由，逼死了赵氏的干臣董安于。

董安于死后，赵氏继任晋阳邑宰的人叫尹铎。

尹铎临行前，问了赵鞅一个问题："以为茧丝乎？抑为保障乎？"

意思就是说：您打算让我在晋阳抽丝剥茧般地搜刮财富呢，还是涵养民力将晋阳经营为赵氏的一个保障基地（积藏于此，以备后需）？

晋阳经过董安于的前期治理，以挖潜式消耗社会资源为代价换取城邑的全面固化，百姓也确实到了需要休养的阶段。所以，赵鞅令尹铎宽恤施政。

于是尹铎上任后故意少核算居民户数，减轻晋阳的赋税。百姓感念尹铎之恩，对赵氏的拥护也水涨船高。

赵鞅亦深知晋国的政治局势凶险，流血拼杀在所难免，因此密密叮嘱赵无恤，异日赵氏遇到危难，不要嫌晋阳路途遥远，务必要依靠尹铎，以晋阳作为归宿。

正是因为有了晋阳作为退路，所以赵无恤很硬气地把智瑶顶到了墙上。

平素要风得风要雨得雨的智瑶在赵氏这里竟然没有讨到便宜，心中当然无比恼怒。

站在智瑶的角度，他怨恨赵无恤抠门。而我们知道，对付抠门的人，最解气的办法，就是将这个人的一切统统夺走，让他怀着对曾经可以断臂保身的无尽怀想吐血身亡。

碰了一鼻子灰的智瑶随即暗地里征召魏韩二氏，准备联军攻打赵氏。魏韩二氏迫于智瑶的淫威，只得答应。

赵氏这边，也有遭受智氏报复的预期评估，智瑶和魏韩二氏的小动作，赵无恤都看在眼里，急在心上。

为了防备智魏韩三氏暴起伤人，赵无恤问计于家臣张孟谈。张孟谈一针见血地指出，得益于董安于和尹铎的苦心经营，晋阳足堪大用，赵氏唯有迁居晋阳才是王道。赵无恤深有同感。

鉴于情势危急，迟恐生变，赵氏着即倾巢出动，赶在智魏韩三氏兵马调集完毕之前，迅速地、完全地迁移到了晋阳。

到了晋阳，赵无恤亲自巡行城郭，案察府库，检视仓廪，调研各项守备情况。他发现，城郭是坚固的，钱粮是充足的，除了箭矢，战具也是齐备的。

城邑攻防战，最重要的兵器就是箭矢。没有箭矢，难道军士们用自带的水枪射城下的来犯之敌呀？

赵无恤很纳闷，也很着急，他询问张孟谈，晋阳千好万好，咋就偏偏少了箭矢呢，眼下智魏韩三氏已经出兵，用不了多久就会直抵晋阳城下，我们就算日夜赶工，也赶不出数量够用的箭矢呀！

说到制作箭矢，我稍微多几句嘴。

箭矢这个词，很多人都没有留意过，其实它并不是由两个含义相同的字组成的。换句话说，箭和矢是两样不同的东西。

所谓箭，是指主要以竹为原材料制作而成的、可以用弓来发射的细长条兵器。箭指向目标的那一端被砍削（或磨砺）成尖利的形状以提高杀伤力。

所谓矢，是指主要以木质为原材料制作而成的、可以用弓弩来发射的细长条兵器。矢指向目标的那一端安装有尖利的硬质刃（即镞头）以提高杀伤力。

很显然，矢是一种强化版的箭。事实上，人类最早开始使用的是箭，后来慢慢地学会将贝壳、骨骼或石头加工成镞头。

春秋时期，随着金属冶炼技术的进步，各诸侯国的正规军队，已经大量使用铜质镞头的矢了。

但矢也并非所有指标都优于箭，至少，制造矢的原材料更加难找，工艺也更加精密，最终导致耗费的时间更加漫长。

视线回到晋阳。

赵氏现在面临的难题就是根本无暇去城外收集造矢的原材料——木质和铜，一则时间上来不及，二则须紧闭城门以防敌军杀到。

事情看起来像是陷入了死局，但张孟谈神色自若，毫不担心，一副胸有成竹的样子。他何以如此从容呢？

"海棠老师，你把问题想得太复杂了。古有诸葛亮草船借箭，张孟谈就不会有样学样吗？晋阳城外有两条河，是智魏韩进军晋阳的必经之地，张孟谈完全可以呼朋唤友，晚上搞条船一起去浪嘛。"

"叽叽，你这么说，张孟谈表示他和他的小伙伴压力很大呀。"

当然，赵氏的火都烧到了屁股尖上，现在不是吊胃口的时候。张孟谈指着董安于建造的内城说，"公宫之垣，皆以狄蒿苫楚廧之"，"公宫之室，皆以炼铜为柱质"，"请发而用之"。

赵无恤信其言，派人发掘，果然得到了大量优质的造矢材料。再派工匠加紧制造，获矢无数。

赵无恤看一眼城内堆积如山的箭矢，又看一眼城外由远及近的滚滚狼烟，好想穿越时光和董安于来一场热烈的拥抱。前人栽树，后人乘凉，所言不虚也。

未几，智魏韩三氏联军扑至晋阳。攻守双方都是久经风雨的老江湖，对于对方的心意了若指掌，也没啥客套好说，随即开战。

一方人多势众，一方城高壕深，这注定是一场苦战。

双方打呀打，打呀打，打了很久（依《战国策·赵策》的说法是三个月，依《史记·赵世家》的说法是一年多），劳了很多神，费了很多力，死了很多人，烧了很多钱，却仍然胜负未分。

智瑶觉得这样打下去终究不是个办法，毕竟作为攻城的一方，三氏联军的损耗要几倍于赵氏，土豪也有伤不起的时候。

他望着巍峨的晋阳城，琢磨能不能找到一个经济高效的战术来给予赵无恤致命一击。

俗话说，黄金无足色，白璧有微瑕。世间之事，绝无完美，晋阳城一定还有什么尚未被发现的防御弱点。可是，这个弱点到底隐藏在哪呢？

论城防的设施、论军民的意志、论物资的储备、论地理的位置，晋阳都堪称无懈可击，难道我智瑶搞风搞雨最后却要无功而返吗？

不对！等一等，让我想想，让我再想想。论地理的位置，晋阳依山傍水而建……我知道了！弱点原来就隐藏在强项的另一面。赵无恤，这一次我要让你死无葬身之地！

晋阳城地处太原盆地北部，立足于悬瓮山脚的平原之上，东面和南面分别有汾水和晋水流淌。晋水从悬瓮山上流下，再注入汾水，一山两河无缝连接，相当于在晋阳城的西面、南面和东面构筑起了一条四分之三环形的天然防御圈。

当大兵团（如智魏韩三氏联军）从山西南部方向来袭时，一山两河会减弱敌军的攻势，这本是晋阳的强项。

但是，福兮祸所伏。

晋水是从悬瓮山上流下来的，对晋阳而言，晋水位于山上的河段就是一条悬河。那么，如果利用晋水相较于晋阳城有高差的特点，挖条引水沟，再将晋水堤岸掘开，放水冲击晋阳城，请问晋阳拿什么抵挡？

而且，一山两河形成的口袋构型，会让洪水无处排遣。也就是说，即便冲不垮晋阳城，泡也能将晋阳城泡垮！

想到这里，智瑶不禁发出了杠铃般的笑声。

事不宜迟，智瑶当即发布命令，将大军散开，然后纵水灌城。晋水从掘口处一跃而出，如同千军万马般朝晋阳城扑去。

赵无恤见势不妙，赶紧加固城墙，堵塞缝隙，将洪水拒之门外。洪水觅不到去处，遂在晋阳城外越积越高。

智瑶也没闲着，待水势平缓后，他就坐车出来查看水情。当时，魏驹给他驾车，韩虎给他充当护卫，这排场恐怕连晋哀公都无缘消受。

看到晋阳城被茫茫洪水裹得严严实实，智瑶不禁开怀大笑，然后脱口说道："吾乃今知水可以亡人国也！"

这句话一出，犹如十八层地狱里卷起一股阴风，魏驹和韩虎禁不住一连打了好几个寒战。

魏驹暗暗地用胳膊肘碰了一下韩虎，同一时间韩虎也暗暗地踩了一下魏驹的脚。两人心意相通，都意识到自己的家族也身处极大的危险之中。

因为，魏氏的主城安邑附近就是汾水，而韩氏的主城平阳附近就是绛水，设若有朝一日哪个缺德兽将二水掘开，那魏氏和韩氏就会被一锅汤给烩了。

智瑶只顾着得意忘形，压根儿没察觉左右两位大佬的心绪异动，欣赏了一会儿水景，他便心满意足地打道回府了。

如此一来，晋阳之战的画风就冷淡了许多。

由于洪水围城，三氏联军撤离火线，只在远处监视敌情。攻守双方再无接触，往日里热火朝天的厮杀完全停止。

但厮杀停止并不等于赵氏也可以松懈下来，洪水在不断地侵蚀墙体，他们必须时时提防。这种活计，有过巡堤抗洪经历的人都知道，虽然死伤率不高，但对于人的体力和精力都是巨大的考验。

而且，与我们现在的抗洪不同。我们现在抗洪可以获得外围的各种援助，起码不用为粮草发愁。但晋阳却是洪水中的一座孤岛，在没有空投以及外围地面援助被三氏联军阻断的情况下，它只能完完全全地自力更生。

这看起来就像是一场没有希望的赛跑。比赛的双方，一个是洪水把城墙泡垮，一个是军民把粮食吃光，而无论谁先到达终点，都将宣告赵氏的灭亡。智瑶似乎已经稳操胜券了。

不过，还是有一点出乎智瑶的意料，那就是晋阳的耐久度。

换作别的城邑，身处外有洪水围城，内乏粮草补给的双重困境，能坚持几个月就算了不起了，坚持上年的只能称作人间奇迹。

可是晋阳城居然坚持了整整三年！在这三年里，城墙没有垮，人心没有散，粮草也没有尽！董安于和尹铎，如果这一次赵氏能够侥幸保全下来，你们俩首当其功！

但话又说回来。三年来没有败给洪水并不等于赵氏战胜了洪水，他们眼下的景况已经到了危若累卵的地步，还能在洪水的围困下坚持多久，谁都不敢打半句包票。

被水浸泡了三年的晋阳城到底成了什么模样？下面我带大家去看看。

城外的水位隔城头一度只剩"三版"的距离。

春秋时代修筑城墙，不是预先烧制好砖块然后一层层码上去的，而是用夯土夯出来的。具体操作方法就是先把两块木板面对面竖起来，然后往中间填土，填到一定程度再把土夯实，继而再填，直至夯土与板的顶端齐平。这就是一版①。一版一版地堆垒起来，就成了一座城墙。

_____

① 在古代，"版"和"板"是通假字。

洪水离晋阳城头只剩三版的距离，说明水位曾经非常高。

城内也已积水。地面几无立足之处，灶台都因水浸而垮塌，青蛙在其间恣意滋生。粮食即将告罄，军民无奈宰杀马匹，把炊具悬挂起来烹食。人在劳作之余，只能爬到树上搭建的巢内居住，状若鸟兽，个个疲弱不堪。

所以，攻守双方都心知肚明，如果继续维持这种局面不改变，赵氏就死定了。

有了这个判断，智瑶觉得很安逸，仿佛守株待兔，先等兔子被树弄死，自己再顺手带走。

但赵无恤急呀，他很清楚自己必须找一个突破口来逃生。然而，以晋阳城目前的积弱之势，哪还有什么气力去挣扎最后一把呢？

赵无恤现在的意志不是很坚定，因为束手无策，他甚至想到了放弃。

这一天，他极度忧郁地问张孟谈，赵氏该当何去何从。

张孟谈回复了一句很慷慨激昂的话，他说："亡不能存，危不能安，则无为贵知士也！"

国家将要灭亡，却不能保存它；国家有了危险，却不能安定它，那要尊贵而有才智的人干吗呢？精彩精彩！依你张孟谈之意，你就是那尊贵而有才智的人咯，很好，请问你打算怎么破局？

看着赵无恤无比期待的眼神，张孟谈信心满满地说："让我去见一见魏、韩之主，必有效应！"

张孟谈秘密拜会魏驹和韩虎，单刀直入地说："臣听闻'唇亡则齿寒'。如今智伯带领你们两家进攻赵氏，赵氏必亡。只不过，一旦赵氏亡了，下一步智伯也不会放过你们。"

魏驹和韩虎心底深埋的焦虑被重新挑起，不禁真情流露："道理我们都懂。智伯强暴不仁，久处必受其害，我们也有心反抗他。可是，智伯的势力那么强大，我们的计谋一旦泄露，必然大祸临头，那可如何是好？"

张孟谈宽慰魏驹和韩虎："计谋出于您二位之口，进入我一人之耳，此外再没有任何人知道，怕什么？"

魏驹和韩虎紧张的心情放松了一些，又细细琢磨一番后，和张孟谈订立了赵魏韩三氏同盟，并约定了举事的日期。

张孟谈当晚回到晋阳，向赵无恤汇报此行的收获。赵无恤重重酬谢张孟谈，又在城内密密布置，竭尽所能做好了反攻的准备。

这边厢，智瑶一直蒙在鼓里，做着晋阳城毁人亡的美梦。但智果敏锐地发现了魏韩二氏反水的蛛丝马迹。

智果禀告智瑶，称魏韩二氏必叛。

智果以为他的话会如同疾雷劲鼓般惊醒梦中人，谁知智瑶只是翻了个身，呓语道："何以见得？"

智果急切地说："人的心事都写在脸上。眼下攻破晋阳指日可待，可魏韩二主面无喜色却有愁容，这是为何？因为他们知道，俟赵氏灭亡后，祸患必然降落在魏韩二氏头上。魏韩二氏安得不思反叛？不如现在就杀了他们。"

智瑶无动于衷，反而为魏韩二氏辩解："你多虑了。我和魏韩二主订立了盟约，只待灭除赵氏，我们三家就共同瓜分赵氏之地，不会有诈的。你放心吧，不要再说了。"

智果还想再谏。智瑶再翻个身又昏睡了过去。

第二天，智瑶召见魏驹和韩虎。

看到这里，同学们是不是为魏驹和韩虎捏了一把汗呢？依照常理推断，这可是东窗事发、拿人问罪的节奏哇！看来智瑶只是表面糊涂，内心还是一片清明嘛！

魏驹和韩虎也紧张得要命，他俩刚和张孟谈秘密接头，怎料一转身就被智瑶点了名。各位过路的神仙妖怪，我没招你们没惹你们啊，别这么没人性好不好？（各路神仙妖怪在空中一齐怒吼：我们本来就不是人！）

待面见智瑶，又是另一幅光景。我们所想象的和魏韩所害怕的事情，居然啥都没发生。

智瑶像是与邻舍拉家常一样，很轻松随意地把智果的话说给魏驹和韩虎听。

魏驹和韩虎的里裤应声而湿，但面皮上装作无比气愤的模样，义正词严地说："这一定是无耻小人为保全赵氏而使的离间计！他想让您怀疑我们魏、韩两家而放松对赵氏的进攻。呸！我们两家会放着早晚分到手的赵氏土地不要，而去干那危险而必不可成的事（指背叛智瑶）吗？您如果听信奸臣拨弄是非，我们实在为您感到痛惜。"

智瑶摆摆手，示意他天纵英才，岂会被小人和奸臣的伎俩蒙蔽？

魏驹和韩虎辞过智瑶，战战兢兢地退出来，恰好撞见了智果，这可真是怕什么来什么。魏驹和韩虎做贼心虚，又骂了神仙妖怪一句，赶紧加快脚步，夺路而走。

智果再度进见智瑶，问智瑶是否向魏驹和韩虎透露了前日主臣间的对话。

智瑶非常讶异，连问智果何以知之。

智果称魏驹和韩虎神色慌张，正是阴私被人识破的征象。

智瑶的热情仅止于此。智果两次相人都准确无误，但智瑶只对第二次感兴趣，至于第一次关于魏韩二氏会反水的判断，他依然不相信，他太以自我为中心了。

智果好想一飞腿踢死智瑶。他暗暗运了几次力，最终还是忍住了，耐着性子又提了一个化解危机的新办法："如果不杀魏韩二主，那就要对他们着力加以笼络。"

智瑶说我都答应和魏韩二氏平分赵氏之地了，还要怎么个笼络法？

智果郑重其事地说："魏氏的谋臣任章，韩氏的谋臣段规，这二人都是能够改变家主意旨的人。请您和他俩约定，灭亡赵氏之后，您给他俩各封一个万户之邑。如此，则他俩会倾心拥护您，魏韩二氏也不会背叛您。"

智瑶像是听到了癫狂悖逆的话，脸上露出厌恶的神情，断然拒绝道："这怎么能行？灭赵而三家平分其地，我得到的份额本就不多，如果再分两个万户之邑给他俩，那我还剩个屁呀？"

智果一口鲜血涌到了喉头。他奋力把持住几欲气晕倒的躯体，勉强退出来，情知智瑶愚不可及，必有无妄之灾，恐累及自身，遂改氏为辅，远走他乡，就此和智氏分道扬镳。

魏驹和韩虎从智瑶处归来后，心中惶惶不安。既然已经有人点穿了他俩的秘密，那败露就只是一个时间问题。智瑶到底何时会醒悟呢？也许永远都不会，也许就在下一刻。智果说的话智瑶不听，要是再来一个张果李果王果呢？这些事想一想都叫人屁滚尿流哇！

魏驹和韩虎将心一横，马上联系赵无恤，建议先下手为强，今天晚上就起兵攻打智氏。

赵无恤的惶急并不比魏韩二氏少半分，听说魏韩二氏要提前动手，他恨不得扯过身旁的小厮来一个胜利之吻。

因为事关重大，一步都不能出差池，赵无恤又派张孟谈秘访魏驹和韩虎，敲定了今晚举事的细节。

赵氏和魏韩二氏频繁来往，为什么智氏除了智果（以前叫智果，现在应该叫辅果了）外其他人都毫无察觉呢？

原因不外乎三点。

第一点是智瑶对晋国政局演变方向做出了错误的研判，以为魏驹和韩虎慑于他的强权，之前老老实实地割地于智氏，之后也会老老实实地坐视赵氏灭族。

第二点是智瑶狂妄自大，认为敌我双方实力差距悬殊，兼之洪水围城，赵氏就是池中鱼瓮中鳖，走逃无路。在这种自信心理的引导下，智瑶放松了对敌情的关注；而智氏其他人在智瑶盲目乐观情绪的感染下，也没有将赵氏视为一个值得尊重的对手。

第三点是此战延续的时间过长，双方又无任何战场接触，智氏整体上处于麻痹的状态。无所事事是一种病，久而久之，人的五观六感都会迟钝，应激功能也会退化。

当天夜里，智氏上下集体死睡，几个值岗的军士东倒西歪，智瑶在梦中又冲着赵无恤的屁股狠狠地踹了一脚。

魏韩二氏的大营里，晋阳城内，心事重重的人们全副武装，刀枪剑戟都攥得热烫了。

几队军士从魏韩二氏的大营里鱼贯而出，身上除了兵器，还携带着土方作业的工具，他们悄无声息地摸到了晋水河边。

智氏守堤的小吏上前盘查，刚问了句"你们是哪个方面的"就被果断撂倒；他的部属也在半睡半醒间稀里糊涂地丢了性命。

一个还没死透的智氏小兵心有不甘，他只想在死之前知道这一切究竟是为什么，于是强撑着一口气，依稀看到了下面奇怪的场景：这伙军士杀完人后把兵器一扔，迅速操起工具，开始疯狂地挖掘河堤。

气息微弱的小兵微微抽动了一下嘴角，当他活蹦乱跳时，这是一个表达难以理喻的面部表情。是呀，你们要多放点水淹晋阳，光明正大地放就是呗，又没人会怪你们，何必偷偷摸摸，你们把我杀了多浪费，难道不能叫上我一起挖吗？

但很快他的眼睛就睁圆了。因为他发现，掘口所对的方向不是晋阳城，而是，而是智氏大营！可惜他什么也做不了，发现这个惊天秘密，让他的心重重抽搐了一下，他的生命也就此定格。

那伙军士挥汗如雨，绝无停顿，慢慢地，堤岸上出现了一个豁口。晋水从豁口处哗哗往外流，不断冲刷掏挖将豁口扩大，水流也就愈发汹涌。

智瑶睡到半夜，迷迷糊糊觉得下半身发凉。他下意识地用手摸了几下，感觉很湿。他认为他是在做梦，毕竟到了他这把年纪，实在是没有理由还尿床的。

然而，现实一点儿都不喜欢开玩笑。不知大营的哪个角落里，突兀地冒出一声惊呼："水！水呀！哪来的水呀？"又隔了不到一秒钟，惊呼声就此起彼伏，融汇成了遍野哀鸿。

智瑶一个激灵爬起来，在火光的映射下，他发现周遭到处是水，整个营区都漂浮在水面上，下属们正在手忙脚乱地展开自救。

智瑶急切间没找到鞋，光着脚跳下床，气急败坏地问离他最近的一个下属到底发生了什么。

这个下属支支吾吾答不上，天地良心，他也是刚刚睡醒，的确毫不知情。智瑶跺了一下脚，又问另几个下属，都说不知道，他脚都跺麻了。

这时，一个下属跌跌撞撞地蹚水而来，气喘吁吁地禀报智瑶，是魏韩二氏掘开晋水所致。

智瑶瞬间全明白了。智果之前一再警告他，魏韩二氏必反，还真就反了哟！

仿佛为了证明他这一次的判断很准确，从营区两侧传来了魏韩二氏人马的喊杀声。

智瑶又机智地想，既然魏韩二氏反了，赵氏难道会袖手旁观。

真是冰雪聪明，连我都忍不住想要给他点个赞。大营的辕门外，人影幢幢，赵氏没有令他失望，果真出城反攻了。

智瑶又气又恨又怕，他揪了自己的大腿一把，声嘶力竭地呼左唤右，传令组织抵御。

可是，智氏大营已经陷入了彻底的混乱，智瑶的命令，根本传不开去。

智瑶指挥失灵，只好带着几个亲信逃跑。

可是，上天无路，入地无门，脚下是羁绊的洪水，四周是追索的敌军，能往哪里逃呢？

智瑶像无头的苍蝇一般，徒劳地在营区转了几个圈后，被一群凶神恶煞的敌军抓住。曾经不可一世的智氏宗主，成了人尽可辱的阶下囚徒。

智瑶被几个军士押着，瘫倒在泥泞中，眼睁睁地看着部属们被赵魏韩三氏如虎驱羊般追杀，分不清是水是泪还是汗，在他的脸上凝结成冰。

待喊杀声渐渐息止，营区漫流的水已被鲜血浸染得通红。还没死的人纷纷向智瑶这边聚拢，智瑶抬起头匆匆扫视了几眼，全都是赵魏韩三氏之众，不由得长叹一声，心若死灰。

赵无恤在魏驹和韩虎等人的簇拥下赶来。他俯下身子，用佩剑拨开智瑶额前凌乱肮脏的发绺，仔细审视了一会儿，脸上露出了轻蔑的笑容。

笑容散去后，赵无恤挺直身，向里三层外三层围观的人们威严地宣布，眼前这个几乎置他于死地的对头，现在被他判处死刑。

几条大汉跨步上前，将稀泥般的智瑶叉起来，一把快刀呼啸而下，智瑶的头颅坠入水中，翻滚了几圈，最后面目全非地停住了。

耗时三年的晋阳之战，因魏韩二氏的火线反水和赵氏的坚持不懈，以智氏的全军覆没而告终。

智瑶死后，智氏树倒猢狲散，赵魏韩三氏乘胜追击，将智氏的残留势力斩草除根（唯智氏的分支辅氏幸存），继而瓜分了智氏之地。

作为对赢得这场艰苦战争的纪念，赵无恤将智瑶的头骨涂上漆当饮具使用。智瑶贪得无厌，恃强凌弱，一朝得志，千古为笑。

或许，只有智瑶在晋阳之战中挖掘的那条引水沟，可以给他带来一些慰藉。

引水沟自悬瓮山向东北逶迤延伸，直至晋阳城下，本是为了给晋阳城带来祸水。

幸而，祸兮福所倚。晋阳之战结束后，洪水退去，晋阳人惊喜地发现，那条耗费大量人力开挖的引水沟，拿来用作灌溉田地的水渠，真是再好不过了。

于是，晋阳人将那条引水沟命名为"智伯渠"，并世世代代不断加以修浚，"智伯渠"的福泽也就流传至今了。

朋友们如果去山西省太原市游玩，可以到晋源区的晋祠公园内看看。从景点水镜台向西，有一条晋水的干渠——海清北河，它的基础，就是两千多年前修建的"智伯渠"。

从微观角度来说，晋阳之战是一场以弱克强、败中取胜的经典战役。赵氏一方前期的精心准备、中期的坚忍不屈和后期的逆势出击，历来为人们所津津乐道。

从宏观角度来说，结束于公元前453年的晋阳之战，是一场改写东周历史的里程碑式的战役。

首先，晋阳之战为赵氏的强大铺平了道路。

从智派与中行派竞逐开始，智氏一直强压赵氏一头，如果智氏不倒，赵氏就是个千年老二。

智氏灭亡后，赵氏获取了大量智氏的土地，实力突飞猛进。故《史记·赵世家》称："赵北有代，南并智氏，强于韩、魏。"

其次，晋阳之战对晋国乃至周王朝的政治秩序产生了严重的破坏。

晋国从六卿到四卿再到赵魏韩三卿，卿族的数量越来越少，卿族的权势却越来越集中。与之相对，晋君就显得越来越孱弱。

当卿族较多时，晋君借平衡卿族之间关系来维护公室尊严的运作空间较大，反之则较小。

赵魏韩三卿吸收了智氏解体形成的养分后，每一家的实力都达到了晋国历史上的新高，他们肆无忌惮，开始公然瓜分公室直辖的土地，晋君也就永无翻身之日了。

二十年后，当晋幽公继位时，公室掌管的城邑，已只剩下祖庙所在的曲沃和国都新绛，余皆入于赵魏韩三氏囊中。

于是晋国出现了一个空前绝后的政治景观，实力过于单薄的公室为了苟延残喘，晋幽公反而要朝见赵韩魏三氏之主，君臣颠倒，纲常废尽。

再过三十一年后，也就是公元前403年，周威烈王封三氏之主赵籍、魏斯、韩虔为诸侯。这就是春秋和战国划界的标志性事件——三家分晋。

但请大家注意，此时晋国的状态是实亡名存，因为它的公室仍然得到了保留。

直到公元前 376 年，赵敬侯、魏武侯和韩哀侯瓜分了晋国公室剩余的资产，并将末代晋君晋静公废为庶民，晋国才正式宣告终结。

晋阳之战是一场典型的封建兼并战争，它标志着西周时期"礼乐征伐自天子出"的政治格局，在春秋前中期变为"礼乐征伐自诸侯出"后，此刻再度变为"礼乐征伐自大夫出"了。

同时，因为赵魏韩三氏在晋阳之战后势可敌国，再加上燕国在华北之北崛起，以及秦楚齐三强风采依旧，七国鼎立的雏形已经生成，将周王朝拖入黑暗深渊的战国时代马上就会降临。

周王室一定在心里反复哼唱着那首最悲情的歌：西湖的水，我的泪，我情愿和你化作一团火焰，啊——啊——啊——！

最后，晋阳之战为秦国东进消除了终极障碍。

秦国被一条崤函通道拦在中原门外长达几百年，难道崤函通道是一处人马皆不能至的所在吗？非也，关键是因为有强大的、与秦国互为战略竞争对手的晋国把守崤函通道，使得秦国无法来去自如。

而晋阳之战埋下了晋国分裂的伏笔。我们设想一下，如果晋国不分裂，继续保持强大的整体实力，那么我们姑且不论它有统一天下的可能性，把秦国封堵在中原以外总是毫无疑问的吧？

但这终究只是一个设想。三家分晋后，赵魏韩中任选其一，都难以与秦国抗衡[①]。秦国东进中原的大门终于被打开了，而亲手打开这扇大门的赵魏韩也自食其果，成为关东六国中，最先被秦攻灭的国家[②]。

晋阳之战讲到这里，本来应该结束了。但是，总有一些权谋杀伐之外的东西，

---

① 战国初期，据有河东之地的魏国率先变法，国力爆发，一度杀入河西地区，将秦国的势力范围压缩到了华山以西。然而魏国的家底终究不如秦国厚实，没过多久，魏国就显现出疲态，反被综合国力更胜一筹的秦国压着打。

② 秦王一扫六合的时间顺序依次为：公元前 230 年灭韩，公元前 228 年灭赵，公元前 225 年灭魏，公元前 223 年灭楚国，公元前 222 年灭燕，公元前 221 年灭齐。

让我欲罢不能，那就是人性。

下面的这个故事与晋阳之战相关，但你完全可以把视线拔高，从中感受春秋战国时代盛行的、以"忠义"为核心要义的侠士文化的壮美。

晋国有一个叫豫让的武士——一开始只是个武士而已。

彼时，大夫阶层好蓄养士（进入战国后，其风更甚）。

按照东周时代天子、诸侯、大夫、士、庶民的社会阶层五级划分法来界定，士就是大夫的家臣。通俗一点儿说，可以理解为门客；再难听一点儿，可以唤作食客（因为要包吃包住）。

士一般都是文化人，以讲经布道、出谋划策、经营管理、游说谈判为主营业务。还有不少是身怀各种技艺的人，如信陵君门下的"博徒卖浆者"和孟尝君门下的"鸡鸣狗盗之徒"，当然，武士也是。

大夫蓄养士的目的，是为了大量延揽人才，以便提升自己的政治声誉，壮大自己的政治力量（这也是春秋末期君轻臣重、权力下行的表现）。

所以，只要大夫家不差钱，蓄养（包括主动出去招徕和坐等别人自荐上门）的士肯定越多越好。

但这也会带来一个问题。

读过成语"滥竽充数"的人都知道，当一个人混杂在群体之中时，他的本来面貌是难以辨清的。

同理，如果大夫蓄养的士很多，那难免也会有不学无术之徒混进去骗吃骗喝——只要这个人自称拥有一技之长，而且大夫还没来得及考究他。

可大夫也不是笨蛋，大夫也知道有好吃懒做、游手好闲的家伙来打秋风。为了尽量降低运营成本，同时又维护自己爱才的名声，大夫就想出了一个主意：依然来者不拒，但予以区别对待，有名气的能干的立过功劳的就碗里有肉出门有车，没名气的不能干的还没立过功劳的则仅仅管饱就行。

例如战国时代名满天下的孟尝君，位高权重，财大气粗，家中就有食客三千。

这三千人如果孟尝君都给予贵宾级的待遇，那他家里就算是有金山银山，也要被吃空了。是故，有很多食客混得并不怎么样。

其中，一个叫冯谖的食客，本事倒有，只因为自荐的时候没有自吹自擂，随后也没逮着机会展示自己的过人之处，所以，他居于孟府食客的最底层，待遇不高。

冯谖怀才不遇，心有不甘，就倚在门上哼唧，哎呀怎么没有鱼吃，再不给鱼吃，老子就拍屁股走人。

孟府的下人听到了，嫌他说话没有分寸，就禀告给孟尝君。谁知孟尝君大笔一挥同意报销。

吃了几天鱼，冯谖故技重演，这回哼的是没有车坐。

孟尝君还是同意了。

坐了几天车，冯谖又哼没有钱养家。

孟尝君索性好人做到底。

幸亏后来冯谖为孟尝君立下奇功，否则孟府的那些门客就要成天娇喘吁吁呻吟不止了，一屋子大老爷们，成何体统？

与孟尝君情形类似的是，晋国六卿皆为世家望族，有能力也有需求蓄养更多的士。

因此，豫让以武士之资，先后投在范氏和中行氏门下。可是范氏和中行氏门下的士多如牛毛哇，如果你不是三头六臂刀枪不入谁会特别关注你？豫让混了很久都没有脱颖而出，各方面待遇自然也惨淡。

豫让觉得生命价值没有得到体现，便转投到了智瑶的门下。

都说树挪死人挪活，嘿，还真是这个理儿。自打入了智府，豫让就转了运，智瑶对他好得不得了，衣食住行要什么有什么，套用术语，叫"以国士待之"。

智瑶为什么要如此厚待豫让？没有人确切知道。也许是两情相悦，也许是惺惺相惜，也许是智瑶想培养一个死士，就像以前吴国的公子光培养专诸一样。

在这兵荒马乱的年头，总有不测之危局，死士常常能解决一些靠常规手段无法解决的难题，非常宝贵。

豫让无尺寸之功而受此厚禄，心中感念知遇之恩，自是愿效肝脑涂地之力。

后来，智氏败落，智瑶身死，合族被灭，豫让尚未及报恩，恩主却死于非命（头颅还被当作饮具）而且绝了后嗣。

如果豫让还想为智瑶做点儿什么，那就非报仇而无他途了。

是的，豫让立志要为智瑶报仇。

然而，他只是一个无权无势的武士，没有能力对智氏的头号死敌赵氏造成群死群伤。所以，他的目标是刺杀赵氏宗主赵无恤。

赵无恤是晋国当前最炙手可热的大人物，要想刺杀他，谈何容易？坦白说，能挠掉他一块皮都算你豫让厉害至极。

豫让一定为此反复掂量盘算过。最后，他做了一个痛苦的决定——变更姓名，假装成罪人，混入赵府去洗刷厕所。

乍一看，这又不是抛头颅洒热血，豫让有啥好痛苦的？

其实呀，评判任何事物都必须紧扣时代背景。譬如现在，要你每天不发微信不刷微博不上淘宝不玩农药，你痛不痛苦？很痛苦是吧！

每个人、每个群体、每个时代，都会有不同好恶喜悲。春秋时代的士，讲究特立独行，追求声名轰烈，快意人生是最大的荣耀，摧眉折节是最大的痛苦。

只有在这样的时代背景下，才会有身为门吏的侯嬴与友人相谈甚欢而将亲自驾车来迎的信陵君撇在闹市不管不顾、身为屠客的朱亥对信陵君的数次盛情相邀不理不睬、身为平民的荆轲任太子丹"再拜而跪，膝行流涕"继以"日造门下"的传奇。

只有了解了这一层背景，你才能理解，当豫让抛弃士的尊严，去更名改姓、去背负罪名、去操持贱役时，内心巨大的悲怆。士可杀不可辱，况乎自辱？

豫让混入赵府去洗刷厕所，图的是在厕所里便于行刺。除了爱人的怀抱，天底下大概只有厕所是最让人放松的地方。

豫让做好了准备，他相信当自己拔刀刺击的时候，赵无恤的第一反应不是躲闪，而是提裤子。

豫让很聪明，但还是漏算了一点儿。

作为一个几度濒临灭绝的氏族①的宗主，赵无恤耳闻目睹的和切身体验的世间险恶，可谓车载斗量，数不胜数。

---

① 赵氏前后经历了下宫之难和两次晋阳之战，每次都极端危险，用一只脚已经踏进了鬼门关来形容都不为过。

而一个经历了太多世间险恶还能活下来的人，对于危险的感触和察觉，往往灵敏得惊人。

豫让怀着如此强烈的复仇欲望接近赵无恤，就算外表掩饰得再好，那发自肺腑的杀气往哪里藏？

赵无恤知道有很多人想杀他，但并不确切知道动手的人到底是哪一个，更不知道厕所里就潜伏着一个想要他性命的人——就算知道，他也还是要上厕所的，因为人不能被屎给憋死。

赵无恤应该是怀着一颗平常心进入厕所的。但就在他将要进入的时候，他的心忽然猛地一跳。

这一跳启动了赵无恤的战斗模式。他眼观六路耳听八方双拳紧攥后侧弓步口中厉声呼叫侍卫，上述动作都是在同一时间完成的。

侍卫应声云集。赵无恤说有刺客，令他们仔细搜查，任何角落都不要放过。

侍卫翻箱倒柜掘地三尺，连粪缸里没忘捣杵几下。最后，他们发现了怀藏利器的豫让。

豫让也不避讳，直言自己是来给智瑶报仇的。

在场的赵氏之众皆震怒，执刃欲杀之。

赵无恤止住左右，斟酌再三说道："这是一位义士，我只要小心避开他就行了。智伯死后没留下子孙，他的臣子中有肯来为他报仇的，一定是天底下有气节的贤人。"

左右恨恨地放了豫让。豫让毫无惧色，恨恨而去。

经历这次失败的暗杀后，倘若换作一般的刺客，也就罢手了。因为，凭良心讲，豫让虽然行刺未遂，但他相当于为智瑶死了一回，他已不亏欠智瑶了。

可是豫让并没有这么想。恩仇未了，不死不休，如果要他罢手，那只有两种可能，一是他死了，二是赵无恤死了。

豫让所能求得的最佳结局是与赵无恤同归于尽。但不客气地说，他现在离这个目标已经越来越远了。

为什么这样说呢？

赵无恤逃过一劫后，必然百般加强戒备。更关键的是，作为一条智氏的漏网之鱼，豫让原本游离于赵氏的视线之外，可以降低接近赵无恤的难度；而厕所行刺失败后，他的声音容貌已经深入赵氏人心，再想接近赵无恤（且不说刺杀赵无恤），依我看，难于登天。

豫让何从入手？他连更名改姓、背负罪名、操持贱役的办法都尝试过了，还有什么更自轻自贱以便接敌的办法可想？

豫让说他还有。

既然赵氏已经认准了他的模样，那就更改模样吧。身体发肤受之父母，原本是不能毁伤的，但自古忠孝难以两全，只要能向智瑶报恩，只要能为智瑶报仇，这又算得了什么？

春秋时代，没有精细的易容术，豫让要把自己的身体改造得让赵氏辨识不出，并非易事，不过如果下得了狠心就得另当别论了。

豫让为了瞒过赵氏，把自己通体涂上漆，蚀出满身疮疥；同时剃光胡须和眉毛，将自己彻底毁容。

做完这些准备，豫让还不放心。为了检验易容效果，他跑到街市上，假扮成叫花子去行乞。

街市上人来人往，有不少以前认识豫让的人经过豫让身边，都没有认出眼前这个邋遢不堪的叫花子就是豫让。

豫让迎着路人鄙夷的目光，一边心如刀割，一边心花怒放。

豫让的妻子也经行此处，看到豫让后费解地说：“此人长得不像我丈夫，可声音却极像，真奇怪！”

豫让闻言一惊，容貌好改，这声音可怎么改？

捏着鼻子学娘娘腔固非豫让所为，硬着嗓子说话又容易露馅，豫让想了很久才找到一个超级残忍的解决办法，那就是吞炭。

“海棠老师，你又大惊小怪了。吞炭并不稀奇，炭是个好东西，磨成粉后少量吞服，可以促进消化，可以清洗肠胃，还可以中和毒素，有什么残忍可言？”

“是这样的叽叽。豫让吞的不是冷炭，而是热炭。”

“热炭？有多热？”

“也不是很热，只不过烧红了而已。”

"烧红？这也能吞？豫让疯了吗？"

"不疯魔，不成活。我只能说豫让的世界，你根本不懂。"

豫让强忍着剧烈的疼痛，用火炭将自己的嗓子烧哑。这样一来，若非把豫让揪在天光底下仔细辨识，就连与他朝夕相处的妻子也认他不出了。

豫让的一位至交，不愿眼睁睁地看着豫让活受罪，便劝说豫让道："你不就是想杀了赵伯为智伯报仇吗？又何苦自残？你这样做只能当得起志士二字，却不能被称作智士。因为，凭你的才干，如果尽忠竭诚去侍奉赵伯，他必然会信赖你。待你取得他的信赖以后，再行刺杀，一定能成功的。"

豫让笑了笑说："为了故知而去坑害初交，为了旧主而去算计新君，这都是极端败坏君臣大义的做法。如果我委身做了赵伯的臣子，却又暗中阴谋刺杀赵伯，那就等于是对赵伯怀有二心，必然为人不齿。我用自残易容的方式接近赵伯，可以阐明君臣大义，还可以羞愧天下后世怀有二心的人臣。"

如果说豫让最初只是我们眼中的一个武士，那他的形象已经极大地丰富起来。他是赵无恤口中的义士，是至交口中的志士。当他说出上述那番慷慨豪迈、中情见性的话语后，他也无愧智士之名。但这还不是他的终极形态。

将自己收拾装扮好后，豫让又着手筹划刺杀赵无恤。这一次，他探听到赵无恤将要外出巡视，于是预先埋伏在了赵无恤必经的一座桥下。

赵无恤出行，前呼后拥，众星拱月，剑戟如林，车马如龙。

但我们先别替豫让着急该如何出击。因为现实很残酷，他根本没有获得出击的机会。

当赵无恤的车驾行至桥上时，马骤然惊跳起来。

我们也别怪马多事，它本就是一种特别有灵性的动物，遑论还常伴在老江湖赵无恤身边？学也学成精了对不？

赵无恤立时作色大呼："来人哪，这一定又是豫让！"

侍卫如狼似虎，四下翻腾，果然在近处将豫让揪了出来。

赵无恤度量再好，城府再深，也无法装作若无其事了，他厉声斥责豫让道："你不是曾经侍奉过范氏和中行氏吗？智伯灭了范氏和中行氏，你不但不为范氏和中行氏报仇，反而屈节忍辱去侍奉智伯。如今智伯身死族亡已经很久了，你为什么还要如此锲而不舍地为他报仇呢？"

豫让亢声作答："你知道什么？范氏和中行氏，在我受冻的时候却不给我穿暖，在我饥饿的时候却不给我吃饱，并时常让我跟上千的门客一起接受相同的衣食，这是像养活普通人一样地养活我。凡是像对待普通人一样对待我的，我也像普通人一样回报他。但智氏不同，出门就给我车坐，在家就供给我充足的衣食，在大庭广众之下，一定给予我特殊的礼遇，这是像奉养国士那样地奉养我。凡是像对待国士那样对待我的，我也像国士那样报答他。"

赵无恤怔住了，半晌方才幽幽地说道："我敬你是个义士，但我对你也仁至义尽了。你自己想一想吧，这次我不能再放过你了。"

豫让听闻自己大限已至，脸色反而变得平和。他恳挚地对赵无恤说："据我所知，贤主不会阻拦别人的忠义之行，忠臣为了完成志节不会爱惜自己的生命。您以前宽恕过我一次，天下没有谁不为这件事赞扬您的。今天我行刺于您，论罪该当处死。不过我想得到您的外衣，然后拔剑刺它几下，这样我即便死了也没有遗憾。不知您能否成全我的愿望？"

赵无恤又顿了一顿，他原本以为豫让会喊喊"有死而已，老子十八年后又是一条好汉"之类凸显个人英雄主义的口号，不料豫让死到临头了，仍然念念不忘要完成自己的志节，哪怕是用仅具象征意义的手法。

说实话赵无恤有几分感动。"女为悦己者容，士为知己者死"，"天下轻於身，而士以身为人"，这些举动说起来既轻松又讨巧，真正做到的，天下之大，能有几人欤？

念及于此，赵无恤脱下外衣，令人呈交给豫让。赵氏上下包成一个大圈，将豫让围在中央，这场面既像是群众在观看行刑，又像是信众在朝见神圣。

豫让神情肃穆，将赵无恤的外衣摆放在地上，缓缓地拔出剑来，横在当胸默默地祷告了一会儿。

突然，他眼射凶光，须发皆张，纵身跃起，用平生之力狠狠地刺向赵无恤的外衣，口中呼喝如雷。观者无不骇然。

连刺之下，华贵的外衣变得千疮百孔。这衣刚才要是穿在赵无恤身上，赵无恤现在已经被大卸八块了。

刺破赵无恤的外衣后，豫让朝着远方跪倒，双臂张开上扬，嘶声高呼："啊！天哪！我豫让总算为智伯报了仇！"一颗泪珠从他裂开的眼角滚落，惊起满地烟尘。

呼声毕，豫让挥剑自刎，血溅十步。在他身躯扑倒的那一刻，仿佛群山都在震颤。

豫让的事迹传开后，连赵氏的忠义之士都为之扼腕不已。

豫让与后来的聂政、荆轲俱为春秋战国时代北方著名的刺客（如果再加上专诸，那就是春秋战国时代的四大刺客）。

他们为了报答主君的知遇之恩，不惜生命、赴汤蹈火、刚烈永诀、义无反顾。他们是政治舞台上拥有自由个性和血性勇气的独立战士。他们身上体现的英雄气节震古烁今。

豫让虽然不是其中事迹最伟烈的人，但他的精神境界无疑最为高远。

正如豫让所说，"吾所谓为此者，以明君臣之义"。他除了有"（主君）以国士遇臣，臣故国士报之"的质朴报恩情结外，还试图以自己的生命为代价来宣扬人间正道。这使得豫让超脱单纯恩仇和狭隘义气的局限，升华到了侠士的高度。

王隐在其所著的《晋书》中有"幽冀之士钝如椎"之语，我认为这是对豫让最中肯的评价。

豫让大义凛然，以死报主的故事，世世代代流传。

今河北省邢台市邢台县翟村的西南角，有一处洼地，积水成泉，潺潺不息。泉上有一座石板桥，名叫豫让桥，相传就是豫让行刺赵无恤的地方。

后人感佩豫让的一片赤诚，遂在《邢台县志》中详细记述豫让的事迹，豫让桥也就成为邢台的一方名胜，文人墨客对此多有吟诵。

如唐人胡曾作诗道："豫让酬恩岁已深，高名不朽到如今。年年桥上行人过，谁有当时国士心？"

明人张孟兼作诗道："豫让桥边杨柳树，春至年年青一度。行人但见柳青青，不问当时豫让名。"

明人计东作诗道："秋尽蓬山惨不骄，流泉夹岸夕阳遥。伤心国士酬恩地，瘦马单衫豫让桥。"

清人姚庆恩作诗道："一望旌旗杂成谯，寒沙莽莽路迢迢。长虹贯日荆轲水，满马悲风豫让桥。台上黄金能买士，樽前红粉可怜宵。感今抚昔苍凉甚，惟有诗情未寂寥。"

八九先生（生平不明）作诗道："飒飒西风起，伫立悼豫让。再寻三跃处，犹闻侠骨香。壮士死知己，青史留华章。不见后继者，惆怅复惆怅。"

上述诗词，均寄托了对豫让深厚的敬意，读来感人至深。可是我觉得，豫让生前义薄云天、视死如归，我们怀想这样一位硬汉，实在不应该如此悲情。

我个人所推崇的纪念豫让的诗词，出自清人陈维崧之手，名为"南乡子·邢州道上作"，词云："秋色冷并刀，一派朔风卷怒涛。并马三河年少客，粗豪，皂栎林中醉射雕。残酒忆荆高，燕赵悲歌事未消。忆昨车声寒易水，今朝，慷慨还过豫让桥。"

这首词的精髓在最后一句——"忆昨车声寒易水，今朝，慷慨还过豫让桥。"

不错，其人虽已没，千载有余情。后人与其触景伤怀，不如踏着歌声奋起直追，将豫让忠贞明义的精神继续高举。

其歌曰："赵客缦胡缨，吴钩霜雪明。银鞍照白马，飒沓如流星。十步杀一人，千里不留行。事了拂衣去，深藏身与名。闲过信陵饮，脱剑膝前横。将炙啖朱亥，持觞劝侯嬴。三杯吐然诺，五岳倒为轻。眼花耳热后，意气素霓生。救赵挥金锤，邯郸先震惊。千秋二壮士，烜赫大梁城。纵死侠骨香，不惭世上英。谁能书阁下，白首太玄经。"

壮哉！快哉！

获麟绝笔

公元前 481 年，在鲁国为哀公十四年，论干支则为庚申，生肖属羊。

对鲁国而言，这本应是近年来难得的平静之年。

外交方面。

楚国有吴国之患，晋国有六卿之争（即中行派大战智派），宋国有郑曹之忧（时宋郑交兵，宋曹交兵），卫国有三女之乱，齐国有亲鲁之意（齐国需要组建一个包括鲁国在内的、以对抗晋国为宗旨的东方集团），传统上能够冲击鲁国的主要诸侯，眼下均无侵扰鲁国的战略构图。

纵使齐悼公因季姬而伐鲁（事见公元前 487 年），那是齐国内乱外溢适逢季氏家丑造成的偶然，无关乎国策。

至于吴国对鲁国大兴刀兵（事见公元前 487 年），那也只是欲降服鲁国以为伐齐之资，而非以削鲁为目的。鲁国在巨大的实力差距面前，很明智地选择了顺从吴国，继而在吴国的支撑下接连取得对齐军事胜利（事见公元前 485-484 年），并作为唯一的嘉宾参与了吴晋黄池之会（事见公元前 482 年）。

内政方面。

三桓跋扈依旧，但君卑臣尊的局面非短期所能造就，亦非短期所能化解。如季孙意如因斗鸡之变驱逐鲁昭公、阳货借季氏之势陪臣执国命、孔子堕三都不成反受其殃，幸喜此等扰动社稷的变乱风云俱往，三桓未再有欺君更甚的新动作，举国上下越来越安于君卑臣尊的政治常态。

自鲁哀公于公元前 494 年即位以来，虽国中不乏风波，如桓、僖两庙被火烧毁，季氏二子争储（事皆见公元前 492 年）；季孙肥改革田亩税赋（事见公元前 484 年），蝗虫成灾（事见公元前 483 年），凡此种种均未撼动鲁国政治格局的根本，因而也就惊不起太多的尘嚣。

总之，鲁人都以为他们将在平淡的氛围中，度过普普通通的哀公十四年。

但日历甫一翻入哀公十四年，鲁国就传出了一条大新闻：当年春，鲁人猎获了一头麟。

麟并不是麒麟的简称，麒和麟的关系，如同凤和凰一般，有雄雌之分。

在中国文化中，麒麟是一种集狮头、鹿角，虎眼、麋身、龙鳞，牛尾于一体的神兽，它"行步中规，折旋中矩"，"不履生虫，不折生草"，因而也成为世俗理念——"仁"的化身，又名仁兽。

那么，作为一种神兽，它是如何现身凡间，并落入凡人之手的呢？

讲到这里，我必须首先声明一点，鲁人获麟这件事，出自孔子编写的《春秋》。

如果你觉得此事纯属虚构，那第一责任要由孔夫子来承担。

孔子写《春秋》，讲究微言大义，遣字用词极尽简略，后人习读，常常不知所云。

幸而有《左传》《公羊传》《史记》《孔子家语》等典籍对其进行注解和比对参照，我们就能博采众家，大致还原出鲁人获麟的始末。

公元前481年春，鲁哀公率众在鲁国西部的大野泽①狩猎。

一行人耀武扬威，策马奔腾，驱得飞禽走兽四处进窜，再施之以刀枪剑戟，所获自然颇丰。其中，季孙肥的车御子鉏商猎获了一头大家从未见过的兽。

打道回府后，季孙肥担心这头奇奇怪怪的兽会给自己带来灾祸，便转手把它送给了虞人（掌山泽之官）。

岂料连见多识广的虞人也不认得此兽。大伙的好奇心难以消散，只好去向国内最有学问的人——孔子讨教。

时年七十一岁的孔子应邀往观，一见此兽便惊呼："这是麟啊！"继而掩面大哭道，"你为什么要来呀？！你为什么要来呀？！"

子贡（孔子的徒弟）不明白孔子为何会对着一头死兽涕泗横流。

孔子正色道："麟之至，为明王也，出非其时而见害，吾是以伤焉！"意思就是说，麟的出现往往昭示着有明王圣君在世，可是现在礼乐崩坏，纲常倒毁，麟的出现非但没有世情应验，麟本身反而为世人所戕害，这是世道沉沦到无可挽回地步的征兆，我因此而感伤不已呀！

孔子的心情，我很能理解。

孔子生于礼教昌盛的鲁国，却又长于三桓专权的时代，这种传统和现实严重错位的环境氛围，一度激发起孔子重振纲纪的理想信念。

然而，三桓根深蒂固，羽翼强健，在鲁国政坛稳定地占据主导地位。孔子出身清贫，资历浅薄，势单力寡，不客气地说，他想和三桓较量，嫩了不止一星半点。

当然，鲁君是坚定支持孔子的，因为孔子的目标是要捍卫国君的利益嘛。所

---

① 古大野泽所在的位置，约为今山东省菏泽市巨野县北和济宁市嘉祥县西北一带。

以，如果套用一句歌词来形容鲁君对孔子的感觉，那就是：爱你就等于爱自己。

只可惜，鲁君也是个身不由己的角色，他能够给予孔子的，主要是名分和荣誉，而非钱粮兵马、而非门生故吏、而非奉国君以令群臣的威仪。

既然如此，那孔子的一腔热望就难免要落空了。

事实上，孔子渐渐地也认识到鲁国君卑臣尊的局面已非他所能扭转。当他一手推动的"堕三都"事件以失败而收场后，他决定离开这片没有希望的土地，去远方寻找未来。

于是，孔子开始了长达十四年的流亡生涯。

离开鲁国时，孔子以为鲁国只是一个极恶劣的典范，以泱泱周天下而言，难道就找不出几家愿意复古尊礼的诸侯？

怀着这种理念，十四年间，孔子不避艰辛，千里跋涉，历经卫、曹、宋、齐、郑、陈、蔡、楚等国，每到一地，他都竭力向当局宣扬他以仁为本的儒家思想。

可是，那些当局者只愿听孔子高谈阔论，从不身体之力行之。孔子转了老大一个圈，发现人家都是闹着玩，而唯独他当了真。

十四年后，孔子又满鬓风尘地回到了鲁国。虽然鲁国几无他容身之地，但既然天下都礼乐崩坏，那何处不是鲁国呢？

劳而无功让孔子深切地体察到了世情的寡薄。他没有忘却自己的初衷，却又不能到殿堂伸张自己的政治主张，只好寄情于授徒传学，编写《春秋》以修中兴之教。

我不揣浅陋地猜测，孔子末年的精神世界里，一定塞满了悲愤和苍凉。

而这种悲愤和苍凉在孔子得知鲁人获麟后，终于转化为对世情彻底的失望。

很显然，政治上落魄潦倒的孔子，对周遭的事物非常敏感，他知识渊博，因而情感丰沛，晚年又研习《周易》，类、象、比的思维运用已臻化境，当看到"麟"（不管这个"麟"是一种当时真实存在而后来灭绝的兽，还是一种只不过外形长得像传说中的神兽麒麟的兽）被猎获时，他便认定这就是传统认识中的仁兽，进而与自己的境况以及天下的时局相联系，生发出嘉瑞无应，周道不兴，仁术将尽，万事皆休的感想。

公元前481年，孔子在《春秋》上写罢"十有四年春，西狩获麟"九个字后，就此绝笔[①]。

编写《春秋》是孔子晚年最重要的精神支柱，因而罢写《春秋》可以视作孔子在精神层面与尘世的诀别。

同年六月，齐国的陈常弑杀国君齐简公。陈（田）氏在齐国反客为主本就是孔子眼中的一朵恶之花，不除不快，如今再生出弑君的恶行，孔子愈发气血淤胸，当即沐浴斋戒，提请鲁哀公出兵伐齐以匡扶正道。

然而经过三次上谏，鲁哀公以国力衰弱为由不予采纳。不纳也就算了，末尾鲁哀公还甩出一句：你去告诉季孙吧（意即交由正卿季孙肥定夺）。

孔子好恨好恨，常言道稀泥巴糊不上壁，说的就是鲁哀公这种衰人。自己身为君主，军国大事竟然问决于季氏，这简直比为虎作伥更让人齿冷！

可是恨归恨，孔子并没有当着鲁哀公的面释放情绪（因为那样有违君臣之道），只是礼貌地辞谢了鲁哀公，退出后才对别人说："我由于曾经位列大夫之末，所以不敢不向国君进谏。"

这句话既像是发牢骚，又像是自嘲，但不管它是什么，它背后所折射出来的悲凉是无差别的。你纵有位卑未敢忘忧国的执念，奈何君已不君臣已不臣国将不国？

孔子的心已经近乎破碎。一年后，他钟爱的弟子仲由又死于卫国的动乱。孔子悲痛万分，一度连肉糜都吃不下。

再翻过年头，到了公元前479年的四月四日。

这一天，抱病在身的孔子起了个大早。他一改往日"礼度自守，貌恒矜庄"的做派，反背双手，拽着拐杖，轻松随意地踱到门口，作歌道："泰山其颓乎？梁木其坏乎？哲人其萎乎？"

子贡听到歌声，赶紧过来问安，并和答道："泰山其颓，则吾将安仰？梁木其坏，哲人其萎，则吾将安放？"

孔子道："予畴昔之夜，梦坐奠于两楹之间。夫明王不兴，而天下其孰能宗

---

① 流传至今的《春秋》，记事止于公元前479年。而公元前481年至公元前479年这一时段的历史，由孔子的门人续写。

予？予殆将死也。"

原来，孔子昨天夜里做了一个梦，梦见自己坐在两根楹柱之间被人祭奠。

三代之时，祭奠的习俗各有不同。其中，夏人死后在东阶殡殓，商人死后在两楹之间殡殓，周人死后在西阶殡殓。

孔子的先祖出自殷商，昨夜又梦见自己"坐奠于两楹之间"，看来，孔子自知将不久于人世。

不过，死对于孔子来说或许也是一种解脱。因为，"明王不兴，而天下其孰能宗予"（意即天下没有圣明的君王来推行孔子所崇尚的礼教），既然生不逢其时，生何可恋？

七天后，孔子寿终正寝，时年七十三岁。

一头象征着"仁"的神兽，一位代表着"仁"的圣人，他们的生命，在划出一道悲情的轨迹后，有了完美的契合。

作为局中人，孔子在黑暗里不懈寻找光明，其情可嘉，其状可叹。但他至死都没有弄明白，所谓礼乐崩坏，是生产力进步和土地私有化程度提高而引发的历史必然。

当臣下（例如周王朝的封国、诸侯国的大夫世家）长久地掌控一片土地之后，另立门户当家做主的想法就会不可抑止地生长，而生产力的进步，又使得这些臣下能够聚集起对抗主上的不俗实力。

在政治的舞台上，所有契约都只是权宜之计，唯有实力才是永恒的保障。

方西周之初，文成武治，各诸侯国立足未稳，周王室当然可以金口玉律一言九鼎。映射在孔子的认识层面上，就是人性醇厚，知理明义，由周王室制定的、作为共同精神契约的周礼大行其道（孔子的儒家思想即脱胎于周礼）。

俟东周以降，国势衰微，各诸侯国深耕厚植，周王室的话语权和执行力都直线下沉。映射在孔子的认识层面上，就是人心不古，世风日下，曾经坚若磐石的周礼滑落到了解体的边缘（所以孔子的思想当时也没有得到广泛传扬）。

同理，这种周王室与诸侯国此消彼长的变化趋势，也适用于诸侯与大夫之间。

从某个角度来说，孔子走得还算及时。因为，他生前看到的世界已经令他痛苦万分，而他身后的世界更加惨不忍睹。

从春秋至战国，权力沿着周王室—诸侯—大夫的路线不断下行，社会处于大动荡时期。

因周王室衰弱引起的"天子失官，学在四夷"以及因诸侯衰弱引起的"诸侯失官，学在民间"，打破了"学在王公""学在官府"的局面，使得原本由贵族垄断的知识文化向社会下层扩散。

而生产力的进步促进了商业经济发展，拥有知识文化的士人借商业经济发展的春风，得以在列国之间游走，兜售自己的政治理念以供列国图强，促进了东周全域内知识文化的交流和碰撞。

在上述基础上，自由学术开始繁荣，人们思想禁锢被纷纷打破，各阶层、各政派都按照自己的利益需求，就万事万物做出解释，或提出主张。

对此，史学界有一个专门的称谓，叫"百家争鸣"。

"百家争鸣"对应的年代为春秋末期至战国。孔子算是"百家"之一，只不过他所处的天空下，还没有群星闪烁的盛况。

"百家争鸣"是中国历史上思想和文化最为辉煌灿烂的景观，但对于孔子所主张的礼教来说，却不啻全方位的推倒重塑，并且最终还是法家脱颖而出，助秦始皇一统天下。这一幕必定是孔子所不愿看到的。

抛开这些宏大的观感不说，鲁国的政治危机也愈演愈烈。

三桓尾大不掉，鲁哀公如坐针毡却又束手无策。然而世事变幻，不经意间又给鲁哀公带来了希望。

那个差点儿被吴国灭亡的越国，十年生聚十年教训，居然反过来又把吴国踩在了脚下。

公元前474年的五月，因为灭吴在望，越国提前为挺进中原做准备，历史性地首次派使者访问了鲁国。

公元前473年的十一月，越国悍然灭吴，四方诸侯为之瞩目。鲁哀公忽然发现，以前被中原正统视作蛮荒之邦的越国，是一个值得他鲁哀公深交的对象。

因为，鲁哀公要想扳倒三桓，仅凭一己之力是绝对不够的，必须借助外力才行。春秋后期，有实力深度干预鲁国内政的，无非还是晋、齐、楚等老牌强国，当然，现在还要加上新锐越国。

可是，恰巧晋、齐、楚三强鲁哀公都指望不上。

晋国和齐国近来正在为了争夺卫国和郑国而连连交战。齐国和鲁国又产生了外交纠纷^①。楚国自从被吴国逼退到江淮平原中西部以后，还没来得及恢复过往对淮泗一带的影响，兼之近来在与陈、越、巴三国挨个交战。

所以，鲁哀公觉得，既然越国有结交鲁国之意，自己何不就势拜在越国门下，然后引强越以驱三桓呢？这主意太棒了！

公元前472年的八月，鲁国历史性地首次派使者访问越国。越国也做出了热切的回应，随即派使者回访了鲁国。

与越国打得火热，无疑豪壮了鲁哀公的胆气。公元前471年四月，鲁哀公见色忘义，做了一件能把孔子气得活转过来的事。

鲁哀公有个庶妃（为图方便以下姑且就称其为庶妃），并和她生了庶子公子荆。

鲁哀公宠爱庶妃，打算立其为夫人，便派宗司（官职）衅夏^②筹备立庶妃为夫人的礼节。

衅夏硬生生地说没这个礼。

鲁哀公怒了，说立夫人是国之大礼，怎么会没有，你这宗司是专门吃饭拉屎而不管事的？

衅夏振振有词地答道："周公及武公（指鲁武公）娶于薛（指薛国），孝（指鲁孝公）、惠（指鲁惠公）娶于商（指宋国），自桓（指鲁桓公）以下娶于齐，此礼也则有。若以妾为夫人，则固无其礼也。"

衅夏的话有点儿绕，前面啰唆了那么多，都是为最后一句做铺垫，言语的重点在于强调妾不能立为夫人。这既是周礼的要求，也是当年春秋霸主齐桓公在葵丘会盟时给中原诸侯立下的规矩——"毋以妾为妻"。

---

① 纠纷有三。一是公元前480年春，鲁国孟氏的大邑——成地背叛孟氏而归附了齐国，孟孙彘率军平叛，当时没有拿下，鲁国因此怨恨齐国。同年冬，子贡出使齐国，以外交谈判的方式，说服齐国归还了成地。二是公元前478年，鲁哀公与齐平公会晤时，齐平公对鲁哀公行叩头礼，鲁哀公却仅对齐平公弯腰作揖，这本是齐平公失礼，因为诸侯只宜对周天子行叩头礼，齐人却认为受到了鲁国的折辱，因而怪怨鲁国。三是公元前471年，因为晋齐交恶，鲁齐也有纠纷，所以晋鲁联军攻打了齐国。

② 春秋时代举行祭祀时，常常用血泼洒在祭器上，这个举动叫作"衅"。衅夏是一个叫"夏"的人，因其家族长期掌管衅器之职，故而以"衅"为氏。

可鲁哀公置若罔闻，坚持立庶妃为夫人，而且意犹未尽，紧接着又将公子荆立为世子。

鲁哀公有没有借此对抗三桓的意思（如果三桓属意的夫人及世子人选不是庶妃和公子荆母子俩的话），史籍上没说，我们也不好妄猜。

不过我们依然可以确定，鲁哀公此举触怒了国内很大一部分政治势力，也成了三桓日后攻击鲁哀公的一个好借口。

当年闰十月，鲁哀公亲自访越，意欲继续深化和越国的关系。

越国方面予以隆重的接待，礼仪之邦鲁国的国君能够亲自登门拜访，对于提升越国的文化品位进而顺利打开中原朋友圈很有助益呀！

越太子适郢和鲁哀公一见如故，当场拍板要把自己的女儿许配给鲁哀公，并在北方划拨一块土地给鲁国[①]。鲁哀公自然却之不恭。

"老师，鲁哀公要是娶了适郢的女儿，那不就得叫勾践一声爷爷？鲁哀公难道不怕三桓笑话他送上门去当了个孙子？"

"叽叽，你想多了。事实上，对于三桓来说，这桩忘伦恋一点儿都不好笑。"

鲁国和越国，反正没有叙过辈分，不存在排辈的问题。鲁哀公倘若娶了适郢的女儿，核心要义在于鲁哀公和越国建立了政治同盟，鲁国的君权将大大强化。这对三桓来说，可不是一个利好消息。

因此，季孙肥紧急派人带着财礼赶赴越国，四处活动，打通关节，最终阻止了鲁哀公和适郢女儿的跨国婚姻。

当然，即便婚事告吹，鲁哀公依旧很开心，待在越国，不仅可以图个清净（因为看不见跋扈的三桓），还可以显示自己和越国非同一般的亲密，何乐而不为？

就这样，鲁哀公流连忘返，一直待到次年的六月，方才施施然回国。

季孙肥和孟孙彘率众到鲁国南部边境的五梧接驾。

为鲁哀公驾车的人叫郭重，在接驾仪式上先和季孙肥、孟孙彘见礼。回过头来，郭重面色沉重地对鲁哀公说："方才季孙和孟孙不臣之言甚多，请您当面一一追究。"

---

① 越国承袭了吴国的衣钵，其北部的势力范围有可能延伸到了鲁国附近。

换在去年十月以前，鲁哀公听了这话只会苦笑一声，或者咬咬牙忍了。但今时不同往日，他鲁哀公可是堂堂越国的座上贵客，有越国的光环罩着，岂能再容三桓嚣张如昔？

接驾仪式的最后，照例要举行欢迎宴会。

宴会的气氛表面上看是很热烈的，只不过，觥筹交错尽虚佞，推杯换盏无真衷。

孟孙彘看郭重不顺眼（大概是知道了郭重在背后告状），就借着一次祝酒的机会，对郭重说："你为什么那么肥胖？"

春秋时代不同于唐朝，无以肥为美之理。孟孙彘位高权重，平时取笑郭重也就罢了，但在这迎君的场合，当着鲁哀公的面嘲弄鲁哀公的近臣郭重，受伤的人可就不止郭重一人了。

季孙肥觉得孟孙彘太过唐突，就站出来打圆场。他以为只要他出面发了话，鲁哀公纵然心中不悦，也不会再表露出不满，往常都是这么个套路。

谁知，君别八月当刮目相看哪！

鲁哀公掂着酒爵，皮笑肉不笑地说："这个人吃自己说的话吃得太多了，能不肥吗？"（成语"食言而肥"的出处）

季孙肥和孟孙彘当即被呛得面红耳赤。他们俩都是聪明人，听得懂鲁哀公的话外之音。

诚如前文所言，鲁国是一个传统与现实相悖离的矛盾结合体。三桓平时也常把遵从礼教挂在嘴边，但又绝不放弃对朝政的把控和对君权的侵蚀。这种说一套做一套的行径，恰是"食言而肥"的最佳写照。

然而，这也是鲁国君臣博弈逐渐达成的一种政治平衡，一旦打破，那就难免流血冲突，会带来极大的风险。所以，多少年来，君臣双方都心照不宣，鲁君知道三桓是在装，三桓也知道鲁君知道三桓是在装，如此而已。

今日，鲁哀公在公开场合突然以指桑骂槐的方式让三桓难堪，季孙肥和孟孙彘众目睽睽之下不好发作，心里都炸翻了天。

三桓很清楚，鲁哀公的底气来自越国。但是，越国究竟是个什么想法，它对鲁哀公的支持力度会大到什么程度，三桓还不很清楚。

三桓只能继续观望，同时做好因应鲁哀公发难和越国干涉的准备。

这边厢，在鲁哀公的推动下，鲁国和越国的互动越来越频繁，至公元前468年春迎来了一个小高潮。

越王勾践派重臣舌庸出访鲁国，以霸主的姿态调停鲁国和邾国的边界纠纷，又提议并最终在鲁国平阳与鲁哀公及三桓举行了会盟。

别看鲁哀公和三桓都是与盟者，他们的心态完全不同。

鲁哀公是满怀欢喜的，因为盟会的主要功能之一是为他站台。

三桓是满腹憋屈的，因为一者盟会有利于巩固鲁哀公的地位，二者他们对于与蛮夷结盟还有心理障碍。

为此，三桓内部发生一些言语上的不快。

季孙肥懊恼地说：要是子贡在这里，我们才不必跟越国结个劳什子盟呢！

孟孙彘不动声色地说：就是呀，你为什么不召子贡来呢？

季孙肥语噎，老半天才含含糊糊地答道：本来是要召子贡的。

叔孙舒意味深长地说：那过些时候请你还要记着子贡。

三个人说话拐弯抹角，如果我不加点注解，估计大家理解起来有点儿费劲。

先说子贡这个人，他是孔子的弟子，也是春秋时代最著名的辩士没有之一，曾数度在不同场合展示其非凡的辩才，维护了国家和己方人员的权益。对此，前文多有记述。

三桓此时提及子贡的时政背景是下面这段话。

公元前483年，鲁哀公访问吴国，在橐皋会见吴王夫差，夫差要求与鲁哀公重温鄫地的盟誓。鄫地之盟见公元前488年，当时，作宾鲁国的夫差强行要求鲁哀公逾制以百牢为享，鲁国方面十分郁闷但又不得不从。所以，鲁哀公不欲在橐皋再次曲意逢迎夫差。可是，此时的吴国有主场之利，且较五年前更加强势，鲁国拿什么来推拒吴国呢？幸得子贡挺身而出，凭借强大的口才，说服吴方打消了重温盟誓的念头。至平阳会盟时，因季孙肥不用子贡，是故无强辩之人为鲁国推拒越国。

三桓的对话像是小品，内容简单，内涵丰富。它一方面体现了三桓内部之间的龃龉，另一方面也体现了三桓集体对于鲁君得势的焦虑。

而让三桓焦虑的事情还没完。

公元前 468 年的四月二十五日，也就是平阳会盟的两个月后，季孙肥死了。

季孙肥位居鲁国正卿，他挂了，鲁哀公虽然爽彻肺腑，但怎么着也得上门致奠意思意思。

可是鲁哀公没有诸葛亮哭周瑜的水平，讨了便宜还能卖到乖，他的方法很直白，直白到生怕别人看不出他和季孙肥不对付。

据《左传·哀公二十七年》载："公吊焉，降礼。"

降礼就是降低礼仪的等次，比如礼炮该响二十一声的时候你响一十九声，又比如该起居八座的你给四座，还比如老师的女朋友来探班了，同学们只起立尖叫五分钟，那问题的性质是很严重的。

季氏固然为此光火，孟氏和叔孙氏也感受到了森然的敌意。因为，既然今天鲁哀公敢在灵堂里降礼以待，那改日鲁哀公就会在朝堂里降礼以待，三桓纵横鲁国近两百年了，难不成你鲁哀公想翻身做主人？

可以说，降礼事件拉下了君臣绝义的铁闸。在此之后，鲁哀公和三桓再无和解的可能，鱼死网破的那一天马上就会到来。

然而，史书中对君臣相斗的前戏着笔较繁，直把观众的胃口吊起老高，用于描述高潮部分的笔墨却甚是悭吝，只模糊地说道，鲁哀公在有山氏的帮助下去越国借兵讨伐三桓，然后有山氏被三桓拘捕，鲁哀公则没了下文[1]。

但是不管细节如何，鲁哀公总之是输给了三桓，孔子生前曾大声疾呼和奋力维护的礼教，又一次被践踏得体无完肤。

而且，在鲁哀公的儿子鲁悼公继位后，"三桓胜，鲁如小侯，卑于三桓之家"。鲁国君臣倒置的怪象，至此达到了顶峰。

东周历史从春秋演进到战国，其实是一个平缓发展的过程，战国时代盛行的灭国绝祀，春秋一样司空见惯，两个历史阶段相比较，生产关系、社会制度、行为方式并无本质的不同，只是频率或程度有高低深浅的差异罢了。

---

① 这是《左传》的说法。依《史记·鲁世家》的说法，鲁哀公欲以越国伐三桓，然而三桓率先发难，鲁哀公逃往越国，然后又被国人迎回来，最后卒于有山氏。

560

而后人之所以要把东周分为春秋和战国两个历史阶段，根源在于司马迁一个不成熟的学术意见。

东周时期，列国（主要是那些文明程度较高的国家）史官按年、季、月、日记录天下的重要事件，其中鲁国的记录最为完备。在此基础上，孔子编写了《春秋》一书。

《春秋》记述的历史，上起于公元前722年（即鲁隐公元年），下止于公元前481年（即鲁哀公十四年、周敬王三十九年），其间共计二百四十二年[①]。

司马迁在研究东周历史时，提出了一个"春秋"历史时期的概念。

"春秋"的得名，创意来自《春秋》一书。但春秋跨越的时段为上起于公元前770年，下止于公元前476年，与《春秋》记载的时段不同。

为什么会有这个不同呢？

公元前770年是周王室东迁洛邑引起天下格局巨变的年份，以之作为一个历史时期的开端，显然比公元前722年鲁隐公即位更具辨识特征。司马迁把公元前770年作为春秋之始，后世历代学者都是认同的。

公元前476年是周敬王去世的年份，而周敬王是《春秋》所记述的最后一任周王。司马迁大抵就是凭这一条把公元前476年作为春秋之末，后世历代学者并不太信服。

因为，周王室已经衰落得连象征意义都快没了，周敬王之死对于历史进程而言，无关痛痒，实在是没资格作为一个断代的符号。

否则，我们耳熟能详的勾践灭吴（事见于公元前473年）都要归入战国史了，那让名列春秋霸主的勾践情何以堪？

然而，"春秋"和"战国"两个历史时期的概念[②]流传至今，已经深入人心。也就是说，虽然春秋和战国并无本质的不同，但它们作为两个不同历史时期的事实已经无法更改。

所以，后人将更多的关注投向了春秋和战国两个历史时期的分界。

[①] 孔子的门人为《春秋》续写了两年，至公元前479年，也就是孔子去世的那年。

[②] "战国"的概念因西汉末年刘向编写《战国策》而生成。

现在一般认为，公元前 403 年，赵魏韩三家被周王室分封为诸侯是春秋落幕的标志。因为，正是有了赵魏韩三国的加入，才能拼凑起著名的战国七雄嘛。

也有一些抽象派学者认为，公元前 453 年是春秋落幕的标志。因为，在赵魏韩三家分晋系列事件中，具有决定意义的环节是公元前 453 年三氏灭智，犹如中美交往史上的 1972 年尼克松访华；而公元前 403 年赵魏韩三家被周王室分封为诸侯，只是一个水到渠成的结果而已，犹如 1979 年中美建交。

还有一些写意派学者认为公元前 481 年是春秋落幕的标志，因为孔子获麟绝笔嘛。

将鲁人西狩获麟作为春秋和战国的分水岭是一个小众的选择，但不可否认，公元前 481 年确实是一个特殊的年份。

在春秋向战国演进的过程中，齐国公室血统的更改也是一个反映大夫专政夺权的典型话题（另外两个典型话题是三家分晋和三桓专鲁）。之前"田齐滥觞"一章曾对田陈篡齐有全景式的描述，此刻我想从中抽取陈乞和陈常父子擅权的桥段，展开来说说。

之所以抽取这一段，是因为在陈乞之前，陈氏虽然一直处于上升阶段，但并未掌控齐国的权柄，陈氏从陈乞和陈常父子开始，才确立了在齐国的专权地位。

而陈氏专权的招牌动作，就是公元前 481 年陈常弑杀齐简公。

陈常弑君有着复杂的历史背景，为了把事情的来龙去脉讲清楚，我们不妨从春秋中期齐国的七大世家说起。

七大世家即《二相之死》一章中提到的庆氏、高氏①、栾氏②、国氏、高氏③、鲍氏、陈（田）氏。

七大世家之中，庆氏的庆封当时正不可一世，惠高氏和栾氏为公族，国氏和高氏是天子钦命的齐国世守，鲍氏乃桓管五杰之一鲍叔牙的后裔，这六家的综合实力靠前；唯独陈氏是个外来户，根基较浅，实力最弱。

都说春秋是个"无义"的时代，实力可以决定命运。但现实偶尔也喜欢玩弄

---

① 齐惠公之子公子祁字子高，公子祁之子公孙虿以高为氏。依古例，以下称惠高氏。
② 齐惠公之子公子坚字子栾，公子坚之子公孙灶以栾为氏。
③ 国、高二氏即周天子钦命的齐国二守。

玄虚，因为七大世家中反而是实力最弱的陈氏脱颖而出，成为最后的赢家。

那么，陈氏是如何实现后发赶超的呢？换句话说，陈氏是如何将排在它前面的六大世家一个个撂倒的呢？

最先出局的是庆氏。如《二相之死》一章所述，公元前545年，陈氏联合惠高氏、栾氏、鲍氏攻击当权的庆氏，庆封出奔吴国。七年后的公元前538年，楚灵王出兵伐吴，将庆封合族处死。

其次出局的是惠高氏和栾氏。公元前532年，因为矛盾日积月累达到了无法调和的程度，陈氏联合鲍氏攻击当权的惠高氏和栾氏，惠高氏宗主高疆和栾氏宗主栾施奔鲁，其遗留在国内的土地和人口被陈氏和鲍氏瓜分。

看见没，陈氏合纵击敌外加过河拆桥的政治手腕极其老到，拉着惠高氏、栾氏、鲍氏攻击庆氏，摆平庆氏后，又拉着鲍氏攻击惠高氏和栾氏。按照这个节奏，摆平惠高氏和栾氏后，估计陈氏也不会放过鲍氏。

没错，如果陈氏要独掌齐政，鲍氏就是块拦路石，必须移除。但是，移除鲍氏又不能下手太快，因为，陈氏还要借鲍氏之力先把国氏和高氏打垮。反正鲍氏是将死之人了，物尽其用才能显得陈氏手段高明嘛。

话说齐景公的夫人燕姬育有　了，本是当世子的料。谁知这孩子时运不济，未及成年便夭逝了。

那时候人口死亡率高，准世子早夭也不是什么不可接受的事。可群臣依然很忧伤，因为，齐景公宠幸妾侍鬻姒，笃意要将鬻姒之子——年纪很小的庶公子荼立为世子。

按照礼法，无嫡应该立长，公子荼黄口稚子，排行靠后，怎可备位储君？群臣为此劝谏齐景公，但遭到了齐景公的严词训斥。群臣俱愤愤不平。

齐景公一心要破格提拔公子荼，为了尽量减少阻力，他特意派当时主政的国氏宗主国夏和高氏宗主高张操持公子荼的立储典礼。

这样一来，就把公子荼、国夏和高张拴在了一根绳上。公子荼因为有国夏和高张撑腰，世子之位的稳固度直线抬升了；而国夏和高张因为扶立名位不正的公子荼，成为群臣敌视的对象。

齐景公还不放心，又将膝下成年的公子尽数驱逐到远离临淄的莱地，让公子茶独占权力中枢。群臣口中不敢非议，内里都是怨气满腹。

公元前490年秋，齐景公去世，公子荼继立为君，史称晏孺子[①]。诸公子害怕晏孺子的团队搞政治清洗，纷纷外逃，其中一个叫阳生的公子逃到了鲁国。

陈氏宗主陈乞窥测权位已久，只是苦于无由得进。如今齐国民怨沸腾，国夏和高张难辞其咎，陈乞终于找到了搞事的良机。

我们知道，陈氏家学深厚，在政治斗争中最擅于借助外力。这一次，也不例外。

陈乞刻意装作侍奉国夏和高张的样子，每次上朝都主动充任国夏和高张的车右。

既然是同车，那窃窃私语自然极为方便。

陈乞经常在路上对国夏和高张说，诸大夫对您不满，诸大夫违抗您的命令，诸大夫认定您会将他们赶尽杀绝，诸大夫谋划暗算您……与其坐以待毙，您何不先下手为强？

到了朝堂上，陈乞又对国夏和高张说，诸大夫都是虎狼之辈，他们见到我常在您身边，已对我恨入骨髓，请您让我站到他们那边去，以稍微消除他们的猜忌。

等站到了群臣之列，陈乞又悄悄地对群臣说：国夏和高张非法扶立公子荼，反将持正义立场的诸位视为祸端，已经暗中制备好了计划，不日将大开杀戒……与其坐以待毙，诸位何不先下手为强？

陈乞对国夏和高张的描述，虽属诬告，但合情合理。群臣早就有遭国、高攻击的忧虑以及攻击国、高的欲求，如今听了陈乞的话，都觉得事不宜迟，再晚点就要死无葬身之地了。

公元前489年的六月二十三日，经过秘密筹划后，陈乞联合鲍氏宗主鲍牧，率领群臣之属突入公宫，意图挟齐君以迫国、高。

国、高闻知有变，也迅速召集属众向公宫进发，意图争夺晏孺子，抢占公宫。

双方的人马在大街上遭遇，爆发了激烈的巷战，一时间火光冲天，杀声震地。

---

① 公子荼年幼，即位不满一年即被杀，故无谥，号之为"晏孺子"。

国、高到底事起仓促，准备不周，一番拼杀下来，落败而逃[1]。

国氏和高氏跑路了，国氏和高氏扶立的晏孺子却还在位。陈乞认为革命尚未成功，我辈还需努力。但鲍牧认为应当适可而止，既然晏孺子的兄长都流亡在外，且晏孺子本身没有恶行，那满目山河空念远，不如怜取眼前人。

陈氏和鲍氏，历史上三次联手对敌，取得了丰硕的成果，按说，双方应该建立了深厚的情谊。

但陈乞的敌友观非常清晰，世界上没有永恒的敌人和朋友，判断对方是敌人还是朋友的唯一依据，在于对方能否给自己带来利益，能带来利益的是朋友，会带走利益的是敌人。

依陈乞的盘算，倘若废黜晏孺子而另立新君，他陈乞一方面可以彻底清除齐国的旧势力（腾出权力空间），另一方面可以凭借拥立之功在齐国攫取更多的权力份额（占据权力空间），这才是一个久经宦海的行家里手应有的作为。

鲍牧想大事化小，那与阻止陈氏进一步发展壮大何异？其心可诛！

念及于此，陈乞撇开鲍牧，瞒着国人，偷偷将在鲁国避祸的公子阳生迎回来，先是藏在自己府上，稍后又潜运入宫。

十月二十四日，陈乞忽然召集百官赴公宫集会，举行公子阳生的登基大典（史称齐悼公）。

鲍牧事先完全不知情，接到消息时，刚好喝醉了，被家臣鲍点用车拉着进了宫。

集会的百官都有点儿蒙圈，带着疑虑的神情议论纷纷，不知公子阳生从何而来，又不知晏孺子将往何而去。

鲍点也蒙，但鲍氏作为曾和陈氏并肩战斗的、齐国目前仅次于陈氏的世家大族，鲍点的胆气到底壮实一些，因此大声问道："是谁下令召集百官的？"

陈乞刚要作答，一眼瞥见鲍牧酒醉迷糊的样子，脑筋一转，计上心来，大言

---

[1] 跑的是国夏和高张，其族人还留在齐国，国氏和高氏虽未退出政治舞台，但政治影响力已不可与当年同日而语。而且六年后的艾陵之战中，国夏之子国书战死，高张之子高无丕战败，我们可以理解为，国氏和高氏作为一个大夫世家已"泯然众人矣"。

不惭地说："是奉了鲍子的命令。"①

百官愕然，鲍牧骤立新君，必然不安好心，原来这厮也厚黑至此。

陈乞看着百官鄙薄鲍牧的样子，暗自庆幸栽赃得手。

不料，鲍牧还没有醉得完全失去意识，听见陈乞诬陷自己，他醒转过来，幽幽地对陈乞说："您忘了先君为孺子扮牛而摔断牙齿的事了吗②？现在您又要违背先君的意愿吗③？"

此言一出，满座皆惊。

齐悼公比陈乞还急，赶紧给鲍牧戴高帽子，说什么您是"奉义而行"。接着又跟鲍牧套近乎，说如果您今天不为难我，我以后也绝不会亏待您；如果您坚持认为我不行，那就请您裁处，只要不杀掉我就成。总之，废立之际，勿要流血牺牲。

好话说了一箩筐，只差没抱着鲍牧的腿苦苦哀求了。陈乞则在一旁铁青着脸冷眼观之。

鲍牧头脑昏沉，战斗力至少得打对折，虽然当众揭了陈乞的底，但也不敢不顾一切地跟陈乞对着干。眼见得陈乞布置周密，百官均无出头之意，鲍牧也只好偃旗息鼓，表示自己愿意尊奉齐悼公。

鲍牧认怂，则齐国再没人能挑战陈乞，齐悼公的君位算是坐实了，陈乞的权势也随之获得了空前的提高，而晏孺子就惨了。

齐悼公即位后发布的第一道政令就是将晏孺子迁往赖地，将晏孺子之母鬻姒逐出临淄，又将晏孺子的党徒或杀或捕。

有同学要问了，俗话说一国不容二君，难道齐悼公只是将晏孺子迁往赖地了事？这明显不符合逻辑嘛！

诶，这一问戳中了齐悼公的痛点。

事实上，齐悼公当然想杀了晏孺子，但他作为一个由陈乞一手扶植起来的连位子都没坐热的君主，还没摸透陈乞的脾性，行事也有些拘谨。晏孺子到底能不

---

① 鲍牧醉酒，看起来神志不清。陈乞以为鲍牧暂时耳口失聪，故诈称鲍牧是迎立公子阳生的始作俑者，目的是把鲍牧当挡箭牌，以防百官情急之下群起而攻陈氏。

② 此系慈父与幼子间的游戏，言齐景公在世时非常宠爱晏孺子。

③ 违背先君意愿指废晏孺子而立公子阳生，此为向百官澄清陈乞才是罪魁祸首。

能杀，在陈乞发话之前，他齐悼公不敢贸然做决定。

齐悼公在观望陈乞的态度，殊不知，陈乞正巴不得齐悼公冲动一把。因为，斩草除根才是永绝后患的唯一正确途径，晏孺子长大后必然对陈乞抱有深仇大恨，留着干吗？

但有些话陈乞不想对齐悼公挑明。陈氏历来喜欢扮好人，搞家量贷公量收、"山木如市，弗加于山；鱼盐蜃蛤，弗加于海"那一套，你要他陈乞站出来对齐悼公说杀了晏孺子吧，他陈乞才没那么笨呢！

齐悼公和陈乞，一个在等，一个在装，最后姜还是老的辣，齐悼公先忍不住了，派人向陈乞请命，问能不能对齐国一君在朝一君在野的尴尬现状做一个了结。

陈乞心里乐开了花，但脸上装作惶恐的模样，说齐国内忧外患（当时齐国内有饥荒，外和晋国交兵），幼主（指晏孺子）不能决断，因此才迎立长君（指齐悼公），你齐悼公有什么事尽管自己做主，我陈乞不是那种干政之人。

齐悼公喜出望外，马上采取行动，将晏孺子从赖地迁往骀地。行至中途，齐悼公的人将晏孺子杀死在郊野，又将尸骨草草埋葬。陈氏方面充耳不闻，假装根本不知道有这回事。

晏孺子死不足惜（他担任国君本就不合礼法，况且于鲍牧无恩），但齐悼公杀死晏孺子的行为却让鲍牧难以容忍。

第一，齐悼公也不是齐景公的合法继承人，上台后非但不修为君之德，反而大开杀戒，说好的"废立之际勿要流血牺牲"呢，简直无耻！

第二，齐悼公即位是陈乞抛开鲍牧单干的结果，对鲍氏来说不是什么好消息。

第三，杀死晏孺子是搞政治洗牌的征兆，哪些人上了黑名单大概只有齐悼公和陈乞知道，鲍氏也坐卧不安。

鲍牧觉得齐悼公窃据君位是一个历史的错误，怀着这种想法，他向齐景公的其他儿子（也就是齐悼公的兄弟们）透露了一个温馨的信息：你们想不想拥有一千乘马？

拥有一千乘马，当然不是为了去当弼马温。在春秋时代，有资格拥有一千乘马的人，理论上来说，至少也是一位诸侯了（实际上来说，如晋国六卿、鲁国三桓之类的权臣，家底也有这么殷实）。

鲍牧想策反诸子取代齐悼公，但情况比他想象的要糟糕很多。诸子不为所动（可能是不愿冒险），一转身又将鲍牧的话原原本本地告诉了齐悼公。

齐悼公即位还未满两年，但气质已经有了很大的改变。听说鲍牧要谋反，他把鲍牧叫来，直截了当地说：有人告你谋反，请你暂且封金挂印，待在潞地接受调查。如果查实了罪证，我曾经答应不亏待你，请你带着你的一半家产离开齐国，再也不要回来；如果查无实据，那你官居原职，我只当什么也没发生。

鲍牧傻眼了，见齐悼公这么气定神闲好整以暇，他油然而生一种自己的一举一动尽在齐悼公掌握之中的感觉，更遑论齐悼公背后还站着一个老奸巨猾的陈乞呢？

想到这里，鲍牧又尿了。他乖乖地听从了齐悼公的命令，回家收拾打点行装，也不等齐悼公查究，很自觉地准备带着一半家产离开齐国（表示主动认罪之意）。

但是，鲍牧不等齐悼公查究，齐悼公就不查究了吗？鲍牧临出门时，齐悼公给他追加了一道命令：只准带三分之一的家产走。

鲍牧叹了一口气，为今之计，只求齐悼公能够消气，三分之一就三分之一吧，他鲍牧仍不失为一富家翁。

走到半路上，齐悼公又给他追加了一道命令：只准带两辆车走。

鲍牧又叹了一口气，为今之计，能苟全性命就是万幸，钱财乃身外之物，不要也罢。

终于到了潞地，齐悼公再给鲍牧追加一道命令。然而，这道命令的文字内容没有告知鲍牧，告知鲍牧的只是措施：刀斧加颈。

齐悼公杀了鲍牧，满心欢喜。更欢喜的是陈乞，因为，他们陈氏积几十年之功，终于把阻碍陈氏掌权的世家大族全部拉下了马，这是一个巨大的成就。

但陈乞对齐悼公不欢喜。因为，通过杀鲍牧这件事来观察，齐悼公在玩弄权术方面具有不错的潜质，假以时日必成老手。陈乞担心日后会难于以下驭上。

而一旦齐悼公巩固权位后行威仪于国内，那他陈氏费尽心血轮番砍削各大世家的作为，岂不是替他人作嫁衣了吗？

分析到这里，齐悼公已没有了活下去的理由。公元前485年春，齐国正值多事之秋（时吴国率诸侯联军连年伐齐），陈乞煽动国人，将齐悼公杀死，另立齐悼公之子公子壬为君，史称齐简公。

陈乞这次是真的欢喜了，但他也没欢喜多久。就在同一年的晚些时候，这位战斗不息胜利不止的老江湖终于败了，败给了自然规律，他老死了。

但陈乞可以说得上是死而无憾，他在自己有限的生命里，尽一切可能将陈氏推举到了一个前所未有的高度。他的儿子陈常相当于站在了巨人的肩膀上，采摘起胜利果实来，就容易多了。

陈常继任陈氏宗主后，面临的主要挑战，来自一个叫阚止的人。

阚止并非出身豪门，先天资质平平，但他有一个陈常所不具备的优势——和国君的亲密关系。

长久以来，咱们都是一个关系社会，大家习惯于用私人的关系办公事、用公家的关系办私事。没有关系的人是可耻的。

阚止和齐简公关系亲厚，始于鲁国。

当年，公子阳生为避祸而奔鲁，公孙壬（即现在的齐简公）和阚止也在随从之列。后来，受陈乞暗中操控，公子阳生先期回国争夺君位，因此去吉凶难料，公子阳生乃孤身一人前往，而阚止就是奉公子阳生之命留在鲁国服侍公孙壬的人。

共患难是一种难忘的经历。一个人在困境之中受人扶持，形成的不仅是感激之情，常常还有依赖之习。

故此，齐简公虽为陈乞所立，却没有投桃报李将陈乞之子陈常封为正卿，他最倚重的人，仍然是阚止，而陈常，尽管家族势力最盛，在朝堂上站班的位置，却不得不居于阚止之后。

对于这样的人事安排，陈常当然愤愤不平。每次上朝，陈常都朝着阚止怒目而视。如此再三，就算是个瞎子，都能看出陈常和阚止势不两立了。

正卿和次卿大眼瞪小眼，不是长久之计，两人要么言归于好，要么存一去一，总之朝堂不能成为"裂开的房子"，否则朝政无从处置，朝臣也无从安置。

有一个叫鞅的大夫，政治觉悟很高，向齐简公进言道："陈阚不可并也，君其择焉。"

齐简公又非三岁小孩儿，当然明白一山不容二虎的道理。但齐简公并不觉得大夫鞅的话令人信服。大夫鞅论家世是陈常的堂侄，他嘴里说得不偏不倚，"君其择焉"，话外之音还不是"君其择陈焉"？啊呸！

齐简公发自内心地不愿尊陈贬阚，但又无法改变陈氏齐国独大的事实，这就把陈阚之争拖入了死局。而齐简公自己，也因为持挺阚的立场，被陈常视作了眼中钉肉中刺。

阚止对陈常也不服气，如果有机会敲打陈氏，他很乐意下手。

阚止想下手，下手的机会马上就来了，而且，一来就是俩。

第一个机会是不期而遇。

公元前481年春的某个夜晚，阚止进宫会晤齐简公，路遇陈氏族人陈逆杀人。

阚止又怒又喜，心道老子正寻思如何整治你们，你们倒撞到枪口上来了，这不是找死吗？遂二话不说将陈逆拿下，结结实实绑得像头猪似的，带进了公宫。

陈乞和陈常父子，平素优抚族人，合族上下团结一致。听闻陈逆干犯律法而被阚止逮捕，陈氏立即制定了营救的措施。

他们先是秘密与陈逆取得联系，让陈逆假装生病，然后以探病为由，送去淘米水①，并夹带了许多酒肉。

陈逆拿到这些酒肉后，全都孝敬了看管他的守卫。守卫也是个苦差，一年到头难得吃个尽兴，因此牛吸鲸吞，很快就酩酊大醉，不省人事。

陈逆趁机将守卫杀死，逃出公宫，又回到了陈氏。

阚止气得胡子直翘，但为了防止陈氏做出过激的反应，阚止从长计议，还是主动拜会了陈常。

陈常也不动声色。双方假惺惺地共同盟誓，以示陈、阚二氏还未到决裂的边缘。而他们心里都洞若观火，决裂是必然的，之所以还未到决裂的边缘，只是因为谁都没有做好付诸刀剑的充分准备。

第二个机会是送货上门。

早先，一个叫陈豹的人，想要投靠阚止，并央请阚氏党人大夫公孙作为引荐人。

公孙有一些相面的功底，他认为就形貌而言，陈豹是个人才；但就政治背景而言，陈豹不一定靠得住，因为，他是陈常的叔叔。

———————

① 古人用淘米水洗头以洁体驱病。

公孙无法定夺，便向阚止转达了陈豹的投靠之意，并提醒阚止慎重抉择。

阚止非常自信。他觉得一个人只有"有用"和"无用"的区别，没有"能用"和"不能用"的区别。一个人倘若"有用"却"不能用"，那只能怪用人者不够本事，而他阚止的本事恰好绰绰有余。

据说卖假古玩的老板，最喜欢自信心爆棚的顾客。那种言必称"这世界上没有我辩不了真假的古玩"的顾客，往往最后都会被老板狠狠地摆一道。

对阚止来说很不幸的是，陈豹就是那个深藏不露的老板，而他阚止，就是那个自以为是的顾客。

没错，陈豹乃陈常派出的一个间谍，肩负的使命是打入阚氏内部，为陈氏刺探敌情。

陈豹被阚止接纳后，很快便展示出了过人的才华。阚止每每与陈豹谈论政事，陈豹都能切中要害，阚止因此对陈豹赞赏不已，宠幸有加。

后来，发生了陈逆杀人越狱事件，陈、阚二氏近乎翻脸。阚止既心有不甘（因为陈逆跑了），又必须为应对陈、阚二氏斗争升级做出新的谋划，因而萌生了将陈氏尽数驱逐而另立陈豹为陈氏宗主的想法。

陈豹得闻后连连逊谢，称陈氏违抗阚止者，不过寥寥数人而已，何必尽数驱逐？况且他陈豹历来只是陈氏的一个边缘人物，没什么政治上的欲求，阚止的美意他心领就好。

阚止愈发觉得陈豹冲和平淡，境界高远，既然陈豹无意出人头地，那就恭敬不如从命，把陈豹留在阚氏任用吧。

稳住阚止后，陈豹半秒钟都没耽搁，一转身就把阚止的想法密报给了陈常。

陈氏干将陈子行参赞道："阚氏得到了国君的信任，如果我们不抢先动手，必然反受其害。"

陈常当机立断，令陈子行即刻入宫，以为接应；自己则居外调度，准备集中力量，打击齐简公和阚止。

五月十三日，陈常准备就绪，带着他的七个兄弟入宫。

当时，阚止正在宫中听政，齐简公却躲懒，搂着几个女人在檀台（你可以理解为观光台、后花园之类的娱乐场所）饮酒作乐。

阚止闻知陈常进宫，未审何意，便亲自出宫迎接。孰料，陈常一行疾步而入，反将阚止关在了宫门外。

阚止势单力孤，捶门门不开，呼人人不应，急得在宫门外跳脚。

宫内齐简公的侍人以及阚止的属众见陈常来意不善，纷纷抄起家伙抵御。但早已埋伏在宫中的陈子行率众从背后杀来，侍人及属众腹背受敌，三下两下就被一扫而光。

陈常一行寻到檀台，要求齐简公马上待到寝宫里去，至于去了以后怎么办，那对不起，要奉他陈常的口令行事。

齐简公大怒，抄起一支戈就要跟陈常拼了。

陈常没想到齐简公这么激烈地抗拒，心中不禁有些拿不定主意。

在场一个叫子馀的太史（不好意思又是陈常的党人）出面为陈常辩护道："他（指陈常）不是要对您（指齐简公）不利，他只是想清除您身边的乱臣贼子。"

陈子行则为陈常打气，劝陈常别迟疑不决，尽管放开手脚使劲干，美好的明天正等着陈氏去霸占、去享用、去挥霍。

陈常又恢复了骄悍，令手下全面占据公宫，控制朝堂，并将齐简公迁往舒州。

另一边，阚止被封在宫门外，构想着陈常在宫中作威作福的画面，冷汗和热汗像机枪子弹一般喷射而出。他赶在胳膊捶断嗓子叫哑之前疾驰至家，聚集私属，再返身攻打公宫。

陈常早已密密布置，把正门后门偏门狗洞堵得严严实实，阚止想打进来，谈何容易？

阚止左冲右突而不得入，把自己折腾得筋疲力尽后，落荒而逃。

陈常岂肯善罢甘休，令属下出宫追击，生要见人，死要见尸，总之把阚止的肉体给我弄回来。属下呼啸而去。

一方拼了老命地跑，一方拿出吃奶的力气追，在这一刻，腰好腿好显得格外珍贵。

陈氏追着追着，被阚氏甩掉了，懊恼而归。

但阚氏也是命苦，才出虎口又入狼窝，他们跑到临淄西南方向的弇中时迷了路，鬼使神差般来到了一个叫丰丘的地方。而丰丘，偏巧是陈氏的封邑……

丰丘方面将阚氏一举擒获，结结实实绑得像头猪似的，火速递解进京。

那些垂头丧气的追兵还未抵家，正愁雾满归途千嶂暗，忽然闻得齐声唤，后头捉住了子我阚[1]。

众人将阚止献给陈常。陈常下令将阚止押赴城外处决。看着被齐简公视为心腹的当朝首席大臣阚止如土鸡瓦犬般任陈常处置，满朝文武无不战战兢兢。

而阚止一死，齐简公就直接暴露在了陈常的火力之下

五月二十一日，陈常将软禁在舒州的齐简公正式拘捕。满朝文武万马齐喑，连个屁都不敢放。

六月五日，陈常在囚禁在舒州的齐简公杀死。满朝文武只差没具表上奏歌功颂德了。

至于全国的民众，也都处变不惊。你要知道，陈氏几代宗主都厉行爱民之举，搞家量贷公量收的时候眼睛都不眨一下，他们在民众心目中，就是一尊尊活菩萨。当时民谣有云："妪乎采芑，归乎田成子！"[2] 陈常杀了阚止和齐简公？那一定是正义战胜了邪恶，想都不用想。

随后，陈常立齐简公之弟公子骜为君，史称齐平公。

从齐平公开始，齐国国君就完全沦为了傀儡。

陈常独掌齐政，对外"尽归鲁、卫侵地，西约晋、韩、魏、赵氏，南通吴、越之使"，对内"修功行赏，亲于百姓"，"以故齐复定"。

而政局的稳定反过来又加剧了陈常对齐政的专断。据《史记·田敬仲完世家》载："行之五年，齐国之政皆归田常。田常于是……割齐自安平以东至琅邪，自为封邑。封邑大于平公之所食。"

"封邑大于平公之所食"，这个调调是不是看起来很眼熟？对了！它就是君臣倒置的一种表现。前文叙述三家分晋和三桓专鲁时，我曾经说过，晋幽公要朝见赵韩魏三氏之主；鲁悼公继位后，"三桓胜，鲁如小侯，卑于三桓之家"。

由此而言，将"田陈篡齐""三桓专鲁"与"三家分晋"并列为中国历史从

---

① 阚止字"子我"。

② 民谣的意思是说："老太太采了芑菜呀，都去送给田成子！"可见民众对陈氏的爱戴之深。田成子即陈常。

春秋时代过渡到战国时代的标志事件，是有其内在合理性的。

陈常虽然没有亲自篡位，但他显然已经萌生了当司马昭的意图。

《史记·田敬仲完世家》里有一句很有意思的话，说是"田常乃选齐国中女子长七尺以上为后宫，后宫以百数"，"及田常卒，有七十余男"。

"有七十余男"是个什么概念？我们不妨把时间维度拉长一点儿，看看中国历史上那些以"超生"而闻名的帝王，他们育有多少子嗣。

传说中，周文王生了九十九个儿子（加上收养的"雷震子"则是百子），但仅限于传说。

乱世明君陈宣帝生了四十一个儿子，千古一帝清圣祖生了三十五个儿子，仙风道骨的宋徽宗生了三十一个儿子，风流成性的唐玄宗生了三十个儿子，布衣逆袭的明太祖生了二十六个儿子，文武双全的魏武帝生了二十五个儿子。

而陈常生了七十多个儿子……有些事情你不服不行。

当然，儿子生得多，除了要身体好，还必须有一个配套的条件，那就是老婆多。

陈常的"后宫以百数"，这又是个什么概念呢？

据论述周代婚制的《礼记·昏义》记载："古者天子后立六宫，三夫人、九嫔、二十七世妇、八十一御妻。"意思是说，周天子的后宫里，老婆加起来也才一百二十一个。

而陈常作为诸侯国的大夫，身份比周天子低了两个等级，但他的老婆也至少有一百多……有些事情你不服不行。

陈常的老婆不但数量非常多，素质也要求非常高，必须是"齐国中女子长七尺以上"者。

"女子长七尺以上"又是个什么概念？

俗话常说"堂堂七尺男儿"，可见即便放在男人堆里，"七尺"也是个令人骄傲的身高。

齐国女子本就以美貌见长，陈常还要精挑细选，非身高七尺以上者不入法眼，拿到现在来那就是维密挑选模特的标准……有些事情你不服不行。

数量庞大，基因优良，家学渊源，陈常的儿子们会聚成了陈氏拓殖齐国的一股洪流。

陈常死后，其子陈盘继位。陈盘继续把持齐国的朝政，并将他的兄弟以及族人都委以大夫之职，齐国的大小城邑均被陈氏掌控。

也就是说，齐国除了名字还姓姜，它的躯体、它的血脉都已经转成了陈氏的基因。

至于几十年后（公元前386年），陈盘的孙子陈和经由魏文侯引见，被周王室立为齐国之主（史称田齐太公），那仅仅是陈乞和陈常父子在齐国兴风作浪的余波荡漾罢了。

跋

历经寒暑，终于将《我的春秋我做主》送呈到了万千读者的眼前。

如果你问我创作这本书最大的感受，那我的答案不是实现自我，而是感念回报。

小时候，家中有一套不齐整的绿版《东周列国志》小人书，在没有大人引导和辅助的情况下，我原生了阅读的兴趣。因为不识字，一开始只能看图，想象图画背后的故事。这个由我自己编造的故事，充满了荒诞和萌蠢。

后来心智渐开，慢慢明白了小人书讲述的是一些古时候的长故事。故事里有打架王和胆小鬼，有智多星和大笨蛋；故事里有贤主良辅和暴君奸臣，有英雄侠客和卑鄙小人；故事里有家国恩怨和私人情仇，有刀光剑影和智计权谋。

这个故事在我心底深深扎根，它开出的花装扮了我学文的道路，它结出的果滋补了我国史的修养。所以，对于东周历史，我自觉是有亏欠的。

很多年后，我偶然获得了一套完整的人民文学出版社版《东周列国志》。翻开它的时候，我像是拜访一位阔别的师友，心中充满了敬重和亲切。

我知道，作为一部历史演义小说，《东周列国志》可谓历代文人接续完成的心血之作。

东周乃中国历史上最绚丽多姿的时代之一，其人物事迹本身是精彩纷呈的，具有很强的文学塑造性，故而自周以降便流传不息。至宋元年间，这些散乱流传的故事，因话本小说的兴起而成为文学加工创作的绝好素材，并产生了《七国春秋平话》和《秦并六国平话》等深受人民群众喜爱的话本小说作品。再至明代，随着中国古代小说创作进入明清盛季，东周这段波澜壮阔的历史再度成为文人斟酌揣摩的对象。

明嘉靖、隆庆年间，福建人士余邵鱼始作，以前代历史典籍为基础，又大量吸收宋元话本的通俗元素，写成《列国志传》。《列国志传》分节不分回，每节随事立题，较为生动地记述了从商末至秦初列国的风云变幻。但这部书的缺点也很明显，其内容中脱离史实者众，宣扬天命者甚，还有很大的改进空间。后万历年间，苏州人士冯梦龙凭据史传，砍削修整，将《列国志传》改编为一百零八回的《新列国志》，并于明末刊行，风靡一时。

清乾隆年间，秣陵人士蔡元放又对《新列国志》作精心修改，添加了序、读法、详细的评语和简要的注释，并更名为《东周列国志》。

1955 年，人民文学出版社根据《新列国志》对《东周列国志》作了某些校正，保留了原作的本色，取消了评、注、读法、序和分卷，并重新出版，书名仍为《东周列国志》，题为"冯梦龙、蔡元放编"。

以我浅陋的学识观之，《东周列国志》至少采撷了《春秋》《左传》《国语》《吕氏春秋》《史记》《吴越春秋》《战国策》《烈女传》等名家大作的精华，融会贯通，错落有致，就其文学成就而言，堪与《三国演义》比肩。故而我常常对人说，《东周列国志》是一部伟大的文学作品。

当然，再伟大的作品也不能称作尽善尽美。《东周列国志》力图呈现历史的鲜活，叙述偏重故事性和角色化，于历史事件背后的地缘关系和人文逻辑则表现不足。此外，时代在前进，人民群众的文学消费需求也在改变，《东周列国志》的古文体对于现代的普通读者来说，稍显晦涩，不利于进一步流传推广。

时下也有不少文人学士用白话文讲述东周历史，我有幸拜读过一些，仍是觉得这些文字的风格，要么偏于庄重高冷，要么偏于轻佻浮浪，总之没有达成内在美与形式美的和谐。

因此，我不经意间发现了一条回报东周历史的途径，那就是以尊重史实为原则，以亲近人民为思路，以传承文化为目的，用夹述夹议的方式，深度还原东周历史之美。

这是一个殊难完成的任务，但是我想，我即便只比先行者多走一步，也是对东周历史的致敬。

在创作《我的春秋我做主》的过程中，遭遇了很多困难，包括预想到的和没有预想到的，中途一度止笔不前。幸而内心的执念没有动摇，咬紧牙关奋力闯了过来。

我要衷心感谢授予我智慧的古圣和时贤，你们的思想和作品启迪了我。

我要衷心感谢众多素未谋面的读者朋友，你们的一路陪伴温暖了我。

我要衷心感谢现代出版社的编辑同志，你们的打磨让我回馈给东周历史的礼物光彩倍增。

略感遗憾的是，因为精力和能力有限，此次与读者见面的只是叙说春秋历史的这部分文字，战国部分未曾一同出版。姑且留作一个念想，期待与东周历史、与读者的下一次约会。

春秋已离我们远去，春秋离我们不远。

在薄薄的史书里，五霸列国闹春秋，兴亡顷刻过手。但荣也罢，辱也罢，均是炎黄历史的积淀；成也好，败也好，都是华夏文明的火花。历史给我们留下了宝贵的财富，我们就应当参之以往，验之未来，创造中华民族更加灿烂辉煌的明天。

海棠栖露

2017 年 12 月 14 日深夜于家

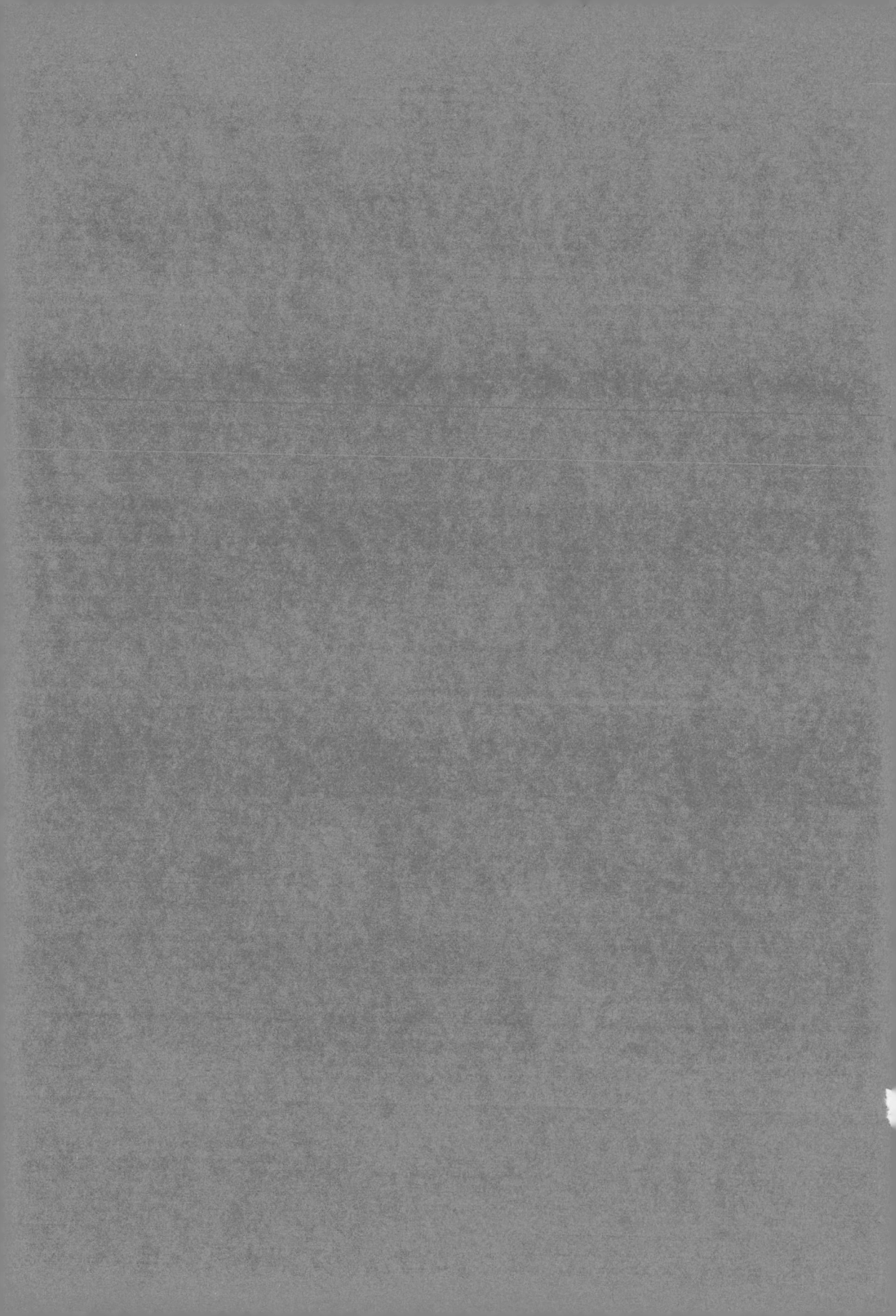